Arnold Windeler

Unternehmungsnetzwerke

Organisation und Gesellschaft
Herausgegeben von Günther Ortmann

Wie wünscht man sich Organisationsforschung?
Theoretisch reflektiert, weder in Empirie noch in Organisationslehre oder -beratung sich erschöpfend.
An avancierte Sozial- und Gesellschaftstheorie anschließend, denn Organisationen sind in der Gesellschaft.
Interessiert an *Organisation als Phänomen der Moderne* und an ihrer Genese im Zuge der Entstehung und Entwicklung des Kapitalismus.
Organisationen als Aktionszentren der modernen Gesellschaft ernstnehmend, in denen sich die gesellschaftliche Produktion, Interaktion, Kommunikation – gelinde gesagt – überwiegend abspielt.
Mit der erforderlichen Aufmerksamkeit für das Verhältnis von Organisation und Ökonomie, lebenswichtig nicht nur, aber besonders für Unternehmungen, die seit je als *das* Paradigma der Organisationstheorie gelten.
Gleichwohl Fragen der Wahrnehmung, Interpretation und Kommunikation und also der Sinnkonstitution und solche der Legitimation nicht ausblendend, wie sie in der interpretativen resp. der Organisationskulturforschung und innerhalb des Ethik-Diskurses erörtert werden.
Organisation auch als Herrschaftszusammenhang thematisierend – als moderne, von Personen abgelöste Form der Herrschaft über Menschen und über Natur und materielle Ressourcen.
Kritisch gegenüber den Verletzungen der Welt, die in der Form der Organisation tatsächlich oder der Möglichkeit nach impliziert sind.
Verbindung haltend zu Wirtschafts-, Arbeits- und Industriesoziologie, Technik- und Wirtschaftsgeschichte, Volks- und Betriebswirtschaftlehre und womöglich die Abtrennung dieser Departments voneinander und von der Organisationsforschung revidierend.
Realitätsmächtig im Sinne von: empfindlich und aufschlussreich für die gesellschaftliche Realität und mit Neugier und Sinn für das Gewicht von Fragen, gemessen an der sozialen Praxis der Menschen.

So wünscht man sich Organisationsforschung. Die Reihe „Organisation und Gesellschaft" ist für Arbeiten gedacht, die dazu beitragen.

Arnold Windeler

Unternehmungsnetzwerke

Konstitution und Strukturation

Westdeutscher Verlag

Die Deutsche Bibliothek – CIP-Einheitsaufnahme
Ein Titeldatensatz für diese Publikation ist bei
Der Deutschen Bibliothek erhältlich

Zugl.: Universität Erlangen-Nürnberg, Diss., 1997

1. Auflage Juni 2001
Durchgesehener Nachdruck August 2002

Alle Rechte vorbehalten
© Westdeutscher Verlag GmbH, Wiesbaden 2001

Lektorat: Dr. Tatjana Rollnik-Manke

Der Westdeutsche Verlag ist ein Unternehmen der Fachverlagsgruppe BertelsmannSpringer.
www.westdeutschervlg.de

Das Werk einschließlich aller seiner Teile ist urheberrechtlich geschützt. Jede Verwertung außerhalb der engen Grenzen des Urheberrechtsgesetzes ist ohne Zustimmung des Verlags unzulässig und strafbar. Das gilt insbesondere für Vervielfältigungen, Übersetzungen, Mikroverfilmungen und die Einspeicherung und Verarbeitung in elektronischen Systemen.

Die Wiedergabe von Gebrauchsnamen, Handelsnamen, Warenbezeichnungen usw. in diesem Werk berechtigt auch ohne besondere Kennzeichnung nicht zu der Annahme, dass solche Namen im Sinne der Warenzeichen- und Markenschutz-Gesetzgebung als frei zu betrachten wären und daher von jedermann benutzt werden dürften.

Umschlaggestaltung: Horst Dieter Bürkle, Darmstadt
Umschlagbild: Peter Reuter, Ohne Titel, 1995
Druck und buchbinderische Verarbeitung: Rosch-Buch, Scheßlitz
Gedruckt auf säurefreiem und chlorfrei gebleichtem Papier
Printed in Germany

ISBN 3-531-13100-1

Inhalt

Vorwort 11

Einleitung 13

1   Netzwerkperspektive: ein neuer Fokus auf Ökonomie und
der Bedarf nach ‚neuer' Theorie 19
2   Konstitution und Strukturation: Ansatz- und Bezugspunkt
theoretischer Reflexion und Erneuerung 25

Teil I
Perspektive und Gegenstand 33

1   Netzwerkanalyse: eine relationale Sichtweise auf Soziales 33
2   Hierarchie und Heterarchie: Grundformen der Netzwerkregulation 39
    2.1   Strategische und regionale Netzwerke: Ausdruck
gegensätzlicher Regulation? 40
    2.2   Hierarchie als Grundform der Netzwerkregulation 43
    2.3   Heterarchie als Grundform der Netzwerkregulation 49
3   Netzwerke und Kontexte 53
    3.1   Netzwerke und Branchen: eine Kritik der
kontingenztheoretischen Sicht 54
    3.2   Netzwerke, ‚industrielle Distrikte' und ‚organisationale Felder'
in institutionentheoretischer Sicht 57

Teil II.1
Systemische Rationalisierung: der industriesoziologische
Netzwerkansatz 69

1   Merkmale des ‚neuen Rationalisierungstyps': zum
Gegenstand systemischer Rationalisierung 70
2   Grundpositionen industriesoziologischer Argumentation 72
3   Systemische Rationalisierung: das theoretisch ausgearbeitete Konzept ... 75
4   Formwandel von Herrschaft: die zentrale Konsequenz 80
5   Der Analyseansatz der systemischen Rationalisierung: eine Kritik 83
    5.1   Stärken: Gesellschaftsbezug und empirische Befunde 83
    5.2   Schwächen in der theoretischen Anlage 83

5.3 Fragliche Historisierungen 85
5.4 Besonderes und Allgemeines: Plädoyer für eine
theoretische Erneuerung 87

Teil II.2
Netzwerk und Struktur: der strukturelle Netzwerkansatz 91

Ursprünge und Institutionalisierung der strukturellen Netzwerkanalyse 93
Erklärungsanspruch und Erklärungspotential 95

1 Grundpositionen der strukturellen Netzwerkanalyse 96
    1.1 Strukturmerkmale und Verhaltensweisen: strukturelle
        Handlungstheorie 97
    1.2 Methoden struktureller Netzwerkanalyse 100
    1.3 Analyse von Unternehmungsnetzwerken 104
2 Zentralität, Verbundenheit und ‚structural holes‘:
Macht in Netzwerken 105
    2.1 Zentralität und Macht: Freeman 106
    2.2 Macht und Verbundenheit: Cook, Emerson, Gilmore und
        Yamagishi 107
    2.3 Strukturelle Autonomie und ‚structural holes‘: Burt 110
        2.3.1 Geschäftsgelegenheiten und soziales Kapital 111
        2.3.2 Information und Kontrolle 112
        2.3.3 ‚Structural holes‘ und ‚structural autonomy‘ 113
3 Der Ansatz der strukturellen Netzwerkanalyse: eine Kritik 117
    3.1 Stärken: die soziale Einbettung von Akteuren, Aktivitäten und
        Ereignissen und operationalisierte Kategorien 117
    3.2 Schwächen: die Behandlung sozialen Wandels, die Vermittlung von
        Handlung und Struktur und die Ausblendung von Regulation 118

Teil III
Strukturation von Unternehmungsnetzwerken: der
strukturationstheoretische Netzwerkansatz 124

1 Der Theorieansatz 129
    1.1 Zur (zu engen) Exposition des Theorieansatzes 131
    1.2 Hintergründe der Theorieperspektive 133
    1.3 Kernthemen des Theorieprojekts 134
    1.4 Zum postempiristischen und postpositivistischen
        wissenschaftstheoretischen Status des Theorieansatzes 138
    1.5 Das neue Forschungsprogramm 140
        1.5.1 Doppelte Hermeneutik: das Besondere
        sozialwissenschaftlicher Forschung 142

		1.5.2 Theorie und Theoriebildung 144

- 1.5.2 Theorie und Theoriebildung 144
- 1.5.3 Strukturationstheorie als Sozialtheorie: Ontologie des Sozialen 146
- 1.5.4 Strukturationstheorie und kritische Theorie 147
- 1.5.5 Strukturationstheorie, substantielle Theorien und empirische Forschung 148

2 Netzwerkpraktiken: zu den Wurzeln der Netzwerkkonstitution 151

3 Handlungen und Handelnde in Unternehmungsnetzwerken 155
  - 3.1 Handlungen und Handlungskontexte 157
    - 3.1.1 Der Handlungsbegriff: Merkmale 157
    - 3.1.2 Handlungskontext und ‚embeddedness' 162
  - 3.2 Handlung und Macht 168
    - 3.2.1 Der Machtbegriff: Merkmale 169
    - 3.2.2 Macht und Herrschaft 175
  - 3.3 Handlung und Reflexivität: das Schichtenmodell des Handelnden . 178
  - 3.4 Handlung und Wissen 183
    - 3.4.1 Praktisches und diskursives Wissen 184
    - 3.4.2 Konventionswissen und Netzwerkwissen 185
    - 3.4.3 Grenzen der ‚knowledgeability' 187
  - 3.5 Dezentrierung des Subjekts ohne Abschied vom Subjekt 190
  - 3.6 Handeln in Unternehmungsnetzwerken 194
    - 3.6.1 Netzwerkhandeln: der doppelte Handlungsrahmen 194
    - 3.6.2 ‚Boundary spanning', ‚boundary spanners' und ‚boundary spanning practices': zur Vermittlung der Handlungskontexte in Netzwerken 195

4 Unternehmungsnetzwerke als soziale Systeme 200
  - 4.1 Sozialsysteme: Rekursiv koordinierte soziale Beziehungen und Interaktionen in Zeit und Raum 206
    - 4.1.1 Soziale Beziehungen und soziale Interaktionen als Elemente sozialer Systeme 208
    - 4.1.2 Koordination sozialer Systeme: dominante Modi 210
    - 4.1.3 Systemreflexivität: zur reflexiven und nicht-reflexiven System(re-)produktion 213
  - 4.2 Unternehmungsnetzwerke und Organisationen, Unternehmungen und Märkte: Begriffe 224
    - 4.2.1 Kollektive Akteure: hochgradig reflexiv regulierte Sozialsysteme 225
    - 4.2.2 Organisationen, Unternehmungen und Märkte 227
    - 4.2.3 Unternehmungsnetzwerke: dauerhafte Beziehungszusammenhänge zwischen Unternehmungen 231
  - 4.3 Netzwerkregulation: Mittel, Gegenstände und Akteure 246
    - 4.3.1 Mittel der Netzwerkregulation: Sprache/Schrift, Geld, Technik und Expertise 248

   4.3.2 Gegenstände der Netzwerkregulation: Selektion, Allokation, Evaluation, Systemintegration, Positionskonfiguration und Grenzkonstitution 249
   4.3.3 Netzwerkkoordinatoren: Strategisch plazierte Akteure der Netzwerkregulation 265
  4.4 Unternehmungsnetzwerke: Strukturation, Governance, Autopoiesis und Koevolution 267
   4.4.1 Systemregulation und Governance 267
   4.4.2 Reflexive Systemregulation, Autopoiesis und Subjekt- und Systemreflexivität 269
   4.4.3 Produktion von Ordnungen und Wandel: Kontinuität auf der Basis von Diskontinuität und Koevolution 274

5 Soziale Institutionen, Netzwerkinstitutionen, institutionelle Bereiche und Institutionenkomplexe 283
  5.1 Institution, Institutionalisierung und Netzwerkinstitutionen: begriffliche Bestimmungen 284
  5.2 Institutionen: Besonderheiten des strukturationstheoretischen Begriffs 287
   5.2.1 Moment und Ergebnis der Konstitution des Sozialen 287
   5.2.2 Ermöglichung und Zwang 288
   5.2.3 ‚Taken for granted‘ und reflexiv ausgelegt 289
   5.2.4 Verschiedene Autoritätsgrade, unterschiedliche Rechte und Verpflichtungen 291
   5.2.5 Institutionen und Effizienz: kein lineares Verhältnis 292
   5.2.6 Institutionelle Dimensionen des Sozialen: Signifikation, Domination und Legitimation 293
  5.3 Institutionelle Bereiche: zur gewichteten institutionellen Kombination und Nutzung von Regeln und Ressourcen 298
  5.4 Institutionenkomplexe: Zum Zusammenspiel von Institutionen ... 300

6 Die Dualität von Netzwerkstrukturen 302
  6.1 Struktur: Regelmäßigkeiten, Regeln und Ressourcen 303
  6.2 Netzwerkstruktur als Regeln und Ressourcen: zur ‚Gammatik systemischen Handelns‘ in Unternehmungsnetzwerken 311
   6.2.1 Netzwerkregeln der Signifikation und Legitimation 311
   6.2.2 Netzwerkressourcen der Domination: allokative und autoritative sowie materielle und immaterielle Ressourcen .. 311
   6.2.3 Netzwerkressourcen: Beispiele 315
   6.2.4 Besonderheiten des strukturationstheoretischen Ressourcenbegriffs 319
  6.3 Gedächtnisspuren: zur Existenz von Struktur im Gedächtnis sozialer Akteure 324
  6.4 Dualität von Struktur 326
  6.5 Besonderheiten des strukturationstheoretischen Strukturbegriffs .. 330

Reflexive Vernetzung: die aktuelle Form moderner Vernetzung . 334
1   Umkämpfte Terrains pluraler ökonomischer Regulation
    statt neuer ‚one best ways' 336
2   ‚Driving the juggernaut'? 343
3   Forschungsprobleme 345

Literatur 349

Personenverzeichnis 387

Stichwortverzeichnis 393

Vorwort

Diese Arbeit enthält eine auf der Sozialtheorie Anthony Giddens' aufbauende Theorie der Unternehmungsvernetzung. Sie erlaubt, Defizite anderer, in dieser Arbeit diskutierter Netzwerkansätze zu überwinden, empirische Analysen der Vernetzung zu informieren und Ansatzpunkte für Praktiken der Regulation von Unternehmungsnetzwerken zu skizzieren. Der Theorieansatz weist über die Analyse von Unternehmungsnetzwerken hinaus, indem er die Grundlagen zur Untersuchung sozialer Systeme anbietet. Er kann als ein Beitrag zu der weithin als notwendig erachteten konzeptionell-theoretischen Erneuerung der Industriesoziologie dienen und vor allem die organisationssoziologische Theoriearbeit befruchten.

Zu Dank verpflichtet bin ich zunächst der Studienstiftung des Deutschen Volkes und der Hans-Böckler-Stiftung; sie haben die Arbeit materiell bzw. ideell unterstützt. Danken möchte ich auch denjenigen, die frühere Entwürfe dieser Arbeit kommentiert haben: Gert Schmidt nahm insbesondere die Passagen zur ‚systemischen Rationalisierung' kritisch unter die Lupe. Peter Kappelhoff hat mir in langen Diskussionen, nicht zuletzt im Rahmen gemeinsamer Lehrveranstaltungen an der Bergischen Universität Wuppertal, wichtige Lektionen in Sachen struktureller Netzwerkforschung erteilt. Jörg Sydow, Günther Ortmann und Wil Martens wissen selbst, und besser als ich, was es heißt, norddeutscher Bedächtigkeit – sie nennen es: Sturheit – auf die Sprünge zu helfen. Mein ganzes Leben aber wäre anders ohne Beate, Malou und Arne; mehr als alle anderen haben sie das Schreiben dieser Studie gleichzeitig beeinflußt und sind dadurch beeinflußt worden – ihnen widme ich diese Arbeit.

Berlin, im April 2001   Arnold Windeler

Einleitung

> "Not only is it a competitive jungle out there, new beasts are roaming around that we can't even identify" (Miles/Snow, 1986, 62).

> "An account of modern organization must be firmly based upon a theory of organization. As I would understand it, a theory of organization converges closely with the basic tasks of social science" (Giddens, 1987a, 153).

So neu sind sie gar nicht. Tradition haben Unternehmungsnetzwerke beispielsweise in der Bauindustrie, wo Architekten, General- und Subunternehmungen längerfristige Beziehungen miteinander unterhalten. Gleiches gilt für den Großanlagenbau, die Softwareproduktion und auch für die Medienindustrie und die sogenannten Kulturindustrien. Beispiele neueren Datums sind Legion. Zu ihnen zählen Netzwerkbeziehungen zwischen Händlern, Herstellern, System- und Komponentenzulieferern etwa in der Automobil- oder der Elektronikindustrie, Franchisingnetzwerke, wie das von McDonalds, Finanzdienstleistungsnetzwerke, wie die zwischen Versicherern, Maklern und Kunden, Transport- und Logistiknetzwerke, wie das Trans European Alliance Member (TEAM)-Netzwerk von Thyssen Haniel Logistik oder von NDX International, Netzwerke von Produzenten, wie Adidas, oder von Handelsunternehmungen, wie Marks & Spencer, Benetton oder Ikea, und ‚regionale Netzwerke' in industriellen Distrikten wie dem des ‚Dritten Italien' sowie ‚virtuelle Unternehmungen'.[1] Die Beispiele deuten an: Empirisch findet sich nicht erst heute eine schillernde Vielfalt unterschiedlicher Arrangements ökonomischer Aktivitäten zwischen Unternehmungen: längerfristig stabile wie flüchtige, solche zwischen einer Hand voll oder von tausen-

---

[1] Untersucht wurden: Bauindustrie (z.B. Eccles, 1981; Ebers et al., 2000), Automobilindustrie (z.B. Helper, 1991; Sabel/Kern/Herrigel, 1991; Sauer/Döhl, 1994a; 1994b; Köhler, 2000), Elektronikindustrie (z.B. Saxenian, 1990; Voskamp/Wittke, 1994), Biotechnologieindustrie (z.B. Powell/Brantley, 1992; Powell/Koput/Smith-Doerr, 1996), Bekleidungsindustrie (Uzzi, 1996; 1997), Unterhaltungsindustrie (z.B. Faulkner/Anderson, 1987; Jones, 1996; Starkey/Barnatt, 1997; Windeler/Lutz/Wirth, 2000), Franchisingnetzwerke (z.B. Felstead, 1993; Sydow/Kloyer, 1995; Wirth, 1999a), Finanzdienstleistungsnetzwerke (z.B. Buono/Hachey, 1993; Podolny, 1993; 1994; Sydow et al., 1995), Logistiknetzwerke (z.B. Kleer, 1995; Stahl, 1995; Plehwe, 1998; Wirth, 199b); Netzwerke von Handelsunternehmungen: Marks & Spencer (Richardson, 1972; Braham, 1985), Benetton (Jarillo, 1993; Sauer, 1999), von Produzenten: Nike, Reebok (Tully, 1993, 53), Kooperationsbeziehungen zwischen Industrie und Handel (z.B. Laurent, 1996; Bieber, 1997; Heidling, 1997), regionale Netzwerke und industrielle Distrikte: (z.B. Piore/Sabel, 1985 [1984]; Amin/Thrift, 1992; 1994; Grabher, 1993a; Pyke, 1994; Saxenian, 1994; Heinze et al., 1995; 1998; OECD, 1996; Braczyk/Cooke/Heidenreich, 1997; Cooke/Morgan, 1998; Wegge, 1999) und ‚virtuelle Unternehmungen' (z.B. Wellman et al., 1996; Krystek/Redel/Reppegather, 1997; Sieber, 1998; Kortzfleisch, 1999; Klein, 1999; Klein/Werthner, 2000; Sydow/Windeler, 2000). Die Liste ist, wie die folgenden Ausführungen zeigen, alles andere als vollständig. Formen ‚konspirativer Vernetzung' thematisiere ich nicht, obgleich solche ‚unfairen Businesspraktiken' durchaus anzutreffen sind – aktuell etwa ist ‚Toys ›R‹ US' dieser Praktiken angeklagt (Hasbro, 1998 [http://www.hasbro.com/corporate/10k.pdf], 9 f.).

den oder mehr Unternehmungen, regional oder international ausgelegte Netzwerke.

Unser Wissen über die *Konstitution von Unternehmungsnetzwerken* ist aber erstaunlich begrenzt – obwohl Unternehmungsnetzwerke heute so viel Aufmerksamkeit erhalten. Unternehmungen, Politiker und Forscher schreiben der Vernetzung strategische Bedeutung zu oder betrachten sie als notwendige Antwort auf grundlegende Veränderungen im Bereich der Ökonomie. In der managementnahen Literatur werden die Vor- und Nachteile von Unternehmungen eng an die Vor- und Nachteile des Netzwerks der Beziehungen gebunden, in die sie eingebettet sind. Man diagnostiziert im positiven Fall höhere vertragliche Flexibilität (kritisch Teubner, 2000), die Möglichkeit, Transaktionskosten, besonders Koordinations- und Kontrollkosten einzusparen (Williamson, 1990 [1985]; Picot, 1982), vorteilhafte Wettbewerbspositionen zu besetzen, überdurchschnittliche Profite bzw. Beziehungsrenten zu erzielen (Dyer/Singh, 1998). Andere sehen interorganisationale Beziehungen als die bedeutsamsten Ressourcen von Unternehmungen (Håkansson, 1987; Clegg/Hardy, 1996). Gestützt wird diese Aussage durch eine Vielzahl von Einzeleinschätzungen in verschiedensten Studien: betont werden die Vorteile, die Netzwerke für Lernen (Dore, 1983; Powell, 1990; Uzzi, 1997) oder für die Akquisition von Informationen und Wissen (Powell/Brantley, 1992; Powell/Koput/Smith-Doerr, 1996) bieten, verwiesen wird auf Legitimations- und Statusgewinne, die Netzwerkbeziehungen zu Etablierten gerade für Start-Ups gewähren und die deren Überleben oft erst gewährleisten (Podolny/Phillipps, 1996), hervorgehoben werden neben Kostenvorteilen auch Qualitätsvorteile von Netzwerken (Powell, 1990; Powell/Koput/Smith-Doerr, 1996; Uzzi, 1997), unterstrichen werden Möglichkeiten, externe Zwänge und Unsicherheiten durch die Stärkung von Beziehungen zu anderen Unternehmungen zu vermeiden oder zu vermindern (Pfeffer/Salancik, 1978) und unterstellt wird teilweise, wie etwa von Perrow (1992), daß Netzwerke Wohlfahrtsgewinne mitsichbringen und zum Abbau von Ungleichheiten in der Reichtumsverteilung beitragen. Es überrascht dann kaum noch, daß einige ob all dieser Vorteile Netzwerke als die für das 21. Jahrhundert relevanteste Form der Organisation betrachten (Snow/Miles/Coleman, 1992). Andere Studien, auch aus dem Kontext der Industriesoziologie, verweisen auf ein Set grundlegender Veränderungen ökonomischer (Re-)Produktion als Gründe, warum Unternehmungen neue Wege vernetzter Organisation beschreiten: sich globalisierende Märkte, um sich greifende Deregulierungen, sinkende Produktlebenszyklen (die Produkt- und Prozeßentwicklungen mit knapper Zeit konfrontieren), komplexe, rasch sich wandelnde und gleichzeitig spezialisierende Systemtechnologien sowie Fusionen unterschiedlicher Technologien (die zwar neue Potentiale bieten, aber das kompetente Beherrschen aller Stufen der Produktions- und Distributionsprozesse erschweren), gestiegene Kapitalanforderungen, neue Chancen zur Ausnutzung unterschiedlicher Kontextbedingungen (Lohndifferenzen, Unterschiede der technischen Infrastruktur, unterschiedlich ausgelegte Rechtsrahmen), schließlich Formen der Individualisierung, die nach einer kundenindividuellen Produktion von Gütern und Dienstleistungen verlangen.

Die Rede von Vernetzung und den Vorteilen, die sich mit Netzwerken verbinden, vermittelt aber nur den Eindruck, als sei bereits klar, was Netzwerkgovernance heißt und impliziert. Schaut man genauer hin, sieht man, daß dem nicht so ist. In *Unternehmungen* ist heute vieles noch Konzept. Vielerorts finden sich parallel Experimente mit Kombinationen von ‚governances', werden zum Beispiel gleichzeitig Netzwerke errichtet, Profit- und Cost-Center-Konzepte installiert und interne Märkte kreiert, Holdingstrukturen geschaffen und vieles mehr. Das Verhältnis solcher Versuche zueinander ist alles andere als klar. Selten reflektiert wird, wann Netzwerke fehlschlagen. Dabei scheitert eine Vielzahl der Experimente mit Netzwerken, mit strategischen Allianzen und Joint Ventures (Podolny/Page, 1998, 71) – auch wenn das nur selten Eingang in die Wirtschaftspresse findet. Auch Disfunktionalitäten von Netzwerken, und welche Voraussetzungen gegeben sein und welche Fähigkeiten Unternehmungen mitbringen müssen, damit sie Vernetzung für sich fruchtbar machen können, wird wenig diskutiert: Einige binden die Fähigkeit, Netzwerke erfolgreich zu handhaben, an Lernen und an Erfahrungen (Powell/Brantley, 1992; Powell/Koput/Smith-Doerr, 1996; Gulati, 1995). Andere verweisen ergänzend auf den Grad der Arbeitsintegration, Ähnlichkeiten von Organisationskulturen, Gemeinsamkeiten hinsichtlich der Zielsetzungen als Erfolgsfaktoren (Doz, 1996). Wieder andere heben die ambivalente Bedeutung von Spannungsverhältnissen, wie denen von Kooperation und Kompetition, von Vertrauen und Kontrolle, Autonomie und Abhängigkeit usw., und die damit einhergehenden systematischen Grenzen der Netzwerksteuerung hervor (Sydow et al., 1995; Sydow/Windeler, 2000b). Teubner (2000, 142 ff.) letztlich diskutiert Formen der Risikoverlagerung auf Dritte.

Eine kritische Zusammenstellung der Befunde der Netzwerkforschung offenbart zudem: Die Liste unbeantworteter Fragen ist ebenso lang wie die bisher nicht beachteter Probleme. Zum Beispiel: Welche der bisher von Einzelunternehmungen genutzten Instrumente der Koordination werden durch Vernetzung obsolet und welche neuen werden benötigt, um die ökonomischen Aktivitäten und Beziehungen nun im Beziehungsgeflecht *zwischen* rechtlich selbständigen Unternehmungen in Unternehmungsnetzwerken gestalten zu können? Gleiches gilt für die Folgen von Netzwerken: Befördern Unternehmungsnetzwerke als polyzentrische soziale Systeme dezentrale Entscheidungsstrukturen und damit die ‚Demokratisierung von Ökonomie' (Perrow, 1992), gibt es eine Art ‚Dissipation der Macht' in die Netzwerkstrukturen (wie aktuell auch Stichweh, 2001, behauptet), oder bewirken Vernetzungen das Gegenteil, eine neue Form der ‚Konzentration ohne Zentralisation' (Harrison, 1994)? Unklar ist auch, ob Vernetzung Ausdruck einzelwirtschaftlicher Strategie ist, wie es in managementnahen Studien für selbstverständlich gehalten und in industriesoziologischen Studien zumeist nicht weiter bedacht wird, oder ob dies unintendiertes Resultat anders motivierten Handelns ist. Erst in den Anfängen steht, trotz einiger Forschungsanstrengungen, auch ein Verständnis der sozialen Einbettung von Netzwerken in Branchen, Nationalstaaten, nationenübergreifenden Zusammenhängen bis hin zu Kulturen.[2] Klärungen dieser Fragen sind für ein Verständnis des Geschehens wichtig – auch mit Blick auf die jeweilige politische Einflußnahme und die Ausgestaltung politischer Rahmenbedingungen. Man kann die Situation so zusammenfassen: Um Netzwerke zu verstehen, benötigt man nuancierte Netzwerkansätze. Diese fehlen aber heute noch weitgehend. Die Zeit ist daher reif für konzeptuelle Verbesserungen der Netzwerkforschung.

Ging es im Netzwerkdiskurs in der *Managementforschung und Organisationssoziologie* Mitte der achtziger Jahre Autoren darum, Netzwerke als unter bestimmten Bedingungen funktionale Alternativen zu Märkten und Hierarchien aufzubauen (Granovetter, 1985; Miles/Snow, 1986; Powell, 1990), so wirft die große Anzahl seither veröffentlichter Studien und die von ihnen herausgestellten Vorteile der Netzwerkgovernance sowie die von Befürwortern vertretene Position, Netzwerke seien effizienter und effektiver als große Unternehmungen und Märkte (z.B. Powell, 1990; Perrow, 1992), die gegenteilige Frage auf: Warum gibt es heute überhaupt noch Märkte und Unternehmungen, die sich nicht in Netzwerken zusammenschließen (Podolny/Page, 1998)? Ein ganzes Bündel von Gründen läßt sich anführen, warum das so ist und vermutlich auch in Zukunft so sein wird. Ich werde abschließend noch genauer darauf eingehen.

Ein kritischer Blick auf die Netzwerkforschung offenbart: Die Vielfalt der Netzwerkstudien und die Geschäftigkeit der Netzwerkforschung kaschieren nur notdürftig, was ihr am meisten fehlt: Ein Diskurs über die begrifflichen und theoretischen Grundlagen. Die Versuche, Unternehmungsnetzwerke begrifflich zu bestimmen, könnten zumindest kaum unterschiedlicher sein. Einige beschreiben sie als *allgemeine Muster sozialen Tauschs* (z.B. Burt, 1992a), andere dagegen als *Muster zwischenbetrieblicher Kooperation* (z.B. Miles/Snow, 1986). Einige betrachten sie in der Tradition des Transaktionskostenansatzes (Williamson, 1990 [1985]) als *Hybridform* zwischen Markt und Hierarchie (z.B. Sydow, 1992), andere als *eigenständige Form* der Koordination jenseits von Markt und Hierarchie (Powell, 1990).[3] Einige sehen in ihnen *kurz-*, andere *langfristige Arrangements* (z.B. Gulati, 1995; Park, 1996). Einige, wie etwa Powell (1990), sehen Netzwerke durch *ver-*

---

2 Siehe hierzu zum Beispiel Lindberg, Campbell und Hollingsworth (1991), Biggart und Hamilton (1992), Hollingsworth, Schmitter und Streeck (1994), Braczyk, Cooke und Heidenreich (1997), Hollingsworth und Boyer (1997a) sowie Lincoln, Gerlach und Ahmadjian (1998). Weitgehend unerforscht sind Ursprünge und die Evolution von Netzwerken und Netzwerkstrukturen in Zeit und Raum (aber Gerlach, 1992; Lincoln/Gerlach/Ahmadjian, 1998) und damit ein Verständnis der Zeit-Raum-Muster und -Mechanismen ihrer Konstitution.

3 Die Position, Netzwerke seien eine eigenständige Form der Koordination ökonomischer Aktivitäten, vertreten neben Powell (1990), Semlinger (1991), Teubner (1992), Håkansson und Johanson (1993, 46) auch Li (1998). Als Hybridform betrachten sie neben Sydow (1992) eine Vielzahl von Studien (Verweise und als Beleg für die kaum erträgreiche Diskussion Krebs/Rock, 1994). Scharpf (1993) hebt dagegen hervor, daß die isolierte Analyse von ‚governances' zu kurz greift, da die Effekte sich zumeist über Kombinationen unterschiedlicher ‚governances' ergeben: etwa über die ‚Einbettung' von Verhandlungssystemen in Netzwerkkontexte.

trauensbasierte Beziehungen gekennzeichnet, andere, wie Sydow (1992), betrachten sie *eher durch Kooperation, denn durch Kompetition* charakterisiert. Einige legen den Akzent auf *horizontale*, andere auf *vertikale Beziehungen*. Einige, wie die im Teil II.2 vorgestellten strukturellen Netzwerkanalytiker, definieren Unternehmungsnetzwerke *unabhängig von informationstechnologischen Mitteln* der Kommunikation. Andere, wie die Theoretiker systemischer Rationalisierung (Teil II.1), stellen neue Technologien und deren Potential zur Koordination ökonomischer Aktivitäten über größere Zeit und Raumdistanzen hinweg *in den Mittelpunkt*. Wieder andere, wie Davidow und Malone (1992), Byrne (1993), Zepelin (1997) oder Meffert (1998), tragen mit ihren Ausführungen zu ‚virtuellen Unternehmungen' zu einem *technikzentrierten Leitbild* von Vernetzung bei.[4] Die Liste läßt sich fortsetzen (z.B. Jones/Hesterley/Borgatti, 1997; Li, 1998). Zuweilen hat man trotz aller Systematisierungsversuche[5] den Eindruck, es gelte noch immer, was Barnes (1972, 3), einer der Begründer der Netzwerkanalyse, vor über 25 Jahren formulierte: Da Netzwerke in Mode sind, steigert sich die terminologische Konfusion wie in einem „terminological jungle in which any newcomer may plant a tree."

Die Literatur über Unternehmungsnetzwerke bietet, was die Bestimmung von Netzwerken betrifft, ein eher diffuses Bild, so daß der Eindruck entsteht, die ‚new beasts' seien nicht identifizierbar. Zu der ‚cacophony of heterogeneous concepts, theories, and research results' (Oliver/Ebers, 1998, 549; Li, 1998) trägt sicherlich neben der diffusen Begrifflichkeit die Vielzahl rein deskriptiver Beschreibungen und methodischer Analysen bei, die mal den einen und mal den anderen Aspekt hervorheben. Dabei teilt sich das unübersichtliche Feld der Netzwerkliteratur in zwei Diskursstränge auf: auf der einen Seite die Arbeiten, die sich um den Ansatz der strukturellen Netzwerkanalyse herum gruppieren und auf der anderen Seite die Studien, die dem ‚governance'-Ansatz zuzurechnen

---

4 Der Begriff der virtuellen Unternehmung wird in der Literatur recht schillernd verwandt: Virtuelle Unternehmung steht zuweilen für jegliche Form von Allianzen und Vereinbarungen (Scully in Byrne, 1993). „Die Vorstellungen zur virtuellen Unternehmensführung reichen vom einfachen Projektmanagement über temporäres Netzwerkmanagement bis hin zur Telekooperation und zur virtuellen, das heißt objektlosen Leistungserstellung" (Meffert, 1998, 1). Ich will dagegen im Anschluß an Davidow und Malone (1992) den Begriff in einem eingeschränkteren Sinne verwenden: „The virtual corporation is *a temporary network of independent companies* – suppliers, customers, even erstwhile rivals – linked by information technology to share skills, costs, and access to one another's markets. It will have neither central office nor organization chart. It will have no hierarchy, no vertical integration. Instead, proponents say this new, evolving model will be fluid and flexible – group of collaborators that quickly unite to exploit a specific opportunity. Once the opportunity is met, the venture will, more often than not, disband" (Byrne, 1993, 37; Hervorh. A.W.; ähnlich Meffert, 1998, 2).

5 Übersichten über Typologisierungen von Unternehmungsnetzwerken in der Managementliteratur geben etwa Sydow (1992, 61 ff.; 1997; 1999b), Nohria und Eccles (1992); Alter und Hage (1993), Auster (1994), Powell und Smith-Doerr (1994), Klein (1996, 125 ff.), Grandori und Soda (1995), Smith, Carroll und Ashford (1995), Ilinitch, D'Aveni und Lewin (1996), Osborn und Hagedorn (1997), Koza und Lewin (1998), Oliver und Ebers (1998) sowie Li (1998). Typologien von Netzwerken in der Literatur über strukturelle Netzwerkforschung geben zum Beispiel Schenk (1984, 250) oder Pappi (1987b, 12 ff.).

sind (s.a. Oliver/Ebers, 1998, 568). Ich werde die zwei Netzwerkansätze gleich noch genauer kennzeichnen. Umstritten ist dagegen wiederum, durch welche Theorieansätze die beiden Literaturstränge charakterisiert sind. Bezogen auf den Ansatz der strukturellen Netzwerkanalyse fragen selbst einige ihrer Protagonisten, ob sie nicht eher eine Methode der Analyse von Netzwerken, als durch Theorien gekennzeichnet sei (so bereits Barnes, 1972; jetzt Trezzini, 1998) – ich gehe darauf genauer in den Abschnitten I und II.2 ein. Aber auch für die im Bereich der Managementforschung und Organisationssoziologie verbreiteten Governanceapproach herrscht alles andere als Einigkeit. So ist mehr als fraglich, ob und inwieweit die von Oliver und Ebers (1998) als Favoriten der Netzwerkforschung aufgeführten Theorieansätze überhaupt Netzwerktheorien sind oder als solche verwendet werden. Die Populationsökologie und die Transaktionskostentheorie rangieren in ihrer Analyse der in Aufsätzen einschlägiger Zeitschriften verwendeten Konzepte zum Beispiel auf den beiden ersten Plätzen. Aber sind sie überhaupt Netzwerkansätze? Da sich ihr Blick einmal auf Populationen, das andere Mal auf Dyaden richtet, lautet das Urteil: jedenfalls nicht ‚von Geburt'. Dazu später mehr. Mindestens ebenso fraglich ist: Wofür steht die Anzahl der Nennungen? Ist sie Ausdruck von Moden im Wissenschaftsbetrieb oder, wie Oliver und Ebers schlußfolgern, von Tauglichkeit und Integrationskraft des Ansatzes?

In der Organisationssoziologie mehren sich heute kritische Stimmen. Koza und Lewin (1999, 639) konstatieren:

„These [..] studies ([...] of interorganisational relations research) have expanded our knowledge of networks significantly, although analysis of networks as a distinct empirical phenomenon is still embryonic."

Uzzi (1996, 677) pflichtet ihnen bei. Obwohl Netzwerke heute weithin anerkannt sind und mit ihnen wichtige ökonomische Vorteile verbunden werden, gilt: „The mechanisms that produce these benefits are vaguely specified and empirical still incipient." Mich interessiert hier die konzeptionelle Seite der Diagnose. Die vielen in dieser Arbeit aufgenommenen empirischen Befunde besitzen, zugespitzt formuliert, nur die Aufgabe, auf der einen Seite die theoretisch-konzeptionellen Bestimmungen zu sensibilisieren und auf der anderen Seite, sie zu illustrieren. Denn das meines Erachtens zentrale Defizit der Netzwerkforschung ist: Die *theoretisch-konzeptionelle Erfassung* von Netzwerken steckt *in den Kinderschuhen*. Randall Collins (1986, 1351) forderte Mitte der achtziger Jahre mit Weitblick, Organisations- und Netzwerktheorie zusammenzuführen. Bis heute ist das jedoch Zukunftsmusik. So betitelt der Organisationssoziologe Gerald Salancik (1995) seinen, mit Blick auf die strukturelle Netzwerkforschung verfaßten Aufsatz: ‚*WANTED: A Good Network Theory of Organization.*' Und die beiden Netzwerkforscher Kenis und Knoke (1998, 2) bestärken die Einschätzung, wenn sie formulieren:

„[A] network theory of organizations has not yet been formulated, not even in a preliminary form."

Wie man es dreht und wendet: Was schmerzlich fehlt, sind Netzwerktheorien, die in der Lage sind, einen konzeptuellen Rahmen für die Diskussion der Konstitution von Unternehmungsnetzwerken zu organisieren. Die Formulierung einer Netzwerktheorie kann nur, wie Giddens zu Recht (in der als Motto der Einleitung vorangestellten Aussage) formuliert, auf der Grundlage einer ausgearbeiteten Organisationstheorie erfolgen, die ihrerseits sozialtheoretisch informiert ist. Dieser Aufgabe stelle ich mich. Als Sozialtheorie wähle ich, das dürfte viele nicht überraschen, die Strukturationstheorie. Das Ziel dieser Arbeit ist es, eine Netzwerktheorie auf strukturationstheoretischer Grundlage zu entwickeln: den strukturationstheoretischen Netzwerkansatz. Den Rest der Einleitung nutze ich, um auf der einen Seite die Netzwerkperspektive und auf der anderen Seite in die konstitutionstheoretische Sicht der Strukturationstheorie einzuführen.

1 Netzwerkperspektive: ein neuer Fokus auf Ökonomie und der Bedarf nach ‚neuer' Theorie

In der *Netzwerkperspektive* rücken die *Beziehungen zwischen* individuellen oder kollektiven *Akteuren*, einschließlich Unternehmungen, sowie der durch Interdependenzen zwischen Beziehungen gestiftete *Beziehungszusammenhang* in den Mittelpunkt. Damit wird ein neuer Fokus auf Ökonomie eröffnet und Bedarf nach ‚neuer' Theorie begründet. Das gilt zumindest, wenn man auf die Tradition der Forschung im Bereich der Organisationstheorie und der Industriesoziologie schaut. Denn die Organisationsforschung richtet ihr Augenmerk traditionell auf einzelne distinkte Organisationen oder auf Organisationspopulationen. Die Umwelt tritt vornehmlich entweder als Markt, wie in der Populationsökologie, als institutionelle Umwelt, wie in der institutionellen Organisationsforschung, oder mit anderen Sets von Umweltmerkmalen, wie in der Kontingenztheorie, in Erscheinung. Auch der Industriesoziologie war eine systematische Betrachtung der Beziehungen und Beziehungszusammenhänge zwischen Unternehmungen lange Zeit fremd. In ihrer Konzentration auf emergierende ‚objektive Strategien' kapitalistischer Betriebe in spezifischen Situationen hatten Beziehungen zwischen Organisationen traditionell keinen Platz.

Betriebswirtschaftslehre wie Industriesoziologie sind durch die Aufnahme des Topos ‚Vernetzung' in ihren Forschungen mit der Frage konfrontiert, ob ihre vertrauten Instrumente noch passen. Im Zuge von Vernetzungen wird die Analyseeinheit der Betriebswirtschaftslehre, die einzelne Unternehmung, in Frage gestellt (z.B. Picot/Reichwald, 1994). Die traditionelle Erklärung von Strategien, Profiten usw. aus den Aktivitäten individueller, distinkter (oder Populationen von) Unternehmungen erweist sich als unzureichend. Der Industriesoziologie geht es nicht anders: Das einzige in der Nachkriegszeit in Deutschland entwickelte, durch Bechtle (1980) ausformulierte Konzept des ‚Betriebs als Strategie' läuft im Zuge der Vernetzung Gefahr, seine betriebliche Basis zu verlieren (Braczyk, 1997; Schmidt, 1997).

Erprobte Interpretationsmodelle werden irritiert. Was die Industriesoziologie als Alternative anbietet, kann nicht überzeugen. Es bringt tieferliegende Theoriedefizite ans Tageslicht (II.1). Die Weiterentwicklung der in Rationalisierungsstudien gewonnenen industriesoziologischen Wissensbestände steht in Frage. Umdenken scheint angebracht und wird auch gefordert.[6] Die Forderung ist jedoch schneller formuliert als erfüllt. Das belegen im Bereich der Industriesoziologie die Diskussionen um den Stellenwert des Faches, die seit Kern und Schumanns (1984) ‚Ende der Arbeitsteilung?' Mitte der achtziger Jahre nicht mehr abreißen.[7] Die Kritiken an den theoretischen Grundlagen der Industriesoziologie sind unterschiedlich harsch formuliert. Gemeinsam ist ihnen der Impuls, eine Erneuerung der (theoretischen) Grundlagen der Untersuchung der Unternehmung als eines kapitalistischen Betriebs zu befördern. Überwunden werden soll der ‚Strukturkonservatismus' (Baethge, 1995, 12) der bundesdeutschen Industriesoziologie. Forciert werden soll dagegen die Rückkehr der „Industriesoziologie [..] aus dem Betrieb in die Gesellschaft" (ibid.) und der Wiedereinstieg in aktuelle sozialtheoretische Diskurse. Die Zeit scheint gekommen, das bereits Mitte der siebziger Jahre von Lutz und Schmidt (1977) beklagte Theoriedefizit endlich in erweiterter Form anzupacken (s.a. Kern, 1998, z.B. 121). Es geht also nicht ohne Theorie, und das heißt: auch nicht ohne neue Theorie, nicht ohne die Auflösung von Thematisierungsblockaden in etablierten Theorien:

„Systematische Kritik am ‚Kapitalismus' – als Institutionalisierung ökonomischen Individualismus, als sozialem Organisationsmodus von Produktion und Reproduktion, als Rahmensteuerung von Ressourcen-Management etc. – bedarf heute einer *überarbeiteten theoretisch-konzeptionellen ‚Einbettung'* – und wohl auch neuer ‚existentialer' Visionen" (Schmidt, 1996, 29; Hervorh. A.W.).

Die Verbesserung des theoretischen Instrumentariums, zu der diese Arbeit beizutragen und aufzufordern beabsichtigt, erfordert, eine Vielzahl ‚alter', für die Disziplin konstitutiver Fragen über den Zusammenhang von Handlung, Betrieb und Gesellschaft erneut zu stellen. Das Phänomen Vernetzung macht nur besonders deutlich, daß es dabei um nichts geringeres als die *Überwindung vermeintlicher Grundeinsichten* geht: Seit mehr als einem viertel Jahrhundert wird die kontingenztheoretische Grundanlage vieler Studien bezweifelt, nach der ein Set objektiver Situationsmerkmale die Strukturen von Organisationen determinieren und diese bei Strafe ihres Untergangs gezwungen sind, das objektiv vorgegebene ‚Fit' zu realisieren (z.B. Child, 1972; Kieser/Kubicek, 1983; Windeler, 1992b; Ortmann, 1994). Gleiches gilt für die *Dichotomie* von der *‚Anarchie des Marktes'* und der *‚Despotie der Organisation'*. Die Vorstellung, die Ökonomie zerfalle dichotomisch in Märkte, auf denen der Preismechanismus spontan den Austausch zwi-

---

[6] Neben Versuchen der Erneuerung finden sich jedoch Tendenzen zur Beharrung, zuweilen gar Rückschritte, wie bereits Braczyk und Schmidt (1986, 245) beklagen. Darauf komme ich zurück.

[7] Siehe hierzu: Braczyk und Schmidt (1986), Kern (1989), Baethge (1995), Ortmann (1994; 1995), Schumann (1995), Türk (1995), als Zusammenfassung wiederum beispielsweise Braczyk (1997) und Schmidt (1997). Auch einige meiner Arbeiten widmen sich dieser Frage: zum Beispiel Windeler (1992a; 1992b).

schen Unternehmungen derart reguliert, daß man sich diesem bei Strafe des Untergangs unterwerfen muß, und in Organisationen, in denen die Aktivitäten derart hierarchisch reguliert werden, daß man sie keiner genaueren Analyse unterziehen muß, wird von organisationstheoretisch informierten Autoren schon lange moniert. Unter dem Blickwinkel einer reflektierten Sicht auf Vernetzung und neuerer sozialtheoretischer Erkenntnisse wird sie nochmals grundlegend in Frage gestellt. Die Dichotomie leitet aber nicht nur im Bereich der Ökonomie eine kaum übersehbare Anzahl von Studien. Mindestens ebenso tief verankert ist sie in den Traditionsbeständen bundesdeutscher Industriesoziologie, da sie sich zum Beispiel ebenso im Werk von Marx wie in spezieller Form auch im tayloristisch-fordistischen Produktionsmodell findet. Denn wie von Piore und Sabel (1985 [1984]) bis Lipietz (1991) immer wieder gezeigt wurde: letzterem unterliegt die Vorstellung, es gäbe so etwas wie *eine* adäquate Form der Organisation der Arbeits- und Verwertungsprozesse in modernen kapitalistischen Gesellschaften. Unternehmungen wirtschafteten ökonomisch am profitabelsten, wenn sie *isoliert* voneinander und in Konkurrenz gegeneinander agierten und die vertikal tief integrierte *Großorganisation* sei das non plus ultra ökonomischer Organisation.

Im Rückblick überrascht, daß, auch jenseits aktueller Diskussionen um Vernetzung, im Bereich der Soziologie dem zugegeben faszinierenden neoklassischen *Markt*modell (Kalmbach, 1988) mit seiner Betrachtung (annähernd nichtreflexiver) homöostatischer Koordination ökonomischer Handlungen auf Grund einer relativ kleinen Zahl von Signalen, den Preisen (z.B. Arrow/Hahn, 1971; Hahn, 1994) so viel, Märkten als sozio-ökonomischen Institutionen, trotz einer Vielzahl klassischer Überlegungen (f. Überblicke z.B. Swedberg, 1987; Zukin/DiMaggio, 1990; Lie, 1997), dagegen vergleichsweise so geringe Bedeutung beigemessen wurde. Das wiederholt sich heute im Netzwerkdiskurs. Erstaunlich ist das *erstens*, weil strukturierte Märkte, Blockaden des Austauschs, machtinfizierte Mechanismen das Marktgeschehen und ‚bargaining', bei dem das Verhalten anderer beobachtet und interpretiert wird (z.B. Schelling, 1956, 281), das Marktverhalten der Akteure selbst im ‚spot-contracting' charakterisieren;[8] *zweitens* weil

---

8 Insbesondere Börsen, das Paradebeispiel neoklassischer Theorie (z.B. Walras, 1954 [1874-1877], 83 f.), erscheinen nur als vollständig unpersönlich ablaufende Marktprozesse. Die Transaktionen werden, schaut man auf die Praktiken, dagegen von der Gemeinschaft der ‚broker' auf der Grundlage bestimmter Regeln, der ‚etiquette', ausgeführt, und durch situative, zeit-räumliche Aspekte der sozialen Prozesse sowie durch machtvolle Einflußnahmen auf das Geschehens geprägt (Baker, 1984; Leblebici/Salancik, 1982; Abolafia/Kilduff, 1988). Lie (1997, 343 f.) spricht gar von der „social organization of Wall Street", die „reveals little resemblance to the neoclassical imagery. The prevalence of network ties and the premium on inside information make market operations far from the ideal of individual utility maximization with perfect information. Indeed, stock markets across space and time are rife with political interventions, social networks, and power considerations." Auch auf allen anderen (realen) Märkten, man denke vor allem an Kredit-, Versicherungs- und Arbeitsmärkte, regulieren sich die Markttransaktionen, bilden sich die Preise für die Waren, ebenso nicht rein über Angebot und Nachfrage (so neben Bowles/Gintis, 1990; 1993; Phillips, 1962; Hodgson, 1988; 1994; Hahn, 1994; Arrow, 1995; Giddens, 1987b sowie Galbraith, 1973). Die Kritik all dieser Studien an der Neoklassik ist nicht, daß analytische Schnitte gesetzt werden. Ohne sie läßt sich keine Sprache und Grammatik gewinnen, in der das komplizierte ökonomische Geschehen diskutierbar wird (Hahn, 1994, 113). Auch soll nicht unterschlagen werden, daß Neo-
(Fortsetzung der Fußnote auf der nächsten Seite)

über die Qualitäten der Beziehungen der Unternehmungen untereinander nichts ausgesagt wird, obwohl sie für Organisationen (Benson, 1975; Pfeffer/Salancik, 1978) und Machteliten (Mills, 1956) wichtig sind (Scott, 1991b; Lie, 1992), da über sie kritische Ressourcen wie Know-how, Material, Dienstleistungen, Personal und Kapital ausgetauscht werden, die für die Produktion und Verwertung sowie zur Befriedigung der Interessen externer und interner Stakeholder (Ansoff, 1965; Mitroff/Mason, 1983; Freeman, 1984) bedeutsam sind. Erstaunlich ist die Faszination durch das neoklassische Marktmodell *drittens*, weil das gesamte Instrumentarium der Betriebswirtschaftslehre, das ja keinesfalls nur Markttransparenzen und die Rationalität des Entscheidens im Blick hat und befördern soll, einen Baukasten zur Erzeugung von Marktunsicherheiten und Marktintransparenzen, Faktorimmobilitäten, Wettbewerbsvorteilen usw., das heißt zur Verhinderung ‚reiner Märkte' bereithält – zu deren aktuellen Varianten eben auch die Regulation ökonomischer Aktivitäten in Unternehmungsnetzwerken zählt. Verblüffend ist aber *viertens* vor allem die weitgehende Übernahme neoklassischer Argumentationen im Bereich der Soziologie. Überraschend deswegen, da sich im neoklassischen Modell doch nur *eine einzige* ökonomische Institution findet, die alles ökonomisch Relevante, insbesondere die effiziente Verteilung von Ressourcen und damit von Wohlstand regelt: der Markt (Oberschall/Leifer, 1986, 234 f.; Arrow/Hahn, 1971). Diese *Entsoziologisierung des Marktes* drückt sich darin aus, daß alles, oder doch fast alles, was die Prozesse sozialer Konstitution von Märkten im Spannungsfeld von Institutionen und Interaktionen ausmacht, im Modell vor die Klammer gezogen wird. Ihre Verfechter sehen darin die einzige Chance, zu den Gesetzmäßigkeiten, den regulativen Ideen der Ökonomie vorzustoßen.[9] Fast alle in der Literatur diskutierten Probleme des neoklassischen Marktmodells deuten aber darauf hin, daß ein Verständnis von Märkten, welches diese nicht zu dem „hollow core at the heart of economics" (Lie, 1997, 342) degradiert, einer ‚Mikrofundierung' bedarf – und derer ermangelt die neoklassische Theorie.

Umgekehrt überrascht, daß Vorstellungen, *Unternehmungen* seien monolithische Einheiten, durch Hierarchie (z.B. aktuell Williamson, 1990 [1985]) oder durch ‚a nexus of treaties' bestimmt (Aoki/Gustafsson/Williamson, 1990; s.a. Alchian/Demsetz, 1972, 777), bis heute auch im Netzwerkdiskurs eine promi-

---

klassiker von der Welt (der Ökonomie) als isolativer Fiktion sprechen. Vor jedem ihrer Argumente steht ein ‚Als-ob' (Vaihinger, 1911; Friedman, 1953). Die Frage, die nochmals mit Nachdruck aufgeworfen wird, ist, wie zweckmäßig diese Annahmen für ein Verständnis realer Märkte sind.

9 Alles andere bedeute, daß man das „Leben abschreibt, aber ohne Vernunft darin" (v. Thünen, zit. n. Albach, 1993, 1). Dieses Argument bringt von Thünen – einer der Gründungsväter der deutschsprachigen Betriebswirtschaftslehre, auf den Gutenberg unter anderem aufbaut – gegenüber der historischen Schule im ersten Methodenstreit, zu der auch Max Weber zählt, vor (Swedberg, 1991, 258 ff.; 1998; Reuter, 1994, 62 ff.). Gleichwohl impliziert das Modell normative und politische Implikation (z.B. Vogt, 1988, 284; DeVroy, 1991, 7). Angesichts der sozialen Wirkungen von an ‚reinen Märkten' orientierten Vermarktlichungen verkehrt sich das Neutralitätspostulat, wie Galbraith (1973, 11) zusammenfaßt, in sein Gegenteil: „Such an economics is not neutral. It is the influential and invaluable ally of those whose exercise of power depends on an acquiescent public."

nente Rolle spielen.10 Alle Probleme, einschließlich die der Steuerung, Kontrolle und Überwachung ökonomischer Prozesse und Aktivitäten, sind scheinbar mit der Analyse der jeweiligen kontingenztheoretischen Merkmale, wie etwa der Faktor- und Aufgabenspezifität und der vermeintlich damit objektiv vorgegebenen Wahl der ‚governance', gelöst. Selbst deren Durchsetzung geschieht scheinbar reibungslos. Dabei haben Crozier und Thoenig (1976) diese Ansicht mit ihren Überlegungen zu ‚modes of government' bereits vor mehr als 20 Jahren in Frage gestellt, so wie aktuell Lindberg, Campbell und Hollingsworth (1991) im Anschluß an North (1990). Nicht wenige Studien heben hervor: in und zwischen Organisationen ‚tobt das Leben'. Wer verstehen will, was in und zwischen Unternehmungen geschieht, der muß die ‚Mikrofundierung' von Märkten, Organisationen und Netzwerken und deren Konstitution in spezifischen institutionellen Kontexten aufnehmen und die damit einhergehende grundlegende Kontingenz sozialer Prozesse berücksichtigen. Er muß sich die Orientierungen und die Orientiertheit des Handelns von Akteuren ebenso wie die politische Dimension des Ökonomischen vergegenwärtigen. Er muß verstehen, daß Organisationen alles andere als monolithische Einheiten sind und jede Erklärung des ökonomischen Geschehens, welche die Machtgeprägtheit der Prozesse und der herrschaftlichen Ausgelegtheit und Auslegung der Praktiken ausblendet, entscheidende Lücken aufweist (z.B. Crozier/Friedberg, 1979 [1977]; Friedberg, 1995; oder unsere Studien Ortmann et al., 1990 sowie Sydow et al., 1995).

Die in dieser Arbeit im Teil II genauer vorgestellten, etablierten Netzwerkansätze aus dem Bereich der *Soziologie:* der in der bundesdeutschen Industriesoziologie seit Mitte der achtziger Jahre propagierte Ansatz der ‚systemischen Rationalisierung' (Teil II.1) und die weltweit seit mehr als 30 Jahren etablierten Forschungen im Rahmen der ‚strukturellen Netzwerkforschung' (Teil II.2), sind, das mag vielleicht zunächst verwundern, nur unzureichend darauf vorbereitet, die

---

10 Williamson erweitert mit seinem Ansatz vergleichender Betrachtung ökonomischer Prozesse, auf der Basis von Überlegungen von Coase (1937) über das Versagen von Märkten, gegenüber der Neoklassik die Sicht auf die Koordination ökonomischer Aktivitäten. Die Einsicht, daß sich nicht alle vertragsbezogenen Handlungen im vorhinein klären lassen und daher eine ‚governance' benötigt wird, die auch das ökonomische Geschehen nach Abschluß der Verträge steuert, überwacht und kontrolliert, widerspricht neoklassischen Grundannahmen. Wichtig auch seine Einsicht, daß die Anbahnung, Vereinbarung, Kontrolle und Anpassung der Verträge wie auch immer schwer zu ermittelnde Kosten verursachen und die Spezifität von Investitionen, Merkmale der Marktsituation (wie ‚small number', also eine geringe Zahl an Konkurrenten) usw. relevante Größen des Geschehens sind. Andererseits weist der theoretische Grundansatz erstaunliche Parallelen zur Neoklassik auf. Institutionelle Aspekte, selbst die für Kontrakte zentralen Momente, wie politische, soziale und legale Regeln im Sinne von Davis und North (1971, 5 f.), die für Williamson (1994, 79 f.) die Basis für die Produktion, den Austausch und die Distribution bilden, werden, ähnlich wie in der Neoklassik, in die Randbedingungen des Handelns verbannt; Akteure treffen, entsprechend dem von der Neoklassik bekannten Marginalprinzip, auf der Basis bekannter Transaktionskosten und -erträge – eine äußerst heroische Annahme ! – optimierende Entscheidungen (für eine Kritikübersicht Richter/Furubton, 1995; 1997 und passim). Technologie- und Produktionskosten spielen für Williamson entsprechend keine oder eine untergeordnete Rolle – ganz im Gegensatz zu aktuell beobachtbaren Verlagerungen in Billiglohnländer (zu den Entwicklungspotentialen dieses Ansatzes Sydow, 1999a).

Konstitution von Unternehmungsnetzwerken zu erfassen. Gegenüber der managementnahen Netzwerkforschung, die vornehmlich über unterschiedlichste Begriffsvorschläge versucht, der Vielfalt von Netzwerken Herr zu werden, und die energisch die Koordination ökonomischer Aktivitäten in den Vordergrund stellt, hebt die industriesoziologische Forschung zu Recht das Zusammenspiel von intra- und interorganisationalen Rationalisierungsprozessen hervor (aber z.B. auch Kanter/Myers, 1991). In den Studien zur systemischen Rationalisierung werden aber weder einzelne Unternehmungen noch die Strukturen und Mechanismen der Konstitution und der Reproduktion (der Regulation) des Beziehungszusammenhangs systematisch beachtet. Den Studien zur strukturellen Netzwerkanalyse geht es nicht viel anders: Sie akzentuieren die Strukturen der Beziehungszusammenhänge und ihre Bedeutung für das Verhalten von Akteuren. Ihnen fehlt es aber an einer organisationalen Mikrofundierung und an einer Reflexion institutioneller Mechanismen. Man kann es auch so ausdrücken: In beiden Ansätzen *vermißt man* vor allem *den aktiven und reflexiven Akteur* und *seine praktischen Aktivitäten*. Es fehlen insbesondere kollektive Akteure, wie Organisationen und Unternehmungen, die ihre Aktivitäten hochgradig reflexiv, sensibilisiert für und durch die Strukturen und Entwicklungspotentiale der Kontexte, ausgestalten. Zusammengefaßt fehlt ein elaboriertes *Verständnis ihrer Konstitution*. Vom Handeln der Akteure abgelöste Erklärungen herrschen vor. Den Handelnden wird de facto ein relevantes Verständnis und Wissen um die Voraussetzungen und Mechanismen ihrer Praktiken wie um die Konsequenzen ihres Tuns abgesprochen. Es wird zumindest nicht handlungs-, auf jeden Fall nicht erklärungsrelevant, außer in Form meist implizit bleibender, im Zweifel recht rationalistischer Handlungsannahmen.

Eine Erneuerung der Industriesoziologie kann, folgt man den Einschätzungen der Kritiker und der Skizze der durch interorganisationale Netzwerke aufgegebenen neuen Forschungsfragestellungen, weder durch ‚business as usual' noch durch ein schlichtes ‚Zurück-zu-den-Klassikern' erzielt werden: nicht, salopp gesprochen, durch ‚Mehr-vom-selben'. Wie also kann man den von Baethge, Lutz, Schmidt und anderen formulierten Aufforderungen nachkommen, den Blockierungszusammenhang zu durchbrechen? Statt die Klassiker schlicht beiseite zu stellen, erscheint eine Bewegung „beyond the classics" (Schmidt, 1997) vielversprechend, die auf die *Dehiszenz der eingekapselten Potentiale* hofft. In der Biologie benennt Dehiszenz den Vorgang des plötzlichen Aufspringens kapselartiger Organe bei Pflanzen. Das ‚Aufspringen' der in den Theorien der Klassiker und der Industriesoziologie eingekapselten und verschütteten Möglichkeiten könnte am Ende gar die Einsicht reifen lassen, die viel zitierte Inkommensurabilität der Paradigmen überstrapaziert zu haben.[11]

---

[11] Die Idee der Dehiszenz entlehne ich Derrida (1977, 197). Vergleiche damit das Konzept des ‚ceremonial encapsulation' im US-amerikanischen Institutionalismus. Zur Diskussion um die *Inkommensurabilität* sozialwissenschaftlicher Paradigmen siehe Hassard (1988; 1991), Parker und McHugh (1991), Gioia und Pitre (1990), Jackson und Carter (1991), Willmott (1993), Weaver und (Fortsetzung der Fußnote auf der nächsten Seite)

2 Konstitution und Strukturation: Ansatz- und Bezugspunkt theoretischer Reflexion und Erneuerung

Alle Theorien auf dem Felde des Sozialen, von denen hier ausschließlich die Rede sein soll, seien es organisations-, netzwerk- oder sozialtheoretische Ansätze, sind durch ihr Verständnis der *Konstitution des Sozialen* charakterisiert: genauer durch ihr Verständnis *des Problems, der Kontingenz der Prozesse* und der Aufnahme *der Ebenen der Konstitution*. Ich schließe mich mit dieser Position Outhwaite (1983, 68) an, der formuliert,

„some account of constitution is present implicitly in the work of most social theorists and is, in fact, essential to any adequate social theory."[12]

Stark vereinfacht kann man mit Outhwaite (ibid., 70) von einem Kontinuum zwischen einer starken und einer schwachen These der Konstitution des Sozialen sprechen. Vertreter einer starken These sind vornehmlich im Spektrum interpretativer Soziologie oder der Managementforschung anzutreffen. Sie gehen faktisch davon aus, daß den Orientierungen der kreativen Handlungen in den Prozessen der Konstitution eine hohe Bedeutung zukommt, und daß die Subjekte nahezu vollständig frei sind, sich ihre eigene Welt zu konstruieren. Vertreter einer schwachen Version von Konstitution, etwa Autoren mit strukturalistischen oder marxistischen Positionen, heben dagegen das Orientiertsein der Subjekte und ihrer Handlungen durch Strukturen, Systemimperative oder durch transzendentale Bedingungen menschlicher Wahrnehmung hervor. Die Systemtheorie Luhmanns schillert wegen ihrer Idee struktureller Kopplung psychischer und sozialer Systeme zwischen einer eher schwachen und einer eher starken Konstitutionstheorie.[13] Giddens – ebenso wie so unterschiedliche Theoretiker wie Bourdieu, Collins, Castoriadis oder Touraine – sind auf dem Kontinuum von Outhwaite als Theoretiker mit mittlerer Position einzustufen.[14]

Gioia (1994; 1995) sowie DeCock und Richards (1995). Siehe zur diesbezüglichen Diskussion in der deutschen Managementforschung zum Beispiel Scherer (1995).

12 Der Begriff der *Konstitution* wird oft verwendet, gerade in sozialtheoretischen Schriften (für Überblicke Hogrebe, 1974, 15 ␣f.; Outhwaite, 1983, Kap. 3; Joas 1996 [1992], dessen Unterscheidung zwischen Differenz- und Konstitutionstheorien ich jedoch die von Outhwaite vorziehe; s.a. Hogrebe, 1976, 992; Claesges, 1964; 1976). So sprechen etwa Luhmann (1984), Habermas (1988a,b [1981]) und Giddens (1984) von Konstitution. Aber, obwohl der Titel des sozialtheoretischen Hauptwerks von Giddens ‚Constitution of Society' heißt, bleibt das Konzept bei ihm implizit. Die Wortgeschichte des Begriffs Konstitution ist eine „Geschichte von Unklarheiten" (Luhmann, 1971, 30). Seine Verwendung ist nicht gerade einheitlich.

13 Ersteres findet seinen Ausdruck darin, daß Luhmann (1984, 43 ff.) – ebenso etwa im Anschluß an ihn Kappelhoff (1995; 2000b) oder auch Esser (1993, 589 ff.) – lediglich von ‚Konstitution von oben' und dann von ‚Emergenz von unten' sprechen. Dieser Aufteilung in zwei scheinbar gänzlich verschiedene Prozesse ist vielsagend. Sie suggeriert, Emergentes sei nicht – wie alles in Sozialen – Ergebnis und Medium der Prozesse der Konstitution. Die zweite Position findet ihren Widerhall im Verständnis einer prinzipiell kontingenten Reproduktion, bei dem die systemisch verbleibende Unsicherheit des Anschlusses jeweils im Sprung hergestellt werden muß.

14 Mit Outhwaite (1983, 68; Hervorh. A.W.) lassen sich unterschiedliche Verständnisse von Konstitution unterscheiden: „an *epistemic or theoretical sense of constitution*, which is opposed to em- (Fortsetzung der Fußnote auf der nächsten Seite)

Theorien unterscheiden sich hinsichtlich ihrer Aufnahme des *Problems der Konstitution*, das heißt durch ihr Verständnis der Vermittlung von Interaktionen und Strukturen, Systemen sowie Institutionen im Sozialen. Die Positionen gegenüber der ‚Synthesis von Entgegengesetztem' (Hogrebe, 1974, 37) variieren zwar. Aber alle Theorien sind mit der Frage konfrontiert: Wie und warum orientieren wesentliche Merkmale und Mechanismen einer Handlungs- oder Ereignisfolge eine Handlung oder ein Ereignis und umgekehrt? Jede Theorie bezieht zu diesem Problem Position: Denn das Zusammengestellte orientiert ‚als Bestimmtes', ‚Geordnetes', ‚Determiniertes' das Zusammenstellen, indem es dieses ‚grundlegt', ‚begründet', ‚fundiert'. Während das Zusammenstellen das Zusammengestellte orientiert, indem es dieses ‚aufbaut', es ‚konstruiert'. Das Zusammenspiel von Zusammengestelltem und dem Zusammenstellen ist oft die entscheidende *Leerstelle* in sozialwissenschaftlichen Theorien (das zeigen auch die im Teil I und II skizzierten Theorieansätze). Nicht selten wird zwar angenommen, daß die Vermittlung zwischen dem Entgegengesetztem erfolgt. *Wie* und *warum* dieses geschieht und wie und warum die Art und Weise der Konstitution mit den Zugangs- und Aufnahmeweisen zu und vom Sozialen zusammenhängt, wird aber nicht oder nur unzureichend beantwortet. Statt dessen werden etwa Determinismen oder Zwänge des Marktes, der Werte und Normen und vieles mehr unterstellt.

Alle Theorien vertreten auch eine Position hinsichtlich der *Kontingenz der Prozesse der Konstitution*. Das liegt daran, daß im Bereich des Sozialen keine zeitlosen Strukturen in dem Sinne existieren, daß für sie eine Veränderung in Zeit und Raum prinzipiell ausgeschlossen ist (s.a. Scheibe, 1985, 1). Es war Aristoteles, der zur Kennzeichnung dieser Situation den Begriff der Kontingenz in die Philosophie einführte und ihm die bis heute gültige Bedeutung zuwies (z.B. Heuß, 1985, 15; Stricker, 1985, 146; s.a. Luhmann, 1992, 96; 1971, 32). Etwas ist für Aristoteles kontingent, wenn es ‚weder notwendig noch unmöglich' ist (s.a. Brogan, 1967). Spricht man von kontingenter Konstitution, dann meint das, Prozesse seien in ihrem Wesen, ihrer Verursachung, ihrem Verlauf und ihren Resultaten so-und-auch-anders-möglich, aber nicht beliebig. Praktisch können sich Dinge immer anders verhalten, als sie es gerade tun. Es gibt stets Alternativen. Gegebenenfalls können solche zum Ziel menschlichen Handelns werden. Kontingenz bedeutet also die grundsätzliche Möglichkeit, in verschiedener Weise zu handeln. Es umfaßt zudem, daß jede Handlung, jedes Geschehen kontingent ist. Das Anders-Sein-Können findet seine Ursache und seinen Ausdruck in dem Umstand, daß

---

piricism, and a somewhat less common *ontological or practical sense*, the sense in which Marxism claims that ‚we make our own history' (or society), and *various ‚idealist' theories*, such as those of Simmel, Schutz and subsequent phenomenological sociologists, claim that ‚society' is made up of meanings and interpretations which are negotiated in interaction. This distinction is, however, primarily an analytical one; while some theories appear to be concerned solely with one or the other sense of constitution, the majority make reference to both senses." Ich verwende den Begriff der Konstitution – entsprechend der Anlage der Strukturationstheorie als einer Theorie sozialer Praxis – vornehmlich in einem praktischen Sinne.

jede Handlung und alles Geschehen in ihrem Beginn, in ihrem Verlauf und in ihren Resultaten nicht (zumindest nicht vollständig) determiniert und in sich vieldeutig sind. Alle Sozialtheorien sind daher mit der Frage der Kontingenz befaßt. In Theorien werden unterschiedliche Aspekte der Konstitution in den Mittelpunkt gerückt. Evolutionistische Ansätze blenden die Kontingenz unvorhersehbarer Ereignisse zumeist aus (vergleiche aber die Kritik daran und die kluge Gegenposition bei Gould, 1994 [1989]). Handlungstheoretisch argumentierende Positionen heben hervor, daß der Mensch selbst auf ‚dieselbe Situation' neu antworten kann, es also wesentlich der Akteur ist, der die Kontingenz verursacht. Strukturalistische Theorien stellen die „begrenzte Unbestimmtheit" (Hondrich, 1985, 61) als eine, die strukturell verursacht ist, in den Mittelpunkt usw.. Ich argumentiere in dieser Arbeit strukturationstheoretisch und behaupte: Soziales Geschehen zu verstehen, auch die Kontingenz darin zu erfassen, setzt ein Verständnis der Prozesse voraus, in denen etwas im Zusammenspiel von Institutionen und Interaktionen kontingent gemacht und wie Kontingenz in diesem Handlungszusammenhang praktisch geschlossen wird. Ein Verständnis kontingenter Konstitution ist dann ohne die Aufnahme aktiver und reflexiver Akteure und ihrer in Kontexten situierten Aktivitäten von vornherein begrenzt – selbst wenn sich vieles in den Prozessen der Konstitution dem reflexiven Zugriff entzieht.

Theorien variieren zudem grundlegend hinsichtlich der *Ebenen der Konstitution*, die berücksichtigt werden. Das Spektrum ist auch an diesem Punkt recht breit. Viele Theorieansätze schauen auf einen bestimmten Ausschnitt des Sozialen und verbannen alles andere in die Rahmenbedingungen. Sie betrachten etwa die Organisation von Praktiken in Unternehmungen oder in Unternehmungsnetzwerken und blenden institutionelle Aspekte des Kontextes aus, wie etwa der Taylorismus, oder reduzieren sie auf ein Set begrenzter Merkmale, wie die Kontingenztheorie.

Für Adorno und, wie sich zeigt, auch für Giddens konstituiert sich dagegen alles Soziales über die ‚Extreme'. Die Produktion und Reproduktion des Sozialen ist eingebunden in einen Prozeß der Ko-Evolution. Darüber radikalisiert sich – in der Tradition von Hegel und Marx – das Verständnis von Konstitution:

„Die gesellschaftliche Totalität führt kein Eigenleben oberhalb des von ihr Zusammengefaßten, aus dem sie selbst besteht. Sie produziert und reproduziert sich durch ihre einzelnen Momente hindurch. Viele von diesen bewahren eine relative Selbständigkeit [...]. So wenig aber jenes Ganze vom Leben, von der Kooperation und dem Antagonismus seiner Elemente abzusondern ist, so wenig kann irgendein Element auch bloß in seinem Funktionieren verstanden werden ohne Einsicht in das Ganze, das an der Bewegung des Einzelnen selbst sein Wesen hat" (Adorno, 1972 [1961], 127).

Die strukturationstheoretische Idee von Konstitution visualisiert die Abbildung 1. Akteure nehmen in ihren Handlungen die konkrete Handlungssituation in ihren Einbettungen in Zeit und Raum auf und (re-)produzieren sie dadurch. Sie vergegenwärtigen sich in der Handlungssituation relevante:
- *individuelle Akteure mit ihren Interaktionen und Beziehungen*, wobei die Akteure in der konkreten Handlungssituation anwesend, aber auch abwesend sein können. In einer Verhandlungssituation bezieht man sich etwa auf Ge-

schäftspartner, mit denen man gerade verhandelt, und auf deren Interaktionen und Beziehungen. Gegebenenfalls berücksichtigt man aber auch andere, abwesende Akteure, die, wenn auch oft recht vermittelt, für die Akteure aktuell Bedeutung erlangen: etwa Vorgesetzte, vor denen eine Entscheidung nachher zu rechtfertigen ist.

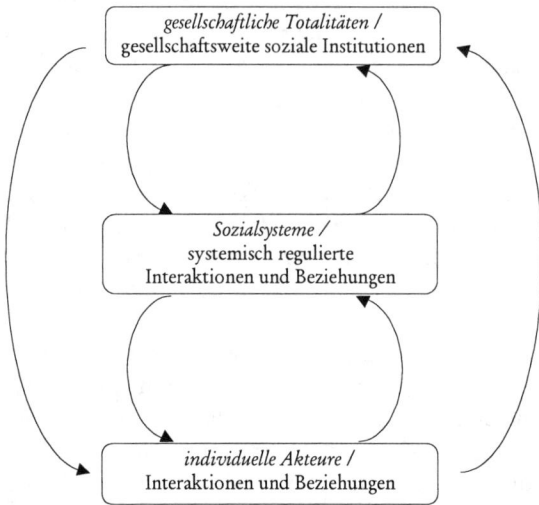

Abb. 1: Konstitution sozialer Systeme – ein Schichtenmodell

– nicht-gesellschaftsweite *Sozialsysteme mit ihren situationsübergreifenden, systemisch regulierten Interaktionen und Beziehungen*. Die Verhandlungspartner reflektieren (praktisch jeder für sich oder auch gemeinsam) etwa, daß sie als Repräsentanten ihrer Netzwerkunternehmungen und im Kontext des Unternehmungsnetzwerks verhandeln, berücksichtigen ihre Absatz- oder Einkaufsmärkte, allgemein: die für sie relevanten organisationalen Felder, in die sie ihre Handlungen einbetten. Akteure aktualisieren in der Situation zudem andere Systemkontexte, die darüber in der Situation für das Handeln auch (wenn auch gegebenenfalls geringere oder auch höhere) Bedeutung erlangen. Die faktisch einbezogenen Sozialsysteme können individuell wie situativ recht unterschiedliche sein: sie reichen von verbandlichen, politischen, religiösen bis hin zu privaten.

Last but not least bringen Akteure sich in der Situation, und wie vermittelt auch immer:

– *gesellschaftliche Totalitäten* (Gesellschaften und gesellschaftsübergreifende Systeme wie die Europäische Union, die Vereinten Nationen usw.) *und gesellschaftsweite* (wie auch gesellschaftsübergreifende) *Institutionen* als institutionelle Kontexte des situativen Geschehens zu Bewußtsein. Sie nutzen in ihren

Verhandlungen eine Verhandlungssprache, gesellschaftsweite Praktiken der Einordnung und Bewertung von Geschehen und Praktiken der Nutzung von Ressourcen. Sie beziehen sich etwa auf Unternehmungsnetzwerke oder Unternehmungen (als Typen sozialer Systeme zur Koordination ökonomischer Aktivitäten), auf Banken (als Typen sozialer Systeme, über die man Finanztransaktionen abwickelt), auf Verträge (als typische Formen, über die man Rechte und Verpflichtungen fixiert) usw. usf..[15]

Akteure handeln also unter Rekurs auf Sozialsysteme und gesellschaftsweite Totalitäten in Zeit und Raum. Sozialsysteme regulieren und Institutionen orientieren umgekehrt die Interaktionen und Beziehungen. Unternehmungsnetzwerke ebenso wie ihre Kontexte befinden sich so in einem permanenten Prozeß kontingenter Produktion und Reproduktion.

Das impliziert (1.): Eine Erklärung von Unternehmungsnetzwerken ist an die Aufnahme dessen gebunden, was Akteure, etwa Manager oder Unternehmungen, in ihrem sozialen Handeln reflexiv vom sozialen Geschehen, von Handlungssituationen und -kontexten berücksichtigen und in ihren Handlungen zum Ausdruck bringen. Welche der Bedingungen und Konsequenzen ihres Handelns aktualisieren sie im Tun und welche entziehen sich ihrer Vergegenwärtigung? Eingeschlossen ist (2.) ferner: Ein Verständnis von Gesellschaft, gesellschaftlichen Totalitäten, ist ohne Rekurs auf Sozialsysteme nicht möglich und umgekehrt. Vor allem als Organisationen koordinieren sie einen Großteil der Aktivitäten der (Re-)Produktion im Geflecht verschiedener Sozialsysteme hochgradig reflexiv, ohne daß die Prozesse sich wiederum von den situativen Interaktionen und Beziehungen der Akteure ablösen. Zu beachten sind also auch die gesellschaftlich und systemisch, zum Beispiel durch ein einmal in die Welt gesetztes Netzwerk, ‚vorgegebenen‘ Strukturen. Denn auch sie beeinflussen Formen und Möglichkeiten zu handeln. Impliziert ist (3.): Der Grad reflexiver Konstitution sozialer Systeme, das heißt der Grad, in denen Prozesse der Konstitution bewußt und intendiert ausgestaltet sind, kann sehr unterschiedlich sein und ist jeweils zu bestimmen. Eingeschlossen ist (4.) zudem: Soziale Praktiken in und zwischen sozialen Systemen spielen zusammen. Das rekursive und kontingente Zusammenspiel intra- und intersystemischer Praktiken ist als Medium und Resultat der Prozesse der Konstitution sozialer Systeme aufzufassen und elementares Moment ihrer Erklärung. Entworfen

---

15 Um Mißverständnisse zu vermeiden: (1.) Die Positionierung sozialer Systeme zwischen gesellschaftlichen Totalitäten und individuellen Akteuren ist genau genommen nicht ganz richtig, da ja auch gesellschaftliche Totalitäten soziale Systeme sind. Sie soll jedoch auf zweierlei verweisen. Erstens zählen individuelle Akteure zur Umwelt sozialer Systeme. Zweitens beziehen sich Handelnde im Sozialen gleichzeitig immer auf soziale Systeme (wie Unternehmungsnetzwerke) und auf gesellschaftliche Totalitäten, das heißt auf Sozialsysteme mit größerer Ausdehnung in Raum und Zeit. Erwähnt sei zudem (2.): Das von Adorno wie von Giddens vorgelegte Verständnis von Konstitution schließt ein, daß vieles *nicht* zur Geschichte wird, als Unterdrücktes, Ausgegrenztes aber nicht nur verborgen, verboten oder unterdrückt wird, sondern oft latent das soziale Geschehen prägt oder plötzlich als Widersprüchlichkeiten oder Gegensätze an die Oberfläche zurückkehrt. Aber auch dessen Verständnis setzt ein Verständnis der Prozesse der Konstitution voraus.

wird so eine Mehrebenenanalyse von Unternehmungsnetzwerken, in der Unternehmungen, individuellen Akteuren und anderen, weiter in Zeit und Raum ausgreifenden Kontexten relevante Rollen bei der Erklärung der Prozesse der Konstitution zukommen.

Das auf strukturationstheoretischer Basis umrissene Grundverständnis sozialer Konstitution enthält ein Plädoyer für eine neue Theoriebasis der Industriesoziologie. Trotz Abkehr vom traditionellen Theoriebestand dieser Disziplin – der Erkenntnisse der Organisations-, der Netzwerk- und der Strukturationstheorie jenseits vereinzelter Versatzstücke immer noch weitgehend fremd sind – ermöglicht der strukturationstheoretische Ansatz gleichzeitig, auf vielfältige Weise an die im Feld vorherrschenden Sicht- und Denkweisen anzuschließen. Die Strukturationstheorie setzt nämlich nicht nur intelligent an Marx, Weber und Durkheim als den Klassikern der Disziplin an. Sie befreit zudem das avancierten industriesoziologischen Studien zugrundeliegende, in der Tradition von Hegel und Marx stehende Verständnis reflexiver Konstitution des Sozialen, das heißt der reflexiven Vermittlung von ‚Subjekt- und Systemreflexivität' (Hegel) in sozialer Praxis, aus seinen Blockierungen. Hierüber eröffnet sie Wege, recht grundlegend in der Disziplin verankerte Theoriefiguren fruchtbar weiterzuentwickeln.

Im Teil III nehme ich die für eine Netzwerktheorie relevanten Konzepte der Strukturationstheorie auf und entwickele hieraus einen strukturationstheoretisch informierten Netzwerkansatz. Er erlaubt, die in der Netzwerkforschung eher übliche eklektizistische Vorgehensweise zu ersetzen – auch wenn heute noch vieles Programm ist und ein endgültiges Urteil erst später zu fällen sein wird. Meine Aufarbeitung der Strukturationstheorie weist eine Besonderheit auf: Ich stelle das Konzept des sozialen Systems, welches in der Exposition von Giddens und in der Rezeption bisher vernachlässigt wurde, in den Mittelpunkt. Mit dieser für die Weiterentwicklung der Strukturationstheorie und deren Anwendbarkeit in der Organisations- und Netzwerkforschung eminent bedeutsamen Verschiebung kann ich einen zur etablierten Netzwerkforschung alternativen Netzwerkansatz vorstellen. Der Ansatz stellt ein durch fünf Merkmale charakterisiertes Verständnis der Konstitution von Unternehmungsnetzwerken ins Zentrum. Er unterbreitet (1.) ein *prozessuales Verständnis der Konstitution*, das die zumeist statischen Betrachtungen von Unternehmungsnetzwerken zu überwinden erlaubt. Er entwickelt (2.) ein Verständnis von Konstitution von Unternehmungsnetzwerken, welches dieses als Medium und Resultat der *Koordination von Aktivitäten in Zeit und Raum* versteht und damit (3.) die Entwicklung von Unternehmungsnetzwerken als einen Prozeß der *Ko-Evolution* mit relevanten Umwelten bestimmt, statt, wie das üblicher Weise geschieht, Veränderungen der Handlungen und Vorstellungen der Unternehmungen und individueller Akteure nicht näher zu berücksichtigen und Verschiebungen anderer relevanter Kontexte wie Branchen oder Gesellschaften aus dem Auge zu verlieren. Getragen wird dieses Verständnis von Konstitution (4.) durch den *Strukturationsmechanismus*, dem zufolge Handlung, Struktur und System weder auseinanderfallen, noch miteinander verschmelzen. Ausgegangen wird vielmehr (5.) davon, daß Unternehmungen als kollektive Akteure kompetent und *macht*voll miteinander Geschäfte auf *herrschaft*lich strukturierten Terrains abwickeln. Vorgestellt wird eine Netzwerktheorie, die zu verstehen erlaubt, wie Netzwerkunternehmungen gleichzeitig diejenigen sind, die Unternehmungsnetzwerke (sowie Branchen und gesellschaftliche Totalitäten) mit hervorbringen und durch sie geschaffen werden.

Die Ausführungen im Teil III setzen an eigenen theoretischen und empirischen Vorarbeiten in der Automobil-, Werft-, Nahrungsmittel- und Chemieindustrie sowie Finanzdienstleistungsindustrien an (z.B. zur organisationstheoretischen Verwendung der Strukturationstheorie: Ortmann et al., 1990; Windeler, 1992a; 1992b; Ortmann/Sydow/Windeler, 1997) und schreiben Überlegungen zu einer strukturationstheoretisch informierten empirischen Netzwerkforschung vor allem in der Versicherungs- und Medienindustrie theoretisch fort (z.B. Sydow/Windeler, 1993; 1994; 1996; 1997; 1998; 1999; Sydow et al., 1995; Windeler/Sydow, 1995; Windeler, 1998; Windeler/Lutz/Wirth, 2000).

Bevor ich den strukturationstheoretischen Theorie- und Netzwerkansatz vorstelle, illustriere ich im Teil I mit starkem Bezug auf die Managementliteratur genauer die Idee der Vernetzung: die Grundlinien einer Netzwerkanalyse, der Regulation von Netzwerken und des Verhältnisses von Netzwerk und Kontext. Ich beschließe die Arbeit mit einer Überlegung zur ‚*reflexiven Vernetzung*' als der modernen Form der Vernetzung, das heißt von Vernetzung in einer sich radikalisierenden Moderne. Im Resultat lichtet sich der ‚competitive jungle' der Governanceformen, verlieren Netzwerke ihren Status von ‚new beasts', die wir nicht einmal identifizieren können, und zeichnet sich eine Theorieperspektive für eine fruchtbare Vermittlung unterschiedlicher Netzwerkdiskurse ab. Darüber hinaus macht der vorgestellte Theorieansatz *ein Angebot* für die nahezu einmütig geforderte Erneuerung der Theoriebasis der Industriesoziologie und liefert einen Beitrag zum notwendigen Diskurs über die Theoriegrundlagen der Netzwerkforschung.

Teil I

Perspektive und Gegenstand

1 Netzwerkanalyse: eine relationale Sichtweise auf Soziales

Perspektive und Gegenstand konstituieren sich rekursiv. Das gilt positiv wie negativ. Die Diffusität vorliegender Netzwerkperspektiven trägt dazu bei, daß der Gegenstand ‚Netzwerk' sich einer genaueren Bestimmung entzieht. Umgekehrt findet die Vielschichtigkeit und Vielfältigkeit des Gegenstands seinen Ausdruck in diffusen Perspektiven. Einen Ausweg aus dieser Misere und einer nur metaphorischen Verwendung des Netzwerkbegriffs liefert nur eine Netzwerktheorie, die es erlaubt, Klarheit und Präzision mit Gegenstandsadäquanz zu vermitteln. Grundlagen der Formulierung einer Netzwerktheorie bietet die im Teil II.2 näher vorgestellte strukturelle Netzwerkanalyse: allgemeinste Merkmale der Netzwerkperspektive, der Methoden der Netzwerkforschung, von Netzwerktheorien und des Gegenstands von Netzwerkanalysen lassen sich, wie ich jetzt zeige, auf der Basis ihrer Bestimmungen formulieren.

Netzwerkansätze offerieren eine spezielle, eine *relationale Sichtweise auf Gesellschaft* (Collins, 1988, 413). Im Mittelpunkt der Erklärung von Sozialem steht, folgt man der einflußreichen Bestimmung des britischen Sozialanthropologen J. Clyde Mitchell (1969, 1 f.), ein spezielles *Set sozialer Beziehungen* zwischen einer definierten Gruppe von Akteuren (oder Einheiten) und die *Charakteristika der spezifischen Beziehungssets*:

„The image of ‚networks of social relations' to represent a complex set of interrelationships in a social system has had a long history. This use of ‚network', however, is purely metaphorical and is very different from the notion of a social network as a specific set of linkages among a defined set of persons with the additional property that the characteristics of these linkages as a whole may be used to interpret the social behaviour of the persons involved" (s.a. Barnes, 1969, 1; Podolny/Page, 1998).

Die zugrundeliegende *Netzwerkmaxime* lautet: Nur wenn soziale Beziehungen abhängig sind von anderen sozialen Beziehungen, macht es überhaupt Sinn, von einem Netzwerk zu sprechen. Wenn sie es aber sind, dann ist das, was in (einzelnen) sozialen Beziehungen geschieht, nur unter Einbezug weiterer Beziehungen und vor allem des Netzwerks der Beziehungen oder des Beziehungzusammenhangs zu verstehen und zu erklären (s.a. Emerson, 1972b, 70 f.; Marsden, 1992, 1990; Kappelhoff, 1993, 84; 2000a).

Der *Gegenstandsbereich* von Netzwerkanalysen ist sehr umfassend: „[A]ny entity that is connected to a network of other such entities will do," wie Emirbayer und Goodwin (1994, 1417) feststellen. Netzwerkanalysen können von Netzwerken zwischen einzelnen Personen bis hin zu Netzwerken zwischen Gesellschaften, beispielsweise in Form von Handelsblöcken, reichen. Selbstredend können auch Unternehmungsnetzwerke als Netzwerke von Beziehungen zwischen Unternehmungen Gegenstand einer Netzwerkanalyse werden. Die Abbildung I-1 illustriert das Modell eines Unternehmungsnetzwerks und gibt in der Legende mehrere mögliche Besetzungen der Netzwerkpositionen an:

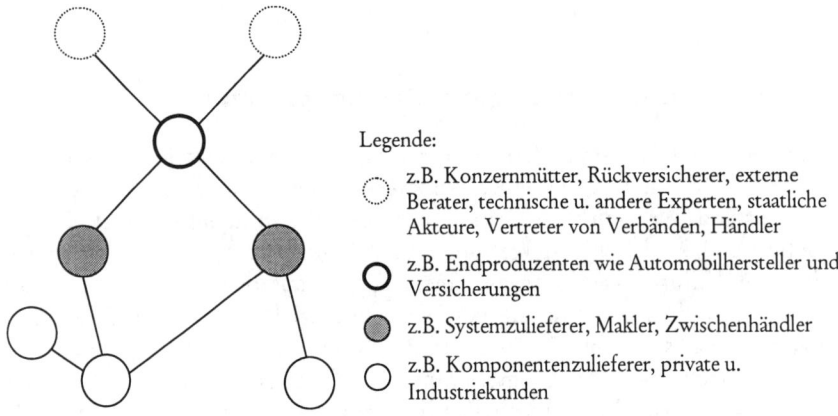

Abb. I-1: Modell eines Unternehmungsnetzwerks

Die *Beziehungen* können, was ihre Inhalte und die Arten und Weisen ihrer Gestaltung betrifft, in der strukturellen Netzwerkanalyse sehr vielfältig sein:

„1. Potentielle Interaktionen
    a. objektiver Art: α) Gelegenheitsstrukturen, zum Beispiel die Mitgliedschaft in einem Aufsichtsrat, die Gelegenheit für Kommunikation schafft, β) Interessenabhängigkeit, zum Beispiel wenn ego an etwas interessiert ist, was alter kontrolliert, und diese Abhängigkeit unabhängig davon besteht, ob sich ego ihrer bewußt ist;
    b. subjektiver Art: soziometrische Wahlen, normative Erwartungen oder das In-Rechnung-Stellen von dritten Personen (*accounting taking*) in einem bestimmten Verhaltensbereich.
2. Tatsächliche Interaktionen
    a. Kommunikation
    b. Tausch von Gütern und Diensten
    c. Andere Interaktionen, zum Beispiel private Kontakte usw.
3. Dauerhafte soziale Beziehungen wie zum Beispiel eine Freundschaftsbeziehung oder eine Rollenstruktur" (Pappi, 1987b, 17 f.; ähnlich Knoke/Kulinski, 1982, 14 f.; Wasserman/Faust, 1994, 8).

In Unternehmungsnetzwerken haben wir es entsprechend vornehmlich mit potentiellen und/oder tatsächlichen Geschäftsinteraktionen und dauerhaften Geschäftsbeziehungen zwischen Unternehmungen zu tun, in denen der Austausch von Gütern, Dienstleistungen, Personal, Geld, Informationen, normativen Vorstellungen und vielem mehr erfolgt (Håkansson, 1997). Die Beziehungen können wiederum, folgt man strukturalistischen Netzwerkanalytikern, empirisch vielfältig miteinander *verbunden* sein. Mit Emerson (1972b, 70) lassen sie sich aber entweder einer positiven oder negativen Grundform zuordnen:

„Exchange relations are defined as ‚connected' to the extent that exchange in one relation facilitates (i.e., a positive connection) or hinders (i.e., a negative connection) exchange in another relation" (Cook, 1987, 216; s.a. Emerson, 1972b; Cook/Emerson, 1978, 725; Cook et al., 1983, 277).[1]

Zur Analyse *sozialer Systeme* verwendet man *Netzwerkmethoden*, das heißt Methoden – seien es quantitative (z.B. Knoke, 1990; Abschnitt II.2) oder qualitative (z.B. Sydow et al., 1995) –, die es erlauben, Beziehungen und deren Zusammenspiel zu erheben. *Netzwerktheorien*, die Licht auf das Zusammenspiel der Beziehungen werfen, leiten die Analyse an.[2] Schematisch läßt sich die Netzwerkanalyse so wie in der Abbildung I-2 visualisieren:

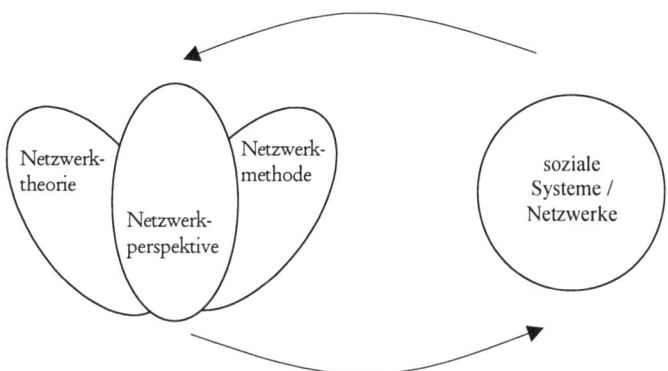

Abb. I-2: Netzwerkanalyse sozialer Systeme

Die *Netzwerkperspektive* ist eine *besondere Perspektive auf Soziales*. Vier Besonderheiten der relationalen Perspektive seien hervorgehoben.[3] In Netzwerkanalysen

---

1 Austauschbeziehungen mit einem fokalen Akteur in einem größeren Austauschnetzwerk von drei oder mehr Akteuren (z.B. B_1 – A – B_2) sind *negativ* verbunden, wenn B_1 und B_2 für A alternative Partner sind, das heißt, wenn verstärkter Austausch von A mit B_1 geringeren Austausch mit B_2 bedeutet. Diese Situation ist typisch dann gegeben, wenn ein Akteur A zu einem Zeitpunkt entweder B_1 oder B_2 einen Auftrag gibt. Die Vorstellung der positiven oder negativen Verbundenheit von Beziehungen ist nicht auf ökonomische Austauschsituationen beschränkt. Negativ miteinander verbundene Netzwerkbeziehungen existieren auch etwa bei der Wahrnehmung von Terminen, Verabredungen oder dem Eingehen einer ehelichen Beziehung. In der Literatur finden sich noch weitere Konzepte über Verbundenheit. Kappelhoff (1987a, 42) unterscheidet zum Beispiel direkte, schwache und starke, sowie einseitige Verbundenheit. Zwei Punkte eines Graphen sind für ihn (ibid.) direkt verbunden, wenn zwischen ihnen eine direkte Verbindung existiert, sie sind schwach verbunden, wenn sie über mehrere Knoten hinweg verbunden werden können. Die Punkte eines Graphen sind sodann einseitig verbunden, wenn sie durch einen gerichteten ‚tie' verbunden werden können. Existiert eine solche Verbindung wechselseitig, dann liegt eine starke Verbindung vor.

2 Sydow (1992, 119) trifft eine ähnliche Unterscheidung, ordnet aber eher unglücklich der Methodenebene die Netzwerkanalyse zu. Der im Abschnitt II.2 vorgestellte, weltweit dominante strukturelle Netzwerkansatz wird zwar vornehmlich unter methodologischen Gesichtspunkten rezipiert. Netzwerkanalysen sind aber nicht mit den Methoden der Analyse gleichzusetzen.

3 Die Spezifität der relationalen Sicht auf Soziales zeigt sich zudem in ihrer Entgegensetzung zu anderen Forschungstraditionen. So stellt sie alle Konzeptionen in Frage, die nicht-relationale Attribute und/oder das zweckgerichtete Handeln von Individuen in den Mittelpunkt ihrer Theorien (Fortsetzung der Fußnote auf der nächsten Seite)

geht es (1.) *immer* um *mehr als dyadische Beziehungen*, um mehr als nur einzelne Beziehungen zwischen zum Beispiel zwei Unternehmungen – und damit immer auch um mehr als zwei Unternehmungen –, sonst haben wir es *nicht* mit Netzwerkanalysen zu tun. Der Fokus reicht, anders formuliert, über die Betrachtung von ‚organization sets' hinaus, das heißt über die Betrachtung von Dyaden aus der Sicht einer fokalen Unternehmung (Evan, 1966). Dyadische Beziehungen sind in Netzwerkanalysen selbstredend auch Gegenstand der Betrachtung. Die Annahme ist aber: Ein Verständnis dyadischer Geschäftsbeziehungen, etwa der zwischen einem Systemzulieferer und einem Komponentenzulieferer, hängt in Netzwerken wesentlich von weiteren Beziehungen zwischen Endprodukthestellern, System- und Komponentenzulieferern und vor allem von den Beziehungsgeflechten ab, in denen die Unternehmungen agieren.

Die Netzwerkperspektive ist (2.) eine *universale Perspektive* auf Soziales. Anders formuliert: Das Geflecht von Beziehungen zwischen Einheiten läßt sich überall untersuchen, auch wenn die Charakteristika der Beziehungszusammenhänge variieren. Berücksichtigt man den Unterschied zwischen *Perspektive* und *untersuchtem Gegenstand*, dann muß folgerichtig nicht alles, was in der Netzwerkperspektive betrachtet wird, ein Netzwerk sein. Das hängt natürlich vom Begriff des Netzwerks ab. In der Literatur finden sich, wie bereits einleitend erwähnt, zwei unterschiedliche, selten klar unterschiedene Positionen. Die im Abschnitt II.2 vorgestellte strukturelle Netzwerkanalyse betrachtet alle in einer Netzwerkperspektive analysierten sozialen Systeme als Netzwerke. Die gleich aufgenommene managementnahe Strategieliteratur und industriesoziologische

---

rücken (Emirbayer/Goodwin, 1994, 1416; Trezzini, 1998, 515 ff.). Verworfen werden reduktionistische Konzepte, die Soziales allein aus dem Fokus individueller Akteure zu erklären suchen, oder von fixierten Monaden und einer sie irgendwie umgebenden Welt ausgehen (Burt, 1982; Ziegler, 1984a, 433; White, 1992). Abgelehnt werden Erklärungen, die Soziales primär und kausal über Ideen, Werte und ‚cognitive maps' begründen, die auf technologischen, ökonomischen und materiellen Determinismen beruhen, und Forschungsströmungen, die Soziales über Variablen, wie Geschlecht, Alter usw., zu erkunden suchen (Granovetter, 1987; Wellman/Berkowitz, 1988b, 2 f.). Der Vorwurf an die vor allem statistisch orientierte Sozialforschung lautet, daß sie Personen, Gruppen, Organisationen oder Gesellschaften als unabhängig betrachte und daher, wie Granovetter (1985) es auf den Punkt brachte, von ‚undersocialized actors' ausgehe. Der strukturfunktionalistischen Tradition und der sogenannten Variablensoziologie machen sie - ebenso wie einigen Forschern in der Tradition der strukturellen Netzwerkanalyse – den Ausgangspunkt eines ‚oversocialized actor' (Granovetter, 1985) zum Vorwurf. Die relationale Betrachtung von Welt setzt sich von einem grundlegenden Bestandteil abendländischen Denkens ab: „from the Aristotelian-Linnean tradition of analyzing things in terms of the intrinsic characteristics of their individual parts" (Wellman/Berkowitz, 1988b, 5). Netzwerkanalytiker sehen sich dabei als Teil einer breiten wissenschaftlichen Bewegung: „In the first mode of analysis, in quantum physics, the very properties of parts are defined by the interactions between them (Schrödinger, 1951; Pagels, 1985). At the opposite end of the physical scale, this approach has spread to cosmology, in which the universe is now defined relationally (Gregory/Thompson, 1982). In biology, ‚constrained relationalism' argues that ‚the properties of organisms are consequences of the particular interactions that occur between bits and pieces of matter' (Lewontin, 1983, 36; see also Weyl, 1922; Boorman/Levitt, 1980; Prigogine, 1980; Mayr, 1982; Rose, 1982; Smith, 1982; Gould, 1983). In the same vein, philosophers of language have argued that mutual understanding of any utterance is possible ‚only by having implicit theory about how to understand a network of possible utterances' (Hacking, 1984, 54; see also Hacking, 1975, Pattei, 1976)" (Wellman/Berkowitz, 1988b, 5).

Studien sprechen, so sie nicht nur metaphorisch von Netzwerken reden, dagegen nur dann von Netzwerken, wenn eine ganz besondere Governance, die Netzwerkgovernance vorliegt. Spezifiziert wird diese meistens über eine bestimmte Qualität von Beziehungen – Powell (1990) spricht etwa von vertrauensbasierten Beziehungen in Netzwerken und Sydow (1992) davon, daß diese eher durch Kooperation denn Kompetition gekennzeichnet sind. *Ich* dagegen *schlage* im Teil III-3 *vor, Netzwerke über* eine bestimmte Qualität *des Beziehungszusammenhangs* zu definieren: *über dessen Dauerhaftigkeit*. In der Perspektive des Governanceansatzes sind also nur ganz besondere soziale Systeme Netzwerke, und andere, etwa Märkte oder Unternehmungen, begründbar keine. Das schließt keinesfalls aus, zum Beispiel Märkte in einer Netzwerkperspektive zu untersuchen.[4]

Die Netzwerkperspektive ist (3.) insofern *neutral* gegenüber unterschiedlichen Aspekten von Vergesellschaftung, als sie per se nichts darüber besagt, ob die netzwerkartige Regulation des sozialen Geschehens etwa die effizienteste Form sei. Normatives kommt erst durch ergänzende Bestimmungen ins Spiel, etwa wenn beim Vorliegen bestimmter Situationsmerkmale die Transaktionskostentheorie (Williamson, 1990 [1985]) behauptet, Netzwerke seien die effiziente ökonomische Koordinationsform, oder wenn Perrow (1992) proklamiert, Netzwerke demokratisierten Herrschaftszusammenhänge, oder Harrison (1994) die Gegenthese einer Zentralisation ohne Konzentration mit Netzwerken verbindet, oder wenn Mayntz (1992) oder Castells (1996) das Aufkommen einer Netzwerkgesellschaft als evolutionären Fortschritt betrachten.

Die Netzwerkperspektive stellt (4.) eine *Basisidee von Vernetzung* bereit, aber *keine Netzwerktheorie*:

„Nevertheless there is no such thing as a theory of social networks; perhaps there will never be. The basic idea behind both the metaphorical and analytical uses of social networks – that the configuration of cross-cutting interpersonal bonds is in some unspecific way connected with the actions of these persons and with the social institutions of their society – this remains a basic idea and nothing more" (Barnes, 1972, 2).

Die Netzwerkperspektive auf Soziales ist zwar nicht vollständig theorielos, wie die Spezifität der relationalen Sichtweise belegt, sie liefert aber nur eine sehr allgemeine Idee für die Untersuchung von Netzwerken bzw. die sozialer Strukturen (s.a. Emirbayer/Goodwin, 1994, 1414). Wie Barnes im Zitat ausführt, verbleibt eine *Theorielücke*. Gesucht werden, anders formuliert, Konzepte und Theorien, die zwei Anforderungen genügen: Sie müssen *erstens* je nach untersuchtem Gegenstand die ‚kreuzenden' Bande zwischen Personen, Organisationen und anderen Einheiten aufnehmen und die Charakteristika des Beziehungssets, des

---

4 Ganz im Gegenteil: Gerade darüber läßt sich der Beziehungszusammenhang qualifizieren, läßt sich ein tieferes Verständnis davon gewinnen, ob und inwieweit die Beziehungen zwischen den am Marktgeschehen Beteiligten eher als Netzwerk- oder als Marktbeziehungen einzustufen sind. Ähnliches gilt für die Analyse von Unternehmungen. Bemerkenswert ist, daß in der Literatur Unternehmungen, zum Beispiel Konzerne, heute zunehmend als ‚netzwerkförmig' klassifiziert werden, daß die Rede von ‚unternehmungs*internen* Netzwerken' aufkommt (z.B. Ghoshal/Bartlett, 1990; Hervorh. A.W.). Ich komme darauf später im Teil III zurück.

Geflechts der Akteure oder Einheiten bei der Erklärung berücksichtigen. Sie müssen *zweitens* die ‚kreuzenden' Bande, die Netzwerke, mit den Handlungsweisen der Personen – sowie im Fall interorganisationaler Netzwerke von Organisationen – sowie den sozialen Institutionen unter der Bedingung miteinander verbinden, daß sie in relativ unspezifischer Art kausal zusammenhängen, insbesondere also kein Verhältnis der Determination vorliegt. Die Theorielücke wird in Netzwerkstudien heute durch eine lose Föderation von Ansätzen (Burt, 1980a) vermeintlich oder tatsächlich überbrückt oder geschlossen. Ob sich unter diesen Ansätzen eine Netzwerktheorie verbirgt, wird zu diskutieren sein.

Netzwerkstudien müssen also auf Theorien zurückzugreifen, die es ihnen ermöglichen, mit der Theorielücke der Netzwerkperspektive umzugehen. Aber sind alle Ansätze, die in Netzwerkstudien verwendet werden, gleich Netzwerktheorien? Fast selbstverständlich scheint, wenn man die Anforderungen von Barnes und Mitchell an Netzwerktheorien aufnimmt, das Gegenteil der Fall: Zumindest sind nicht alle organisationstheoretischen Ansätze gleich Netzwerkansätze. Das gilt auch für drei in der Netzwerkforschung prominente Vertreter: für den Ansatz der Ressourcenabhängigkeit (Pfeffer/Salancik, 1978), den der Transaktionskostentheorie (Williamson, 1975; 1990 [1985]) und den populationsökologischen Ansatz (Hannan/Freeman, 1977; 1989). Sie sind ‚von Geburt' aus keine Netzwerkansätze, obwohl sie in großem Umfang in Netzwerkstudien verwendet und als Netzwerktheorien klassifiziert werden (etwa Oliver/Ebers, 1998). Der Grund ist: Die beiden ersten Organisationstheorien fokussieren vom Ansatz her nur auf Dyaden aus der Sicht einer fokalen Unternehmung, das heißt oft nicht einmal auf ‚organization sets'. Der Ansatz der Populationsökologie betrachtet dagegen Populationen von Organisationen.[5] Die Betrachtung und Erklärung sozialer Beziehungen erfolgen also in den drei Organisationstheorien nicht – oder zumindest nicht systematisch – unter Bezug auf das die Netzwerkperspektive charakterisierende Geflecht und Zusammenspiel der Beziehungen zwischen Akteuren. Die genannten Ansätze genügen also bereits nicht der ersten

---

5 Der Ressourcenabhängigkeitsansatz verbindet das Konzept des ‚organisation sets' mit Emersons (1962) Überlegung von relationaler Macht (zu letzterem genauer II.2). Er richtet die Aufmerksamkeit auf Kollektive von Organisationen, die überlebenswichtige Ressourcen austauschen. Die zentralen Erkenntnisse sind: Asymmetrien in Ressourcenflüssen oder im ökonomischen Tausch begründen asymmetrische Machtbeziehungen zwischen den Organisationen. Und um die Autonomie und Sicherheit der Organisation zu sichern, ergreifen Organisationen eine Vielzahl politischer Aktivitäten, zu denen Verhandlungen genauso zählen wie Kooptationen und Koalitionen (Pfeffer, 1972; Pfeffer/Salancik, 1978). Der sich mit Williamson (1975; 1990 [1985]) verbindende Transaktionskostenansatz verschiebt die Aufmerksamkeit von Fragen der Technologie und der Produktion von Gütern und Dienstleistungen auf die ‚governance' von Transaktionen, das heißt zum Beispiel auf Fragen der Aushandlung der Austauschbedingungen und Fragen der Einhaltung und Kontrolle des Vereinbarten. In Kombination kontingenztheoretischer und neoklassischer Überlegungen lautet die diesem Ansatz unterliegende Annahme: Systemdesigner versuchen Systeme zu kreieren, die Umweltanforderungen genügen und die Kosten des ‚governing', die Transaktionskosten, minimieren (zu einer aktuellen Kritik Sydow, 1999a). Der Populationsökologieansatz analysiert den Wandel der Anzahl von Organisationen bestimmter Form (z.B. Hannan/Freeman, 1977; 1989) unter der Fragestellung der Auslese respektive Anpassung an die Umwelt (genauer: Fußnote 34 auf der Seite 54).

Anforderung an Netzwerktheorien. Organisationstheoretische Ansätze können selbstredend in der Netzwerkforschung verwendet werden. Im Prinzip lassen sich, bis auf wenige Ausnahmen, alle soziologischen Theorien für eine Netzwerkanalyse fruchtbar machen – auch wenn jeweils genauer zu analysieren ist, ob und inwieweit sie in der Lage oder geeignet sind, die Netzwerkförmigkeit sozialer Systeme und die Konstitution von Netzwerken im Spannungsfeld von Interaktionen und sozialen Institutionen aufzunehmen. Lediglich ganz wenige Theorien eignen sich nicht als Netzwerktheorie. Das gilt etwa für die Neoklassik. Denn die Verbindungen zwischen Akteuren, etwa zwischen Unternehmungen, und damit das Zentrale der Netzwerkperspektive, geraten erst dann in den Blick, wenn man das von der Neoklassik gezeichnete Bild von Ökonomie verläßt.

2 Hierarchie und Heterarchie: Grundformen der Netzwerkregulation

Der Netzwerkdiskurs zerfällt heute weitgehend in zwei voneinander separierte Diskurse, den der strukturellen Netzwerkanalyse und den Governanceansatz. Das verwundert, wenn man sich klarmacht, daß nicht wenige Studien aus beiden Diskursen zur Netzwerkanalyse von Organisationen Wichtiges zu sagen haben. Schaut man genauer, so ist die wechselseitige Nichtwahrnehmung so verwunderlich nicht. Sie entstammen zunächst verschiedenen Theoriekontexten: Die strukturelle Netzwerkanalyse wird traditionell in der Sozialanthropologie, der Sozialpsychologie und Soziometrie, der Tauschtheorie und in strukturell soziologischen Ansätzen – im Sinne von Lévi-Strauss oder White – und in Gemeindestudien angewendet, um nur die wichtigsten zu nennen. Der Governanceansatz wird (stark in politikwissenschaftlichen Studien und) in der Managementforschung vertreten. Der Forschungsgegenstand, Unternehmungen, ist da eben ein anderer. Wenn in beiden Diskursen von Netzwerken die Rede ist, dann ist auch sehr Unterschiedliches angesprochen: Strukturmerkmale von Beziehungszusammenhängen, wie Dichte oder Positionsgefüge, versus Fragen der Koordination bzw. ‚governance'. Vor allem jedoch verfolgt die Managementforschung ein viel stärker normatives, präskriptives, sozialtechnologisches Interesse: das der effizienten Gestaltung. Das sind aber nur einige der Probleme des angesprochenen Dialogs. Das wechselseitige Kennenlernen beider Sichtweisen ist ein erster Schritt. Die Position der strukturellen Netzwerkanalyse stelle ich im Teil II.2 weiter vor. Der Strategieforschung widme ich mich jetzt im Anschluß. Dabei geht es mir nicht um die Ausarbeitung der Theoriegrundlagen. Ich nehme lediglich die eher metaphorische Rede über Netzwerke sowie unklare Begrifflichkeiten und falsche Entgegensetzungen auf und versuche, hier einiges klarzustellen. Ferner arbeite ich das zumeist implizit bleibende Verständnis der Vermittlung von Netzwerk und Kontext theoriekonstruktiv heraus.

2.1 Strategische und regionale Netzwerke: Ausdruck gegensätzlicher Regulation?

Unternehmungsnetzwerke werden in der managementnahen Netzwerkliteratur oft mit Jarillo (1988; 1993) als *strategische Netzwerke* bezeichnet (z.B. auch Sydow, 1992). Der Begriff ist aber mindestens irreführend. In allen Netzwerken wird strategisch gehandelt, ebenso wie sie Resultat von Strategie sind. Das gilt zumindest, wenn man mit Mintzberg (z.B. Mintzberg/McHugh, 1985) Strategie als deliberat oder emergent versteht. Nur die Art und Weise, in der Strategien implementiert und praktiziert werden, unterscheidet sich. Was Jarillo in seiner Definition als das Merkmal strategischer Netzwerke ausweist, meint dann auch etwas anderes, den *Modus hierarchischer Regulation:*

„‚Strategic Networks'. In them, a ‚hub' firm has a special relationship with the other members of the network. Those relationships have most of the characteristics of a *‚hierarchical' relationship*" (Jarillo, 1988, 35; Hervorh. A.W.).

Auch der zweite im managementnahen Netzwerkdiskurs prominent verwendete Begriff, der des *‚regionalen Netzwerks',* hält einer genaueren Betrachtung nicht stand. Das Merkmal der Regionalität, welches die Netzwerke in der Emilia Romagna (Piore/Sabel, 1985 [1984]), im Silicon Valley (Saxenian, 1990) kennzeichnet, und ‚regionalen Netzwerken' den Namen gab, wird im Begriff mit der Frage der Führung des Netzwerks vermengt: „Regionale Netzwerke werden *nicht* durch eine *zentrale Autorität geführt,*" lautet die im Netzwerkdiskurs bekannte Bestimmung (Sydow, 1992, 47; Hervorh. A.W.). Ein grundlegendes Moment der Definition ist also eine zur Hierarchie entgegengesetzte Form der Führung. Ich formuliere gleich auf der Basis der Unterscheidung von Hierarchie und Heterarchie eine alternative, treffendere Entgegensetzung dieser beiden in der Managementforschung weit verbreiteten Netzwerkbegriffe. Die im Begriff des sogenannten ‚regionalen Netzwerks' erfolgende Vermengung von Regionalität und einer speziellen Form der Führung scheint mir logisch unzulässig und unfruchtbar.[6]

Die *zeit-räumliche Lokalisierung* von Netzwerken – und ihre Bezeichnung als lokale, regionale und internationale Netzwerke – *besagt,* so will ich betonen,

---

6 Natürlich kann man begriffsstrategisch wie Sydow vorgehen und von regionalen Netzwerken sprechen, wenn die Merkmale gegeben sind, die die Produzentennetzwerke in der Emilia Romagna in den achtziger Jahren kennzeichneten. Angesichts begrifflicher Unklarheiten scheint mir das jedoch nicht zweckmäßig. Die Begriffe des strategischen und des regionalen Netzwerks weisen noch weitere Unklarheiten auf: Von strategischen Netzwerken wird in der Regel angenommen, daß vornehmlich große oder mittlere Unternehmungen in diesem Netzwerktyp kooperieren, während für regionale Netzwerke entsprechend von kleineren und mittleren Unternehmungen ausgegangen wird (z.B. Sydow, 1996, 24). Im Fall der regionalen Netzwerke in der Emilia Romagna trifft das zu (Piore/Sabel, 1985 [1984]). Die Größe der Unternehmungen scheint mir jedoch kein notwendiges Kriterium. Die von Jarillo als strategisch gekennzeichneten Netzwerke von McDonalds, Lewis Galoob Toys, Benetton und Ikea bestehen etwa aus einer Vielzahl kleinster, kleinerer und mittlerer Unternehmungen. Gleiches gilt für das Begriffsmerkmal ‚stabile interorganisationale Beziehungen', die in dynamischen Industrien alles andere als stabil sind. Der Begriff des regionalen Netzwerks wird zudem nicht deutlich von dem regionaler ‚organisationaler Felder' (DiMaggio/Powell, 1983), von denen sie jedoch nur ein Teil sind, geschieden (Abschnitt I.3).

nichts über die Führung. Netzwerke, bei denen die Akteure in der Region ansässig sind und ihren Aktivitätsschwerpunkt in der Region haben, können durchaus hierarchisch geführt sein. Das belegt ein von mir untersuchtes Netzwerk von Versicherungsmaklern, dessen Schwerpunkt des Geschäfts im Privatkundensegment liegt und dem wir daher den Namen ‚Private Broker Network' (PriBroNet) zugeordnet haben. Es wurde bereits zum Zeitpunkt unserer Untersuchung recht hierarchisch geführt. Der Netzwerkkoordinator strebte dann zur besseren Kontrolle der Expansion an, es zukünftig als Franchisingnetzwerk fortzuführen (Sydow et al., 1995, 329 ff.). Schaut man auf die Empirie, dann lassen sich, kreuzt man die Netzwerkmerkmale der Regionalität und der strategischen Führung, für alle vier Fälle Beispiele finden:

	regional	überregional
mit strategischer Führung	PriBroNet (Sydow et al., 1995. 329 ff.)	Benetton (Jarillo, 1993)
ohne strategische Führung	Produzentennetzwerke in der Emilia Romagna (Piore/Sabel 1985 [1984]) InBroNet (Sydow et al. 1995, 344 ff.; siehe genauer Seite 50)	Joint Ventures (50:50) oder strategische Allianzen internationaler Konzerne (z.B. Gerlach, 1992)[7] ‚spherical firms' (Miles/Snow, 1995) ‚kigyo shudan' (Scher, 1999; siehe genauer Seite 51 ff.)

Abb. I-3: Regionalität und strategische Führung als Netzwerkmerkmale: Beispiele

Netzwerke lassen sich durch eine Vielzahl von Merkmalen charakterisieren. Ich schlage vor, Netzwerke dahingehend zu unterscheiden, ob sie Resultat deliberater oder emergenter Strategien, regional oder überregional (im Sinne ihrer zeiträumlichen Lokalisierung) ausgelegt und hierarchisch oder heterarchisch geführt sind. Ergänzend scheint es mir sinnvoll, das will ich hier nur erwähnen, Netzwerke danach zu klassifizieren, ob sie eher exploitativ oder explorativ ausgerichtet sind sowie eher stabilen oder temporären Charakter besitzen.[8]

---

[7] Joint Ventures und strategische Allianzen werden hier nur deswegen als Netzwerke aufgelistet, da die Managementforschung sie als solche betrachtet. In der Regel handelt es sich jedoch um dyadische Geschäftsbeziehungen zwischen Unternehmen und (damit bereits im Begriffsverständnis der strukturellen Netzwerkanalyse) nicht um Netzwerke.

[8] Stabile Netzwerke sind Netzwerke, in denen wie im Falle der Beziehungszusammenhänge zwischen Automobilherstellern und ihren Zulieferern die Beziehungen recht dauerhaft sind. Dynamische Netzwerke sind dagegen zum Beispiel Projektnetzwerke (s. hierzu das Beispiel auf Seite (Fortsetzung der Fußnote auf der nächsten Seite)

Ich will den Aspekt der hierarchischen und heterarchischen Führung von Netzwerken ein wenig genauer beleuchten, weil er in der Literatur begriffssystematisch wenig reflektiert wurde und diese Unterscheidung erlaubt, die in der Literatur gebräuchliche, aber unglückliche Entgegensetzung von strategischen und regionalen Netzwerken aufzuheben.

Ich will für Netzwerke eine *hierarchische* und eine *heterarchische Regulation* als (gleichgewichtige) Grundformen unterscheiden. Die Kennzeichnung von Regulation als hierarchisch oder heterarchisch selbst ist nicht neu. Die in der Literatur vorfindlichen Vorstellungen weisen jedoch Schwächen auf.[9] Ich mache daher gleich eigene Begriffsvorschläge. Die Rede von Grundformen ermöglicht, von verschiedenen Ausprägungen einer Grundform zu sprechen. Zudem lehrt bereits Weber (1976 [1921]), daß die in historischer Wirklichkeit anzutreffenden Formen sich als Kombinationen, Mischungen, Angleichungen und Umbildungen reiner Grundformen ergeben. Der Redeweise von zwei Grundformen der Regulation unterliegt die Ansicht: neben Hierarchie sind weitere Formen der Regulation zu berücksichtigen, in denen es keine dauerhafte Zentralinstanz gibt, welche die Regulation dominiert. Das wiederum zielt auf eine (auch jenseits von Netzwerken gültige) allgemeinere Vorstellung von Struktur und Ordnung als es die vergleichsweise simple, auf Hierarchie beschränkte vorgibt.[10]

---

53 ff. oder Windeler/Lutz/Wirth, 2000). Exploitation bezieht sich in der Begrifflichkeit von March (1991; s.a. Koza/Lewin, 1998) auf die Ausarbeitung und Vertiefung existierender Fähigkeiten und inkrementaler Verbesserung der Effizienz, während Exploration das Experimentieren mit oder die Schaffung neuer Assets und Fähigkeiten anspricht.

9   Ich will die in der Literatur anzutreffenden Begriffe aus Platzgründen hier nicht eingehender diskutieren. Offensichtlich finden sich Formen hierarchischer wie heterarchischer Regulation in unterschiedlichen Systemkontexten. Gunnar Hedlund (1986; 1993) verwendet den Begriff der Heterarchie oder der ‚N-Form' etwa auch für die Entwicklung multinationaler Konzerne. Für ihn sind Konzerne wie Asia Brown Bovery (ABB), IBM und Procter & Gamble zunehmend heterarchisch strukturiert (s.a. Miles/Snow, 1995), da die Entscheidungslogik sich in den Konzernen durch das Konzept der ‚lead country', das heißt dadurch, daß jeweils eine Konzernunternehmung weltweit strategische Verantwortlichkeiten für bestimmte Produktlinien erlangt, grundlegend wandelt (s.a. Farley/Korbin, 1995, 214 f.; Kogut/Bowan, 1995, 256 f.). Wie das Beispiel ABB belegt, stehen Elemente ‚heterarchischer' Regulation in Konzernen unter der Dominanz der Konzernführung, sie können prinzipiell zurückgenommen werden (Frankfurter Rundschau 13-08-98; Nr. 186; 12). Heterarchie ist daher auch nicht nur in Netzwerken anzutreffen, wie zum Beispiel Cooke (1997, z.B. 9) formuliert, der Unternehmungen als Hierarchien, Netzwerke als Heterarchien kennzeichnet. Die Begriffswahl von Cooke ist zumindest nicht zweckmäßig, denn dann wären hierarchische Unternehmungsnetzwerke, wie zum Beispiel die von BMW und Lewis Galoob Toys geführten Zusammenschlüsse von Unternehmungen, keine Netzwerke.

10 Gattungsgeschichtlich sind Formen akephaler (‚kopfloser') Regulation sozialer Systeme, die in meinem Begriffsverständnis der Grundform der Heterarchie zuzurechnen sind, weiter verbreitet als zumeist angenommen wird (Sigrist, 1979 [1967]; 1984). Nicht selten unterliegen Vorstellungen von Hierarchie Annahmen über eine ‚göttliche Ordnung' für komplexe soziale Systeme (Hedlund, 1993). Angemerkt sei noch, daß ich heterarchische Regulation nicht als herrschaftsfrei verstehe, wie Sigrist (1979 [1967]; 1984) in seinen sehr instruktiven Überlegungen zu Formen ‚regulierter Anarchie' im Anschluß an Weber (1976 [1921]). Das leitet über zu einer anderen Bemerkung: Max Weber besitzt offensichtlich durchaus Einsichten in zur Hierarchie alternative Formen der Regulation, wie der Selbstorganisation und des Widerstands gegen Fremdbestimmung. Er opfert sie letztlich aber auf dem Altar bürokratisch-rationaler Ordnung als der vermeintlich überlegenen Form der Regulation. Das wiederum legt es nahe, der Derridaschen (1988 [1972]) Empfehlung, eine ganz besondere Aufmerksamkeit für das an den Rand Gedrängte, Marginalisierte (Fortsetzung der Fußnote auf der nächsten Seite)

2.2 Hierarchie als Grundform der Netzwerkregulation

Hierarchisch nenne ich Netzwerke, in denen die Regulation der Interaktionen und Beziehungen der Akteure insgesamt eine vornehmlich hierarchische Form aufweist,[11] das heißt: durch *einen* erkennbaren, identifizierbaren und von den Netzwerkunternehmungen akzeptierten *Netzwerkkoordinator* maßgeblich und relativ dauerhaft derart bestimmt wird, so daß die hierarchische Form faktische Geltung erlangt, aber keine einheitliche Leitung in wirtschaftlichen Angelegenheiten konstituiert.[12]

Das Handeln wird den Netzwerkunternehmungen in hierarchischen Netzwerken nicht abgenommen, im Gegenteil: Es wird von ihnen sogar ein proaktives Handeln im Sinne der durch den Netzwerkkoordinator formulierten Erwartungen verlangt. Der Möglichkeitsraum zu eigenständigem Handeln mag sehr begrenzt sein. Möglichkeiten, anders zu handeln, bestehen immer fort. Welche Chancen Akteure sehen, und welche sie nutzen, oder aus welchen Gründen sie davon absehen, ist damit notwendig Bestandteil einer Erklärung. Hierarchische Netzwerke können in Zeit und Raum unterschiedliche Gestalt besitzen. Sie können ein fest geordnetes System von Unter- und Überordnungen, eine in Zeit und Raum mehr oder auch weniger festgezurrte Kaskadenstruktur von Abhängigkeiten aufweisen.[13]

---

und Ausgegrenzte, in einer ‚Weber-Lektüre gegen den Strich' Folge zu leisten – mit vielleicht überraschenden Resultaten.

11 Siehe zur Diskussion um Hierarchie im Managementdiskurs etwa Simon (1962), Galbraith (1973), Williamson (1975, 149) oder auch Hedlund (1993; 1994). Die Grundlagen der Position des Netzwerkkoordinators als regulierender Zentralinstanz und die Mechanismen der Integration und Extegration bleiben im Begriff der hierarchischen Regulation bewußt offen, da diese in Netzwerken unterschiedliche Gestalt annehmen. Um Mißverständnisse zu vermeiden, sei zudem angemerkt: Offen ist im Begriffsvorschlag zudem, welche Form die Regulation der Aktivitäten *in* den jeweiligen Netzwerkunternehmungen annimmt. Unterstellt ist für hierarchisch regulierte Netzwerke ferner weder eine formale Strukturierung von Aufgaben und Tätigkeiten, wie es in der Kontingenztheorie (z.B. Woodward, 1958; Burns/Stalker, 1961; Lawrence/Lorsch, 1967) geschieht, noch eine bürokratische Ordnung, als dessen Moment Weber (1976 [1921]) Hierarchie sieht. Ich sehe es ferner nicht als notwendig an, die Existenz eines Erzwingungsstabes zu unterstellen, der die Einhaltung der Befehle der Zentralinstanz erzwingt. Der von mir vorgelegte Begriff von Hierarchie impliziert zudem nicht die Vorstellung von Transitivität, wie es sich oft in der mit Hierarchien verbundenen Vorstellung von einer ‚box in einer box' findet. Last but not least unterstellt der vorgelegte Begriff hierarchischer Regulation weder eine tief integrierte Arbeitsteilung, noch weitergehende permanente Strukturen, wie sie Hedlund (1994, 83) für die M-Form als durch Hierarchie gekennzeichnete Form der Organisation zu Recht auflistet.

12 Statt von einer Unternehmung kann diese Rolle, wie in japanischen Keiretsus, auch von einer kleinen Anzahl von Unternehmungen wahrgenommen werden (z.B. Gerlach, 1992; Sydow, 1992). Ich spreche von faktischer Geltung der Netzwerkregulation, da die Vorgaben und Entscheidungen des Netzwerkkoordinators keinesfalls von allen gutgeheißen, aber weitgehend faktisch befolgt werden müssen, solange Netzwerke hierarchisch reguliert werden.

13 Die fester gefügte Form hierarchischer Regulation von Netzwerkaktivitäten erinnert stark an vertikal tief integrierte Unternehmungen. Diese hat auch Bieber (1992) im Blick, wenn er von ‚pyramidialen Netzwerken' mit einer ‚fokalen Unternehmung' an der Spitze spricht. Insbesondere in diesen Fällen bestehen eine Vielzahl von Abgrenzungsproblemen gegenüber Konzernen als sozialen Systemen, die durch eine einheitliche Leitung in wirtschaftlichen Angelegenheiten charakterisiert sind (Sydow, 2001). Däubler (1993, 9) sieht in vielen Fällen hierarchisch regulierter (Fortsetzung der Fußnote auf der nächsten Seite)

Einzeln oder kombiniert auftretende *Indizien für das Vorliegen hierarchischer Netzwerke* sind:[14] Die *Netzwerkstrategie* und die Netzwerkpraktiken werden weitgehend vom Netzwerkkoordinator vorgegeben und über hierarchische Regulationsmechanismen überwacht, kontrolliert und gesteuert: Er *definiert im wesentlichen die Art, den Inhalt und die Umsetzung der Strategie* der proaktiven Erschließung und dauerhaften Verteidigung wettbewerbsrelevanter Potentiale des Netzwerks. Im einzelnen legt er maßgeblich allgemeine Bedingungen für interorganisationale Praktiken in für das Netzwerk relevanten Bereichen aus (genauer: III-3.3). Er reguliert bzw. gibt allgemeine Bedingungen vor für:

- die *Selektion* der Mitglieder und der Märkte, auf denen das Netzwerk tätig ist,
- die *Allokation* der Ressourcen (einschließlich der Verausgabung von Arbeit),
- die *Evaluation* der Netzwerkpraktiken (einschließlich – je nach Macht im Netzwerk und im organisationalen Feld sowie nach verfolgter Strategie – der ökonomischen Margen der nachgeordneten Unternehmungen im Unternehmungsnetzwerk),[15]
- die *Systemintegration* der Aktivitäten an- und abwesender Akteure,
- die *Positionierung* der Akteure zueinander (mit ihren Rechten und Pflichten) und
- die *Konstitution der Grenzen* des Netzwerks relevanter Handlungsdomänen (um z.B. die Assets des Netzwerks gegen [externe] Bedrohungen zu schützen).

Der Netzwerkkoordinator reguliert, überwacht, kontrolliert und steuert hierüber in hierarchischen Netzwerken recht weitgehend die Eigenständigkeit und die Kooperation oder Nichtkooperation der Netzwerkmitglieder untereinander. Der Informationsfluß (als Medium und Resultat vor allem der Selbstregulation der Aktivitäten des Netzwerkkoordinators) ist ebenfalls hierarchisch ausgelegt. Ein Großteil der Daten und Informationen fließen beim Netzwerkkoordinator zusammen, und nur er ist in der Lage, diese strategisch auszuwerten. Die Basis

---

Netzwerke den Tatbestand des ‚faktischen Konzerns' als gegeben an, da der Hauptproduzent im Ergebnis etwa beherrschenden Einfluß auf einen Zulieferer ausübt. Hier liegen komplizierte arbeits- und gesellschaftsrechtliche (Zurechnungs-)Probleme vor, auf die hier nicht im einzelnen eingegangen werden soll: neben Mitbestimmungsfragen handelt es sich auch um Fragen des Verlustausgleichs und der Haftung für Schäden und Schulden der abhängigeren Gesellschaft (Däubler, 1993, 10; Gerum/Achenbach/Opelt, 1998; umfassend Lange, 1998).

14 Weitgehend gleichlautende Indizien werden in den Studien zu strategischen Netzwerken genannt. Das bestärkt die These, daß ein hierarchischer Netzwerktyp gemeint ist.

15 Die Entwicklungen im Bereich der Zulieferung in der Automobilindustrie seit Anfang der neunziger Jahre in der Bundesrepublik Deutschland sind hier ein gutes Beispiel. Zulieferer folgen den Herstellern an die Produktionsstandorte, schließen sich zu Systemzulieferern zusammen, sind von Anfang an in die Modellentwicklung integriert, akzeptieren black-box-Entwicklungen, bei denen sie das Risiko tragen, lassen Eingriffe des strategischen Führers in ihre Qualitätssicherung zu und fertigen immer größere Teile der Fahrzeugherstellung (Jürgens, 1992, 429). Entwicklungs- und Produkt'partnerschaften' treten verstärkt an die Stelle früherer Auftragsfertigung (s.a. Süddeutsche Zeitung vom 22-04-98; Nr. 29, 29). „Branchenkenner bescheinigen den deutschen Zulieferern erhebliche Fortschritte in Effizienz und Wettbewerbsfähigkeit. Aber die Abhängigkeit vom Hersteller wird nicht geringer. Vielmehr steigt die Bindung an einzelne Kunden" (Thiede, 1998, 21).

hierarchischer Regulation besteht in der Kontrolle der Regulation, und diese mag zum Beispiel ihrerseits in der Kontrolle von Produktionsprozessen fußen.[16] Die Frage, wer von der hierarchischen Regulation des Netzwerks wie profitiert, ist damit nicht gleich geklärt. Sie hängt nicht unwesentlich von der konkreten Auslegung der hierarchischen Struktur der Netzwerkgovernance und den Interessen sowie den mobilisierbaren Ressourcen der Akteure ab.

Typische Beispiele hierarchischer Netzwerke sind Franchisingnetzwerke,[17] Netzwerke zwischen Endproduktherstellern und Zulieferern in der Automobilindustrie, Produktions- und Distributionsnetzwerke von Handelshäusern wie Benetton (Jarillo, 1993) oder Ikea (Dörrenbacher/Meißner, 1991) sowie japanische Keiretsu (z.B. Demes, 1989; Sydow, 1992, 38 ff.; Gerlach, 1992). Hierarchische Netzwerke finden sich aber nicht nur in der Produktion und Distribution materieller Güter. Ein Beispiel aus dem *Finanzdienstleistungssektor* ist die national im Privatkundensegment besonders erfolgreiche Unternehmung *Marschollek, Lautenschläger & Partner* (MLP) (Sydow et al. 1995, 390 ff.). MLP praktiziert zum Beispiel eine kontrolliert autonome hierarchische Netzwerkregulation, indem sie den Netzwerkzusammenhang hierarchisch unter Nutzung *dezentraler Regulationseinheiten* (z.B. Geschäftsstellen) organisiert.[18] Die von der MLP-Zentrale kontrollierten Ressourcen und Ungewißheitszonen (Crozier/Friedberg (1979 [1977])) betreffen, ebenso wie im Fall der Automobilhersteller, die Produktion und den Vertrieb in diesem Fall von Finanzdienstleistungsprodukten und die Regulation des Netzwerks. Die Kontrollen relevanter Ungewißheitszonen beziehen sich auf die Verhandlungen über Produkte und Konditionen mit Finanzdienstleistern, auf die Zusammenstellung von Produktpackages für bestimmte Zielgruppen und auf die reflexive Regulation der Zusammenarbeit und des Informationsflusses im Netzwerk:

Das MLP-Netzwerk betreut zur Zeit circa 250.000 Kunden durch ungefähr 2000 rechtlich selbständige, jedoch wirtschaftlich abhängige Finanzberater, die von der MLP-Zentrale in Heidelberg geführt werden. Der Schwerpunkt der Tätigkeit liegt im Privatkundengeschäft. Beraten werden insbesondere Ärzte, Zahnärzte und neuerdings auch Techniker und Wirtschaftswissenschaftler. Zum Netzwerk zählt ferner ein selbstgegründeter Lebensversicherer, ein Informationsdienstleister und 106 Geschäftsstellen. In letzteren schließen sich rechtlich selbständige Berater zusammen. Die Geschäftsstellen dienen den Beratern auch als Back-Office. Sie bieten ihnen ein Büro, Sekretariatsdienste und den Zugang zur Informationstechnologie. Den Geschäftsstellen, die von einem Geschäftsstellenleiter geführt werden, bilden die dezentralen Steuerungszentralen des Netzwerks. Wichtige konkrete Aufgaben, von der Entwicklung neuer Produktideen und Marktstrategien bis zur Netzwerkregulation, sind dann interorganisationalen Regulationsgremien, intern Arbeitsgruppen genannt, übertragen. Diese Gremien vermitteln wiederum zwischen den dezentralen Einheiten und dem zentralen Netz-

---

16 Angemerkt sei, daß die Existenz eines ‚brokers' in einem Netzwerk nicht gleich auf hierarchische Regulation verweist. Broker können etwa schlicht von anderen Unternehmungen beauftragt sein (Aldrich, 1982; Sydow et al., 1995).
17 Siehe zum Begriff des Franchisingnetzwerks, der Funktionsweise und Entwicklung dieser Vertriebsform (Felstead, 1993; Sydow/Kloyer, 1995, 6; Weitz, 1999).
18 Siehe zum Konzept kontrolliert autonomer Ausgestaltung (inter-)organisationaler Beziehungen Ortmann et al. (1990, 181 ff., 514 ff.).

werkkoordinator. Zusammen bilden sie die Orte, über die sich das strategische Netzwerk MLP reproduziert (für Details Sydow et al., 1995, 390 ff.; van Well, 2001; http//www.mlp.de).[19]

MLP agiert aufgrund der hierarchischen Regulation quasi wie eine einzelne Unternehmung. Der einzelne Berater, obwohl freier Handelsvertreter und damit Ein-Mann-Unternehmer, handelt wie ein Angestellter von MLP. Dabei ist MLP genau genommen ein Netzwerk von Netzwerken. Rechtlich selbständige Kleinstunternehmungen, die Berater, schließen sich in Geschäftsstellen zusammen, die selbst keine Unternehmungen sondern Netzwerke sind. Der Zusammenschluß ist durch die Zentrale reguliert. Der Erfolg von MLP beruht nicht unwesentlich darauf, daß die Zentrale die sozialen Beziehungen mit und zwischen den Geschäftsstellen bis hin zu jedem einzelnen Berater so zu organisieren versteht, daß diese in ihrem Geschäftsgebaren die Identität des MLP-Beraters zum Ausdruck bringen und die den Finanzdienstleistern gegenüber in Aussicht gestellten Geschäftsabschlüsse auch realisieren. Voraussetzung ist eine subtile Organisation des gesamten Netzwerks. Die kontrolliert autonome Organisation des Netzwerks umfaßt nicht nur zentrale Kontrolltechnologien im weitesten Sinne, sondern schließt auch dezentrale Steuerungszentren ein, insbesondere ein System von Gremien, in dem ausgewählte Berater neue Produkte entwickeln, Schulungseinheiten vorbereiten und durchführen und an Entscheidungen partizipieren. Hinzu treten Informationskanäle, die in beide Richtungen offen sind, ein gelingender Wissens- und Informationstransfer und ein die Umsetzung der Geschäftsziele der Zentrale unterstützendes Sanktions- und Gratifikationssystem. Im Ergebnis ist jeder MLP-Berater wie MLP selbst in der Lage, wissensintensiver zu handeln, ohne gleich eine wissensintensive Unternehmung im Sinne von Starbuck (1992) zu sein.[20]

Andere hierarchische Netzwerke werden durch *Broker* reguliert. Diese steuern zwar nicht selbst den Produktionsprozeß, rekrutieren ihre Position aber durch die Art und Weise, in der sie die Netzwerkaktivitäten vermitteln. ‚Dynamische Netzwerke' (Miles/Snow, 1986; ebenso wie Projektnetzwerke Sydow/Windeler, 1999) sind ein typisches Beispiel: In ihnen gehen Unternehmungen entlang der Wertschöpfungsketten *temporäre Verbindungen aus einem Pool potentieller Kooperationspartner*, nämlich in den Netzwerkzusammenhang eingebundener *Firmen* ein. Im Resultat sind zu einem gegebenen Zeitpunkt jeweils ein Teil aller Bezie-

---

19 Obwohl die Steuerung und Kontrolle des MLP-Netzwerks mehrere hundert Akteure umfaßt und zum Teil dezentral verläuft, dominiert die MLP-Zentrale das gesamte Netzwerk. Bedeutsame Instrumente der Organisation sind die Informations- und Kommunikationstechniken. Sie erlauben der Zentrale, sehr weitreichende Einsichten in die Geschäftsaktivitäten des gesamten Netzwerks zu erhalten und eröffnen Möglichkeiten, die daraus gewonnenen Daten strategisch auszuwerten. Die Nutzung der Daten geschieht nicht nur nach innen. Die MLP-Zentrale nutzt ihre Informationen über den Geschäftsverlauf strategisch gerade auch in ihren Verhandlungen mit Banken und Versicherern. Das ist sogar elementarer Bestandteil der Regulation des Netzwerks.

20 ‚Wissensintensive Unternehmungen' bilden exklusives Spezialwissen aus, kombinieren es und speichern es in Anlagekapital, wie Informations- und Kommunikationstechniken, in Beziehungskapital, in organisationalen Routinen, in Organisationskulturen und in Individuen (Starbuck, 1992).

hungen im Augenblick nicht aktiv, aber latent. Diese Art von Netzwerken ist i.d.R. weniger tief integriert als zum Beispiel Netzwerke zwischen Endproduktherstellern und Zulieferern in der Automobilindustrie. Typische Funktionen einer Unternehmung, wie das Produktdesign und die Produktentwicklung, die Fertigung, die Zulieferung, das Marketing und der Vertrieb, werden *nicht* in einer einzigen Unternehmung wahrgenommen. Deren Wahrnehmung verteilt sich vielmehr auf Unternehmungen im Netzwerk (Snow/Miles/Coleman, 1992, 9). Ein oder mehrere Broker, wie Miles und Snow (1986, 64) die Unternehmungen nennen, regulieren, *ohne* den Kern der Produktion notwendig eigenständig zu kontrollieren, hierarchisch die Integration der arbeitsteiligen Aufgabenerledigung im Netzwerk und das gesamte Netzwerk.[21]

Ein repräsentatives Beispiel ist einer der größten US-amerikanischen Spielzeughersteller, die 1957 gegründete, in San Francisco, Kalifornien, ansässige Unternehmung *Lewis Galoob Toys*, die 1985 Waren im Wert von circa US-Dollar 50 Millionen (Tomasko 1987, 239 f.; Snow/Miles/Coleman, 1992, 14; Sydow, 1992, 3) und 1997 Spielzeug im Werte von 240 Millionen umsetzte:[22]

Ungefähr 100 Beschäftigte besorgten 1985 das gesamte Geschäft von Lewis Galoob Toys. 1997 sind es vergleichsweise eher weniger: 216, nämlich 126 in den USA und 90 in Asien. 1985 wurden nahezu alle Geschäftsfunktionen nicht von der Zentrale, sondern von in das Herstellungsnetzwerk eingebundenen Unternehmungen wahrgenommen. Erfinder und Unterhaltungsunternehmen entwickelten nahezu alle Produkte. Das Design und die fertigungstechnische Umsetzung wurde fast ausschließlich von Spezialisten außerhalb des Hauses erstellt. Heute hat sich hieran trotz eines verfünffachten Umsatzes und F&E-Ausgaben von US-Dollar 9-10 Millionen nichts Grundsätzliches geändert: Lewis beschäftigt mittlerweile zwar einige eigene Designer. Es nutzt aber ebenso kontinuierlich die Dienste unabhängiger Designer und Ingenieure. Ähnliches gilt für die Produktion der Spielzeuge und die Verpackung. 1985 unterhielt Galoob Verträge mit ungefähr einem Dutzend von Herstellern in Hong Kong, die selbst wiederum die arbeitsintensivsten Arbeiten in China durchführen ließen.[23] Die Zahl

---

21 Andere Bezeichnungen für Broker in der Literatur sind: Architekten und Ingenieure. Sie werden oft synonym verwandt, obwohl sie jeweils verschiedene Seiten der Aufgabenstellung herausstellen.

22 Die aktuellen Angaben zu Lewis Galoob Toys sind dem am 28. März 1998 unterzeichneten, von Price Waterhaus geprüften Geschäftsbericht für das Jahr 1997 ([http//www.galoob.com/ annualreport/97_10K/) entnommen. Ein anderes Beispiel ist die im Modedesign tätige Handelskette Benetton (Sydow 1992, 32 ff.; Jarillo, 1993, 97 ff.).

23 Typisch ist das Beispiel Lewis Galoob Toys nicht nur, weil es Spielzeug in China herstellen läßt. (Die in Deutschland verkauften Spielzeuge stammen zu 35 Prozent aus China Frankfurter Rundschau v. 17-11-98; Nr. 267, 15). Das ist üblich. Typisch ist, daß die Zurechenbarkeit von Verantwortung in der langen Produktions- und Distributionskette zu entschwinden scheint. Wie das aktuelle Beispiel des weltweiten Branchenführers im Sportartikelmarkt, Nike, zeigt, ist sie gleichwohl nicht gleich Null: Nike hat zumindest auch unter Druck von Menschenrechtsgruppen wie Campaign for Labor Rights nun seine Verträge mit indonesischen Firmen gekündigt, die an ihre Arbeiter nicht die nationale Minimumvergütung zahlten (FR vom 26-09-97, Nr. 224; 13), und 1992 als erste Unternehmung in der Sportartikelindustrie einen Verhaltenskodex für den Betrieb von Produktionsstandorten eingeführt, der allerdings nicht immer eingehalten wird (Ruf, 1998, 30). Bei Galoob haften die Hersteller für alle Aspekte der Fertigung der Produkte. Das schließt die Unterwerfung unter den Ehrenkodex von Galoob ein, der Mindestanforderungen in bezug auf Gesundheit, Sicherheit und Lebensqualität der Arbeiter beinhaltet. Sie sind auch verpflichtet, dessen Einhaltung bei den Subkontraktoren sicherzustellen, wenn sie mit Galoob (weiterhin) Geschäfte machen wollen. Gleichwohl bereiten die langen Produktionsketten nicht nur für eine interessenpolitische Bewertung der Arbeitsbedingungen, sondern auch für Organisationen, die etwa eine ethische, ökologische oder eine konsumentenseitige Bewertung der Produkte und des Produktspektrums anstreben, große Schwierigkeiten. Schaut man zum Beispiel auf die Arbeitsbedin- (Fortsetzung der Fußnote auf der nächsten Seite)

ist heute trotz des gestiegenen Umsatzes immer noch die gleiche. Galoob hat seine Fertigung in den letzten fünf Jahren eher weiter konzentriert. 88 Prozent werden heute von fünf Fertigern hergestellt, davon 32 Prozent alleine von einem Hersteller, Harbour Ring. Zudem werden auch 1997 90 Prozent aller Galoob-Produkte in China produziert. Die Fertiger, ebenso wie ihre Subkontraktoren, werden über den aufgekauften, in Hong Kong ansässigen Spielzeughersteller Galco eng überwacht, kontrolliert und gesteuert. Wenn die gefertigten und verpackten Spielzeuge über Spediteure die USA erreichen, werden diese über selbständige Vertragsrepräsentanten vertrieben. Das war 1985 so und ist 1997 nicht anders. Ganze sieben Verkäufer stehen heute bei Galoob unter Vertrag. Die Hauptlast des Verkaufs übernehmen Repräsentanten der Hersteller, die als unabhängige Vertragsnehmer für Galoob aktiv sind. Galoob vertreibt seine Produkte – wie in der Spielzeugindustrie üblich – über die eigene Konzerntochter Galoob Direct an Endverkäufer oder an Großhändler. ‚Toys ‚R' US' und ‚Wal Mart' sind als Abnehmer von circa 20 bzw. 15 Prozent des gesamten Nettoumsatzes Galoobs Großkunden. Weltweit werden die Galoob-Produkte über fast 60 führende unabhängige Spielzeugdistributeure in mehr als 50 Ländern vertrieben, die dabei auch die kommerziellen Risiken für die Vermarktung der Produkte tragen. Insgesamt setzt Galoob 47 Prozent des Gesamtumsatzes außerhalb der USA um. 1985 galt: Galoob macht nicht einmal die Finanzbuchhaltung selbst. Diese läßt sie durch ein kommerzielles Kreditunternehmen erledigen. Ob das heute noch so ist, entzieht sich meiner Kenntnis. Aber auch 1997 gilt: Die Lagerhaltung ihrer Produkte in den USA wird durch eine Fremdfirma wahrgenommen, während das Marketing weitgehend zusammen mit den Warenhausketten unter ihrer Kontrolle betrieben wird. Nach wie vor ist elementar: Galoob beschränkt sich im Kern auf die Regulation des Netzwerks, indem sie Ressourcen anderer Unternehmungen sozial organisiert zusammenführt und kontrolliert, längere Produktionsketten zwischen unterschiedlichen Unternehmungen strukturiert, Aktivitäten an verschiedenen Orten zeitlich reguliert miteinander und aufeinander bezieht, Akteure und Abläufe, was Prioritäten, Lieferfristen und dergleichen betrifft, zeitgenau unter zeitkritischen Bedingungen positioniert und Grenzziehungen zwischen den beteiligten Akteuren wie des Netzwerks selbst nachhaltig beeinflußt, indem es etwa die ausschließliche Belieferung mit Produkten bestimmter Qualität sicherstellt.[24]

Broker, wie die Zentralen von Lewis Galoob, des auch in der Bundesrepublik aktiven schwedischen Möbelhauses Ikea (Dörrenbacher/Meißner, 1991; Harrison, 1994, 8) oder des weltbekannten Modeunternehmens Benetton (Sauer, 1999), regulieren die Aktivitäten der in die Netzwerke eingebundenen Unternehmungen hierarchisch unter starkem Einbezug von Marktmechanismen. Die Grundlage ihrer Fähigkeit zur Regulation besteht in der Strukturierung, Integration, Positionierung und Grenzziehung des Netzwerks. Sie wird nicht unerheblich ergänzt durch die beständige Selektion der Mitglieder der Netzwerk'familie', durch Einflüsse auf Ressourcenallokationen und durch beständige Evaluationen der Aktivitäten.[25] Informations- und Kommunikationssysteme erlauben ihnen

---

gungen in der Spielzeugfertigung, dann lassen eine große Anzahl ausländischer Investoren in den südchinesischen Sonderwirtschaftszonen unter erschreckenden Arbeitsbedingungen fertigen (Bork, 1994, 3). Ein anderer Teil wird gar von Zwangsarbeitern im chinesischen Strafvollzug erbracht. Die Produkte, wie Spielzeuge, Bohrer usw., werden auch in deutschen Handelsketten, wie etwa OBI, vertrieben. Der Dokumentarfilm „Laogal. Chinesische Zwangsarbeiter und der deutsche Markt" der ARD (ausgestrahlt am 12-07-95) berichtete. Unter welchen Bedingungen Produkte der Firma Lewis Galoob Toys in China hergestellt werden, ist mir nicht bekannt.

24 Am 28. September 1998 kündigte Hasbro, einer der zwei führenden US-amerikanischen Spielzeughersteller, die Fusion mit Lewis Galoob an. Die Geschäftsaktivitäten von Galoob sollen fortan unter dem Dach von Hasbro fortgeführt werden. Im Geschäftsbericht 1998 wird die Akquisition als vollzogen aufgeführt (www//hasbro.com).

25 Welche relevanten Ungewißheitszonen hierarchische Netzwerkkoordinatoren kontrollieren, variiert selbstredend. Der Chipproduzent Motorola kontrolliert vor allem die Fertigung, die Schuhhersteller Adidas, Nike oder Reebok die Forschung und Entwicklung, den Markenaufbau und -erhalt sowie das Design, die Handelsketten Ikea, Marks & Spencer oder Benetton das Marketing und das Bereitstellen von Geschäftsräumen, und Dell Computer das Design und das Vorhan- (Fortsetzung der Fußnote auf der nächsten Seite)

einen weitreichenden Einblick in die Aktivitäten der Netzwerkpartner. Die generelle Akzeptanz des Gratifikationssystems gestattet ihnen eine wechselseitige und augenblickliche Verifikation der Netzwerkbeiträge (Miles/Snow 1986, 64 f.). Die Kontrolle relevanter Ungewißheitszonen wie die Regulation des Netzwerks sind hier weniger der Komplexität der hergestellten Produkte geschuldet. Sie setzt an der möglichst zeitgenauen Verbindung und miteinander abgestimmten Nutzung von Ressourcen über Unternehmungsgrenzen hinweg an und erweist sich insbesondere in den Fähigkeiten der logistischen Regulation der Warenflüsse.[26] Erst die Zusammenstellung und Kombination der Ressourcen im Konzert mit der Regulation der Geschäftsaktivitäten erlauben es den Netzwerken, spezielle Preis-, Kosten-, Entwicklungszeit- und andere Vorteile zu realisieren und die dezentralen Einheiten kontrolliert autonom zu steuern.

2.3 Heterarchie als Grundform der Netzwerkregulation

Heterarchisch nenne ich Netzwerke, in denen die Regulation der Interaktionen und Beziehungen vornehmlich eine heterarchische Form aufweist, das heißt: die *Netzwerkkoordination gemeinsam* oder durch gemeinsam festgelegte, zeitweilige Übertragung auf einen bestimmten Akteur erfolgt und faktische Geltung erlangt. Mehrere oder wechselnde Akteure, nicht selten Gremien, Komitees oder ähnliches, nehmen die Rolle des Netzwerkkoordinators und die oben bei der Vorstellung hierarchischer Netzwerkregulation vorgestellten Aufgabenstellungen in relevantem Ausmaß wahr, ohne daß eine regulierende Zentralinstanz dieses durch Vorgaben oder Akzeptanzprozeduren orientiert und ohne daß (auch in diesem Fall) sich eine einheitliche Leitung in wirtschaftlichen Angelegenheiten herausbildet.[27] Die Regulationen des Netzwerkzusammenhangs erhalten durch die eher assoziativ getroffenen Regelungen einen hohen Grad faktischer Geltung. Die Möglichkeit und die Notwendigkeit zu (proaktivem) Handeln werden hier also stärker durch wechselseitige Selbstbindungen erzielt.[28] Ein (von mir untersuchtes) Beispiel:

---

densein von Fertigungsanlagen (Dörrenbacher/Meißner, 1991; Richardson, 1972; Braham, 1985; Jarillo, 1993; Snow/Miles/Coleman, 1992, 14 f.).

26 Zu konzeptionellen Überlegungen in bezug auf Logistik und Just-In-Time Produktion Wildemann (1991), zu konzeptionellen Grundlagen der Produktionslogistik Zäpfel (1991), zu der Vielfalt der Ausprägungen Bowersox (1991), zu Einsparpotentialen Dürand (1995; Deutsch/Dürand, 1995) und zu mikropolitischen Problemlagen der Einführung neuer Logistikkonzepte Ortmann et al. (1990, 76 ff.).

27 Ob die Unternehmungen nicht in der Lage oder nicht willens sind, die Auslegung der Aktivitäten und der Beziehungen der Netzwerkunternehmungen als Zentralinstanz zu dominieren, das steht auf einem anderen Blatt. Entscheidend dafür, ob eine Unternehmung als (hierarchischer) Netzwerkkoordinator bezeichnet wird, ist eben nicht, ob sie über entsprechende Ressourcen verfügt, sondern ob sie die Rolle ausübt, und wie sie das macht: eher hierarchisch oder eher heterarchisch.

28 Der von mir hier vorgelegte Begriff heterarchischer Regulation weicht nahezu durchgängig von Hedlunds (1993, zsfd. 232) Konzept ab. Insbesondere sind die von ihm unterstellten Begriffsmerkmale wie Nicht-Transitivität, Zirkularität, Horizontalität und die Vorstellung normativer, (Fortsetzung der Fußnote auf der nächsten Seite)

InBroNet (Industrial Broker Network), ein Netzwerk von 8 erfolgreichen mittelständischen Versicherungsmaklern, die gemeinsam in einer Region ansässig und dort hauptsächlich im Industrieversicherungsgeschäft tätig, jedoch nicht in einen industriellen Distrikt eingebunden sind, ist ein gutes Beispiel für heterarchische Regulation. Die Regulation des Netzwerks kennt verschiedene Entscheidungszentren und einen kollektiven Entscheidungsmodus. Strategische wie taktische und operative Vorgehensweisen werden eher gemeinsam, denn durch eine Netzwerkunternehmung bestimmt. Arbeitskreise, in denen Sachexperten der Häuser zusammenkommen, entwickeln ohne Vorgaben neue Produktpakete, etwa im Bereich betrieblicher Altersversorgung oder der Feuerversicherung, entsenden selbständig einzelne Arbeitskreismitglieder, um für alle Netzwerkunternehmungen Konditionen mit Versicherern auszuhandeln usw.. Plena fungieren als Orte kollektiver Gesamtregulation. Von den Häusern im Rotationsverfahren durchgeführte Schulungen befördern den Informationsfluß und den Wissenstransfer. Ein erstes Joint Venture im Netzwerk kündigte jüngst eine neue Entwicklungsphase an. Weitreichende, vielfältige und vielschichtige Vernetzungen zwischen den Maklerhäusern bewirken bereits jetzt nicht nur eine weitgehende Aufgabe unternehmerischer Selbständigkeit. Sie üben auch einen starken Druck aus, die mit Versicherern verhandelten Produktpakete tatsächlich zu bedienen, die von den Netzwerkunternehmungen als ‚best practices' klassifizierten Regeln, Praktiken und Prozeduren in den Unternehmungen und im Kontakt mit Dritten außerhalb des Netzwerks umzusetzen und kontinuierlich fortzuentwickeln. Das Fehlen eines zentralen Netzwerkkoordinators bedeutet also keinesfalls, daß die Akteure ihre Aktivitäten und Beziehungen nicht regulieren. Die Überwachung, Kontrolle und Steuerung erfolgt nur stärker gemeinsam. Das Fehlen eines Netzwerkführers heißt auch nicht, daß im Netzwerk alles lediglich über Vertrauensmechanismen reguliert wird: Vertrauen, Kontrolle und Wissen spielen vielmehr auch in heterarchischen Netzwerken komplex zusammen. Die Arbeitskreise und Plena sind wichtige Orte, der intensive Austausch zwischen den Akteuren und die Beschaffung vieler Informationen von Versicherern wichtige Mittel, um die Praktiken der Häuser einzuschätzen und zum Beispiel das Bedienen der ausgehandelten Produktpakete zu überprüfen. Mit Hilfe heterarchischer Netzwerkregulation gelingt es den Netzwerkunternehmungen, ein Stück Eigenständigkeit zu bewahren und Netzwerkidentität zu entwickeln. Das Unternehmungsnetzwerk InBroNet ist insofern erfolgreich, als es in der Lage ist, seine Marktposition gegenüber Versicherern und Kunden in relevantem Ausmaß zu steigern, was sich nicht zuletzt in relevanten Ertragsverbesserungen für alle Beteiligten niederschlägt (Sydow et al., 1995, 344 ff.; Sydow/Windeler, 1998).

Die Form heterarchischer Regulation trifft man nicht nur in Netzwerken kleiner und mittlerer Unternehmungen. Scher (1999, 310) beschreibt zum Beispiel, daß in Japan nach dem 2. Weltkrieg die in Familienbesitz befindlichen Holdings, die ‚zaibatsu', aufgelöst wurden und heute horizontale Geflechte zwischen Unternehmungen, ‚kigyo shudans', das Geschäft eher ‚kollegial' regulieren, nicht zu verwechseln mit ihren hierarchischen ‚Cousinen', den ‚keiretsu':

> „A *kigyo shudan* (horizontal corporate group) typically includes a cross-section of major industrial firms and has been frequently confused with *keiretsu*, *vertically* affiliated subordinate companies and which usually reflect multi-tired supplier and distributor relationships. The distinction between the *Kigyo shudan* and *keiretsu* is important because the nature of the power relationship is not the same; in the former there is a collegial relationship among the member companies whereas in the latter there is a hierarchy between the company and its affiliated subordinates."

Formen ‚kollegialer Führung' von Unternehmungsnetzwerken, die ich dem Modus heterarchischer Regulation zurechnen will, dürften nicht auf Japan beschränkt sein. Auch Halbleiterproduzenten, Elektronikkonzerne, Automobilhersteller und Luftverkehrsgesellschaften (wie die Star Alliance) regulieren einen Teil des Geschäftsgeschehens in strategischen Allianzen, Joint Ventures und

---

ziel-orientierter Integration viel zu eng, um die Vielzahl der unter dieser Grundform von Regulation subsumierbaren Arten und Weisen der Regulation erfassen zu können.

Unternehmungsnetzwerken gemeinsam (Kirkpatrick, 1992; Schröter, 1994; 1996a; Dowling/Lechner, 1998; Schwarzer, 1995; Sattelberger, 2000).[29]

Heterarchische Netzwerkregulation findet sich zudem nicht nur zwischen Unternehmungen, die langfristig netzwerkförmig interagieren und in der Zeit relativ stabile Netzwerke miteinander bilden. Auch *interorganisationale Projektnetzwerke*, eine zukünftig an Bedeutung gewinnende Netzwerkform, besitzen zum Teil diese Gestalt. Miles und Snow (1995) sprechen von ‚spherical firms', die in ‚multi-firm networks' operieren:

Sie illustrieren ihre Überlegung an dem Technical and Computer Graphics (TCG)-Netzwerk (Mathews, 1992, 29 ff.). Es ist die größte in Privatbesitz befindliche australische Computer'firma'. Die 24 unter dem Namen TCG zusammenarbeitenden Unternehmungen des Netzwerks erwirtschaften mit insgesamt annähernd 200 Beschäftigten einen Umsatz von ungefähr US-Dollar 50 Millionen. Produziert werden Terminals, Computer-Graphikprogramme, Simulatoren, Bar-Coding-Systeme, Software für elektronischen Datenaustausch (EDI), elektronische Identifikationssysteme und andere informations- und kommunikationstechnologische Anwendungen. Sie stellen primär *Unikate und Prototypen* her.

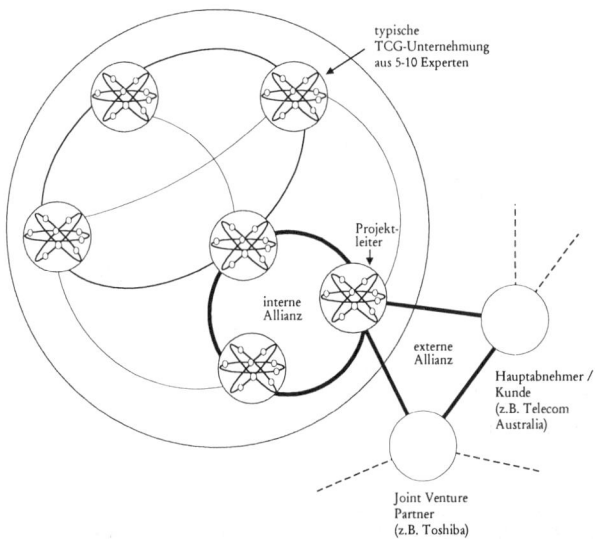

Abb. I-4: Projektmanagement durch trianguläre Kooperation – das Beispiel Technical and Computer Graphics (TCG) (n. Miles/Snow, 1995, 4).

‚Spherical firms' bilden mit Miles und Snow (1995, 3) „a voluntary, cooperative network". Das Besondere an TCG ist das von Mathews (1992, 36) als ‚triangular

---

29 Ein Indikator hierfür ist in Allianzen und Joint Ventures, daß an einer Gemeinschaftsunternehmung beteiligte Unternehmungen nicht selten gleiche Anteile besitzen. Auch virtuelle Unternehmungen können m.E. hierarchisch oder heterarchisch koordiniert sein. Ob, wie Byrne (1993, 37; s.a. Meffert, 1998, 2) ausführt, für virtuelle Unternehmungen gilt: „It will have no hierarchy, no vertical integration", scheint mir nicht verallgemeinerbar. Es hängt davon ab, wie der offene, informationstechnische Austausch von Daten seinerseits organisiert wird.

collaboration' bezeichnete interorganisationale Projektmanagement (s.a. Miles/ Snow/Miles, 2000):[30]

Eine zum TCG-Verbund zählende Unternehmung entwickelt mit einem Technikhersteller und einem zentralen Kunden gemeinsam die Produkte. Unsicherheiten, die den späteren Absatz der erst noch zu entwickelnden Produkte und die Risiken ihrer Verwertung betreffen, werden so bereits *vor* der Produktentwicklung oder zu dessen Beginn geregelt (s.a. Voskamp/Wittke, 1994, 233).[31] Idealtypisch verläuft der Prozeß der Triangulation in fünf Schritten: In einem (1.) Schritt identifiziert eine TCG-Unternehmung eine Marktnische, begibt sich auf die Suche nach neuen, an bisher produzierte adaptierbare Produkte und Dienstleistungen und entwickelt hierzu eine Innovationsstrategie. In einem (2.) Schritt sucht sie als Projektleiter kompatible Firmen außerhalb des TCG-Verbundes mit komplementären Fähigkeiten, Marktzugängen und Technologien, die durchaus direkte Mitkonkurrenten sein können, um in Form eines Joint Ventures das Produkt zu entwickeln.[32] In einem (3.) Schritt lädt die TCG-Firma einen der möglichen, späteren Großabnehmer ein, sich als Partner an der Entwicklung zu beteiligen. Das erlaubt, aufgrund des zu erwartenden Großauftrags, zusätzliches Kapital für die Entwicklung zu akquirieren. In einem (4.) Schritt sucht der TCG-Projektleiter passende Firmen aus dem TCG-Verbund aus, damit diese sich an der Produktentwicklung beteiligen (interne Triangulation) und vergibt, zum Beispiel in Form des Subcontracting, Aufträge an sie. Geht die Produktentwicklung voran, halten alle beteiligten Unternehmungen (5.) eigenständig Ausschau nach neuen Geschäftsmöglichkeiten. Das ‚spherical network' TCG erneuert sich so kontinuierlich, praktiziert eine pulsierende Inklusion und Exklusion von Unternehmungen (Mathews, 1992, 29 ff.; Miles/Snow, 1995, 3 f.).

TCG läßt sich als Projektnetzwerk verstehen. *Projektnetzwerke* sind Netzwerke, bei denen sich die Regulation zeitlich befristeter Projektaktivitäten aus dem *rekursiven Zusammenspiel projektbezogener und projektübergreifender Aktivitäten und Beziehungen* zwischen den Netzwerkunternehmungen konstituiert (Sydow/ Windeler, 1999). Das heißt, Netzwerkunternehmungen greifen in Projektnetzwerken zur Regulation von Projekten rekursiv auf Erfahrungen und Festlegungen aus früheren Projekten im Horizont zukünftiger Projekte sowie im Projekt eingegangener Verpflichtungen und erworbener Rechte zu. Projektnetzwerke können unterschiedlichste Gestalt besitzen. Sie können auch hierarchisch reguliert sein (wie etwa in der Produktion von Fernsehserien in der deutschen Fernsehindustrie Windeler/Lutz/Wirth, 2000). Die Form der Projektregulation kann alle am Projekt beteiligten Unternehmungen umfassen. Sie kann aber auch auf

---

30 Erwähnt sei: das Regulationsmodell der Triangulation unterscheidet sich von dem der Adhokratie, trotz partieller Ähnlichkeiten. Zur Erinnerung: Henry Mintzberg und Alexandra McHugh (1985) kennzeichnen *Adhokratie* idealtypisch als Gegenmodell zur formell-rationalen, bürokratischen Form der Organisation bei Max Weber (1976 [1921]; s.a. Perrow, 1986). Sind Bürokratien durch eine pyramidiale Führungs- und Anweisungsstruktur und langfristig ausgelegte formelle Regelungen charakterisiert, so ist diese in Adhokratien weniger durchgängig zentralistisch und werden Regelungen jeweils für Projekte ‚neu' geschaffen. Eine zentrale Leitung existiert aber – das unterscheidet sie von ‚spherical firms' – trotzdem weiter, die Entscheidungsbefugnisse werden nur selektiv dezentralisiert und halbformalisiert über Broker weitergegeben und in das dezentrale Geschäftsaktivitäten integriert.
31 Markt- und Produktionsökonomie gehen so in Prozesse triangulärer Produktentwicklung ein organisational vermitteltes, unter Umständen marktsensitiveres Verhältnis als in vielen herkömmlichen Prozessen der Produktentwicklung ein (s.a. das ‚black box engineering' bei Jürgens, 1992).
32 Der Vorteil des Joint Ventures besteht für TCG nicht nur darin, daß der Partner Kapital zur Realisierung im Gegenzug für die Beteiligung am Erfolg des Produkts einbringt. Entscheidend – und damit Selektionskriterium – ist auch, daß er Zugang zu neuen Technologien und/oder Märkten liefert und das Potential für zukünftige Kooperationen mitbringt.

relevante Ausschnitte von Akteuren beschränkt sein und darüber gegebenenfalls maßgeblich die gesamte Regulation des Geschehens im Projektnetzwerk prägen. TCG agiert, wie die folgende Auflistung zeigt, intern als Projektnetzwerk auf der Grundlage eines minimalen Sets gemeinsam festgelegter Regeln. Sie bringen ‚intern' die Form heterarchischer Regulation zum Ausdruck:

1. „*Mutual Independence:* The TCG network consists of independent firms whose relations are governed by bilateral commercial contracts. It is open to new entrants who are prepared to abide by the rules. There is no internal hierarchy.
2. *Mutual Preference:* Member firms give preference to each other in the letting of contracts. Contracts may be made outside the group, against a competitive bid from a member firm, when circumstances warrant (e.g., work overloaded or a signal to the member firm that it has to lift its game).
3. *Mutual Noncompetition*: Member firms do not compete head-to-head with each other. Such self-denial helps to establish trust among member firms.
4. *Mutual Nonexploitation*: Member firms do not seek to make profits from transactions among themselves.
5. *Flexibility and Business Autonomy:* The flexibility of the network as a whole derives from the capacity of member firms to respond to opportunities as they see fit. They do not need to ask for group approval to enter into any transaction or new line of business, provided the proposed innovation does not breach any rules.
6. *Network Democracy:* There is no overall network owner. Nor is there any central committee or other formal governance structure. However, member firms can hold equity in each other as well as in third-party joint ventures.
7. *Expulsion:* A firm may be expelled from the network if it willfully disobeys the rules. Expulsion can be effected simply by severing all commercial ties with the miscreant member.
8. *Subcontracting:* There are no ‚subcontracting-only' firms within TCG group. Each member firm has access to the open market, and indeed is expected to bring in work from outside the network.
9. *Entry:* New members are welcome to join the network but are not to draw financial resources form the group. New members must obtain capital from banks rather than through equity from other member firms. It is membership in the network that serves as collateral for the bank loan.
10. *Exit:* The network places no impediments in the way of a departing firm. However, there is no market for shares held in TCG member firms. Hence, departure arrangements have to be negotiated on a case-by-case basis" (Mathews, 1992, 25 ff.; s.a. Miles/Snow, 1995, 5).

Ist die TCG-Gruppe nur ein Einzelfall? Die Antwort muß heute lauten: Sicher! – auch wenn es durchaus noch vereinzelte Beispiele wie die im globalen Personalcomputergeschäft tätige Acer Group gibt (Miles/Snow/Miles, 2000, 313 f.). Aber die Frage ist, ob Projektnetzwerke (und triangulär ausgelegte Projektstrukturen speziell) nicht doch heute in Ansätzen in unterschiedlichen Settings bereits weiter verbreitet sind als allgemein bekannt ist. Zumindest finden sich einige Indizien: Voskamp und Wittke (1994) thematisieren zum Beispiel ganz ähnliche projektgebundene, zeitlich befristete Kooperationsbeziehungen als typische interorganisationale Beziehungen in der Halbleiterindustrie. Auf Netzwerke dieser Art trifft man zudem in der Bau-, Software- und auch in der Multimediaindustrie sowie nicht zuletzt in der von uns zur Zeit untersuchten Medienindustrie (Sydow/Windeler, 1999; Windeler/Lutz/Wirth, 2000).

3 Netzwerke und Kontexte

Die Verwendung der Netzwerkperspektive verlangt mit Barnes und Mitchell (siehe nochmals Seite 37), Interaktionen und Beziehungen von Personen – und, so ist zu ergänzen, von Organisationen – und deren Relationen mit ihren Kontexten zu berücksichtigen. Die mittlerweile umfassendere Literatur zu Netzwerken bedenkt das Handeln der Akteure und die Kontexte unterschiedlich. Selten und kaum systematisch beachtet sie groß die Handlungsweisen von Personen oder Organisationen. Ähnliches gilt für Branchen, soziale Institutionen und Gesellschaften (s.a. Staber, 1998, 717). Zumeist wird Umwelt – wie in der Organisationsliteratur (Aldrich/Marsden, 1988, 369) – als Residuum bestimmt; irgendwie liegt sie außerhalb der Grenzen und der Reichweite der Organisation oder des Netzwerks und determiniert entweder die Aktivitäten in Organisationen oder ist vermeintlich für das Geschehen ohne weitere (zumindest erklärungsrelevante) Bedeutung. Das ist sicher unzureichend. Im Teil III stelle ich ein elaboriertes Verständnis des Verhältnisses von Netzwerk und Umwelt vor. Zu illustrativen Zwecken und zur Formulierung einiger Mindestanforderungen an eine auszuarbeitende Netzwerktheorie will ich an dieser Stelle zwei typische Thematisierungen von Kontexten aufgreifen: eine kontingenztheoretische Betrachtung von Branchen und eine institutionalistische Sicht auf ‚industrielle Distrikte'.

3.1 Netzwerke und Branchen: eine Kritik der kontingenztheoretischen Sicht

Viele organisationstheoretische Studien sehen die Aktivitäten von Organisationen durch Umweltanforderungen derart geprägt, daß Organisationen in eine passive Rolle gedrängt sind.[33] Die Kontingenztheorie und die Populationsökologie[34] stehen für dieses Verständnis, wobei insbesondere der erstere Theorieansatz

---

33 Das Verhältnis von Organisation und Umwelt wurde in der Organisationstheorie Ende der sechziger Jahre vermehrt aufgegriffen, nachdem vorher (in-)formelle Beziehungen zwischen Gruppen und Individuen in Organisationen im Zentrum standen. Organisationen avancieren zu dieser Zeit zu einem eigenständigen Untersuchungsobjekt. Die Umwelt verliert die Eigenschaft, ‚faceless' zu sein (Astley, 1984). Levine und White (1960) untersuchen mit Bezug auf Parsons (1956; 1957) wohl als erste im organisationstheoretischen Kontext explizit Beziehungen *zwischen* Organisationen. Katz und Kahn (1966) entwickeln ihr Konzept ‚offener Systeme' auf der Grundlage der allgemeinen Systemtheorie (Bertalanffy, 1956; Boulding, 1956). Weitreichenden Einfluß gewinnen diese Überlegungen jedoch erst über die Kontingenztheorie.

34 Ein mit der Kontingenztheorie eng verwandter Ansatz. Er konstituiert sich im Anschluß an Überlegungen von Hawley (1950). Populationsökologen schauen auf Populationen von Organisationen. Sie betrachten den Wandel der Anzahl von Organisationen bestimmter Form (Hannan/Freeman, 1977; 1989; Aldrich, 1979) unter der Fragestellung der Auslese respektive Anpassung. Im Mittelpunkt ihrer Überlegungen steht meist nicht die Adaption von Umwelt(en) durch eine einzelne, isolierte Unternehmung. Ihr Fokus ist umgekehrt auf die Selektion von Organisationen durch ihre Umwelten gerichtet. Betont wird die ‚strukturelle Trägheit' und damit die Unfähigkeit einzelner Organisationen, sich rechtzeitig den Anforderungen der sich wandelnden Umwelt anzupassen. Die Umwelt gilt als schwer beeinflußbar. Entsprechend dem Gesetz der natürlichen Auslese überleben nur solche Organisationen und Organisationsformen, die dem kontextuell definierten Begriff der Mindesteffizienz genügen. Ob die Umwelt strategisch beeinflußt werden kann, ist umstritten: Sind Unternehmungsnetzwerke etwa als Versuch zu deuten, durch gemeinsame Absprachen den Wettbewerbsdruck zu erhöhen? Führen Formen reflexiver Vernetzung zu größerer organisationaler Varietät und damit zu einer Abnahme des Anpassungsdrucks und damit einer steigenden Überlebensfähigkeit von Organisationen in Netzwerken? Oder ist das Gegenteil der Fall? (S.a. Staber, 2000).

in der managementnahen Literatur – auch in der über Unternehmungsnetzwerke – weit verbreitet ist und daher hier etwas genauer betrachtet werden soll.

Die kontingenztheoretische Idee, die mit Forschungen von Woodward (1958) und Burns und Stalker (1961) aufkam, war eine kritische: statt schlechterdings optimale Lösungen, wie sie in Taylors ‚one best way' zum Ausdruck kommen, geht es um situationsgerechte Lösungen. Dieser kontingenztheoretische Ansatz wurde im Zuge der Arbeiten von Lawrence und Lorsch (1967), Thompson (1967) und Pugh et al. (1968) konzeptionell weiter entwickelt. Er dominierte bis tief in die achtziger Jahre nicht nur die Reflexion über Organisationen in der angelsächsischen Welt, sondern auch in Nordeuropa und in Deutschland. Trotz aller Kritik ist der Ansatz (faktisch) weiterhin recht einflußreich (Friedberg, 1995, 75; Clark, 1997) – auch im Bereich der Industriesoziologie und, wie ich gleich zeige, in der Netzwerkforschung.

Organisationen sind in dieser Forschungstradition offene, von ihrer Umwelt abhängige Systeme. Die Betrachtung der Organisationen und ihres Verhältnisses zur Umwelt ist einigermaßen reduktionistisch: Organisationen werden als „kohärente Ganzheiten definiert, die mit ausdrücklichen Zielen sowie mit einer Formalstruktur und einem der Zielerfüllung dienlichen Regelwerk ausgestattet sind" (Friedberg, 1995, 75). Sie passen sich, so lautet die Annahme, rational an Umweltanforderungen, wie Konkurrenzverhältnisse, Kundenstrukturen und die Dynamik der technischen Entwicklung und der globalen Umwelt an. Das geschieht seitens der Organisationen nicht freiwillig; sie sind dazu durch die Anforderungen der Kontexte gezwungen. Die Ausgestaltung der Strukturen ist in diesem Sinne ‚kontingent', das heißt abhängig von Umweltanforderungen (und sodann die Leistung einer Unternehmung von den Strukturen der Organisation, die überdies meistens in ihrer enggefaßten Konzeption als Formalstrukturen verstanden werden – daher der Name ‚strukturelle Kontingenz').35 Davon, daß Unternehmungen oder Unternehmungsnetzwerke Märkte und ihre übrige Umwelt, zum Beispiel Technologien, womöglich gar in strategischer Absicht beeinflussen, sieht der Ansatz ab. Das alles ist hinlänglich dargestellt und kritisiert worden (Perrow, 1967; Sydow, 1985; Staehle, 1988; Kieser, 1999; zur Kritik: Starbuck, 1982; Türk, 1989, 1 ff.; Martens, 1989; Ortmann, 1994, 99 ff.; Friedberg, 1995, 77 ff.).

Und doch ist in der managementnahen Literatur über Unternehmungsnetzwerke kontingenztheoretisches Denken immer noch weit verbreitet (als aktuelle Belege s.a. Delmestri, 1998; Grandori, 1998). Selbst transaktionskostentheoretische Ansätze sind von ihm affiziert (zur Kritik Ortmann/Sydow/Türk, 1997,

---

35 Das kontingenztheoretische Argument beinhaltet damit eine situativ relativierte Version des Taylorschen ‚one best way.' Kontingenz wird hier nur im Sinne von Abhängigkeit verwendet. Der andere Aspekt des Begriffs, der den Akzent auf ‚Möglichkeit', auf das ‚So-und-auch-anders-möglich-Sein' des Geschehens legt (Luhmann, z.B. 1992), wird ausgeblendet (siehe zum allgemeinen Begriff nochmals die Einleitung).

28),³⁶ und auch der soziologische Neo-Institutionalismus eines John Meyer ist nicht ganz frei davon (zur Kritik Türk, 1997, 131 ff.). Selbst Powell (1990) argumentiert in seinem einflußreichen Netzwerkaufsatz kontingenztheoretisch, wenn er Umweltbedingungen, wie verteilte implizite Kompetenzen, Situationen mit hohem Innnovationsdruck usw. angibt, in denen Unternehmungsnetzwerke besonders effizient und geeignet sein sollen. Und fügen wir, milde gestimmt, hinzu: Derlei Erklärungen haben ja stets ihr begrenztes Recht, wenn sie nicht einseitig und deterministisch angelegt sind – obgleich sie nichts dazu sagen können, wie und warum sie im Handeln der Akteure wirksam werden (können).

Viele Studien aus der Strategieforschung zu Netzwerken argumentieren, wenn man so will, noch unverblümter kontingenztheoretisch. Das gilt etwa für die einflußreichen Strategieforscher Miles und Snow. Sie greifen den von Burns und Stalker (1961) diagnostizieren Fit zwischen einem ‚mechanischen‘ bzw. einem ‚organischen Organisationsmodell‘ und ‚stabilen‘ bzw. ‚dynamischen‘ Kontexten auf. Für Miles und Snow (z.B. 1986; 1992) finden sich in *stabilen* ausgereiften *Industrien*, in denen die Herstellung der Produkte in einem eher stabilen Geschäftsfeld mit geordneten und ‚vorhersehbaren‘ Märkten große Kapitalinvestitionen verlangen, wie der Automobilindustrie, vor allem stabile Unternehmungsnetzwerke. In ihnen regulieren große Kernfirmen die Beziehungen zu Akteuren auf vor- und nachgelagerten Produktionsstufen ebenso wie zu Distributeuren marktsensitiv³⁷ (Sabel/Kern/Herrigel, 1991; Snow/Miles/Coleman, 1992, 13 f.; Miles/Creed, 1995, 354).³⁸ In *dynamischen Industrien*, wie denen für Mode-

---

36 Picot (1989, 131 ff.) attestiert seinem transaktionskostentheoretischen Ansatz sogar explizit eine ‚situative Denkweise‘.

37 Marktsensitiv heißt, daß interne Arbeitseinheiten verpflichtet sind, kontinuierlich ihre Kompetenzen an Marktstandards zu überprüfen. Die Bayerischen Motorenwerke (BMW) sind ein Beispiel: Forschungsgruppen und Ingenieurabteilungen sind angehalten, nicht nur genug über spezielle Technologien zu verstehen, sondern auch die besten Anbieter außerhalb des BMW-Konzerns auszumachen. Joint Ventures und Venture Capital werden genutzt, um sich finanziell an Vorhaben anderer Unternehmungen zu beteiligen. So entwickelt BMW etwa zusammen mit Cecigram in Frankreich neue Produktmaterialien und neue Produktionstechnologien und mit Loewe Opta neue Produkte im Bereich der Elektronik. Solche Versuche werfen bereits die Frage auf, ob die implizite Inanspruchnahme des technologischen Kerns einer Unternehmung im Sinne Thompsons (1967) durch Aufgaben der Marktbe(ob)achtung nicht eine Überforderung darstellt, gegen die traditionell eine puffernde Peripherie gerade schützen sollte.

38 Da Outsourcing und Vernetzung auch seine Schattenseiten in der Kontrolle von Informationsflüssen hat, plant BMW – zumindest in den offiziellen Verlautbarungen –, eine Gegenbewegung zur üblich gewordenen Verringerung der Fertigungstiefe in sensiblen Bereichen (Schröter, 1996b, 14). Mehr als lehrreich sind hier auch die Erfahrungen der MCC smart GmbH mit der Produktion des Smart. Den Systempartnern wurden weit über die üblichen Praktiken bei Daimler Benz hinaus Entwicklungsverantwortung und das Unterlieferantenmanagement übertragen. Die ganzheitliche Entwicklung von Bauteilen und sogar ganzer Komponenten inklusive der zugehörigen Erprobung erwies sich für viele Systempartner als Neuland. Die Kosten wurden daher häufig unterschätzt, Erprobungen nicht hinreichend durchgeführt, was zu einer Vielzahl weder von MCC noch von den Systemzulieferern vorhergesehenen Problemen und zusätzlichem Aufwand führte. MCC mußte die Systemzulieferer in ungeplantem Ausmaß unterstützen, ein regelrechtes Coaching der Systempartner betreiben und bei Problemen mehrfach die Einkaufszentrale des Daimler Benz Konzerns einsetzen, um die Konflikte machtvoll zu regulieren. Neu geordnet werden auch die Beziehungen zwischen Endproduktherstellern und Händlern in der Automobilindustrie (Fortsetzung der Fußnote auf der nächsten Seite)

textilien, Spielzeug, Publishing, Fernsehen, elektronische Hard- und Softwareprodukte und Biotechnologie, die durch komplexe, schnellebige, beständig wechselnde Wettbewerbsbedingungen, durch ein turbulentes technisch-ökonomisches Umfeld gekennzeichnet sind, finden sich dagegen vornehmlich dynamische Netzwerke. Das sind Netzwerke, die, wie oben am Fall des Spielzeugherstellers Lewis Galoob vorgestellt (s. oben Seite 47), weniger stabile, schnell sich ändernde Beziehungen zwischen Unternehmungen aufweisen, die phasenweise latent sind und über einen Broker reguliert werden (Snow/Miles/Coleman, 1992).[39]

Man muß weder die empirische Evidenz, daß etwa in der Automobilindustrie eher stabile und in der Spielzeugindustrie eher dynamische Netzwerke anzutreffen sind, leugnen, noch bezweifeln, daß Charakteristika der Industriekontexte von Bedeutung sind. Die Einwände richten sich gegen die Annahme, die Verbreitung sei Ausdruck eines kontingenztheoretischen Fits. Eine Erklärung vorfindlicher Isomorphien bedarf vielmehr der Aufnahme weiterer Aspekte, insbesondere der Aktivitäten von Akteuren, wie die soziologische Institutionentheorie vorgeführt hat.

3.2 Netzwerke, ‚industrielle Distrikte' und ‚organisationale Felder' in institutionentheoretischer Sicht

Ein elaborierteres Verständnis des Verhältnisses von Netzwerk (oder Organisation) und Umwelt begegnet uns in vielen Studien zu ‚industriellen Distrikten'. Die bekannteste Definition industrieller Distrikte stammt von Becattini (1990, 39), der sie definiert als

„a socio-territorial entity which is characterized by the active presence of both a community of people and a population of firms in one naturally and historically bounded area."

Die ‚Gemeinschaft der Menschen' wird für ihn (mit Anklang an Parsons) durch ein homogenes Wertsystem und geteilte Ansichten, die durch ein System von Institutionen und Regeln von Generation zu Generation weitergereicht wird, gesichert integriert. Die ‚Population der Unternehmungen' besteht für ihn aus kleinen und mittleren Unternehmungen in einem geographisch begrenzten Raum. Kontextuell gültige Prozeduren und Techniken werden so innerhalb von Netzwerken und nach außen auch durch ein soziales Milieu gestützt und abgesi-

---

(Reuss, 1993; Kollenbach, 1995; Meinig/Heß, 1992; Heß/Meinig, 1996; Balsen, 1997). Weitere Veränderungen der Distribution stehen in Verbindung mit Aktivitäten von Herstellern und neuen Akteuren, wie Dienstleistungs- und Informationsmaklern im Internet. Der Vertrieb wird zudem, etwa bei Mercedes Benz, stärker um Dienstleistungspakete wie Finanzierung, Versicherung usw. ergänzt und in Richtung auf eine integrierte Mobilitätsdienstleistung ausgebaut.

39 Dynamische Industrien sind keinesfalls immer low-tech-Industrien wie die Modeartikelindustrie mit nur kurzen Produktdesignzyklen. Im Bereich Elektronik und Biotechnologie haben wir es mit high-tech-Industrien mit durchaus zum Teil langwierigen Zyklen der Produktentwicklung zu tun.

chert. Schaut man mit organisationstheoretischem Blick auf industrielle Distrikte, dann erinnern diese regionalen Produktionssysteme an das aus der soziologischen Institutionentheorie bekannte Konzept des ‚organisationalen Felds'.

Das Konzept des organisationalen Felds, ursprünglich von Warren (1967) formuliert, wurde durch Autoren wie DiMaggio und Powell (1983), Leblebici et al. (1991) und Scott (1994a) verstärkt in die Diskussion gebracht. Es umfaßt:

„those organizations that, in the aggregate, constitute a recognized area of institutional life: key suppliers, resource and product consumers, regulatory agencies, and other organizations that produce similar services and products" (DiMaggio/Powell, 1983, 143).

Das Konzept weist somit, wie Scott (1994a, 206) betont, enge Bezüge zu Hirschs (1985) Konzept des ‚industry systems' sowie zu Scott und Meyers' (1983) Konzept von ‚societal sectors' auf. Die entscheidende Neuerung ist: Im Konzept des organisationalen Felds wird nicht nur die Population von Organisationen betrachtet, die im selben, durch ähnliche Dienstleistungen und Produkte definierten Handlungsfeld agiert. Zu diesen fokalen Organisationen treten die hinzu, die deren Performanz kritisch beeinflussen: zum Beispiel Zulieferer, Kunden und vor allem staatliche Regulatoren.[40] Das Konzept des organisationalen Felds präzisiert daher, wie gleich noch deutlicher wird, Becattinis Definition industrieller Distrikte. Organisationale Felder sind nicht geographisch begrenzt, sondern kulturell und funktional.[41] Organisationen, die sich wechselseitig in ihrem Verhalten in Betracht ziehen, gehören zu einem Feld, unabhängig davon, wie nah oder fern sie zueinander in einem geographischen Sinne stehen. Obwohl dieser Aspekt nicht im Zentrum des Ansatzes steht, wird in den Bestimmungen des Konzepts von Beginn an die Natur der Beziehungen zwischen einer Kollektion von Organisationen in einem speziellen Handlungsfeld beachtet (Warren, 1967), etwa strukturelle Äquivalenzen und Isomorphismen zwischen Organisationen.[42] Ferner eröffnet die Unterscheidung zwischen institutionellen und aufgabenbezogenen, technischen Quellen organisationaler Praktiken in der soziologischen Institutionentheorie Möglichkeiten, kulturelle, normative und kognitive Einflüsse aufzunehmen (z.B. Meyer/Rowan, 1977), die in der Kontingenztheorie zumeist und in der Distriktforschung zuweilen nicht systematisch unterschieden werden. Fragwürdig ist eher, daß die Institutionentheorie diese Aspekte derart in den

---

40 Hoffman (1999) hat aktuell das Konzept des organisationalen Felds um ‚issue based fields' erweitert. Illustrativ hat er die Konstitution eines organisationalen Felds um Auseinandersetzungen um Umweltfragen zwischen verschiedenen Akteuren nachgezeichnet, konzeptionell aufgearbeitet und damit auf weitere mögliche Ausgangspunkte der Konstitution organisationaler Felder bzw. relevanter Umwelten hingewiesen.

41 Industrielle Distrikte sind, so sie regional ausgelegt sind, regionale organisationale Felder. Ein strukturationstheoretisch verallgemeinerter Begriff organisationaler Felder findet sich im Teil III.

42 Diese Sichtweise unterscheidet sich vom Modell des ‚organisation set', welches, als Übertragung des Konzepts des Rollensets (Merton, 1957) auf Organisationen, Umwelt aus der Perspektive einer ausgewählten ‚fokalen' Organisation (Evan, 1966; Thompson, 1967) fokussiert, als auch vom Modell der organisationalen Population, welche die Selektion von Organisationen durch (Veränderungen in der) Umwelt hervorheben (Hannan/Freeman, 1977; Aldrich, 1979; Scott, 1994a).

Vordergrund stellt, daß Wettbewerb und Effizienz ebenso wie Macht in den Hintergrund geraten. Isomorphien werden so nicht wie in der Kontingenztheorie als via Umwelterfordernisse erzwungene Fits interpretiert. Erklärt werden sie vielmehr zum Beispiel über die politische Einflußnahme durch staatliche Akteure und die Sorge um Legitimation (‚coercive isomorphism'), über im Feld übliche Standardantworten auf Unsicherheiten (‚mimetic isomorphism') und über Professionen und Professionalisierungen (‚normative isomorphism') (Meyer/Rowan, 1977; DiMaggio/Powell, 1983; Leblebici et al., 1991; Powell/DiMaggio, 1991).[43] Das Verhältnis von Anpassung, Adaption und aktiver Ausgestaltung ist in institutionalistischer Perspektive nicht theoretisch bereits entschieden, aber eben auch nicht theoretisch ausgearbeitet – insofern muß auch die Institutionentheorie für eine Netzwerktheorie weiter ausgearbeitet werden.

Determiniert in kontingenztheoretischen Arbeiten die Umwelt das Handeln von und das Geschehen in Organisationen, so gilt das in institutionalistischen Studien zumeist nicht (genauer III-5.2). Schon bei Meyer und Rowan (1977) tragen Organisationen den Legitimationserfordernissen ihrer Umwelt strategisch Rechnung und gestalten gleichzeitig die Kernbereiche ihrer Aktivitäten davon ein Stück weit losgelöst aus. Auch operieren Organisationen – etwa bei Leblebici et al. (1991) – nicht nur passiv in Kontexten. Sie entnehmen ihnen nicht nur Ressourcen und offerieren Produkte. Sie beteiligen sich auch aktiv an der Konstitution der Sets von Regeln und Ressourcen des organisationalen Felds. Isomorphien werden so in vielen institutionalistischen Studien weder über erzwungene Adaption, wie im kontingenztheoretischen Ansatz, noch durch populationsbezogene Selektion, wie in der Populationsökologie, erklärt. Der Ansatz sensibilisiert daher nicht nur stärker für die wechselseitige Vermittlung von Organisation und Umwelt. Er eröffnet zudem ein ausdifferenzierteres Verständnis relevanter Dimensionen der Vermittlung, indem er auf ökonomische, politische und normativ-kulturelle Aspekte von Reproduktion und Wandel verweist. Wichtig ist ferner, daß Akteure aktiv und passiv handeln, Kontexte auf einer Vielzahl von Ebenen, inklusive der Gesellschaft, eine Rolle spielen – auch wenn insbesondere das Problem der Konstitution, die Vermittlung zwischen institutionellen Vorgaben und strategischen Aktivitäten, nicht genauer aufgenommen wird.

Das Konzept des organisationalen Felds ermöglicht gleichwohl eine weit über die kontingenztheoretische Analyse hinausgehende Erklärung des Verhältnisses von Netzwerk und Kontext – kollektives Gedächtnis, Regeln, Routinen, wechselseitige Erwartungen usw. können konzeptionell aufgenommen werden. Leblebici et al. (1991) haben bei ihrer Analyse der Konstitution der US-amerikanischen Broadcasting Industrie eine fruchtbare Operationalisierung des Konzepts vorgelegt. Sie schlagen vor, bei der Analyse organisationaler Felder vier Merkmale

---

43 Überblicke über aktuelle Entwicklungen im Bereich der Organisationssoziologie vermitteln zum Beispiel Scott (1986 [1981]; 1993), Nohria und Gulati (1994) und Ortmann, Sydow und Türk (1997).

aufzunehmen: die *Konstellationen von Akteuren*, die genutzte *‚technology'*, das heißt das genutzte Wissen, die verwendeten Methoden usw., die vor allem staatlichen *Regulationen* und die das Feld charakterisierenden (Handlungs-)*Praktiken*.

Kommt die Rede auf *Netzwerke in regionalen Produktionssystemen*, dann stehen Verbindungen zwischen Unternehmungen in der Emilia Romagna oder in Baden-Württemberg Pate.[44] Die Netzwerke in Norditalien, an denen ich die kollektiv regulierte Konstruktion einer regionalen ‚governance' unter Aufnahme des Konzepts des organisationalen Felds vorstelle, gelten dabei als ‚natural networks', da in ihnen die Prozesse regionaler Vernetzung am fortgeschrittensten und dynamischsten sind (Bosworth/Rosenfeld, 1993, 24).[45] Sie erweisen sich hierdurch als *besondere* organisationale Felder.

Regionale Produktionssysteme sind regionale organisationale Felder. Sie sind durch *Konstellationen regionaler Akteure* aus Ökonomie und Politik gekennzeich-

---

[44] Ich greife illustrativ regionale und zum Beispiel nicht nationale oder supranationale Produktionssysteme auf. Der Grund ist einfach: In der Literatur wird heute den zentralen Interaktionen von Unternehmungen in spezifischen regionalisierten Industrieclustern hohe Bedeutung in einer zunehmend als sich globalisierend beschriebenen Ökonomie zugewiesen (z.B. Cooke, 1997, 5). Das Argument ließe sich parallel aber genauso für die anderen genannten Kontexte ausführen. Die räumliche Zuordnung regionaler Produktionssysteme ist für die Netzwerke in Norditalien evident: „In the Third Italy, the small firms are commonly grouped in specific zones according to their product: knitwear in Modena; bicycles, motorcycles, and shoes in Bologna; food processing machinery in Parma; and woodworking machine tools in Capri (see Brusco, 1982)" (Powell/Smith-Doerr, 1994, 386). Der Begriff ‚Terza Italia' (z.B. Scott, 1988, 43 ff.) unterscheidet die aus der Emilia Romagna, der Toskana, Umbrien und Veneto gebildeten Regionen von dem immer noch unterentwickelten Süden Italiens und dem traditionell durch Großindustrie geprägten Nord-Westen des Landes (Sydow, 1992, 47). Ergänzt sei: Regionale Netzwerke finden sich in dynamischen Industrien, wie der Modeindustrie, und in stabileren Industrien, wie dem Spezialmaschinenbau. Grundlegende Studien zu regionalen Netzwerken in der Emilia Romagna finden sich bei Brusco (1982), Piore und Sabel (1985 [1984]), Amin und Thrift (1992), Grabher (1993a; 1993b), Lazerson (1993), Harrison (1994) und etwa Paniccia (1998). Für Baden-Württemberg siehe etwa Maier (1987), Sabel et al. (1987), Herrigel (1993), Sydow (1996, 27 ff.) oder Staber (1998).

[45] Der dem Modell vernetzter regionaler Produktion zugeschriebene Erfolg, durch den die Emilia Romagna in den letzten zwanzig bis dreißig Jahren von einer der ärmsten Regionen Italiens zu den acht am stärksten prosperierenden Regionen Europas aufgestiegen ist (Pyke, 1994, 40), hat der Region weltweit Beachtung eingebracht. Es sind wahre Pilgerströme gen Italien gezogen, um zu beobachten, wie die Italiener arbeiten, wie ihre Unternehmungen kooperieren und im Wettbewerb stehen, und welche Institutionen die Produktion wie unterstützen (Bosworth/Rosenfeld, 1993, 24). Im wissenschaftlichen Bereich hat die Arbeit von Piore und Sabel (1985 [1984]) maßgeblich zur Diskussion dieser Form flexibel spezialisierter Organisation ökonomischer Aktivitäten und des Dritten Italien beigetragen. Heute wird diese insbesondere unter dem Label ‚industrial district' fortgesetzt. Das Anziehende für Praktiker und Forscher aus aller Welt ist, in Anlehnung an Überlegungen Alfred Marshalls (1890), die Konzentration und Regulation spezialisierter Industrien an bestimmten Orten, bzw. in industriellen Distrikten oder regionalen Ökonomien durch die Zusammenarbeit einer Konstellation von Akteuren aus Wirtschaft und Politik. (Als ‚industrial districts' bezeichnen Rullani und Zanfei, 1988, Goodman und Bamford, 1989, oder auch Grabher, 1993b, beispielsweise regionale Produktionssysteme. Als Moment von ‚regional economics' thematisieren sie zum Beispiel Sabel, 1989, Amin und Thrift, 1992, Staber und Sydow, 1995). Die Idee, daß Vernetzung von Unternehmungen in regionalen Ökonomien Wettbewerbsvorteile bringen kann, ist alles andere als neu. Marshall (1890), Alfred Weber (1909) und Schumpeter (1934) haben darauf hingewiesen, daß Netzwerke unabhängiger und spezialisierter Unternehmungen signifikante externe economies of scale and scope hervorbringen können (genauer Staber, 1996). Interessante Bezugspunkte finden sich auch in den Überlegungen von Marx zur ‚asiatischen Produktionsweise' (genauer dazu Kößler, 1990).

net, die ihre *Aktivitäten insbesondere auf die Region orientieren*, in ihnen Effekte erzielen, oder durch sie besonders betroffen sind. Der Begriff des industriellen Distrikts steht – ganz ähnlich außerdem wie der des Netzwerks – für eine Vielzahl unterschiedlichster Formen der Arbeitsorganisation, der Koordination interorganisationaler Aktivitäten und verschiedener Entwicklungspfade (Paniccia, 1998, 693). Die Aktivitäten können im Prinzip auch in industriellen Distrikten stärker hierarchisch oder heterarchisch reguliert sein. Zu den Akteuren zählen typischerweise, wie in der Abbildung I-5 aufgeführt, einerseits staatliche Akteure, Gewerkschaften, Banken, Dienstleistungszentren und Verbände und andererseits in regionalen Produktionsnetzwerken zusammengeschlossene Unternehmungen – die Produzenten, Händler und Distributeure, Zulieferer, Transportunternehmungen usw. einschließen. Zu den Praktiken gehören entsprechend zum Beispiel die der Produktion und Distribution in der Region, die Finanzierung regionaler Vorhaben und die (zuweilen kollektive) Repräsentation der Region – etwa auf Produktmessen.

Ein Beispiel besonderer Art ist das regionale organisationale Feld der ‚Gerber von Santa Croce':[46]

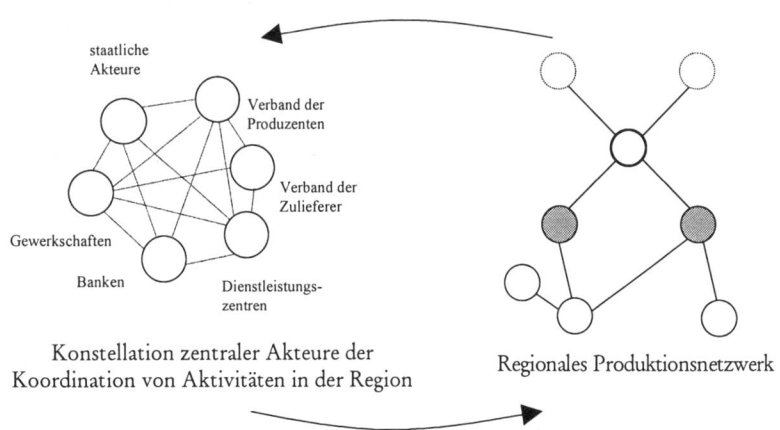

Abb. I-5: Modell eines regionalen Produktionssystems – die zentralen Akteursgruppen[47]

„In the area there are the warehouses of major international traders of raw and semi-finished leather as well as the offices of independent import agents, brokers and customs specialists. There are the depots of the major multinational chemical giants as well as locally owned companies selling paints, dyes, chemicals and customer-specific treatment formulae to the tanners. There are at least three savings

---

46 Eine illustrative Gegenüberstellung verschiedener industrieller Distrikte (einschließlich des Santa Croce-Distrikts) findet sich bei Paniccia (1998).
47 Die Darstellung des Modells regionaler Produktionssysteme hebt die Akteursgruppen in ihnen hervor. Der Zusammenhang zwischen den Akteursgruppen ist dagegen über das durch Pfeile markierte rekursive Konstitutionsverhältnis nur angedeutet.

banks with have consistently provided easy and informal access to finance. There are several manufacturers of plant and machinery, tailor-made for the leather tanning industry, and there is a ready supply base for second-hand equipment and maintenance services. There are several scores of independent sales representatives, export agents and buyers of finished leather in the area. The local Association of Leather Tanners, the mayor's office, the bigger local entrepreneurs and the Pisa offices of the Ministry of Industry and Trade also act as collective agents to further local interests at national and international trade fairs. There are several international haulage companies and shipping agents capable of rapidly transporting goods to any part of the world. There is, at the end of the value-added chain, a company which makes glue from the fat extracted from the hides and skins. Finally, there is water purification depot collectively funded by the leather tanners, the effluence of which is sold to a company which converts the non-toxic solids into fertilizer. All in area of 10 square kilometers!" (Amin/Thrift, 1992, 579).[48]

Wie Amin und Thrift (1992) erläutern, spielt in regionalen organisationalen Feldern wie dem der Gerber von Santa Croce – und das ist neben der Regionalität eine zweite Besonderheit – das *soziale Milieu* als institutionelle Quelle sozialer Praktiken eine besondere Rolle und ist in ihm speziell ausgelegt. Die Integration der Praktiken wird darüber auch restringiert: Die Akteure kennen sich oft lange. Sie sind gemeinsam Mitglieder in politischen Parteien oder sozialen Clubs, besitzen gemeinsame Schul- oder Ausbildungshintergründe. Sie teilen religiöse oder ethnische Bindungen und haben verwandtschaftliche Beziehungen.[49] Das ermöglicht ‚reziprok' (Gouldner, 1960) aufeinander bezogene Aktivitäten, die auf Vertrauens- *und* Kontrollmechanismen des durch ‚institutionelle Dichte' gekennzeichneten Milieus zurückgreifen (Powell/Smith-Doerr, 1994, 387). Diese wiederum gestatten, in besonderer Form „area-wide assets" (Amin/Thrift, 1992, 579) und eine „‚valorization' of the milieu" (ibid.) zu produzieren und so Wettbewerbsvorteile durch die Beförderung kooperativer Praktiken zwischen Wettbewerbern zu erzielen. In diesen Milieus reproduziert sich nicht nur spezialisiertes

---

48 Frank Pyke (1994, 4) schreibt, in einer, wenn man will, implizit anti-kontingenztheoretischen Notiz: Kleineren und mittleren Unternehmungen, industrielle Distrikte bevölkern, stehen in der sich globalisierenden Ökonomie prinzipiell drei Wege des Überlebens offen: Sie können (1.) ihre Fertigungsqualitäten und Lieferstandards erhöhen, um ausgewählte Zulieferer großer Unternehmungen zu werden. Sie können (2.) individuell mit anderen um Endproduktmärkte in Wettbewerb treten. Oder sie können (3.) versuchen, durch Vernetzung mit anderen kleinen Unternehmungen kollektive Stärke, zum Beispiel in industriellen Distrikten, über die Zusammenarbeit in Allianzen, kollektiven Institutionen und Konsortien zu erlangen. Lazerson (1988) vermerkt in einem ähnlichen Sinne, daß die Unternehmungen sich untereinander typischerweise durch *Subkontrakt*vereinbarungen verbinden, da diese Form der Zusammenarbeit der Mentalität der Inhaber der kleinen Unternehmungen entspricht, die Subcontracting den Alternativen Expansion und Integration vorziehen, so daß sie sich spezialisieren *und* flexibel bleiben sowie ihren legalen Status selbständiger Unternehmungen behalten können. Nicht zuletzt wegen der Vielzahl der Verbindungen mit Unternehmungen in der Region bleiben die Unternehmungen in einem gewissen Sinne *strikt selbständig* (Powell/Smith-Doerr, 1994, 386). Der Zusammenschluß ermöglicht ihnen, größenbedingte Rabatte beim Einkauf etwa von Technologien zu erzielen, Ausbildungskosten gemeinsam zu tragen, ihre Expertise zu poolen usw.. Sie gewinnen hierdurch Zugang zu Prozeduren und Praktiken, mit denen sie unter Umständen ihr Geschäft besser bewältigen können (Bosworth/Rosenfeld, 1993, 15 f.). Ein Großteil von Unternehmungen produziert dabei *keine Endprodukte*, sondern führt kontinuierlich über längere *Zeithorizonte* Aufgabenstellungen für eine Gruppe von Produzenten durch, die in der Region ansässig sind.

49 Ähnliche Befunde liefern auch Studien über ethnische Netzwerke (z.B. Granovetter, 1990; Waldinger et al., 1990; Light und Karageorgis, 1994, sowie Ram, 1994).

Wissen und Fertigungskönnen; hervorgebracht und ausgetauscht werden auch industriespezifische Ideen, Maschinen und Dienstleistungen: „The secrets of industry are in the air" (Becattini, 1978; zit. n. Powell/Smith-Doerr, 1994, 386). Erzeugt wird, was Marshall ‚industrielle Atmosphäre' nennt (Amin/Thrift, 1992, 579).[50]

Der Erfolg der Region um Santa Croce basiert, wie Amin und Thrift (ibid., 580) zeigen, zwar nicht zuletzt auf einer eher ‚zufälligen' Kombination neuer Marktgelegenheiten im Modebereich in den siebziger Jahren; daß diese Chance genutzt werden konnte, fußt aber offenbar vor allem auf der besonderen Art und Weise der Zusammenarbeit vieler Akteure aus Ökonomie und Politik,

„which has come to play the key role in safeguarding the success of the area. This is the institutionalization, at the local level, of individual sectional interests (e.g. the Association of Leather Tanners, the Association of Subcontractors, savings banks, the mayor's office, trade union branches etc.), as well as a sense of common purpose which draws upon Santa Croce's specialization in one industry and the intricate interdependencies of a vertically disintegrated production system" (ibid., 580; s.a. Bosworth/ Rosenfeld, 1993, 24).

Die Regulation regionaler Interessen führt hier zu einer *Kollektivierung der Governance*, zu einer besonderen Form heterarchischer Regulation der Aktivitäten – etwas, was keinesfalls alle organisationaler Felder kennzeichnet und daher als dritte Besonderheit aufzufassen ist.[51]

---

50 Die Bedeutung sozialer Milieus belegt auch ein Vergleich der US-amerikanischen Innovationszentren Silicon Valley und Orange Country in Kalifornien mit dem entlang der Route 128 bei Boston (Saxenian, 1994, 1 ff.). Offensichtlich wurde deren Bedeutung in der Krise dieser Distrikte Anfang der achtziger Jahre, in der die Unternehmungen im Silicon Valley ihren Markt für Halbleiterspeicher an japanische Mitbewerber verloren und die Minicomputerhersteller an der Route 128 mit ansehen mußten, wie ihre Kunden zu Workstations und Personalcomputer wechselten. Im Silicon Valley trugen der bemerkenswerte Erfolg von Start Ups wie Sun Microsystems, Conner Peripherals usw., die sich an der Seite etablierter Unternehmungen entwickelten, und der sich fortschreibende Erfolg von Unternehmungen wie Hewlett Pacard und Intel dazu bei, daß Silicon Valley seine frühere Vitalität wiedergewonnen hat. Für Saxenian ist dieser Erfolg der ähnlich wie im Dritten Italien ausgelegten regionalen Netzwerkstruktur des Silicon Valley geschuldet. Zumindest gilt: die Region um die Route 128 weist eine vom Silicon Valley sich unterscheidende Struktur auf. Das ist für Saxenian eine der Ursachen, warum das ‚Massachusetts Miracle' abrupt zu Ende zu sein scheint. Die Region im Raum Boston wird durch eine kleine Anzahl relativ integrierter Unternehmungen dominiert. Ihr industrielles System basiert auf unabhängigen Unternehmungen, die einen Großteil ihrer produktiven Aktivitäten internalisiert haben. Geheimhaltungspraktiken, Loyalitäten zwischen einzelnen Unternehmungen, Kunden, Zuliefern und Mitbewerbern verstärken eine regionale Kultur, in der weiterhin zentralisierte Autoritätsstrukturen und vertikale Informationsflüsse vorherrschen. Die Grenzen zwischen Unternehmungen, lokalen Institutionen bleiben in diesem regionalen System viel distinkter als im Silicon Valley.
Gleiches läßt sich für *Europa* zeigen. Auch hier existieren regionale Ballungen von Halbleiterherstellern und -anwendern, wie etwa in der Region um Glasgow und Edinburgh, Grenoble, im Dreieck Mailand, Turin und Ivrea oder in Baden-Württemberg und Bayern. Trotzdem haben sich hier nicht engmaschige regionale Netzwerke zwischen Produzenten und industrielle Distrikte wie im Dritten Italien herausgebildet (Voskamp/Wittke, 1994, 222 f.). Ein weiterer Unterschied ist, daß die sogenannten „technological districts" (Heinze et al., 1995, 14) nicht vorwiegend ein Produkt oder eine relativ abgegrenzte Produktgruppe produzieren. Sie stellen vielmehr high-tech Produkte jeglicher Art her und kooperieren zudem vornehmlich im Bereich von Forschung und Entwicklung, nicht aber in der Produktion.

51 Das Zusammenspiel zwischen Netzwerken und der Konstellation zentraler Akteure in regionalen Produktionssystemen variiert – wie ihr Erfolg. Andere lokale oder regionale Systeme von Unter-
(Fortsetzung der Fußnote auf der nächsten Seite)

Kollektivierung von Interessen erinnert zunächst an Altbekanntes, an die von Astley und Fombrun (1983) als ‚agglomerative collectives' gekennzeichnete Form indirekter kollektiver Strategiebildung zwischen Konkurrenten in Verbänden. Im Fall des regionalen Produktionssystems der norditalienischen Gerber in Santa Croce spielen *Verbände* und *Gewerkschaften* zwar auch eine Rolle. Das Besondere ist: Sie handeln hier reflexiv koordiniert mit *staatlichen Akteuren* der lokalen wie der regionalen Ebene sowie mit relevanten *Dienstleistern* zusammen; sie schaffen nicht nur gemeinsame Rahmenbedingungen des Geschäfts; sie unterbinden auf lokaler Ebene die Entwicklung schroffer Formen individueller Profitmechanismen und befördern statt dessen ein System wechselseitiger (direkter wie indirekter) Abhängigkeiten, das eine kollektivere Nutzung der Geschäftsgelegenheiten ebenso ermöglicht wie eine Kollektivierung bestimmter Kosten und ein rasches Verbreiten von Informationen und Wissen (Amin/Thrift, 1992, 579).[52]

Regionale Produktionssyteme erhalten heute verstärkte Aufmerksamkeit, und die Schaffung industrieller Distrikte wird heute als eine vielversprechende Entwicklungsperspektive und als eines *der* Ansatzpunkte regionalpolitischer Investition zum Wandel von Industrieregionen und vor allem von eher notleidenden Industrien gesehen.[53] Die Pfadabhängigkeit der Entwicklung (Arthur, 1990) und

---

nehmungen erwirtschaften durchaus zuweilen bessere Resultate (Paniccia, 1998, 693). Belegt ist zudem, daß sie ‚lock ins' (Grabher, 1993c) oder Prozesse der Devolution (Harrison, 1994; Staber, 1998, 702) und regionale Innovationssysteme (z.B. Pyke, 1994; Braczyk/Cooke/Heidenreich, 1997) befördern können. Auch die strukturellen Merkmale können ganz unterschiedlich sein: Gelingende Kollektivierungen individueller Interessen, wie in den Distrikten im Dritten Italien, stehen zum Beispiel ‚gebrochene Kommunikationen' (Heinze et al., 1998) zwischen Akteursgruppen in bundesdeutschen Regionen, wie in Bochum, gegenüber. Mindestens genauso unterschiedlich ist das in der Region lokalisierte Wissen, kooperativ-kompetitive Kooperation zwischen Akteuren aus Politik und Ökonomie zu animieren und die Fähigkeiten, dieses Wissen anzuwenden.

52 Die Arbeit einzelner Akteure läßt sich an technischen Dienstleistungszentren in regionalen Produktionssystemen illustrieren. Ihre Arbeit unterliegt etwa zwei Logiken. Auf der einen Seite arbeiten sie auf der Grundlage der Anforderungen der Märkte, das heißt der Anforderungen, die nachfragende Unternehmungen an sie stellen. Auf der anderen Seite übernehmen sie aber auch die Funktion des *Entwicklers der Industrie*. Diese Rolle beinhaltet, Unternehmungen davon zu überzeugen, die besten organisationalen Praktiken und Technologien zu nutzen oder Kooperationen zwischen Unternehmungen aktiv zu initiieren und zu unterstützen (Pyke, 1994, 118). Diese Rolle können lokale und regionale Servicecenter jedoch in der Regel nur wahrnehmen, wenn sie öffentlich unterstützt werden und es ihnen gelingt, mit den Unternehmungen etwa über Besuche, Fortbildungsseminare und Befragungen in permanentem Kontakt zu bleiben. Erst dann ist es ihnen möglich, die Ausbildung und Weiterentwicklung eines regionalen Milieus zu befördern. Voraussetzung ist zudem, daß sie es schaffen, sich in ein Set spezialisierter Dienstleistungszentren einzubinden oder, wie insbesondere die US-amerikanischen Innovationszentren der Elektronikindustrie zeigen, mit Hochschulen zusammenarbeiten. Das erlaubt es ihnen, spezielle Fragestellungen kompetent zu beantworten, die Dichte und den Austausch von Informationen zu befördern (für die Bundesrepublik Deutschland z.B. Zündorf, 1994), qualifizierte Nachwuchswissenschaftler und Ingenieure zu rekrutieren und die Möglichkeiten der Ausbildung regionaler Agglomerationseffekte zu verbessern (Sabel, 1989; Saxenian, 1990; 1991; 1994). Netzwerke spezialisierter Zentren bilden so das institutionelle Pendant zu flexibel spezialisiert produzierenden Unternehmungen in Netzwerken.

53 So finden sich heute weltweit Versuche, das in der Emilia Romagna herausgebildete politische und soziale System kollektiver Akteure zu kopieren (sehr instruktive Übersichten über Beispiele in Spanien, der Bundesrepublik Deutschland, Dänemark, als dem Modell des exogen, politisch ge-
(Fortsetzung der Fußnote auf der nächsten Seite)

die *Besonderheiten* industrieller Distrikte erschweren naive Imitation. Wie die Studien von Amin und Thrift und von Saxenian belegen: Der Erfolg regionaler Systeme hängt grundlegend nicht nur vom Passungsverhältnis zwischen den Strukturen des organisationalen Felds und den Netzwerken, sondern auch von deren aktiver Nutzung und rekursiver Verbesserung ab (s.a. Staber, 1998, 719).

Industrielle Distrikte sind gewiß keine Inseln der Glückseligkeit. Detailliertere Analysen industrieller Distrikte belegen etwa die Koexistenz unterschiedlicher, offensichtlich konfligierender Koordinationsmechanismen (wie Preise und Macht) sowie konfliktärer Beziehungen zwischen Unternehmungen, Beschäftigten und externen Institutionen (Staber/Sharma, 1994; Paniccia, 1998, 693). Unter Umständen stiften sie jedoch Möglichkeiten, kollektive Antworten auf neue Herausforderungen zu finden. Der industrielle Distrikt in Santa Croce verweist in den achtziger Jahren zumindest auf spezielle Potentiale seiner milieugestützten ‚collectivization of governance' (Amin/Thrift, 1992, 580). Angesichts neuer Herausforderungen wie steigendem internationalen Wettbewerb bei sinkender Gesamtnachfrage und steigenden Kosten usw. lassen sich rekursive *Mechanismen spiralförmiger Verbesserung der Entwicklung kollektiver Antworten auf Herausforderungen* im Produktionssystem diagnostizieren:

„Resulting collective responses have ranged from jointly funding by the tanners of an effluence treatment plant and multi-source funding (involving tanners, subcontractors, a local bank and the regional authorities) of an information service center which offers advice on market trends, management skills and information technology, through to frequent and heated debates in the bar of the central piazza on new trends affecting the industry" (ibid.).

Wie erfolgreich die Herausforderungen damit letztlich bewältigt werden, kann schlecht vorhergesagt werden. Neue Herausforderungen treten hinzu. Auslagerungen von Tätigkeiten an Produzenten *außerhalb* der Region bedeuten eine Quasi-Externalisierung auf der Ebene der Region. Sie gehen mit neuen Formen der Quasi-Integration in international integrierte Wertschöpfungsketten einher. Sie stellen die Integrität des industriellen Distrikts potentiell in Frage und produzieren, wie Amin und Thrift (1992) es ausdrücken, „Neo-Marshallian nodes in global networks". Abzuwarten bleibt, ob die verstärkt geforderte reflexive Vermittlung intra- und intersystemischer Praktiken im doppelten Handlungsbezugsrahmen des regionalen Produktionssystems, das heißt in ihm und zwischen diesem und den international ausgelegten Wertschöpfungsketten, kollektiv bewältigt werden kann, ob das die Fragilität oder Stabilität des industriellen Distrikts befördert. Für Varaldo und Ferrucci (1996) hängt die Zukunft der Distriktunternehmungen auch und gerade des Dritten Italien von ihrer Fähigkeit ab, sich in Netzwerke globaler Unternehmungen einzuklinken. Und Autoren wie Cooke (1997, 10) sehen in der damit einhergehenden Lockerung industrieller Cluster das Modell der Zukunft für die Regulation ökonomischer Aktivitäten.

---

zielt initiierten Programm der Schaffung einer vernetzten Ökonomie, Portugal, Frankreich, Schweden, den USA und Japan finden sich beispielsweise in den Schriften von Sabel, 1989; Bosworth/Rosenfeld, 1993, 25 f.; Pyke, 1994, 78 ff.; Heinze et al., 1995, 11 ff.).

Diese Einschätzung mag man teilen oder nicht. Sie bedarf vornehmlich einer empirischen Überprüfung.

Theoriekonstruktiv gewendet lassen sich aus den vorhergehenden Ausführungen drei Anforderungen an eine Netzwerktheorie destillieren. Mit Barnes und Mitchell bedarf eine Netzwerktheorie (1.) *eines Verständnisses prozessualer Konstitution von Netzwerken, das Netzwerke nicht isoliert betrachtet,* sondern als soziale Systeme, in denen handelnde, durch sich ‚kreuzende' Bande miteinander verbundene Personen und Organisationen, die in Branchen, industrielle Distrikte oder Gesellschaften eingebettet sind, in und durch ihr Handeln Netzwerkstrukturen konstituieren, die die Akteure wiederum ihren Handlungen zugrundelegen müssen. Der dabei verwendete Netzwerkbegriff muß allgemein und speziell genug sein, um die Vielfalt der Erscheinungsformen der Geflechte von Unternehmungen in Netzwerken erfassen und das Gemeinsame dieser Koordinationsform klassifizieren zu können. Ähnliches gilt für den Kontextbegriff. Er muß erlauben, Umweltanforderungen unterschiedlichster Art aufzunehmen. Denn wie die Kontingenztheorie betont, sind Unternehmungsnetzwerke über Industrien, organisationale Felder unterschiedlicher Reichweite und Gesellschaften mit Konkurrenzverhalten, Kundenstrukturen, der Dynamik technischer Entwicklungen ebenso konfrontiert wie mit, wie die Institutionentheorie ergänzend hervorhebt, der kulturellen, normativen und kognitiven Einflußnahme einer Vielzahl von Akteuren aus Politik und Ökonomie. Zu berücksichtigen ist dabei das ‚Imprinting'-Argument von Stinchcombe (1965), nach dem Entwicklungen von Netzwerken (wie von Kontexten) in grundlegender Weise durch frühere Entscheidungen und Prozesse geprägt sind und das Argument, daß Netzwerke wie Kontexte historischem Wandel unterliegen:

„[R]esearch on interfirm networks in industrial districts should recognize explicitly the industry structural and socio-political conditions under which they evolve, keeping in mind variations in the micro-foundations of network relations. History matters because the context changes over time and because each network may have its own time-dependent path of development" (Staber, 1998, 720).

Wie Amin und Thrift oben am Beispiel der Gerber von Santa Croce illustrieren, ist ergänzend auch Raum für historische Zufälligkeiten als Grundlage der Entwicklung von Unternehmungsnetzwerken und Distrikten zu lassen.

Da weder die Kontexte die Unternehmungsnetzwerke determinieren, noch umgekehrtes gilt, ist eine Netzwerktheorie (2.) mit der Anforderung konfrontiert, ein entsprechendes *Verständnis von Ko-Evolution* (Koza/Lewin, 1998) *von Kontext und Unternehmungsnetzwerken* zu konzeptualisieren. Unternehmungsnetzwerke besitzen hierbei alles andere als eine einheitliche Form, die sich zudem in Zeit und Raum verändert. Auch Kontexte sind nichts monolithisches. Industrien und Regionen sind, um an das Beispiel industrieller Distrikte anzuschließen, vielmehr komplex miteinander vermittelt. Ihre Entwicklungen sind weder voneinander unabhängig, noch fallen sie zusammen. Sie besitzen eigene Entwicklungslogiken. Sie bieten daher Unternehmungsnetzwerken unterschiedliche, variable, keinesfalls per se harmonisierende Beschränkungen und Voraussetzungen für deren Ausgestaltung. Industrien beschränken und ermöglichen etwa durch zugängliche Technologien, Kompetenzen und Marktstrukturen, etablierte Praktiken, sektorale Regulationen, Infrastrukturen und Normen bestimmtes Verhalten. Ähnliches gilt für Regionen, indem sie Sets lokal und regional zugänglicher Technologien bis hin zu Infrastrukturen und Dienstleistungen bereitstellen oder schaffen. Gleichzeitig verbinden sich die Kontexte mit Strategieentscheidungen von Unternehmungsnetzwerken:

„Although it is well understood that institutional processes, including network processes, are building blocks of ecological communities and therefore affect selection (Fombrun, 1988; Hannan/Freeman, 1989), the direction of the effect is difficult to specify *a priori*. In industrial districts which combine cooperative and competitive processes, social integration can either lead to change and innovation, or to inertia and path dependence. Both outcomes have been observed in studies of districts (Harrison, 1994), but the mechanisms and conditions which lead to one or the other outcome have not been well specified" (Staber, 1998, 706).

Unterschiedliche technologische und institutionelle Konfigurationen scheinen empirisch mit ähnlichen organisationalen Arrangements ebenso kompatibel (Delmestri, 1998) wie unterschiedliche organisationale Arrangements mit gleichen technologischen und institutionellen Konfigurationen zusammengehen (Paniccia, 1998). Theoretisch gesprochen bestehen empirisch offensichtlich mehrere, wenn auch keinesfalls beliebig viele äquifinale Möglichkeiten der Netzwerkorganisation (s.a. Sydow/Windeler, 1998).

Eine Netzwerktheorie auf der Grundlage eines nicht-deterministischen Verständnisses der Konstitution im Spannungsfeld koevolvierender Kontexte hat (3.) den strategischen Bezug, die *machtabhängige* Einflußnahme auf die *Konstitutionsprozesse* nicht aus dem Blick zu verlieren, ohne sie gleichzeitig zu überhöhen. So gilt vermutlich über die Distriktforschung hinaus:

„Even within this relatively small region, there are significant local variations in industry structure and performance, stemming from a long history of political fragmentation and industrial diversity (Megerle, 1982; Staber, 1996). Even if institutional arrangements were identical across areas, there is the possibility that variations in local cultures will lead to *a ›very different ‚social use‘ of institutions, evoke very different strategies and constitute policies in very different ways‹* (Kristensen, 1994, 194)" (Staber, 1998, 719; Hervorh. A.W.).

Die in Netzwerken (wie in Distrikten) als für den Erfolg wesentlich angesehene Komplementarität der Spezialisierung, Ressourcen, Handlungsweisen wie die über die Eingebettetheit gestützte Kooperation und soziale Integration können daher nicht als gegeben betrachtet werden. Statt einer unterstellten Automatik sind die sozialen Prozesse und Mechanismen herauszuarbeiten, über die diese Faktoren hervorgebracht werden, respektive erodieren. Geschieht das, dann wird deutlich, daß die Prozesse immer nur partiell steuerbar sind (s.a. Sydow/Windeler, 2000). Weder sollten Kontexte, wie es oft in der ökonomischen und in der Managementliteratur geschieht, als allgemeine Umwelt in die als nicht weiter betrachtenswert angesehenen Randbedingungen des Handelns verbannt werden, noch sollte, wie das in der industriesoziologischen und in einigen organisationssoziologischen Ansätzen erfolgt, das Handeln der Akteure ausgeblendet werden. Für das Entstehen und die Fortexistenz sowie für den Erfolg oder Mißerfolg von

Netzwerken sind Kontexte und Handlungen oft in einem umfassenderen Sinne von größerer Bedeutung als jene gewiß wichtigen Umweltaspekte, die herkömmlich als technisch-ökonomische und rechtliche Aspekte in den Mittelpunkt gerückt werden.

Teil II.1

Systemische Rationalisierung: der industriesoziologische Netzwerkansatz

Im Jahre 1986 – parallel zur international einsetzenden Diskussion um Unternehmungsnetzwerke in der Managementliteratur – eröffnen Martin Baethge und Herbert Oberbeck vom Sozialforschungsinstitut in Göttingen (SOFI Göttingen) und Norbert Altmann, Manfred Deiß, Volker Döhl und Dieter Sauer vom Institut für Sozialforschung in München (ISF München) in der Bundesrepublik eine neue industriesoziologische Sichtweise auf Rationalisierungsprozesse: die Perspektive der ‚systemischen Rationalisierung'.[1] Das Neue für die Industriesoziologie ist, daß sie mit der

„Aufnahme des Topos ‚systemische Rationalisierung' [...] ein weiteres entscheidendes Stück herausgetrieben [wird] aus der fürs Fach klassischen arbeits- und betriebssoziologischen Beengung" (Schmidt, 1990, 21).

Das Adjektiv ‚systemisch' wird in der Diskussion um systemische Rationalisierung mit unterschiedlichen Konnotationen verwendet. Für Baethge und Oberbeck (1990, 171) ist „systemisch [..] umfanglogisch als Entgegensetzung zu punktuell und einzelfunktionsbezogen zu verstehen." Das Münchener Verständnis ist dagegen stärker „gesellschaftstheoretisch ‚aufgeladen'" (Schmidt, 1990, 19) und

---

1 Die Diskussion um systemische Rationalisierung und damit auch die um zwischenbetriebliche Vernetzung wurde in der Industriesoziologie durch Baethge und Oberbeck (1986) ‚plaziert' (Schmidt, 1990, 17). An ihre Überlegungen schlossen sich sofort die von Altmann et al. (1986) über den ‚neuen Produktionstyp' an. Ein neues Paradigma war damit durch die im Bereich der Industriesoziologie einflußreichen Institute fast schon etabliert. Gemeinsam können die Autoren daher als Ur-Heber des Konzepts der systemischen Rationalisierung bezeichnet werden. Die weitere Debatte um das Konzept verbindet sich in der Industriesoziologie vorrangig mit den Studien aus dem ISF München, da sie dem Konzept in den letzten zehn Jahren Profil verliehen. Die Göttinger konzentrieren sich dagegen, etwa im Anschluß an die Arbeit von Kern und Schumann (1984), einerseits auf neue Formen der Nutzung von Arbeitskraft (Schumann et al., 1994a; 1994b). Andererseits führen sie die Diskussion um systemische Rationalisierung eher implizit fort (etwa Oberbeck/Oppermann/Osthues, 1987; Oberbeck et al., 1994; Voskamp/Wittke, 1994). Systemische Rationalisierung kennzeichnet als industrielle ‚Rationalisierung' ein Teilphänomen kultureller Rationalisierung im Sinne Max Webers (1979 [1920]). Die Grundstruktur der Argumentationen zur systemischen Rationalisierung weist bei allen Unterschieden im Detail, die ich hier nicht diskutieren will (etwa Schmidt, 1990; Wittke, 1990), große Gemeinsamkeiten auf. Die achtziger Jahre werden in dieser Perspektive als „Inkubationszeit mit ‚transitorischen Entwicklungen'" (Boyer, 1992, 66) betrachtet und auch unter dem Begriff der *Restrukturierung* der Industrie thematisiert (s.a. Schumann et al., 1994b; Sauer/Wittke, 1994, 49). Implizit greifen die Autoren, das sei lediglich vermerkt, mit dem Begriff der systemischen Rationalisierung Überlegungen von Habermas (1988 [1981]) in seiner ‚Theorie des kommunikativen Handelns' auf. Der Vorschlag von Malsch (1987, 170), dann doch – unter implizitem Verweis auf Ulrich (1986) – folgerichtig von „kommunikativer Rationalisierung" zu sprechen, verhallte ungehört.

bezeichnet einen „emergenten überbetrieblichen Tatbestand [...], dessen Resonanz auf einzelbetrieblicher Ebene jene Fragen provoziert, die unmittelbar Gegenstand der erstgenannten [Göttinger] Verständigungsvariante darstellen" (ibid.). Mit systemischer Rationalisierung ändert sich also *der* Gegenstand industriesoziologischer Forschung:

> „Generell kann nicht mehr der einzelne Produktionsprozeß oder der einzelne Betrieb Gegenstand [industriesoziologischer] [..] Analysen [von Rationalisierungsprozessen] sein, sondern die Netzstruktur zwischenbetrieblicher Beziehungen. [...] Das betrifft Netze von Abnehmer-Zulieferbeziehungen, Distributionsnetze (auf verschiedenen Handelsstufen), Service-Netze, Netze der Kreditwirtschaft, aber auch konzerninterne Strukturen (von Produktionseinheiten, Vertriebsstellen, Entwicklungsabteilungen etc.) u.a." (Sauer/Altmann, 1989, 11).

In der industriesoziologischen Forschung wird systemische Rationalisierung systematisch und historisch-deskriptiv als ein grundlegendes industriegesellschaftliches Bewegungsmoment identifiziert (Schmidt, 1990, 17). Es bildet für Autoren wie Bechtle (1994, 45) *das* Theoriekonzept zur Erfassung aktueller Rationalisierungsbemühungen:

> „,systemische[] Rationalisierung' [bildet] so etwas wie den theoretisch reflektierten gemeinsamen Nenner sehr unterschiedlicher Rationalisierungskonzepte und empirischer Rationalisierungsphänomene – lean production, integrierte Fabrik, Netzwerke, Globalisierung und Multinationalisierung – u.v.m. [..]."

Systemische Rationalisierung hat sich zu Beginn der neunziger Jahre im Diskussionskontext der bundesrepublikanischen Industriesoziologie als dominantes ‚Verständigungsvehikel' für die vielfältigen Prozesse des Wandels durchgesetzt (Schmidt, 1990, 17; s.a. Baethge/Oberbeck, 1990, 149). Ebenso schnell wie der Topos aufstieg, verschwand er wieder. Heute wird der Begriff des Netzwerks genutzt, die Logik der Argumentation aber weitgehend beibehalten.[2]

1 Merkmale des ‚neuen Rationalisierungstyps': zum Gegenstand systemischer Rationalisierung

Systemische Rationalisierung steht bereits in den konzeptionellen Schriften aus dem Jahre 1986, an denen sich die nachfolgenden Bestimmungen der Merkmale vorrangig orientieren, für einen radikalen Wandel im Rationalisierungsgeschehen (generell Braczyk/v.d. Knesebeck/Schmidt, 1982, 25 ff.).

Mit dem Konzept der systemischen Rationalisierung verbinden Altmann et al. (1986) einen ‚neuen Rationalisierungstyp'. Er läßt sich in aller Kürze über drei Merkmale charakterisieren: Ein (1.) Merkmal systemischer Rationalisierung bil-

---

2 Bemerkenswert ist, daß im Bereich der Industriesoziologie auch auf der Grundlage anderer Konzepte, wie dem der ‚flexiblen Spezialisierung' (Piore/Sabel, 1985 [1984]), über Vernetzung geforscht wurde (z.B. Sabel/Kern/Herrigel, 1991). Überblicke über die Diskussionen vermitteln zum Beispiel die Sammelbände von Altmann und Sauer (1989), Mendius und Wendeling-Schröder (1991), Deiß und Döhl (1992), Malsch und Mill (1992), Beckenbach und van Treek (1994), Sydow und Windeler (1994) sowie von Fischer und Gensior (1995).

det die „*Integration gesamtbetrieblicher Prozesse*" (Altmann et al., 1986, 191; Hervorh. A.W.). Verschiedene, bisher innerbetrieblich eher getrennte Unternehmungsfunktionen, wie Forschung und Entwicklung, Absatz inklusive Beschaffung, Produktion und Logistik, Controlling und Finanzen usw. und die einzelnen Produktions- und Dienstleistungsprozesse, werden nun in einer auf die Gesamtunternehmung bezogenen Perspektive strukturiert:

„Wurden bisherige Rationalisierungsmaßnahmen im Prinzip von unten und vom Arbeitsmittel her, d.h. einzelfunktionsbezogen und mit nur begrenztem Blickwinkel für Zusammenhänge mit angrenzenden Aufgabengebieten gedacht und durchgeführt, so werden Rationalisierungskonzepte jetzt eher von oben, von der Organisation des gesamten Funktionsprozesses her, d.h. mit der Perspektive der Veränderung von komplexen Funktionszusammenhängen und der Realisierung mehrerer Wirkungspotentiale (Steuerung von Geschäftspolitik und Ablaufprozessen, Verbesserung der Leistungsqualität, Personaleinsatzstrategien) entwickelt und durchgesetzt" (Baethge/Oberbeck, 1986, 23).

Betriebliche Teilprozesse werden (2.) *mit betriebsexternen verknüpft:*

„Blieben bei früheren, in aller Regel auf betriebsinterne Einzelfunktionen bezogenen Rationalisierungsmaßnahmen Auswirkungen auf die Leistungsqualität und den Kooperationszusammenhang mit betriebsexternen Stellen, Kunden, Lieferanten eher unberücksichtigt, so gilt es bei der Realisierung systemischer Rationalisierungskonzepte, die Aspekte zunehmend mit einfließen zu lassen" (Baethge/Oberbeck, 1986, 24). Betriebsübergreifende und zwischenbetriebliche Aspekte von Rationalisierung etwa „*außer*betriebliche Liefer-, Bearbeitungs- und Distributionsprozesse" (Altmann et al., 1986, 192) werden mit einbezogen. Betriebe gliedern „nicht-integrationsfähige betriebliche Teilbereiche" (ibid.) aus oder „bislang außerhalb des Betriebs organisierte Prozesse" (ibid.) in ihren Produktionsprozeß ein.

Das Neue ist:

„Die Frage der Aus- und Eingliederung richtet sich nicht mehr primär nach den Potentialen des eigenen Betriebs, bestimmte Leistungen selbst erbringen zu können oder nicht, sondern danach, wie Verwaltungs- und Fertigungsprozesse unter optimalen ablauftechnischen und Kostengesichtspunkten einer gesamtbetrieblichen Integration unterworfen werden können. Damit werden die Beziehungen zu Zulieferern und Abnehmern in die Rationalisierungs- und Planungsperspektive einbezogen" (ibid.).

Mit diesem Befund verbinden sich mehrere bedeutende Resultate:[3]

„Die Vermittlung zwischen den Betrieben geht damit sukzessive über die Bestimmung von Merkmalen der zu liefernden Waren (Material, Qualität, zeitliche Verfügbarkeit u.ä.) hinaus. Es wird die technisch-organisatorische Struktur der Prozesse beim Zulieferer (Maschinen, Verfahren etc.) mit einbezogen. Bei weitergehender EDV-Durchdringung kann dies zur unmittelbaren datentechnischen Verknüpfung einzelner Teilprozesse in den jeweiligen Betrieben führen. Damit werden auch andere Abhängigkeiten zwischen den Betrieben, zwischen Betrieben und dem Handel etc. wirksam, als sie über herkömmliche Marktbeziehungen konstituiert werden" (ibid., 193). Als Moment und als Folge der Vernetzung wird „[d]ie Grenzziehung zwischen Innen und Außen [..] selbst zum Elastizitätspotential und damit zum Objekt betrieblicher Strategien" (ibid., 198). Weiter entstehen als Moment und als Resultat der „strategischen Beschaffungsentscheidungen („make or buy')" (ibid., 193) und der „Optimierung der gesamten Logistikkette vom Lieferanten des Rohmaterials über mehrere Wertschöpfungsstufen hinweg" (ibid.) Beziehungen neuer Qualität zwischen Endfertigern und Zulieferern entlang der Wertschöpfungskette.

Die Rationalisierungsdynamik wird – dieses Bild entwerfen insbesondere die frühen konzeptionellen Arbeiten – in Prozessen systemischer Rationalisierung

---

3 Die Autoren führen zudem zu Recht umfassende Auswirkungen für das System industrieller Beziehungen sowie andeutungsweise für die Gesamtgesellschaft an (Altmann et al., 1986, 202 ff.).

(3.) durch die *„datentechnisch gestützte Verknüpfung und Integration* der einzelnen Teilprozesse" (Altmann et al., 1986, 191; Hervorh. A.W.) erzielt. In den Augen der Autoren findet systemische Rationalisierung in dem *elastischen Potential der Technik,* genauer der Datenverarbeitungs- und Kommunikationstechnik, ihre Basis:

> „Systemische Rationalisierung ist somit vor allem dadurch gekennzeichnet, daß Techniknutzung nicht mehr allein unter Maßgabe der Erweiterung von betriebsinterner Transparenz und der Reduzierung von Personalkosten vorangetrieben wird. In den Vordergrund tritt vielmehr das Ziel, mit Hilfe des Technikeinsatzes die Marktantizipation und die Marktsteuerung zu verbessern. [...] Mit Hilfe der Informations- und Kommunikationstechnik sollen Kunden, Lieferanten und Kooperationspartner in ihren jeweiligen Verhaltensdispositionen und Interessen besser transparent und nicht genutzte Marktpotentiale genutzt werden" (Baethge/Oberbeck, 1990, 153).

Die Münchener gehen in ihrer Diagnose noch einen Schritt weiter: Betriebe schauen in Prozessen systemischer Rationalisierung vor allem auf die fixen Kapitalanteile. Personalkostenersparnis und Nutzung der Elastizitätspotentiale menschlicher Arbeitskraft bilden lediglich positive Sekundäreffekte:

> „Merkmal des ‚Neuen Rationalisierungstyps' ist also, daß er explizit nicht arbeitskraftbezogen ist und nicht unmittelbar auf Personal(kosten)einsparungen abzielt. Ziel ist es vielmehr, die Produktivität und die Rationalität des gesamten inner- und überbetrieblichen Produktionssystemes zu steigern und gleichzeitig die Kapitalbindung im System zu reduzieren" (Altmann et al., 1986, 194).

Rationalisierung richtet sich, so lautet eine der Kernaussagen – im krassen Gegensatz zu dem zentralen Befund der Studie von Kern und Schumann (1984) und einem Großteil der Befunde aus den parallel startenden Forschungen über ‚lean production' und Gruppenarbeit (z.B. Weber, 1994; Braczyk/Schienstock, 1995) – nicht (mehr) auf den Einsatz menschlicher Arbeitskraft in den Produktionsprozessen. Nicht mehr die Probleme des Verhältnisses von Technik und Arbeit und der Organisation von Produktionsbeziehungen stehen im Mittelpunkt des Rationalisierungsgeschehens, sondern die der technisch vermittelten *„Organisierung von Markt- und Austauschbeziehungen"* (Baethge/Oberbeck, 1986, 22).

2 Grundpositionen industriesoziologischer Argumentation

Das Argumentationsmodell bundesdeutscher Industriesoziologie – das sich auch durch Studien zur systemischen Rationalisierung hindurchzieht – läßt sich in seiner Grundstruktur in aller Kürze durch vier wechselseitig miteinander zusammenhängende Merkmale kennzeichnen: Traditionell begreifen Industriesoziologen (1.) „einzelbetriebliche Interessen" (Braczyk/v.d. Knesebeck/Schmidt, 1982, 21), strategische Ziele und *Praktiken einzelner Unternehmungen* als eine der eigentlichen Analyse *vorgelagerte Untersuchungsebene.* Erkenntnisziele der Studien sind verallgemeinernde Interpretation der Folgen für Arbeits- und Verwertungsprozesse von Betrieben – oder jetzt: Wertschöpfungsketten – in bestimmten Branchen, generelle Folgen für die dort Beschäftigten und gesellschaftliche Konsequenzen:

„Industriesoziologische Forschung richtet sich auf die historisch varianten ökonomischen, sozialen und politischen Bedingungen der Herausbildung und des Wandels von Strukturen industrieller Produktion, auf die mit der Dynamik der Industrialisierung verknüpften Formen und sozialen Folgeprobleme gesellschaftlicher Arbeitsteilung und betrieblicher Arbeitsorganisation, auf die begleitenden Prozesse individuellen und kollektiven Bewußtseins und die hiermit eng verbundenen Handlungsorientierungen insbesondere von abhängig Beschäftigten sowie auf die je gesellschaftsspezifischen Strukturen und Prozesse der Interessenauseinandersetzung um die Gestaltung und um die politische Kontrolle von Produktion und Arbeitskräfteeinsatz in der Industriegesellschaft" (Schmidt, 1996, 20).

Industriesoziologie interessiert sich für das Besondere, das durch Empirie ans Licht gebracht wird, vor allem als Indiz, Symptom oder Exemplar des Allgemeinen, des gesellschaftlichen Ganzen. Sie analysiert soziale Phänomene und Entwicklungen industrieller Produktion und vermittelt sie mit Strukturanalysen der Industriegesellschaft (Braczyk/v.d. Knesebeck/Schmidt, 1982, 16 ff.). Industriesoziologie versteht sich, zusammengefaßt, als eine Wissenschaft mit *„gesellschaftstheoretischem ‚Überschuß'"* (Schmidt, 1990, 21; Hervorh. A.W.).[4]

Sie interpretiert (2.), im Gefolge von Marx (hierzu Brandt, 1984), Besonderes als Ausdruck *„gesellschaftliche[r] Strukturprinzipien, objektive[r] Strategien*, die auf Interessenlagen bezogen sind" (Braczyk/v.d. Knesebeck/Schmidt, 1982, 21; Hervorh. A.W.). Wobei bis heute „Vermittlungsformen des gesellschaftlichen Interesses an *Produktivitätssteigerung* sowie Vermittlungsformen gesellschaftlicher Interessen an *Herrschaftsstabilisierung*" im Mittelpunkt stehen (ibid.). Strukturen sind ihr *unintendierte Folgen des Handelns,* die, und das mit implizitem Bezug auf Durkheim, emergente ‚objektive Strategien' hervorbringen, die sich qualitativ von den Strategien einzelner Kapitale unterscheiden:

---

4 Die Industriesoziologie ist mit dieser Ausrichtung ihrer Forschungen eine typische soziologische Disziplin. Denn die Soziologie entwickelte sich ja als akademische Disziplin aus den systematischen Versuchen, die Wandlungsprozesse westlicher Gesellschaften des achtzehnten und neunzehnten Jahrhunderts zu verstehen. Die Prozesse der Industrialisierung, Urbanisierung, Säkularisierung, Entwicklung von Überwachungsmöglichkeiten und der Technisierung der Kriegsführung im Zusammenhang mit dem sich ausbildenden und entwickelnden Kapitalismus wurden daher klassischerweise unter zwei Aspekten betrachtet: Untersucht wurde die Bedeutung, die diese Prozesse für das Leben und das Bewußtsein bestimmter Gruppen von Individuen, insbesondere Arbeiter, hatten. Das Interesse galt – vor allem – den revolutionären Neu-Arrangements zwischen Personen, Gruppen und den Formen der Ausgestaltung größerer sozialer Ordnungen. So sind schon für die Gründungsväter der Disziplin – wie Marx, Weber und Durkheim – Klassen und Eliten, bürokratische Organisationen, Heirats- und Verwandtschaftssysteme, Kriminalitäts- und Suizidraten, Muster städtischer Ansiedlung usw. *soziale* Phänomene mit gesellschaftlicher Relevanz. Und die Aufgabe der Soziologie als Wissenschaft ist es, die Bedeutung dieser Merkmale für die gesellschaftliche Reproduktion und die in ihnen angelegten Möglichkeiten zur Veränderung oder Überwindung des Bestehenden zu bestimmen (s.a. Kern, 1989, 259). Soziologische Erklärungen setzen *immer* einen über den beschriebenen Einzelfall hinausgehenden Bezug auf einen allgemeineren Sinnzusammenhang voraus, wie man etwa im Anschluß an Weber (1976 [1921], 4) formulieren kann. Mit dem Verständnis von *Industriesoziologie* als der Disziplin, der es um die Vermittlung von gesellschaftlicher Strukturanalyse und Analyse industrieller Produktion geht (Braczyk/v.d. Knesebeck/Schmidt, 1982), grenzt sich diese von der bis in die sechziger Jahre auch in der Bundesrepublik gebräuchlichen Begriff der Industrie- und Betriebssoziologie ab (Lutz/Schmidt, 1977; Beckenbach, 1991, 3). Industriesoziologie schließt in diesem Verständnis Arbeits- und Betriebssoziologie mit ein, erweitert den Gegenstandsbereich jedoch auf die gleichzeitig universalen wie lokal-spezifischen Strukturen industrieller Gesellschaften (Lutz/Schmidt, 1977, 105).

„Die Faszination der Soziologen an der Möglichkeit – und am ‚Auftrag' hierzu! – lesen zu können, was sich hinter dem Rücken der Akteure ‚abspielt', die Phantasie der Forschenden fürs Ganze, ist seit Jahrzehnten über unterschiedliche theoretische Rationalisierungsthesen und Rationalitätsformeln immer wieder ‚gefüttert' worden. Die komplementäre mühevolle Begeisterung an der empirischen Forschung hat, insgesamt für die Profession nützlich, einer spezifischen ‚Überfütterung' immer wieder entgegengewirkt" (Schmidt, 1990, 21).

Kompatibel mit dem strukturalistischen Erklärungsansatz messen Industriesoziologen (3.) traditionell *externen Faktoren*, wie den Kräften des Marktes und der Technikentwicklung, in ihren Argumentationen hohe, zuweilen sogar ausschlaggebende Bedeutung für die Ausgestaltung von Rationalisierung zu (z.B. Lutz/ Schmidt, 1977, 105) – während aktive und reflexive Praktiken der Akteure – zumindest in den Erklärungen – nur eine geringe oder gar keine spielen. Die Vermittlung von Handlung und Struktur in den Praktiken ist primär in einem kontingenztheoretischen Sinne Gegenstand der Erörterungen. Seinen Ausdruck findet das auch in von Industriesoziologen üblicherweise verwendeten *analytischen Kausalmodell*:

„Das Kausalitätsparadigma herkömmlicher Rationalisierungsanalyse folgte einem relativ schlichten Ursache-Wirkungs-Modell. Das festgestellte Faktum technischer und/oder organisatorischer Innovation wurde in den Mittelpunkt der Analyse gestellt und entweder nur als Ursache, nämlich für Veränderungen im Beschäftigungsbereich, oder als Ursache und Wirkung zugleich betrachtet, als Wirkung von ökonomischen Bedarfslagen des Unternehmens. Entsprechend wurden außerbetriebliche Marktbedingungen oder innerbetrieblich als unbefriedigend wahrgenommene Veränderungen in der Beschäftigtenstruktur und im Beschäftigtenverhalten als Wirkungen des beobachteten technischorganisatorischen Innovationsprozesses interpretiert" (Baethge/Oberbeck, 1986, 48).[5]

Avancierte Positionen, wie sie etwa Bechtle (1980) in seiner Arbeit ‚Betrieb als Strategie' vertritt, verstehen vom Theoriekonzept her außer- und innerbetriebliche Entwicklungen unter dem Aspekt von Freiheit und Zwang und gehen auf einer kapitaltheoretischen Ebene von widersprüchlichen Momenten der Kapitalverwertung aus: einzelne Kapitale besitzen im Rahmen externer Anforderungen Spielräume, Technik und Organisation in Betrieben autonom auszugestalten, und sie verfügen über ‚Verhandlungsautonomie' im System industrieller Beziehungen. Die Vermittlung von Freiheit und Zwang – ‚Schrankenlosigkeit in Grenzen' (Bechtle, 1980) – bleibt im Konzept eine Leerstelle. Wie sie produziert und reproduziert wird, bleibt unklar. Der Ansatz erweist sich von seiner Anlage her daher als ein schwacher Konstitutionsansatz (s.o., Einleitung), in dem das Problem der Konstitution unbefriedigend gelöst ist.

Typischerweise geht die industriesoziologische Forschung (4.) von *einem einheitlichen Modell der Rationalisierung* aus (Kern, 1989) – aktuell eben dem der systemischen Rationalisierung – und konzentriert sich auf bestimmte *Dimensionen der Prozesse der Rationalisierung*.

---

5 Nicht selten wurden die Folgen für die Einheit ‚Betrieb' weiter auf der Basis der Untersuchung ‚avancierter Einzelkapitale' bestimmt, wobei davon ausgegangen wurde, daß diese den minder entwickelten Unternehmen den Spiegel ihrer zukünftigen Entwicklung vorhalten.

3 Systemische Rationalisierung: das theoretisch ausgearbeitete Konzept

Günter Bechtle (1994) hat kürzlich das Konzept der systemischen Rationalisierung theoretisch (re-)formuliert und kritisch fortentwickelt. Externe Faktoren, wie der Markt und die Technik, verursachen für ihn die Ausgestaltung der ‚Flexibilität und Ökonomie' und die ‚Ausdifferenzierung und systemische Einbindung':

„Die Orientierung der Rationalisierung an den Markterfordernissen nach Ökonomie und Flexibilität ist in einem Umfang und in einer Art und Weise problematisch – komplexer und kontingenter geworden –, daß die Einheit ‚Betrieb' als Zentrum des gesellschaftlichen Produktionsprozesses gesprengt wird" (Bechtle, 1994, 45 f.).

Betriebe entsprechen den Marktanforderungen – Altmann et al. (1986, 191) sowie Sauer und Döhl (1994b, 261) sprechen gar von Markt*zwängen* – durch eine doppelte, radikale Abkehr von tayloristisch-fordistischen Prinzipien der Rationalisierung: Sie integrieren nicht nur innerbetriebliche und betriebsübergreifende Prozesse in einer Weise, die dem weit, offenbar zu weit getriebenen ‚divide et impera' des tayloristisch-fordistischen Modells zuwiderlaufen. Entscheidend ist, daß es Bechtles kontingenztheoretischem Argument zufolge adaptiv und nicht aktiv oder strategisch erfolgt, nach dem Prinzip,

„*funktional unterschiedliche* Teilsysteme mit *eigenen* Rationalitätskriterien auszudifferenzieren, um ein der Komplexität und Kontingenz der Märkte entsprechendes Niveau der Eigenkomplexität und Veränderbarkeit zu erzielen. Diese Teilsysteme werden aus der Perspektive übergeordneter Gesamtsysteme sachlich und zeitlich aufeinander bezogen, um dadurch die sachlich-zeitlichen Reaktionsfähigkeiten zu steigern" (ibid., 46).[6]

Technik – und nicht Organisation oder strategische Interessen mächtiger Akteure – stellt die Mittel bereit, durch die Teilsysteme, wie Forschungs- und Entwicklungsabteilungen, einerseits ausdifferenziert und gleichzeitig in Gesamtsysteme wie Wertschöpfungsketten wieder eingebunden werden (können):

„Das eigentliche Flexibilitätspotential systemischer Rationalisierung liegt in der ‚Unspezifität' der Neuen Technologien. Die stofflichen Bestimmtheiten der Produktion sowie deren höchst spezifischen und variablen Verwertungsziele werden in abstrakten Funktionszusammenhängen und Steuerungsprogrammen aufgelöst. Das Flexibilitätspotential von Arbeitskraft, das im Taylorismus noch ausreichte, um Planabweichungen, Störungen, ad hoc-Korrekturen zu bewältigen, wird von dem Flexibilitätspotential der technisch vermittelten Information bei weitem übertroffen. Die Technikzentriertheit und die ‚Abkopplung der Arbeitsfolgen' sind also für den Begriff der ‚systemischen Rationalisierung' zentral" (ibid., 47).[7]

---

6 Die gegenteilige Position, daß die systemische Rationalisierung, etwa der Dienstleistungsarbeit, nichts neues, sondern schlicht die Fortsetzung ‚tayloristischer Prinzipien' sei, findet sich bei Briefs (1984) oder Volpert (1984). Für eine ausführlichere Kritik an dieser Position siehe Baethge und Oberbeck (1990, 162 ff.). Für eine kleine Reflexion auf die unvermerkten Prämissen solcher Debatten, betreffend Maßstäbe für Neuartigkeit, vergleiche Ortmann (1995, 393 ff.).

7 Die konsequente Technisierung allein bedeutet dabei, wie Baethge und Oberbeck (1986, 27) hervorheben, allein noch keinen Bruch mit bisher praktizierten Organisationsprinzipien. „Die neue Computer- und EDV-Technologie steht am vorläufigen Ende einer säkularen Entwicklung der zunehmenden *Formalisierung* und *Standardisierung* gesellschaftlicher Austauschverhältnisse und Verkehrsformen. Sie wird die Entwicklung gewiß verschärfen, hat sie aber nicht in Gang ge-
(Fortsetzung der Fußnote auf der nächsten Seite)

Kapitaltheoretisch werden die Prozesse systemischer Rationalisierung kontrovers gedeutet. Zwei konträre Positionen stehen sich hier gegenüber. Schmiede verbindet mit der informationstechnischen Verknüpfung eine ‚zweite Phase reeller Subsumtion' der Arbeit unter die Imperative der Kapitalverwertung.[8] Das von ihm – in Anlehnung an Weber – gezeichnete Bild ist das eines *informationstechnischen Gehäuses der Hörigkeit,* in dem die Marktökonomie sich bruchlos die Produktionsökonomie unterwirft:

„Diese kategorialen Überlegungen münden, kurz gesagt, in der These, daß eine nicht nur in Geldgrößen über den Markt vermittelte, sondern reale Vergleichbarkeit und Gleichsetzung (also Kommensurabilisierung) der heterogenen Arbeitstätigkeiten sich entwickelt hat (dies ist der wesentliche Inhalt der zweiten Phase der reellen Subsumtion) und daß diese Kommensurabilisierung auf einem zunehmenden Abstraktionsniveau stattfindet" (Schmiede, 1987, 180; s.a. 1992).[9]

Das Kontingenzproblem kapitalistischer Arbeits- und Verwertungsprozesse erfährt so eine „informationstechnische Lösung", wie Bechtle (1994, 53) kritisch anmerkt. ‚Vereinheitlichung' der Produktionsprozesse über die Unspezifität der Technik beleuchtet für Bechtle aber nur einen Aspekt von systemischer Rationalisierung. Ihr zur Seite steht die *„Offenheit* für unterschiedliche Gestaltungsformen betrieblicher und zwischenbetrieblicher Prozeßintegration" (Altmann et al., 1986, 199; Hervorh. A.W.) und der Umstand, daß Informationstechnik unweigerlich mit dem *Makel falscher und fehlerhafter Abstraktion* behaftet ist (Bechtle, 1994, 55).[10]

In den Augen der Münchener verfestigt sich in den Prozessen systemischer Rationalisierung das Kontingenzproblem, erweitert sich der

„permanente[] Prozeß der Vermittlung [...] zwischen Indifferenzkonstruktionen[11] [im Zuge der Entfaltung kapitalistischer Produktion] und dadurch an sich steigenden alternativen Verwertungsmög-

---

    setzt, sondern wird umgekehrt durch historisch entstandene Konventionen formalisierter Problembehandlung erst ermöglicht." Der Bruch geschieht für Baethge und Oberbeck, und das ist auch Bechtles Argument, durch die Arten und Weisen der Nutzung der Technik. Er erfolgt durch die *via Technik erfolgende* Integration betrieblicher und überbetrieblicher Prozesse und Teilsysteme in übergeordnete Systeme, wie Wertschöpfungsketten, die allerdings die in der Technik enthaltenen Potentiale abstrakter systemischer Verknüpfung *entsprechend der Marktanforderungen* systematisch nutzen.

8 Die These der Abstraktifizierung der Produktions- und Verwertungsprozesse – jetzt durch Informationstechnik – schreibt die Überlegung von Alfred Sohn-Rethel (1972) zur ‚Doppelnatur des Spätkapitalismus' und deren Aufnahme in den Arbeiten des Instituts für Sozialforschung Frankfurt in den siebziger und achtziger Jahren fort (für einen Überblick Brandt, 1981).

9 Zur Kategorie der reellen Subsumtion im Gegensatz zur formellen Subsumtion siehe Marx (1975 [1867], 653; 1969 [1863/1865], 45 ff. bzw. 60 ff.). Zum besonderen Stellenwert der Kategorie im Kontext des Frankfurter Instituts für Sozialforschung siehe Brandt (1981, 48 ff.) oder Schmiede (1988).

10 „Deshalb solle man Diskrepanzen, Abweichungen und Störungen [beim Einsatz von Informations- und Kommunikationstechnik] nicht als ‚noch nicht' vollzogene Beherrschung oder als nur empirisch beobachtbar bestimmen, sondern als Falschheit und Fehlerhaftigkeit der Abstraktion selber erkennen" (Bechtle, 1994, 55).

11 Im Anschluß an die Marxsche Wertformanalyse werden in der Literatur drei Indifferenzkonstruktionen unterschieden: Eine erste ‚basale Indifferenz' wird im Zuge der Durchsetzung kapitalistischen Wertform produziert: Arbeit wird gleichgültig gegenüber bestimmter stofflicher Beschaffenheit der produzierten Güter, gegenüber konkreten Formen und Gestalten wechselnder Tätig-
(Fortsetzung der Fußnote auf der nächsten Seite)

lichkeiten des Kapitals auf der einen mit dem realen historischen Prozeß der Verwertung eines bestimmten Kapitals innerhalb historisch raum-zeitlich angebbaren Kontexten auf der anderen Seite" (Bechtle, 1994, 55).

Die Vermittlung bleibt prekär. ‚*Bruchstellen*' werden notwendig produziert. Das Problem- und Risikopotential mißlingender Vermittlung zwischen Markt- und Produktionsökonomie wie zwischen Flexibilität und Ökonomie wird gesteigert.[12] Das Potential, Krisen der Verwertung auf einzelkapitalistischer wie gesamtkapitalistischer Ebene unter historischen Bedingungen lösen zu können, wird damit in Prozessen systemischer Rationalisierung nicht nur erweitert (Bieber/Sauer, 1991, 231), sondern gleichzeitig auch in spezifischer Weise verringert: „Je größer die Reichweite der [reellen] Subsumtion, um so größer das eingehandelte Risiko" (Bechtle, 1994, 54). Krisen würden dabei gerade nicht, wie Schmiede annimmt, via Abstraktifizierung auf immer höherem Niveau unterlaufen, sondern durch das Gegenteil, das Gewähren von Kontingenz:

> „Verglichen mit tayloristischen Abstraktionsprozessen, die konkretistisch durch minutiöse Analysen und Bestimmungen (vor allem von Arbeitsformen) verfahren und deswegen von Sohn-Rethel als ‚Realabstraktion' begriffen werden können, verfährt die systemische Rationalisierung so, daß sie auf jede Subsumtionslogik verzichtet und mehr Unbestimmtheiten zuläßt, als ihre historischen Vorläufer. Aber (und dies ist der Vater des Gedankens) ein solcher Begriff systemischer Rationalisierung ist konstitutiv auf die Fähigkeit menschlicher Arbeit verwiesen, mit diesen Unbestimmtheiten umzugehen" (Bechtle, 1994, 55).

Die Münchener – das gilt vor allem für Bechtle – schreiben statt des Bildes des informationstechnischen Gehäuses der Hörigkeit das *Vexierbild aus Freiheit und Zwang* fort, das schon die Überlegungen zur schrankenlosen kapitalistischen Verwertung in Grenzen kennzeichnete (Bechtle, 1980; s.a. Altmann/Bechtle, 1971; Altmann/Bechtle/Lutz, 1978).

Die Frage der *Regulation* beziehungsweise der *Strukturierung von Wertschöpfungsketten*, wie Bechtle es nennt, bleibt, keinesfalls zufällig recht unterentwickelt. Sie reduziert sich auf das Problem der Systembildung und Aufrechterhaltung von Systemgrenzen – die Reproduktion, der Wandel, das Management von Systemen und vieles mehr werden nicht zum Thema.

---

keiten und gegenüber konkreten Zweckbestimmungen des Produktionsprozesses (Marxs Entfremdungsbegriff in den ‚Pariser Manuskripten', Marx 1968 [1844], 511 ff.). Eine zweite ‚funktionale Indifferenz' meint Gleichgültigkeit des Kapitals gegenüber konkreter Arbeit, gegenüber bestimmter Produktion, Zirkulation und Distribution in der Folge der Verallgemeinerung der Geldform des Werts. Seinen Schlußpunkt erfährt die Indifferenzbildung in der Herausbildung ‚systemischer Indifferenz', bei der das Kapital alle seine Momente entwertet und nivelliert, sie hinsichtlich ihrer jeweiligen Funktion als untereinander ersetzbar und austauschbar handhabt (zu diesen Bestimmungen genauer Bechtle, 1994, 51 ff. und die dort aufgenommene Literatur).

12 Diese Position der *permanenten Reproduktion von Brüchen* wird nicht von allen geteilt. So prognostizieren Altmann et al. (1986, 200 f.) eher eine zumindest *graduelle Harmonisierung* kapitalistischer Verwertung im Zuge systemischer Rationalisierung: „In der Perspektive unserer Fragestellung läßt sich zwar das aus dem Verhältnis von Markt- und Produktionssphären abgeleitete Bruchstellentheorem nicht aufheben; dennoch gehen wir davon aus, daß die mit der Tendenz zur betrieblichen und zwischenbetrieblichen Integration einhergehende Veränderung des Verhältnisses von Markt und Produktionssphäre es ermöglicht, die Bruchstellen zu verschieben, zu optimieren und dadurch – im konkreten Falle – in ihrer Bedeutung zu reduzieren."

Unter Systembildung versteht Bechtle (1994, 56), im Anschluß an Luhmann:

„[...] die selektive Transformation von sachlicher Komplexität und zeitlicher Kontingenz in relativ stabile und invariante Relationen zwischen verschiedenen Teilen und Phasen des Wertschöpfungsprozesses."

Bei der System*bildung* blendet er – überraschend angesichts von ihm betonter gestiegener Kontingenzen – die Dimension des Sozialen aus, obwohl diese neben der sachlichen und zeitlichen für Luhmann drei nur analytisch trennbare, ‚universale', unter ‚Kombinationszwang' stehende Dimensionen sind.[13]

Bechtle ist die Unterscheidung der Luhmannschen Sinndimensionen sehr wohl bekannt. So thematisiert er die *Grenzen von Wertschöpfungssystemen*, die doch eines der Momente sind, über die Systeme stabilisiert werden, (s.a. Wehrsig/Tacke, 1992), im gleichen Aufsatz unter Bezug auf alle drei Sinndimensionen der Luhmannschen Sozialtheorie. Er spezifiziert (1994, 56) in der sachlichen Dimension: „Es muß entschieden werden, wo der systembezogene Zuständigkeitsbereich endet bzw. beginnt;"[14] Bezogen auf die zeitliche Dimension fragt er (1994, 56), danach wie ‚interne Zeitkohärenzen zwischen funktional differenzierten Einheiten' hergestellt werden.[15] Und bezüglich der sozialen Dimension der Grenze

---

13 Siehe hierzu im einzelnen Luhmann (1984, 92 ff.; 112 ff., 127; ebenso bereits Luhmann, 1971, 48 ff.). Bechtle beantwortet damit ferner die immer wieder vorgebrachte Kritik, daß unklar bleibe, mit welchem Konzept von System im Rahmen des Konstrukts systemischer Rationalisierung gearbeitet werde (etwa Düll, 1987, 138). Die Ausblendung der Sozialdimension verwundert nicht nur wegen des Rekurses auf Luhmanns Systemtheorie. Gerade für Autoren wie Bechtle, die doch gesteigerter Kontingenz, gesteigerten Möglichkeiten der Ausgliederung und Re-Integration betrieblicher Teilprozesse das Wort reden, müßte die soziale Dimension von Bedeutung sein, da sich mit ihr doch die Frage der sozialen Integration des Systems verbindet, das heißt für Luhmann (1984) die selektive Transformation relevanter Einstellungen, seien es Dissense oder nicht, in relativ stabile Konsense bezüglich sachlicher, zeitlicher und sozialer Zurechnungen von Prozessen.

14 In der Tat: Über systembezogene Zuständigkeitsbereiche wird auch entschieden – etwa wenn Endhersteller und Zulieferer sich über die Frage der Qualitätssicherung bei der Aushandlung von Vereinbarungen oder Verträgen verständigen. Verwunderlich ist das Gesagte nur angesichts ‚objektiver Strategien'. Daß entschieden werden muß, weist auf Kontingenzen, daß entschieden wird darauf, daß Kontingenzen geschlossen werden. Was entschieden werden muß, und – insbesondere –, was genau Entscheiden vor allem in kollektiven Handlungszusammenhängen bezogen auf das Regulieren der Beziehungen zwischen rechtlich selbständigen Unternehmungen bedeuten soll, sagt Bechtle aber nicht. Dahinter verbergen sich allerdings für die Reproduktion von Netzwerken relevante Fragen. Denn die Entscheidungen sachlicher Zurechnung differieren positions- und machtabhängig. Siemens entscheidet unter Umständen über Teile seiner Zulieferer wie über verlängerte unternehmungsinterne Werkbänke und rechnet Zuständigkeiten etwa im Fall von Störungen autoritativ zu, Zulieferer können das oft nicht. Des weiteren wäre theoretisch zu reflektieren, was Unternehmungen oder Unternehmungsnetzwerke systematisch in die Lage versetzt oder hindert, die Zuständigkeitsbereiche zwischen sich und gegenüber Dritten abzugrenzen und wechselseitig zuzurechnen. Alles das erfordert, auch die sachliche Dimension der Grenze theoretisch als umkämpfte Grenze anzusehen.

15 Weitere Differenzierungen der Prozesse der Herstellung interner Zeitkohärenzen durch die Möglichkeiten kooperativer Nutzung von Ressourcen und durch erweiterte Chancen reziproker Verrechnung von Leistungen in Wertschöpfungssystemen lassen sich mit Hilfe Luhmannscher Unterscheidungen treffen: etwa der zwischen zwischen „konstanten und variablen Faktoren" (Luhmann, 1984, 125) oder der zwischen „Irreversibilität" und „realisierbarer Reversibilität" (ibid., 117).

schreibt er (1994, 56),[16] daß „das variable Ausmaß des notwendigen ‚working consens', der, wie auch immer, zwischen ‚privaten' Interessenpositionen gefunden werden muß."

Angesichts von Freiheit und Zwang sowie einer Situation, in der eine Gesamtprogrammierung der Sozialdimension über Moral in Gesellschaften zunehmend inadäquat wird (Luhmann, 1984, 122; 1975, 27), stellt sich die Frage, *wie* in Netzwerken die Ausgestaltung der drei Sinndimensionen zwischen formal rechtlich selbständigen Unternehmungen und einer Vielzahl formaler Verfahren der ‚Konditionierung' in den einzelnen Unternehmungen wie auch im Unternehmungsnetzwerk generell – und nicht nur im Hinblick auf ihre Grenzen – bewerkstelligt wird.[17] Dazu erfahren wir systematisch nicht viel.

Bechtle kann, wie er (1994, 46, Fn 3) formuliert, nicht explizit auf Netzwerkformen eingehen. Er deutet lediglich an einem Spezialfall, das heißt für ganz spezielle hierarchische Netzwerke an, die durch asymmetrische Kontroll- und Machtbeziehungen ausgezeichnet sind, wie er sich das *Zusammenspiel der Dimensionen* vorstellt:

„Ich vermute, daß sich diese Netzwerke durch ein Komplexitätsgefälle und eine Hierarchie von Risikosteuerung auszeichnen. Fokale Unternehmen übernehmen die Funktion, durch ihr größeres Komplexitäts- und Steuerungspotential anderen Teilen der Teilsysteme im Netzwerk die Prämissen, Standards und Kriterien ihrer Entscheidungen vorzugeben" (ibid., 58).[18]

---

16 Früher nannte Luhmann (1971, 51) das die „intersubjektive[] Konstitution einer sinnhaft-gegenständlichen Welt."

17 Insofern verweisen Überlegungen zur Sozialdimension der Grenze auf Formalisierungsversuche durch etablierte Konditionalprogramme, in denen zwischen den Unternehmungen festgelegt wird, was zu tun ist, wenn dieses oder jenes Ereignis eintritt. Sie machen aber gleichzeitig darauf aufmerksam, daß Vereinbartes brüchig werden kann, formelle Festlegungen ständig unterminiert werden können. Zusammengenommen heißt das, die Grenzen zwischen Unternehmungen im Wertschöpfungssystem sind als politische Prozesse permanent Gegenstand interessierter Bestimmung.

18 Für Bechtle sind zudem die Sinndimensionen des Sozialen in fragwürdiger Weise miteinander verschränkt. Er (1994, 56; Hervorh. A.W.) behauptet: „Konsenskonstruktionen oder die Regulierung anerkannter Konflikte sind deswegen notwendig, um die ihrerseits notwendige Begrenzung in der Sach- und Zeitdimension zu kompensieren. Die Ausdehnung der Möglichkeiten in einer Dimension erfordert die Begrenzung in einer anderen. Der Sachhorizont, der Zeithorizont und der soziale Horizont sind *nicht gleichzeitig ausdehnbar.*" Diese Aussage ist mit ihren impliziten Nullsummenannahmen fraglich. Die Sinndimensionen spielen mit Luhmann (1984, Kapitel 2) immer rekursiv ineinander. Das heißt übertragen auf das Zusammenspiel der Sinndimensionen in Unternehmungsnetzwerken: Praktizierte Konsense zwischen relevanten Akteuren im Netzwerk ermöglichen u.U., den Konsens im Netzwerk und darüber hinaus auszudehnen oder zwischen Akteuren zu vertiefen. Ansonsten verstellte Zeitkohärenzen und Flexibilität im Umgang mit Zeit können so gegebenenfalls erzielt, der Konsens so u.U. erweitert werden. Das wiederum kann Voraussetzung dafür sein, die Tiefe und Reichweite der funktionalen Ausdifferenzierung zu steigern, die Zuständigkeitsbereiche zu erweitern oder klarer zu schneiden. Das wiederum mag die Ausgestaltung von Zeitkohärenzen wie von Konsens unter Umständen erhöhen. Das heißt, die Horizonte sind durchaus, entgegen Bechtles Vermutung, gleichzeitig ausdehnbar. Eine weitere implizite Nullsummenannahme findet sich in Bechtles Vorstellung von Systembildung. Seine These (ibid.), *Systembildung gehe mit einer Reduktion sachlicher Komplexität und zeitlich Kontingenz* einher, ist ebenfalls nicht offensichtlich. Die Bildung von Netzwerken kann zum Beispiel die sachliche Komplexität und zeitliche Kontingenz steigern. Das kann sogar – was Bechtle nicht reflektiert – gerade strategisch intendiert und eventuell sogar – zum Beispiel über arbeitsteilige Handhabung (Fortsetzung der Fußnote auf der nächsten Seite)

Die theoretisch interessierende Frage ist in dem Verb ‚*vorgeben*' verborgen. Geschieht die Vorgabe etwa durch Prozesse, die ‚hinter dem Rücken der Akteure ablaufen' oder per Anweisung? Was heißt es, wenn jeder ökonomische Akteur, Endfertiger wie Zulieferer, über eigenständige Autonomiespielräume der innerbetrieblichen Auslegung von Technik und Organisation verfügt und ansonsten den Imperativen der Märkte unterliegt, daß eine fokale Unternehmung im Netzwerk etwas vorgibt? Für Bechtle scheint die Antwort klar, denn eine Antwort bleibt er schuldig. Die Konstitution von Vorgaben und Strukturen durch machtvolle Akteure bleibt so unthematisiert.

4 Formwandel von Herrschaft: die zentrale Konsequenz

Ein gutes Beispiel dafür, wie in Studien zur systemischen Rationalisierung argumentiert wird, ist der Artikel von Dieter Sauer und Volker Döhl (1994b; argumentativ ähnlich s.a. dies., 1997). Er benennt zudem die aus ihrer Sicht zentrale Konsequenz systemischer Rationalisierung: den Formwandel von Herrschaft. Die Autoren schauen in ihren Schriften aus der Sicht einer fokalen Unternehmung – etwa der eines Endfertigers in der Automobilindustrie – auf den überbetrieblichen Zusammenhang einer Wertschöpfungskette, das heißt auf Betriebe, die für den Endfertiger auf vor- und nachgelagerten Liefer-, Distributions- und Konsumtionsstufen angesiedelt sind. Die Auswahl dieser Sicht ist nicht zufällig, denn:

„Die Ausrichtung von Rationalisierungsstrategien auf den übergeordneten Prozeßzusammenhang von Produktions- und Wertschöpfungsketten [...] [nimmt] seinen Ausgangspunkt in jenen Unternehmen [..], die das fertige Produkt auf den Markt bringen, das heißt den Markterfordernissen unmittelbar ausgesetzt sind. [...] Sie nutzen ihre Größe, ihr Wissen über die Marktbedingungen und die Gebrauchswerteigenschaften des Produkts, um ihre Interessen an einer Produktivitätssteigerung in der Wertschöpfungskette, an einer Verringerung der eigenen Risiken und somit an einer ökonomischeren Form der Flexibilisierung der Produktion durchzusetzen" (Sauer/Döhl, 1994b, 261).

Das kontingenztheoretische Grundmuster der Argumentation wird an diesem Zitat bereits deutlich: der Markt setzt den Endfertigern die Anforderungen, die diese wiederum gegenüber ihren Zulieferern und Händlern durchsetzen. Einflußnahmen der Zulieferer auf Endfertiger wie von Endfertigern auf Märkte und deren Konstitution werden konzeptionell ausgeblendet.

Sauer und Döhl diagnostizieren, daß sich als ‚objektive Strategie' die Herrschaftszusammenhänge zwischen den Unternehmungen *versachlichen* und *verobjektivieren*. Ob das den Strategien einzelner Kapitale entspricht, bleibt unklar, scheint aber vorausgesetzt. Es geschieht darüber, daß die Arbeitsabläufe zwischen den Unternehmungen der Wertschöpfungskette entsprechend der Interessen der Endfertiger zerlegt und nach sachlichen und wertmäßigen Gesichtspunkten rein-

---

in Unternehmungsnetzwerken – realisiert werden (Sydow/Windeler, 1997). Statt der Arbeit mit einer impliziten Nullsummenannahme hätte Bechtle für Unternehmungsnetzwerke also jeweils erstmal zu begründen, warum für diesen Fall die von ihm unterstellten Mechanismen wirken.

tegriert werden, wobei der wertmäßige Gesichtspunkt den sachlichen ‚überformt' (ibid., 262).

Das Zusammenspiel von ideellem Gesamtkapital und Einzelkapitalen konstituiert bei Sauer und Döhl einen *widersprüchlichen Zusammenhang*:

Die Steigerung der Produktivität wie des Profits der gesamten Wertschöpfungskette „bleibt jedoch fiktiv, weil dieses Gesamtkapital sich nur über die Verwertung einzelner, seien es faktische oder fiktive, Unternehmen herstellt" (Sauer/Döhl, 1994b, 261). Das hat zur Folge, daß „die Orientierung an fiktiven Größen und Anforderungen und die faktischen Durchsetzungsformen einen widersprüchlichen Zusammenhang" (ibid.) bilden.[19]

Die Beherrschung von Produktionsketten durch fokale Unternehmen aufgrund des widersprüchlichen Zusammenhanges interpretieren sie (ibid., 263) als Versuch des ‚Profittransfers' in ‚*labilen Beherrschungsverhältnissen*':

Fokale Unternehmen versuchen eine „Steigerung der Gesamtproduktivität gegenüber anderen Unternehmen oder einzelnen Segmenten in der Produktionskette durchzusetzen, allerdings mit dem Ziel, über ungleiche Verteilung der erzielten Produktivitätsgewinne die Profitabilität des eigenen fokalen Unternehmens zu verbessern" (ibid., 262).

Trotz widersprüchlicher Beherrschung von Produktionsketten und labiler Beherrschungsverhältnisse – insbesondere wenn eine fokale Unternehmung bei kundenauftragsbezogener Fertigung die Fertigung einzelner Module fremdvergibt –, steigen für Sauer und Döhl (ibid., 263 f.) die Möglichkeiten der Endfertiger,

„die mit ihnen verbundenen Flexibilitätsanforderungen und damit einen Großteil des gesamten Flexibilitätsdrucks auf System- oder Modullieferanten abzuwälzen; zugleich eröffnet sie dem fokalen Unternehmen die Möglichkeit, die in diesen Betrieben vorhandenen, seinem Zugriff aber bislang verschlossen gebliebenen Potentiale und Ressourcen, seien es spezielle Qualifikationen, technologisches Know-how u.ä., für eine Rationalisierung des gesamten Fertigungszusammenhangs zu nutzen."

Realisiert wird dies durch die Schaffung neuer Funktionsgruppen, Cost- oder Profit-Center usw. (ibid., 264) und vor allem durch neue hochintegrierte Informations- und Kontrollnetze sowie Verfahren informationstechnischer Einbindung von Unternehmungen der Wertschöpfungskette in ein zentralistisches Steuerungssystem.[20] Widersprüche und Durchsetzungsprobleme in labilen Beherr-

---

19 Die Thesen von der Überformung wie von der gesicherten Steigerung von Profit sind angesichts fehlender Verfahren und Methoden der Evaluation interorganisationaler Effizienz, Effektivität oder andere ökonomischer Parameter durchaus gewagt (genauer III-4.3.2).

20 Was sie beschreiben, klingt sehr vertraut. Die Wirkungen entsprechen genau der Strategie *kontrollierter Autonomie*, die ich an anderer Stelle (Ortmann et al., 1990, 181 ff.; 160 ff.) als Rationalisierungspolitik in Konzernzusammenhängen beschrieben habe (s.a. Behr et al., 1991). Aber wie ich dort zeige, sind diese Formen technisch vermittelter Steuerung Medium und Resultat hochgradig politischer Prozesse, sind die Wirkungen Resultate von Auseinandersetzungen über die Auslegung wie die Mobilisierung und Nutzung dieser Mittel in den Prozessen und bewirken diese Formen der Steuerung, daß die sozialen Aspekte an Gewicht gewinnen – weil, um es mit Luhmann (1973 [1968], 101 ff) zu formulieren, die Modi der Regulation anderes Gewicht erlangen: Bisher existierende Formalisierungen und Konditionalprogramme, in denen quasi per Algorithmus den Akteuren in dezentralen Einheiten weitgehend vorgegeben wurde, was sie in welchen Fällen zu tun haben, werden nun in verschiedenen Bereichen durch Zweckprogramme ersetzt; Zweckprogramme zeichnen sich aber dadurch aus, daß der Zweck oder das Ziel – wie ja auch Sauer und Döhl klarstellen – vorgegeben beziehungsweise genauer nach Verhandlungen zwi-
(Fortsetzung der Fußnote auf der nächsten Seite)

schungsverhältnissen werden – ohne sie konzeptionell aufzunehmen – irgendwie in einem Sprung überwunden. Der sich insgesamt ergebende ‚Formwandel von Herrschaft' speist sich für Sauer und Döhl daher aus zwei politikfreien Quellen:

> „Ökonomische Abhängigkeit manifestiert sich zunehmend in der organisatorischen und technischen Gestaltung der zwischenbetrieblichen Kooperationsbeziehungen in den jeweiligen Funktionsbereichen. [...] Bei den Dezentralisierungstendenzen in den Unternehmen folgt der Formwandel von Herrschaft einer anderen Richtung: Hierarchische Beziehungen werden teilweise durch marktförmige ersetzt, an die Stelle hierarchischer Anweisungen tritt die Konkurrenz um vorgegebene Ziele" (Sauer/ Döhl, 1994b, 266).

Die Konsequenzen sind weitreichend: Das einzelne Unternehmen wird nicht nur aufgesprengt, es verliert auch als Machtzentrum an Bedeutung, „an seine Stelle tritt das Herrschaftssystem von Produktionsnetzwerken mit den fokalen Unternehmen als neue Zentren von Macht und Herrschaft" (ibid., 267). Man kann es auch so ausdrücken: Das bisher für Einzelkapitale als gültig angesehene Bild hierarchischer oder gar despotischer Organisation wird in Prozessen systemischer Rationalisierung auf einer höheren Aggregationsebene zwischen Unternehmungen wiederhergestellt. Geändert hat sich nur die Form des hierarchischen Durchgriffs: an die Stelle der persönlichen Anweisung treten „instrumentalisierte Markt- und Konkurrenzmechanismen in Verbindung mit informationstechnisch gestützten Regulierungs- und Steuerungssystemen" (ibid., 272). Neuartige Probleme der Herrschaftssicherung und -durchsetzung von Bedeutung scheint es in Wertschöpfungsketten – trotz der von Bechtle herausgestellten Autonomiespielräume der Einzelkapitale und ‚Bruchstellen' der Entwicklung – nicht zu geben. Das verwundert, da es sich jetzt um rechtlich selbständige und zum Teil auch um ökonomisch durchaus potente Zulieferer handelt, wie den Boschkonzern als Zulieferer in Wertschöpfungsketten der Automobilhersteller.[21]

---

schen in der Regel ungleich mächtigen Akteuren festgelegt wird. Wie machtasymmetrisch aber auch immer dies erfolgt: Die Auslegung und Einlösung der Festlegungen geschieht in alltäglicher Praxis und wird über Kontextgrößen kontrolliert (s.a. Schmidt, 1995, 21). Charakteristischerweise wird der Weg, auf dem der Zweck oder das Ziel erreicht wird, den sozialen Einheiten überlassen oder werden für deren Erreichung zumindest Freiheiten gewährt. Marktstrategien der Unternehmungen, geändertes Kundenverhalten, informationstechnisch vermittelte Möglichkeiten der Ausgestaltung einer ‚Kontextsteuerung' (Willke, 1987; Teubner, 1992) und Strukturen mikropolitischer Praxis zwischen den sozialen Einheiten bilden in unserer Sichtweise die Grundlage für diese Verschiebungen in der Form der Regulation. Gerade die sozialen und regulativen Aspekte des Steuerungs- und Überwachungssystems müssen adäquat ausgelegt sein, um etwa Probleme und Störungen schnellstmöglich zu beheben usw. (zusammenfassend auch Endres, 1995, 137 f.).

21 Sauer und Döhl (1994b, 267) gelangen also zu einer – unseren Einschätzungen (Ortmann et al., 1990) entgegengesetzten – Deutung von Prozessen kontrollierter Autonomie. Dabei gilt wiederum: Ich bestreite nicht, daß es u.U. zu einem Formwandel von Herrschaft im Zuge unternehmensübergreifender Rationalisierung kommt. Was ich bezweifele ist die Erklärung: Ein Nachweis wird nur gelingen, wenn man die sozialen und insbesondere organisationalen Formen der Vermittlung von Herrschaft mit berücksichtigt (so a. Türk, 1995, 19 ff.). Denn bekanntlich ist vieles, was technisch oder bezogen auf Aspekte der Verwertung kontingent ist, strukturell festgezurrt (Windeler, 1992b, 87 f.; Schmidt, 1995, 20).

5 Der Analyseansatz der systemischen Rationalisierung: eine Kritik

Daß der Topos systemische Rationalisierung ebenso schnell aus der Diskussion verschwand, wie er aufstieg, steht im krassen Gegensatz zum Anspruch, das Konzept bilde den ‚theoretisch reflektierten gemeinsamen Nenner aktueller Rationalisierung' (Bechtle, 1994; Zitat Seite 70). Die Frage, wie und warum sich Topoi durchsetzen, ist schwierig zu beantworten. Das entbebt nicht der Notwendigkeit, das Konzept kritisch zu beurteilen. Die folgende Kritik greift über das Konzept der systemischen Rationalisierung hinaus und spricht allgemein kritische Aspekte industriesoziologischer Analysen an.

5.1 Stärken: Gesellschaftsbezug und empirische Befunde

Eine grundlegende Stärke der Arbeiten zur systemischen Rationalisierung ist, daß sie die Industriesoziologie aus der für das Fach klassischen Beengung auf arbeits- und betriebssoziologische Themen und aus der einzelarbeitsplatzbezogenen Perspektive befreit und den Weg der Rückkehr der Industriesoziologie in die Gesellschaft ebnet. Die im Konzept angelegte *Verknüpfung* inner- und zwischenbetrieblicher Rationalisierungsprozesse muß – *gerade angesichts der Ausblendungen dieses Zusammenhangs in weiten Bereichen der managementnahen Literatur* – ebenso als grundlegender Vorteil angesehen werden. Positiv zu erwähnen ist zudem der in der Soziologie fachlich allgemein verbreitete ‚*Habitus des Zugriffs*' (Kern, 1989, 259) *auf Gesellschaft*. Das verdient auch deswegen der Erwähnung, weil dieser Habitus in vielen organisations- wie netzwerktheoretischen Studien schlicht fehlt. Ein weiteres positives Merkmal ist: die Studien zur systemischen Rationalisierung besitzen eine solide empirische Basis und können daher *Einblicke in die Empirie* vermitteln. Das Registrieren von Entwicklungen, die mit dem Begriff der systemischen Rationalisierung belegt werden, lange bevor eine Vielzahl anderer Forscher sie überhaupt wahrnahmen, ist dafür ein Beleg.

5.2 Schwächen in der theoretischen Anlage

In dem Maße, in dem die Studien zur systemischen Rationalisierung unser empirisches Wissen über Entwicklungen im überbetrieblichen Geschehen erweitern, *blenden* sie *konzeptionell das Phänomen der Organisation* (Friedberg, 1995, 74, Fn 1) *und das der Vernetzung aus* und verfehlen damit die Erklärung des angesprochenen Phänomens. Geschuldet ist dies dem – über die Arbeiten zur systemischen Rationalisierung hinausweisenden – Umstand, daß industriesoziologische Argumentationen, in dem zu begrüßenden Bestreben, eine verallgemeinernde Interpretation der Folgen von Entwicklungen für Arbeits- und Verwertungsprozesse zu formulieren, die Aufnahme der Zielsetzungen und Praktiken einzelner Organisationen traditionell zu einer der eigentlichen Analyse vorgelagerten Untersuchungsebene degradieren. Das führt, wie sich an den Überlegungen von

Bechtle besonders deutlich zeigt, zu einer eigentümlichen Diskrepanz: Reklamiert der Theorieansatz für Einzelkapitale elementare Handlungs- und Verhandlungsautonomie, so spielt deren Nutzung und Ausgestaltung im Analyseansatz der systemischen Rationalisierung und damit für die Hervorbringung und Klassifizierung der Resultate keine Rolle. Statt dessen wird auf erweiterte technische Möglichkeiten und unfehlbare Selektionskräfte des Marktes rekurriert, die heutige Unternehmungen scheinbar via ‚objektiver Strategien' zu der isomorphen Entwicklung in Richtung systemische Rationalisierung zwingen. Ob die angeführten Ursachen zutreffen, ob das eher kontingenztheoretische Erklärungsmuster Gültigkeit beanspruchen kann, das ist aus organisationstheoretisch informierter Sicht zumindest nicht gleich offensichtlich. Das Verständnis der Konstitution von Unternehmungsnetzwerken bleibt so bezüglich des Problems der Konstitution und der Aufnahme der sie kennzeichnenden Kontingenz wie der Regulation unterentwickelt. Die Ko-Evolution von Strukturveränderungen auf Märkten und Koordinationsformen ökonomischer Aktivitäten wird in ihrer prozessualen Vermittlung systematisch verfehlt, indem das Zusammenspiel der Handlungsweisen der Akteure mit den für sie relevanten Kontexten, inklusive den Bruchstellen kapitalistischer Entwicklung und dem Wandel des Institutionengefüges mit seinen normativen, kognitiven und kulturellen Aspekten, nicht systematisch aufgenommen wird.

Die Ausblendung des Phänomens Organisation findet seine Fortsetzung auf der Ebene des *Netzwerks*. Es wird zwar durchgängig von Netzwerken gesprochen. Das geschieht aber entweder metaphorisch oder in dem Sinne, daß von Wertschöpfungsketten als emergenten Konstrukten die Rede ist.[22] Damit gehen zumindest zwei Ausblendungen einher: *Erstens* wird die Regulation des Beziehungszusammenhangs nicht selbst zum Thema. Auf welchen organisationalen Voraussetzungen die Handlungspotentiale von zum Beispiel Automobilherstellern oder Zulieferern in Netzwerken beruhen; welche Qualität die Regulation und welche Charakteristika das Netzwerk aufweisen müssen, damit einzelne Unternehmungen Netzwerkeffekte für sich realisieren können oder sich bestimmte Effekte als Resultate des Beziehungszusammenhangs einstellen; was es heißt, wenn Zulieferer zum Beispiel, was ja durchaus nicht selten der Fall ist, in verschiedenen Wertschöpfungsketten unterschiedlicher Automobilhersteller agieren, das bleibt konzeptionell außen vor. *Zweitens* verkehrt sich die positiv hervorzuhebende Verknüpfung intra- und intersystemischer Prozesse im Konzept durch die differenzlose Rede von einer einheitlichen ‚objektiven Strategie' unter der Hand zur Ausblendung einer fundamentalen Differenz: der, daß die das

---

22 Die industriesoziologische Diskussion um systemische Rationalisierung ist sich in ihrem Bezug auf Netzwerkanalyse bisher eher generell unschlüssig: Bechtle (1994, 45) subsumiert kurzerhand die Netzwerkforschung generell und bruchlos unter das Konzept der systemischen Rationalisierung. Sauer und Döhl (1994b, 260) meinen dagegen reflektierter: „auch wenn wir selbst von Vernetzung reden, so machen wir doch keine Netzwerkanalysen, sondern setzen bescheidener an der Interpretation vorfindbarer empirischer Formen unternehmensübergreifender Produktion an."

Netzwerk konstituierenden Akteure Organisationen sind, der Beziehungszusammenhang des Netzwerks aber keinesfalls immer organisiert ist, keinesfalls immer einen hohen Grad reflexiver Koordination aufweist und – entscheidend – die Aktivitäten in Unternehmungsnetzwerken nicht wie in Unternehmungen unter einheitlicher Leitung in wirtschaftlichen Angelegenheiten koordiniert werden.[23]

Insgesamt werden die *Prozesse der Konstitution systemischer Rationalisierung entpolitisiert und ökonomisiert* – trotz der allgegenwärtigen Rede von Herrschaft. So ist es schwer verständlich, warum systemische Rationalisierung sich – wie Bechtle (s.o. Seite 79) – generell an genau einem, bereits von Gutenberg (1983 [1951]) anvisierten Ziel orientiert: der Steigerung sachlich-zeitlicher Reaktionsfähigkeiten und der damit einhergehenden Schaffung auch unter Kostengesichtspunkten optimaler ablauftechnischer Wege. Ist nicht gegen diese ökonomistische Bestimmung der Ziele von Unternehmungen aus soziologischer Sicht zu Recht auf das Ziel der Steigerung und Sicherung von Herrschaft hingewiesen worden – und zwar gerade auch in industriesoziologischen Studien? Es stellt sich die Frage, warum das Problem der Herrschaft nicht als gleichrangiges Problem im Analyseansatz auftaucht – zumal wir doch immer wieder sehen, daß ökonomische Ziele und Ziele der Herrschaftssicherung nicht unbedingt Kongruenz aufweisen (für viele empirische Befunde Ortmann et al., 1990). Die angekündigten Schließungen der weltweit zu einiger Berühmtheit gelangten und zum Volvo-Konzern gehörenden Werke in Kalmar und Uddevalla sind hier lediglich ein aktuelles Beispiel (Sandberg, 1993, 11; Ortmann, 1995, 14 ff.). Insgesamt ist, wenn die unfehlbare Auswahl- und Selektionskraft des Marktes als Erklärung ausscheidet, ein sehr viel komplexeres Verständnis systemischer Rationalisierung, neuer Produktionskonzepte bis hin zu Isomorphien jeglicher Art nötig. Das Verhalten aktiver und reflexiver Akteure und die in organisationalen Feldern anzutreffenden Gedanken-, Legitimations- und Handlungswelten, in denen sie sich bewegen, sind als Momente von Erklärung einzuordnen und konzeptionell aufzunehmen.

5.3 Fragliche Historisierungen

In den Schriften zur systemischen Rationalisierung findet sich wiederkehrend das Argument, Industriesoziologie sei *heute* mit historisch *neuen* Phänomenen konfrontiert, die *neue* theoretische Konzepte verlangten. Das mag so sein. Nicht selten beruhen die Argumente jedoch auf *fraglichen Historisierungen*.

---

[23] Unklar bleibt so ebenfalls notwendig, welche Verschiebungen der Verhältnisse von Produktions- und Marktökonomie sich in Wertschöpfungsketten ergeben und inwiefern sich das von Marx (1975 [1867], 654 ff.) aufgezeigte Bild der Repulsion und Attraktion der Einzelkapitale und damit die Prozesse der Zentralisation, Konzentration und Akkumulation in vernetzten Wirtschaften modifizieren.

So ist das oben vorgestellte traditionelle *Kausalmodell der Argumentation* (Seite 74) eben nicht erst heute defizitär. Auf seiner Grundlage lassen sich vielmehr generell nur höchst unzureichend Erklärungen begründen. Das wird aber in der Regel nicht thematisiert (jetzt aber etwa Kern, 1989; Braczyk, 1994a; 1994b; 1995a, 1995b). Dann stellt sich die Frage: Wird in aktuellen Arbeiten zum Konzept der systemischen Rationalisierung wirklich auf der Grundlage eines neuen oder erweiterten Argumentationsmodells untersucht und interpretiert? Daran bestehen Zweifel. Weiterungen im theoretischen Argumentationsmodell vermag ich nicht zu erkennen.

Ein weiterer Einwand betrifft Historisierungen bezüglich der *Konturen des Gegenstandes ‚Betrieb'*, der sich nun aufsprenge. Die Frage ist hier: Waren die Grenzen der Betriebe früher eigentlich wirklich immer so klar, wie sie heute in der Gegenüberstellung mit bisher dominanten Formen der Rationalisierung erscheinen? Oder war das nicht vorrangig ein Konstrukt – auch – der industriesoziologischen Forschung? Liegt vielleicht mit Vernetzung nur ein gradueller Wandel schon länger existierender Verknüpfungen zwischen Betrieben oder einer Kultur von Verbindungen in Industrien vor, den die Forschung bisher nur ‚übersehen' hat? Nutzen Unternehmungen die Beziehungen heute vielleicht nur anders? Die Grundfrage, die sich dahinter verbirgt, lautet: Bedürfen wir nicht eines *grundlegend anderen Verständnisses von Markt und von Organisation* – wie ich in der Einleitung bereits angedeutet habe?

Problematisch erscheint mir auch die Historisierung des *elastischen Potentials von Arbeitskraft*. Gegen die Autoren, die die Vermittlung (vollständig) in die Systemdimension verlagern und sie, wie die Subsumtionstheoretiker der zweiten Stufe, subjektfrei über technische oder auf die Kapitalverwertung bezogene Mechanismen integriert sehen, kann man mit Bechtle (1994, 61; Hervorh. A.W.) einwenden:

„Arbeit muß *heute* die vorausgesetzte sachliche und zeitliche Übereinstimmung zwischen informationstechnisch programmierten Modellabläufen auf der einen und der Wirklichkeit der Produktion auf der anderen Seite in Form von Aufmerksamkeit, Reaktion und Prävention unter wechselnden Umständen stets neu gewährleisten und aktualisieren. Arbeit *wird* zur Übersetzung und Interpretation von Information in die Wirklichkeit, sie *wird* zur Grenz- und Schnittstellenarbeit in dem unzuverlässigen Verhältnis zwischen der informationstechnisch abgebildeten Realität und dieser selbst."

Daß es dieser Vermittlungen durch Arbeit bedarf – d'accord. Aber erst Arbeit *heute?* War das nicht schon immer so? Haben wir es wirklich mit einem neuen Phänomen zu tun? Wohl kaum (so bereits Kerst/Braczyk/Niebur, 1990, 67). Ferner erfolgt – und auch das ist typisch für strukturalistische Theorieansätze – die Verausgabung von Arbeitskraft im Rahmen als emergent und objektiv aufgefaßter Strukturen eigentümlich subjektivistisch. Existieren da nicht, wie uns doch Durkheim (1980 [1895]), die Schriften der institutionalistischen Organisationstheoretiker (z.B. Meyer/Rowan, 1977; DiMaggio/Powell, 1983; Scott, 1994b; Meyer, 1994; Türk, 1997) und auch Giddens (Teil III) so überzeugend lehren, eine Vielzahl von Vorgaben und Vermittlungsmechanismen, die die Freiheitsgrade des Handelns einschränken, es aber auch erst ermöglichen. Es erscheint mir nicht zufällig, daß die sachlichen, zeitlichen und sozialen Momente der Praktiken der Verausgabung von Arbeitskraft bei der Vermittlung der Prozesse der systemischen Rationalisierung im Theorieansatz nicht diskutiert werden.

5.4 Besonderes und Allgemeines: Plädoyer für eine theoretische Erneuerung

Das Auseinanderfallen von Anspruch und Wirklichkeit industriesoziologischer Forschung, wie ich es hier exemplarisch anhand des Konzepts systemischer Rationalisierung aufgezeigt habe, ist in den letzten Jahren als Spannungsverhältnis von Allgemeinem und Besonderem prominent in den industriesoziologischen Diskurs eingebracht worden. Baethge (1987, 189) äußert etwa die Befürchtung „verhängnisschwangere[r] Antizipation, die vorschnelle Verallgemeinerungen von Einzelphänomenen" nach sich zieht. Kern (1989) spricht von im traditionellen Kausalmodell industriesoziologischer Forschung angelegten Gefahren, „das Allgemeine im Besonderen zu sehr zu verallgemeinern." Wie sich zeigt, sind *alle* zu Beginn genannten (s. 72 ff.) *Grundpositionen des industriesoziologischen Argumentationsmodells in Frage gestellt.*

Will man das Allgemeine gegenüber dem Besonderen nicht zu sehr verallgemeinern, dann heißt das für Kern (1989, 259; Hervorh. A.W.), sich von der Hypothese zu verabschieden,

„daß es *ein* für je verschiedene Zeiträume unterschiedliches herrschendes Prinzip gibt, das die ganze Gesellschaft strukturiert, und daß wir in den empirischen Erscheinungen des Sozialen dieses Wesensmerkmal des gesellschaftlichen Ganzen ermitteln und erkennen müssen, wenn wir sie begreifen wollen [...]." Statt sich nur auf dieses eine Wesensmerkmal zu konzentrieren, geht es Kern darum, „die Vielfalt des Gesellschaftlichen zu sehen und uns in unseren theoretischen Schlußfolgerungen dieser Komplexität zu stellen."

Konkreter fordert er (ibid.) auf, *dem Besonderen gegenüber dem Allgemeinen mehr Beachtung zu schenken.* Das beinhaltet, die Aufmerksamkeit für ‚Unregelmäßigkeiten' zu steigern, die existierende ‚Unordnung' und die ‚Verschlungenheit' der Pfade historischer Entwicklung zu berücksichtigen, da diese immer wieder ‚Knotenpunkte der Entwicklung' (ibid., 262) beinhalten, an dessen Weggabelungen nicht immer nur die ein für allemal „ineffizienteren Alternativen ausrangiert" (ibid.) werden. Unter implizitem Bezug auf eine prominente Theoriefigur im Konzept der ‚flexiblen Spezialisierung' sieht Kern es als für die Erkenntnis förderlich an, die „Unterschiedlichkeit der Industrialisierungspfade" (ibid., 263) und „Formdifferenzen der Industrialisierung" (ibid.) zu akzeptieren.[24]

---

24 Siehe nur dieses Resümee: „Die Gestaltung industrieller Netzwerke zwischen Abnehmer und Zulieferer folgt – unseren Ergebnissen nach – in den hier untersuchten eher traditionellen Branchen keinem einheitlichen Trend. Eine generelle Rationalisierungsstrategie läßt sich auf Basis unserer Ergebnisse nicht erkennen. Viel eher fallen die Divergenzen in den branchenspezifischen Gestaltungsmodi industrieller Netzwerke ins Auge" (Pohlmann, 1996, 57) – so scheint die oft als Referenzfolie objektiver Strategien bemühte Autoindustrie eher Sonderwege zu beschreiten. Die Annahme, man könne Folgen auf der Basis der Untersuchung ‚avancierter Kapitale' verallgemeinern, erweist sich als äußerst fraglich (s.a. FN 5 auf der Seite 74).

Als problembeladen entpuppt sich auch die traditionelle Annahme *einheitlicher gesellschaftlicher Wirkungen und Folgen* von Rationalisierungsprozessen. Darauf weisen Baethge und Oberbeck (1990, 172; ähnlich Sauer, 1987, 151), wiederum mit einer vielleicht etwas zu stark historisierenden Einordnung, selbst hin. Ihre Diagnose lautet, daß vermittelt über Prozesse systemischer Rationalisierung

„die relative Einheitlichkeit und Eindeutigkeit gesellschaftsstruktureller Wirkungen immer mehr [zerfasert und] [...] eine Vereinheitlichung sozialer Interessen auch nur in Teilkollektiven immer schwieriger [wird]."

Kerns (1989, 268) Antwort auf die Unfähigkeit einer Vielzahl bundesdeutscher Industriesoziologen, die von ihm aufgeworfenen und hier ergänzten Fragen zu beantworten oder auch nur weiter konkretisieren zu können, liegt bekanntlich in ‚*mehr Empirie*'. Aber können wir darauf allein vertrauen? Gilt nicht auch noch jenseits der siebziger Jahre Kerns (1998, 121) Feststellung:

„Was man jedoch feststellen muß, ist dies: daß der Versuch, die Genese und Implementation von Technik ebenso wie die Gestaltung des organisatorischen Rahmens, innerhalb dessen die Technik angewendet wird, als ‚soziale Prozesse' zu konzeptualisisieren, einigermaßen simpel ausgeführt wurde – und daß dieser Versuch exakt wegen seiner Schlichtheit wenig zusätzliche Einsichten brachte."

Ein Vertrauen allein auf Empirie ist generell trügerisch und angesichts der von Kern genannten Befunde kaum zu rechtfertigen. Notwendig ist, nach den theoretisch-konzeptionellen Ausgangspunkten zu suchen, die zu den von Kern beklagten Defiziten geführt haben und einen sensibleren Zugang zu Empirie verstellen und deren Interpretation behindern. Auf den Prüfstand gehören meines Erachtens der strukturalistische Theorieansatz und die mittels ‚*objektiver Strategien*' gewonnenen Verallgemeinerungen. Denn beides ist hochgradig voraussetzungsvoll und theoretisch unbefriedigend. Verdeckt werden die in den konkreten Konstellationen von Technik und Regulation sowie Produktion und Verwertung bestehenden *Räume politischer Ausgestaltung* und die *politischen Implikationen* der kontingenten ‚gleich plausiblen, gleich modernen und produktiven Varianten':

„Wenn in einer spezifischen, d.h. durch verfügbare Ressourcen und gegebene Marktchancen charakterisierten Konstellation gar nicht exakt dasjenige Produktionskonzept bestimmt werden kann, welches die vorhandenen Bedingungen auf die effizienteste Weise aufnimmt und ausgestaltet, dann besteht Raum für *Entscheidungen nach politischen Präferenzen*. [...] Zu einer konkreten Konstellation gehört offenbar ein freilich unscharf abgegrenztes Spektrum von Produktionsgestaltungen, dessen Varianten gleich plausibel, modern und produktiv sein mögen, im Hinblick auf ihre politischen Implikationen aber markant voneinander abweichen können" (Kern, 1989, 266 f.; Hervorh. A.W.).

Aber ist die industriesoziologische Forschung für diese Aufgabe gerüstet? Wer sich lediglich für ‚objektive Strategien' interessiert, dem geht es gerade nicht um die Politikhaltigkeit der Prozesse, nicht um Formen politischer Schließung von Kontingenz, sondern um die sich ‚hinter dem Rücken' der politischen Prozesse durchsetzenden ‚objektiven Resultate'. Andererseits muß man deutlich sehen: Die zuletzt etwa auch von Schmidt (1995, 25) wiederholte Forderung, die Politikhaltigkeit der Rationalisierungsprozesse aufzunehmen, beinhaltet zwar eine Abkehr von grundlegenden Elementen des traditionellen Argumentationsmodells industriesoziologischer Forschung. Sie trifft diese jedoch nicht etwa unvorbereitet. Vielmehr avancierte bekanntlich die *Politikhaltigkeit innerbetrieblicher* (!) *Rationalisierungsprozesse* in den achtziger Jahren im Bereich der Industriesoziologie zum Kernbestand industriesoziologischen Wissens – wobei deren theoretisch-konzeptionelle Aufnahme einer gesonderten Erörterung bedürfte.[25] Das Motiv der politischen Konstitution von Rationalisierung auf umkämpften Terrains wird in den Studien zur systemischen Rationalisierung, um es vorsichtig zu formulieren, *nicht* mehr fortentwickelt. Statt dessen avancieren externe Faktoren kontingenztheoretisch wieder zu den zentralen Variablen von Erklärung sozialer Wandlungsprozesse. Man kann es auch allgemeiner formulieren: Die politische *Vermittlung von Prozeß und Struktur* ist in der industriesoziologischen Forschung, trotz oder zum Teil wegen des Bezugs auf Marx, zumindest in der Literatur über systemische Rationalisierung wieder ein Problem:

„Es sind also *nicht* irgendwelche neuen Managementphilosophien, die zu Technik-Selektion und neu definiertem Stellenwert menschlicher Arbeitskraft im Betrieb führen, *sondern* durch die Erweiterung der angepeilten Einsatzfelder für Informations- und Kommunikationstechnik wird *objektiv* ein neuer, erweiterter Rahmen für die betriebliche Gestaltung von Technikeinsatz und Arbeitskraftnutzung *gesetzt*" (Oberbeck, 1987, 155; Hervorh., A.W.).

Als ob diese ‚objektive Setzung' ein wie immer (un-)angemessenes Managementhandeln entweder erübrige oder determiniert! Bechtle (1994) ist genauso deutlich:

„Da es sich [bei systemischer Rationalisierung] [...] um ein objektives und strukturelles Phänomen handelt, das sich gegen oder durch intentionales Handeln hindurch, emergent durchsetzt, würde es keinen Sinn machen, die explizit ausgeschlossene Ebene der Mikropolitik oder anderen Varianten über den ‚tatsächlichen' Implementationsverlauf entgegenzusetzen [...]. Man muß dem Begriff systemischer Rationalisierung schon seine ‚eigene Melodie' vorspielen" (Bechtle, 1994, 45, FN 1).

Kern kehrt argumentativ die Beweislast um. Er (1989, 267 f.; Hervorh. A.W.) fordert: Vorstellungen, daß alle Besonderungen Ausdruck eines Prinzips, wie systemischer Rationalisierung, oder einer hinter ihm verborgenen kapitalistischen Gesamtbewegung sind, wären „[...] *nur haltbar, wenn* die Dialektik zwischen Form und Wesen, konkreter und unterströmiger Entwicklung, *nicht nur postuliert, sondern nachgewiesen* würde." Der Nachweis der Vermittlung erfordert, darauf möchte ich hinaus, vor allem auch ein elaboriertes theoretisches Instrumentarium, das es erlaubt, diese als Medium und Resultat praktischer Prozesse

---

25 Zur Erinnerung: Weltz und Lullies (1984) zeigen die Bedeutung ‚innerbetrieblicher Handlungskonstellationen' für Rationalisierungsprozesse auf, Kern und Schumann (1984, 27 f.) akzentuieren zunächst Unterschiede auf Seiten des Managements: ‚unterschiedliche positionelle, funktionelle und professionelle Interessenlagen', ‚generationsspezifische Erfahrungsunterschiede und differierende ‚Philosophien', potentiell ‚weiche Stellen' als auch ‚Verbündete' (ibid., 28). Seltz und Hildebrandt (1985) sprechen von ‚Produktivitäts- und Sozialpakten' für die Ausgestaltung betrieblicher Organisation, Schmidt (1986) entwirft das Konzept des ‚Einverständnishandelns' und sieht hierin Chancen, die „Frage nach den Konstitutionsbedingungen de facto ‚erfolgreicher' Organisationsreproduktion in die Organisation hinein zu verfolgen" (ibid., 66), Jürgens (1984) und Naschold (1984) akzentuieren die Bedeutung von ‚Arbeitspolitik', wir selbst haben die Relevanz von ‚Mikropolitik' bei der Durchsetzung von Rationalisierung in Betrieben hervorgehoben (Ortmann et al., 1990).

der Konstitution des Sozialen im Spannungsfeld von Interaktion und Institution überhaupt zu thematisieren. Jeder in diesem Sinne passende Theorieansatz muß berücksichtigen, daß

„letztlich [..] im Hintergrund auch noch die theoretischen Möglichkeiten *intendierter* ökonomischer Funktionalität [stehen], die aufgrund des Ensemble der Wirkkonstellation sich entweder als dysfunktional herausstellen oder Elemente der Bestandssicherung in sich aufnehmen können, die über die rein ökonomische Funktionalität hinausgehen" (Kern, 1989, 267 f.; Hervorh. A.W.).

Akteure können eben nicht nur intentional handeln. Sie können auch intentional Resultate hervorbringen. Jeder Erklärungsansatz, der diesen Namen verdient, muß also berücksichtigen, daß sich die Resultate eben nicht nur ‚hinter dem Rücken der Akteure' durchsetzen können, sondern Akteure sie gegebenenfalls durchaus in relevantem Ausmaß beeinflussen. *Beide* im Konzept der systemischen Rationalisierung implizit mitlaufenden Kandidaten für den Akteur, recht rationale Akteure oder ‚die Auslese', *beide* das ‚Zwangsgesetz der Konkurrenz' unter den jeweiligen technischen Möglichkeiten exekutierend, sind also zu verwerfen. Denn sie erlauben, weder die praktische Vermittlung von Handlung, Struktur und System noch sozialen Wandel theoretisch zu erfassen:

„[...] [um] das gegenwärtig weit verbreitete industriesoziologische Interpretationskonzept der ‚systemischen Rationalisierung' (Altmann et al, 1986; Altmann/Sauer, 1989) zu einem theoretischen Erklärungsansatz auszubauen[.] [,] [..] müßten ergänzend zu der Beobachtung des manageriellen Vollzugs und der Arbeitsfolgen von systemischen Rationalisierung Genese, Mechanismen der Verbreitung und institutionelle Faktoren der Verbindlichmachung von Imperativen systemischer Rationalisierung für das Handeln organisationaler Akteure in das industriesoziologische Forschungsprogramm aufgenommen werden" (Braczyk, 1997, 551 f.).

Eine Befreiung aus den Fesseln theoretischer Grundpositionen steht noch bevor. Im Gegensatz zu Kern lautet daher meine Schlußfolgerung (ähnlich wie die von Braczyk) nicht allein mehr Empirie – nicht ‚mehr-vom-Selben'. Man wird sich wohl auch den neueren Theorieentwicklungen zu stellen haben – denen im Bereich der Organisationstheorie (z.B. Ortmann/Sydow/Türk, 1997) und denen im Bereich der Netzwerktheorie und Sozialtheorie. Ein grundlegender Theorieumbau steht auf der Tagesordnung. Das gilt insbesondere, wenn das Konzept der systemischen Rationalisierung zu einer Netzwerktheorie ausgebaut werden soll. Denn bisher genügt es schon den beiden im Kapitel I vorgestellten Anforderungen an Netzwerktheorien nicht: Es entbehrt nämlich bisher eines Ansatzes und einer Systematik zur Aufnahme empirisch vorfindlicher Beziehungszusammenhänge zwischen Unternehmungen und eines elaborierten Verständnisses des Zusammenspiels von Netzwerken mit den Handlungsweisen von Personen und Organisationen sowie sozialen Institutionen – ganz davon zu schweigen, daß dem Ansatz der systemischen Rationalisierung ein ausgearbeitetes Konzept sozialer Konstitution ermangelt.

Die nun vorgestellte *strukturelle Netzwerkanalyse* erweitert das Verständnis über Netzwerke. Der im Abschnitt III entwickelte strukturationstheoretische Netzwerkansatz legt die Grundlagen für eine sukzessiv fortzuentwickelnde Netzwerktheorie.

Teil II.2

Netzwerk und Struktur: der strukturelle Netzwerkansatz

In den letzten 30, 40 Jahren wurde ein neuer Ansatz zur Analyse sozialer Strukturen entwickelt, die *Netzwerkanalyse*. Sie analysiert soziale Strukturen aus den Beziehungen zwischen einer definierten Menge von Akteuren und sieht die Strukturmuster ihrer Beziehungen als bedeutsam für das Verhalten der Akteure an. Die Akteure (oder genereller die sozialen Einheiten) betrachtet sie als ‚Knoten' und die sie verbindenden sozialen Beziehungen als ‚Linien'. Dieser Forschungsansatz ist weltweit der etablierteste, und er steht in puncto Systematik und methodologischer Ausarbeitung einsam da.

Die Verbindung zwischen dem Begriff *Netzwerk und* dem der *Struktur* geht in der Netzwerkforschung auf Überlegungen von Georg Simmel und A. R. Radcliffe-Brown zurück (etwa Pappi, 1987b, 12 f).[1] Für Simmel (1992 [1908], 15) ist „der Mensch [..] in seinem ganzen Wesen und allen Äußerungen dadurch bestimmt, daß er in Wechselwirkung mit andern lebt." Ihn interessiert wie Individuen, indem sie bestimmte ‚Triebe' (erotische, religiöse, gesellige) und Zwecke (des Angriffs, des Spiels, des Erwerbs, der Hilfestellung, der Belehrung und andere) verfolgen, miteinander in Beziehung treten, Wirkungen aufeinander ausüben und voneinander empfangen. Sein Interesse gilt den Arten und Formen von Wechselwirkungen, die Vergesellschaftung hervorbringen, und den Wirkungen, die das wiederum auf die Träger der Vergesellschaftung hat. Die Arten und Formen der Wechselwirkung machen dabei für Simmel das aus, was Gesellschaft ist. Entsprechend sieht er nur eine Möglichkeit, Soziologie als eine spezielle Wissenschaft von der Gesellschaft zu begründen: Sie muß von den Individuen mit ihren bestimmten Zielen, Interessen, Impulsen und Trieben abstrahieren und sich den Arten und Formen der Wechselwirkung zuwenden und deren Konsequenzen für die Individuen herausarbeiten (ibid., 19 f.) – eine folgenschwere Begründung dis-

---

1 Diese Verbindung verstärkt sich in den fünfziger Jahren mit der Übersetzung der Schriften Simmels ins Amerikanische und deren Popularisierung unter anderem durch Peter M. Blau (Wellman, 1988, 22 f.). Die Erweiterung des Analyseansatzes besteht nicht nur in einem verfeinerten Set von Analysetools. Heute werden auch nicht mehr nur individuelle Personen als *soziale Einheiten* betrachtet. Kollektivitäten bzw. kollektive Akteure jeglicher Art, wie Gruppen, Unternehmungen, Haushalte, Nationalstaaten usw. (Wellman/Berkowitz, 1988, 4), sowie andere soziale Einheiten, wie Märkte, bereichern die Vielfalt der untersuchten Gegenstände. Erst kürzlich ist selbst diese etablierte Betrachtung noch einmal grundlegend erweitert worden. Laumann und Knoke (1987) sowie Harrison White (1992) haben, indem sie *Netzwerke von Ereignissen* zum Untersuchungsgegenstand erhoben, eine Perspektivenerweiterung angedacht.

ziplinärer Eigenständigkeit und der Fokussierung der relationalen Betrachtung von Gesellschaft. Denn, wie er (ibid., 20) selbst vermerkt: Per „wissenschaftlicher Abstraktion" wird das „in der Wirklichkeit untrennbar Vereinte [...] getrennt [...] – dies scheint mir die einzige und die ganze Möglichkeit einer speziellen Wissenschaft von der Gesellschaft als solcher zu begründen."[2]

Radcliffe-Brown (1940, z.B. 3; 1957) nutzt den Begriff des Netzwerks zur Untersuchung sozialer Strukturen zum Beispiel in seinen Vorlesungen an der Universität von Chicago im Jahre 1937 zwar noch eher metaphorisch. Er argumentiert aber ganz ähnlich wie Simmel. Er entwirft das Bild einer Gesellschaft, die aus einer Vielzahl von Akteuren besteht, die in unterschiedlicher – und eben äußerst folgenreicher – Art und Weise miteinander verbunden sind:

„He [Radcliffe-Brown] recognized that the use of the term structure implied a concern with the form of relation among the parts of some whole. Subsequent writers in this tradition have almost universally adopted Radcliffe-Browns's idea of patterned relationships among parts as the key to understanding social structure. Firth (1951, 30) said social structure is ‚the arrangement in which the elements of the social life are linked together'. To Nadel (1957, 7), it is ‚an ordered arrangement of parts'. To Fortes (1963, 56) it is ‚parts that have an ordered arrangement'. And to Blau (1964, 3) social structures are emergent properties that ‚are essentially relationships between elements'" (Freeman, 1989, 12 f.). Auch die ersten Netzwerkstudien von Barnes (1969, 53) fußen auf Überlegungen von Radcliffe-Brown.

Die Erklärung von Sozialem aus der Strukturiertheit sozialer Beziehungen umreißt bis heute das Forschungs- und Erklärungsprogramm (Wasserman/Faust, 1994, 6; Galaskiewicz/Wassermann, 1994, xii).

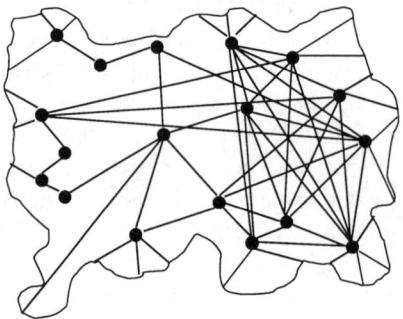

Abb. II-1: Typischer, zufällig abgegrenzter Teil eines totalen Netzwerks (nach: Barnes, 1969, 57)

Der Anthropologe Barnes (1969, 56), einer der Begründer der analytischen Netzwerkforschung, hat bereits recht früh trefflich und unmißverständlich die Aufgabenstellung einer Erforschung von Netzwerken in relationaler Perspektive

---

2 Diese Figur wissenschaftlicher Abtrennung von in der Realität untrennbar Vereintem ist eine Figur, die, wie wir noch sehen, auch andere Forscher, wie etwa Durkheim, in ihren Versuchen der Begründung von Soziologie als eigenständiger Wissenschaft verwenden.

anhand des Beziehungsgeflechts von Personen bildlich illustriert (Abb. II-1) und beschrieben:

> „[...] the crucial empirical fact is that every real person impinges upon, or comes into contact with, several other people. This entails that [...] the corresponding social relationships linking persons do not form a simple chain or single star. Instead we find that if we try to represent the model in two dimensions, with points for persons placed conveniently so that they can be linked by lines showing social relationships, the lines criss-cross one another often, and they often form closed circuits. The resulting pattern looks slightly like an untidy net and is appropriately called a network" (Barnes, 1969, 56).

Die Erhellung und Aufdeckung der Beziehungsmuster in ungeordneten Netzen sind so in der Regel erst das Resultat der Analyse von Netzwerken.

Ursprünge und Institutionalisierung der strukturellen Netzwerkanalyse

Die Ursprünge der strukturellen Netzwerkanalyse liegen in der ersten Hälfte des nun zu Ende gehenden Jahrhunderts.[3] Ausgangspunkt sind Entwicklungen moderner Vergesellschaftung, in denen – neben der Verwandtschaft – andere Formen sozialer Beziehungen an Gewicht gewinnen:

> „Für die flüchtigen, nur teilweise von Verwandtschaft bestimmten Beziehungen in den multiethnischen, von saisonalen Booms geprägten Minenstädten Zentralafrikas und das weder durch Verwandtschaft noch durch Erwerbsarbeit geprägte Feld von Freundschaftsbeziehungen in einer norwegischen Gemeinde prägten J.C. Mitchell (1969) und J.A. Barnes (1954) den Begriff des sozialen Netzwerks" (Schweizer, 1996, 16).

Zur Ausformulierung ihrer Vorstellungen sozialer Netzwerke griffen die Begründer der Netzwerkforschung unterschiedlichste Forschungstraditionen und Arbeiten auf: Zu ihnen zählen die Soziometrie und Graphentheorie in der Gestaltpsychologie (z.B. Köhler, 1925; Moreno 1934; Lewin, 1936), die Studien zu informellen Gruppen im Rahmen der Hawthorne Studies (Roethlisberger/Dickson, 1939) und ihre Aufarbeitung durch George C. Homans (1960 [1950]) sowie, wie eingangs angedeutet, Überlegungen von A. R. Radcliffe-Brown (z.B. 1940) und Georg Simmel (1992 [1908]). Die Gründungsväter ließen sich zudem von natur-

---

3 Die Untersuchung sozialer Netzwerke eines norwegischen Fischerdorfes – genauer eines Kirchsprengels auf der Insel Bremnes – durch den britischen Sozialanthropologen J. A. Barnes (1954) gilt als analytischer Wendepunkt der Netzwerkforschung. Barnes führt in seiner Studie erstmals analytische Unterscheidungen ein und nutzt die Netzwerkperspektive zur Bestimmung sozialer Strukturen (im einzelnen Mitchell, 1969, 1 ff., Schenk, 1984, 4; Wellman, 1988, 22). Barnes' Befunde waren, daß gegenseitige Hilfe, Unterhaltung, Arbeitsplatzvermittlung und politische Aktivitäten nicht primär den Zugehörigkeiten zu sozialen Einheiten wie Orten auf oder Positionen im Industriesystem der Insel geschuldet sind. Die(se) Aspekte der sozialen Struktur erschließen sich, wie Barnes aufweist, erst aus der *Analyse von Relationen, von Gruppen und Ketten sozialer Interaktionen*. Auffällig ist, daß die Ergebnisse dieser Analyse die klassischen Strukturbeschreibungen, auch die über ethnische und familiale Zugehörigkeit, überschreiten. Barnes' Ergebnisse sind zur damaligen Zeit äußerst provokant. Denn sie stellen das in der Sozialanthropologie vorherrschende strukturfunktionalistische Paradigma in Frage, nach dem Strukturen über soziale Attribute und Normen von Klassen sozialer Akteure zu untersuchen sind.

wissenschaftlich-mathematischen Analysemethoden inspirieren. So entlehnten sie der mathematischen Graphentheorie den Begriff des Netzwerks (Barnes, 1969, 1):

> „Similar patterns are studied in electrical and communication engineering and the arrangement is closely analogous to a topographical graph, as understood in mathematics (Cherry, 1957, 236; Ore, 1962, 1 f.), with persons corresponding to nodes, junctions or vertices, and the links between them to edges. The term ‚network' has been used as the name, or part of the name, of various generically similar concepts in graph theory, such as ‚communication network' (Flament, 1963, Kapitel 2) and ‚transport network' (Berge, 1962, 71), but no single definition for the term appears to prevail (Hockett, 1966, 256, Fn 56). It seems legitimate to use it here for a broadly similar sociological concept" (Barnes, 1969, 56).

Lange Zeit blieb die strukturelle Netzwerkanalyse Kleingruppenforschung. Erst in den sechziger Jahren gelang Forschern um Harrison White an der Harvard Universität der Durchbruch hin zur Entwicklung eines generellen Untersuchungsansatzes. Er ging einher mit dem Aufweis von Möglichkeiten, neuere mathematische Verfahren bei der Analyse von Netzwerken zu verwenden. So nutzten White und seine Kollegen mathematische Modelle der Algebra, um das Konzept der Rolle in sozialen Strukturen neu zu betrachten (z.B. White, 1963), entwickelten Verfahren der multidimensionalen Skalierung, das heißt Verfahren, um Beziehungen in soziale Distanzen zu übertragen, und schufen so Möglichkeiten, Netzwerke in sozialen Räumen abzubilden (s.a. Berkowitz, 1982, 6 und die dort aufgeführte Literatur).[4]

Die strukturelle Netzwerkforschung entwickelte sich in den sechziger und siebziger Jahren vornehmlich in den USA und Kanada (Marsden/Lin, 1982, 3), aber nahezu zeitgleich auch in der Bundesrepublik Deutschland (seit 1976), zu einer etablierten Forschungsrichtung (Ziegler, 1984a).[5] Wichtige Vertreter sind S. D. Berkowitz, Ron Breiger, Ronald S. Burt, Mark Granovetter, David Knoke, Edward O. Laumann, Peter V. Marsden, Franz U. Pappi, Barry Wellman, Harrison C. White und Rolf Ziegler. Seitdem institutionalisiert sich der Zusammenhang:

> „Mehr oder minder regelmäßig stattfindende Symposien in verschiedenen Ländern, ein 1977 in Toronto gegründetes *International Network for Social Network Analysis* mit etwa 400 Mitgliedern, [...]

---

4   Auch die Fortentwicklung der strukturellen Analyse in den letzten Jahrzehnten verdankt sich vor allem Entwicklungen im Bereich der Mathematik. Insbesondere gilt dies für die mathematische Topologie, dem Feld der Mathematik, das sich grob gesprochen dem Studium des Arrangements von Punkten und Linien widmet. Ihre zentralen Begriffe, wie die der Größe, Dichte, Verbundenheit, Zentralität usw., besitzen nicht nur heute in mathematischen Sinne präzise Bedeutung. Es wurden auch Computerverfahren entwickelt, um diese Kennziffern zu berechnen (f. Überblicke White, 1992; Appendix 3; Schweizer, 1996, 264 f.). Die von den Gründungsvätern der stukturellen Netzwerkforschung entwickelten Ideen können so heute in viel stärkerem Maße über formale Analyseverfahren und über einen methodisch kontrollierten Blick mit empirischen Daten verbunden werden (Schweizer, 1996, 37; s.a. Willer, 1992, 188).

5   Einen Überblick über die beteiligten Akteure und relevanten Untersuchungen vermittelt das Sonderheft der Kölner Zeitschrift für Soziologie und Sozialpsychologie zur strukturellen Netzwerkanalyse aus dem Jahre 1984. Ein sehr lesenswerter, instruktiver Überblick über die verwickelte Geschichte der Netzwerkanalyse findet sich bei John Scott (1991, Kap. 2). Ein Überblick über individualistischer ausgelegte Netzwerkforschung vermittelt Schenk (1984). Einen aktuellen Einblick gibt Kappelhoff (2000a).

sowie eine seit 1978 erscheinende eigene Zeitschrift *Social Networks* sind unübersehbare Zeichen für das Entstehen einer Forschungsgemeinschaft, die eine gemeinsame, wenn auch manchmal diffuse Orientierung verbindet" (Ziegler, 1984a, 433; gleichlautend Knoke/Kulinski, 1982, 8; Doreian, 1995, 4; Schweizer, 1996, 263 ff.).

In der Bundesrepublik wurde die Entwicklung struktureller Netzwerkforschung 1975 durch Rolf Ziegler angestoßenen. Der 1976 gegründete, 1984 ausgelaufene Schwerpunkt der Deutschen Forschungsgemeinschaft und der ‚Forschungsverbund *Analyse sozialer Netzwerke*' haben die Entwicklung maßgeblich befördert (Ziegler, 1984c, 615).

Erklärungsanspruch und Erklärungspotential

Die Netzwerkanalyse in der Tradition von Barnes und Mitchell versteht sich als eine Heuristik und als Methode der Sozialstrukturanalyse (Wellman/Berkowitz, 1988, 3). Sehen Barnes und Mitchell es als notwendig an, einen umfassenden theoretischen Erklärungsansatz erst auszuarbeiten, so betonen die Harvard-Strukturalisten um Harrison White Mitte der siebziger Jahre das Gegenteil: der Netzwerkansatz bietet den einzig möglichen Erklärungsansatz für Sozialstruktur:

„While we use them [Mitchell and Barnes] as central references, we want to state a fundamental disagreement. Both see network analysis to date as, at best, an eclectic bag of techniques (Barnes, 1972, 3) for studying the details of individuals' variability around some ordering by categories and concrete organizations (Mitchell, 1969, 10). We would like the reader to entertain instead the idea that the presently existing, largely categorical descriptions of social structure have no solid theoretical grounding; furthermore, network concepts may provide *the only way to construct a theory of social structure*. [...] [Following Nadel and in opposition to Parsons they argue:] First, social structure is regularities in the patterns of relations among concrete entities; it is not a harmony among abstract norms and values or a classification of concrete entities by their attributes. Second, to describe social structure, we must aggregate these regularities in a fashion consistent with their inherent nature as networks" (White/Boorman/Breiger, 1976, 732; Hervorh. A.W.).

Die Position von White und anderen ist bis heute umstritten:

„Network research is frequently characterized as an amalgam of mathematical (read boring) techniques and a-theoretical data crunching" (Krackhardt, 1995, 353).

Auf ähnliche Vorbehalte gegenüber dem Erklärungspotential und Theoriegehalt der Netzwerkanalyse verweisen schon früher Granovetter (1979), Aldrich (1982, 281) und aktuell Collins (1988, 412) oder Doreian (1995). Protagonisten der Forschungsrichtung versichern gleichwohl jeweils, daß die neuesten Entwicklungen von Vielversprechendem künden. Selbstbewußt insistieren die Vertreter des Ansatzes darauf, es habe sich bereits ein substantieller Ansatz und ein eigenständiges Forschungsparadigma (Berkowitz, 1988, 478; Rogers, 1987, 308; Collins, 1988, 412; Kappelhoff, 2000a) entwickelt. Einige diagnostizieren gar den Beginn einer ‚scientific revolution' (etwa Berkowitz, 1982, 150; Rogers, 1987, 308):

„This is a marvelously liberating idea. It immediately directs analyst to look at linked social relations and frees them from thinking of social systems as collections of individuals, two-person-dyads, bounded groups, or simple categories" (Wellman/Berkowitz, 1988, 1).

Selbst abwägende Skeptiker sehen zu Recht in der Netzwerkanalyse gerade für die Organisationstheorie neue Einsichten. Sie weisen aber gleichzeitig auf Gefahren hin, die in der weltweit führenden, strukturellen Variante lauern:

„Network analysis corrects a tendency in organizational theory to focus on the trees rather than the forest, on the actions of individual organizations rather than on the organization of their actions [...] [But:] There is a *danger* in network analysis *of not seeing the trees* for the forest" (Salancik, 1995, 345, 346, Hervorh. A.W.; ähnlich skeptisch Nohria, 1992, 14).

Diese Gefahr, daß Organisationen als den Einheiten, die miteinander Beziehungen unterhalten, in den Analysen zu wenig Beachtung geschenkt wird, ist in meinen Augen sehr ernst zu nehmen. Darüber hinaus sind, schaut man auf das vorgelegte Verständnis der Konstitution von Netzwerken, noch viel Fragen offen. Sehen wir zu.

1 Grundpositionen der strukturellen Netzwerkanalyse

In der Literatur wird für diesen Ansatz der Netzwerkforschung oft der Begriff der Netzwerkanalyse verwendet. Das ist richtig und falsch. Er ist richtig, weil im Rahmen dieser Forschungen die universelle Netzwerkperspektive in bis heute gültiger Form und als Grundlage aller wissenschaftlichen Netzwerkforschungen formuliert wurde, auch wenn das in der Managementforschung und in der Industriesoziologie bisher nur wenig Beachtung findet. Die Aussage ist vornehmlich deswegen falsch, weil sie verdeckt, daß die traditionell mit dem Begriff der Netzwerkanalyse verbundenen Forschungen (vornehmlich) bis heute ein ganz spezielles Set von Methoden und Theorien verwenden: *strukturelle und quantitative Methoden* (s.a. Kappelhoff, 2000a) *und strukturelle Theorien* (zsfd. Emirbayer/ Goodwin, 1994, z.B. 1412 f.). Die Affinität zu strukturalistischen Theorien ist darin begründet, daß es der Netzwerkanalyse in der Tradition von Simmel um Sozialstrukturanalysen auf der Grundlage der Untersuchung der Formen der Wechselwirkungen oder Beziehungen zwischen einer definierten Gruppe von Akteuren geht, das heißt um Regelmäßigkeiten und Eigenschaften auf der Ebene zusammengesetzter Einheiten. Die strukturelle Netzwerkanalyse ist daher, entsprechend der im Teil I vorgenommenen allgemeinen Bestimmung der Netzwerkanalyse, ein ganz spezieller Analyseansatz der Netzwerkforschung.[6]

---

6   Cook und Whitmeyer (1992, 115 f.) betonen etwa die *austauschtheoretische Basis* der genutzten Theorien. Sie fassen zusammen: „From the beginning some network analysts used exchange theory to provide the theoretical basis for the analysis of the social interactions they represented in network terms (e.g. Kapferer, 1972, Whitten/Wolfe, 1974, etc.). Various authors (e.g. Turner, 1986; 1987; Collins, 1988; etc.) have commented on the potential for linking exchange and network approaches to social structure. Collins (1988, 412), for example, remarks about the ‚growing awareness of the connection between networks and market or exchange theories [...] two conceptions of how individuals link together into a larger social structure.' In an influential review piece, Mitchell (1974) argued that transactional theories (including exchange theory) formed a natural alliance with network concepts. Kapferer (1972) even proposed exchange theory as ‚the most suitable basis for network analysis' (quoted in Mitchell, 1974, 282)" (jetzt Kappelhoff, 2000a, 33 ff.). (Fortsetzung der Fußnote auf der nächsten Seite)

1.1 Strukturmerkmale und Verhaltensweisen: strukturelle Handlungstheorie

Strukturelle Netzwerkforscher betrachten die Handlungsweisen der Akteure als kausal mit dem Muster ihrer Beziehungen im Netzwerk verbunden. Implizit beziehen sie sich damit auf Simmel, der die Ansicht vertritt, Beziehungsmuster hätten unabhängig von substantiven Kontexten Bedeutung für das Verhalten von Akteuren. Sie gehen so davon aus,

„daß die Art der Beziehungen von zumindest genauso großer, wenn nicht größerer Bedeutung für ein Verständnis der einzelnen Netzwerke ist als die Art der Einheiten" (Pappi, 1987b, 18; Cook/Whitmeyer, 1992, 114).

Individuen werden entsprechend nicht als isolierte, sondern über *strukturelle Merkmale* der Netzwerke, in die sie eingebunden sind, als soziale Personen charakterisiert. Ihre Handlungsweisen werden über das Netzwerk aus Beziehungen bestimmt, die sich in ihnen überschneiden (Burt, 1992, 83).[7] Gesellschaften sind durch Relationsgefüge und Positionen geschichteter Sozialstrukturen gekennzeichnet, Interessen und Ressourcen von Akteuren an deren Positionen in der Sozialstruktur gebunden. Die Positionen wiederum begrenzen die Handlungsmöglichkeiten der Akteure, auch wenn diese sie selbst reproduzieren oder verändern. Die Integration der Akteure und die Reproduktion von Gesellschaft sind so über die relational ausgelegte Sozialstruktur vermittelt und nicht wie bei Parsons über Rollen, deren Rechte und Verpflichtungen über Normen geordnet werden, die wiederum in Werten fußen.

Die Rede ist in diesen Netzwerkstudien entsprechend von sozialen Positionsinhabern, von Bürgerinnen und Bürgern eines bestimmten Staates, Ehefrauen oder Ehemännern, Müttern oder Vätern, Arbeiterinnen oder Arbeitern, Mitgliedern bestimmter Gruppen, Wählerinnen und Wähler, Gewerkschafts- oder Parteimitgliedern, Einwohnern einer bestimmten Stadt oder Repräsentanten einer bestimmten sozialen Klasse oder Schicht (Radcliffe-Brown, 1940, 5). Aus der empirisch vorfindbaren Vielfalt des historischen Geschehens und den idiosynkra-

---

Emirbayer und Goodwin (1994) heben die *strukturelle Ausrichtung* der Mehrzahl der Theorieansätze, trotz aller Differenzen im Detail hervor (genauer S. 119; s.a. Cohen, 1989, 57; Collins, 1988, 413). Es finden sich jedoch auch Netzwerkanalysen auf der Basis individualistischer Theorieansätze (Scott, 1991a). Einen beeindruckenden Versuch, eine allgemeine tauschtheoretische Basis der Netzwerkforschung zu entwickeln, hat Kappelhoff (1993) vorgelegt. Was die Theorieansätze eint, ist ein mehr oder weniger stark ausgeprägter positivistischer Grundsatz (Smelser, 1986, 143). Die erhobenen Daten werden zum Beispiel zumeist als soziale Tatsachen betrachtet (s.a. Teil III.1). Nicht wenige Netzwerkforscher arbeiten mit impliziten Theorieannahmen. Selbstredend gibt es auch Ausnahmen: Theoretisch avancierte Netzwerkforscher, wie Emirbayer (1997) oder auch Kappelhoff (2000a; 2000b), richten den Blick weit über die traditionell genutzten Theorieansätze hinaus und wenden sich der Konstitution und Evolution von Netzwerken zu. Das ist aber heute noch eher programmatisch. Am Schluß komme ich auf sie zurück.

7   Burt (1982) formuliert eine strukturelle Handlungstheorie, die sich den Annahmen von Parsons, dem mehr oder weniger durchgängigen Gegenspieler amerikanischer Netzwerkanalytiker, insbesondere der Forschungsgruppe von White an der Harvard Universität, radikal entgegensetzt. Sie weist weitgehende Übereinstimmungen mit den Grundpositionen von Wellmann (1988, 20) und Coleman (1990) auf.

tischen Besonderheiten sozialer Einheiten werden nach dem Prinzip der ‚annähernden Gleichheit' (Simmel, 1992 [1908]) soziale Merkmale der Akteure und Beziehungen konstruiert und nach Abstraktionsstufen gefiltert, die emergenten Niveaus des Sozialen entsprechen (Schweizer, 1996, 38; Turner, 1987, 230). Diese Bestimmung ist grundlegend – und keinesfalls unproblematisch. Eine Einheit gleicht der anderen. Das erleichtert zwar die Erhebung in quantitativer Forschung. Es stellt aber die Dialektik von Besonderem und Allgemeinen, von Form und Inhalt, von aktiver und passiver Ausgestaltung vorschnell still, die Simmel bei der Begründung von Soziologie als eigenständiger Wissenschaft noch im Blick hatte (siehe nochmals die Seite 91). Die Vermittlung der Beziehungsstrukturen mit den Handlungsweisen und sozialen Institutionen bleibt ungeklärt. Das Problem der Konstitution schleppt sich fort. Ich komme darauf später zurück.

Strukturmerkmalen des Beziehungszusammenhangs einerseits *und Verhaltensweisen* andererseits werden als eng miteinander verknüpft angenommen: Inhaber strukturell ähnlicher Positionen verfolgen im Wettkampf, aufgrund der sich mit ihrer Position verbindenden Spielregeln und strukturellen Zwänge, ähnliche Interessen (Burt, 1982).[8] Warum dieses so ist, wird unterschiedlich begründet. Collins (1988, 417) und Kappelhoff (1993, 37 f.) argumentieren, im Anschluß an den symbolischen Interaktionismus George H. Meads, mit dem Begriff der Rollenübernahme vom ‚generalisierten Anderen'. Die Spielregeln und Zwänge, so wird gesagt, sind für Inhaber ähnlicher Positionen ähnlich. Akteure in zentralen Positionen handeln aufgrund der Spielregeln, der Dichte ihrer Beziehungen sowie aufgrund ihrer alltäglichen Erfahrungen etwa als Befehlsgeber anders als Akteure, die periphere Positionen bekleiden. Ob das jedoch zu begründen vermag, warum die jeweiligen Inhaber (zentraler oder peripherer) Positionen nicht weiter beachtet werden müssen, und ob als irrelevant gelten kann, was sie vom Geschehen und den Regeln verstehen, und warum sie die von ihnen mit den Beziehungsmustern verbundenen Regeln und Ressourcen wie nutzen, das steht sicherlich auf einem anderen Blatt.[9]

---

8   Die generellere Annahme lautet: „Behavior is interpreted in terms of structural constraints on activity, rather than in terms of inner forces within units (e.g., ‚socialization to norms') that impel behavior in a voluntaristic, sometimes teleological, push toward a desired goal" (Wellman, 1988, 20; ebenso Emerson, 1972b, 60; Cook, 1991, 32).

9   Der Interpretation der Handlungsweisen der Positionsträger sind zumeist austauschtheoretische oder damit kompatible Argumentationen unterlegt: „We believe that most work in network analysis is at least compatible with the exchange theory premise of the actor as motivated by interest or reward/punishment" (Cook/Whitmeyer, 1992, 116). Das geht auf Radcliffe-Browns (1940, 7) Vorstellung von sozialem Austausch zurück: Aktivitäten der einen stellen Gratifikation für andere bereit. Die Vorstellungen vom rationalen Akteur sind aber nicht einheitlich. Blau geht davon aus, daß Akteure rational agieren. Andere, wie etwa Kappelhoff (1993, 35), gehen, im Anschluß an Friedman (1953), von einer ‚Als-ob-Variante' des rationalen Handlungsmodells aus. Sie argumentieren, daß Akteure sich zumindest im Ergebnis so verhalten, als ob sie sich an rationalen Vorstellungen orientierten. Gleichzeitig wird davon ausgegangen, daß dies nicht in allen Situationen der Fall ist, sondern in einer Vielzahl von Fällen Akteure die komplexen Regelsysteme nicht kennen und auch nicht zu kennen brauchen, um handeln zu können. Aber selbst diese Vorstellungen vom Akteur werden nicht von allen geteilt. Eine Minderheit, Wellman (1988, 23) nennt sie die Formalisten, argumentiert, daß es einer Untersuchung der individuellen Ebene nicht bedürfe, (Fortsetzung der Fußnote auf der nächsten Seite)

Die Engführung von Strukturmerkmalen und Verhaltensimplikationen läßt sich konkreter an Beispielen illustrieren (s.a. Marsden, 1992, 1889). *Positiv verbundenen* Austauschbeziehungen werden zum Beispiel kooperative, *negativ verbundenen* kompetitiv ausgelegte Beziehungen zwischen Akteuren zugeschrieben. *Multiplexe Verbindungen* zwischen Unternehmungen, geschäftliche, personale, EDV-technische etwa, implizieren in den Augen struktureller Netzwerkforscher nicht nur hinreichende Vertrautheit mit dem Gegenüber. Angenommen wird auch, daß Handelnde in ihrem Tun sich an den Beziehungen mit ihrem Gegenüber orientieren (White, 1992, 79 f.). Nicht selten werden damit weitreichende Konsequenzen für das Geschehen verbunden:

„In einem multiplexen, dichten Netz können sich die Akteure leichter erreichen, sie interagieren intensiv miteinander und als Konsequenz entsteht ein höherer Grad an sozialer Kontrolle und daraus folgender Konformität des Verhaltens. Im Gegensatz dazu bieten die schwach verknüpften und uniplexen Netzwerke in städtischen und komplexen Gesellschaften den Akteuren Fluchtmöglichkeiten, weil diese sozialen Gebilde weniger transparent sind und die Kontrolle nur einige Akteure und bestimmte Beziehungen erfaßt (etwa im Arbeitsbereich), während andere Lebensbereiche (z.B. der Freizeitbereich) davon unberührt bleiben" (Schweizer, 1996, 115).

Korreliert werden auch, im Anschluß an Gluckmann (1955, 18 ff.), Formen der Konfliktaustragung und Charakteristika der Beziehungen:

„Wenn die Konfliktparteien in ein multiplexes Netz eingebunden sind, haben sie und die ihnen gleichermaßen verbundenen Dritten ein größeres Interesse an der Aufrechterhaltung der sozialen Beziehung. Verhandlungen und Vermittlung prägen den Konfliktverlauf, mit dem Ziel der Streitschlichtung und Kompromißlösungen als Ergebnis. Im uniplexen Netz prallen die Interessen der Streitenden hingegen unmittelbar aufeinander, und sie sind weniger gehalten, Kompromisse einzugehen. Schiedssprüche und Verurteilungen prägen den Konfliktverlauf und die Beteiligten streben Alles-oder-Nichts-Entscheidungen an und erzielen auch dieses Ergebnis, weil sie das Eigeninteresse und das Streitziel höher einschätzen als die Aufrechterhaltung der sozialen Beziehung zu ihrem Gegner. Außerdem fehlen in einem uniplexen Netz die vermittelnden und streitschlichtenden Dritten" (Schweizer, 1996, 116).

Ein hoher Grad *transitiver* Beziehungen bedeutet, daß die Handlungen eines Akteurs gegenüber einem anderen in besonderer Art und Weise direkte Effekte bei allen im Netzwerk erzeugen.[10] Was Transitivität und Intransitivität heißt,

---

da entweder das Handeln der Akteure strukturell oder durch Zufall determiniert sei. Diese Position findet sich etwa auch in Schriften von Mayhew (1980) oder Blau (1977). Davon abweichendes Verhalten gibt es für Vertreter dieser Positionen in relevantem Ausmaß nicht. Aus forschungspragmatischen Gründen verfolgen theoretisch reflektierte Netzwerkanalytiker in ihren Interpretationen eine ‚strukturell-individualistische Position' (Kappelhoff, 1993, 38). Sie betrachten Akteure in einem strukturierten Handlungsfeld und schließen, indem sie Annahmen über das Verhältnis der Akteure aus Theorien aufgreifen, ob diese mit den erhobenen Strukturen der Beziehungen übereinstimmen oder im Widerspruch stehen. Pappi, Kappelhoff und Melbeck (1987) betrachten so etwa die Struktur der Unternehmensverflechtungen in der Bundesrepublik und überprüfen an den Befunden, ob sie etwa mit Annahmen der Theorie der Bankenkontrolle kompatibel sind.

10 Das Merkmal der *Transitivität* besagt: „Eine Beziehung ist transitiv, wenn aus einer Beziehung von a nach b und einer von b nach c auf eine Beziehung von a nach c geschlossen werden kann" (Pappi, 1987b, 16). Die Bedeutung von Transitivität auf einer personalen Ebene ist allseits bekannt und vielfach untersucht. Die Frage, inwiefern und warum der Freund meines Freundes etwa auch mein Freund ist oder nicht, wurde oftmals balancetheoretisch über den Druck erklärt, (Fortsetzung der Fußnote auf der nächsten Seite)

läßt sich ganz gut an einem einfachen Schaubild illustrieren (Abbildung II-2). Das Schaubild zeigt zwei Cliquen, die a-b-c- und die d-e-f-Clique:[11]

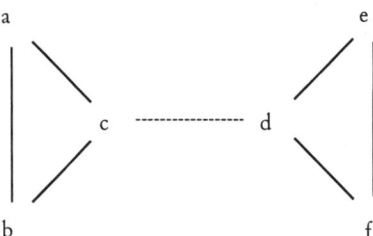

Abb. II-2:   Beispiel für eine Beziehungsstruktur (Esser, 1993, 432)

„A pure transitivity principle leads to hierarchy in a group. In combination with tendencies toward symmetry and homophily, transitivity tends to create densely interconnected subgroups of homogeneous actors, often called clusters or cliques; such interconnectedness is thought to be an essential precondition for coalitions or collective action" (Marsden, 1992, 1890).

Intransitive Beziehungen – im Schaubild die Sets von Beziehungen, die die gestrichelte Beziehung zwischen den Akteuren c und d enthalten – sind ebenso bedeutend wie transitive, wie Granovetter (1973) mit seiner Rede von der „strength of weak ties" verdeutlicht hat:

Es gibt Akteure, „die zwar unterschiedlichen Cliquen angehören, aber sich gleichzeitig darin ähnlich sind, in welcher Art der sozialen Einbindung sie sich befinden. Die Akteure c und d sind beides *liaison*-Personen mit Außenbeziehungen, während die vier anderen Akteure a, b, e und f nur Beziehungen nach innen haben und sich in ihren sozialen Beziehungen auf die strong ties der Clique beschränken" (Esser, 1993, 433).[12]

Als ‚gatekeeper' besitzen sie für Ressourcenflüsse oder Informationsweitergabe um so mehr an Gewicht, je relevanter die Ressourcen und je mehr die Beziehungen zwischen den Cliquen im Netzwerk von Redundanzen befreit sind – wie Burts strukturelle Löcher für das Erzielen von Wettbewerbsvorteilen zeigen.

1.2 Methoden struktureller Netzwerkanalyse

Das Markenzeichen struktureller Netzwerkanalyse sind ihre Methoden. Diese will ich hier nicht im einzelnen vorstellen (instruktiv Pappi, 1987; Wasserman/Faust, 1994; Schweizer, 1996). Ich will lediglich einige generelle Aspekte des me-

---

den Freunde aufeinander ausüben, um ihre Einschätzungen konsistent zu machen (Davis/Leinhardt, 1972; Schenk, 1984, 142 ff.).
11   Siehe zur Cliquenanalyse im einzelnen Kappelhoff (1987a). Die Cliquen können etwa „informelle Gruppen in Schulklassen, militärischen Einheiten oder am Arbeitsplatz ebenso wie [..] Machtcliquen im politischen oder Gruppen verflochtener Unternehmen im wirtschaftlichen Bereich" repräsentieren (ibid., 39).
12   Siehe zu ‚boundary spanners' genauer den Abschnitt III-3.2.6.

thodischen Vorgehens aufnehmen (jetzt auch Kappelhoff, 2000a). In der strukturellen Netzwerkanalyse wird immer eine festgelegte Menge von sozialen Einheiten, Akteuren oder Ereignissen, definiert. Auf dieser Menge wird ein Set von Relationen bestimmt. Diese werden zumeist mit quantitativen Methoden analysiert. Homans (1960 [1950], 72 ff.) Analyse des in den ‚Hawthorne Studies' von Roethlisberger und Dickson (1939) erhobenen ‚Bank Wiring Observation Room', kann als Beispiel dafür dienen, wie in dieser Analyseperspektive multiplexe Netzwerkbeziehungen entschlüsselt oder konstruiert werden. Homans unterscheidet zum Beispiel in seiner Kleingruppenanalyse der Bandarbeiter verschiedene Netzwerke: das Freundschaftsnetzwerk, ein Netzwerk, was verdeutlicht, wer mit wem befreundet ist, das Konfliktnetzwerk, das offenlegt, zwischen wem Spannungen existieren, eines das aufweist, wie die Arbeiter untereinander die Arbeit tauschen, und eines, das aufzeigt, wer mit wem in Pausen Karten spielt. Aus der Zusammenschau dieser Beziehungszusammenhänge bestimmt er die Positionen in der Gruppe.[13] In der Netzwerkforschung werden zudem *vier Ebenen der Analyse* unterschieden: die egozentrischer, dyadischer, triadischer und die totaler Netzwerke (Knoke/Kulinski, 1982, 16 ff.; Pappi, 1987b, 20 ff.).[14]

Durch *Repräsentation und Modellierung von Netzwerken* bestimmen sie Tiefenstrukturen der Netzwerke, das heißt Strukturen, die, so die Annahme, unterhalb der Wahrnehmung der Netzwerkteilnehmer liegen (wie eine große Anzahl kultureller Regeln, sowie deren Verbindungen mit Oberflächenstrukturen) (Schweizer, 1996, 18; Esser/Troitzsch, 1991).[15] *Algebraische Strukturen*, *Graphen* und *Matrizen* werden als Mittel verwendet (Kappelhoff, 1987a; Freeman, 1989,

---

13 Wobei das Definieren selbstverständlich entweder empirisch geschehen kann, indem man beispielsweise fragt oder beobachtet, wer zu einer Gruppe zählt, oder aber qua Definitionsakt, in dem ein Definitionsmerkmal festgelegt wird und aus einer existierenden Grundgesamtheit alle Akteure mit diesem Merkmal ausgesucht werden.
14 Werden Netzwerkbeziehungen von Personen (den ‚Knoten') ausgehend von einem jeweils betrachteten Akteur aufgezeigt, dann handelt es sich um ein *egozentrisches Netzwerk*. Jeder Akteur wird in egozentrierten Netzwerken durch die Anzahl, den Umfang und weitere Charakteristika seiner Verbindungen mit anderen Akteuren charakterisiert. Letzeres kann etwa in der Information über die Anzahl reziproker Beziehungen unter den Akteuren bestehen, mit denen der betrachtete Akteur direkte Beziehungen hat. Steht in egozentrischen Untersuchungen ein Akteur im Zentrum der Aufmerksamkeit, so sind es auf der nächsten Ebene der Analyse, den *Dyaden*, Paare von Akteuren. Untersucht wird hier, inwiefern zwischen Akteuren direkte oder indirekte, über andere Akteure vermittelte Beziehungen bestehen. Typischerweise werden hier Variationen dyadischer Beziehungen als eine Funktion gemeinsamer Charakteristika untersucht. Nicht überraschend besteht die nächste Untersuchungsebene in *Triaden*. Untersucht wird etwa die Frage: Wenn A B und B C auswählt, tendiert dann auch A dazu, C zu wählen? Jenseits dieser Analyseebene werden zumeist *komplette oder totale Netzwerke* untersucht.
15 Die auf Lévi-Strauss (1981 [1947]) zurückgehende Unterscheidung einer *Oberflächen- von einer Tiefenstruktur* bildet seit den sechziger Jahren ein Merkmal der strukturellen Netzwerkperspektive (White, 1963; Harary/Norman/Cartwright, 1965; s.a. Ziegler, 1984a, 434): „The fundamental structuralist perspective is that social structures show at least two levels of structural regularity: a surface, obvious level known to the structure's participants [...] and a nonobvious ‚deep' level produced in certain fundamental behaviors and limited by the nature of these behaviors" (Mullins, 1973, 256). Dabei gilt: „Network analysts search for deep structures – regular network patterns beneath the often complex surface of social systems" (Wellmann, 1983, 157).

18 ff.). Die graphische Repräsentation, das heißt die Darstellung von Diagrammen mit Punkten für Akteure und Pfeilen oder Linien für Beziehungen, ist dabei weitverbreitet und ermöglicht auch eine intuitive Veranschaulichung.[16]

In der Netzwerkanalyse werden eine Verbundenheits- und eine Positionsanalyse unterschieden. Die *Verbundenheitsanalyse* hebt die Verbundenheit der Akteure durch *soziale Nähe* in einem Netzwerk und die aus engen Interaktionen entstehende *soziale Kohäsion* hervor (Emirbayer/Goodwin, 1994, 1419):

„Bei einer relationalen Betrachtungsweise [sprich: Verbundenheitsanalyse] wird das Netz als ein System von Transaktionen analysiert, in dem Ressourcen getauscht, Informationen übertragen, Einfluß und Autorität ausgeübt, Unterstützung mobilisiert, Koalitionen gebildet, Aktivitäten koordiniert, Vertrauen aufgebaut oder durch Gemeinsamkeiten Sentiments gestiftet werden. So verschieden diese Transaktionen sind, die Fragen zielen immer auf die Struktur der Vernetzung ab: Wer kann wen erreichen? Wie dicht ist das Netz? Gibt es Zonen der Verdichtung, Cliquen, Brücken, Zentren, periphere oder isolierte Akteure? Welche Beziehungen sind stark oder welche sind schwach? Verstärken sich verschiedene indirekte Verbindungen oder heben sie sich auf? Überlappen sich Teilstrukturen? Entscheidend ist stets, daß direkte oder indirekte Verbindungen bestehen, von welcher Art sie sind und welches Muster sie bilden. Das *Fehlen* jeglicher Beziehungen zwischen Einheiten ist für die Struktur nur insofern relevant, als es das gesamte ‚Netz' in unverbundene Teile zerfallen läßt, die man im Hinblick auf diese Fragen jeweils getrennt analysiert" (Ziegler, 1984a, 435).

Typische Beispiele für Forschungen dieser Art sind die über ‚starke und schwache Verbindungen' (Granovetter, 1973) oder Milgrams (1967) ‚small world experiments'[17] sowie Untersuchungen der Transitivität sozialer Beziehungen.

„Im Gegensatz dazu ist bei einer positionalen Betrachtungsweise die Verbundenheit des Netzwerks im Prinzip irrelevant. Individuen befinden sich zum Beispiel nicht deshalb in der Position von Arbeitnehmern, weil sie von derselben Person Lohn empfangen, Anweisungen erhalten usw. – und daher indirekt miteinander verbunden sind –, sondern weil sie hinsichtlich solcher Beziehungen ähnlich

---

16 Mit Matrizen können vor allem nicht-triviale, großzahlige Untersuchungen von Daten mit Hilfe mathematischer Verfahren weiterverarbeitet werden. Durch mathematische Manipulationen können zum Beispiel indirekte Beziehungen, das heißt Pfade zwischen Akteuren mit einer Länge größer als eins, offengelegt werden. Um Pfade mit einer Länge zwei zu finden, werden die Matrizen etwa quadriert, um die der Länge drei zu bestimmen werden diese kubiert usw.. Mit Hilfe von Matrizenrechnungen können so etwa per Computer Distanzen zwischen Akteuren errechnet, Distanzmatrizen für Pfade unterschiedlicher Länge bestimmt, die Erreichbarkeit, Zentralität usw. der Akteure mathematisch berechnet und über Computerprogramme in Schaubilder gefaßt werden. Ursprung dieser formalen Prozeduren der Analyse und visuellen Repräsentation sind, wie Freeman (1989, 17) zusammenstellt, die von Moreno (1934) in den frühen dreißiger Jahren entwickelten Konzepte und Werkzeuge soziometrischer Analyse mit ihren charakteristischen Visualisierungen der (Beziehungs-)Strukturen von Gruppen (s.a. Kappelhoff, 1987a; Wasserman/Faust, 1994, 11 ff.). Die von Moreno zunächst vorgestellten Hilfsmittel wurden in den vierziger Jahren von Bavelas (1948) für die Untersuchung von Gruppenstrukturen fortentwickelt. Lévi-Strauss (1981 [1947]) ist dann der erste, der explizit algebraische Analysen von Verwandtschaftsstrukturen vornahm. Ein erstes Computerprogramm zur Simulation räumlicher Ordnungen entwickelte in den fünfziger Jahren Hägerstrand (1953). Heute existieren, einer Aufstellung von White (1992, Appendix 3) zufolge, weltweit mindestens dreizehn Softwareprogramme zur Analyse und Repräsentation von Netzwerkstrukturen (s.a. Schweizer, 1996).

17 Milgrams (1967) bekannten Experimente über ‚small worlds' liefern Informationen über die Dichte und die Closeness der Beziehungen zwischen Mitgliedern einer Gesellschaft. Das Experiment geht so: „A ‚target' person is designated, named and described. Then a sample of ‚starters' is selected and sent a packet outlining the task. Each starter is instructed to send the packet to some acquaintance who will, in his or her view, be able to move it along toward the target. Each person who receives the packet, then, is asked to comply with these same instructions" (Freeman, 1989, 29).

plaziert sind, und zwar im Verhältnis zu (in der Regel verschiedenen) ‚Arbeitgebern', deren Position wiederum durch denselben Umstand konstituiert wird. Es werden also Akteure als strukturell ähnlich betrachtet unabhängig davon, ob sie direkt oder über Dritte miteinander verbunden sind. Die Idee der strukturellen Ähnlichkeit liegt allen Konzeptionalisierungen von Positionen, Lagen, Schichten und ähnlichem zugrunde" (Ziegler, 1984a, 435).[18]

Die *Positionsanalyse* blickt auf die Muster vorhandener und fehlender Beziehungen in einem sozialen Netzwerk. Sie akzentuiert gleichartige Lagen, die strukturelle Äquivalenz oder Ähnlichkeit zwischen Akteuren oder Ereignissen im Netzwerk, die zu einer Position zusammengefaßt werden. Ein formalisiertes Beziehungsmuster kann das Verfahren illustrieren:[19]

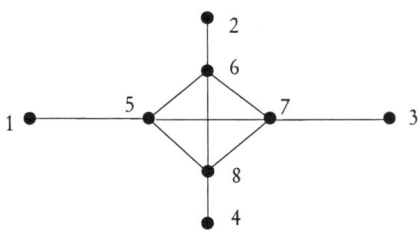

Abb. II-3:   Strukturell ähnlich positionierte Akteure – ein Beispiel
(Kappelhoff, 1987a, 40)

Die vier Akteure oder sozialen Einheiten {5,6,7,8} im Inneren des Gesamtnetzes der Abbildung II-3 bekleiden eine strukturell äquivalente Position: Sie bilden untereinander eine stark verdichtete Clique[20] und sind jeweils direkt nach außen mit je einer anderen Einheit verbunden. Die vier peripheren Einheiten {1,2,3,4} sind nur direkt mit jeweils einem Mitglied der inneren Clique verbunden. Sie sind untereinander nicht direkt verbunden. In ihrer Orientierung auf das Zentrum des Netzwerks aber nehmen sie eine ähnliche Position ein. Das Analyseverfahren ist die *Blockmodellanalyse* (White/Boorman/Breiger, 1976; Burt, 1982; Kappelhoff, 1987b; White, 1992).[21] Die Untersuchungsansätze sind zwar fundamental verschieden, schließen sich jedoch keinesfalls aus. Wie Ziegler (1984a, 435) betont, „müssen [sie] im Gegenteil bei der Analyse konkreter Probleme

---

18 Wie Kappelhoff (2000a) ausführt, läßt sich positionale Äquivalenz unterschiedlich konzeptualisieren, als strukturelle, reguläre, lokale, triadische und generalisierte Äquivalenz.
19 Die entsprechende Definition lautet: „Strukturelle Äquivalenz von Personen bedeutet Gleichheit ihrer Beziehungsmuster zu allen anderen Personen des Gesamtnetzes. Strukturell ähnliche Personen brauchen dabei nicht miteinander verbunden sein" (Kappelhoff, 1987a, 40; s.a. Radcliffe-Brown, 1940, 3; Nadel, 1957, 14 ff.).
20 Sie bilden nach Luce und Perry (1949) eine 1-Clique. Das heißt jeder kann jeden direkt, in nur einem Schritt, erreichen und bei Hinzufügen eines weiteren Punktes wäre der Graph nicht mehr vollständig (Kappelhoff, 1987a, 46).
21 Prinzipiell können in einer Netzwerkanalyse so verschiedenste Positionen und Äquivalenzen zwischen Akteuren herausgearbeitet werden, die für Interne, aber auch für Außenstehende keinesfalls immer sofort erkennbar sind. Zu ihnen zählen auch ‚hangers-on' oder ‚sycophants', die durch gemeinsame Verbindungen mit Außenstehenden definiert sind, isolierte Akteure und Broker, die Beziehungen zwischen anderen Akteuren vermitteln, und so fort (Marsden, 1992, 1890).

gleichzeitig angewandt und miteinander verbunden werden." (Ein instruktives Beispiel bildet die Studie von Pappi/Kappelhoff/Melbeck, 1987.)

1.3 Analyse von Unternehmungsnetzwerken

Bei der Untersuchung von Unternehmungsnetzwerken sind die Unternehmungen die ‚Knoten', Kapitalbeteiligungen oder die Mitgliedschaft von Topmanagern im Aufsichtsrat einer anderen Unternehmung werden beispielsweise als ‚Beziehung' oder ‚Verbindung' der Unternehmungen angesehen. Unternehmungsnetzwerke werden etwa als aggregierte Verflechtungen dreier Netzwerke, dem Netzwerk der Kapitalbeziehungen, dem der personalen Beziehungen zwischen Mitgliedern einer Elite und dem der Vorstandsverflechtungen zwischen Unternehmungen betrachtet (Pappi/Kappelhoff/Melbeck, 1987).

Die strukturelle Analyse von *Beziehungen zwischen Unternehmungen* ist Mark S. Mizruchi und Michael Schwartz (1987) zufolge im Rahmen struktureller Netzwerkforschung ein ‚emerging field':

„Still in its formative stages, there are many competing views on the direction in which it should move. But there is one fundamental principle which unites all of those working within this perspective: the belief that social processes can best be explained by examinations of the concrete interpersonal and organizational relations in which actors are embedded, rather than by concepts such as norms and values or aggregations of responses to survey items based on individual attributes. Structural analysts believe that by looking at the structure of relations among actors, we can understand the content of those relations (Berkowitz, 1982; Burt, 1982; Marsden/Lin, 1982; White/Boorman/Breiger, 1976)" (Mizruchi/Schwartz, 1987, 7; s.a. Wellman/Berkowitz 1988, 6).

In der Literatur findet sich eine ganze Anzahl von Untersuchungen ökonomischer Tatbestände. Marktanalysen widmen sich den ‚business structures'.[22] Sie entwickeln ein über soziale Strukturen vermitteltes Verständnis von Konkurrenz. Das Halten von Anteilen an Unternehmungen, personale und soziale Beziehungen zwischen Mitgliedern von Unternehmungen sowie der Einfluß von Politik auf Unternehmungen sind Gegenstand der Betrachtung (White, 1981; 1993; Burt, 1982; 1992a; 1992b; 1993). Koordinierte Handlungen zwischen (vor allem großen) Unternehmungen bilden die Grundlage von Untersuchungen von ‚interlocking directorates', verschachtelten Aufsichtsratsmandaten (Scott, 1985; 1991b;

---

22 Harrison White (1981) sieht Märkte etwa als wechselseitige Überwachungs- und Steuerungsprozesse einer Clique von Produzenten, die alle durch das Schaffen eines einzigartigen Mix von Produktqualität und Produktpreisen danach streben, eine nichtkompetitive Marktnische zu finden. Ziegler (1984b) und Pappi, Kappelhoff und Melbeck (1987) beschreiben die Verflechtungen der bundesdeutschen Industrie, die ein Verständnis der sozialen Strukturiertheit bundesdeutscher Märkte vermitteln (s. zu amerikanischen Märkten Burt, 1982; 1983; für Überblicke über Industriestrukturen von Industriestaaaten Stokman/Ziegler/Scott, 1985). Kappelhoff (1993) entwickelt eine soziale Austauschtheorie des Marktes. Herausgestellt sei: Die Autoren entwickeln ein Verständnis von (sozialem) Austausch, das von der Neoklassik, aber auch von vielen durch Marx inspirierten Vorstellungen stark abweicht: „[N]eoclassical economic theory views the actor (a person or a firm) as dealing not with other actors but with a *market*. In economic theory, decisions are made by actors not in response to, or in anticipation of, the decision of another party but in response to environmental parameters such as market price" (Emerson, 1987, 11).

Stokman/Ziegler/Scott, 1985; Pappi/Kappelhoff/Melbeck, 1987; Doreian, 1995, 12). Interpretiert werden sie – zumeist auf der Basis der durch die Arbeiten von Emerson (1972a; 1972b) beeinflußten Theorie der Ressourcenabhängigkeit (einen Überblick über die Zusammenhänge gibt Molm, 1997, 114 ff.) – als Versuche von Unternehmungsleitern, die Abhängigkeiten von anderen Unternehmungen und die damit einhergehende Unsicherheit der Kapitalverwertung zu managen und zu begrenzen (Pfeffer/Salancik, 1978; insbes., 261; Pfeffer, 1987). Oder sie werden mit Bezug auf die Klassentheorie als Versuche gedeutet, Widersprüche widerstreitender einzelkapitalistischer Interessen (zumindest episodisch) zu überwinden (Soref/Zeitlin, 1987; f.e. Überblick Mizruchi, 1996). Eine Vielzahl von Analysen untersucht die Relevanz einzelner Strukturmerkmale von Netzwerken zwischen Unternehmungen. Gefragt wird zum Beispiel: Welche Bedeutung besitzen die Homophilie oder Heterogenität der Unternehmungen und der Nachfrageanforderungen für die Möglichkeiten zur Assoziation? Suchen Unternehmungen sich etwa tendenziell Unternehmungen mit gleichem Status oder gleichen Strukturmerkmalen aus? Treten, wie Blau und Schwartz (1984) es bestimmen, Beziehungen zwischen Akteuren mit ähnlichen Attributen und ähnlichem Status eher in kleineren als in größeren Gruppen auf? Geschieht das dann, wenn die Population selbst eher heterogen strukturiert ist als homogen, wenn Charakteristika der Beziehungen wie sozioökonomischer Status, Rasse, Ethnizität eher konventioneller oder unkonventionell miteinander verknüpft sind? Weitere aufregende Fragen lauten: Wie hängen beispielsweise Zentralität und Macht in Netzwerken zusammen? Wie gestaltet sich soziale Unterstützung in Abhängigkeit von der Dichte der Netzwerke, das heißt dem Grad, in dem die Netzwerkteilnehmer eng miteinander verbunden sind, und je nach der Nutzung von Netzwerkbeziehungen als ‚soziales Kapital' (z.B. Coleman, 1990, 300 ff.)? Sind strukturell äquivalente Unternehmungen real oder nur für den Beobachter substituierbar (Marsden, 1992, 1890)? Analysen von Unternehmungsnetzwerken erhalten gerade in den neunziger Jahren erhöhte Aufmerksamkeit. Gleichzeitig häufen sich die Kritiken. Im Mittelpunkt steht die traditionelle Ausblendung des strategischen Bezugs der Akteure auf Strukturen. Nachgewiesen wird, daß die strukturelle Analyse auf dieser Grundlage nicht in der Lage ist, die Bedeutung zum Beispiel der verschachtelter Aufsichtsratsmandate aufzuzeigen (Stinchcombe, 1990; Pettigrew, 1992; zsfd. Mizruchi, 1996).

2 Zentralität, Verbundenheit und ‚structural holes': Macht in Netzwerken

Die strukturelle Netzwerkanalyse eröffnet neue Einsichten über Macht in Netzwerken. Drei netzwerkanalytische Bestimmungen von Macht können das illustrieren: das Verhältnis von Zentralität und Macht bei Linton C. Freeman, das der Infragestellung seiner Bestimmung für kompetitive Verbindungen durch Karen S. Cook et al. (1983) und die Bestimmung struktureller Autonomie über ‚structural holes' durch Ronald S. Burt (1992a; 1992b).

2.1 Zentralität und Macht: Freeman

Freeman (1979) hat auf der Grundlage eines Literaturreports drei Ansätze struktureller Betrachtungen von Macht herausgearbeitet und ihnen in drei Zentralitätsmaßen Ausdruck verliehen. Die Maße korrelieren miteinander. Sie sind aber nicht identisch.

Das *erste* Zentralitätsmaß ist das ‚degree-based-measure'. Hier wird die Anzahl der Beziehungen in Kommunikationsnetzwerken, die von einem Knoten als Repräsentanten eines Akteurs ausgehen, gemessen (Freeman, 1978/1979, 221). Die Annahme ist hier, daß ein Akteur eine um so zentralere Position in einem Netzwerk bekleidet, je mehr direkte (potentielle) Außenbeziehungen er unterhält oder aufgrund seiner Netzwerkposition unterhalten könnte.[23]

Das *zweite* von Freeman vorgestellte Maß ist das ‚betweenness-measure'. Gemessen wird hier, inwieweit Akteure direkt miteinander kommunizieren können, das heißt, die „frequency of other points on the shortest paths [or geodesics] connecting them" (ibid.). Für Akteure, die aufgrund der Netzwerkposition strategisch zwischen zwei anderen angesiedelt sind, wird angenommen, daß sie Möglichkeiten besitzen, die Kommunikation zu kontrollieren und durch Zurückhalten und Zerstören von Informationen bei der Weitergabe die Kommunikation zu beeinflussen (ibid.). Die in dieser Hinsicht im Netzwerk zentralen Punkte besitzen die Möglichkeit, den Informations- oder Ressourcenfluß zwischen den Punkten möglichst weitgehend selbst zu kontrollieren.

Das dritte Zentralitätsmaß ist das der effizienten Erreichbarkeit, das ‚closeness-measure'. Es bezieht sich speziell auf die Kontrolle von Kommunikation im Netzwerk. Ein Punkt wird als umso zentraler angesehen, als dieser es einem Akteur gestattet oder das Potential eröffnet, die Kontrolle durch andere zu unterlaufen. Bei diesem Maß werden die Distanzen gemessen, das heißt die Anzahl der Verbindungen gezählt, die Akteure aktivieren müssen, um miteinander zu kommunizieren. Die Position im Netzwerk gilt als um so zentraler, je geringer die Werte der Summe der Distanzen sind.

Freemans Verständnis von Effizienz ist sehr einfach. Gemessen wird schlicht die kürzeste Strecke. Solch eine Betrachtung ist natürlich nicht ohne Wert. Sucht man zum Beispiel nach Akteuren im Netzwerk, die sich für die Moderation von Konflikten eignen, so könnten das die sein, die am effizientesten erreichbar sind. Vielleicht sind es aber auch gerade die, die man nur über einen längeren Weg erreichen kann, da sie validere Informationen liefern, oder weil man dadurch

---

[23] Mit dem ‚degree'-Maß werden – wie angedeutet, und das gilt für alle Zentralitätsmaße von Freeman – nicht reale Praktiken des Kommunizierens gemessen, sondern das aufgrund der strukturellen Position im Netzwerk existierende Potential hierzu. Ob und inwiefern Akteure das strukturell angelegte Potential nutzen (können), ist nicht Gegenstand der Betrachtung. Ich spare mir an dieser Stelle, die mathematischen Formeln für die Machtmaße vorzustellen. Der interessierte Leser sei hierzu auf Freeman (1978/1979), Kappelhoff (1987a) oder Schweizer (1996) verwiesen.

strategische Effekte erzielen kann, die sich später nutzen lassen. Das fällt jedoch aus dieser Betrachtung heraus.

Akteure gleicher Position besitzen Freeman zufolge strukturell gleiche Abhängigkeiten, um etwa an zuverlässige Informationen zu gelangen. Zentralere Akteure weisen geringere Abhängigkeiten auf und peripherere entsprechend stärkere. Oder in Kurzform: *Macht wird als eine Funktion von Zentralität betrachtet*, wobei die Zentralität über ‚degree', ‚betweenness' und ‚closeness' gemessen wird.

Freeman steht mit dieser Auffassung nicht allein. Eine Vielzahl von Studien argumentiert ähnlich. Cook et al. (1983) berichten:

„For example, Marsden and Laumann (1977, 217) state that ‚those persons at the center of the network, on whom the more peripheral actors are dependent, are the most powerful actors in the system.' In other work (see Laumann and Pappi, 1973; 1976), this finding is referred to as the principle of ‚integrative centrality'. Marsden and Laumann (1977, 224) also note that ‚power as computed by the Coleman model reflects the relative centrality of an actor in a network of dependency relations'. The parallel use of the terms ‚centrality' and ‚dependency' in the work cited is noteworthy."

Freeman hat als kritischer Rationalist aber immer auch die Falsifizierbarkeit seiner Ergebnisse im Blick. Gegen Ende seines Artikels macht er darauf aufmerksam, daß die Angemessenheit der Zentralitätsmaße für bestimmte Netzwerktypen noch zu bestimmen sei. Und in der Tat: Gegen seine Position, daß man die in der Struktur des Netzwerks angelegten Machtdifferenzen von Akteuren rein über das Set von Zentralitätsmaßen bestimmen kann, sind gerade aus strukturalistischer Sicht Einwände vorgebracht worden.

2.2 Macht und Verbundenheit: Cook, Emerson, Gilmore und Yamagishi

Alternative Tauschbeziehungen sind in einer Konkurrenzsituation ein Machtfaktor im Tausch. Über sie lassen sich zum Beispiel Tauschraten zum eigenen Vorteil verändern (Kappelhoff, 1993, 85). Cook et al. (1983) zeigen in ihrem, in der Tradition der relationalen Machttheorie Emersons argumentierenden Artikel: Die Macht einer Netzwerkunternehmung in einer Austauschbeziehung hängt nicht nur von den eigenen Beziehungen ab. Sie ist ebenso von Austauschbeziehungen mit anderen Akteuren abhängig, mit denen sie keine, aber ihre Partner direkte Beziehungen unterhalten. Die Abhängigkeit ergibt sich daraus, daß die Struktur der Opportunitäten und damit die wahrscheinliche Abhängigkeit im Austausch von der Macht abhängt, die ein Akteur über den Tauschpartner zu entwickeln in der Lage ist. Zweitens analysieren Cook et al. die Abhängigkeit eines Netzwerks von einem Akteur, indem sie den Rückzug oder Wegfall eines Akteurs im Netzwerk betrachten (Blau, 1987, 98).

Sie zeigen mit ihrer Untersuchung, daß die intuitive Annahme, in Netzwerken seien (mit den Zentralitätsmaßen von Freeman bestimmte) zentrale Akteure auch die mächtigeren, zumindest für kompetitive Netzwerkstrukturen nicht gilt – die ja gerade im Bereich der Ökonomie nicht ohne Bedeutung sind. Um ihre Argumentation zu verdeutlichen, greife ich eines der Beispiele aus der Studie von

Cook et al. auf. Es ist ein Netzwerk aus dreizehn Personen. Dieses Netzwerk ist

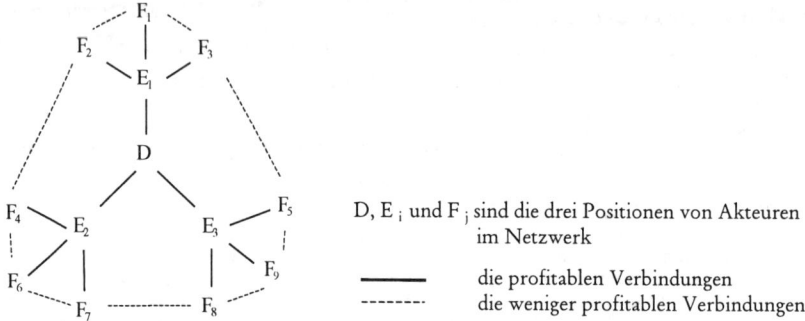

Abb. II-4: 13-Personen Netzwerk (mit drei Positionen) (Cook et al., 1983, 280)

strukturell zunächst dadurch gekennzeichnet, daß es in ihm drei unterschiedliche, strukturell identische Positionen gibt, die Positionen D, E und F.[24] Die intuitive Annahme ist, überträgt man das in der Abbildung II-4 aufgenommene 13-Personennetzwerk auf ein Netzwerk eines Endfertigers mit seinen System- und Komponentenzulieferern, daß der Endfertiger D, da er die zentrale Position bekleidet, der mächtigste Akteur in dem Netzwerk ist, – weil er die Austauschbeziehungen zu den System- und Komponentenzulieferern, das heißt den Akteuren auf der Position E und F, dominieren kann. Das ist auch die Annahme, die in Studien zur systemischen Rationalisierung oft zugrundegelegt wird (Teil II.1). Mißt man die ‚closeness' und ‚betweenness', dann wird das bestätigt: der Endfertiger D bekleidet die zentrale Position. Das ‚degree'-Maß ergibt dagegen, wenn man, wie Cook et al. es später im Experiment zulassen, nur die benachbarten Punkte mißt und im Gegensatz zu Freeman den Unterschied zwischen positiver und negativer Verbundenheit berücksichtigt: die Systemzulieferer, die Akteure auf den Positionen E, sind die mächtigsten. Denn sie verfügen – so wird, wie die gleich aufgenommene Liste der Prämissen zeigt, gesetzt – jeweils über vier profitable Beziehungen (ausgezeichnet durch die durchgezogenen Linien). Der Endfertiger auf der vermeintlich zentralen Position D weist dagegen nur drei profitable Verbindungen auf. Die Komponentenzulieferer auf den durch den Buchstaben F

---

24 Positionen im Netzwerk (dem sogenannten ‚parent graph') bestimmt man, indem man den jeweilig betrachteten Punkt aus dem Netzwerk herausnimmt und dann das Restnetzwerk betrachtet (den sogennanten ‚residual graph'). Geht man so vor, dann zeigt sich erstens, daß etwa alle Punkte mit dem Buchstaben E strukturell ähnlich sind, da sie isomorphe residuale Graphen besitzen (Cook et al, 1983, 279), und zweitens die residualen Graphen der Akteure D, E, F sich unterscheiden. Zur Illustration sei auf den Graphen eines Sterns zurückgegriffen. Besitzt die Beziehungsstruktur eines Akteurs {1} die Struktur eines Sterns, dann besitzt der Akteur {1} eine Sonderposition und die Akteure {2,3,4,5} strukturell isomorphe Positionen. Nimmt man den zentralen Akteur 1 heraus, zerfällt das Netzwerk. Nimmt man dagegen jeweils einen der Akteure {2,3,4,5} weg, dann verbleibt jeweils ein Netzwerk aus drei Dyaden.

ausgezeichneten Positionen können dagegen nur eine vollwertige und zwei weniger profitable Beziehungen aktivieren. Sie sind daher, was die Zentralität betrifft, in diesem Netzwerk in der schlechtesten Position.

Cook et al. weisen die Gültigkeit ihrer These über die im austauschtheoretischen Netzwerkparadigma üblichen Laborexperimente nach. Bekanntlich werden sie unter sehr rigiden Annahmen durchgeführt: Eine vorgegebene Anzahl von Akteuren kann in der Experimentalsituation etwa nur mit einem vorgegebenen Subset von Akteuren interagieren und austauschen – in dem hier betrachteten Fall nur mit den direkt benachbarten Akteuren. Vorgegeben ist zudem die Qualität der Verbundenheit der Beziehungen, in diesem Fall, daß alle Beziehungen negativ verbunden sind. Festgelegt sind ferner die Tauschrhythmen, die Erträge und die Motive der Akteure: In dem hier betrachteten Experiment darf immer nur einmal pro Zeiteinheit getauscht werden, gibt es lediglich zwei unterschiedliche Arten von Beziehungen, wobei die profitableren Beziehungen dreimal mehr Ertrag ermöglichen als die weniger profitablen (gepunkteten Linien), und wird als Motiv das Erzielen von Profitpunkten angenommen. Unter diesen Annahmen sind die Systemzulieferer auf der Position E die mächtigsten, denn sie erzielen im Experiment die meisten Profitpunkte.

Der Aussagegehalt ist durch die rigiden Prämissen reduziert. Gleichwohl, Cook et al. sensibilisieren dafür, daß vermeintlich nachgeordnete Akteure, wie die Systemzulieferer auf der Position E, mächtiger sein können als der nur vermeintlich mächtigste Endfertiger im Zentrum des Netzwerks auf der Position D. Aber nicht nur das, sie eröffnen auch Erkenntnisse über die zeitliche Abfolge und die Rangfolge von Transaktionen. Es zeigt sich etwa, da die Komponentenzulieferer auf den Positionen F von den Systemzulieferern auf der Position E abhängiger sind als diese vom Endfertiger (D), daß die Systemzulieferer zunächst die Profite in ihren Beziehungen mit den Komponentenzulieferern realisieren und erst dann die mit dem Endfertiger. Das nimmt dem Endfertiger auf der Position D einen Teil seiner Einflußmöglichkeiten. Es sagt aber auch etwas aus über die möglicherweise verwickelten Unter- und Überordnungen zwischen Akteuren in Interaktionsketten.

Cook et al. (1983, 302) sehen als zentrales Ergebnis ihrer Studie, daß in Netzwerken diesen Typs – im Gegensatz zu positiv verbundenen Netzwerken, in denen das Prinzip der ‚integrativen Zentralität' (Lauman/Pappi, 1973; 1976) gilt – ein ‚Dezentralisierungsprinzip' existiert:

„such networks tend to form into systems organized around multiple foci of power at the Points E_i [...]. Those points can be viewed as ‚regional centers' of power, like petty kingdoms in an encompassing empire (see Emerson, 1982)."

Diese Punkte sind zentral, aber eben nicht punkt-zentral im Sinne der Zentralitätsmaße von Freeman.[25] Dessen Maße für Zentralität sind, so das Resultat des Forscherteams um Cook

„not applicable to negatively connected exchange networks [...] it is reasonable to expect that in positively connected networks, ‚centralization' (i.e., a power shift to the center) is more likely to occur than decentralization because of the network-wide dependence on point D (if the connections are defined as positive instead of negative in fig. [II.4] [..])" (Cook et al., 1983, 303).

Verallgemeinert man die experimentell gewonnenen Ergebnisse, dann lassen sich zwei Dinge festhalten: Die Machtposition einer Unternehmung im Netzwerk konstituiert sich *erstens* relational im Verhältnis zu anderen Unternehmungen und damit nicht nur über die eigene Ressourcenausstattung. Die realisierten Machtdifferenzen werden *zweitens* aus der Verbundenheit, den qualitativen Ausprägungen des relevanten Sets von Austauschbeziehungen und dem Machtgebrauch (re-)produziert. Das klingt selbstverständlich, ist es aber nicht. Wie die eingangs genannten rigiden Annahmen anzeigen, geschieht die Aufnahme der Tauschkontexte und -prozesse allerdings in äußerst rudimentärer Form. Implizit liegt den Forschungen die Annahme zugrunde, daß Macht eine Funktion der Positionen ist, die Akteure in der Netzwerkstruktur innehaben, und nicht etwa Resultat strategischen Gebrauchs von Ressourcen oder der Regulation des Gebrauchs. Zudem wird im Kern auf der Grundlage dyadischer Beziehungen argumentiert (s.a. Kappelhoff, 1993, 91). Ausgeblendet werden die Möglichkeiten regulierter Übertragung von Ressourcen aus einer Netzwerkbeziehung in andere zur Verbesserung der Ressourcennutzung der Akteure *im* Netzwerk wie *des* Netzwerks insgesamt, wichtig zum Beispiel für das Verständnis der durch Netzwerke insgesamt erzielbaren Resultate.

2.3 Strukturelle Autonomie und ‚structural holes': Burt

Hängt für Freeman die Zentralität und damit die Macht beispielsweise eines Netzwerkführers strukturell von der Anzahl der Interaktionspartner (‚degree') und der möglichst direkten Verbindung mit anderen Unternehmungen im Netzwerk (‚closeness') ab, so diagnostiziert Burt (1992a; 1992b): Die nach Freeman zentralen Netzwerkführer verschwenden in einer Vielzahl von Fällen ihre Ressourcen, indem sie Beziehungen aufrechterhalten, deren Erträge sich nicht addieren, sondern nur überlappen. Versuchen Unternehmungen im Netzwerk ihre Netzwerkposition entsprechend der Überlegungen Freemans zu optimieren, so stehen sie mit Burt in der Gefahr, ihre eigene potentielle Macht zu begrenzen. Mit seiner Theorie der ‚structural holes' verallgemeinert er, wie man gleich sehen wird, nicht nur den von Cook et al. (1983) aufgewiesenen Zusammenhang zwi-

---

25 Die Punkte sind also genauer im Sinne von Bonachich (1987) zentral, aber nicht im Sinne Freemans. Siehe zu Zentralitätsmaßen genauer zum Beispiel Kappelhoff (1993, 176 ff.).

schen Macht und Netzwerkkontext. Er liefert auch eine allgemeine Erklärung für das Erzielen von Vorteilen unter Konkurrenz. Zudem behebt er, indem er die Frage des Netzwerkmanagements im Beziehungs*zusammenhang* des Netzwerks aufgreift, die aus dem Ansatz der Ressourcenabhängigkeitstheorie bekannte Reduktion der Betrachtung auf einzelne Beziehungen. Die Frage, die Burts Theorie des Netzwerkmanagements generell zu klären bestrebt ist, lautet: Wann sind Beziehungen und Beziehungszusammenhänge eines Akteurs aus dessen Sicht optimal strukturiert, so daß sich in Konkurrenzsituationen nicht nur die Handlungsmöglichkeiten, sondern auch die Erträge maximieren?

2.3.1 Geschäftsgelegenheiten und soziales Kapital

Burt entwickelt ein Theoriekonzept des Wettbewerbs für Unternehmungen. Der Ausgangspunkt seines Arguments ist: Ökonomische Akteure bringen drei Arten von Kapital in den Wettbewerb ein: Finanz-, Human- und soziales Kapital. Es ist aber insbesondere das soziale Kapital, das bei unvollständigem Wettbewerb, das heißt auf allen realen Märkten, Möglichkeiten eröffnet, Geschäfte zu machen:

„First, the player has financial capital: cash in hand, reserves in the bank, investments coming due, lines of credit. Second, the player has human capital: natural abilities – charm, health, intelligence, and looks – combined with skills acquired in formal education and job experience to equal the ability to excel at certain tasks. Third, the player's relationships with other players are social capital: through friends, colleagues, and general contacts the player receives opportunities to use his or her financial and human capital" (Burt, 1992b, 57 f.).

Hintergrund seiner Überlegungen ist: Unternehmungen und personale Akteure (von ihm als ‚players' bezeichnet) sind in ein soziales Netzwerk eingebettet, und diese Einbettung ist für sie eine Ressource im Sinne sozialen Kapitals. Denn: „[...] how a player is connected in social structures indicates the volume to which the player is connected" (Burt, 1992a, 13). Soziales Kapital generiert sich für Akteure dabei aus direkten (‚primären') Kontakten und – oft entscheidend – aus indirekten (‚sekundären') Beziehungen (Burt, 1992b, 61). Soziales Kapital ist dabei eine besondere Kapitalform. Für Burt unterscheidet sich soziales Kapital von Finanz- und Humankapital darin, daß diejenigen, die die Beziehungen miteinander unterhalten, es gemeinsam besitzen (ibid.). Mehr noch:

„*Social capital is the final arbiter of competitive success.* [...] More accurately, social capital is as important as competition is imperfect and investment capital is abundant. Under perfect competition, social capital is a constant in the production equation. There is a single rate of return because capital moves freely from low-yield to high-yield investments until rates of return are homogenous across alternative investments. Where competition is imperfect, capital is less mobile and plays a more complex role in the production equation. There are financial, social and legal impediments of moving cash between investments. There are impediments to reallocating human capital, both in terms of changing the people to whom you have a commitment and in terms of replacing those people with new. Rate of return depends on the relations in which capital is invested. *Social capital is a critical variable.* This is all the more true where financial and human capital are abundant – which in essence reduces the investment term in the production equation to an unproblematic constant" (ibid., 58 f.; Hervorh. A.W.).

Soziales Kapital ist für Burt (ibid., 59) der Faktor, der bei unvollständigem Wettbewerb die Entscheidung zwischen ungefähr gleich qualifizierten Konkurrenten herbeiführt, und der erklärt, warum nur wenige von ihnen die lohnenden Gelegenheiten erhalten:

> „Competition is never perfect. The rules of trade are ambiguous in the aggregate and everywhere negotiable in the particular. The allocation of opportunities is rarely made with respect to a single dimension of abilities needed for a task. Within an acceptable range of needed abilities, there are many people with financial and human capital comparable to your own. Whatever you bring to a production task, there are other people who could do the same job; perhaps not as well in every detail, but probably as well within the tolerances of the people for whom the job is done. Criteria other than financial and human capital are used to narrow the pool down to the individual who get the opportunity. Those other criteria are social capital."

Betrachtet man die sozialen Strukturen der kompetitiven Handlungsfelder unter dem Aspekt des sozialen Kapitals, dann lassen sich unterschiedliche Beziehungen zwischen Akteuren ausmachen: „players trusting certain others, obligated to support certain others, dependent on exchange with certain others, and so on" (ibid., 59). In diesen Strukturen findet das Kontaktnetzwerk der Akteure ihren Ausdruck, das er (ibid.) so illustriert: „Everyone you know, everyone you have ever known, and everyone who knows you even though you don't know them." Die Frage für Burt ist nun: Wie gelingt es den Akteuren – vermittelt über ihre durch das Kontaktnetz mitgeprägten Positionen im kompetitiven Handlungsfeld –, kompetitive Vorteile zu erzielen, die sich in höheren Renditen auf investiertes Kapital niederschlagen? Seine Antwort kennen wir bereits: Das soziale Kapital ist entscheidend. Aber worin besteht es? Wie kann man es steigern?

2.3.2 Information und Kontrolle

Information ist für Burt im Geschäftsleben die wichtigste Ressource. Soziales Kapital bietet dem Akteur in Netzwerken gerade in Wettbewerbssituationen bei der Beschaffung *und* bei der Kontrolle von Informationen Vorteile. Netzwerke verschaffen dem individuellen Akteur Informationsvorteile (1.) durch Zugang zu ansonsten verschlossenen Informationen, (2.) durch zeitliche Informationsvorsprünge und (3.) durch Referenzen und damit Zugang zu Akteuren, die man nicht selbst kennt (ibid., 61 ff.).

Die Kontrolle von Informationen läuft für Burt im Netzwerk über *Vertrauen*. Vertrauen steht für ihn dabei *nicht* in einem *Spannungsverhältnis zu Kontrolle*, sondern in einem *funktionalen* Verhältnis: Vertrauen *schafft* Kontrolle. Kontrolle versteht er nicht strukturell, sondern personenzentriert. Sie wird durch den kompetenten Akteur geschaffen: „For the purposes here, I put the whole issue to one side as person-specific and presumed resolved by the able player" (ibid., 64).

Dabei geht Burt einen Schritt weiter als Freeman, der mit seinem ‚degreebasierten' Maß der Zentralität Informationsvorteile positiv mit der Anzahl der Aktivitäten korreliert. Gegen die weit verbreitete Maxime ‚bigger is better' wendet er ein:

„Size is a mixed blessing. More contacts can mean more exposure to valuable information, more likely early exposure, and more referrals. But increasing network size without considering diversity can cripple the network in significant ways. What matters is the number of non-redundant contacts" (ibid., 64 f.). Daraus folgt für Burt: Die Pflege von Netzwerkbeziehungen zu Leuten, die untereinander (eng) verbunden sind, „is a virtually worthless monitoring device because the strong relations between people in the network means that each person knows what the other people know, so they'll discover the same opportunities at the same time" (ibid., 65; 1992a, 17).

Angesichts begrenzter Ressourcen müssen Akteure sich vielmehr entscheiden, in welche Beziehungen sie investieren, um möglichst viele lukrative Chancen wahrnehmen zu können. Entscheidend für die diesbezüglichen Entscheidungen ist das ‚set of linkages'. Wenn zum Beispiel die Kunden einer Unternehmung wechselseitig eng verflochten sind, sinken die Möglichkeiten, diese gegeneinander auszuspielen, individuelle Geschäfte mit ihnen zu machen, Sonderkonditionen zu gewähren. Insofern ist es für die Handlungsmöglichkeiten von Unternehmungen in Netzwerken bedeutend – und da setzt Burts Betrachtung ‚struktureller Löcher' an –, ob ihre Partner ihrerseits Beziehungen pflegen oder nicht.

2.3.3 ‚Structural holes' und ‚structural autonomy'

In Burts informationsökonomischer Wettbewerbstheorie ist der Begriff des ‚structural hole' zentral – gemeint ist eine Lücke in der Struktur des Gesamtnetzwerks, die durch nicht-redundante Beziehungen geschlossen wird:

„Non-redundant contacts are connected by a structural hole. A structural hole is a relationship of non-redundancy between two contacts. The hole is a buffer, like an insulator in an electric circuit" (Burt, 1992b, 65).

Betrachten wir als Beispiel ein minimales Netzwerk von drei Akteuren (Abb. II-5). Haben die Interaktionspartner A und B einer Netzwerkunternehmung Ego eine Netzwerkbeziehung miteinander, dann läßt sich aus der Sicht von Ego formulieren: die Beziehung zu den beiden anderen Netzwerkunternehmungen sind redundant. Liegt dagegen zwischen Ego und einem der zwei anderen Netzwerkakteure (B) keine Beziehung vor, während die andere Netzwerkunternehmung (A) in der Trias von Unternehmungen eine Beziehung mit B unterhält, dann existiert ein ‚structural hole'.[26]

---

26 Das Fehlen von Redundanz und die Existenz von ‚structural holes' läßt sich als eine weitere Qualifizierung von ‚weak ties' (Granovetter) und von Verbundenheit von Beziehungen verstehen. Burt diskutiert das Verhältnis von ‚weak ties' und ‚structural holes' eingehend. Er argumentiert, daß der Grund, warum ‚weak ties' einen so großen Stellenwert für Netzwerke besitzen, nicht in der Schwäche der Verbindung liegt, sondern in dem Überwinden von ‚structural holes' (Burt, 1992 b; 72 ff.).

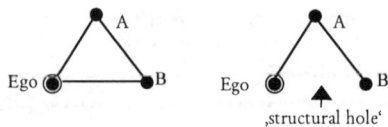

Abb. II-5: Redundante und durch ein ‚structural hole' gekennzeichnete Beziehungen zwischen drei Akteuren

Strukturelle Löcher bieten Akteuren Vorteile. Burt hat hier Simmels ‚tertium gaudens' vor Augen.[27] Akteure, die strukturelle Löcher überbrücken, verbinden unterschiedliche Welten. Sie können die Rolle des ‚lachenden Dritten' einnehmen, weil ihre Position am Schnittpunkt ansonsten unverbundener Cluster reichlich Gelegenheiten bietet, die sich in Geschäftserfolg ummünzen lassen. Ein Endfertiger in der Position A kann in einer Triade mit zwei Zulieferern eine Tertius-Strategie verfolgen und diese gegeneinander ausspielen, weil und solange die Zulieferer nicht miteinander verbunden sind. Gelingt dem Akteur das, so ist er der lachende Dritte. Im Umkehrschluß gilt: Das Handeln von Unternehmungen im Netzwerk ist insoweit eingeschränkt, als die Netzwerkstruktur ihnen keine strukturellen Löcher offeriert, oder sie selbst keine Verbindungen mit anderen unterhalten oder zu schaffen in der Lage sind und so selbst das Opfer anderer lachender Dritter zu werden drohen.

Bei der Bestimmung struktureller Löcher kann sich unser Endfertiger aber nicht nur auf seine direkten Beziehungen konzentrieren. Er muß ebenfalls schauen, ob seine Zulieferer nicht über andere Akteure – etwa über Verbände – ihrerseits eng miteinander verbunden sind. Redundanz hat nämlich eine relationale und eine positionale Bedeutung. Die Zulieferer sollten untereinander erstens keinen direkten Kontakt haben und keine Informationen untereinander austauschen (‚primary structural holes'). Zweitens sollten Kontakte nicht zu Akteuren bestehen, die auf strukturell äquivalenten Positionen einzustufen sind (‚secondary structural holes'). Redundanz ist für die Frage der Informationsflüsse insofern wichtig, als seit Homans davon ausgegangen wird, „that the likelihood of information moving from one person to another is proportional to the strength of their relationship" (Burt, 1992b, 66). Der Grad, indem der Informationsgehalt zweier Informationskontakte zu Zulieferern für einen Endfertiger kumuliert, statt nur zu überlappen, ist aber nicht nur eine Frage der Redundanz durch Kohäsion. Der Informationsgehalt ist auch durch den weiteren Kontext beeinflußt. Er kann so auch sinken, wenn die Zulieferer wiederum Zugang zu Akteuren haben, die alle miteinander verbunden sind, so daß die Informationen unter ihnen kursieren. Die Zulieferer, die unter dem Kriterium der Kohäsion – wie im rechten Teilbild in der Abbildung II-6 – für den Endfertiger nicht-redundante

---

27 Die Grundgedanken zu den von Burt thematisierten Interaktionsstrukturen des ‚tertius gaudens' finden sich bei Simmel (1992 [1908], 134 ff.) unter den Zwischenüberschriften „Tertius gaudens" und „Divide et impera".

Informationsquellen bilden, können so, da sie Zugang zu einer Gruppe strukturell äquivalent positionierter Akteure besitzen, die kohäsiv miteinander verbunden sind, über diesen Umweg aus gleichen Informationsquellen schöpfen. Strukturelle Äquivalenz ist also ein zweiter Indikator für Redundanz bzw. Nicht-Redundanz.

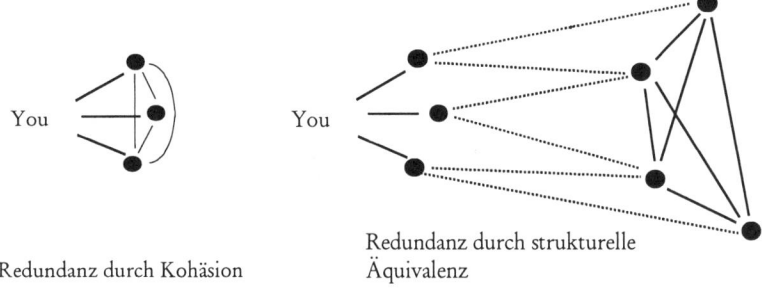

Redundanz durch Kohäsion   Redundanz durch strukturelle Äquivalenz

Abb. II-6:   Strukturelle Indikatoren für Redundanz (Burt, 1992b, 66)

Empirisch ist es im Regelfall so, daß die Beziehungen zwischen Akteuren sich als „a messy combination of cohesion and structural equivalence" (ibid., 67) präsentieren. Obwohl Burt generell davon ausgeht, daß „[b]alancing network size and diversity is a question of optimizing structural holes" (ibid., 67), hat er doch klare Vorstellungen vom Ziel, vom Optimum.

Burts erstes Designprinzip formuliert ein *Effizienz-Prinzip* aus der Sicht eines fokalen Akteurs:

„The first principle concerns efficiency, and it says that you should maximize the number of nonredundant contacts in the network to maximize the yield in structural holes per contact" (ibid., 67).

Burts Vorstellung des Optimierens struktureller Löcher läßt sich mit der Abbildung II-7 illustrieren: Die Abbildung spitzt das Argument zu. Das Netzwerk A verfügt über eine Vielzahl redundanter Beziehungen. Das Netzwerk B, in dem die Kontakte auf lediglich vier nicht-redundante geschrumpft sind, ist für ihn eindeutig das *effizientere*, da man in diesem den gleichen Zweck zu einem Viertel der Kosten erreiche. Ich komme darauf später noch einmal zurück. Die Rechnung mag durchaus eine Milchmädchenrechnung sein, erfordert die Aufrechterhaltung von Kontakten doch nicht immer den gleichen Aufwand. Einiges spricht jedoch dafür, daß das Aufrechterhalten der Kontakte im Netzwerk B nicht selten weniger aufwendig ist als im Netzwerk A. Die eingesparte Zeit und die geringeren Anstrengungen bei der Aufrechterhaltung primärer Kontakte können nun dafür genutzt werden, neue Primärkontakte zu neuen Clustern zu entwickeln. Aber das Netzwerk B zeichnet sich noch durch eine weitere Eigenschaft aus. Es ist in Burts Augen auch *effektiver*. Die Kontakte sind durch die Eigenschaft gekennzeichnet, daß „they are ports of access to clusters of people beyond" (ibid., 69). Letzteres schließt einen weiteren Wechsel der Perspektive auf Netzwerke ein:

„Where the first principle concerns the average number of people reached with a primary contact, the second concerns the total number of people reached with all primary contacts" (ibid., 69).

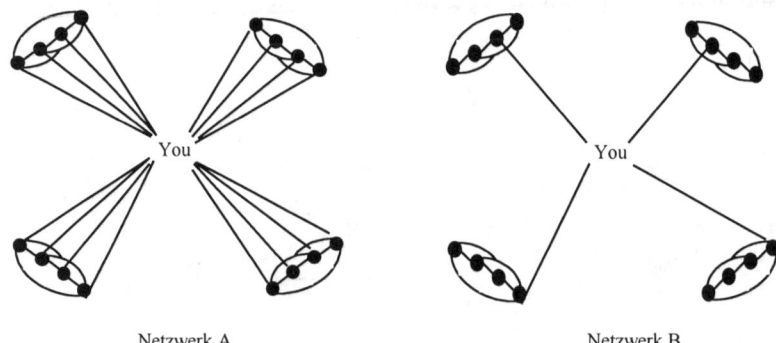

Abb. II-7: Strategisches Optimieren von Netzwerken Burt (1992b, 64, 68).

Burts zweite Empfehlung zur strategischen Optimierung und Expansion von Netzwerken läßt sich als *Effektivitäts-Prinzip* formulieren:

Maximiere die Anzahl der Zugänge zu Clustern von Akteuren im Netzwerk, um so die Anzahl der Leute zu erhöhen, die mit den primären, nicht-redundanten Kontakten erreicht werden können.

Es ist dann für eine Beurteilung der Geschäftsgelegenheiten und des Wettbewerbs in Netzwerken in Ergänzung zu Granovetter nicht so sehr entscheidend, ob die Beziehungen stark oder schwach sind, sondern ob sie nicht-redundante Kontakte schaffen:

„Information benefits are expected to travel over all bridges, strong or weak. Benefits vary between redundant and non-redundant ties. [...] Thus structural holes capture the condition directly responsible for the information benefits. The task for a strategic player building an efficient-effective network is to focus resources on the maintance of bridge ties. Otherwise, and this is the correlative substance of the weak tie argument, bridges will fall into their natural state of being weak ties" (Burt, 1992a, 30).

Die *strukturell-autonomen* und die *erfolgreicheren Akteure* sind für Burt (1992b, 83):

„Players with relationships free of structural holes at their own end and rich in structural holes at the other end are structurally autonomous. These are the players best positioned for the information and control benefits that a network can provide." „[...] players with networks optimized for structural holes – that is to say, players with networks providing high structural autonomy – enjoy higher rates of return on their investments because they know about, have an hand in, and exercise over, more rewarding opportunities" (ibid.).[28]

---

28 Die Ertragsrate für strukturelle Löcher definiert Burt (1992b, 83) wie folgt: „[...] the rate of return keyed to structural holes is a product of the extent to which there are (1) many primary structural holes between the contact and others in the player's network, and (2) many secondary structural holes between the contact and others outside the network who could replace the contact."

Strukturelle Autonomie ist daher für Burt ein strukturelles Merkmal sozialer Systeme, wie er (1992a, Kapitel 3) an Industrien und Märkten aufweist.[29] Sie ist daran gebunden, die eigenen Außenbeziehungen in Richtung der Erschließung neuer Informationsquellen so zu diversifizieren, daß die Außenkontakte ihrerseits nur schlechte Chancen besitzen, sich abzusprechen und kollektiv zu handeln. In Unternehmungsnetzwerken als komplexen sozialen Systemen beruht sie zudem darauf, daß es gelingt, eine insgesamt kohärente Strategie zur Verbesserung der Effektivität und Effizienz der Gestaltung der Außenbeziehungen zu praktizieren.

3 Der Ansatz der strukturellen Netzwerkanalyse: eine Kritik

Die relationale Grundannahme der strukturellen Netzwerkanalyse, nach der (ökonomische) Akteure – ihre Strategien, Strukturen und ihre Performanz – durch ihre Beziehungen mit anderen und die Strukturmerkmale des Beziehungszusammenhangs, in die sie eingebettet sind, beeinflußt werden, ist einleuchtend und lehrreich. Sie greift aber zu kurz. Lediglich die erste Anforderung von Barnes (1972, 2) an Netzwerktheorien ist weitgehend erfüllt (siehe nochmals die einleitenden Bestimmungen im Kapitel I). Die strukturelle Netzwerkanalyse kann die sich ‚kreuzenden' Bande zwischen Personen, Organisationen und anderen Einheiten in ihren Strukturen (im Sinne von Regelmäßigkeiten) auf vielfältige Art und Weise erfassen. Die Vermittlung der Regelmäßigkeit der Beziehungsmuster mit den Handlungsweisen der Personen, Organisationen und mit sozialen Institutionen – und damit die zweite Barnessche Anforderung an Netzwerktheorien – wird dagegen nur höchst unzureichend erfaßt. Zugespitzt formuliert: Sie ist nicht in der Lage, die *Konstitution* des rekursiven Vermittlungszusammenhangs von Organisation und Netzwerk theoretisch zu konzeptualisieren.

3.1 Stärken: die soziale Einbettung von Akteuren, Aktivitäten und Ereignissen und operationalisierte Kategorien

Die relational-strukturelle Sicht auf Soziales befördert ein Verständnis der Eingebettetheit (Granovetter) von Interaktionen und Akteuren. Die Vielschichtigkeit und Systematik der Aufnahme der Regelmäßigkeiten in den Beziehungszusammenhängen der Akteure und die in diesem Sinne verstandene strukturelle Bestimmung von Macht, Hierarchie usw. bewirkt, daß die strukturelle Netzwerkanalyse ein Verständnis gesellschaftlicher (Re-)Produktion vorstellt, das der aus der Neoklassik bekannten Entsoziologisierung sozialer Zusammenhänge zuwider-

---

29 Burt (1992a, Kapitel 3) führt dabei den Nachweis, daß Industrien und Märkte, die stärker durch strukturelle Autonomie gekennzeichnet sind, es den Akteuren erlauben, höhere Profite zu erzielen als das in Industrien und auf Märkten der Fall ist, die nur einen geringeren Grad an struktureller Autonomie aufweisen. Empirisch hat Burt (1982) das für die USA nachgewiesen. Ziegler (1984b) hat diese These als für die Bundesrepublik Deutschland unzutreffend zurückgewiesen.

läuft. Auch im Vergleich zu kontingenztheoretisch argumentierende Studien aus dem Bereich der Managementforschung und der Industriesoziologie stellt der Ansatz einen beträchtlichen Fortschritt dar, vor allem wegen seiner systematischen Berücksichtigung der Beziehungen zwischen den Akteuren und des dadurch gestifteten Beziehungsgeflechts bei der Analyse ökonomischer Phänomene und Entwicklungen.

Die strukturelle Netzwerkforschung sensibilisiert zudem durch eine Vielzahl von Methoden und Kategorien für die Analyse unterschiedlicher Merkmale insbesondere großzahliger Beziehungszusammenhänge, ohne deren Existenz, Wandel und (Re-)Produktion jedoch erklären zu können:

„It provides a useful set of tools for investigating the patterned relationships among [..] actors. These tools, however, by themselves fail ultimately to make sense of the mechanisms through which these relationships are reproduced and reconfigured over time" (Emirbayer/Goodwin, 1994, 1447).

3.2 Schwächen: die Behandlung sozialen Wandels, die Vermittlung von Handlung und Struktur und die Ausblendung von Regulation

Sozialer Wandel, prozessuale Reproduktion und Ko-Evolution bilden ein erstes Problembündel für die strukturelle Netzwerkanalyse. Das „wirkliche Geschehen" (Simmel, 1992 [1908], 33) ist an ein dynamisches Verständnis von Vergesellschaftung gebunden, denn „fortwährend knüpft sich und löst sich und knüpft sich von neuem die Vergesellschaftung unter den Menschen, ein ewiges Fließen und Pulsieren, das die Individuen verkettet, auch wo es nicht zu eigentlichen Organisationen aufsteigt." Netzwerke werden in der strukturelle Netzwerkanalyse aber eher statisch oder über Aneinanderreihungen von ‚Schnappschüssen' betrachtet. Das erlaubt nicht (einmal), dem Umstand Rechnung zu tragen, daß die ‚Knoten' und die ‚Linien' (die Beziehungen) sich, was ihre Präsenz, Bedeutung und die Eigenschaften der Form ihrer Verknüpfung angehen, ändern können – und zwar in jeder Handlungssequenz. Doreian betrachtet sozialen Wandel in seinem 1995 gehaltenen Einleitungsreferat zur Internationalen Sozialen Netzwerkkonferenz dann auch als ein zentrales Problem der strukturellen Netzwerkanalyse:

„The nodes of the network can change in two senses: (i) their presence and (ii) their properties. Actors – be they individuals, organizations or nations – can come to and go from their networks. We tend not to consider this, confining our attention to those actors present at all of the time points (usually one or two) considered. The attributes of actors can change. Each dyadic tie can change through time also. So for only a dyad, there are two actors, each with changing nodal properties in multiplex or uniplex relations that can change also. Studying this by itself is a non-trivial task, one that can get more complicated. [...] So even with our attention confined to a dyad, *the wider network(s)* is relevant also. But this *too can change*. With the wider structure changing, the location of actors in the network change and the morphology of the whole is transformed also. The implicit notion that we can describe the ‚structure of the network' as a static object, one that is in equilibrium form, seems remarkably quaint" (Doreian, 1995, 5 f.; Hervorh. A.W.).

Was Doreian für die strukturelle Netzwerkforschung fordert, sind Modelle, die eine temporale Modellierung ermöglichen, und Theorien, die es erlauben, die Evolution von Netzwerken, das heißt deren prozessuale Konstitution zu erklären. Beides steht noch auf der Tagesordnung (s.a. Suitor/Wellman/Morgan 1997). Die Aufnahme der Ko-Evolution von Kontext und Netzwerken (worauf auch die im Zitat von Doreian unterstrichenen Passagen hinweisen) ist nämlich etwas ganz anderes, als einige kontextuelle Merkmale von Akteuren in deren Beschreibung (wie das die Unternehmungen alle aus einer bestimmten Industrie stammen) zu verwenden oder die soziale Welt als „networks of networks" (Wellman, 199a, 38) zu verstehen. Die Netzwerkanalyse bietet zwar Möglichkeiten, Netzwerkstrukturen auf unterschiedlichen Aggregationsniveaus aufzunehmen. Damit ist aber eben noch nicht ein „bridging the gap between macro- and micro-level explanations" gewährleistet, wie Emirbayer und Goodwin (1994, 1418) nahelegen (Trezzini, 1998, 524 f.), noch ein Verständnis der Ko-Evolution mit ihren sozialen Vermittlungsmechanismen ausgearbeitet. Knoke (1990, 203) ist zuzustimmen:

„[...] most network theorists and researchers still confine their efforts to the characteristic nodes and ties within one level of analysis. Yet the central challenge for the coming years will be to extend the structural approach to networks crossing multiple levels, showing how they simultaneously condition and constrain one another."

Das Problem liegt dabei letztlich nicht so sehr in der Entwicklung formaler Analysemöglichkeiten, sondern in der Ausarbeitung von Netzwerktheorien, die erlauben, beiden Anforderungen von Barnes an Theorien zu genügen, das heißt insbesondere der Konzeptualisierung des Verhältnisses von Akteuren, sozialen Systemen und gesellschaftsweiten Institutionen in den Prozessen der Konstitution. Interessante erste konzeptuelle Überlegungen für diese Frage liefert die Komplexitätstheorie (z.B. Kappelhoff, 2000b). Deren Ausarbeitung steht jedoch noch aus.

Angesprochen ist damit ein zweites oder besser: *das* grundlegende Problembündel der strukturellen Netzwerkforschung: ihr Verständnis der *Vermittlung von Handlung und Struktur* oder des Problems der Konstitution. Das zeigt auch die aktuelle Übersicht über Erklärungsansätze in der Netzwerkforschung von Emirbayer und Goodwin (1994):

„The first of these implicit models, that of *structuralist determinism*, neglects altogether the potential causal role of actors' beliefs, values, and normative commitments – or, more generally, of the significance of cultural and political discourses in history. It neglects as well those historical configuration of action that shape and transform pregiven social structure in the first place. A second and more satisfactory – but still deeply problematic – approach is that of *structuralist instrumentalism*. Studies within this perspective accept the prominent role of social actors in history, but ultimately conceptualize their activity in narrowly utility-maximizing and instrumental forms. And finally, the most sophisticated network perspective on social change, which we term *structuralist constructionism*, thematizes provocatively certain historical processes of identity conversion and ‚robust action'. It is the most successful of all theses approaches in adequately conceptualizing human agency and the potentially transformative impact of cultural idioms and normative commitments on social action."

In allen drei Erklärungsansätzen bleibt die Vermittlung von Handlung und Struktur ungeklärt. Im Fall strukturalistisch-deterministischer Erklärungen, wie sie etwa Wellman (1988) vertritt, werden nicht nur die als objektiv angesehenen strukturellen Rahmenbedingungen überbewertet und die Netzstruktur verdinglicht. Die Produktion und Reproduktion der Strukturen (und des Sozialen) wird schlicht ausgeblendet oder nicht-reflexiven Feedbackprozessen überantwortet. Generell ist es aber, worauf Freeman bereits (1989) hinweist, problematisch, aus Netzwerkstrukturen auf Interessen, Einflußnahmen oder dergleichen zu schließen. Was man bestenfalls aus Netzwerkstrukturen vorsichtig schließen kann, ist, daß sie einige Interpretationen über Handlungsmöglichkeiten und -restriktionen und über Zusammenhänge zwischen Handlungsweisen und anderen sozialen Merkmalen eher nahelegen als andere, Pappi, Kappelhoff und Melbeck (1987). Der Ansatz des strukturalistischen Instrumentalismus, die zweite von Emirbayer und Goodwin unterschiedene Theorierichtung, verkürzt Handeln auf instrumentelles Verhalten. Er reduziert die Motivationen der Handelnden auf Nützlichkeitsmaximierung und vernachlässigt historische Rahmenbedingungen des Handelns. Im Fall des strukturalistischen Konstruktivismus werden zwar vielfältige Ziele und Zielsetzungen ansatzweise aufgenommen (Emirbayer/Goodwin, 1994, 1436, 1442 f.; Schweizer, 1996, 139 ff.). Ein Verständnis der Prozesse kontingenter Produktion und Reproduktion, das heißt der Vermittlung von Handlung und Struktur in sozialen Kontexten, läßt sich aber mit diesem Ansatz auch nicht gewinnen, obwohl, wie ja auch die Studie von Cook et al. (1983) andeutet (ähnlich aktuell Burke, 1997), diese Konstitutionsprozesse für ein Verständnis der Zusammenhänge und Abläufe elementar sind.

Was in all diesen Theorievarianten fehlt, ist ein Verständnis der *aktiven und reflexiven* Vermittlung von Handlung und Struktur. Aktive und reflexive Akteure sucht man vergebens. Man kann es auch so formulieren: Die Verwendung des Simmelschen Prinzips ‚annähernder Gleichheit' in der strukturellen Netzwerkforschung ist fruchtbar für die Durchführung quantitativer Forschung, fatal jedoch für die Erklärung der Vermittlungszusammenhänge. Interaktionen, Beziehungen und Akteure werden oft einfach als gegeben angesehen und sodann die Handlungsmöglichkeiten von Akteuren auf der Grundlage der Muster von Beziehungen, in die sie eingebettet sind, betrachtet. Ein Beispiel: Burts Grundgedanke leuchtet ja durchaus ein: Akteure (‚you'), welche die Anzahl der insgesamt erreichten Akteure (Effektivitätsprinzip) und der Anteil nicht-redundanter Kontakte (Effizienzprinzip) steigern, verbessern ihre individuelle Machtposition. Als ‚boundary spanner' eröffnen sich ihnen Chancen, (für andere) Informationsflüsse besser zu kontrollieren und als ‚lachender Dritte' zu agieren (ähnlich Kappelhoff, 2000a). Befriedigen kann jedoch nicht, daß alle Akteure einfach als gleich gelten. Denn die Eigenschaft, als gleich qualifizierter Konkurrent zu gelten, will immer wieder neu hergestellt, Ressourcen wollen erst wiederkehrend generiert und zur Zufriedenheit der Tauschpartner verwendet sein, und die Fähigkeiten zur Kontrolle sozialer Beziehungen und der individuellen oder auch kollektiven Verwertung von Informationen variieren zwischen Akteuren – durchaus auch von Situation zu Situation. Qualifizierter Konkurrent zu sein, ist keine statische Eigenschaft.[30]

Weiter findet die Regulation organisationaler Zusammenhänge keine oder zu wenig Beachtung. Daß Organisationen ihre internen und externen Praktiken abstimmen, ihre Interaktionen, Beziehungen und Positionen mit Dritten zum Teil hochgradig reflexiv ausgestalten, wird – wenn überhaupt – lediglich rationalistisch oder utilitaristisch verkürzt aufgenommen. Ob ‚strukturelle Löcher' bewußt geschaffen werden oder Resultat anders motivierten Handelns sind, ob und warum intra- und intersystemische Praktiken gerade in dieser und nicht in jener Form reguliert werden, wird nicht direkt zum Gegenstand der Untersuchung. Gleiches gilt für strategische Absichten und typische Praktiken der Nutzung der Netzwerkpositionen. Doreian (1995, 6) hebt ein Moment des Problems hervor: „Being *in a network* is more than just the social ties that are involved, its members *belong* to some collectivity." Die Bedeutung der Netzwerkbeziehungen für Handelnde und die Form ihrer Nutzung sind notwendiges Moment einer Erklärung. Auch wenn, mit Simmel, zugestanden werden kann, daß Formen und Strukturen sozialer Beziehungen ähnliche Verhaltenssequenzen beinhalten können, und man, mit Kappelhoff, die Formen und Strukturen interpretieren kann, als ob Akteure diese rational hervorbringen – eine Erklärung auf dieser Grundannahme bleibt lückenhaft (s.a. Schweizer, 1996).

Nicht (oder kaum) berücksichtigt wird in der strukturellen Betrachtung von Beziehungsmustern, daß sie durch gegenläufige Tendenzen (wie Attraktion und Abstoßung) und konträre Elemente (wie Kooperation und Kompetition, Konflikt und Harmonie) gekennzeichnet sind. Ein gutes Beispiel hierfür ist die Aufnahme des Spannungsverhältnisses von Varietät und Redundanz in Burts Bestimmung struktureller Autonomie. Die Optimierung der Beziehungsstruktur ist für ihn, wie ausgeführt, gleichbedeutend mit *Abbau von Redundanz*. Das ist jedoch fraglich: Sind bei der Übertragung geschäftsrelevanter Informationen nicht auch die Informationen und die Akteure, die sie übertragen, bedeutsam? ‚Opportunities', um die es ihm im Wettbewerb geht, müssen in vielen Fällen erst einmal entdeckt werden. Schafft nicht erst Redundanz relevante Möglichkeiten, die Verläßlichkeit und den Gehalt von Informationen besser einschätzen zu können (Grabher, 1994, insbes. 31 ff.)? Sind nicht-redundante Beziehungsgefüge nicht besonders anfällig für Störungen? Steigern sie nicht, wie bereits Freeman (1978/1979, 221) bei seiner Betrachtung von ‚betweenness' es ausdrückte, das Risiko, daß in Kommunikationen Informationen zurückgehalten oder zerstört werden? Oder anders formuliert: Offerieren nicht erst Redundanzen Möglichkeiten, die Zusammenhänge fehlerfreundlicher auszugestalten? Erhöht nur Varietät

---

30 Ebenso läßt sich die Regulation individueller Kapitalbestände selbst, im Gegensatz zu Burts (1992b, 58) vereinfachender Annahme, nicht problemlos auf kollektive Zusammenhänge wie Organisationen übertragen. Mögliche Probleme organisationaler Zusammenführung individueller sozialer Kapitalbestände blendet Burt aus. Das Bild von Organisationen, was er damit zeichnet, gerät reichlich politik- und konfliktfrei und damit ein wenig naiv.

und nicht auch Redundanz die Möglichkeiten, Informationen besser zu verstehen, da Informationen ja nie vollständig gleichen Deutungen unterliegen? Ist Redundanz nicht oft auch die Voraussetzung für das Entwickeln von Vertrauen (Powell, 1990, 326)? Gewiß, ein hoher Grad von Redundanz beinhaltet die Gefahr, daß sich durch positive Rückkopplungsschleifen falsche Eindeutigkeiten in ‚vicious circles' (Masuch, 1985) herausbilden und sich das Potential für Verriegelungen (‚lock in', Grabher, 1993c) steigern. Insofern ist Burts Argument nicht ohne Bedeutung. Es beleuchtet gleichwohl nur einen Aspekt des Problems. Zudem blendet Burt den institutionellen Kontext vollständig aus. Das Problem der ‚Optimierung der Beziehungsstruktur' besteht, anders formuliert, vornehmlich in einer *intelligenten kontextsensitiven Kombination von Redundanz und Nicht-Redundanz*, nicht nur, wie Burt argumentiert, im Abbau von Redundanz.[31]

Das führt schließlich zu dem Problem der *praktischen* Vermittlung von Handlung und Struktur:

„The representation of social structure as a matrix of ties between discrete individuals washes out the very stories the matrix is meant to represent. [...] [S]uch analysis entails stripping away many of the surface features of the story to arrive at a representation of the underlying structure, or fabula (Bal, 1985)" (Pentland, 1995, 5, 6).

Mehr noch: Es ‚wäscht' nicht nur die Geschichten, die zeit-räumlich konkreten Handlungs- und Ereigniszusammenhänge aus den Matrizen heraus, sondern auch die Geschichtenerzähler. Man vermißt in den Analysen beides, ‚narratives' und ‚narrators'.

Ins Auge fällt ferner ein doppelter Reduktionismus bei der Verwendung des Strukturbegriffs. *Sozialstruktur wird* (1.) *mit Beziehungsstruktur gleichgesetzt.* Relationale Informationen über Beziehungsnetze zwischen Akteuren, Organisationen, Handlungen, Ereignissen (oder deren systematische Ordnung und Interdependenz) sind sicherlich für Erklärungen von Bedeutung. Aber sind nur sie bedeutsam? Wie steht es um attributive Informationen über die Verteilung von Eigenschaften (Trezzini, 1998, 538) und soziale Institutionen? Sind Beziehungsmuster nicht nur ein Typ von Einflußfaktor auf soziale Aktivitäten und Ereignis-

---

31 Für Wiesenthal (1990, 109 ff) und Grabher (1994, 35 ff.) mindern parallele bzw. redundante Prozesse zumindest die im Burtschen Modell angelegten Beschränkungen und Gefahren, die sich mit lokaler Maximierung der Nicht-Redundanz verbinden. Denn: „Parallele Prozesse reduzieren [..] das Risiko, daß der Pfad der lokalen Maximierung in einer Sackgasse endet" (Grabher, 1994, 35). Zwei oder mehr parallele Kommunikationsstränge, die eben auch redundant sein können, verarbeiten generell mehr Umweltopportunitäten als eine. „Stationen und Dynamik des einen Pfades bilden eine reichere Umwelt für die Selektionen des anderen Pfades, da „sowohl die Kandidaten für vorhandene Nischen (zum Beispiel Umweltdeutungen und Handlungsmuster) als auch das System der Nischen selbst (also Deutungsbedarfe und Interpretationsanlässe) der Evolution unterliegen (Wiesenthal, 1990, 110)" (ibid.). Gesenkt werden so unter Umständen durch parallele redundante Prozesse nicht nur Störanfälligkeiten des Kommunikationspfades, sondern auch die Kontrollkosten. Erhöht wird durch redundante parallele Beziehungen unter Umständen auch die Reversibilität der Prozesse. Erzeugt wird ein Überfluß an Kombinationsmöglichkeiten. Aus ihm erwachsen Chancen, neue Kombinationen zu schöpfen, die Intelligenz und das Handlungspotential der Systeme zu steigern. Die Frage der Konstitution von Effizienz und Effektivität ist damit jedoch noch nicht geklärt.

se neben anderen? Vieles spricht dafür. *Sozialstrukturen* werden (2.) im Anschluß an Radcliffe-Brown und Nadel als „*regularities* in the pattern of relations among concrete entities" (White et al., 1976, 733; Hervorh. A.W.) angesehen. Die Strukturierungswirkung von Beziehungsmustern hat sicher etwas mit Regelmäßigkeiten zu tun. Ihrer Verbreitung läßt sich als Indikator für eine Wirksamkeitsvermutung verwenden. Aber Regelmäßigkeiten allein erzeugen keine Wirkungen: rein statistisch feststellbare etwa. Wie sie handlungswirksam werden, bedarf ergänzend der Bestimmung von Mechanismen, über die die Regelmäßigkeiten zum Medium und Resultat sozialer Praktiken werden. Wie Doreian (1995, 8) - ganz ähnlich wie Kern zum Schluß des vorherigen Kapitels (II.1) - es fordert, geht es darum, „real rather than assumed effects" zu untersuchen und das Spannungsverhältnis strukturell vermittelter Handlungsdispositionen und Formen aktuellen Handelns zu erfassen (s.a. Pettigrew, 1992, 304; Mizruchi, 1996, 295).

Emirbayer und Goodwin (1994, 1413) ist zuzustimmen:

> „Our argument is that while this new mode of structuralist inquiry [...] offers a more powerful way of describing social interaction than do other structural perspectives that focus solely on the categorical attributes of individual and collective actors, it has yet to provide a fully adequate explanatory model (1.) for the actual formation, reproduction, and transformation of social networks themselves. Network analysis all too often denies (2.) in practice the crucial notion that social structure, culture, and human agency presuppose one another, it either neglects or inadequately conceptualizes (3.) the crucial dimension of subjective meaning and motivation – including the *normative commitments* of actors – and thereby fails to show (4.) exactly how it is that intentional, creative human action serves in part to constitute those very social networks that so powerfully constrain actors in turn" (Nummerierung hinzugefügt).

Benötigt wird, und auch da stimme ich den Autoren uneingeschränkt zu, ein elaborierter Theorieansatz, der gestattet, soziales Handeln und Institutionen prozessual-praktisch als Moment der Regulation sozialer Systeme zu vermitteln:

> „[...] [D]espite its powerful conceptualization of social structure, network analysis as it has been developed to date has inadequately theorized the causal role of ideals, beliefs, and values, and of the actors that strive to realize them; as a result, it has neglected the cultural and symbolic moment in the very determination of social action. Network analysis gains its purchase upon social structure only at the considerable cost of losing its conceptual grasp upon culture, agency and process. [...] Our own position is that a truly synthetic account of social processes and transformations that takes into consideration not only structural but also cultural and discursive factors will necessarily entail a fuller conception of social action than has been provided thus far by network analysts" (Emirbayer/Goodwin, 1994, 1446 f.).

Kurz: Gesucht ist eine Theorie, die erlaubt, die Prozesse der Konstitution als Vermittlung von Handlung, System und Institution zu thematisieren und dabei gebührend zu berücksichtigen, daß diese Konstitutionsprozesse *über soziale Praktiken aktiver und reflexiver Akteure und über systemspezifische Regulationen vermittelt sind*. Die Strukturationstheorie wird von einigen strukturellen Netzwerktheoretikern zu Recht als ein aussichtsreicher Kandidat angesehen (z.B. Trezzini, 1998; Kappelhoff, 2000b).

Teil III

Strukturation von Unternehmungsnetzwerken: der strukturationstheoretische Netzwerkansatz

Der *strukturationstheoretische Netzwerkansatz* nutzt die in den letzten 25 Jahren entwickelte Strukturationstheorie des englischen Soziologen Anthony Giddens zur Formulierung einer Netzwerktheorie, mit der sich die Theorielücken bisheriger Netzwerkforschung (I u. II) schließen lassen. Im Mittelpunkt des im folgenden entwickelten Analyseansatzes von Unternehmungsnetzwerken (allgemein: sozialer Systeme) steht ein über soziale Praktiken vermittelter Konstitutionsprozeß, in dem gesellschaftsweite Institutionen und das Handeln und die Beziehungen der Netzwerkakteure gleichermaßen eine Rolle spielen:

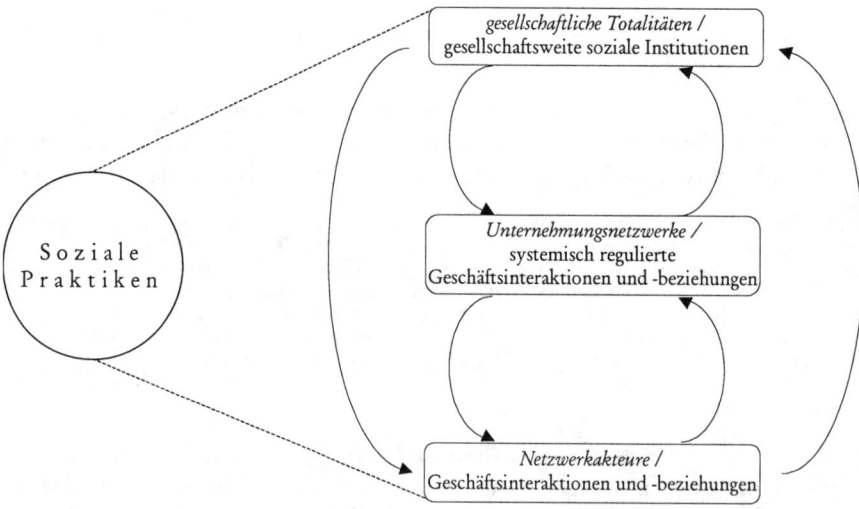

Abb. III-1: Konstitution von Unternehmungsnetzwerken: die strukturationstheoretische Perspektive

Strukturation von Unternehmungsnetzwerken meint: Individuelle und korporative Akteure bringen über ihre Geschäftsinteraktionen und -beziehungen mit anderen Akteuren Unternehmungsnetzwerke mit ihren Geschäftspraktiken ‚hervor', indem sie unter Rekurs auf systemisch regulierte Geschäftsinteraktionen und

-beziehungen und darüber hinausreichende Kontexte bis hin zu gesellschaftlichen Totalitäten einen dauerhaften Beziehungszusammenhang zwischen sich schaffen und/oder sich im Handeln vergegenwärtigen. Und indem sie das tun, konstituieren sie sich als Netzwerkakteure. Wenn Netzwerkakteure im Netzwerk handeln, nehmen sie also immer Rekurs auf Praktiken, wie man im Netzwerk und darüber hinaus Geschäfte macht („↓").[1] Endprodukthersteller und Systemzulieferer handeln etwa im Rahmen der im Netzwerk üblichen Geschäftspraktiken. Und indem sie entsprechend handeln, (re-)produzieren sie die Praktiken, die Form der Netzwerkkoordination und Unternehmungsnetzwerke als besondere Sozialsysteme, und verleihen sie diesen in und über ihr Handeln eine gewisse Ausdehnung in Zeit und Raum („↑"). Netzwerkakteure vergegenwärtigen sich in ihren Handlungen zudem, wie angesprochen, immer auch andere für sie relevante Systemkontexte bis hin zu gesellschaftsweiten Institutionen – auch wenn die zumeist nicht im Mittelpunkt stehen („↓"). Indem und insoweit sie diese in ihrem Handeln aktualisieren, bringen sie diese selbst mit ‚hervor' („↑").[2] Endprodukthersteller und Systemzulieferer, um im Beispiel zu bleiben, aktualisieren im Handeln immer auch in der Branche und in der Gesellschaft übliche Praktiken in ihren Aktivitäten und (re-)produzieren sie damit als die in diesen Kontexten typischen (Geschäfts-)Praktiken.[3]

---

[1] Ich halte an dem von Giddens im Englischen als Neologismus eingeführten Begriff der Strukturation fest (Giddens, 1984, xvi; 1991b, 202). Strukturation bezeichnet die *Strukturierung* und *Strukturiertheit* der Prozesse der Konstitution des Sozialen. Der im Deutschen mittlerweile gebräuchliche, durch die auch in diesem Punkte eher unglückliche Übersetzung der ‚Constitution of Society' eingeführte Begriff der Strukturierung, ebenso wie der zunächst von Joas (1986) vorgeschlagene der Strukturbildung, sind in meinen Augen eher fehlleitend. Begrifflich führen sie die gleich elementare Strukturiert*heit* der Prozesse nicht mit und leisten einer handlungstheoretischen Fehldeutung Vorschub. Der Begriff der Strukturation ist anderswo kein Neologismus. Im Französischen wird er durchaus verwendet – und zwar in dem auch von Giddens benutzten Sinne. Aufmerksam geworden ist Giddens (1979, 70) auf den Begriff der Strukturation durch Arbeiten von Piaget und vor allem durch die ‚La traité de sociologie' von Gurvitch (1958, insbes. 258).

[2] Der hier für Unternehmungsnetzwerke skizzierte Konstitutionsansatz gilt auch für alle anderen Sozialsysteme, von Unternehmungen, organisationalen Feldern über Parteien und Verbände bis hin zu Familien und personalen Beziehungssystemen. Als Konzept für die Konstitution des Sozialen bestimmt man im Prinzip identisch auch die Konstitution des Marketing, des Vertriebs, des Personalmanagements, der Organisation, des Controlling – alle typischen Gegenstände betriebswirtschaftlicher Forschung – und überwindet damit die in der Betriebswirtschaftslehre übliche einzelwirtschaftliche Betrachtungsebene. Gleiches gilt für die Topoi industriesoziologischer Forschung. Eine strukturationstheoretische Analyse untersucht die Konstitution von Arbeit oder Lohnarbeit, des Arbeitsmarktes, der industriellen Beziehungen, der Qualifikation, der Berufe usw. und überwindet darüber die kontingenztheoretische bzw. strukturalistisch reduzierte Aufnahme (genauer III-3). Begriffe aus anderen Theoriekontexten lassen sich so systematisch fortentwickeln. Ein Beispiel: Böhles (z.B. 1999) in den letzten Jahren handlungstheoretisch weiter ausgearbeiteter Begriff der Arbeit, der die fruchtbare Unterscheidung zwischen objektivierendem und subjektivierendem Arbeitshandeln einführt, wäre strukturationstheoretisch durch einen Begriff der Konstitution von Arbeit fortzuentwickeln, die handlungstheoretische Erweiterung mit den strukturtheoretischen Facetten des Marxschen Begriffs in einem erweiterten Theorierahmen zu vermitteln.

[3] Diese Theorieanlage erweitert und verallgemeinert Webers (1976 [1921]) Forderung von Sinn- und Kausaladäquanz als Minimalanforderung soziologischer Analyse, indem sie davon ausgeht, daß Akteure sich im individuellen Handeln die Strukturen sozialer Praktiken vergegenwärtigen (Fortsetzung der Fußnote auf der nächsten Seite)

Unternehmungsnetzwerke konstituieren sich strukturationstheoretisch im Geflecht anderer Sozialsysteme (wie Netzwerkunternehmungen und organisationale Felder) und Gesellschaften sowie gesellschaftsweiter Institutionen und bringen diese, vermittelt über Akteure, die diese Zusammenhänge rekursiv im Handeln aufgreifen, mit ‚hervor'. Vorgelegt wird also eine *relationale* Perspektive auf Sozialsysteme (wie auf Soziales allgemein). Geschäftsaktivitäten, Geschäftsbeziehungen und die von Netzwerkunternehmungen hervorgebrachten Resultate werden in Interaktions- und Beziehungsbündel eingebettet, werden über im Handeln ‚hervorgebrachte' systemische und institutionell ausgelegte sowie auf Akteure bezogene Geschehenszusammenhänge relational miteinander verbunden. Allerdings wird den Relationen kein Primat zugeschrieben (wie in der strukturellen Netzwerkanalyse). Aber, und das ist nicht unwichtig: *Netzwerkunternehmungen* werden über die Aktivitäten der Akteure *selbst* miteinander und mit anderen in ein relationales Verhältnis gesetzt und setzen sich darüber in ein relationales Verhältnis. Sie bilden Beziehungsgeflechte zwischen sich aus und betten Unternehmungsnetzwerke in ihre Handlungskontexte ein. Die gebildeten Beziehungszusammenhänge lösen sich damit aber *nicht* vom Handeln ab, werden über das Handeln vielmehr (re-)produziert.

Welche Netzwerkzusammenhänge und Institutionenbündel wie im Handeln aufgenommen werden, ist aber Individuen nicht frei überlassen, obgleich sie allein es sind, die sie sich im Handeln vergegenwärtigen. Akteure sind jedoch auch bemüht, situative, systemische und (zumeist in einem eingeschränkteren Sinne) auch gesellschaftlich-institutionelle Bedingungen reflexiv zu gestalten. Das gilt vor allem für stärker reflexiv regulierte Sozialsysteme wie Unternehmungen und Unternehmungsnetzwerke. Die durch das Netzwerk gestifteten Beziehungsgeflechte und Regelungen der Geschäftsaktivitäten und -beziehungen zwischen den Netzwerkunternehmungen determinieren *nicht* das Handeln der Netzwerkakteure. Die (Mitglieder von) Netzwerkunternehmungen aktualisieren diese vielmehr immer wieder im Handeln und nutzen die durch sie eröffneten Chancen proaktiv strategisch und intendiert – auch wenn ihnen die Netzwerkregulation weitgehend die Wege weist, auf denen das netzwerkadäquat geschehen soll. Immer sind es Akteure, die intendiert oder unintendiert Zusammenhängen und Praktiken erst durch ihr Handeln eine gewisse Ausdehnung in Zeit und Raum verleihen. Sie – und niemand sonst – produzieren und reproduzieren Unternehmungsnetzwerke, selbst wenn Netzwerkakteuren die Zusammenhänge und Praktiken im Netzwerk als festgezurrte, mehr oder weniger institutionalisierte, gegebene, nicht von ihnen gemachte, nicht von ihnen ausgewählte und grundlegend veränderbare und als in Zeit und Raum über unterschiedliche Kontexte hinweg gültige entgegentreten, selbst wenn, mit Bowles und Gintis (1990; 1993) gesprochen, die ‚Speisekarte womöglich rigoros zusammengestrichen ist'.

---

und nutzen und – wie wir gleich noch sehen – sozialwissenschaftliche Analysen als doppelt hermeneutische versteht.

Für das ökonomische Geschehen relevante, aus der Organisations- und Industriesoziologie bekannte kulturelle, supranationale, gesellschaftsweite, industrie-, netzwerk- oder unternehmungsspezifische Institutionen orientieren das Handeln, wenn Akteure sie sich im Handeln vergegenwärtigen. Akteure machen sie sich aber jeweils erst in der Handlungssituation aktiv verfügbar, produzieren und reproduzieren sie von Moment zu Moment rekursiv. Die Strukturationstheorie blendet so weder Institutionen (gesellschaftlicher Totalitäten) und Sozialsysteme noch Interaktionen der Akteure und situative soziale Beziehungen zwischen ihnen aus. Geschäftsleute (wie alle anderen kompetenten Akteure auch) müssen sich situationsspezifische und -übergreifende Kontexte vergegenwärtigen, um anerkannt, erfolgreich und kompetent zu handeln. Gesellschaftsweite Institutionen, soziale Systeme und Strukturen gewinnen so (und nur so) ihre Bedeutung für die Geschäftsaktivitäten – darüber, daß sie diese binden und Akteure diese Bindungen in ihrem Tun (re-)produzieren.[4] Die Konstitution von Unternehmungsnetzwerken (wie allgemein: des Sozialen) geschieht im Handeln, analytisch betrachtet also, wie in der Abbildung III-1 skizziert, im Rekurs auf Akteure, Sozialsysteme und gesellschaftliche Totalitäten. Wie später (im Abschnitt III-4 und III-5) noch deutlich wird, erfolgt das Handeln und die Konstitution des Sozialen zudem immer auf drei nur analytisch trennbaren Dimensionen, Signifikation, Domination und Legitimation, die Akteure in ihrem Handeln miteinander vermitteln.

Strukturation meint also ein bestimmtes Verständnis von Konstitution: Kompetente Akteure bringen rekursiv die kontingente Konstitution des Sozialen in

---

[4] Den für ein Verständnis der Strukturationstheorie grundlegenden Begriff der *Bindung* entlehnt Giddens von Freud (s.a. Baert, 1998, 98). Ich konzentriere mich auf einige wenige soziologische Aspekte des Begriffs. Bindungen verweisen auf die *Herstellung und* das *Vorhandensein sozialer Beziehungen*. Sie implizieren (für Freud) „gute Bahnungen". Diese bewirken, so ließe sich übertragen, daß Widerstände gegen Übergänge von einer Aktivität in eine andere oder von einem Akteur zu anderen sich vermindern. *Bindungen von Aktivitäten oder von Akteuren* (auch an bestimmte Kontexte, Umstände usw.) beinhalten die von Akteuren an bestimmte Aktivitäten und umgekehrt. Die Existenz von Bindungen schließt zudem ein, daß andere Vorgänge und Fähigkeiten gehemmt oder gebunden werden – etwa kognitive Fähigkeiten zur Erklärung des sozialen Lebens. Die Existenz von Bindungen verweist zudem auf *Einbindung und Ausgrenzung* – man bedenke hierzu etwa beim englischen ‚boundary' den Stamm ‚bind' – und auf *Bindung und Entbindung*, auf soziale Mechanismen, die Bindungen befördern oder im Gegenteil, Zusammenhänge, Bindungen auflösen oder zerstören. Ein weiterer, wenn nicht sogar der für die Strukturationstheorie wesentlichste Aspekt von Bindung (bei Freud) ist, daß sie die *Grundlage für Wiederholung*, für die Konstitution von Routinen und damit für die Strukturation sozialer Reproduktion wie Transformation ist. Diese rekursive Bindung von Akteuren an die Prozesse der Konstitution des Sozialen ist einer der elementaren Gründe, warum sich die Prozesse der Konstitution nicht von Akteuren und ihrem Tun abtrennen (lassen). Das beinhaltet, so ließe sich im Anschluß an Simmel (1992 [1908], 689) hervorheben, zudem, daß Aktivitäten und Akteure sich wechselseitig ‚beanspruchen', den Raum und die Zeit zwischen sich in spezieller Weise ‚erfüllen' und ‚beleben', dem ‚Zwischen' zwischen ihnen eine besondere Bedeutung verleihen. Den psychoanalytischen Kontext des Begriffs nehme ich nicht genauer auf, obwohl dieser bei Giddens durchgängig mitschwingt (als Überblick über diese Begriffsebene Laplanche/Pontalis, 1973 [1967], 103 ff.). Ebenfalls blende ich die psychologische Bedeutung von Bindung für die Entwicklung des Kindes, für das Lernen des Umgangs von Kindern mit der Abwesenheit (der Mutter) und der damit einhergehenden Ausbildung von allgemeinem Vertrauen aus (hierzu Giddens, 1984, 41 ff.; sowie in einem organisationstheoretischen Zusammenhang Ortmann/Sydow/Windeler, 1997, 336 ff.).

Zeit und Raum in ihrem und durch ihr Handeln ‚hervor' und nutzen dabei situative Begebenheiten und systemische sowie institutionelle Zusammenhänge:[5]

> „Structuration theory offers a conceptual scheme that allows one to understand both how actors are at the same time the creators of social systems yet created by them" (Giddens, 1991b, 204).

Unterlegt ist diesem Verständnis sozialer Konstitution eine Vorstellung von Systemreproduktion, die sich mit Adorno klar und deutlich umreißen läßt (Giddens selbst versäumt es, das klarzustellen):

> „Sowenig die gesellschaftliche Vermittlung ohne das Vermittelte, ohne die Elemente: Einzelmenschen, Einzelinstitutionen, Einzelsituationen existierte, sowenig existieren diese ohne die Vermittlung" (Adorno, 1970 [1966], 139). Und: „Vermittlung heißt [..] bei Hegel niemals [...] ein Mittleres zwischen den Extremen, sondern die Vermittlung ereignet sich durch die Extreme hindurch in ihnen selber; das ist der radikale, mit allem Moderantismus unvereinbare Aspekt Hegels" (Adorno, 1974 [1963], 15).

Die Radikalität dieser *Mehrebenenperspektive* kann – gerade in ihrer Kontraposition zu den in der managementnahen und soziologischen Netzwerkforschung (I u. II) vertretenen Ansichten – nicht deutlich genug betont werden: Alles, was Unternehmungsnetzwerke, alles was individuelle und kollektive Akteure sind und tun, und was sie in ihrem Tun hervorbringen, wird durch Institutionen und soziale Systeme reguliert, gebunden, restringiert, ermöglicht. Gleichzeitig werden alle Institutionen und sozialen Systeme permanent über das situative, rekursive Handeln der Akteure reproduziert oder verändert – auch Unternehmungsnetz-

---

[5] In strukturationstheoretischer Sicht werden alle sozialen Aktivitäten *rekursiv*, bei weitem aber nicht alles Soziale jedoch reflexiv produziert und reproduziert – und das gilt selbst auch für die Regulation von Organisationen. Der mittlerweile im Bereich der Sozialwissenschaften eher inflationär gebrauchte Begriff der *Rekursivität* hat im Bereich der Mathematik – dem er begrifflich, aber nicht in seiner Bedeutung entlehnt ist – eine recht präzise Bedeutung. Auf dieser Folie läßt sich der strukturationstheoretische Begriff besser verstehen (Giddens, 1991b, 204). In der Mathematik bezeichnet Rekursivität ein Verfahren der Bildung unendlich vieler Elemente (einer rekursiven Funktion, Reihe oder Folge) auf der Grundlage eines Ausgangselements und einer feststehenden, generativen Regel. Das jeweils neue Element, zum Beispiel einer rekursiven mathematischen Folge von Zahlen, wird auf der Grundlage der Konstituentien des vorhergehenden Elements mit Hilfe der rekursiven Formationsregel gebildet. Rekursivität meint also den ‚Rückbezug' auf das Vorhergehende inklusive des ‚Wissens' um die Regel, wie aus dem ‚Alten' das ‚Neue' zu schaffen ist. Im Sozialen kann man selbstredend nicht in gleicher Weise von Rekursivität sprechen wie in der Mathematik. Im Sozialen fehlt es den Praktiken, Regeln und den Räumen an den in der Mathematik notwendigen und per Definition gewonnenen eindeutigen Fixierungen (in axiomatisch wohlgeordneten Räumen). Das hat zur Folge, daß es im Sozialen keine von Aktivitäten der Akteure unabhängigen Resultate gibt. Akteure sind eben lernfähig und vor allem: Sie können ihr Verhalten ändern. Ferner sind in der Mathematik nur ganz bestimmte Folgen, Reihen usw. durch Rekursivität ausgezeichnet. Im Sozialen ist Rekursivität dagegen ein allgemeines Merkmal: „*Human social activities*, like some self-reproducing items in nature, *are recursive*. That is to say, they are not brought into being by social actors but continually recreated by them via the very means whereby they express themselves as actors. In and through their activities agents reproduce the conditions that make these activities possible" (Giddens, 1984, 2). Nicht jede (etwa statistische) Interdependenz ist daher als rekursives Verhältnis zu bezeichnen. Was in einem rekursiven Verhältnis steht, muß über soziale Praktiken vermittelt sein. Ist dies der Fall, dann bestimmt man die rekursive Vermittlung zwischen (zwei Resultaten) X und Y, indem man die Praktiken herausarbeitet, wie X vermittelt über soziale Praktiken Y beeinflußt und umgekehrt. Rekursivität ist zudem nicht mit Zirkularität zu verwechseln: zirkulär meint Rückkehr in das Gleiche, rekursiv dagegen Rückkehr in das Gleiche oder in das durch Rekursion Veränderte.

werke. Institutionen und Sozialsysteme sind Bedingung der Möglichkeiten sozialen Handelns in Interaktionen und umgekehrt.

Nachdem ich im Teil I und II wichtige empirische Facetten des Phänomens Unternehmungsnetzwerke und in der (soziologischen) Literatur vorherrschende Ansätze zu ihrer Thematisierung vorgestellt habe, rücke ich nun die konzeptionelle Ebene in den Vordergrund der Darstellung. Bevor ich die einzelnen Konzepte der strukturationstheoretischen Netzwerkperspektive, die der Netzwerkpraxis (III-2), des Netzwerkhandelns (III-3), des sozialen Systems ‚Unternehmungsnetzwerk' (III-4), der Netzwerkinstitution (III-5) und die der Netzwerkstrukturen (III-6) in jeweils eigenen Abschnitten genauer vorstelle, will ich kurz einige allgemeine Merkmale des Theorieansatzes einführen, die Einblicke in die Anlage meiner Argumentation bei der Ausarbeitung der Netzwerktheorie gewähren.

1 Der Theorieansatz

Die Strukturationstheorie des englischen Soziologen Anthony Giddens findet heute auch als Organisationstheorie weltweit Beachtung.[6] Sie eröffnet eine neue Sicht auf *die* Fragen der Sozial- und damit auch der Organisationstheorie und rekonzeptualisiert eine Anzahl fundamentaler, auch den organisationstheoretischen Diskurs charakterisierender Dualismen als Dualitäten. Auf ihrer Grundlage läßt sich die Theorielücke der bisherigen Netzwerkforschung schließen und eine eigenständige Netzwerktheorie ausarbeiten – und lassen sich darüber hinaus Einsichten in eine Organisations-, allgemein eine Systemtheorie auf strukturationstheoretischer Basis gewinnen.

Fallen in anderen sozialtheoretischen Schulen Handlung und Struktur, Prozeß und Struktur, Individuum und Gesellschaft, Subjekt und Objekt, ‚Mikro' und ‚Makro' als Dichotomien auseinander, so entwirft die Strukturationstheorie eine Perspektive, in der kompetente Akteure in ihren (und durch ihre) Praktiken diese Gegensätze miteinander vermitteln, und das heißt bei Giddens: in rekursiven Konstitutionsprozessen zur Geltung bringen. Verworfen wird die in der strukturellen Netzwerkanalyse wie in Studien zur systemischen Rationalisierung verbreitete Ansicht, strukturelle oder systemische Umstände wirkten derart auf das Bewußtsein der Akteure oder deren Handlungsdomänen ein oder trennten sich derart von ihren Aktivitäten ab, daß man die aktive und reflexive Produktion des sozialen Lebens nicht weiter zu betrachten bräuchte, um Netzwerke (oder allgemein: soziale Systeme) zu verstehen. Zurückgewiesen wird aber auch die in der Managementforschung verbreitete Prämisse, Handlungskontexte, Strukturen und Systeme seien nicht gesondert aufzunehmen, da diese bereits im individuel-

---

6 Einblicke in die Diskussionen vermitteln die Sammelbände von Held und Thompson (1989a), Clark, Modgil und Modgil (1990) sowie von Bryant und Jary (1991; 1996). Aktuelle Überblicke über organisationstheoretische Anwendungen geben, Bouchikhi, Kilduff und Whittington (1995) sowie Ortmann, Sydow und Windeler (1997).

len Handeln aufgehoben oder lediglich vom Handeln abgetrennte Rahmenbedingungen seien. Anders formuliert: Abgelehnt werden analytische Argumente und methodologische Prozeduren, die entweder dem sozialen Handeln oder den kollektiven Eigenschaften prinzipielle Priorität zuschreiben:

> „So-called ‚microsociological' study does not deal with a reality that is somehow more substantial than that with which ‚macrosociological' analysis is concerned. But neither, on the contrary, is interaction in situations of co-presence simply ephemeral, as contrasted to the solidity of large-scale or long-established institutions. [...] The opposition between ‚micro' and ‚macro' is best reconceptualized as concerning how interaction in contexts of co-presence is structurally implicated in systems of broad time-space distanciation – in other words, how such systems span large sectors of time-space" (Giddens, 1984, xxvi).

Strukturen und soziale Systeme sind für Giddens zwar in Zeit und Raum ‚geschichtete Phänomene'. Sie sind aber nicht emergente Tatsachen im Sinne Durkheims. Sie sind nicht, wie uns Vertreter strukturalistischer Netzwerktheorien oder des Ansatzes systemischer Rationalisierung nahelegen, vom Handeln ‚abgelöst' oder etwas ‚qualitativ ganz anderes'. Sie sind nicht prinzipiell voneinander getrennt, fallen nicht ineinander, aber auch nicht auseinander. Teilt man diese Ansicht, dann hat das weitreichende Konsequenzen für die Theoriekonstruktion. Gefordert ist nicht nur ein gegenüber den handlungstheoretischen bzw. strukturalistischen Ansätzen bisheriger Netzwerkforschung fundamental anderer Ansatz. Es bedarf auch eines Sets ergänzender oder zumindest respezifizierter Kategorien. Einzuführen sind tragfähige Konzepte sozialer Praxis, des Akteurs, des Systems, der Institution, und der Struktur, auf die die bisherige Netzwerkforschung vermeintlich verzichten kann oder nur verkürzt zurückgreift.

In der Bundesrepublik wird die Strukturationstheorie zwar wahrgenommen – auch im Bereich der Betriebswirtschaftslehre und der Industriesoziologie[7] – der Theorieansatz wird bisher jedoch kaum reflektiert. Werden Konzepte wie das der ‚Dualität der Struktur' in der mittlerweile weiter gestreuten Literatur aufgenommen, so geschieht das, als seien sie mehr oder weniger selbstverständlich. Dieser Umgang ist Ausdruck der Evidenz der Konzepte, verdeckt aber weitergehende Potentiale der Theorie. Beide Disziplinen scheinen noch nicht so recht zu wissen, was sie mit der Strukturationstheorie anfangen sollen. Dafür gibt es eine Vielzahl von Gründen. Sie sind nicht zuletzt auch in den Schriften von Giddens selbst zu suchen. Dazu zählen das radikale Infragestellen bisheriger Theoriegerüste, das

---

7 Unsere Studien über ‚Computer und Macht' (Ortmann et al., 1990) und über die ‚Organisation von Netzwerken' (Sydow et al., 1995) bilden so nach denen von Schönbauer (1983; 1987) meines Wissens die ersten und immer noch seltenen empirischen Forschungsstudien, die in der Bundesrepublik Deutschland explizit Anthony Giddens' Strukturationstheorie als Theoriegrundlage für Analysen von Unternehmungen, Unternehmungsnetzwerken und Branchen verwendet haben. Im Bereich der Betriebswirtschaftslehre wird Giddens zudem von Empter (1988), Neuberger (1995), Walgenbach (1995), Küpper und Felsch (1999), Hahmann (2000), Ortmann und Sydow (2001) und von van Well (2001) zugrundegelegt. 1999 hat die Strukturationstheorie als organisationstheoretischer Ansatz Aufnahme in das wichtigste deutschsprachige organisationstheoretische Lehrbuch gefunden (s. Walgenbachs Beitrag in Kieser 1999). Im Bereich der deutschsprachigen Soziologie haben zum Beispiel Kießling (1988) und Müller (1992) Arbeiten über Giddens vorgelegt.

anspruchsvolle Theorieniveau und der Stil seiner Argumentation.[8] Außerdem bestehen Meinungsverschiedenheiten über die Nützlichkeit allgemeiner Sozialtheorie für die eigenen Forschungen in beiden Disziplinen.[9]

1.1 Zur (zu engen) Exposition des Theorieansatzes

Das bisher Gesagte wie auch ein Blick in Giddens' Schriften läßt nur schwer von einer zu engen Exposition des Theorieansatzes sprechen, die verwirrende Themenvielfalt scheint eher vom Gegenteil zu künden. Und doch: Eine zu enge Exposition bildet eine spezielle, in dem hier diskutierten Kontext entscheidende, bisher noch nicht reflektierte Zugangsbarriere zur Strukturationstheorie. Ausgangspunkt ist: Giddens positioniert seinen Theorieansatz vornehmlich in der Debatte um Handlung und Struktur. Diese Exposition, mit der Dualität von Struktur als dem prominentesten Konzept des Theorieansatzes, dominiert nicht nur die Rezeption. Sie begründet auch weltweit den Erfolg. Die Kehrseite ist: Wichtiges wird in den Hintergrund gedrängt. Befreit man die Strukturationstheorie aus der zu engen Exposition und Rezeption, dann eröffnen sich ergänzende Sichtweisen, gewinnen gerade auch in den Hintergrund gerückte Themen an Bedeutung. Ein, wenn nicht das entscheidende *Hintergrundthema* ist das *des sozialen Systems*. Giddens' Bestimmungen dieses für die Organisations-, Industrie- und für die Netzwerksoziologie und für das strukturationstheoretische Verständ-

---

8   Den Leser Giddensscher Schriften erwartet – wie Lewis A. Coser (1981, 1435) es ausdrückt – „the flight of a honey bee who dips into a wide variety of flowers." Giddens' (1984, 163) Selbstcharakterisierung als ‚circulating in and out' weicht nicht weit davon ab. Seine Auseinandersetzung mit Theorien bezeichnet Giddens (1984, xxxv) – in impliziter Anlehnung an Hegels (1952 [1807], 11) ‚immanenter Kritik' – als ‚internal critique'. Die äußerst komprimierte Annäherung an Theorien unterzieht diese konstruktiv einer ‚positive critique' (Giddens, 1993 [1976], vii). Konzepte werden im Zuge einer ‚dialogical critique' (ibid., 1) oft anderen Theorieansätzen entlehnt, aber gleichzeitig immer zumindest leicht in ihrer Bedeutung verschoben. Zudem findet sich in Giddens' Schriften eine Vielzahl von Neologismen wie der in der englischen und deutschen Sprache neue Begriff der Strukturation. Zusammen mit seiner eher losen Exposition von Themen führt Giddens' konzeptionelles Vorgehen dazu, daß das Erfassen seiner Theoriekonzepte mit seinen Implikationen nicht ganz einfach ist (Held/Thompson, 1989b, 1 ff.; Cohen, 1989; 6 ff.; Bryant/Jarry, 1991b, 1 ff.).

9   *Theoretischer Pluralismus* oder *Desinteresse* kennzeichnen die Positionen der Skeptiker. Einige vertreten die Ansicht, Wissenschaft sollte eher von einer Vielzahl, denn von einem einzigen, geordneten Set von Perspektiven aus betrieben werden. Andere begründen ihr Desinteresse an Sozialtheorie mit dem Argument, die Diskussion selbst über basale Definitionen belege doch nur deren Irrelevanz. Beide Ansichten sind jedoch defizitär: „[T]heoretical debates do make a difference to empirical research. [...]. The best kind of empirical research is theoretically informed empirical research" (Giddens, 1996, 67; s.a. Lewin, 1945; Crozier/Friedberg, 1979 [1977]). Selbst wenn man, wie Giddens, Sympathien für die pluralistische Position hegt, muß man festhalten: „Some theories are better than others, and some perspectives are more fruitful than others." Und: „[T]here is something essentially contestable in what it is to be a human being. There is something elementally difficult in explaining human agency, which is bound to involve us in controversies over the nature of human action. Nevertheless, that does not, and should not, lead us to a blanket approval to theoretical pluralism. The way to document the movement towards synthesis is to identify what was wrong with the orthodox consensus, and then to specify the main elements of emergent agreement" (1996a, 67 f.).

nis der Konstitution grundlegenden Konzepts sind über verschiedene Schriften verstreut, an keiner Stelle systematisch zusammengeführt – nach meiner Kenntnis auch nicht in der Sekundärliteratur.

Giddens selbst setzt sich *nicht* mit Netzwerken auseinander. Selbst das Netzwerken unterliegende Systemkonzept arbeitet er *nicht* systematisch aus (genauer III-4). Seine sozialtheoretischen Grundeinsichten lassen sich jedoch fruchtbar für ein strukturationstheoretisch informiertes Verständnis von Unternehmungsnetzwerken und allgemein für eine Analyse sozialer Systeme nutzen. Das Konzept der Strukturation von Netzwerken kennzeichnet den von Netzwerkanalytikern mit Blick für die Theoriegrundlagen der Netzwerkforschung (z.B. Barnes, 1972; Granovetter, 1979; Collins, 1988; Doreian, 1995; Trezzini, 1998) seit langem gesuchten sozialen Mechanismus, durch den die Beziehungszusammenhänge zwischen Unternehmungen in Netzwerken mit Handlungsweisen von Akteuren und sozialen, gesellschaftsweiten Institutionen vermittelt sind und werden.

In den Mittelpunkt meiner strukturationstheoretisch informierten Netzwerktheorie stelle ich die Konstitution, genauer: die *Strukturation sozialer Systeme*. Hierauf baue ich das Konzept des Netzwerks, die Betrachtung der Konstitution von Netzwerken und die Netzwerktheorie auf. Ich hebe dabei (ganz im Sinne von Giddens) die *aktive* und *rekursive Konstitution* des Sozialen (auf den drei Sozialdimensionen) hervor, betone, daß alles im Sozialen durch wissende Akteure – wenn auch beileibe nicht unter deren vollkommener Kontrolle – hervorgebracht wird und daher auch nur durch Rekurs auf ihre Aktivitäten zu verstehen ist.[10]

Giddens präsentiert die Idee der Strukturation des Sozialen, indem er sukzessive neue Konzepte aus anderen Theorietraditionen aufgreift, sie strukturationstheoretisch modifiziert und in eine Kette ineinandergreifender Konzepte einfügt. Nach und nach komplettiert sich so die Theorie. Ich beschränke mich hier auf eine für meine Argumentation notwendige Auswahl. Da Giddens seine Konzepte äußerst komprimiert einführt, ergänze ich sie an einigen Punkten und modifiziere manchmal. Systematisch füge ich Konzepte wie die des Marktes, der Unternehmung und des Unternehmungsnetzwerks und weiterführende Betrachtungen

---

10 Eine Diskussion der in der Literatur vorfindlichen, von meiner Position z.T. abweichenden Vorstellungen zu Giddens' Theorieansatz rücke ich bewußt in den Hintergrund. In der Literatur über den strukturationstheoretischen Theorieansatz wird zum Beispiel das Verständnis der Konstitution des Sozialen nur selten aufgenommen, obwohl es Giddens' Schriften – wenn auch zugegeben eher implizit – als Modell der Argumentation zugrundeliegt (für Ausnahmen Joas, 1996 [1992]; Bryant, 1995). Die Betonung sozialer Systeme in der Strukturationstheorie zeigt auf Möglichkeiten, *System- und Strukturationstheorie* bei der Konstruktion der Theorieansätze *füreinander* fruchtbar zu machen – was in dieser Arbeit nicht systematisch verfolgt werden soll. Ebenso wenig nehme ich die weitreichenden *methodischen Implikationen* des strukturationstheoretischen Theorieansatzes (generell wie speziell für die Netzwerkanalyse) auf. Das bedürfte einer eigenen Erörterung. Sie hätte allgemein die von Giddens (z.B. 1984, Kapitel 6; 1979, 80) vorgeschlagene Verknüpfung einer ‚institutionellen' mit einer ‚strategischen Analyse' zu diskutieren und diese speziell mit den methodologischen Erkenntnissen der strukturellen Netzwerkforschung zu verknüpfen (hierzu Teil II.2). Vergleiche aber unten die Bemerkungen zu Status und Ansatz der Theorie (Abschnitte III.1.2 ff.).

zu Unternehmungen und Unternehmungsnetzwerken hinzu. Mir geht es dabei um die *Idee*, um die *Grundlinien* einer strukturationstheoretisch informierten Netzwerktheorie.[11] Die vorgelegte Interpretation der Strukturationstheorie ist, wie es sich gehört, zwieschlächtig: Nutzung und Modifikation, Anwendung und Weiterentwicklung der von Giddens vorgelegten theoretischen Ideen – das Verhältnis der beiden wechselt. Dabei geht es nicht in erster Linie um ‚die' gültige Giddens-Rezeption, sondern um die Konstruktion einer gegenstandsadäquaten Theorie – mit dem Gegenstand ‚Unternehmungsnetzwerke'. Vorangestellt habe ich der Darstellung einige Überlegungen zu den Hintergründen, Kernthemen, zum wissenschaftstheoretischen Status der Theorie und zur Anlage des Forschungsprogramms.

1.2 Hintergründe der Theorieperspektive

Giddens' Schriften reflektieren – ganz ähnlich wie die der strukturellen Netzwerkanalytiker um Harrison White (Teil II.2), obgleich mit entgegengesetzten Konsequenzen – eine spezielle Theoriesituation. Hintergrund des Theorieprojekts ist der orthodoxe Konsens, der in der Soziologie in der englischsprachigen Welt in der Zeit nach dem Zweiten Weltkrieg bis in die späten sechziger Jahre vorherrschte.[12] Talcott Parsons war für ihn der einflußreichste Theoretiker. Der struktur-funktionalistische Konsens hat sich inzwischen aufgelöst. Wichtige Theoriekontroversen über Funktionalismus und Positivismus sind ausgetragen. Gleichwohl schreiben sich einige dieser theoretischen Perspektiven fort (Giddens, 1984, xiii ff., xxxvi; 1993 [1976], 2) – wie ausgeführt auch in der Netzwerkforschung. Soziologie hat sich als Disziplin jedoch nicht in eine Diversität konfligierender theoretischer Perspektiven aufgelöst. Heute herrscht weder ein orthodoxer Konsens noch eine unverbundene Vielfalt. Nebeneinander finden sich eine ganze Anzahl von Bemühungen einer Neuorientierung soziologischer Theorie – neben der Strukturationstheorie von Giddens denke man an Alexanders (z.B. 1985; 1998) Ausarbeitung des Neofunktionalismus bis hin zu Luhmanns Begründung einer allgemeinen Systemtheorie (f. Überblicke s.a. Skinner, 1985; Smelser, 1994b) oder die Ausarbeitung der Grundzüge einer Komplexitätstheorie, wie sie

---

11 Die Ausführungen beanspruchen weder, die strukturationstheoretischen Konzepte erschöpfend für Analysen von Unternehmungsnetzwerken vorzustellen, noch die Vielfalt der in der Netzwerkliteratur angesprochenen Problemstellungen strukturationstheoretisch zu reformulieren.
12 Vgl. Giddens (1979, 235 ff.; 1982a, 1 ff., 12 ff.; 1984, xiii f.). Mit Giddens (1996, 65) ist der orthodoxe Konsens im Anschluß an Parsons als Mainstream soziologischen Denkens durch dreierlei charakterisiert: (1) *Naturalismus*, das heißt durch die Annahme, Sozialwissenschaft sollte entsprechend der Naturwissenschaft modelliert werden, (2.) durch die Idee *sozialer Verursachung*, nach der es zwar so scheint, als ob menschliche Akteure einiges von dem verstehen, was sie tun, es aber die Rolle des Sozialwissenschaftlers ist, aufzudecken, was Soziales verursacht, weil nämlich der Akteur da ignorant ist und (3) *Funktionalismus*, das heißt vor allem durch ein kybernetisches Verständnis sozialer Systeme.

in Deutschland besonders Kappelhoff (z.B. 1999; 2000b) in Angriff genommen hat.

Giddens' Projekt der Formulierung der Strukturationstheorie beginnt aus heutiger Warte als Sichtung des Nachlasses der Sozialtheorie des neunzehnten und beginnenden zwanzigsten Jahrhunderts, insbesondere der Schriften von Marx, Weber und Durkheim mit Blick auf heutige Probleme der Sozialwissenschaften (Giddens, 1971; 1979, 1). Ab Mitte der siebziger Jahre entwickelt er daraus die Grundlinien der Strukturationstheorie. Ein erstes wichtiges Buch trägt den beziehungsreichen Titel ‚New Rules of Sociological Method'. Darin diskutiert er (1976) Fragen der Hermeneutik und Formen interpretativer Soziologie und bestimmt diese, im Verhältnis zu Durkheims sozialen Tatsachen als für das soziologische Denken gleich grundlegend. Das schließt das Argument ein, daß Soziologie soziale Aktivitäten und Ereignisse nicht nur interpretativ erklären kann. Zudem formuliert er – in seinem Aufsatz ‚Functionalism: *après la lutte*' (Giddens, 1977c) – zur gleichen Zeit eine vernichtende Kritik am Funktionalismus. Er gibt seinem Theorieansatz so eine anti-funktionalistische Basis, ohne allerdings die vom Funktionalismus und insbesondere von Parsons erzielten Erkenntnisse gleich mit dem Bade auszuschütten – so wie das weitgehend für die Entwicklung der strukturellen Netzwerkanalyse in den USA zutrifft. Giddens beharrt dagegen darauf, daß eine Kritik am Funktionalismus weder zu methodologisch-individualistischen noch zu strukturalistischen Positionen zwingt, sondern sich Wege alternativer Theoriekonstruktion jenseits dieser Entgegensetzung eröffnen. In dem Buch ‚Central Problems in Social Theory' greift er (1979) ergänzend Fragen struktureller und poststruktureller Theoriebildung, etwa aus den Bereichen der Linguistik und Anthropologie, auf und thematisiert Fragestellungen, die durch den Marxismus aufgeworfen werden. Das Bemerkenswerte an diesem Buch ist, daß er diese Theorietraditionen dabei mit Überlegungen des späten Wittgenstein zusammenführt und damit einen kritischen Anschluß an den sogenannten ‚linguistic turn' in den Sozialwissenschaften gewinnt. Die vollständigste Darlegung der Strukturationstheorie als einer hermeneutisch wie strukturell informierten Sozialtheorie (s.a. Giddens, 1982a, 4 ff.) findet sich in Giddens' bisher letztem sozialtheoretisch ausgelegten Buch (1984), seiner Schrift ‚The Constitution of Society', die als sein magnum opus gelten kann.[13]

1.3 Kernthemen des Theorieprojekts

Aus dem Chor theoretischer Stimmen aktueller sozialwissenschaftlicher Diskussionen hört Giddens (1984, xvi) drei Leitthemen aktueller Theorieentwicklung

---

13 Neben den im engeren Sinne theoriekonstruktiven und hier in den Mittelpunkt der Erörterungen gestellten Arbeiten hat Giddens mittlerweile mehr als 30 Bücher geschrieben, in denen er sich zuweilen auch konkreteren Problemen moderner Vergesellschaftung zuwendet (etwa Giddens, 1982b; 1990a; 1994; 1998).

heraus, die auch die Grundlage meiner Partitur: einer strukturationstheoretisch informierten soziologischen Netzwerktheorie bilden.[14] Auf ihr baut das Verständnis sozialer Konstitution von Unternehmungsnetzwerken (allgemein: des Sozialen) auf. Der ‚pivotal point' der zum bisherigen Netzwerkdiskurs alternativen, strukturationstheoretischen Perspektive und Konzepte ist:

> Die aktuellen Theorieentwicklungen „essentially involve rescuing the knowledgeable agent as the conceptual center for social analysis, and situating what ‚knowledgeablility' is in the context of the ongoing practices of social life. Social life does then not appear as a phenomenon external to agency, but is contingently produced and reproduced in the moments of social activity stretching across the time/space context in action" (Giddens, 1986, 541).

Ein *erstes* Kernthema bildet – demnach – der *aktive, reflexive Charakter menschlichen Verhaltens*.[15] Hintergrund dieser Bestimmung ist Aristoteles' Auszeichnung des Menschen als ein Wesen, das auswählen kann und muß. Die Frage, die sich dann stellt, ist, was ‚auswählen' heißt und wie Menschen das machen. Die Strukturationstheorie vertritt hier eine besondere Position: Menschen sind ihr mit Heidegger in die Welt geworfen und entwerfen verstehend ihr In-der-Welt-sein. Akteure beziehen sich in ihrem Handeln auf Welt und auf das Verhalten zurück, das soziale Ereignisse und Aktivitäten hervorbringt. Nicht alles wird von ihnen ausdrücklich und umfassend verstanden. Sie besitzen aber, nicht zuletzt über die Reflexivität ihres Verhaltens, ein *praktisches Bewußtsein* vom sozialen Geschehen, da sie sich im Handeln quasi als Ko-Autoren über ihr Verstehen von Welt ihr Geworfensein in die Welt vergegenwärtigen und Möglichkeiten des In-der-Welt-seins entwerfen. Sie bringen ihr Wissen in ihre Praktiken und damit in die Konstitution sozialer Systeme ein. Das zeigt sich zum Beispiel in der Art, wie wir eine Sprache sprechen, in sozialen Situation halbwegs angemessen reagieren, sogar: uns auf die Nötigungen sozialer (Funktions-)Systeme einstellen usw..[16] Handelnde *beteiligen* sich am sozialen Geschehen und sind an ihm *beteiligt*. Sie sind nicht nur passiv Handelnde, taumeln nicht unbeteiligt, lediglich durch anonyme Kräfte im Leben hin und her gestoßen umher. Sie repetieren nicht nur tradierte Muster. Sie sind – gerade auch weil sie reflexiv das Geschehen in ihr Tun einbe-

---

14 Angemerkt sei, daß Giddens implizit Differenztheorien à la Luhmann als unfruchtbar klassifiziert – eine für sich bereits kaum haltbare Aussage –, dann aber implizit seine Konzepte auf Überlegungen von Derrida aufbaut (man denke an dessen Konzept der Différance und die Aufnahme dieser Theoriefigur in Giddens' grundlegendem Theorem der Dualität von Struktur [III-6]), dessen Ansatz aber ebenfalls als ‚dead tradition of thought' verwirft.

15 Diese Position Giddens' trifft auf die Mehrzahl sozialtheoretischer Ansätze zu. Es finden sich allerdings auch gewichtige Ausnahmen. Zu nennen sind strukturalistische und poststrukturalistische Positionen sowie Varianten der Systemtheorie (Joas 1996 [1992], 11 ff.). Den Leserinnen und Lesern, die bei der Theoriefigur des aktiven und reflexiven Akteurs an die Theorietradition Hegels und Marx' denken, ebenso wie jenen, die sich bei Reflexivität an Autopoiesis und die neuere Systemtheorie erinnert fühlen, sei versichert, daß sie beide im gewissen Sinne richtig liegen. Giddens' Verständnis der Konstitution von Gesellschaft speist sich mit aus beiden Quellen.

16 „The idea refers to all the things that we know as social actors, and must know, to make social life happen, but to which we cannot necessarily give discursive form" (Giddens, 1996, 69). Das sich das Wissen nicht nur aus der Vernunft speist, sondern auch aus dem ‚Anderen der Vernunft', fügt sich diesem Gesichtspunkt (hierzu Böhme/Böhme, 1985; Gloy, 1996).

ziehen – auch aktiv, produktiv und kreativ. Sie besitzen, da sie im Verstehen sich Möglichkeiten des Seins entwerfen, die „capability to act or think innovatively in relation to pre-established modes of activity" (Giddens, 1991a, 41). Sie schaffen eben auch Neues. Und wenn sie etwas wiederholen und fortschreiben, so keinesfalls immer hinter ihrem Rücken: Nicht selten geschieht gerade das vielmehr höchst reflektiert und interessiert – Organisationen und Unternehmungsnetzwerke sind dafür Paradebeispiele. Der Mensch kann so sein Leben führen, ohne damit immer schon im voraus zu wissen, wo es hinführt oder von wo es ausgeht. Insbesondere sind Menschen, da sie ihr reflexives Verhalten auch reflektieren, fähig, Erfahrungen zu machen, zu lernen und ihr Handeln zu ändern.[17] Sie können, wenn etwas nicht paßt, versuchen, das Noch-nicht-Passende in seiner Einheit zu denken und neue Differenzen bedenken. Sie handeln aktiv und reflexiv in der Welt unter Bezug auf die Welt und eingebettet in eine ‚Welt' von Bezügen. Der Mensch beugt sich in seinem Tun nicht nur auf den Kontext zurück. Er denkt auch voraus (s.a. Lenk, 1996). Er entwirft, wie Heidegger (1986 [1927], 148) formuliert, im Verstehen „sein Sein auf Möglichkeiten" und schafft sich über das Erschlossene ein „Seinkönnen" (ibid.). Ganz in diesem Sinne sind Akteure für Giddens *knowledgeable agents*': Sie haben nicht nur Wissen von dem, was sie tun und von dem, was um sie herum geschieht; sie sind auch in der Lage, ihr Wissen anzuwenden. Sie sind weder im- noch omnipotent. Und ihre aktive und reflexive Beteiligung ist für die Produktion und Reproduktion des Sozialen bedeutsam.

Ein *zweites* – damit zusammenhängendes – Kernthema betrifft die fundamentale Rolle, die den *kognitiven Fähigkeiten der Menschen* bei der Erklärung des sozialen Lebens zukommt. Sie beruht auf dem immer schon – um es mit Heidegger auszudrücken – *sprachlich ausgelegten In-der-Welt-sein* oder – im Anschluß an Wittgenstein – auf der Bedeutung, die *alltägliche Sprachspiele* als Teile der Lebensform haben:

„Dieser alltäglichen Ausgelegtheit, in die das Dasein zunächst hineinwächst, vermag es sich nie zu entziehen. In ihr und aus ihr und gegen sie vollzieht sich alles echte Verstehen, Auslegen und Mitteilen, Wiederentdecken und neu Zueignen. Es ist nicht so, daß je ein Dasein unberührt und unverführt durch diese Ausgelegtheit vor das freie Land einer ‚Welt' an sich gestellt würde, um nur zu schauen, was ihm begegnet. Die Herrschaft der öffentlichen Ausgelegtheit hat sogar schon über die Möglichkeiten des Gestimmtseins entschieden, das heißt über die Grundart, in der sich das Dasein von der Welt angehen läßt. Das Man zeichnet die Befindlichkeit vor, es bestimmt, was und wie man ‚sieht'" (Heidegger, 1986 [1927], 169 f.).

Das durch die ‚Herrschaft der öffentlichen Ausgelegtheit' geprägte aktive und reflexive In-der-Welt-sein ermöglicht für Heidegger eine ‚entdeckend-verdeckende'

---

17   Um Mißverständnisse zu vermeiden, sei angemerkt, daß, wie wir seit Hegel wissen, *Reflexivität* nicht gleich *Reflexion* ist. Ersteres meint den Rückbezug im Verhalten auf Verhalten, verweist, wie Giddens oder auch Luhmann schreiben, auf Rekursivität, während Reflexion anzeigt, was Akteuren davon im Reflexionsakt bewußt wird oder in ihm Aufmerksamkeit erlangt.

Welterschließung.¹⁸ Der Mensch, so Heidegger, erkennt im Verstehen nicht nur Möglichkeiten, sondern schafft sich diese auch im gleichen Atemzuge. Die Auslegung, die methodische Ausarbeitung des Verstehens als Sicht, als Erkennen von Möglichkeiten, und als Entwurf, als Schaffen von Möglichkeiten, beinhaltet also immer die Kenntnisnahme des Verstandenen und die Ausarbeitung der im Verstehen entworfenen Möglichkeiten. Das ist für Heidegger wie für Giddens eine der unhintergehbaren Bedingungen der Möglichkeiten der Konstitution des Sozialen im allgemeinen und damit auch der von Unternehmungsnetzwerken im besonderen. Es unterliegt dem später vorgestellten Verständnis des Akteurs ebenso wie der Systemregulation. Sprache spielt hierbei eine spezielle Rolle. Sie erlaubt uns, das, was präsent und unmittelbar sinnlich erfahrbar ist, zu erfassen und zu überschreiten. Sie ist unverzichtbares Moment der Welterschließung. Die Fähigkeit des Menschen zu abstrahieren macht Sprache und Verständigung über Sprache möglich. Das wiederum eröffnet erst ein sichtendes und entwerfendes Verorten und Schaffen von Handlungsmöglichkeiten in der Welt. Diese menschliche Fähigkeit bildet die Grundlage der Regulation sozialer Praktiken, erweitert Möglichkeiten und setzt Grenzen, soziale Systeme reflexiv auszulegen. Daß Sprache und soziale Praxis in einem rekursiven Verhältnis stehen, haben bekanntlich Heidegger (1986 [1927]) in ‚Sein und Zeit' (s.a. Gadamer, z.B. 1995 [1989a], 70) und – trotz aller Unterschiede, die zwischen den beiden Autoren bestehen – vor allem Wittgenstein (1988 [1953]) in seinen ‚Philosophischen Untersuchungen' gezeigt. Sprache, ebenso wie Sprechen, läßt sich nicht, wie Wittgenstein (1988 [1921/1922]) selbst noch im ‚Tractatus' annahm, unabhängig von sozialer Praxis bestimmen. Sprechen beinhaltet vielmehr ein Wissen über das ‚how to go on' im praktischen Handeln. Praktisches Handeln übt Einfluß auf Sprechen und die Entwicklung von Sprache aus, wie umgekehrt Sprache Möglichkeiten des Handelns konstituiert. Es ist dieses Verständnis des rekursiven Verhältnisses von Sprache und sozialer Praxis, das als Leitmotiv dem Giddensschen Konzept des ‚knowledgeable agents' eingeschrieben ist:

„Language is intrinsically involved with *that which has to be done:* the constitution of language as ‚meaningful' is inseparable from the constitution of forms of social life as continuing practices" (Giddens, 1979, 4).

Giddens' Verständnis von Konstitution als Strukturation ist durch diese Figur maßgeblich geprägt. Der Gebrauch von Sprache ist dabei offensichtlich in die Lebensformen, in alltägliches Handeln eingebettet, aber wohl nicht so selbstverständlich wie lange Zeit angenommen. Die ‚stocks of knowledge', die ‚représentations collectives' sind sprachlich vermittelt. Sie kennzeichnen nicht nur Arten und Weisen, wie Akteure auf die Welt sehen, sondern auch, wie sie mit ihr umgehen, wie sie ihre Welt ‚machen'. Der Gebrauch von Sprache ist ein Bestandteil

---

18 Sie ist für Wittgenstein der Ort des Entstehens spezifischer (philosophischer) Mißverständnisse der alltäglichen Sprachfunktion, die als Leerlaufsprachspiele (der Philosophie) nicht mehr sinnvoll mit der Lebenspraxis verwoben sind (Apel, 1967).

rekursiver sozialer Reproduktion und Transformation, ohne daß das soziale Leben gleich wie Sprache ist.[19]

Drittens diagnostiziert Giddens in den Sozialwissenschaften einen Trend, sich von dem durch die Naturwissenschaften geprägten Ideal von Forschung und Wissenschaft abzuwenden. Darauf gehe ich jetzt gesondert ein.

1.4 Zum postempiristischen und postpositivistischen wissenschaftstheoretischen Status des Theorieansatzes

Der Status der Strukturationstheorie ist *postpositivistisch* und *postempiristisch*. Wenn auch zunehmend implizit, hat Giddens (1993 [1976], 168 ff.) das in seinen sozialtheoretischen Schriften seit seinen ‚New Rules of Sociological Method' wieder und wieder ausgeführt.[20] Die wissenschaftstheoretische Position der Strukturationstheorie ist den Theoriepositionen radikal entgegengesetzt, wie sie im ‚orthodoxen Konsens' versammelt sind. Letzteren unterliegt ein positivistisch-empiristisches Verständnis von Wissenschaft, welches in der ersten Hälfte des 20. Jahrhunderts vor allem in den Vereinigten Staaten als Königsweg wissenschaftlicher Erkenntnis angesehen wurde. Noch heute dient es vielen als Vorbild.[21] Es ist hier nicht der Ort, die vielfältigen in sozial- und erkenntnistheoretischen Debatten aufgehäuften Bedeutungen des Begriffs *Positivismus* vorzustellen (hierzu

---

19   Der soziale Charakter von Sprache wurde in der Soziologie trotz des grundlegenden Einflusses der Schriften Durkheims auf die Formen ihrer Analyse lange verkannt (für Details Luckmann, 1969; 1984; Knoblauch, 2000). Einige, wie Lévi-Strauss (1981 [1947]), haben aufgrund der elementaren Bedeutung von Sprache, aufgedeckt durch die strukturelle Linguistik, in letzterer eine Leitwissenschaft für die Analyse des Sozialen gesehen, die nicht nur Analysemethoden bereithält, sondern auch substantielle Hinweise auf die Natur des menschlichen Geistes vermittelt (Giddens, 1987d, 77). Giddens schreibt den linguistischen Arbeiten ebenfalls hohe Bedeutung zu, teilt aber nicht die Position von Lévi-Strauss. Mit Wittgenstein stellt er (ibid., 78) vielmehr das rekursive Zusammenspiel von Sprache und Praxis in den Mittelpunkt seiner Betrachtung.

20   Für Giddens scheinen die wissenschaftstheoretischen Fragen im Prinzip zu Gunsten postpositivistischer und postempiristischer Positionen geklärt. Obwohl er offensichtlich, wie seine Schriften (insbes. 1976, Kap. 4; 1977a, Kap. 1; 1979, 242 ff.) belegen, mit den Prinzipien und den Einwänden gegen positivistisches Denken vertraut ist, hat Giddens seine Position an Sichtweisen entwickelt, die bereits in einiger Distanz zu positivistischen Ansichten stehen (s.a. Kießling, 1988, Teil I, B, D). Generell behagen Giddens die erkenntnistheoretischen Diskussionen zunehmend weniger: „Significant as these may be, concentration upon epistemological issues draws attention away from the more ‚ontological' concerns of social theory, and it is these upon which structuration theory primarily concentrates" (Giddens, 1984, xx). Der an der Diskussion um den wissenschaftstheoretischen Status der Strukturationstheorie interessierte Leser sei ferner auf die Diskussion zwischen McLennan (1984, 1988) und Cohen (1986) verwiesen. Eine lesenswerte Einordnung in die wissenschaftstheoretische Diskussion liefert jetzt Baert (1998).

21   Die positivistische Position ist zwar im Bereich der Wissenschaftstheorie in den letzten dreißig bis vierzig Jahren im Niedergang begriffen. Sie bleibt aber bis heute insbesondere, aber nicht nur in den Vereinigten Staaten eine einflußreiche und institutionell hochgradig abgesicherte Doktrin (Smelser, 1986; Cohen, 1987, 275 ff.; Giddens, 1984, xxxvi f.; Fn 1). Jedoch ist sie heute nur mehr eine Variante unter anderen.

Giddens, 1977b).²² In einem weiten Sinne umfaßt er eine Serie miteinander verbundener Perspektiven:

„phenomenalism – the thesis, which can be expressed in various ways, that ‚reality' consists in senseimpressions; an aversion to metaphysics, the latter being condemned as sophistry or illusion; the representation of philosophy as a method of analysis, clearly separable from, yet at the same time parasitic upon, the findings of science; the duality of fact and value – the thesis that empirical knowledge is logically discrepant from the pursuit of moral aims or the implementation of ethical standards; and the notion of the ‚unity of science': the idea that the natural and social sciences share a common logical and perhaps even methodological foundation" (Giddens, 1977b, 29).

Zwei Aspekte seien hervorgehoben: Ihre Vertreter gehen von einer externen, objektiv gegebenen Welt der ‚Tatsachen' aus, die sich wissenschaftlich zunehmend erschließen läßt. Die Idee der Einheit der Wissenschaft beinhaltet, daß es zwischen Natur- und Sozialwissenschaften logisch keine grundlegenden Differenzen gibt, und Sozialwissenschaftler nicht gesondert die logischen Grundlagen ihres Forschungsbereiches zu untersuchen haben.

Die neuere wissenschaftstheoretische Diskussion in der zweiten Hälfte des 20. Jahrhunderts, an die Giddens anschließt, und die sich vor allem mit Autoren wie Kuhn, Toulmin, Lakatos, Feyerabend und Hesse verbindet, hat die Mehrzahl dieser Postulate bekanntlich verworfen und *postpositivistische* und *postempiristische* Positionen entwickelt:²³

- Empirische Daten und Beobachtungen sowie ihre Darstellungen werden statt als theorieneutral als theoretisch informiert angesehen (so bereits Popper). Theoretische Vorstellungen über die Gesellschaft und ihre Mechanismen und Zusammenhänge sind nicht bruchlos durch empirische Befunde einzulösen. „System und Einzelheit sind reziprok und nur in ihrer Reziprozität zu erkennen," wie Adorno (1972 [1961], 127) es etwa in Anlehnung an Hegel charakterisiert. Empirische Forschung setzt notwendig (implizit oder explizit) kategoriale Festlegungen voraus.
- Systeme deduktiv verbundener Gesetze gelten nicht länger als das höchste Ideal wissenschaftlicher Erklärung.

---

22 Zu unterschiedlichen Varianten und Verwendungsweisen des Begriffs Positivismus von SaintSimon und Comte über den Wiener Kreis bis hin zum sogenannten Positivismusstreit in der Soziologie siehe auch Adorno et al. (1972), Giddens (1995) oder Ritsert (1996). Aktuelle Varianten, die auf die eine oder andere Art auf der Position des logischen Positivismus aufbauen, sind etwa George Homans ‚Behaviorismus', Jonathan Turners ‚Analytic Theorizing' und Richard Münchs aktuelle Parsonsinterpretation (für einen Überblick Giddens/Turner, 1987, 4 ff.). Auch ist ein Großteil der Arbeiten im Bereich struktureller Netzwerkforschung (Teil II.2), der Studien zum Konzept der systemischen Rationalisierung (Teil II.1) und der Managementforschung (Teil I) dieser wissenschaftstheoretischen Position zuzurechnen. Erhellende Kurzcharakteristiken des Positivismus finden sich ferner bei Hesse (1980), Smelser (1986), Alexander (1987), Cohen (1987; 1989), Bryant (1989) und Baert (1998).
23 Die Kurzcharakterisierung postpositivistischer und postempristischer Positionen greift Argumente folgender Autoren auf: Adorno (1972 [1961]), Habermas (1972 [1963]; 1972 [1964]; 1988 [1981], 489 ff.), Giddens (1976; 1977b; 1989b; 1995), Hesse (1980), Alexander (1987), Cohen (1987; 1989), Giddens und Turner (1987), Bryant (1989; 1995) und Baert (1998).

- Die Generierung von Wissen wird – und das ist die wohl entscheidendste Neuerung – als interpretatives Unternehmen verstanden (s.a. Giddens, 1982a, 12 f.).[24] Es geht um „circular interpretation, reinterpretation, and self-correction of data in terms of theory, theory in terms of data" (Hesse, 1980, 173).
- Soziale Verursachung und Vorhersagbarkeit werden durch ‚knowledgeably organized practices of human agents' hervorgebracht und sind als solche zu analysieren (Giddens, 1996, 70), das heißt, sie sind nur unter Einbezug des Handelns kompetenter Akteure zu verstehen.
- Theorieentwicklung folgt für Postpositivisten ferner nicht, wie Popper annahm, dem Gesetz eines strengen Kampfes ums Überleben. Im Gegenteil, wenn eine theoretische Position mit widersprechenden empirischen Resultaten konfrontiert wird, die nicht ignoriert werden können, entwickelt sie zumindest solange Ad hoc-Hypothesen und Residualkategorien, bis eine im Diskurs anerkannte theoretische Alternative vorhanden ist.
- Post-empiristisch geht es um das Ausarbeiten von Theorien, die zwar nicht abbildtheoretisch ‚wahr', aber so allgemein und gleichzeitig so differenziert sind, daß sie Soziales größtmöglich zu erfassen und zu differenzieren erlauben und gleichzeitig gestatten, Einsichten anderer Gesellschafts- oder Sozialtheorien zu integrieren.[25]

Diese Vorstellung von Theorieentwicklung sowie zur relativen Autonomie und wechselseitigen Verwobenheit von Theorie und Empirie und von Theorie und Forschung kennzeichnet in ihren Augen die Logik der (Sozial-)Wissenschaft. Die Unterdetermination von Theorien durch Daten beinhaltet, daß Werte, Bilder, Vorstellungen usw., die die Daten informieren und vervollständigen, elementare Bestandteile sozialwissenschaftlicher Forschung bilden und als solche zu reflektieren sind.

1.5 Das neue Forschungsprogramm

Die Strukturationstheorie verfolgt eine zum traditionellen Forschungsprogramm *konträre* Ausgangsposition:

---

24 Giddens (1984, xix) verweist darauf, daß die Naturwissenschaften in post-empiristischen Konzepten nicht nur nicht mehr als Ideal sozialwissenschaftlicher Forschung gelten können, sondern daß vielmehr die Philosophie der Naturwissenschaften heute mit dem Umstand konfrontiert ist, über Sprache und Interpretation als Momente naturwissenschaftlicher Erklärung nachzudenken. Siehe hierzu auch Knorr-Cetina (z.B. 1985), Lenk (1995) oder, mit einem instruktiven Überblick über die ‚eroding foundations' traditioneller Sozialwissenschaft im Zuge wissenschaftstheoretischer Entwicklung, Baert (1998; insbes. Kapitel 8). Ob damit eine neue Version der Vorstellung der ‚Einheit der Wissenschaften' auf allerdings post-positivistischer Grundlage begründet werden kann, bleibt dabei eine offene Frage (Giddens, 1993 [1976], 14 f.).

25 Die strukturationstheoretische Position verwirft also die Inkommensurabilitätsansicht, nach der Sozialtheorien geschlossene Diskursuniversen mit inkommensurablem Vokabular bilden, die Theorievergleiche unmöglich machen. Damit optiert sie gleichzeitig gegen einen ‚Sprachrelativismus' und für sprachspielübergreifende Rationalität und Rationalitätsmaßstäbe, für ‚bessere' und ‚schlechtere' Aussagen und Theorien (s.a. Habermas, 1984 [1972]).

„All human agents know a great deal about the conditions of their activity, that knowledge being not contingent upon what they do, but constitutive of it. Our knowledgeability is always bounded. It is bounded institutionally, and those boundaries (structural constraints) it is still necessary to study (Giddens, 1996, 69; s.a. 1984, 281; 1979, 5; 1993 [1976], viii).

Die Gegenposition lautet:

„For naturalistic sociologists, the unintended character of social processes sustains the view that social life is governed by influences of which social actors are ignorant. But it is one thing to argue that some aspects of social life or institutions are unintended by those who participate in them, it is quite another to presume that consequently individual agents are acted upon by ‚social causes' which somehow determine the course of what they do. Far from reinforcing such a conclusion, an appreciation of the unintended consequences of action should lead us to emphasize the importance of a sophisticated treatment of the purposive nature of human conduct. What is unintentional can't even be characterized unless we are clear about the nature of what is intentional; and this, I would argue, also presumes an account of agents' reasons" (Giddens, 1996, 73; s.a. 1984, xix f.).

Die Unterschiede zu etablierten Ansätzen zur Netzwerkforschung liegen auf der Hand: Studien aus dem Bereich der strategischen oder managementnahen Netzwerkforschung blenden die Bedingungen und Konsequenzen, die strukturellen Voraussetzungen und Resultate des Handelns aus oder verbannen sie in vom Handeln abgetrennte Randbedingungen (Teil I). Strukturalistische und funktionalistische Theorien (Teil II) ermangeln eines Äquivalents zum ‚knowledgeable agent'. Für sie sind die von Akteuren be- oder verfolgten Interessen ohne Relevanz:

„[T]he only worthwhile knowledge about social actors or institutions which the social sciences should be interested in obtaining is that which those actors do not themselves possess. With this comes the inclination to reduce knowledge imputed to actors to a minimum, thus broadening the scope for the operation of causal mechanisms which have their effects independently of the reasons that individuals have for what they do" (Giddens, 1984, 345).

Die Konzentration auf die dem Akteur verborgenen Mechanismen verdeckt einen für eine befriedigende Erklärung relevanten Unterschied:

„situations where those concerned ‚make happen' a regularized outcome differ substantially from those in which such an outcome ‚happens' in a way which no participant has intended. Since agents' knowledge about the conditions influencing the generalization is causally relevant to that generalization, these conditions can be altered by changes in such knowledge" (Giddens, 1984, 346).

Die Forscher „[therefore] get to know what agents know (discursively and on the level of practical consciousness)" (Giddens, 1990b, 314; s.a. 1984, xxx). Das heißt: Er muß in das Gegenstandsfeld eintauchen, in die Praktiken, die das Feld kennzeichnen:

„All social science is irretrievably hermeneutic in the sense that to be able to describe ‚what someone is doing' in any given context means knowing what the agent or agents themselves know, and apply, in the constitution of their activities. It is being able (in principle) to ‚go on' – mutual knowledge shared by participants and social-scientific observer" (Giddens, 1993 [1976], 13).[26]

---

26 Einschätzungen darüber, was im Feld geschieht oder sich entwickelt, sind also mit daran gebunden, daß der Forscher nicht nur erkundet, was die Akteure im Feld wissen und intendiert gestalten, sondern daß er deren Wissen auch als Bestandteil seiner Deutung und Erklärung aufnimmt.

Für Giddens ist Bezugspunkt der Sozialwissenschaften die Melange der partiell reflexiv und partiell nicht-reflexiv verfolgten Intentionen und Aktivitäten. *Was in dem Feld*, was zum Beispiel auf Märkten, in Unternehmungsnetzwerken oder auch in Unternehmungen, *wie und warum geschieht*, läßt sich also nur aus dem Mix aus aktiver und reflexiver Erfassung und Gestaltung und dem, was sich Akteuren entzieht, verstehen.

1.5.1 Doppelte Hermeneutik: das Besondere sozialwissenschaftlicher Forschung

Forscher – wie Handelnde – bestimmen verstehend und auslegend oder interpretierend die Sinn- und Kausaladäquanz (Weber) des beobachteten Verhaltens und Geschehens. Sie schaffen Zusammenhänge und blenden andere aus. Sie erschließen Möglichkeiten und ergreifen dieses Sein-Können, entwerfen das Dasein auf bestimmte Möglichkeiten hin. Möglichkeiten werden so im Verstehen (mit Heidegger, 1986 [1927], 148 ff.) erkannt und geschaffen. Das Verstehen von Handelnden, ihre Interpretationen sind durch die Daten nicht determiniert. Sie sind aber auch keine Fiktionen, keine Erfindungen von Bildern der Welt ohne Bezug zur Welt:

„Interpretationen sind immer an etwas gebunden, das sie zur Erscheinung bringen; sie sind eigenständige Produkte, ohne bloße Erfindungen zu sein. In ihnen kommt etwas zur Geltung – wenn auch nicht unmittelbar, sondern gebrochen: verkürzt, in bestimmter Zugangsweise und Akzentuierung, bestimmter Färbung und Präsentation. Darum haben auch Interpretationen ihre Wahrheit – eine Wahrheit, die nicht im reinen und selbstlosen Sehenlassen besteht, und deshalb auch nur in der Vielfalt des immer neu, immer anders ansetzenden Interpretierens herauskommt; darin, daß Interpretationen einander ergänzen, ohne aufeinander oder gar auf ihre direkt faßbare Sache reduzierbar zu sein. Die Wahrheit der Interpretation ist keine einfache Evidenz, sie liegt in den Konstellationen immer wieder anderen Darstellens. So beantwortet sich wohl auch die Frage, wozu man interpretiert: Zum Leben in Verhältnissen, die durch eine mittelbare Zugänglichkeit ihrer Grundlagen gekennzeichnet sind; deren Unmittelbares sich uns gibt, in dem es sich entzieht und so im Gedächtnis, in Sprache und Bild präsentiert, präsent gehalten werden muß" (Figal/Rudolph, 1996, 153; s.a. Derrida, 1983 [1967], 282).[27]

Giddens vertritt mit dem Konzept der *doppelten Hermeneutik* eine spezielle Variante verstehender Auslegung von Welt:

„Lay actors are concept-bearing beings, whose concepts enter constitutively into what they do; the concepts of social science cannot be kept insulated from their potential appropriation and incorporation within everyday action" (Giddens, 1993 [1976], 13; s.a. 1984; xxxiii).[28]

---

27 Die regulierte Beziehung besteht, so möchte ich mit Bezug auf die von Rorty (1984, 7 ff.) diskutierten ‚Theorien der Wahrheit' formulieren, darin, daß theoretisch wahre Aussagen in gewisser Weise mit der Wirklichkeit korrespondieren (müssen), Akteure sie als berechtigte Behauptungen begreifen und die Aussagen Akteuren gegebenenfalls eine neue Sprache geben, neue Erklärungen sowie Kriterien für die Richtigkeit von Aussagen eröffnen.

28 Diese Theoriefigur stellt das Uniformitätsprinzip positivistischer Provenienz grundlegend in Frage. Sie lehnt sich an Überlegungen von Habermas (1972 [1963], 158; 160) an, der mit Bezug auf Hegel und Adorno von einer ‚natürlichen Hermeneutik' der sozialen Lebenswelt spricht, die es dialektisch zu durchdenken gilt (s.a. Adorno, 1972 [1957], 82; Giddens, 1995, 178). Der wesentliche, wenn auch nicht der einzige Unterschied zu den Naturwissenschaften ist der, daß (Fortsetzung der Fußnote auf der nächsten Seite)

Forscher legen aus, wie Akteure ihre Praktiken in der Welt, und nicht nur in einer Situation, verstehen und auslegen.[29] Voraussetzung hierfür ist:

„Die Praxis des Verstehens ist – im Leben wie in der Wissenschaft – in ähnlicher Weise Ausdruck der Zugehörigkeit dessen, der versteht, zu dem, den er versteht, und zu dem, was er versteht" (Gadamer, 1987 [1980], 471).

Forscher – wie allgemein: Handelnde – arbeiten ihre im Verstehen entworfenen Möglichkeiten (methodisch) aus, bilden ein Verständnis über das eigene und fremde Verstehen und Auslegen aus. Diese Auslegungen der Auslegungen – die im Prozeß der Forschung zuweilen und je nach methodischem Vorgehen das Verstehen geteilter Situationen einschließt – sind keine nur individuellen Akte, obwohl letztlich nur Individuen sie durchführen können. Individuelle Vorstellungen sind in soziale Vorstellungswelten eingebettet, durch sie orientiert und unter Rekurs auf sie ausgebildet. Eingeschlossen ist ein Verständnis des Hintergrunds des Geschehens, das selbst oft kein Thema ist, das uns aber erlaubt, den Sinn einer Aussage oder Handlung zu verstehen (genauer Kouba, 1996; insbes. 188 ff.). Der hermeneutisch *umsichtige Zugriff* auf die soziale Ausgelegtheit des Geschehens enthält immer einen hermeneutischen *Rückgriff* auf gemachte Erfahrungen und erworbenes Wissen über historisch ererbte kollektive Zusammenhänge sowie auf Hintergründe, auf denen Aktivitäten aufbauen, und in die sie sich einführen. Er beinhaltet zudem immer einen hermeneutischen *Vorgriff* auf Antizipiertes, auf am Horizont Auftauchendes, Erwartetes, auf den Verlauf und die Resultate sozialen Verhaltens. Die Reinterpretationen bleiben aber nicht in einem wie auch immer abgetrennten Bereich der Wissenschaft. Sie fließen vielmehr auf die eine oder andere Art und Weise ständig – über das umsichtige Handeln von Akteuren – in das Untersuchungsfeld zurück und tragen zu deren Veränderung bei – auch deswegen doppelte Hermeneutik:

„The point is that reflection on social processes (theories, and observations about them) continually enter into, become disentangled with and re-enter the universe of events that they describe" (Giddens, 1984, xxxiii).

Akteure eignen sich so die von Forschern und anderen ausgelegten Theorien, Konzepte und Begriffe an und legen sie aus, die doch zunächst geprägt wurden,

---

Hermeneutik in den letzteren Wissenschaften ‚nur' den Diskurs der Wissenschaftler betrifft (s.a. Giddens, 1989a, 251). Hermeneutik bezeichnet, im Anschluß an Heidegger und Gadamer, nicht nur eine Technik der Textauslegung im herkömmlichen Sinne, vielmehr eine universale Hermeneutik der Faktizität (z.B. Gadamer, 1993, 72; Barbaric, 1996, 229).

29 *Verstehen* bezeichnet in der hermeneutischen Philosophie den Vollzug des schöpferischen Ergreifens einer gemeinsamen Situation, während *Auslegung* die Thematisierung einer nicht geteilten Situation oder die Ausbildung des Verstehens bezeichnet. Davon wird als dritte hermeneutische Art des Verstehens die *Interpretation eines Kunstwerkes* unterschieden (s.a. Kouba, 1996, 195 f.). Das Ansetzen am Wissen und Verständnis sozialwissenschaftlicher ‚Laien' weist Bezüge zur ‚Maxime der Voraussetzungsarmut' auf, wie sie in der neueren französischen Sozialwissenschaft praktiziert wird (s.a. Wagner, 1993). Die Befolgung dieser Maxime erfordert jedoch in strukturationstheoretischer Sicht einen voraussetzungsreichen konzeptionellen Begriffsapparat, damit alltäglich Disparates und Institutionelles nicht auseinanderfallen.

um ihre Praktiken zu analysieren. Das ergibt ein rekursiv vermitteltes Verhältnis von Theorie und Praxis (Giddens, 1993 [1976], 9). Sozialwissenschaftliches Wissen spielt daher gerade in modernen Gesellschaften eine *konstitutive Rolle*, weil es von Akteuren routinemäßig in die Ausgestaltung intimster wie unpersönlicher Aspekte des sozialen Lebens einbezogen wird.[30]

1.5.2 Theorie und Theoriebildung

Theorie und Praxis sind in strukturationstheoretischer Perspektive über die doppelte Hermeneutik dialektisch vermittelt. Empirische Forschung, trivial genug, ist nicht ohne Theorie möglich. Wenn jede Beobachtung Interpretation, Verstehen und Auslegen im Lichte alltäglicher Ausgelegtheit des Sozialen, gemachter Erfahrungen, erworbenen Wissens und antizipierter Erwartungen ist, dann eben gibt es keine epistemologische Unabhängigkeit der ‚Tatsachen' von den ‚Theorien', mit denen man sich diesen nähert. Theoriebildung stellt daher eine *eigenständige Aufgabe* im Rahmen einer an der doppelten Hermeneutik orientierten sozialwissenschaftlichen Forschung dar – es bedarf daher, im Gegensatz zu der im Teil II.1 diskutierten Ansicht von Kern (1989), eigenständiger Anstrengungen auf diesem Gebiet, sollen die Theorieprobleme der Disziplin behoben werden.

Was unter *Theorie* verstanden wird, ist damit noch offen. Für Vertreter des orthodoxen Konsens hat Theorie, soll sie erklärenden Gehalt besitzen, vornehmlich aus Verallgemeinerungen zu bestehen (Giddens, 1984, xviii). Giddens (1984, *preface*) behauptet dagegen:

„In social science, [...], conceptual schemes that order and inform processes of inquiry into social life are in large part what ‚theory' is and what it is for. I do not mean by this, of course, that it is not the aim of social theory to illuminate, interpret and explain substantive features of human conduct. I

---

[30] Auch der Gehalt aller als Interpretationsschemata in Wissenschaft und Praxis verwendeten Begriffe konstituiert sich in und durch soziale Praxis (s.a. Foucault, 1981 [1973]). Die in der strukturationstheoretischen Begriffsbildung typischen Redeweisen von einem hohen Grad von Reflexivität, hoher Ausdehnung in Zeit und Raum usw. besitzen und erhalten ihre jeweilige Präzision über ihre Eingebettetheit und Einbettung in die Prozese sozialer Konstitution. Kompetente Akteure besitzen, anders formuliert, ein durchaus präzises Verständnis über zum Beispiel unterschiedliche Grade von Reflexivität in Sozialsystemen oder über die Ausgedehntheit sozialer Praktiken in Zeit und Raum. Sie bringen ihr Wissen in ihre Aktivitäten ein und reproduzieren (oder verändern) sie gegebenenfalls damit. Zuweilen wird der Rückfluß sozialwissenschaftlicher Erkenntnisse in die Praxis in Frage gestellt. Will man an dieser Stelle nicht anhand einzelner empirischer Befunde argumentieren und Zusammenhänge zwischen der Ausgestaltung einzelner sozialer Beziehungen und sozialen Forschungsresultaten aufweisen, so kann man auf gesellschaftliche Mechanismen des Rückflusses verweisen: Forschungsergebnisse fließen über die öffentliche Verbreitung der gewonnenen Einsichten, etwa in Form neuer Produkte und Verfahren, aber auch in Form von Publikationen, Vorträgen und der Einbeziehung der Ergebnisse in die Lehre, zumindest vermittelt in die Praxis zurück. Organisationen stellen zum Beispiel Absolventen ein, die theoretische Kenntnisse über Organisationen besitzen. Organisationsberater greifen solch ein Wissen in ihrer Beratungspraxis auf. Umsichtige Akteure halten sich über das, was geschieht, auf dem Laufenden. Die angesprochenen Mechanismen des Rückflusses beinhalten, daß der Rückfluß des Wissens selbst Medium und Resultat herrschender Diskurse mitsamt ihren Akzentuierungen und Verzerrungen ist.

mean that the task of establishing and validating generalizations [...] is only one among various other priorities or aims of social theory."

Wie steht es um die Natur von Erklärungen in den Sozialwissenschaften? Sind nur solche Fragen wert, untersucht zu werden, die durch Verweis auf abstrakte Verallgemeinerungen zu beantworten sind? Giddens (1984, xix) hat hier seine Zweifel:

„Most ‚why?' questions do not need a generalization to answer them, nor do the answers logically imply that there must be some generalizations lurking around which could be invoked to back up the answers."

Dabei ist es nicht unerheblich, sich über den Begriff der Verallgemeinerung selbst Klarheit zu verschaffen. Verallgemeinerungen sind erstens als allgemeine Gesetze im Sinne von *Verhaltensregeln* oder *Konventionen* beachtenswert:

„Consider the example which the philosopher Peter Winch gives, of cars stopping at traffic lights. One might suppose that there is a ‚law' involved here. When the lights are red, cars stop; when they go green, the traffic moves ahead again. If you came from an alien culture, and had never seen cars before, you might imagine that there was some kind of ray between the traffic lights that stopped the cars. If that were true it would indeed be naturalistic-style law. However, we are all aware that what makes the cars stop is that traffic drivers know the rules of traffic behaviour, and that these rules and conventions of behaviour supply reasons for what they do" (Giddens, 1996, 70).

Das Aufdecken von Gesetzen diesen Typs ist oft uninteressant. Neu sind sie ja nur für denjenigen, der mit den Konventionen nicht vertraut ist – und das trifft allerdings, da wir in unterschiedlichen Kulturen leben, so selten nicht zu, selbst wenn man an so Wohlreguliertes wie den Autoverkehr denkt.

Spricht man in der funktionalistischen oder strukturellen Forschung von Verallgemeinerungen, dann ist meistens – zweitens – jedoch ein anderer Typ gemeint, ‚verallgemeinerte unintendierte Konsequenzen', wie Giddens (1996, 71) sie nennt. Deren Aufdeckung ist gewiß Aufgabe der Sozialwissenschaft. Aber auch sie unterscheiden sich von Gesetzen in den Naturwissenschaften:

„Virtually all generalizations of this type are mutable in terms of the altered knowledgeability of human agents. There is an intrinsic relation between generalizations of type one (rules and conventions of behaviour) and those of type two (depending upon unintended consequences). In a specific context of action, what people do knowledgeably in the light of conventions alters across time, thereby influencing type two generalizations" (ibid.).

Auch Forschungsergebnisse können, entsprechend dem Theorem der doppelten Hermeneutik, das Wissen der Akteure beeinflussen. Die Interpretationen und Erklärungen von Laien und Forschern können natürlich jederzeit kollidieren. Forschungsergebnisse und konzeptionelle Neuerungen können aber auch je nach dem Grad ihrer Übereinstimmung oder Übernahme in Praktiken eingehen und damit die Reproduktion und die Transformation des Gegenstandsbereichs der Forschung oder Beobachtung beeinflussen.[31] Die Vorstellung einer doppelten

---

31 Der Rückfluß sozialwissenschaftlichen Wissens ist für die Disziplin von zweischneidigem Charakter: Ihr Wissen wird, so und wie es zurückfließt, zu einem konstitutiven Bestandteil des Su-
(Fortsetzung der Fußnote auf der nächsten Seite)

Hermeneutik schließt die Akkumulation sozialwissenschaftlichen Wissens insgesamt nicht aus. Was sie jedoch radikal in Frage stellt, ist die positivistisch-empiristische Sichtweise eines progressiven, linearen und kumulativen Erkenntnisfortschritts in den Sozialwissenschaften und die eher kybernetische Vorstellung der technischen Steuerung und Steuerbarkeit des Sozialen.

1.5.3 Strukturationstheorie als Sozialtheorie: Ontologie des Sozialen

„[S]tructuration theory [...] is an attempt to work out an overall *ontology of social life*, offering concepts that will grasp both the rich textures of human action and the diverse properties of social institutions" (Giddens, 1990b, 310f.; Hervorh. A.W.).

Ontologie ist für Giddens (1991b, 201) eine „conceptual investigation of the nature of human action, social institutions and the interrelations between action and institutions."[32] Der Strukturationstheorie geht es also in dem Sinne um die ‚Natur' der Konstitution des Sozialen, als ihre Konzepte beanspruchen zu erfassen, wie Akteure sich im Handeln Sozialsysteme bis hin zu den am weitesten in Zeit und Raum ausgreifenden sozialen Praktiken, den Institutionen, vergegenwärtigen. Dabei geht es ihr nicht um den ‚Sinn von Sein' (Heidegger). Doppelte Hermeneutik oder die – später aufgenommene – Dualität von Struktur kennzeichnen, das impliziert die Redeweise von einer Ontologie, das Sein in grundlegender Art und Weise: zum Beispiel unterschiedlichste Gesellschaften – vergangene, gegenwärtige und zukünftige – und Wirklichkeits- und Erfahrungswelten unterschiedlichster Menschen.

Mit dem Ansinnen, eine Ontologie des Sozialen auszuarbeiten, setzt Giddens sich weit verbreiteten Vorbehalten gegenüber metaphysischen oder ontologischen Postulaten aus.[33] Giddens selbst teilt Vorbehalte gegen Theorien dieser Art. Die

---

zialen und verschwindet in ihm. Und das gilt insbesondere für moderne Gesellschaften, in denen jene Reflexivität institutionalisiert ist.

32 Dieser grundlegende Aspekt der Strukturationstheorie wird nahezu durchgängig in der Literatur nicht reflektiert (Ausnahmen sind Cohen, 1987; 1989, oder Kießling, 1988, 28 ff.).

33 Eine aus positivistischer Sicht naheliegende Ablehnung metaphysischer Spekulationen formuliert etwa Comte (1893; vol. 2, book 6, ch.3, 57), indem er diese so charakterisiert: „at once ideal in its course, absolut in its conception, and arbitrary in its application" (zit.n. Bryant, 1995). Der Anspruch einer Sozialtheorie, sie sei eine Ontologie, oder ihr gehe es im Kern um ontologische Aspekte des Sozialen, steht gerade in einer durch die Schriften kritischer Theoretiker geschulten Soziologie im Verdacht, die Zwänge der sozialen Systeme verewigen zu wollen und in der Klassifizierung ihrer Resultate oder Erkenntnisse als universale, oberste Bestimmungen des Menschlichen schleichend ihr Einverständnis mit Gesellschaft und ihren Zurichtungen kundzutun. „Was am Ende sich Ursprung dünkt, archaisiert bloß [...] [den] Verrat an der Freiheit", wie Adorno gegenüber Heidegger und darüber hinaus zur Ausbildung von Ontologien urteilt (Adorno, 1990 [1956], 40 f.; ausführlicher Adorno 1975 [1966]). Dieser Grundverdacht gegenüber Ontologien trifft die Strukturationstheorie nicht. Ihr geht es gerade nicht um Ursprungsphilosophie. Sie stellt diese mit ihren theoretischen Grundannahmen über die Einbettung sozialer Praktiken in die Prozesse der Konstitution und ihrer dekonstruktiven Sichtweise vielmehr generell in Frage. Die strukturationstheoretische Position ähnelt hier der Vorstellung dialektischer Vermittlung des Allgemeinen und Besonderen bei Hegel oder Adorno und – trotz Einwänden in anderer Hin-
(Fortsetzung der Fußnote auf der nächsten Seite)

Strukturationstheorie versteht die Welt gerade nicht als transhistorisch determiniert. Die Ereignisse sind ihr weder durch die Natur des Menschen oder des Sozialen noch durch universelle oder teleologisch vorgegebene Entwicklungspfade, wie sie sich auch in einer Vielzahl evolutionistischer Argumentationen finden (s.a. Giddens, 1989a, 259 ff.), in ihrem Verlauf festgelegt. Gleichwohl lassen sich allgemeinste Aspekte und Mechanismen sozialer Praktiken herausarbeiten. Das ist post-empiristisch sogar notwendig, denn

„metaphysical or ontological conceptions of the subject-matter to be investigated in any given scientific domain are required to fill the void created by the underdetermination of theories by fact" (Cohen, 1989, 15; s.a. Cohen, 1987, 279).[34]

Das strukturationstheoretische Verständnis von Ontologie bietet dabei ein zur ontologischen Denktradition alternatives Verständnis an. Versteht diese das Ganze als aus Einheiten zusammengesetzt, die sich über Beziehungen als Teile zu einem Ganzen verbinden, konzentriert sie sich damit auf interne Beziehungen und vernachlässigt sie deren Umwelt (Luhmann, 1964, 23), so entwirft die Strukturationstheorie ein Verständnis rekursiver Konstitution des Sozialen, indem System und Umwelt in den Prozessen ihrer Konstitution über das Handeln kompetenter Akteure rekursiv vermittelt sind und werden.

1.5.4 Strukturationstheorie und kritische Theorie

Das strukturationstheoretische Verständnis der Konstitution des Sozialen setzt *Form und Möglichkeit* innerhalb des Sozialen in ein Spannungsverhältnis:[35] Bestehende Verhältnisse und Praktiken werden in der Perspektive ihrer kontingenten Produktion und Reproduktion, Geschaffenheit, Veränderbarkeit und nur ‚begrenzten Realisiertheit' im Sinne von Adornos (1975 [1966], 164) „Was ist, ist mehr, als es ist", verstanden und rekonstruiert. Das geschieht jedoch ohne feststehende Maßstäbe für vernünftige, anstrebenswerte Zustände oder auch nur Prozeduren zur Bewertung solcher Zustände oder Erreichung der Ziele. Der

---

sicht, auf die ich gleich noch zu sprechen komme – der eines nicht-ursprünglichen Ursprungs in Derridas Konzeption von ‚différance' oder ‚supplément'.

34 Siehe zur Destruktion vorkritischer Ontologie seit Kant Schmidt (1974, 1116). Die Strukturationstheorie setzt sich mit ihrer Konzeption einer Ontologie des Sozialen pragmatisch-axiomatischen Begründungen von Theorie entgegen – wie sie etwa in der ökonomischen Theorie mit der Figur des ‚homo oeconomicus' und einer Theoriekonstruktion auf der Grundlage eines ‚Als ob' (Vaihinger, 1911; Friedman, 1953) üblich sind.

35 Cohen (1989, 11) klassifiziert Giddens' Strukturationstheorie als ‚ontology of potentials' und hebt dabei das sozial Mögliche als Moment des Theorieprojektes hervor: „The structurationist ontology is addressed *exclusively* to the *constitutive potentials* of social life: the *generic* human capacities and *fundamental* conditions through which the course and outcomes of social processes and events are generated and shaped in the manifold ways in which this can occur" (Cohen, 1989, 17; Hervorh. verändert, A.W.). Giddens' Strukturationstheorie betont als Ontologie des Sozialen jedoch beides: Möglichkeit und Form. Sie ist in diesem Sinne eine Theorie der *doppelten Konstitution des Sozialen*. Ich ziehe es daher vor, an dem von Giddens verwendeten Begriff festzuhalten.

strukturationstheoretische Theorieansatz ist genügsamer. Er begnügt sich damit, Fenster zu möglichen Welten zu (er-)öffnen (Giddens, 1989a, 289). Gleichwohl versteht die Strukturationstheorie sich als eine kritische Theorie, jedoch als „critical theory without guarantees" (Cohen 1989, 286):

> „The formulation of critical theory is not an *option*; theories and findings in the social sciences are likely to have practical (and political) consequences regardless of whether or not the sociological observer or policy-maker decides that they can be ‚applied' to a given practical issue" (Giddens, 1984, xxxv).[36]

1.5.5 Strukturationstheorie, substantielle Theorien und empirische Forschung

Die Strukturationstheorie grenzt sich klar von *substantiellen Theorien* ab, die allerdings selbst wiederum strukturationstheoretisch informiert sein können.[37] Nimmt die Strukturationstheorie als Sozialtheorie konstitutiv-prinzipielle Aspekte menschlicher Aktivitäten auf, so thematisieren substantielle Theorien spezielle (historische) Ereignisverläufe, heben vergleichsweise spezielle Bedingungen von Handlungskontexten, Ereignis- und Handlungsverläufen sowie von Potentialen spezieller Formen der Koordination sozialer Aktivitäten hervor.[38] Diese schematische Entgegensetzung suggeriert eine klarere Trennung als sie auf den zweiten Blick durchzuhalten ist. Das läßt sich an der Strukturationstheorie selbst illustrieren. Nur ihr Kern besitzt ontologische Qualität im Sinne einer universellen Gültigkeit im Sozialen, nicht alle vorgestellten Konzepte weisen die gleiche Reichweite auf:

> „The main tenets of structuration theory [...] are intended to apply over the whole range of human social activity, in any and every context of action. Other concepts I have coined or worked with, such as ‚the commodification of space' or ‚surveillance mechanisms', have somewhat more substance, in the sense in which they direct attention to specific processes or aspects of concrete social systems. [...] Theory is also contextual. Some concepts and theoretical schemes are more abstract than others, and those involved in the general suppositions of structuration theory do indeed operate at a high level of abstraction. But even the most abstract concepts ‚interlace', or can be connected with, more specific ones" (Giddens, 1989a, 295).

---

36   Die Formulierung der Maßstäbe der Kritik ist gleichwohl eine andere, zusätzliche Aufgabe. Siehe hierzu einleitend zum Beispiel Ortmann (1995, 226 ff.).

37   Giddens selbst ist Autor einiger substantieller Arbeiten. Zu ihnen zählt seine frühe Arbeit ‚The Class Structure of the Advanced Societies' (Giddens, 1981) und einige seiner neueren Arbeiten wie ‚Consequences of Modernity' (Giddens, 1990a), ‚Modernity and Self-Identity' (Giddens, 1991a), ‚The Transformation of Intimicy' (Giddens, 1992), ‚Beyond Left and Right' und ‚The third way: The renewal of social democracy' (Giddens, 1994; 1998).

38   Giddens bezeichnet die *Strukturationstheorie* daher auch als einen *„theoretical approach"* (Giddens, 1984, Preface) und *nicht* als eine *Theorie*. Der Unterschied besteht für ihn darin, daß theoretische Ansätze „broad overall orientations to the subject-matter" (1989a, 711) bezeichnen, während „[t]heories are more narrowly focused, and represent attempts to explain particular sets of social conditions or types of occurence" (ibid.). Weaver und Gioia (1994) sprechen von der Strukturationstheorie als Meta-Theorie. Entscheidend ist jedoch, daß Theorieansätze notwendig immer Substantielles, Theorien im Giddensschen Sinne immer auch Orientierungen enthalten, die über den Einzelfall hinausweisen. Gleichwohl können Theorien primär das eine oder das andere Ziel verfolgen. Giddens selbst verhält sich ‚foxlike' (Bernstein, 1989, 30), wenn er seine Strukturations*theorie* als einen ‚theoretical *approach*' kennzeichnet.

Der letzte Satz des Zitats wirft ein Licht auf das von Giddens vorgelegte Geflecht von Konzepten mit unterschiedlicher zeit-räumlicher Reichweite. Es liefert zugleich eine Anleitung zum Umgang mit und zur Konstruktion von strukturationstheoretisch informierten Konzepten in der Organisations- oder Netzwerkforschung: Die Konzepte mit geringerer zeit-räumlicher Reichweite stehen schon aus Gründen der inneren Konsistenz unter der Spannung des ontologischen Kerns der Theorie, die das Zusammenspiel der Konzepte im Theorieansatz in grundlegender Art und Weise organisieren. Der ontologische Kern der Theorie wiederum konkretisiert sich nicht nur an weniger weit in Zeit und Raum ausgreifenden Konzepten – etwa auch Konzepten anderer Theorien –, sondern kann mit diesen dialogisch verknüpft werden. Giddens' Konzept der Warenförmigkeit des Raumes ist etwa an das ontologisch ausgelegte Verständnis der Konstitution des Sozialen in Zeit und Raum rückgebunden – ein Verständnis, das in jenem Konzept eine seiner möglichen, konkretisierenden Anwendungen und womöglich Modifikationen erfährt, aber als ontologisches Konzept auch Bestandteil des von mir gleich vorgestellten Konzept des Unternehmungsnetzwerks ist.

Das strukturationstheoretische Verständnis der Konstitution des Sozialen ist durch den ontologischen Kern in allgemeinster Art und Weise charakterisiert. Das wird indes in der Literatur so gut wie nie aufgenommen. Dieser Umstand ist vermutlich eine Ursache für die meisten Mißverständnisse, die zu einer Vielzahl von Einwänden gegen die Strukturationstheorie geführt haben. Ein wiederkehrender Einwand lautet: ‚Die Strukturationstheorie schließt ja nichts aus'. Dieser Einwand speist sich zumeist aus drei Quellen: *Erstens* übersieht er, daß der Anspruch der Konzepte im ontologischen Kern der Strukturationstheorie ist, das gesamte Spektrum möglicher sozialer Aktivitäten oder Aktivitäten in ihren allgemeinsten Möglichkeiten zu erfassen. (Auf *dieser* Ebene schließt die Strukturationstheorie sehr wohl so manches aus: das Primat des Handels über die Struktur zum Beispiel oder das umgekehrte Verhältnis; bloße Reiz-Reaktions-Verhältnisse; ökonomistische, rationalistische, kulturalistische und andere Verengungen und Einseitigkeiten; statische statt dynamische, rekursive Verhältnisse respektive Bestimmungen; Marionetten als Akteure und vieles andere mehr.) *Zweitens* verweist der Einwand darauf, daß in der Strukturationstheorie fremd und ungewohnt argumentiert wird, da statt des gewohnten ‚*Entweder-Oder*' ein ‚*Und*', eine konzeptionelle Aufnahme von Spannungsverhältnissen (wie etwa denen von Kooperation und Kompetition, Autonomie und Abhängigkeit in Unternehmungsnetzwerken) vorgeschlagen wird. Als Notanker wählen viele Kritiker *drittens* das Fehlen systematischer Hypothesen im Sinne von Statements über den Zustand oder die Entwicklung im Sozialen in den Schriften Giddens' (z.B. Archer, 1982; 1990; 1995; McLennan, 1984, 1988; Ahrne, 1990, 15 ff.; Münch, 1993; Hedström/Swedberg, 1996). Diese Kritiker verkennen, daß in strukturationstheoretischer Sicht nicht, wie für positivistische Denker, Hypothesenbildung das Nonplusultra substantieller Theorie und schon gar nicht auf der Ebene allgemeiner Sozialtheorie am Platze ist.[39] Theoriesystematisch am wichtigsten ist, daß die den Kritikern vorschwebenden Hypothesen und geordneten Aussagensysteme gerade dem Anliegen der Strukturationstheorie als einer Ontologie des Sozialen zuwiderlaufen. Denn letztere beabsichtigt, Prinzipien zu formulieren, die das soziale Leben im Allgemeinen über das gesamte Spektrum menschlicher Aktivitäten hinweg bestimmen. Jede von den Kritikern eingeklagte Systematisierung und Substantierung ontologischer Aussagen würde gerade eine transhistorische Systematisierung von Prozessen und Resultaten sozialer Praxis enthalten, gegen die Giddens sich vehement zur Wehr setzt. Sie würde Potentiale kategorial verschütten, um deren (kategoriale) Freilegung es ihm gerade geht.[40]

Die Zielsetzung strukturationstheoretischer Konzepte ist, substantielle Theorien zu informieren und der Durchführung empirischer Forschung zu dienen:

„Social theory has the task of providing conceptions of the nature of human social activity and of the human agent which can be placed in the service of empirical work" (Giddens, 1984, xvii).

Ihre Konzepte sollen für die konstitutiven Aspekte des Sozialen sensibilisieren und substantielle Forschungen in die Lage versetzen, die Konstitution sozialer Praktiken in konkreteren sozialen Systemen aufzuhellen und zu bestimmen:

„Some of these concepts should be useful as sensitizing devices for research purposes, while others help provide an explication of the logic of research into human social activities and cultural products" (Giddens, 1990b, 310 f.).

Die strukturationstheoretischen Konzepte besitzen also einen doppelten Sinn: Sie sind ‚sensitizing devices' für die Vermittlung der Prozesse der Konstitution des Sozialen im Spannungsfeld von Interaktionen und Institutionen, wie Giddens im Anschluß an Blumer (1954) formuliert. Als solche nehmen sie auf, was in den Praktiken des Handelns und den Ereignisverläufen allgemein relevant ist, statt einzelne spezielle Ereignisse und ihre Inhalte umfassend zu identifizieren.[41] Als

---

[39] Sicher finden sich auch empirische Versatzstücke in Giddens' Schriften. Sie dienen der illustrativen Verdeutlichung der sozial-ontologischen Konzepte, Mechanismen und Fragestellungen oder der Infragestellung ontologischer Annahmen in anderen Sozial- oder Gesellschaftstheorien. Giddens ist diesbezüglich eindeutig. So stellt er (1977c, 134) beispielsweise zur Bedeutung von Macht in Interaktionen klar: „I shall make no attempt to classify substantive forms of power relations here: the facilities that may be brought to a situation of interaction range from command of verbal skills to the application of means of physical violence." Oder er (1991b, 204) formuliert: „The theory of structuration is not a series of generalizations about how far ‚free action' is possible in respect of ‚social constraint'. Rather, it is an attempt to provide the conceptual means of analyzing the often delicate and subtle interlacings of reflexively organized action and institutional constraint."

[40] Giddens (1977c) kritisiert die Vorstellung universeller Bedürfnisse und funktionaler Teleologien im Funktionalismus, wendet sich gegen evolutionistische Vorstellungen bei Marx und anderen Autoren (Giddens, 1981; 1984, 228 ff.; 1985; 1989a, 259 ff.) sowie gegen jegliche Formen universeller Verlaufsformen im Sozialen.

[41] Allgemein relevant sind für Giddens, wie ausgeführt, aber nicht nur Verallgemeinerungen, nicht nur Strukturelles oder Institutionelles, sondern insbesondere auch die Arten und Weisen, wie kompetente Akteure diese aktiv und reflexiv in rekursiven Prozessen der Konstitution reproduzieren und transformieren.

‚sensitizing devices' sind die Mittel zur Analyse und Erklärung des Sozialen indes keine fixen Konzepte. Sie sind vielmehr auf konstitutive Weise abhängig von und modifizierbar durch ihre (Er-)Füllung in der Anwendung auf substantielle Gegenstände. Gleichzeitig sind die Konzepte eingebunden in ein durch den ontologischen Kern der Theorie ausgerichtetes und integriertes ‚conceptual net' (Hesse), das den Diskurs über ihren Gegenstand organisiert. Im Gegensatz zu positivistischen Positionen geht es nicht um das stufenweise Fortschreiben von Begriffen zu allgemeinen Oberbegriffen. Mit Weber (1973 [1904]) oder Adorno (1975 [1966], 164 f.) geht es um das Zusammenspiel von Begriffen, die, indem sie sich um die zu erkennende Sache versammeln, potentiell deren Inneres bestimmen. Die Strukturationstheorie ist in diesem Sinne substantiell unter Berücksichtigung von Kohärenzregeln (die sich auf die Struktur des ‚conceptual net' beziehen) und von Korrespondenzregeln (die sich auf empirische Beobachtungen beziehen) fortzuschreiben oder *dialogisch* ‚anzuwenden'. Strukturationstheoretisch informierte Modernitäts-, Gesellschafts-, Organisations- oder Interorganisationstheorien sind erst noch zu formulieren. Die gleich vorgestellte Netzwerktheorie ist ein solcher Versuch.

Wie Giddens' Arbeiten belegen und auch diese durch die Strukturationstheorie inspirierte Arbeit zeigt, bedeutet die Kritik anderer Theorieansätze nicht, sie in Bausch und Bogen zu verwerfen. Wozu die Strukturationstheorie allerdings auffordert, ist, das von vielen Soziologen praktizierte unfruchtbare bloße Nebeneinander und eklektizistische Verknüpfen von Ansätzen zu überwinden (s.a. Alexander, 1998). Statt dessen geht es darum, kritisch, mit dem nötigen Respekt und dann aber mit dem Blick für eine angemessene eigene Theoriearchitektur aufzunehmen und richtig einzubauen, was immer theoretischen Gewinn verspricht: ob Netzwerkanalyse, Transaktionskostentheorie oder Systemtheorie: alles, wie es ihm gebührt und sodann aber die eigene Architektur es erfordert.

2   Netzwerkpraktiken: zu den Wurzeln der Netzwerkkonstitution

Die Strukturationstheorie ist eine *Theorie sozialer Praxis*. Im Mittelpunkt ihrer Argumentationen steht immer das Handeln im Verhältnis zu *sozialen Praktiken*, das heißt genauer: zu durch Sozialsysteme bis hin zu gesellschaftsweiten Institutionen „regularized types of acts" und „ongoing series of ‚practical activities'" (Giddens, 1993 [1976], 81; s.a. 1982a, 110) – und *nicht* das je besondere Handeln in situ, auch nicht ein unstrukturiertes Handeln, und schließlich auch kein isoliertes Handeln. Das strukturationstheoretische Praxiskonzept ist, wie die Abbildung III-2 illustriert, ein ganz spezielles: Die Konstitution sozialer Praktiken ist einerseits an die Aufnahme gesellschaftlicher Totalitäten, Sozialsysteme und Akteure mit ihren Interaktionen und Beziehungen im Handeln gebunden, wie Handeln wiederum umgekehrt andrerseits an soziale Praktiken gebunden ist. In Kurzform: Akteure werden über den Rekurs auf soziale Praktiken des Handelns handlungsfähig und soziale Praktiken sind nur solange soziale Praktiken, wie Akteure sie in und durch ihr Handeln (re-)produzieren.

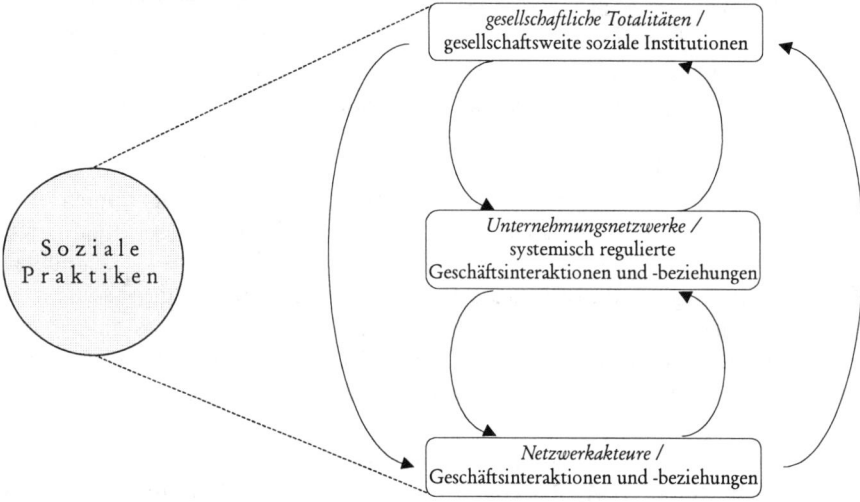

Abb. III-2: Strukturation sozialer Praktiken: die Perspektive auf die Wurzeln der Netzwerkkonstitution

Handeln in Unternehmungsnetzwerken wird – eigentlich trivial genug, wenn es nicht gerade in den herrschenden Ansätzen der Netzwerkforschung zu wenig beachtet würde – (in seinem relationalen Charakter) durch Unternehmungsnetzwerke und die in ihnen üblichen Praktiken mit geprägt und prägt – wie vermittelt auch immer – Unternehmungsnetzwerke mit ihren Praktiken selbst mit. Institutionen, Sozialsysteme und situative Bedingungen ‚bewirken', daß Aktivitäten und Beziehungen eine gewisse Ausdehnung in Zeit und Raum und soziale Objektivität erreichen.[42] Sie tragen dazu bei, daß Praktiken gesellschaftlich oder

---

[42] Giddens verwirft dabei – unter Rekurs auf Heidegger und Mead (z.B. Giddens 1981; 1989a) – das konventionelle, lediglich parametrische Verständnis von Zeit und Raum, welches dem Messen von Nähe und Entfernung sowie der Produktion statischer Distanzen dient. Dieses Verständnis von (Ordnung in) Zeit und Raum ist zwar integraler Bestandteil der westlichen Kultur und in die Ausprägung ihrer Warenförmigkeit sowie der mit ihr verbundenen Formen der Koordination von Aktivitäten und Akteuren in Zeit und Raum über Messungen und Kalkulationen von Arbeits- und Wegezeiten, Raumwegen usw. eingebettet: Es ist aber ein historisch und geographisch spezielles. Entscheidend für eine nicht-parametrische Betrachtung von Zeit und Raum (mit Bezug auf Leibniz) ist: Zeit und Raum werden nicht als an sich ‚existent', sondern als etwas aufgefaßt, was nur in den Arten und Weisen zu erfassen ist, in denen Objekte und Ereignisse von Akteuren miteinander in Beziehung gesetzt werden (Giddens, 1981, 30 f.). Heidegger (1986 [1927]) verdeutlicht das: Im Handeln gehen wir anders mit Zeit und Raum um. Vor aller Kalkulation von Zeit und Raum und unabhängig von ihr *konstituiert sich Zeit und Raum im Handeln* als Ausweitung und Erschließung der Vermittlung von Zukunft, Vergangenheit und Gegenwart *im ‚Gegenwärtigen' von Zusammenhängen in Zeit und Raum*. Hierbei nutzen kompetente Akteure (Fortsetzung der Fußnote auf der nächsten Seite)

über Unternehmungsnetzwerke (allgemein: über Sozialsysteme) vermittelt eine Autorität zugeschrieben wird, daß sie maßgeblich den Prozessen der Konstitution, der Grundart des Daseins (Heidegger) den Stempel aufdrücken. Obwohl selten reflektiert (aber Cohen, 1989; s.a. Joas, 1988; Windeler, 1992b), macht Giddens (1984, xxii) das unmißverständlich deutlich:

> „[...] social practices [...] are considered to be at the root of the constitution of both subject and social object."

Unternehmungsnetzwerke (wie allgemein: Sozialsysteme) besitzen so einem *„restlessly self-modifying character"* (Giddens, 1993 [1976], 117; Hervorh. A.W.).

Impliziert ist in diesem Verständnis Konstitution, daß weder die Alternativen ‚Handlung oder Struktur' noch ‚Individuum oder Gesellschaft' sinnvolle Ausgangspunkte für theoretische Reflexion bilden:

> „The basic domain of study of the social sciences, according to the theory of structuration, is neither the experience of the individual actor, nor the existence of any form of societal totality, but social practices ordered across space and time" (Giddens, 1984, 2; 1979, 2).[43]

Das in Unternehmungsnetzwerken über soziale Praktiken von Managern, Beschäftigten oder Unternehmungen im Netzwerk vermittelte Verständnis der Konstitution von Unternehmungsnetzwerken (allgemein: der sozialer Systeme) greift Vorstellungen über die Konstitution des Sozialen von Hegel bzw. von Marx in den ‚Grundrissen' auf, formuliert auf dieser Grundlage ein Verständnis *prozessualer Konstitution*:[44]

---

auch parametrische Bestimmungen von Zeit und Raum. Zuweilen sind sie dazu im Zusammenhang von Systemregulation auch, über den Umgang mit Zeit- und Raumplänen in besonderer Weise orientiert, angehalten.

43 Daß die in Zeit und Raum geordneten sozialen Praktiken die zentralen Gegenstandsbereiche sozialwissenschaftlicher Forschung sind, wird keinesfalls allgemein geteilt: In behavioristischen Vorstellungen, etwa bei Homans (z.B. 1987), ist der zentrale Gegenstand das Verhalten, da für ihn Institutionen der Gesellschaft ohne Verluste auf das Verhalten von Individuen reduziert werden können. In funktionalistischen Sichtweisen Parsonianischer Provenienz, wie sie heute etwa Münch (z.B. 1987) vertritt, ist der zentrale Gegenstandsbereich das System, da für ihn das Verhalten von Individuen systemischen Imperativen untergeordnet ist (Giddens/Turner, 1987). In strukturalistischen Perspektiven, wie der von Margret Archer (1995) oder von Günter Bechtle, den ich im Teil II.1 diskutiert habe, sind es die Strukturen, die eine ‚eigene Melodie' jenseits der sie vermittelnden Praktiken ergeben sollen. Die Überwindung des Imperialismus des Subjekts, auf denen interpretative Theorieansätze aufbauen, wie des Imperialismus des Objekts, wie sie funktionalistische und strukturalistische Theoriekonzepte kennzeichnen, ist eine der Ambitionen der Strukturationstheorie.

44 Siehe hierzu zum Beispiel Giddens (1993 [1976], 108; 1977c, 123, 129; 1984, 242). Praxis ist, worauf auch Bernstein (1975 [1971], 13) verweist, sicherlich das zentrale Konzept in den Marxschen Frühschriften. In späteren Schriften - etwa im ‚Kapital' - wird dieses (teilweise) verschüttet. Ein recht früher Versuch, Arbeit aus dem in Marx' Spätschriften vorfindlichen Konnex mit produktiver Lohnarbeit zu lösen, findet sich bei Marcuse (1965 [1933], z.B. 14), der „Arbeit als die spezielle *Praxis* des menschlichen Daseins in der Welt" betrachtet (ähnlich Negt/Kluge, 1981; Giddens, 1984, 256 f.; Bowles/Gintis, 1990; 1993). Daß Praxis die Grundlage allen Geschehens ist, findet sich nicht erst in den Schriften Hegels, sondern ist bereits der Ausgangspunkt im Denken von Aristoteles (für einen Überblick Bien, 1989). Später wurde dieser Gedanke insbesondere in der sogenannten ‚Praxis-Schule' weiterentwickelt (für eine aktuelle kritische Bestandsaufnahme Joas, 1996 [1992], 148 ff.; Rütten, 1993). Eine weitere Praxistheorie ist die von Bour-
(Fortsetzung der Fußnote auf der nächsten Seite)

„The transformative capacity of human action is placed in the forefront in Marx, and is the key element in the notion of *Praxis*. All systems of social theory have to deal, in some way, with this – with the transformation of nature and the restlessly self-modifying character of human society. But in many schools of social thought the transformative capacity of action is conceived of as a dualism, an abstract contrast between the neutral world of nature on the one hand, and the ‚value-laden' world of human society on the other. In such schools, particularly those associated with functionalism, with its emphasis upon social ‚adaptation' to an ‚environment', a grasp of historicity is easily relinquished. Only in the linked traditions of Hegelian philosophy and (certain versions of) Marxism has the transformative capacity of action, as the self-mediating process of labour, been made the centre-point of social analysis" (Giddens, 1993 [1976], 117).[45]

Diese Position speist sich aus der von Marx (1953 [1857/1858], 599) als „[w]ahre Auffassung des gesellschaftlichen Produktionsprozesses" charakterisierten Vorstellung:

„Alles, was feste Form hat, wie Produkt etc., erscheint nur als Moment, verschwindendes Moment [gesellschaftlicher Produktion und Reproduktion] [...]. Die Bedingungen und Vergegenständlichungen des Prozesses [der Produktion und Reproduktion von Gesellschaft] sind selbst gleichmäßig Momente desselben, und als die Subjekte desselben erscheinen nur die Individuen, aber die Individuen in Beziehungen aufeinander, die sie ebenso reproduzieren, wie neuproduzieren. Ihr eigener beständiger Bewegungsprozeß, in dem sie sich ebensosehr erneuern, als die Welt des Reichtums, die sie schaffen" (ibid., 600).

Giddens schätzt diese Textpassage, die in nuce ein über mehrere Sozialebenen vermitteltes prozessuales Konstitutionsverständnis enthält und einen über das praktische Handeln von Akteuren vermittelten Konstitutionsmechanismus anspricht, als genauso grundlegend ein wie Marx. Für ihn (1990b, 297) bezeichnet sie „the germ of a brilliant world-view." Giddens schickt sich an, die Denkfigur auszuarbeiten, da Marx es selbst nicht getan habe.[46] Sein Buch ‚The Constitution of Society' versteht er (1984, xxi) – ganz in diesem Sinne – als Reflexion über den

---

dieu (1979 [1972]). Bourdieus Ausgangspunkt – und damit auch sein Theorieansatz – weicht jedoch insofern von dem von Giddens ab, als er das Konstrukt des ‚Habitus' als Vermittlungsinstanz zwischen Struktur und Praxis ansieht, während Giddens dies in der Vermittlung von individueller mit den Strukturen kollektiver Praxis via der ‚Dualität von Struktur' verortet (s.a. Bryant, 1995, 72 ff.). Bei aller Differenz kann man jedoch auch formulieren: Bourdieus Konzept des ‚Habitus' führt Giddens' Überlegungen zum ‚Schichtenmodell des Handelnden' und zu ‚Gedächtnisspuren' fort, die ich gleich vorstelle. Die Strukturationstheorie liefert umgekehrt einen Theorieansatz, in dem das Konzept des Habitus in ein elaborierteres Konzept der Konstitution des Sozialen über soziale Praktiken eingebettet werden könnte. Ähnliche Überlegungen zu einer prozessualen Re-Produktion von Organisationen haben Chia und King (1998) kürzlich auf der Basis von Überlegungen von Bergson und Whitehead als Audruck eines postmodernen Verständnisses von Organisation vorgestellt – offensichtlich sind derartige Vorstellungen nicht nur auf Vertreter postmoderner Positionen beschränkt.

45 Giddens' Strukturationstheorie liest sich für Hegelkenner als eine avancierte Ausarbeitung der Konstitution des Sozialen als reflexiver Vermittlung von Subjekt- und Systemreflexivität. Giddens verwirft aber den teleologischen Gehalt des Hegelschen Konzepts und schränkt die Reichweite von Reflexivität der Akteure radikal ein. Hegel ist also nicht, wie Kießling (1988) schlußfolgert, zur Strukturationstheorie zu ergänzen. Eher sind die vorhandenen Beziehungen aufzunehmen.

46 Auf diese Textstelle bezieht sich Giddens (z.B. 1979, 54; 1981, 1; 1984, xxi) an mehreren Stellen positiv. Diesem offen *positiven Bezug* auf Marx steht eine *fundamentale Kritik* Marxscher und marxistischer Positionen gegenüber. So sieht Giddens im historischen Materialismus letztlich einen einzigen wirklich bewahrenswerten Grundgedanken: die Theorie der menschlichen Praxis, wie sie sich in den oben aufgenommenen Zitaten andeutet (genauer Giddens, 1981, 1 ff.).

berühmten Marxschen Aphorismus „Die Menschen machen ihre Geschichte, aber sie machen sie nicht aus freien Stücken, nicht unter selbstgewählten, sondern unter unmittelbar vorgefundenen, gegebenen und überlieferten Umständen." Es ist sein Ansinnen, die in dieser scheinbar harmlosen Aussage schlummernden Potentiale einer Sozialtheorie zu heben: *Marx gegen Marx* zu lesen.

Die Strukturationstheorie formuliert mit ihrer prozessualen und auf soziale Praktiken fokussierten Perspektive eine, im Vergleich zur managementnahen Netzwerkforschung *andere Sicht auf Aktivitäten, Entscheidungen* und auch gegenüber strukturalistischen Theoriepositionen eine *andere Sicht auf Branchen* oder gesellschaftliche Totalitäten sowie auf *Prozesse der Rationalisierung, Technisierung, Tertiarisierung, Internationalisierung, Globalisierung und Regionalisierung*. Sie betrachtet sie *nicht als extern vorausgesetzt und höherrangig*, nicht als etwas, was sich in Unternehmungen oder Unternehmungsnetzwerken schlicht durchsetzt oder im Rahmen extern festgelegter Handlungskorridore vermeintlich frei umgesetzt wird. Alles Soziale wird über (und durch) Interaktionen kompetenter Akteure und unter Rekurs auf soziale Praktiken sozialer Systeme konstituiert, die darüber (re-)produziert werden. Akteure vergegenwärtigen sich im Handeln zum Beispiel Entscheidungen, Entscheidungsprämissen und -praktiken anderer Akteure sowie im jeweiligen Sozialsystem (sei es auf Märkten, in Unternehmungen oder in Unternehmungsnetzwerken) angewendete Praktiken, um kompetent in den Kontexten zu handeln. Sie antworten nicht schlicht auf extern vorgegebene Stimuli – wie zum Beispiel auf Marktpreise, wie es etwa Neoklassiker in ihrem über einen fiktiven Auktionator regulierten Marktmodell annehmen (s.a. Emerson, 1987, 11). Unternehmungen und Unternehmungsnetzwerke sind der Strukturationstheorie *nicht nur adaptive* soziale Systeme, sondern Sozialsysteme, die nicht nur das systeminterne Geschehen, sondern auch ihre eigenen Kontexte selbst mit hervorbringen – auch wenn sie diese Prozesse nie kontrollieren können. Vernetzung kann daher auch nicht, oft nicht einmal vorrangig aus (und schon gar nicht extern vorgegebenen) Entwicklungen von Technik und Märkten – wie das in Schriften von Theoretikern systemischer Rationalisierung geschieht – erklärt werden. Zu berücksichtigen sind vielmehr Wahrnehmungen und Eigenbindungen an bestimmte Praktiken, aktiv mitproduzierte mimetische, normative und erzwungene Isomorphismen (DiMaggio/Powell, 1983), Pfadabhängigkeiten (Arthur, 1990) und Verriegelungen (Grabher, 1993c) sowie spezielle Fähigkeiten der Akteure, sie zu nutzen, und selbst Zufälligkeiten. Oft besitzen sie eine gleich hohe, zuweilen gar eine höhere Erklärungskraft.

3 Handlungen und Handelnde in Unternehmungsnetzwerken

Netzwerkakteure und ihre Handlungen konstituieren sich darüber, daß Akteure sich vor allem Geschäftspraktiken in Unternehmungsnetzwerken in ihrer kontextuellen Einbettung vergegenwärtigen und dabei erkannte oder entworfene Handlungsmöglichkeiten in ihrem Handeln nutzen (Abb. III-3). Eröffnet wird so eine gegenüber der etablierten Netzwerkforschung radikal andere Perspektive auf Netzwerkakteure, Geschäftsinteraktionen und -beziehungen. Netzwerkakteure (und Entsprechendes gilt für alle Akteure in den Handlungskontexten, in denen sie gerade handeln) beziehen sich im Handeln vornehmlich auf Geschäftsinteraktionen und -beziehungen von Netzwerkakteuren im Rahmen der durch das Netzwerk und andere Kontexte bis hin zu gesellschaftlichen Totalitäten konstituierten Handlungskontexte. Und indem sie das tun, konstituieren sie sich als Netzwerkakteure und ihre Geschäftsinteraktionen und -beziehungen als solche, die dem Netzwerk zuzurechnen sind.

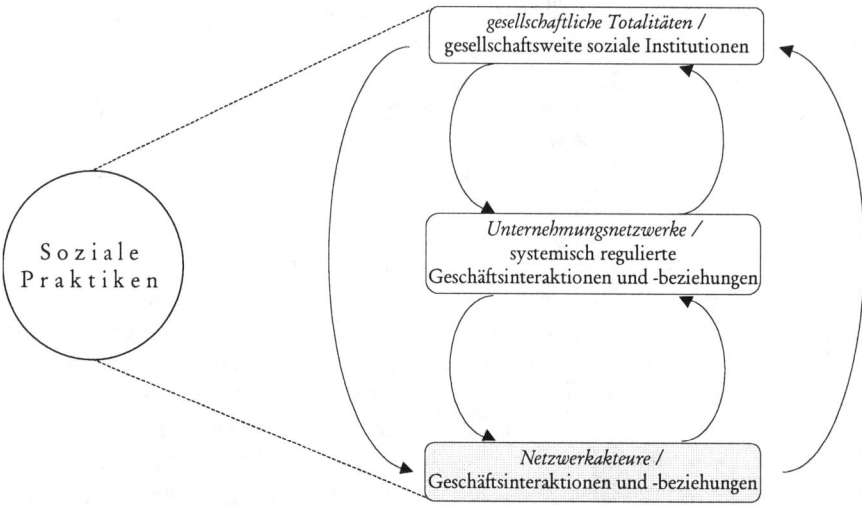

Abb. III-3: Strukturation der Netzwerkakteure und ihrer Geschäftsinteraktionen und -beziehungen

Strukturationstheoretisch ist ein Verständnis von Unternehmungsnetzwerken (wie allgemein: des Sozialen) ohne Aufnahme des Handelns von Akteuren nicht möglich. Mit dieser Feststellung verbindet sich *kein* Plädoyer für einen handlungstheoretischen oder methodologisch individualistischen Ansatz. Im Gegenteil, diese Ansätze werden als unzureichend verworfen (Teil I). Gleiches gilt für strukturtheoretisch verkürzte Aufnahmen von Handeln und Handelnden, die in deren faktischer Ausblendung münden (Teil II). Der Netzwerkforschung (allgemein: der Sozialforschung und Sozialtheorie) wird mit dem im folgenden vorgestellten Akteurs- und Handlungskonzept eine brauchbare Grundlage geliefert, um die Defizite der Theorieansätze zu überwinden, die der im Teil I und II vorgestellten managementnahen und soziologischen Netzwerkforschung unterliegen.

3.1 Handlungen und Handlungskontexte

Die Strukturationstheorie offeriert einen speziellen Begriff des Handelns und des Handlungskontexts.

3.1.1 Der Handlungsbegriff: Merkmale

Der strukturationstheoretische Handlungsbegriff ist durch vier Merkmale charakterisiert: Er ist (1.) relational, (2.) kompetenzbasiert und (3.) prozessual ausgelegt und versteht Handlungen (4.) als Moment der Konstitution des Sozialen.

Zu 1.: Handlungen und Handelnde sind im Prozeß der Konstitution des Sozialen *relational* aufeinander bezogen. Handlungen werden zunächst von Handelnden (und von niemandem sonst) hervorgebracht, und Handelnde konstituieren sich über ihre Handlungen als Akteure. Das Handeln eines Akteurs ist von den Handlungen anderer abhängig. Einzelhandlungen konstituieren sich im Geflecht anderer Handlungen.[47] Handelnde greifen umsichtig auf das soziale Geschehen mit seinen Beziehungen zwischen Handlungen und Handelnden zu, greifen auf gemachte Erfahrungen zurück und auf Antizipiertes vor, konstituieren ‚Erfahrungsräume' und ‚Erwartungshorizonte' (Kosseleck, 1989) im Handeln für ihr Handeln und für das anderer.[48]

---

47 Interaktionen sind durchgängig das Basiskonzept der Strukturationstheorie, von der praxistheoretischen Grundlegung (III-2) bis hin zum Theorem der Dualität von Struktur (III-6).

48 Geschichte und Zukunft werden im Handeln aufgenommen. *Geschichte* ist vergangen. Sie ist aber nicht immer ohne Wirkung auf Gegenwärtiges. Daher auch die Rede von lebendiger Geschichte und die durch sie gekennzeichneten Ereignis- und Wirkungszusammenhangs. Vergangenes wirkt über das, was Akteure sich im Tun reflexiv vergegenwärtigen, im Sozialen nach oder fort, kennzeichnet für Handelnde das, woraus Gegenwärtiges, das Verhalten von Akteuren, der Verlauf von Ereignissen, die Art und Weise der Systemregulation usw. herkommt (s.a. Heidegger, 1986 [1927], 378 f.). Was nachwirkt oder dem Vergessen anheimfällt, variiert damit in Unternehmungsnetzwerken (wie allgemein: in sozialen Systemen) mit den Aktivitäten und den Zeit-Raum-Horizonten, der in ihnen handelnden, kompetenten Akteure und den Regulationen der Praktiken der Aufnahme von Zeit und Raum in ihnen. *Zukünftiges* wirft im gleichen Sinne seinen Schatten voraus (s.a. Axelrod, 1984). „Voraussicht haben heißt [..]: vorausnehmend sehen, was noch nicht ist, und eben damit die Spanne des Vorausgenommenen zu dem Gegenwärtigen durchmessen und es als gegenwärtig annehmen" (Gadamer 1987 [1969], 139). Das eröffnet die Möglichkeit, sich etwas vornehmen zu können, ist Voraussetzung für Planung, für eine an der Zukunft orientierte Konstruktion von Zusammenhängen und Selbstbeschreibungen, auch für intendierte und deliberate Strategien. Sie ist aber auch Voraussetzung für Entsagung im Augenblick zugunsten des zukünftigen Erfolgs, das heißt, sie ermöglicht, wie Hegel formuliert, Arbeit (ibid., 140). Sie schafft zudem Chancen, sich anders zu verhalten, als es geplant ist und geplante Veränderungen gezielt auszunutzen, was die Planung gegebenenfalls auch zunichte machen kann. Was Handelnde in den Blick nehmen, was und wem sie Aufmerksamkeit widmen, welche Relationen auf Vergangenes und Zukünftiges, welche Zeit-Raum-Konstellationen von Dingen, Ereignissen, Handlungen und anderen Reziprozitäten sie im Gegenwärtigen aufnehmen, was ihnen fern und was nah ist, ist daher nur bedingt eine Frage parametrischer Bestimmung von Zeit und Raum. Vor allem hängt sie davon ab, was und wem Akteure in Systemzusammenhängen rekursiv Aufmerksamkeit widmen. Individuen disponieren, so ließe sich im Anschluß an Gadamer (ibid., 142) strukturationstheoretisch formulieren, über Zeiten und Räume, teilen sie auch planmäßig ein und füllen sie auf, indem sie sich rekursiv auf gesellschaftliche und im jeweiligen betrachteten sozialen System als gültig angesehene Praktiken des Disponierens von Zeit und Raum beziehen. (Fortsetzung der Fußnote auf der nächsten Seite)

Dominiert in der managementnahen Netzwerkforschung eine handlungstheoretische Fassung von Handeln (Teil I), wird das Handeln von Individuen (und, so das überhaupt gesondert aufgenommen wird, das von Unternehmungen) an Intentionen, an ‚subjektiv gemeinten Sinn' (Weber) und/oder verwendete Zweck/Mittel-Schemata gebunden, so nimmt das strukturationstheoretische Konzept eine radikale Transformation vor: Von individuellen Intentionen und/oder Zweck/Mittel-Verwendungen wird auf Interaktionen, genauer auf rekursiv im Handeln in Interaktionen aktualisierte, systemisch und institutionell in Zeit und Raum koordinierte, kontextuell eingebettete Handlungen umgestellt.[49] Das individuelle Handeln Einzelner, etwa das der ‚boundary spanners' oder auch das von Unternehmungen in Unternehmungsnetzwerken (allgemein: von Akteuren in Sozialsystemen, dazu später mehr) ist ihr zur Folge also *nicht isoliert* zu betrachten. Die Grenzen und Möglichkeiten des Handelns hängen in Unternehmungsnetzwerken (und anderen Sozialsystemen) vom in ihnen koordinierten Handeln anderer ab. Unterstellt ist: Handelnde, seien es einzelne Individuen oder auch Unternehmungen in Unternehmungsnetzwerken (allgemein: Individuen oder kollektive Akteure in Sozialsystemen), können im Gegensatz zu strukturalistischen Ansätzen immer, in jeder Interaktionssituation, anders handeln (genauer 3.2); sie beziehen sich im Handeln aktiv auf das im Systemkontext bis hin zu über gesellschaftsweite Institutionen koordinierte Handeln anderer und entwerfen auf dieser Basis rekursiv ihre Möglichkeiten des Handelns. Im Gegensatz zu handlungs- und strukturtheoretischen Annahmen bewirken die Fähigkeiten der Akteure und die Formen systemischer und institutioneller Koordination von Aktivitäten und Ereignissen, daß Handlungen und die (Re-)Produktion von Sozialsystemen sowie gesellschaftsweiter Institutionen zwar kontingent, aber alles andere als beliebig sind.

Zu 2.: Im Gegensatz vor allem zu strukturtheoretischen und strukturfunktionalistischen Ansätzen, die der soziologischen Netzwerkforschung unterliegen (Teil II), und in Erweiterung handlungstheoretischer Annahmen der managementnahen Netzwerkforschung legt die Strukturationstheorie einen *kompetenzbasierten* Handlungsbegriff vor, den ich gleich im Schichtenmodell des Handelnden noch weiter erläutere (s. 3.3). So viel vorweg: Handelnde, seien es Mitarbeiter von Unternehmungen oder Unternehmungen in Unternehmungsnetzwerken (allgemein: Akteure in Sozialsystemen), werden nicht lediglich durch von ihnen unverstandene Systemprozesse hin- und hergeworfen, aktualisieren im Handeln nicht nur Strukturen oder Mechanismen, die sich hinter ihrem Rücken konstitu-

---

Da Akteure im Handeln genauer immer drei Zeitbezüge vermitteln – sie setzen in ihrem Handeln den unmittelbaren Handlungszusammenhang mit anderen in Interaktionen in Zusammenhang, beziehen sich auf die Kontingenz ihrer Existenz (sie handeln im Anbetracht des Todes, wie Heidegger formuliert) und rekurrieren auf die langfristige Reproduktion sozialer Institutionen (Giddens, 1981, 28) – fallen die Zeit-Raum-Horizonte individueller Akteure und sozialer Systeme auseinander, ohne jedoch unverbunden zu sein und notwendig zueinander in einem harmonischen Verhältnis zu stehen.

49 Ähnlichkeiten zu Mead sind hier festzuhalten (hierzu Knorr-Cetina, 1981, 8 ff.).

ieren und ihrem Bewußtsein entziehen. Sie sind vielmehr alle ‚knowledgeable': Sie verstehen immer einiges von dem, was sie tun und um sie herum geschieht, den Zusammenhängen, in denen sie handeln, und sie bringen dieses Wissen mit in ihr Handeln ein. Sie erkennen im Verstehen nicht nur Handlungsmöglichkeiten (und -grenzen), sondern schaffen sich diese (und auch für andere) auch im gleichen Atemzuge. Das gilt für Handelnde in Unternehmungsnetzwerken wie in allen anderen Sozialsystemen gleichermaßen. Handelnde in Unternehmungsnetzwerken wissen, was es heißt, in Unternehmungsnetzwerken (allgemein: in Sozialsystemen) zu handeln, wissen, daß sie die Zusammenhänge durch ihr Handeln (wenn auch nie vollständig intentional) produzieren und reproduzieren. Sie haben ein Bewußtsein von der sozialen Eingebettetheit sozialer Prozesse in Zeit und Raum, in die sie ihr Handeln einbetten (Giddens, 1990b, 314). Sie erkennen Handlungsmöglichkeiten und verschaffen sie sich darüber. ‚Knowledgeable agents' handeln *in* der Welt, leben nicht nur in einer alltäglichen Umgebung. Handelnde nehmen durchgängig, nicht nur zuweilen eine Beziehung zur Welt auf (Heidegger, 1986 [1927], 52 f.) und gestalten sie durch ihr Handeln mit.

Zu 3.: Die in der managementnahen und der soziologischen Netzwerkforschung bisher weitgehend anzutreffende isolierte und statische Betrachtung einzelner Handlungsakte überwindet die Strukturationstheorie als Praxistheorie (1.1) durch ein *prozessuales* Handlungsverständnis:

„Action is a continuous process, a flow" (Giddens, 1984, 9). Handeln schließt „a stream of actual or contemplated causal interventions of corporeal beings in the ongoing process of events-in-the-world" ein (Giddens, 1979, 55). „‚Action' is not a combination of ‚acts': ‚acts' are constituted only by a discursive moment of attention to the *durée* of lived through experience" (Giddens, 1984, 3).[50]

Entscheidungen über die Beteiligung an Unternehmungsnetzwerken oder deren Ausgestaltung, Aktivitäten aller Art zwischen Unternehmungen werden also nicht – wie das zum Beispiel in der Transaktionskostentheorie geschieht – als eine Serie diskreter Akte konzipiert. Sie werden vielmehr als von Akteuren in den dahinwälzenden Strom von Ereignissen und Handlungen eingebettet und in diesen eingeflochten verstanden. Handlungen als Handlungsakte müssen im Strom praktisch erfolgender kausaler Intervention in den Ereignisprozeß also erst über diskursive Momente der Aufmerksamkeit konstituiert werden. In Unternehmungsnetzwerken (wie in anderen Sozialsystemen mit einem gewissen Grad reflexiver Regulation) werden jedoch reguliert Handlungsakte konstituiert, nicht zuletzt um ‚Leistungsbeiträge' Handelnden zuzurechnen.

Zu 4.: Handlungen sind zudem *Medium und Resultat der Konstitution des Sozialen*. Handlungen binden sich über das kompetente Handeln wissender Akteure in systemisch koordinierte Handlungszusammenhänge in Unternehmungsnetzwerken (allgemein: in Sozialsystemen) ein und verknüpfen sich mit weiter in

---

50 Zum neokantianischen Weltverständnis bei Weber siehe zum Beispiel Weber (1973 [1904]) oder auch Prewo (1979). Die Betrachtung von Handeln als einem kontinuierlichen Fluß ist für eine Vielzahl interpretativer Ansätze kennzeichnend. Das gilt etwa für Schütz ebenso wie für Dewey (genauer Joas, 1992, 32 f.; Esser, 1993, 594).

Zeit und Raum ausgreifenden gesellschaftsweiten institutionellen Praktiken und Regelungen. Gleichzeitig handeln Akteure in Unternehmungsnetzwerken (allgemein: in Sozialsystemen) in Situationen, in der die Grundart des Daseins (durchaus im Anklang an strukturtheoretische Positionen) öffentlich durch netzwerkspezifische soziale Praktiken und Regulationen bis hin zu gesellschaftsweiten Institutionen ausgelegt ist, das ‚Man' bestimmt, „was und wie man ‚sieht'" (Heidegger, 1986 [1927], 170), ohne daß das Handeln seinerseits hierdurch aber determiniert ist. Die Möglichkeiten und Grenzen des Handelns werden in Unternehmungsnetzwerken (wie allgemein: in Sozialsystemen) aktiv und reflexiv von wissenden Akteuren im Prozeß der (Re-)Produktion über das jeweilige situative Handeln konstituiert. Handeln ist damit aber kein abgeleitetes Phänomen, gewissermaßen Aufführung eines andernorts (etwa auf Märkten) geschriebenen Drehbuchs – wie strukturtheoretische Ansätze unterstellen (hierzu insbes. II.1). Geschäftsinteraktionen (allgemein: soziale Ereignisse und Aktivitäten) geschehen, Geschäftsbeziehungen existieren nicht einfach irgendwo in Zeit und Raum oder an einem dem Geschehen irgendwie äußerlichen Ort (oder an Formen von Handlungsorten), etwa auf Märkten, in Netzwerken oder in Unternehmungen; sie erfolgen nicht schlicht in einem über Isomorphismen (DiMaggio/Powell) speziell konturierten ‚stählernen Gehäuse der Hörigkeit' (Weber), einem vorgegebenen Milieu oder unter externen Rahmenbedingungen. Das Umgehen mit dem Netzwerk (allgemein: mit der Welt) erfolgt nicht blind, sondern umsichtig: „[T]he rich texture of human action" (Giddens, 1990b, 310) ist in den Prozessen der Konstitution (wie im Abschnitt III-2 ausgeführt) über soziale Praktiken mit den „diverse properties of social institutions" (ibid.) vermittelt.[51] Akteure eignen sich im Handeln verstehend und auslegend umsichtig ihr Im-Netzwerk-sein unter Rekurs auf ihr darüber hinausgehendes In-der-Welt-sein mit den darin strukturell und institutionell eröffneten und verstellten Möglichkeiten und Begrenzungen an.

Geschäftshandlungen in Unternehmungsnetzwerken (ihre Identität und ihr Sinn) konstituieren sich – nimmt man die vier Merkmale zusammen – im Geflecht anderer lateraler, vorhergehender und antizipierter Handlungen oder Geschäftspraktiken und sozialer Ordnungen, die durch Unternehmungsnetzwerke (allgemein: Sozialsysteme) und Institutionen geprägt sind.[52] Die im Geflecht zusammengebundenen Geschäftshandlungen und Ordnungen sind selbst zwar nicht alle präsent, aber mit der betrachteten Geschäftshandlung verbunden. Jede Geschäftshandlung in Unternehmungsnetzwerken wird über andere, im Vorderwie im Hintergrund mitlaufende Geschäftshandlungen markiert. Vor allem ist

---

51 Der Begriff des Textes ist nicht als Buch mißzuverstehen. Giddens verallgemeinert den Begriff ähnlich wie Derrida. Institutionen, politische Situationen, Körper, ein Tanz sind Beispiele für Texte, wie Derrida im Gespräch mit Rötzer ausführt (Derrida/Rötzer, 1986; s.a. Ricoeur, 1971), Texte, die zudem miteinander verbunden sind (Intertextualität). Das ist uns allen so fremd nicht, wie die geläufige Rede von *Kontexten* des Handelns anzeigt.

52 *Geschäftshandlungen* sind Handlungen, in denen es dominant um Ökonomisches geht.

die Geschäftshandlung, die dem Unternehmungsnetzwerk zugerechnet wird, mit denen in Verbindung gesetzt, die im Unternehmungsnetzwerk systemisch koordiniert sind. Sie trägt deren Spuren und Markierungen und schreibt sich in die Spur anderer, insbesondere in die über die Netzwerkregulation speziell verknüpften (Geschäfts-)Handlungen und Handlungsketten ein. Akteure haben ein (wie auch immer unvollständiges) Wissen um die Prozesse der ‚différance' (Derrida), erkennen und verschaffen sich (und auch für andere) Handlungsmöglichkeiten und -grenzen und bringen dieses in ihre Aktivitäten ein.[53] Sie artikulieren ihre

---

53 Wir stoßen hier erstmalig (implizit wird das ab jetzt fortlaufend geschehen) auf eine in der Literatur bisher nicht diskutierte Verbindungslinie zwischen *Derrida* und *Giddens*. Giddens' Verständnis von Konstitution als Strukturation ist durch Derrida inspiriert. Daß Giddens dessen Konzept der ‚différance' sozialtheoretisch fruchtbar macht, ist eines seiner Verdienste.

Giddens (1979) diskutiert das Konzept der ‚différance' mit schwankender Haltung: Argumentiert er (1979, 46) in den ‚Central Problems', daß „the structuration of social systems should be based upon this *threefold connotation of différance*", so klassifiziert er später (1987d; s.a. 1986) Strukturalismus und Poststrukturalismus als ‚dead traditions of thought' und bezieht Derrida darin mit ein – *ohne* sein Argument jedoch an dessen Schriften zu verdeutlichen. Die schroffe Ablehnung aus dem Jahre 1987 scheint mir unbefriedigend. ‚Différance' bezeichnet bei Derrida (z.B. 1988 [1972b]; 1986 [1972], 66 ff.), etwas vereinfacht formuliert, das regulierte ‚Spiel der Differenzen' zwischen Elementen eines Systems in einem mittelpunkt- und ursprungslosen Beziehungsnetz. Das Theoriemotiv der ‚différance' ist mit dem strukturationstheoretischen Verständnis der Konstitution des Sozialen nicht gänzlich kompatibel, aber auch nicht vollständig inkompatibel. Zu ergänzen sind Akteure, die wissend und mit Macht Handlungen und ‚Beziehungsnetze' zwischen Elementen eines sozialen Systems hervorbringen, ihr Wissen um die Zusammenhänge in ihrem Handeln zur Geltung bringen und darüber die kontinuierlichen zeitlichen und sachlichen Verschiebungen und Veränderungen der Geflechte mit ihren Ordnungen rekursiv konstituieren – ohne den Prozeß der ‚différance' jemals vollständig kontrollieren zu können. Gefordert ist in Kurzform formuliert: ein Verständnis *reflexiver Différance*, was das der nichtreflexiven, im Sinne von Akteuren nicht reflexiv erfaßten supplementiert.

Die vielleicht wichtigste Übereinstimmung und Differenz zwischen Giddens und Derrida besteht in ihrem Verständnis vom Akteur. Giddens teilt faktisch mit Derrida (1986 [1972], 70) die Ansicht, daß „kein Subjekt [gibt], das Agent, Autor oder Herr der *différance* wäre," daß das Subjekt oder besser: der Akteur sich aber seinen Platz in der Bewegung der ‚différance' schafft, die selbst aber *kein* Zentrum besitzt (ibid., 71; s.a. den Abschnitt über die ‚Dezentrierung des Subjekts' auf den Seiten 190 ff.). Wie der Akteur aber dann von den beiden Theoretikern aufgenommen wird, unterscheidet sich grundlegend. Derrida, der ja nicht als Soziologe schreibt, widmet sich dem ‚Spiel der Differenzen' als einer Kraft, die sich selbst gleichzeitig hervorbringt und zerstört (Derrida, 1976 [1967], 9 ff.), ohne den Akteur explizit zu berücksichtigen. Er betrachtet das ‚Spiel' ohne sozialwissenschaftliches Interesse für das praktische Handeln. Derridas Argument unterliegt aber ein Verständnis sozialer Akteure – es erinnert an das von Lévi-Strauss. Giddens (1979; 1986; 1987d) verwirft aus diesem Grunde rigoros Derridas Sichtweisen. Das erscheint mir jedoch weder notwendig noch hilfreich und auch unpassend, versteht Giddens (1984, 16) die Konstitution des Sozialen und dessen Strukturen doch noch in seinem magnum opus, in durchaus auch derridaeskem Sinne als „intersection of presence and absence." Und natürlich radikalisiert Derrida mit seinem Konzept der Différance konsequent die strukturalistischen Themen – Differenz, Verschiedenheit und das Andere – und ist doch gleichzeitig weit weg vom Strukturalismus, weil für ihn Struktur niemals der Ursprung sein kann.

Sind Derridas Einsichten und Konzepte, wie das der ‚différance', unverzichtbare Bestandteile einer jeden Sozialtheorie auf dem Stand aktueller Theorieentwicklung, so muß mit gleicher Deutlichkeit festgehalten werden: Das seinen Schriften implizite Verständnis sozialer Konstitution und insbesondere sein Handlungskonzept sind defizitär. Différance ist zwar ein subjekt-, aber kein akteursloser Prozeß (3.5). Différance ist als Melange eines durch Akteure reflexiv und nichtreflexiv konstituierten ‚Spiels' zu verstehen. Akteure bringen über soziale Praktiken das ‚Zeitlichverschoben-und-sachlich-anders-sein' der Différance rekursiv hervor. Zum Verhältnis Giddens/Derrida siehe jetzt auch Ortmann (2002b), zur differentiellen Praxis von Regelbefolgung durch Regelverletzung Ortmann (2002a).

Netzwerkaktivitäten im Lichte diesbezüglicher Erfahrungsräume und Erwartungshorizonte. Die Identität einer dem Netzwerk zuzurechnenden Geschäftshandlung konstituiert sich folglich im Geflecht anderer Netzwerkhandlungen, deren Spuren sie in sich trägt. Eingeflochten sind zudem auch alle die (Geschäfts-) Aktivitäten, die, aus welchen Gründen auch immer, im Netzwerk nicht Realität, ausgeblendet und unterdrückt werden und wurden. Die „Gesamtheit der Anwesenheiten" organisieren die Einbettung von Handlungen ins Handlungsgeschehen (Derrida, 1988 [1972c], 300), sind Träger durch sie konstituierter sozialer Ordnungen, Medium und Resultat der Netzwerkgovernance bis hin zu Sets relevanter gesellschaftsweiter Institutionen. Geschäftshandlungen artikulieren in Unternehmungsnetzwerken als Spuren damit einerseits immer Strukturen und Mechanismen zwischen systemisch und institutionell koordinierten, gebündelten Aktivitäten. Sie tragen aber andererseits immer auch systemisch und institutionell abgesicherte ‚Gegen'-Geschichten in sich. Handeln ist Wandeln auf systemisch und institutionell konstituierten Spuren, die durch das Handeln selbst rekursiv mit hervorgebracht, reproduziert oder geändert werden. Die Différance der Handlungen ist damit ihrerseits Moment der Différance von Systemregulationen und sozialen Ordnungen aller Art.

3.1.2 Handlungskontext und ‚embeddedness'

Theoriesystematisch tritt in der Strukturationstheorie der Begriff des rekursiv im Handeln aktualisierten Kontexts an die Stelle individueller Intentionen sowie Zweck/Mittel-Verwendungen und extern, vom Handeln abgelöster Strukturen oder Institutionen. Die Bezugspunkte handlungs-, struktur- und auch institutionentheoretischer Ansätze werden damit radikal verschoben, ohne die von diesen Theorien hervorgehobenen Aspekte aus den Augen zu verlieren. Auch in strukturationstheoretischer Sicht nehmen Akteure Intentionen sowie Zwecke und Mittel als Aspekte des (eigenen) Handelns (wie der Handlungen anderer) auf. Sie binden sie allerdings kontextuell zurück, verknüpfen sie mit der jeweiligen Handlungssituation, Sozialsystemen und institutionellen Kontexten (s.a. Joas, 1996 [1992], 235). Akteure vergegenwärtigen sich im Handeln im gleichen Sinne durchaus situative sowie systemische und institutionelle Einschränkungen und selektive Ermöglichungen des Handelns.

Handlungskontexte: begriffliche Bestimmung

Kontexte – Geschäftskontexte wie der des Unternehmungsnetzwerks oder des Marktes, in denen Unternehmungsnetzwerke Geschäfte machen – definiert Giddens (1984, 71) in der ‚Constitution' als „those ‚bands' or ‚strips' of time-space within which gatherings take place" – und damit auf den ersten Blick ähnlich wie Bourdieu (1985 [1984]), der Kontexte als Interaktionsfelder versteht. Giddens orientiert sich jedoch mehr an Goffman, und die folgenden Bestimmungen lesen sich (implizit) auch als eine Kritik an dem recht strukturalistischen Verständnis bei Bourdieu, das ich hier aber nicht diskutieren will. Der von Giddens in seiner Definition verwendete Begriff des ‚gathering' verweist (mit Goffman) auf kopräsente Kontexte. In der Mehrzahl seiner Bestimmungen von Kontexten vermittelt Giddens den Eindruck, Kontexte seien für ihn auch lediglich kopräsente Kontexte – oft nur leicht durch Relativierungen wie ‚schließen ein' eingeschränkt:

> „‚Context' involves the following: (a) the time-space boundaries (usually having symbolic or physical markers) around interaction strips; (b) the co-presence of actors, making possible the visibility of a diversity of facial expressions, bodily gestures, linguistic and other media of communication; (c) awareness and use of these phenomena reflexively to influence or control the flow of interaction" (Giddens, 1984, 282).[54]

An einer anderen Stelle (1984, 71) erweitert er die positive Bestimmung kopräsenter Kontexte um die in soziales Handeln einbezogene physikalische Umwelt: „Context includes the physical environment of interaction but is not something merely ‚in which' interaction occurs [...]." Physikalische Settings, (um- oder bebaute) Räume, trassierte Verkehrswege und Infrastrukturen und soziale Handlungssettings mit sozialer Architektur und sozialen Markierungen sind also Momente von Kontexten – allerdings nur so und in dem Sinne, wie Akteure diese im Handeln nutzen. Unternehmungsnetzwerke (allgemein: Sozialsysteme und insbesondere Organisationen) bilden als Sozialsysteme besondere Handlungskontexte. Das ist aber nicht nur so, weil sie intendiert physische Settings schaffen. Es ist vor allem deshalb der Fall, da sie das Handeln, die Zusammenkünfte und Gelegenheiten zu Handeln systemisch koordinieren und mit einem gewissen Grad an Reflexivität für Netzwerkakteure allgemeine Bedingungen für ihr Handeln schaffen. Denn die Systemzusammenhänge befördern und/oder ‚erzwingen', daß Netzwerkakteure ihre Aktivitäten und Beziehungen mit denen ausgewählter anderer Akteure und Sozialsysteme in Zeit und Raum speziell verknüpfen. Darüber wiederum wird umgekehrt auch das Geschehen in Unternehmungsnetzwerken in Geflechte von Sozialsystemen eingebunden.

Handelnde transzendieren zudem in der situativen Konstitution von Handlungskontexten routinemäßig den unmittelbaren Situationszusammenhang, unterwerfen Kontexte der Différance. Sie verbinden, wenn auch durchaus unterschiedlich, verschiedene Handlungskontexte auf ihren (oft routinisierten, alltäglichen) Aktivitätspfaden (Giddens, 1984, 132 ff.) und bringen so verschiedene Verknüpfungen von Kontexten hervor:

---

54 Akteure verwenden zum Beispiel (die in sozialen Gelegenheiten üblichen) ‚boundary markers' (Goffman), nutzen übliche Formen des ‚turn-taking': Sie wenden zu Beginn der Interaktion etwa den Körper (unter Einbezug der in den Kontexten üblichen Formen) dem Interaktionspartner zu und am Ende wieder von ihm ab. Sie markieren so Interaktionssequenzen und Handlungsräume und teilen sie in ‚Episoden' ein. Über Formen des ‚keying' von Interaktionen und Handlungsräumen schreiben sie diesen einen inhaltlichen Sinn zu.

„In the case of human beings, the *Umwelt* includes more than the immediate physical surroundings. It extends over indefinite spans of time and space, and corresponds to the system of relevances, to use Schutz's term, which enframes the individual's life. Individuals are more or less constantly alert to signals that relate here-and-now activities to spatially distant persons or events of concern to them, and to projects of life-planning of varying temporal span. The *Umwelt* is a ‚moving' world of normalcy which the individual takes around from situation to situation, although this feat[ure] depends also on others who confirm, or take part in, reproducing that world. The individual creates, as it were, a ‚moving wave-front of relevance' which orders contingent events in [different] relations [...]" (Giddens, 1991a, 127 f.).

Kompetente Akteure konstituieren ihre Geschäftsinteraktionen und -beziehungen mit anderen Netzwerkakteuren oder mit Dritten unter Einbezug vorhergehender, zukünftiger und parallel vergegenwärtigter Handlungskontexte. Sie beziehen in die Konstitution von Geschäftskontexten Marktentwicklungen, Verschiebungen gesellschaftlicher Milieus und Risiko- oder Reproduktionsmuster, Tendenzen zunehmender Internationalisierung, Globalisierung, Vernetzung oder Fusion, Varianzen staatlicher Regulationen organisationaler Felder und auch zeiträumlich entfernte Kontexte – Entwicklungen auf fernen Märkten oder auch vergangene oder antizipierte, realisierte oder verhinderte Geschehnisse – mit in ihr Handeln ein. Situative Handlungskontexte konstituieren sich so vor allem unter Rekurs auf wiederkehrend aktualisierte Geflechte von Sozialsystemen, in die sich die Konstitution von Unternehmungsnetzwerken einbettet. Akteure verleihen ihrem Handeln und dem anderer sowie dem Geschehen Sinn, indem sie sich auf Aktivitäten und Ereignisse mit unterschiedlichen Zeit-Raum-Bezügen beziehen und weiter in Zeit und Raum ausgreifende Praktiken, Institutionen, in ihr Handeln aufnehmen (s.a. Knorr-Cetina, 1981, 11 f.):[55]

„All social interaction is situated interaction – situated in space and time. It can be understood as the fitful yet routinized occurrence of encounters, fading away in time and space, yet constantly reconstituted within different areas of time-space. The regular or routine features of encounters, in time as well as in space, represent institutionalized features of social systems. Routine is founded in tradition, custom or habit, but it is a major error to suppose that these phenomena need no explanation, that they are simply repetitive forms of behaviour carried out ‚mindlessly'. On the contrary, as Goffman (together with ethnomethodology) has helped to demonstrate, the routinized character of most social activity is something that has to be ‚worked at' continually by those who sustain it in their day-to-day conduct" (Giddens, 1984, 86; s.a. 1990b, 301 f.).

Akteure, die sich in Kontexte begeben, aktualisieren sie dabei jedoch nicht nur, auch wenn es sich um dyadische Interaktionssituationen handelt. Sie machen sich durch ihren Eintritt auch diesen ‚zurechenbar', was zudem gewisse Bahnungen für Folgehandlungen nach sich zieht: Beteiligungen an Unternehmungsnetzwer-

---

[55] Einiges steht dabei im Vordergrund, anderes wird eher im Hintergrund mitgeführt oder gar ins Off verschoben. Was im Vorder- und was im Hintergrund steht, ist in Unternehmungsnetzwerken (wie in vielen anderen modernen Kontexten mit einem gewissen Grad reflexiver Koordination) stark durch die Mechanismen, Mittel und Gegenstände der Systemregulation beeinflußt. Akteure aktualisieren situativ immer hoch selektiv ihre durch Systemerfordernisse konstituierten Relevanzhorizonte, greifen nur Manches aus dem Geflecht in Raum und Zeit ausgreifender, geschichteter Zusammenhänge als Handlungskontexte auf. Anderes bleibt latent. Zuweilen ist aber gerade das für ein Verständnis des Geschehens wichtig. Die Konstitution des Sinns fokussierter Interaktionen (Goffman) geschieht eben auch auf dem Hintergrund fluktuierender Beziehungen nichtfokussierter Art (Giddens, 1987e, 121).

ken gehen mit Verpflichtungen auf ein proaktiv auf das Netzwerk bezogenes Handeln einher, Markteintritte bewirken, daß man als Konkurrent behandelt wird usw.. Kontexte üben, wie man in Erweiterung eines Arguments von Stinchcombe (1965) formulieren kann, so ein allerdings fortlaufend (re-)produziertes ‚imprinting' und darüber einen gegebenenfalls dauerhaften Einfluß auf die Fortentwicklung von Unternehmungsnetzwerken (allgemein: Sozialsystemen) aus, konstituieren Entwicklungspfade (Arthur). Recht strukturationstheoretisch formuliert Scott (1983, 174):

„Organizations are affected by the structure of relations of the interorganizational systems in which they are embedded, and these systems are in turn affected by the societal systems in which they are located, and these systems are in turn affected by the world system in which they are located. All of these systems are evolving over time, and each is comprised of elements created at differing points in time."

Unternehmungsnetzwerke und organisationale Felder, einschließlich der von Wallerstein (1974; 1984; 1987) betonten Weltsystemkontexte mit ihren Formen weltweiter Arbeitsteilung und multiplen Formen kulturell-politischer Einheiten, konstituieren sich so wechselseitig über das kompetente Handeln von Akteuren.

Die Konstitution der Handlungskontexte mit ihren Verflechtungen erfolgt zwar immer situativ in Zeit und Raum. Sie geschieht aber wiederum in institutionalisierten, zumeist formalisierten *sozialen Gelegenheiten* – wodurch systemisch und institutionell regulierte Bedingungen der Konstitution sozialer Interaktionen in kopräsenten Situationen in den Blick kommen:

„More formalized contexts in which gatherings occur can be called social occasions. Social occasions are gatherings which involve a plurality of individuals. They are typically rather clearly bounded in time and space and often employ special forms of fixed equipment – formalized arrangements of tables and chairs and so on. A social occasion provides the ‚structuring social context' (Goffman's term) in which many gatherings ‚are likely to form, dissolve and re-form, while a pattern of conduct tends to be recognized as the appropriate and (often) official or intended one'" (Giddens, 1984, 71).

Der ökonomische Alltag in Unternehmungsnetzwerken weist eine Vielzahl solcher Gelegenheiten auf – sie betreffen das alltägliche Zusammentreffen am Arbeitsplatz, das wiederkehrende Zusammenkommen in Meetings oder an typischen Verhandlungsorten mit Dritten. Über fixierte Ausstattungen und klar umrissene, erwartete und erwartbare Verhaltensweisen und Abläufe sind gerade auch die sozialen Gelegenheiten in ökonomischen Kontexten physikalisch und sozial strukturiert – auch wenn das Geschehen dadurch nie vollständig festgelegt ist.[56] Scheinbar triviale einzelne Aktivitäten verändern insbesondere durch ihre Einbettung in soziale Gelegenheiten ihren Charakter: „[...] what from the angle of the fleeting moment might appear brief and trivial interchanges take on much more substance when seen as inherent in the iterative nature of human life" (Giddens, 1984, 72). Die Interaktionen sind zudem oft nicht nur festgelegt und institutionell reguliert, sondern über alltägliche Zeit-Raum- und Aktivitätspfade

---

56 Weniger klare Vorgaben erwartet man oft für soziale Gelegenheiten wie Parties, Sportereignisse und dergleichen.

ihrerseits miteinander verknüpft. Kontexte (Umwelten, soziale Settings – Begriffe, die Giddens weitgehend synonym verwendet) verleihen Aktivitäten oder Ereignissen somit nicht lediglich idiosynkratischen Charakter. Sie sind auch nicht nur Milieus, in denen Aktivitäten durchgeführt werden oder sich ereignen. Als Handlungs- oder Interaktionssettings sind sie gleichzeitig integral für die Ausbildung sozialer Formen und der Strukturen sozialen Lebens (Giddens, 1987d, 99) – darauf gehe ich im Abschnitt III-5 gesondert ein.

Soziale Gelegenheiten sind zudem Basis der Ausbildung einer Vielzahl von *Routinen* als einem bestimmten Typ sozialer Praktiken. Routinen kommt für die prozessuale Konstitution des Sozialen, für alltägliches Geschehen besonderes Gewicht zu. In der theoretischen Beachtung von Routinen kommt nicht eine Vorliebe für Primitives zum Ausdruck. Es drückt vielmehr eine Konzentration auf das aus, worin ‚das Seiende zunächst und zumeist ist' (Heidegger, 1986 [1927], 16). Aufmerksamkeit erlangen soziale Gelegenheiten als Orte routinierter Vermittlung von Aktivitäten von Akteuren mit Formen ihrer systemischen und institutionellen Regulation. Routinen verdeutlichen Mechanismen der Erzeugung und Reproduktion von (Geflechten von) Handlungskontexten, inklusive von Bindungen von Akteuren und Handlungen an bestimmte Handlungsweisen, die gerade in der Netzwerkforschung mit ihren funktionalistischen und strukturalistischen Theorieansätzen sträflich vernachlässigt werden:

„All social systems, no matter how grand or far-flung, both express and are expressed in the routines of daily social life, mediating the physical and sensory properties of the human body" (Giddens, 1984, 36).

Routinen sind ein grundlegendes Element alltäglicher sozialer Aktivität und damit auch integrale Bestandteile von Organisationen und Unternehmungsnetzwerken:

„The term ,day-to-day' encapsulates exactly the routinized character which social life has as it stretches across time-space. The repetitiveness of activities which are undertaken in like manner day after day is the material grounding of what I call the recursive nature of social life" (ibid., xxiii).

Für Giddens (ibid., 35) formen sich soziale Praktiken generell und Routinen speziell als *hergestellte Geschehenszusammenhänge zwischen Aktivitäten im kontinuierlich wiederkehrenden Ablauf* von Tagen und Jahreszeiten. Im Geschäftsgeschehen zwischen Unternehmungen in Unternehmungsnetzwerken werden sie über soziale Gelegenheiten systematisch produziert und reproduziert. Unternehmungsnetzwerke schaffen nämlich wiederkehrend Anlässe, im Alltag ‚verkettete', gegebenenfalls gar organisierte Handlungsgelegenheiten und -orte usw.. Routinen als repetitiv verstandene und ausgelegte Arten und Weisen des Handelns kreieren tief sedimentierte, alltägliche Überschneidungen von Zeit-Raum-Pfaden zwischen Akteuren, konstituieren, was im Geschäftsleben ‚normal' und ‚vorhersagbar' ist (s.a. Giddens, 1991a, 126). Routinen zeigen in besonderer Weise auf ‚Transformationspunkte' (s.a. Foucault, 1981 [1973], 299) zwischen individuellen Handlungen und strukturellen Bindungen und Beziehungen. Sie kennzeichnen spezielle Modi, in denen institutionelle Praktiken sich mit Interaktionen in Kopräsenz und über

Zeit und Raum hinweg verbinden (Giddens, 1984, xxxi) und kontinuierlich neu kompetent verbunden werden müssen. Auch wenn Routinen Praktiken sind, die Akteure zumeist und in einer Vielzahl sozialer Gelegenheiten durchführen, ohne ihnen allzu viel Aufmerksamkeit zu widmen und widmen zu müssen, ist das Befolgen von Routinen nicht mit einem blinden Commitment gleichzusetzen:

> „Routine activities, as Wittgenstein made clear, are never just carried out in an automatic way. In respect to control of the body and discourse, the actor must maintain constant vigilance in order to be able to ‚go on' in social life" (Giddens, 1991a, 39). „[I]t follows that the practical mastery of how to ‚go on' in the contexts of social life is not inimical to creativity, but presumes it and is presumed by it" (ibid., 40 f.).

Routinen sind soziale Aktivitäten mit größerer Ausdehnung in Zeit und Raum.[57] Dabei ist nur scheinbar trivial, daß selbst organisierte Routinen nur solange Routinen sind, wie Akteure sie in ihrem Handeln fortschreiben. Aber selbst wenn sie diese ‚beibehalten', kann sich ihr Charakter durchaus ändern, wenn sich zum Beispiel der Ablauf von Tagen, Jahreszeiten und Aktivität(skett)en oder der reflexive Bezug auf sie verändert – etwa dadurch, daß der Stellenwert der Netzwerkzusammenhänge für Netzwerkunternehmungen zunimmt. Routinen sind zudem eine unverzichtbare Basis für Innovation, nicht nur für deren realisierende Umsetzung, sondern auch für deren Hervorbringung – und sei es als Bezugspunkt der Erneuerung von Prozessen oder Produkten.

Handlungskontext und ‚embeddedness'

Das strukturationstheoretische Konzept des Handlungskontexts reformuliert und respezifiziert das der sozialen ‚embeddedness'. Bekanntlich unterliegen dem heute weit rezipierten Embeddedness-Konzept Einschätzungen von Max Weber (1976 [1921]) und Polanyi (1957) über die nur partielle Loslösung ökonomischen Handelns, vor allem des Markthandelns im 18. Jahrhundert, aus der engen Umklammerung sozialer Prinzipien wie denen der Reziprozität, Redistribution bis hin zur Autokratie. Diese Grundeinsicht in die Bedeutung sozialer Prinzipien für ökonomisches Handeln wird heute nicht nur weiterhin als empirisch gültig, sondern als konstitutiv angesehen – auch in der Strukturationstheorie (hierzu III-5; s.a. Hirschman, 1982; Granovetter, 1985; Swedberg, 1998, 165 f.) und in der neoinstitutionalistischen Organisationstheorie:

> „The formation of strategies within industrial sectors, for example, takes account not only of prices, wages, demand, and competition, but also of policies of the national and local state, the social balance

---

57 Eingeschlossen sind Bindungen zwischen Aktivitäten an- und abwesender Akteure. Die Abwesenheit kann auf räumlicher und/oder zeitlicher Differenz beruhen – ersteres zum Beispiel im Falle räumlich weit entfernter Netzwerkpartner, letzeres etwa im Falle verschiedener Generationen. Routinen binden also nicht nur Aktivitäten zu einer Zeit, sondern u.U. über unterschiedliche Zeiträume hinweg. Selbst wenn die ‚Zeit' möglicherweise eine ganz andere war, können die Konsequenzen vergangener Aktivitäten Bedingung aktuellen Handelns sein. Routine ist dafür nur ein Beispiel.

between regional employers, and the willingness of a local labor force to tolerate change. [...] Political embeddedness is illustrated most clearly when power relations among economic actors are inscribed in, or prescribed by, the legal framework of the state" (Zukin/DiMaggio, 1990b, 20 f.).

Einbettung bezeichnet eine – gerade auch im Vergleich zur Neoklassik und Kontingenztheorie – fruchtbare Perspektive auf Ökonomie. Strukturationstheoretisch weist das Konzept nur ein zentrales Defizit auf: Es fehlt ihr ein elaboriertes Konzept sozialer Konstitution, insbesondere ein entsprechendes Handlungskonzept. Kontexte werden oft als einfach gegeben angesehen. Das strukturationstheoretische Konzept des Handlungskontexts erlaubt einerseits, die im ‚embeddedness'-Konzept aufgehobenen Einsichten in die kognitive, kulturelle, strukturelle und politische Einbettung[58] zu reformulieren, indem es Soziales (wie ich im Abschnitt III-4 genauer ausführe) als auf drei Dimensionen, die der Signifikation, Domination und Legitimation, konstituiert betrachtet. Kontexte müssen über ein elaboriertes Handlungskonzept (inklusive des in ihm eingeschriebenen Konzepts sozialen Wandels als Melange aus reflexiv und nicht-reflexiv konstituierter Différance) respezifiziert werden, um die statische Konzeptualisierung von ‚embeddedness' (Granovetter, 1985) zu überwinden.

3.2 Handlung und Macht

Die Strukturationstheorie offeriert ein radikal anderes Verständnis des Verhältnisses von Macht und Herrschaft als die im Teil I und II vorgestellten Ansätze.

---

58 Das ‚embeddedness'-Konzept ist, das sei hier nur angemerkt, zudem weiter ausgearbeitet worden. Unterschieden werden heute vier Typen sozialer Einbettung: eine *kognitive, kulturelle, strukturelle und* eine *politische* (Zukin/DiMaggio, 1990b, 15 ff.; s.a. Teil I; Porac/Rosa, 1996, 364; Uzzi, 1996). *‚Kognitive Eingebettetheit'* macht auf die begrenzten Fähigkeiten zu (in der Neoklassik unterstelltem) synoptisch rationalem Handeln individueller und kollektiver Akteure angesichts von Unsicherheit, Komplexität und Informationskosten sowie begrenzter Rationalität und kollektiver Vorstellungen aufmerksam, die sich in Routinen, dominanten Handlungslogiken in Industrien und technischen Paradigmen zeigen. Gleichzeitig unterstellt sie, daß Menschen schon Wissen und Vorstellungen davon haben, was ‚gut' für sie ist, und daß sie sich auch bemühen, dieses zu erreichen (z.B. Zukin/DiMaggio, 1990b, 16 f.). *‚Kulturelle Eingebettetheit'* verweist auf die Rolle kultureller Vorstellungen und Ideologien, als gegeben betrachteter Ansichten, durch soziale Regelsysteme orientierter Handlungsweisen und auf die Rolle von Skripten mit großer Ausdehnung in Zeit und Raum für die Ausgestaltung ökonomischer Transaktionen, Arbeitsbeziehungen und Formen der Koordination ökonomischer Aktivitäten. Die durch die Eingebettetheit ökonomischen Handelns und handlungswirksamer Motivationen in Muster interpersonaler Beziehungen, seien es Freundschafts-, Verwandtschafts- oder durch die Mitgliedschaft in Gruppen erzeugten Beziehungen, werden als *‚strukturelle Eingebettetheit'* thematisiert (ibid., 18 f.). *‚Politische Eingebettetheit'* bezieht sich auf die Arten und Weisen, in denen ökonomische Institutionen und Entscheidungen durch den Kampf zwischen ökonomischen und staatlichen Akteuren geprägt sind, etwa durch Auseinandersetzungen um Patent-, Steuer- und Umweltgesetze, staatliche Regulationen der Kapital- und Arbeitsmärkte und andere Politiken wie die Wirtschafts- und Strukturpolitik. Umwelt reduziert sich also nicht, wie im Kontingenzansatz und vielen industriesoziologischen Studien faktisch behauptet wird, vor allem auf das sogenannte ‚task environment'. Umwelt besteht nicht vornehmlich aus den als Input benötigten Ressourcen, aus den für den ‚throughput' erforderlichen Informationen und Know-how und den für den Output wichtigen Märkten (Dill, 1958). Zudem reflektieren die strukturellen Charakteristika der Organisationen nicht primär die technischen Anforderungen dieser Umwelten (s.a. Scott, 1983).

Kommen Macht und Herrschaft in der managementnahen Netzwerkliteratur kaum systematisch vor, und setzt sich Herrschaft in Studien zur systemischen Rationalisierung über technisch-ökonomische Mechanismen nahezu vollständig hinter dem Rücken der Akteure durch und zwingt sie bei Strafe ihres Untergangs zu ihrem ‚Glück', so ist Macht und Herrschaft in der strukturellen Netzwerkanalyse weitgehend an statische Positionsgefüge gebunden, in denen das Verhalten der Akteure weitgehend ausgeblendet werden kann. Die Strukturationstheorie bricht mit allen diesen Vorstellungen. Macht und Herrschaft stehen für sie – wie in den soziologischen Ansätzen der Netzwerkforschung – zwar im Mittelpunkt einer jeden Analyse des Sozialen. Sie sind für sie aber nur dann zu verstehen, wenn man das aktive und reflexive Handeln kompetenter Akteure berücksichtigt. Technisch-ökonomische und alle anderen Strukturen verschaffen sich nur über das Handeln kompetenter Akteure Geltung, gewinnen diese nur, wenn Akteure ihnen im Handeln Geltung verleihen.

3.2.1 Der Machtbegriff: Merkmale

In strukturationstheoretischer Perspektive hängen Handlung und Macht elementar zusammen:[59]

„[A]ction logically involves power in the sense of *transformative capacity*" (Giddens, 1984, 15; Hervorh. A.W.). „Agency concerns events of which an individual is the perpetrator, in the sense that the individual could, at any phase in a given sequence of conduct, have acted differently" (ibid., 9). „To be able to ‚act otherwise' means being able to intervene in the world, or to refrain from such intervention, with the effect of influencing a specific process or state of affairs. This presumes that to be an agent is to be able to deploy (chronically, in the flow of daily life) a range of causal powers, including that of influencing those deployed by others. Action depends upon the capability of the individual *to ‚make a difference' to a pre-existing state of affairs or course of events*. An agent ceases to be such if he or she loses the capability to ‚make a difference', that is, to exercise some sort of power" (ibid., 14; Hervorh. A.W.).

Giddens bindet Macht an handelnde Akteure, betrachtet Macht als ein universales Moment und als einen notwendigen Bestandteil der kontingenten (Re-)Produktion des Sozialen. Unter Macht versteht er sehr allgemein jede Transformationskapazität – die Fähigkeit, die Welt, den Stand und den Lauf der Dinge zu ändern, ‚to make a difference', wie er mit implizitem Bezug auf Bateson (1972, 315) formuliert. Macht schließt damit die Fähigkeiten ein, sich mit anderen zusammenzuschließen, sich zu vernetzen, kollektive Entscheidungen zu fällen, Konflikte zu lösen, gemeinsames Handeln abzustimmen. Vernetzung ist so etwa nicht nur Ausdruck von Macht. Sie ist potentiell auch Medium der Verstärkung

---

59 Die Engführung von Handlung und Macht zeigt sich bei Giddens bis in die Wahl der Grundbegriffe. Handeln verknüpft er durch die Wahl des Begriffs ‚agency' begrifflich mit Macht. Die Übersetzung von ‚agency' bereitet im Deutschen Probleme, weil die deutsche Sprache mit Akteuren eher Freiheit, mit Agenten eher Unfreiheit verbindet. Bei Giddens aber schließt ‚agent' und ‚agency' immer schon die Fähigkeit ein, mit Macht zu handeln, daß sie eine Handlungsträgerschaft aufweisen.

von Macht für vernetzte Unternehmungen (allgemein: für ihr Handeln miteinander in Zeit und Raum koordinierende Akteure). Gegebenenfalls können sie dadurch ihre Macht steigern (Parsons, 1963) – gegenüber der nicht-menschlichen Umwelt oder gegenüber Dritten (s.a. Giddens 1977d; 335).

Zwischen Versicherungsmaklern und Versicherern besteht in Deutschland, wie wir in unser Studie ‚Organisation von Netzwerken' feststellten, eine machtabhängige Reziprozität. Versicherungsmakler sind nicht nur allgemein den Strategien der Versicherer ausgesetzt. Kleine Versicherungsmakler unterhalten zudem hauptsächlich Beziehungen zu kleinen Versicherern, mittlere zu mittleren und große Versicherungsmakler zu großen Versicherern. Kleine Versicherungsmakler haben so nur geringe Möglichkeiten, lukrative Geschäftsbeziehungen zu mittleren oder gar großen Versicherern aufzubauen, die ihnen Zugang zu hinreichender Expertise usw. eröffnen, über die sie insbesondere im Industriegeschäft ihre Kunden längerfristig an sich binden können. Das ändert sich jedoch grundlegend, wenn sie sich vernetzen und ihr Geschäft poolen. Dann können sie bei geschickter Nutzung ihrer neuen Macht ihre strategische Position für sich grundlegend verbessern (genauer Sydow et al., 1995, 253 ff.).

Macht zu haben, ist für Giddens ein Merkmal eines jeden Akteurs. Sie ist keine exklusive Eigenschaft weniger, auch wenn die Möglichkeiten zur Einflußnahme nicht gleich verteilt sind. Alle sind fähig, anders zu handeln. Wer handeln kann, hat Macht. Wer keine Macht mehr hat, ist kein Handelnder mehr.[60] Situationen sozialen Zwangs, in denen, umgangssprachlich gesprochen, Individuen oder Unternehmungen, etwa aufgrund bestimmter Marktsituationen oder aufgrund von ‚Knebelverträgen' fokaler Netzwerkunternehmungen, ‚keine Chancen mehr haben, anders zu handeln', bedeuten nicht, daß Handelnde nur noch ‚reagieren' (Giddens, 1984, 15).[61] Akteure üben ferner nicht nur punktuell oder ab und zu Macht aus. Sie greifen vielmehr kontinuierlich kausal in den Fluß des alltäglichen Lebens ein. Wie weitreichend die Eingriffe wirken, wie weit in Zeit und Raum ausgreifend sie die Ereignisverläufe und Handlungssituationen beeinflussen, variiert. Punktuellen, kaum wahrnehmbaren Interventionen stehen solche gegenüber, die das Leben der ganzen Menschheit betreffen.

---

60 Auch bereits umgangssprachlich bedeutet zu handeln, etwas zu können, zu etwas in der Lage sein, zu ‚powern'. Giddens setzt den Begriff der Macht damit sehr tief an: Macht geht sowohl der Subjektivität des Akteurs als auch der Fähigkeit zum ‚reflexive monitoring' und der Rationalisierung voraus, da diese Ausdruck der Macht des Akteurs sind (Giddens, 1984, 15).

61 Selbst in diesen Fällen überwachen, kontrollieren, steuern und begründen Akteure ihr Handeln, versuchen sie, sich an den genereller im sozialen System gültigen Sets von Regeln und Ressourcen zu orientieren, greifen sie, selbst wenn sie sich strukturellen Vorgaben fügen, in die immer kontingenten Prozesse ein, sind sie zumeist durchaus bestrebt, ihre Situation zu verbessern, und nutzen sie Chancen, die sich ihnen bieten, auch wenn sie noch so gering sein mögen. Das hat Wolfgang Sofsky (1990, 521) eindrucksvoll an der ‚absoluten Macht' in Konzentrationslagern als einer ‚Machtform eigener Art' aufgewiesen und eines der zerstörerischen Momente dieser Form der Herrschaft als das willkürliche, unberechenbare, Orientierung zerstörende Ausüben von Macht diagnostiziert, „in dem auch Fügsamkeit nicht vor Schlimmerem bewahrt."

Macht zeigt sich in Unternehmungsnetzwerken (allgemein: in Sozialsystemen) aber nicht nur darin, wie in Interaktionen und im Systemgeschehen wiederkehrend sichtbar gehandelt wird, sondern auch in dem, was nicht getan wird, beziehungsweise insbesondere systemisch oder institutionell verhindert wird.[62] Macht eröffnet Akteuren immer auch Chancen zu handeln. Gleichzeitig ‚unterdrückt' sie viele Möglichkeiten durch unauffällige Verdikte: ‚nicht entscheidbar' (Bachrach/Baratz, 1963), ‚unpassendes' Handeln, ‚inakzeptable Resultate' (Verfahren, Prozeduren, Sichtweisen, Handlungsweisen usw.) (Giddens, 1979, 90). Das weniger sichtbare ‚Gesicht der Macht' ist mindestens ebenso bedeutsam.[63]

Macht als Moment der Konstitution des Sozialen ist wie soziales Handeln relational, kompetenzbasiert, prozessual und Moment der Konstitution des Sozialen (3.1.1). Ich will hier (1.) den prozessualen und (2.) den relationalen Charakter von Macht, (3.) die darüber vermittelte Verknüpfung von ‚Macht zu' mit ‚Macht über' und (4.) die Einbettung von Macht in die Konstitution des Sozialen genauer aufnehmen.

Zu (1.): Macht ist etwas *Prozessuales*. Jedes Handeln ändert die Welt, da jedes Handeln Konsequenzen hat für den Fortgang der Ereignisse oder für die Bedingungen, unter denen fortan gehandelt werden muß und kann. Die Welt ist durch das Handeln nicht mehr die, die sie vorher war. Selbst wenn ein Akteur ‚nur' eine alltägliche Routine wiederholt, verstärkt er diese, verfestigt strukturelle Merkmale der Routinen und trägt zu deren weiterer Institutionalisierung bei. Macht ist das Schlüsselelement sozialer Praxis (Giddens, 1993 [1976], 117). Das ist die Idee der historisch kontingenten Reproduktion und Transformation des Sozialen, die auch Giddens teilt. Sie bedeutete bekanntlich für Marx die materialistische Wendung des Schlüsselbegriffs des Hegelschen Denkens, des ‚Geistes'.[64]

Zu 2.: Relationale Macht kann definiert werden: „as the capability to secure outcomes where the realization of these outcomes depends upon the agency of *others*" (Giddens, 1993 [1976], 118). Die Fähigkeiten von Unternehmungen als

---

62 Diesen Gedanken entlehnt Giddens (1979, 89) aus Bachrach und Baratz' (1962) Theorie der ‚zwei Gesichter der Macht'. Er verallgemeinert das bei diesen (s.a. 1963) auf Entscheidungen bezogene Verständnis relationaler Macht auf Handlungen.

63 Giddens bindet Macht damit weder, wie Weber (1976 [1921], 28), an den ‚Willen' der Akteure, an das Erreichen bestimmter Ziele, noch an solche Merkmale von Gesellschaften, durch die Gemeinschafts- oder Klasseninteressen realisiert werden, wie es bei Parsons oder Marx anklingt (Giddens, 1977d, 335; 1979, 88 f.). „Blood and fury, the heat of battle, direct confrontation of rival camps – these are not events in the historical conjunctures in which the most far-reaching effects of power are either felt or established" (Giddens, 1984, 257). Macht ist für Giddens weiter weder logisch an Konflikt, noch an das Überwinden von Widerstand, noch an Interessendivergenzen gebunden. Macht ist für Giddens anders als Konflikt, Widerstand und Interessendivergenzen ein Merkmal allen Handelns – im Gegensatz zu Hobbes oder Hegel, aber ganz im Sinne von Webers (1976 [1921], 28) berühmtem „auch gegen Widerstreben'.

64 Dieses Verständnis von Handeln, auf das Giddens (1993 [1976], 117; 1982a, 100 ff.) zurückgreift, ist nicht neu. Es findet sich – will man nicht die alten Griechen, etwa Aristoteles, bemühen – bei Marx in den ‚Grundrissen'. Dieser (1953 [1857/1858], 266) charakterisiert Arbeit dort als „das lebendige, gestaltende Feuer", das alles Soziale schafft, erhält und verändert. Er betrachtet ‚Menschen als diejenigen, die Geschichte machen' (Marx, 1972 [1852], 115; s.a. Honneth, 1980, z.B. 189).

Netzwerkunternehmungen (allgemein: von Akteuren), ‚Unterschiede zu machen', beruhen auf dem Handeln anderer, insbesondere anderer am Netzwerk beteiligter Unternehmungen. Das schließt in den Interaktionen in Unternehmungsnetzwerken (allgemein: in sozialen Systemen) die Antworten oder das mögliche oder erwartete Verhalten anderer ein – einschließlich ihrer Widerstände gegen Veränderungen oder der ‚Wahrung von Besitzständen'. Ein relationales Machtverständnis verweist so insbesondere auf die Relationierung von Aktivitäten, die über die Regulation von Unternehmungsnetzwerken (allgemein: Sozialsystemen) und über gesellschaftsweite Institutionen erfolgt. Das führe ich nun weiter aus.

Zu 3.: Die relationale Verwendung von ‚Macht zu' bewirkt ein ‚Macht über'. Macht als transformative Kapazität, die Akteure in Interaktionen einbringen, führt zu einer Macht ‚über' andere. Giddens (ibid.) setzt daher die gerade angeführte Textstelle fort: „It is in this sense that some have power ‚over' others: [...]." Das ist im Angesicht der (gleich vorgestellten) ‚dialectic of control' zu verallgemeinern, ohne daß das eine Auflösung von Machtasymmetrien von gewisser Dauer und räumlicher Ausdehnung impliziert. Macht über Personen ist damit einerseits ein Sonderfall von ‚Macht zu', bezieht sich Macht doch auch auf die nicht-menschliche Umwelt. ‚Macht über' ist andererseits inhärentes Moment der Verwendung von ‚Macht zu' in Interaktionen, das heißt in den Prozessen der Konstitution des Sozialen, und Macht über andere kann Macht allgemein verbessern, über die über andere Akteure hinaus.

Die Machtbeziehungen zwischen den Unternehmungen im Netzwerk sind vielschichtig. Unternehmungsnetzwerke bieten Unternehmungen zudem vielfältige, wenn auch selbstredend selektiv ausgelegte und weitgehend regulierte Möglichkeiten, ihre Macht untereinander und gegenüber der nicht-menschlichen Umwelt sowie gegenüber Dritten zu verbessern. Unternehmungsnetzwerke konstituieren über die jeweilige Netzwerkregulation zudem institutionell verfestigte (Geflechte von) Machtbeziehungen zwischen Netzwerkunternehmungen und Praktiken ihrer Nutzung. Vernetzung ist dabei polyvalent in bezug auf die Verschiebung von Machtgeflechten nutzbar und insofern hochgradig machtbedeutsam. Sie kann dazu dienen, neue Macht(un)gleichgewichte zu schaffen, bestehende zu vertiefen oder diese (partiell) zu unterlaufen. Machtbeziehungen zwischen Unternehmungen in Unternehmungsnetzwerken (allgemein: zwischen Akteuren in Sozialsystemen mit gewisser Ausdehnung in Zeit und Raum) wohnt dabei eine ‚dialectic of control', eine dialektische relationale Kontrolle des Geschehens und regulierter Beziehungen von Autonomie und Abhängigkeit zwischen den Beteiligten inne:

„Anyone who participates in a social relationship, forming part of a social system produced and reproduced by its constituent actors over time, necessarily sustains some control over the character of that relationship or system. Power relations in social systems can be regarded as relations of autonomy and dependence; but no matter how imbalanced they may be in terms of power, actors in subordinate positions are never wholly dependent and are often very adept at converting whatever resources they possess into some degree of control over the conditions of reproduction of the system. In all social systems there is a *dialectic of control*, such that there are normally continually shifting balances of resources, altering the overall distribution of power" (Giddens, 1982c, 32; s.a. 1984, 16).[65]

Auch mächtige Unternehmungen sind in Unternehmungsnetzwerken (allgemein: Akteure in Sozialsystemen sind) zur Reproduktion ihrer Machtposition auf das Mitspielen weniger mächtiger Akteure angewiesen, die gleichwohl notwendig eine gewisse Kontrolle über die Charaktere der Beziehungen und des Systems aufrechterhalten. Sie bedürfen der Anerkennung durch andere. Sie können ihre Autonomie nur materialisieren, wenn sie auf Interaktionspartner stoßen, die eigenständig darüber befinden können, mit wem sie interagieren, mit wem sie Beziehungen bestimmter Qualität unterhalten oder wem sie Ressourcenzugänge gewähren wollen. Die Autonomie eines Akteurs ist eben immer auch an die Autonomie anderer gebunden – und sei diese noch so gering. Jede Ausübung von Macht in Interaktionen schließt daher, auf der Grundlage der ‚dialectic of control', eine gewisse Macht über andere ein – auch wenn diese zuweilen sehr gering ist und recht dauerhafte Machtungleichgewichte existieren.

Unternehmungsnetzwerke sind Sozialsysteme, in denen Unternehmungen oft strategisch Autonomie aufgeben und Abhängigkeiten eingehen, um Autonomie in als vergleichsweise relevanter eingeschätzten Bereichen zu erzielen oder um ihre Ressourcenkontrolle zu verbessern (Pfeffer/Salancik, 1978; Zeitz, 1980), etwa in Form aktuell oder zukünftig erwarteter stabiler Absätze, der Erweiterung des Produkt- und Dienstleistungsangebots, größerer Nachfragemacht, des Erzielens von Kostenvorteilen, des Aufbaus von Kernkompetenzen oder anderer, langfristig mobilisierbarer strategischer Potentiale. Abhängigkeiten in Form subtiler Überkreuzverflechtungen – wie etwa in japanischen ‚Keiretsu' – können ferner dazu führen, daß man vor Übernahmen anderer gesichert(er) ist (z.B. Köhler, 1991). Aber immer gilt auch:

„Every linkage that embeds a firm more deeply in the industry network also places a strain on its management and its absorptive capacity" (Ahuja, 2000, 322).

Insbesondere Unternehmungen mit geringerer Macht können selbst Interessen an der Aufrechterhaltung strategischer Machtpositionen wie der des Netzwerkkoordinators haben. Sie können Machtungleichgewichte aber nicht nur schlicht dulden, diesen zustimmen. Sie können ihnen auch latent oder offen widerstehen. Zudem variieren die Verhältnisse von Autonomie und Abhängigkeit zwischen Netzwerkunternehmungen im Zusammenhang mit ihrer Nutzung und der sich darüber vermittelnden Différance der Beziehungsgeflechte in Zeit und Raum – wenn auch keinesfalls beliebig. ‚Inseln der Autonomie' sind ferner oft neben ‚In-

---

[65] Pate steht selbstredend die Dialektik von ‚Herr und Knecht' bei Hegel (1952 [1807], 146 ff.) in der ‚Phänomenologie'. Giddens (1990b, 313) bestätigt das. Er verweist aber darauf, daß er diese Theoriefigur in einem anderen Kontext entwickelt hat, bei seinen Untersuchungen des Suizidverhaltens. Im Gegensatz zu Hegel ist Giddens' Theoriefigur der ‚dialectic of control' aber nicht teleologisch orientiert und nicht – wie bei Hegel in seinem Gegenentwurf zu Hobbes ‚state of nature' – logisch an Konflikte, Widerstände und Interessendivergenzen gebunden.

seln hochgradiger Abhängigkeit' anzutreffen. Die Ausgestaltung der Verhältnisse von Autonomie und Abhängigkeit muß außerdem in Unternehmungsnetzwerken zwischen verschiedenen Akteuren und Handlungsbereichen sowie in Zeit und Raum keinesfalls durchgängig gleich sein.

Der Verlust an organisationaler Autonomie durch die Teilnahme an Unternehmungsnetzwerken hängt ferner auch von der Qualität der eingegangenen Beziehungen ab: Oliver (1991) unterscheidet etwa fünf Beziehungstypen, personale Meetings, Ressourcentransfer, Mitgliedschaft im Aufsichtsrat, gemeinsame Programme und Kontrakte, und ordnet ihnen (in der Reihenfolge der Liste) steigende Intensität und zunehmenden Verlust an Autonomie zu. Die Beziehungsqualität selbst bestimmt aber nicht, wie der Ressourcenabhängigkeitsansatz vorhersagt, die Handlungsweise der Unternehmungen. Oliver (ibid., 957 ff.) diagnostiziert vielmehr: Unternehmungen gehen trotz des Verlusts an Autonomie Abhängigkeiten ein, wenn die Abhängigkeiten für die Partner gleich hoch sind (mutual hostage position), sie hinreichende Alternativen offen halten können, die die Verletzbarkeit reduzieren, sie durch Vernetzung gemeinsam Unsicherheiten reduzieren können, und wenn das eingeschätzte Potential antizipierter Erträge höher ist als der durch Vernetzung angesehene Verlust an Autonomie. Olivers Ausführungen verdeutlichen den strategischen Gehalt von Entscheidungen über Teilnahme an Vernetzungen und verweisen auf die Notwendigkeit der Aufnahme der Sicht-, Legitimations- und Handlungsweisen der beteiligten Akteure und der Strukturmerkmale der Kontexte, in denen sie agieren. Die Autonomie einer Netzwerkunternehmung (allgemein: eines Akteurs) und die Entscheidung über das Für und Wider von Vernetzung können zumindest nicht rein juristisch oder substantiell etwa über den Besitz von ‚Ressourcen' definiert werden.[66]

Zu 4.: Macht ist zudem Medium und Resultat der *Konstitution des Sozialen*. Die Fähigkeit von Unternehmungen, in Geschäftskontakten in Unternehmungsnetzwerken oder gegenüber Dritten und der nicht-menschlichen Umwelt Macht auszuüben und Entscheidungen durchzusetzen, ist jeweils in Prozessen der Konstitution des Sozialen hervorzubringen und zu realisieren. Macht muß sich in Interaktionen mit anderen (oder als deren Moment) immer wieder neu verwirklichen, soll sie Bestand haben. Macht zeigt sich so nicht zuletzt an den Fähigkeiten, die in Sozialsysteme und Institutionen eingeschriebenen Machtungleichgewichte für sich zu nutzen (s.a. Giddens, 1984, 15). Macht ist insofern positiv und negativ einerseits an das situative Geschehen und andererseits an die in sozialen Systemen koordinierten sozialen Aktivitäten und sozialen Beziehungen und de-

---

[66] Eine nicht reifizierende Sozialforschung spürt den oftmals subtilen Praktiken der Konstitution möglicher Optionen, Formen wechselseitiger Anerkennung und Verteilung der Autonomiespielräume und den Mechanismen ihrer (mikro-)politischen Reproduktion nach. Sie rechnet damit, daß Charakteristika der Praktiken sich ändern oder in Widerspruch geraten, die Balancen der Kontrollen sich zwischen den Akteuren verschieben, das Wissen der Akteure über die Möglichkeiten und Grenzen der Nutzung von Ressourcen und deren Interessen sich in den immer politischen Prozessen der Konstitution verändern können (s.a. Giddens, 1984, 179 f.).

ren Modi der Regulation, einschließlich systemübergreifend regulierter Zusammenhänge, gebunden.

3.2.2 Macht und Herrschaft

Herrschaft verstehe ich als Form der Machtausübung mit gewisser Ausdehnung in Zeit und Raum. Herrschaft betrachte ich damit (ähnlich wie Max Weber oder Giddens) als eine Sonderform von Macht. Herrschaft wird damit nicht wie in der managementnahen Netzwerkforschung als Fähigkeit von (miteinander verbundenen) Entscheidungsträgern aufgefaßt, ihre Zielsetzungen in einer Anzahl serieller Handlungskontexte zu realisieren. Denn eine solche Bestimmung ist unfähig, strukturelle Aspekte systemischer Machtausübung, wie strukturelle Bereiche der Nicht-Entscheidung, zu erfassen. Herrschaft wird damit aber auch nicht, wie in der (im Teil II vorgestellten) soziologischen Netzwerkforschung mit emergierenden strukturellen Eigenschaften sozialer Systeme gleichgesetzt. Ausgeblendet wird hierbei nämlich die Notwendigkeit, systemische und institutionelle Formen der Machtausübung permanent im sozialen Handeln zu (re-)produzieren und Machtungleichgewichte zu nutzen, sollen diese in Zeit und Raum Bestand haben (s.a. Giddens, 1981, 49 f.). Damit ist aber auch nicht jede Machtausübung in Interaktionen, da sie Macht ‚über' andere erzeugt, Herrschaft, wie Giddens (1993 [1976], 118) in seinen ‚New Rules' formuliert. Herrschaft ist, so will ich es fassen, an soziale Praktiken, an in sozialen Systemen regulierte soziale Interaktionen und an Institutionen gebunden, kein Aspekt einzelner Interaktionen, obgleich die Fortsetzung von Formen der Machtausübung, von Herrschaft der (Re-)Produktion in Interaktionen, des situativen Gebrauchs von Macht bedarf, sie sich ausschließlich in situativen Interaktionen erweist. Macht und Herrschaft, das situative Herstellen einer Differenz und die in Zeit und Raum ausgedehnten Formen der Differenzerzeugung, sind in strukturationstheoretischer Sicht wechselseitig (in Interaktionen über die gleich vorgestellte ‚Dualität von Struktur') aufeinander bezogen.[67] Die Herrschaft von Unternehmungsnetzwerken fußt zunächst oft insbesondere auf Herrschaft kraft Interessenkoalition, gestattet dann aber, auch ihre Herrschaft über die gemeinsame Kontrolle der beiden anderen Ressourcen zu steigern.

Unternehmungsnetzwerke (allgemein: Sozialsysteme mit gewisser Ausdehnung in Zeit und Raum) sind so Herrschaftszusammenhänge. In ihnen finden

---

67 Es verwundert so kaum noch, daß der Herrschaftsbegriff die gleichen Merkmale wie der Machtbegriff aufweist. Er ist genauso allgemein, prozessual und relational ausgelegt und wird als Medium und Resultat sozialer Konstitution konzeptualisiert. Diese Form der Definition von Herrschaft ist zudem konsistent mit den im Teil III-6 vorgestellten Überlegungen zu Ressourcen der Herrschaft. Herrschaft setzt in einem traditionellen Verständnis die Existenz eines ‚Herrn' voraus (s.a. Breuer, 1991, 9). Auch für die Strukturationstheorie gibt es aber keine Einzelnen, die ‚Herr' der Prozesse sind. Der strukturationstheoretische Herrschaftsbegriff schließt nicht aus, daß Einzelne Herrschaft ‚über' andere ausüben, sieht deren Fähigkeit dazu aber jenseits individueller Fähigkeiten in systemischen und institutionellen Praktiken verankert.

sich eine Vielzahl systemischer und systemübergreifend institutionalisiert abgesicherter Formen der Machtausübung, die auf allen drei genannten wie anderen Ursachen fußen können. Unternehmungsnetzwerke (wie andere Sozialsysteme auch) sind damit aber *nicht per se* repressiv. Grundsätzlich können die Formen der Koordination der Interaktionen und Beziehungen in Unternehmungsnetzwerken (allgemein: in Sozialsystemen) auch egalitäres Handeln und egalitäre Beziehungen stützen, wie in heterarchischen Unternehmungsnetzwerken. *Macht und Herrschaft* sind – wie Giddens mit Bezug auf Foucault vermerkt – *nicht inhärent repressiv oder schädlich*, mit ihnen verbindet sich nicht „*just the capacity to ‚say no'*" (Giddens, 1984, 32). Macht ist „*the capacity to achieve outcomes* [...], although it would be foolish, of course, to ignore its constraining properties" (ibid., 257; Hervorh. A.W.).[68] Herrschaft schränkt Handeln immer ebenso ein, wie sie es auch ermöglicht, gerade da es das Handeln einschränkt. Der typische Fall der Machtausübung ist zudem *nicht* der der Anwendung von *Gewalt oder deren Androhung*, wenn ihr auch ein Drohpotential immanent ist, das eben meist stillschweigend Wirkung entfaltet (Giddens, 1977d, 337; 1984, 15). Macht (und Herrschaft) operiert in Prozessen der sozialen Produktion und Reproduktion in der Regel eher *sanft, weich, ruhig, beständig* – und in vielen, insbesondere hierarchisch strukturierten Sozialsystemen gilt sogar: sie *‚findet Gehorsam'*, wie Weber (1976 [1921], 28) formuliert.[69]

Herrschaft ist nach dieser Bestimmung ein universelles Merkmal von Unternehmungsnetzwerken (allgemein: von sozialen Systemen mit gewisser zeitlicher und räumlicher Ausdehnung). Herrschaftsfreie Unternehmungsnetzwerke (allgemein: Sozialsysteme von gewisser Dauer und Ausdehnung und Gesellschaften) gibt es folglich nicht.[70] Unternehmungsnetzwerke – hierarchische und heterar-

---

68 Macht ist für Giddens aber nicht Einfluß. Durch Macht wird Einfluß ausgeübt. Aber nicht alles, was den Verlauf eines Ereignisses oder die Handlungssituation beeinflußt, ist Ausdruck von Macht. Macht ist für Giddens Moment sozialer Praktiken. Beeinflussen können auch situative, kontextuelle Aspekte wie materielle Aspekte des Handlungskontextes, physikalische Aspekte der Handlungssituation oder etwa die physischen Kapazitäten des menschlichen Körpers (etwas, was die ‚Aktor-Netzwerk-Theorie' (Callon, Latour) in den Mittelpunkt ihrer Überlegungen stellt; f. e. Überblick Latour, 1996). Im Gegensatz zu Bachrach und Baratz (1963, 637) bindet Giddens Macht nicht an potentielle Sanktionen und versteht er Einfluß nicht quasi als ‚Macht ohne Drohpotential.'

69 Ob das ‚Gehorsam finden', die ‚smoothness of power' auf Unterdrückung oder auf Konsens beruht, ist nicht gleich klar. Giddens' Verweis auf die ‚smoothness of power' verallgemeinert das von Weber diskutierte Motiv des ‚Gehorsams' (das Weber [1976 (1921), 122] bekanntlich auf Legitimitätsglauben und auf aktuelle, traditionelle, wert- und zweckrationale Motive begrenzt) auf nicht-hierarchisch strukturierte Herrschaftszusammenhänge.

70 Nur oberflächlich betrachtet bezieht Giddens damit eindeutig Stellung in der Kontroverse um Herrschaft und Herrschaftsfreiheit (aktuell Luhmann, 1997, 634 ff.; Haude/Wagner, 1999). Denn nur scheinbar widerspricht die strukturationstheoretische Position Vorstellungen und ethnologischen Befunden über segmentäre bzw. anarchische Gesellschaften und der Vorstellung von ‚Regulierter Anarchie' – so der Titel der Schrift von Sigrist (1979 [1967]). Dieser bindet Herrschaft nämlich an Repression. Seine Befunde institutioneller Regelungen (weitgehend) repressionsfreier Vergesellschaftungsformen sind, genauso wie hieran angelehnte Vorstellungen anarchischer Vergesellschaftung, strukturationstheoretisch als Herrschaftszusammenhänge zu klassifi-
(Fortsetzung der Fußnote auf der nächsten Seite)

chische – weisen Formen der Machtausübung und Geflechte von Machtbeziehungen auf, sind herrschaftlich strukturiert. Sie sind aber keine herrschaftsfreien ‚Orte'. Herrschaft, in dem hier vorgelegten Verständnis, umfaßt also Formen institutionalisierter hierarchischer Machtausübung, einschließlich der Auslegung von Befehls-Gehorsam-Strukturen und von Repressionen. Diese werden für Herrschaft aber nicht als konstitutiv angesehen, und – entscheidend – auch ihnen wohnt eine ‚dialectic of control' inne. An sich gleich möglich sind Formen heterarchischer oder egalitärerer Machtausübung und Machtbeziehungen. Unterstellt werden also keine natürlichen Entwicklungen zu Zentralgewalten oder zur Inegalität. Hierarchie und Heterarchie, Inegalität und Egalität werden weder als natürlich noch als ursprünglich betrachtet. Keine der Formen wird als generell labiler als die jeweils andere angesehen. Herrschaft konstituiert sich zudem – so will ich im Vorgriff auf Überlegungen in den Abschnitten 5 und 6 formulieren – immer im Zusammenspiel der drei nur analytisch trennbaren Sozialdimensionen. Herrschaft beruht also einerseits immer mit auf Praktiken der Signifikation und Legitimation und bringt diese andererseits mit hervor.

Ob und inwiefern Netzwerke ‚arenas of power' im Sinne von Handlungskontexten voller konfligierender Interessen sind (Benson, 1975; Scott, 1991b), wie es industriesoziologische Studien oft unterstellen (II.1), ist eine empirische Frage. Auch die Form des Netzwerks liefert nur vage Hinweise und begründet allenfalls Erwartungen – was strukturelle Analysen in der Industriesoziologie und strukturellen Netzwerkforschung (II) vor erhebliche Probleme stellt. Selbst in hierarchischen Netzwerken sind ‚konsensuelle' Formen der Machtausübung keineswegs ausgeschlossen. Zulieferer in der Automobilindustrie können durchaus mit der Nutzung der Netzwerkressource des dauerhaften Beziehungszusammenhangs durch Abnehmer einverstanden sein, wenn diese sie dazu nutzen, als positiv angesehene Veränderungen des institutionellen Rahmens vorzunehmen oder sie an Zulieferer Anforderungen stellen, die es ihnen erlauben, eine Kontrolle relevanter Ungewißheitszonen aufzubauen oder die bisher bereits vorhandene zu erweitern. Auch akzeptierte Machtausübung kann aber durchaus Ausdruck latenten Widerstrebens und daher durchaus trügerisch sein. Insgesamt sind es die verschlungenen, nicht selten die – etwa à la Durkheim – in Routinen und Konventionen verankerten Pfade der Vermittlung von Macht und Herrschaft, die in Interaktionen wie in sozialen Systemen anzutreffenden Mechanismen der verdeckten wie praktisch gewußten, unterdrückenden wie konsensuellen Ausübungen und Wirkungen von Macht, die es aufzuspüren und aufzuhellen gilt, gerade wenn man an institutionelleren Wirkungen und Quellen von Macht oder an der Kennzeichnung netzwerktypischer Formen von Macht und Herrschaftszusammenhängen interessiert ist.

---

zieren, in denen repressive Formen von Herrschaft, die institutionell geregelt und abgesichert wären, (weitgehend) fehlen.

3.3 Handlung und Reflexivität: das Schichtenmodell des Handelnden

Giddens' (1984, 3) ‚*stratification model* of the acting self' konzeptualisiert, wie Akteure sich ihre Handlungskontexte erschließen, wie sie sich ihr Wissen verschaffen, um zu handeln und durch ihr Handeln Sozialsysteme und gesellschaftliche Totalitäten mit zu konstituieren. Es liefert ein Verständnis kompetenten Handelns in Unternehmungsnetzwerken (allgemein: in Sozialsystemen), in dem Handeln weder „bloße Exekution vorgefaßter Intentionen oder internalisierter Werte oder eindeutig umrissener Motive" (Joas, 1992, 210) noch Exekution institutioneller Vorgaben, wohl aber an die Prozesse der Konstitution des Sozialen gebunden ist.[71] Das Modell des Handelnden präzisiert die – eingangs als Kernthema des Theorieansatzes eingeführte – Vorstellung des ‚knowledgeable agent' und entwickelt ein gegenüber dem im Bereich der Ökonomie wie der Industriesoziologie weit verbreiteten Verständnis des rationalen Akteurs elaborierteres Konzept des Handelnden, daß dessen Handeln nicht auf formal- oder entscheidungsrationales Handeln (hierzu Weber, 1976 [1921]; Brunsson, 1985) beschränkt.[72] Individuen – wie auch kollektive Akteure, wie ich später ausführe – erweisen durch ihr Handeln, wie sie den Handlungsverlauf in den betrachteten Handlungkontexten ‚beherrschen'. Indizien dafür sind Giddens (1977c, 129) zufolge: Der Akteur weiß, wie man sich ‚akzeptabel' in alltäglichen Situationen, etwa am Arbeitsplatz oder in Geschäftsverhandlungen, verhält.[73] Er ‚versteht', was er in dem Handlungskontext tut und sagt und was andere tun und sagen. Er kann beurteilen, was ‚mögliche akzeptable Arten zu handeln' sind. Das befähigt Akteure – auch Manager und Arbeiter in Unternehmungen oder Unternehmungsnetzwerken – ‚to display agency' (Goffman).[74] Daraus erwächst eine Präzision alltäglichen Handelns und seiner Bedeutung, die angesichts allumfassender Kontingenzen – wie Luhmann zu Recht als Problem des Anschlusses hervorhebt – erstaunlich ist.

---

71 Dem Modell unterliegt implizit ein postpositivistisches Verständnis kontingenter Konstitution: Akteure haben immer einen gewissen Grad an Autonomie, um zu handeln, ohne jedoch vollkommen frei zu sein. Sie besitzen insbesondere die Fähigkeit, vom konkreten Geschehen zu abstrahieren und Abstrahiertes – etwa über Sprache – in das Handeln einzubeziehen.

72 Das Schichtenmodell des Handelnden läßt sich darüber hinaus, wie ich unten im Abschnitt III-4 zeige, als Folie für die Ausarbeitung eines strukturationstheoretisch informierten Konzepts der Systemregulation nutzen.

73 Das strukturationstheoretische Verständnis des kollektiven Akteurs nehme ich im Abschnitt III.4 über soziale Systeme auf. ‚Akzeptabilität' schließt dabei mit Giddens (1977c, 129 f.) zwei empirisch nicht immer leicht zu unterscheidende Aspekte ein: „The identification or typification of ‚meaningful acts', and the normative evaluation of such acts."

74 Zum ‚display of agency' gehört Vieles: „These [conventions] govern control of bodily posture, gesture, modulation of voice, ‚repairing' slips of the tongue or bodily lapses like inadvertently knocking something over, and many other aspects of behaviour. The display of agency, and its interpretation by others, affect not only the personality of the individual concerned, but conditions very deep-rooted features of day-to-day social life. The maintenance of what Goffman calls ‚civil inattention', for instance, depends upon the very subtle but extremely influential conventions in agency display" (Giddens, 1989a, 255).

Der ‚innere Kern' des *Schichtenmodell des Handelnden'* verweist auf den reflexiven Kontakt der Handelnden mit dem Geschehen, den Gründen und mit Motivationen des Handelns. Die ‚Ränder' zeigen an: Vieles entzieht sich dem reflexiven Zugriff der Akteure, tritt ihnen jedoch als *unerkannte Bedingung* und *unintendierte Konsequenz* wieder entgegen, löst sich also nicht ganz vom Handeln ab (Abb. III-4).[75]

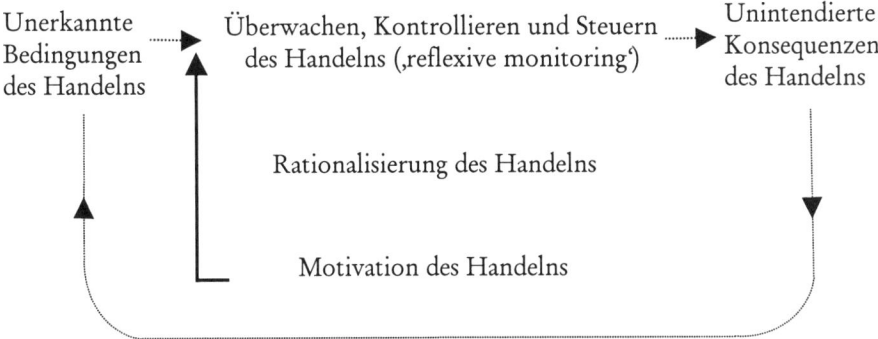

Abb. III-4:   Das Schichtenmodell des Handelnden
(Giddens, 1984, 5; modifiziert)

‚Reflexive monitoring' bedeutet in unserem Zusammenhang, daß Menschen im Handeln *mit dem praktischen Geschehen* in Unternehmungsnetzwerken (allgemein: in Sozialsystemen) bis hin zu gesellschaftsweiten Institutionen *in Kontakt* bleiben, daß sie das Geschehen reflexiv in seinen systemischen sowie institutionellen Einbettungen beobachten, ein reflexives Bewußtsein von ihm haben und diesem reflexiv Aufmerksamkeit schenken.[76] Akteure ‚lesen', so läßt sich mit

---

[75] Implizit modifiziert Giddens mit dem ‚stratification model of the agent' grundlegend Hegels Zusammenspiel von ‚Subjekt- und Systemreflexivität', wie es Ritsert (1981) in seiner Bedeutung für die sozialwissenschaftliche Theoriebildung herausgestellt hat. Die Modifikation ist aus dem Schichtenmodell des Handelnden (Abb. III-4) abzulesen: Verworfen wird sowohl die Möglichkeit einer gelingenden vollständigen reflexiven Erfassung des Zusammenspiels von Subjekt- und Systemreflexivität als auch die von Hegel mitgedachte Vorstellung einer teleologischen Entwicklung. Über die Einbettung von Reflexivität in die Konstitution des Sozialen liefert Giddens zudem implizit ein vertieftes Verständnis des von Simon geprägten Konzepts der ‚bounded rationality'.

[76] Der im Englischen übliche und von Giddens verwendete Begriff des ‚monitoring' hat, nicht zuletzt wegen enger Verwandtschaft mit dem Begriff der ‚control', eine Vielzahl von Bedeutungen. Er verweist auf regelmäßige Überprüfungen und Kontrollen des Wandels oder des Fortgangs. Wobei ‚control' im Englischen bekanntlich Fähigkeiten umfaßt, durch Macht, Leitung, Einfluß zu erreichen, daß etwas so läuft, wie man es sich vorstellen, bis hin zum Beherrschen des eigenen Selbst und des Körpers. Ich übersetze ‚monitoring' daher als überwachen, kontrollieren und steuern. Ab und an verwende ich auch die eingedeutschte Form. ‚Reflexive monitoring' kennzeichnet den permanenten Rückbezug des Prüfens auf das Handeln unter dem Gesichts-
(Fortsetzung der Fußnote auf der nächsten Seite)

Orth (1996, 167) formulieren, im Handeln das soziale Geschehen, die Räume, die Kontextualitä*ten* und ihre Veränderungen. Sie überwachen, kontrollieren und steuern das Geschehen, indem sie dessen Möglichkeiten erkennen und entwerfend schaffen, diese verstehen und auslegen. Hierüber steuern sie ihr Handeln oder das anderer, indem sie Aktivitäten orientieren und binden.[77] Im Alltag geschieht das zu einem großen Teil routinisiert. Akteure machen zumeist nicht viel Aufhebens davon.

Die Ebene der *Rationalisierung des Handelns* trägt dem Umstand Rechnung, daß Menschen in ihrem Handeln immer *mit Gründen für Aktivitäten und Ereignisse in Kontakt bleiben*. Akteure nehmen Gründe, Intentionen usw. für den Ablauf von Aktivitäten und Ereignissen mit in ihr Handeln auf. Sie trennen diese nicht vom Handeln ab. Der Prozeß der Rationalisierung kennzeichnet daher ein '*reflexive self-monitoring of activity*' (Giddens, 1982a, 30 f.).[78]

Schließlich verweist Abbildung III-4 darauf, daß Menschen in ihrem Handeln *mit Motivationen von Aktivitäten* – wenn auch vermittelter – *in Kontakt bleiben*. Dabei ist nicht etwa jedem einzelnen Akt ein korrespondierendes ‚Motiv' zugeordnet (Giddens, 1984, 50, 6). Die Motivationen des Handelns veranlassen situationsübergreifend das Handeln.[79] Die Wünsche stellen in der Regel ‚Projekte' im

---

punkt seiner Angemessenheit, Fortführbarkeit und Anschlußfähigkeit – gegebenenfalls auch seiner Verbesserbarkeit.

[77] Giddens Begriff von Steuerung setzt, so will ich deuten, einen anderen Akzent als der Luhmanns (z.B. 1989; 1994 [1988]). Für beide Theoretiker gilt: Steuerung ist Moment reflexiver Selbstregulation sozialer Systeme und zielt auf die „Verringerung von Differenz" (Luhmann, 1994 [1988], 328), etwa zwischen einem angestrebten und einem sich abzeichnenden Systemzustand. Das strukturationstheoretische Verständnis hebt zwei Aspekte der Steuerung sozialer Systeme hervor, die Luhmann, wenn er über Steuerung schreibt, nicht direkt mitführt: daß die Verringerung von Differenz eine Orientierung und Bindung der die Systeme charakterisierenden sozialen Praktiken einschließt und daß die Steuerung sozialer Systeme durch Aktivitäten reflexiver Akteure erfolgt.

[78] Rationalisierungen betten sich, vermittelt über die doppelte Hermeneutik, in das Geflecht in Raum und Zeit ausgreifender Handlungskontexte ein, wie auch Foucault (1981 [1973]) deutlich gemacht hat. Handlungs- oder Ereignisverläufe haben ihre eigene Geschichte und stehen in einem Verhältnis zu anderen Geschichten (White, 1992, 216). Rationalisierungen liefern alltagstheoretische Begründungen im Angesicht solcher Geschichtlichkeit. Nicht selten nehmen sie daher die Form erzählter Geschichten an. Solche ‚Stories' sind mitlaufende, aber konstitutive Momente sozialer Prozesse. Sie ermöglichen ‚soziologische Phantasie' (Negt, 1981 [1971]), verstellen aber auch Einsichten in andere Möglichkeiten. Rationalisierung besagt für Giddens nicht – ausgehend von ‚ratio' –, daß Akteure nur der ‚Vernunft' genügende Gründe für ihr Handeln geben. Er meint ferner nicht die ‚Zweckorientiertheit des Lebens', wie Weber sie in der ‚Protestantischen Ethik' als Rationalisierung des Lebens charakterisiert. Giddens versteht Rationalisierung auch nicht im Sinne Freuds (s.a. Laplanche/Pontalis, 1973 [1967], 418). Die Gründe, mit denen der Akteur in Kontakt bleibt, können unterschiedliche sein. Sie können sich entsprechend dem ‚Franklinschen Credo' an Gelderwerb oder hedonistisch orientieren; sie können versuchen, Handeln, ins Unbewußte abgedrängte Motive und anderes logisch kohärent zu machen; Akteure können sich über ihre Gründe täuschen oder nicht. Giddens' Begriff der Rationalisierung verweist auf die ontologische Qualität von Rationalisierung. Der Begriff ist nicht substantiell ausgelegt.

[79] Giddens bezieht sich hier vorrangig auf den in der psychologischen und psychoanalytischen Tradition verwendeten Begriff des Motivs. Webers (1976 [1921]) Motive, die bekanntlich ‚Sinn- und Kausaladäquanz' kennzeichnen, fließen in den Begriff der Rationalisierung des Handelns ein.

Sinne von Schütz dar, innerhalb derer eine Vielzahl von Verhalten stattfinden kann. Akteure berücksichtigen diese und die Arten und Weisen, wie sie reflexiv miteinander und mit dem sozialen Geschehen vermittelt sind, in ihrem Handeln. Vieles im alltäglichen Verhalten ist aber in diesem Sinne nicht direkt motiviert (ibid.).[80]

Akteure – und damit komme ich auf die ‚Ränder' des ‚Schichtenmodells des Handelnden' in der Abbildung III-4 zu sprechen – handeln unter der Bedingung von ‚mixed reflexivity' und ‚mixed intentionality'. Immer entzieht sich einiges als *unerkannte Bedingungen* und *unintendierte Konsequenzen* ihrem Zugriff, womit sich die Frage der *Zurechenbarkeit von Konsequenzen* zu Akteuren und Handlungen verbindet.[81] Es tritt ihnen aber in den rekursiven Schleifen sozialer Praxis

---

[80] ‚Reflexive monitoring', Rationalisierung und Motivierung des Handelns sind nur analytisch voneinander getrennt. Die Prozesse des ‚reflexive monitoring' und der Rationalisierung des Handelns oder der Handlung sind wechselseitig vermittelt. Obwohl jede Wahrnehmung orientiert ist (Gibson, 1982), gerät nur einiges des Geschehens im Prozeß des ‚reflexive monitoring' in den Mittelpunkt. Anderes wird eher an den Rand gedrängt, unter Umständen gar bis zur Unkenntlichkeit reduziert oder fällt gar gänzlich aus dem ‚Sucher'. Es lassen sich akteursbezogene, situative, systemische und gesellschaftsweit institutionalisierte Ursachen unterscheiden. Die Aufmerksamkeit beim ‚reflexive monitoring' beeinflußt so die Gründe der Akteure für ihr Tun und umgekehrt. Die Prozesse der Motivation entziehen sich dagegen weitgehend der reflexiven Überwachung, Kontrolle und Steuerung ebenso wie der Rationalisierung, was jedoch mit einschließt, daß sie in ihrer Ausprägung durch die zeit-räumliche Eingebundenheit der Akteure mit geprägt werden. Für Giddens ist die Motivation und selbst das Unbewußte durchaus relevant für das Verständnis von Handeln und nicht von sozialen Praktiken der Akteure abgetrennt. Die psychologische Konstitution von Motivation und Selbstidentität kann und soll hier nicht näher diskutiert werden (hierzu Giddens, 1991a; 1984, Kap. 2 und unsere Überlegungen über ‚Organisation und Psyche' in Ortmann/Sydow/Windeler, 1997).

[81] Die Frage der Zurechenbarkeit ist keineswegs immer einfach zu beantworten, wie sich etwa an der Frage der Evaluation des Netzwerkzusammenhangs illustrieren ließe. Mit Giddens (1984, 11) wird die Antwort auf die Frage, ob eine Konsequenz, ein Resultat, einem (Typ von) Handeln und damit einem (Typ von) Handelnden zuzurechnen ist, üblicherweise daran gebunden, inwieweit der Akteur den Ereignisverlauf individuell kontrollieren bzw. von ihm als kompetentem Akteur diesbezügliches erwartet werden kann. Was zugerechnet wird, variiert so je nach der Handlungssituation, der Reichweite der ‚knowledgeability' des Akteurs und der Macht, die dieser mobilisieren kann. Das Wissen der Akteure aber ist nie perfekt, ‚verschwindet' oftmals in Kontexten, die das Alltägliche überschreiten (Giddens, 1979, 73). Gleichwohl können relevante Unterschiede sich auch für Akteure ergeben, die formal die gleiche Position bekleiden. Ferner ist zu sehen: Mächtige Akteure sind nicht selten durchaus in gewissem Maße fähig, nicht nur das ihnen intentional Zugerechnete als unintendierte Konsequenz auszuweisen. Sie können den Prozeß der Zurechnung sowie die Maßstäbe der Zurechnung, etwa den Rechtsrahmen, die ‚Regeln des Spiels' (North), selbst beeinflussen, ihr Wissen und ihre Macht durch Formen der Regulation von Praktiken selbst erweitern. Allgemein ist anzunehmen, daß, wenn viele andere, kontingente vom Akteur nicht kontrollierte Ereignisse zu einem Ereignisverlauf hinzutreten, man kaum davon sprechen wird, daß das der betrachtete Handelnde ‚getan' hat. Gleichwohl gestehen wir dem Akteur einen speziellen Zugang zu seinen Intentionen zu: „In everyday speech and action, we do not allow an individual ultimate control over the meaning of what he or she says or does; but we do accord the speaker or agent special privileges of explication" (Giddens, 1995, 10). Wenn etwa jemand etwas Unverständliches sagt oder tut, oder dieses nicht unseren Wünschen entspricht, fragen wir nach, was der Akteur mit seinem Tun intendiert. Die Stimmigkeit seiner Aussage ordnen wir ein, indem wir die einzelne Handlung in die Handlungssequenz und den Kontext einbetten. Ob und inwieweit eine Konsequenz als intendiert oder unintendiert gehandhabt wird, ist also eine Frage individuellen Handelns und sozialer Praktiken; als was sie zu handhaben ist und wie sie gehandhabt werden kann, ergibt sich in den Prozessen sozialer Konstitution.

wieder entgegen und kann zum Gegenstand von Reflexion und Intention avancieren:[82]

„All large-scale social reproduction occurs under conditions of ‚mixed intentionality'. In other words, the perpetuation of social institutions involves some kind of mix of intended and unintended outcomes of action. This mix, however, has to be carefully dissected and is historically variable. There is a range of circumstances which separate ‚highly monitored' conditions of system reproduction from those involving a feedback of unintended consequences. The monitoring of conditions of system reproduction is undoubtedly a phenomenon associated with the emergence of modern society and with the formation of modern organizations generally" (Giddens, 1996, 74).

Akteure handeln natürlich nicht nur intentional;[83] Handeln erzeugt aber *Konsequenzen,*

„events, which would not have happened if the actor had behaved differently, but which are not within the scope of the agent's power to have brought about (regardless of what the agent's intentions were)" (Giddens, 1984, 11).

Zusammenfassend sensibilisiert das ‚stratification model of the agent' für ein Verständnis *aktiven und reflexiven Handelns* – und darüber vermittelt für eine *Charakterisierung von Akteuren* und *von Handlungskontexten* –, bei dem Akteure eigeninteressiert (und) in Beziehung aufeinander rekursiv handeln, kompetent ihr Handeln mit dem Geschehen in sozialen Systemen und anderen Handlungskontexten vermitteln und ihr Bewußtsein und ihre Identität als Handelnde und als Systemmitglied ausbilden. Der zentrale Punkt ist: Das Modell liefert den erforderlichen begrifflichen Rahmen für eine Integration von Handlungen und Handelnden in einem konstitutionstheoretischen Analyserahmen, in dem Handelnde in Interaktionen Unternehmungsnetzwerke (allgemein: Sozialsysteme) und gesellschaftsweite Institutionen rekursiv hervorbringen, ihr Handeln aber gleichzeitig umgekehrt durch Sozialsysteme und gesellschaftsweite Institutionen hervorgebracht wird. Handlungen und Handelnde sind so konzeptionell in den konstitutionstheoretischen Theorieansatz der Strukturationstheorie integriert. Vernachlässigt die Strukturationstheorie demgegenüber das Systemische? Das müssen wir noch sehen. Zuvor müssen wir jedoch dem Wissen der Akteure gebührende Aufmerksamkeit widmen – dem Giddens bekanntlich unter dem Titel ‚knowledgeability' so viel Gewicht beimißt.

---

82 Giddens reformuliert also Mertons (1936) Konzept der ‚unantizipierten Handlungsfolgen' als unintendierte Handlungskonsequenz und erweitert Parsons' ‚action frame of reference' sowohl um unintendierte Handlungsfolgen als auch um unerkannte Handlungsbedingungen (Joas, 1992, 211).
83 Unter intentional versteht Giddens (1984, 10): „an act which its perpetrator knows, or believes, will have a particular quality or outcome and where such knowledge is utilized by the author of the act to achieve this quality or outcome." Für Giddens sind, ontologisch gesehen, das intentionale Handeln – zu denen ein nicht zu unterschätzender Anteil des Organisierens ökonomischer Aktivitäten etwa in Unternehmungsnetzwerken zu zählen ist – und die unintendierten Konsequenzen des Handelns für soziologische Untersuchungen gleich fundamental (zur Diskussion um unintendierte Konsequenzen Joas, 1996 [1992], 338 f. und die dort aufgenommene Literatur).

3.4 Handlung und Wissen

Weisen strukturalistische und funktionalistische Theorieansätze dem Akteur und seinem Wissen für den Fortgang sozialer Prozesse keine oder eine praktisch vernachlässigbare Bedeutung zu, so ist für Giddens charakteristisch: Akteure sind ‚knowledgeable agents', die eine ganze Menge über ihr Handeln und ihre Handlungskontexte wissen, ohne daß ihr Wissen jedoch jemals vollständig ist. Ihr Wissen trägt dabei nicht nur Zeit-Raum-spezifische, sondern auch zeit- und raumübergreifende Momente in sich und umfaßt auch Kenntnisse über das in Kontexten Mögliche. (Der Leser erinnere hier noch einmal die Kernthemen des Theorieansatzes; s.a. Polanyi, 1967 [1966], 13.) Das schließt die Fähigkeit und das Wissen ein, den Erfolg oder Mißerfolg, die Angemessenheit oder Unangemessenheit sozialer Handlungen und Handlungsprogramme einzuschätzen und unter bestimmten Bedingungen das Verhalten und die Regulation sozialer Systeme zu ändern, selbst Routinen in Frage zu stellen, andere aufzugreifen oder neue zu schaffen. Jeder hat Ansichten und Wissen über Zusammenhänge, in denen er handelt, wenn auch oft nur so, daß er die Ansichten und das Wissen anderer übernimmt. Selbst dann beansprucht er aber noch zu wissen, was zu tun ist – und, entscheidend, er handelt entsprechend (s.a. III-6.4).

Zu den Kenntnissen zählen in sozialen Systemen praktizierte und als ‚akzeptabel' angesehene Wahrnehmungs-, Wissens- und Handlungsmöglichkeiten, Prozeßverläufe ebenso wie ein Wissen über die ‚Regeln des Spiels' (North) und über das, was da ‚gespielt' wird. Eingeschlossen sind unbezweifelte oder als unproblematisch eingestufte Hintergrundüberzeugungen, Wissen etwa davon, wie man als Angehöriger eines bestimmten Berufsstandes Mittel als Werkzeuge benutzt, als Geschäftspartner kompetent in Unternehmungsnetzwerken agiert. Hinzu tritt last but not least Wissen über individuelle und kollektive soziale Orientierungen, über die in sozialen Situationen enthaltenen sozialen Beziehungsmuster, Haltungen, strukturellen Zusammenhänge im Sinne des praktisch vermittelten ‚thematischen Bewußtseins' von Berger (1974, insbes. 163 ff.) oder im Sinne von Mills' (1959) ‚Sociological Imagination' oder Negts (1981 [1971]) daran angelehntem Verständnis ‚soziologischer Phantasie'.

Das Wissen besteht vor allem in einer „accurate or valid awareness" (Giddens, 1984, 90). Im Falle von Unternehmungen ist das nahezu trivial. Ihr Wissen, ihre Reflexion und ihre Macht, beides zur Geltung zu bringen, ist ja organisiert, das heißt in hohem Maße reflexiv strukturiert. Das bewahrt sie nicht unbedingt vor Fehlern, Dogmen, Betriebsblindheit. Begrenzte Rationalität ist via Organisation eben nie perfekt zu überwinden; sie wird vielmehr gleichzeitig auch systematisch produziert. Was aber Akteure ‚wissen', fließt in die sozialen Praktiken mit ein. Es ist für die Erklärung sozialen Geschehens unentbehrlich.

3.4.1 Praktisches und diskursives Wissen

Vieles von dem, was Akteure wissen, können sie nicht verbal ausdrücken. Es ist, in anderen Worten, kein *diskursives Wissen*, da sie es nicht aktiv in einen Diskurs einbringen können (Giddens, 1979, 5) – es bleibt ‚tacit' (Polanyi, 1967 [1966]).[84] Es erlaubt den Akteuren gleichwohl, adäquat zu handeln. Sie wissen, wie man es macht, wissen, in Anlehnung an Wittgenstein, ‚how to go on' (Giddens, 1982a, 31), ohne daß sie sich jeweils klar machen oder gar angeben könnten, warum sie das machen oder man es so machen ‚muß' – *praktisches Wissen*, die Fähigkeit, die Muttersprache zu sprechen, ohne gleich oder überhaupt das Regelwerk erläutern zu können, ist ein vorzügliches Beispiel:[85]

„Human agents or actors – I use these terms interchangeably – have, as an inherent aspect of what they do, the capacity to understand what they do while they do it. The reflexive capacities of the human actor are characteristically involved in a continuous manner with the flow of day-to-day conduct in the contexts of social activity. But reflexivity operates only partly on a discursive level. What agents know about what they do, and why they do it – their knowledgeability *as* agents – is largely carried in practical consciousness" (Giddens, 1984, xxii f.).

Das praktische Wissen ist alles andere als ein mehr oder weniger unnötiges oder flüchtiges Zusatzwissen – wie gerade Reorganisationen in Unternehmungen oft schmerzlich belegen (z.B. Ortmann et al., 1990).[86] Zusammen mit den durch praktisches Bewußtsein reproduzierten alltäglichen Routinen stellt es Orientierungen für das Handeln bereit, nicht zuletzt dadurch, daß es Kontexte so konsti-

---

[84] Diskursive Wissensbestände sind nicht nur ausgewählten Akteuren vorbehalten: „All actors have some degree of discursive penetration of the social systems to whose constitution they contribute" (Giddens, 1979, 5). Jeder kann, wenn er zum Beispiel gefragt wird, diskursiv etwas über die sozialen Praktiken in seinem Bereich aussagen. Insofern ist für Giddens jeder ‚Experte' zumindest seiner (beruflichen wie seiner privaten) Welt. Jeder besitzt Kenntnisse von den Prozessen der Konstitution, insbesondere davon, wie man in einem Kontext handelt und was als akzeptabel gilt.

[85] Die Unterscheidung zwischen praktischem und diskursivem Wissen und Bewußtsein ist nicht so trennscharf, wie es auf den ersten Blick erscheint. „I do not intend the distinction between discursive and practical consciousness to be a rigid and impermeable one. On the contrary, the division between the two can be altered by many aspects of the agent's socialization and learning experiences. Between discursive and practical consciousness there is no bar; there are only the differences between what can be said and what is characteristically simply done" (Giddens, 1984, 7; Hervorh. A.W.). Praktisch wechselt das oft sehr schnell, selbst im Rahmen einer Handlungssequenz, etwa einer Vertragsverhandlung, ist das zwischen einzelnen Akteuren unterschiedlich und für sie je nach Kontext anders (Giddens, 1984, 4). Akteure sind zudem keinesfalls durchgehend bemüht, alles und jedes diskursiv zu erfassen, sich selbst und einzelne Handlungsakte auf ihren Sinn, ihre Motive und ihre Vorgehensweise zu untersuchen. Es wäre zudem in den meisten Fällen viel zu aufwendig – zur Tat schreiten könnte man auf diese Weise nur all zu mühsam (s.a. Gadamer 1985 [1930]).

[86] Giddens unterscheidet genau genommen drei Arten und Quellen von Wissen: ‚unconscious motives/cognition', ‚practical knowledge' und ‚discursive knowledge', die im praktischen Handeln zusammenfließen. Die erste, hier nicht gesondert diskutierte Form des Wissens ist, wie bereits im Schichtenmodell des Handelnden erläutert, zwar nur schwer zugänglich, aber für das Handeln gleichwohl von Bedeutung. Einiges ist Akteuren eben intuitiv klar und unbewußt im Handeln motiviert. Giddens (1984, 7, 41 ff.) intendiert mit den Konzepten des Wissens, daß sei hier lediglich angemerkt, die Freudsche Unterscheidung zwischen ‚Über-Ich', ‚Ich' und ‚Es' zu ersetzen.

tuiert, ‚als ob' sie zu den Handlungen passen und umgekehrt (s.a. Giddens, 1991a, 37). Dieser Gedanke geht auf Aristoteles ‚praktische Philosophie' zurück (Gadamer, 1987 [1980], 470). Er besagt, daß die Gesichtspunkte des Handelns in der praktischen Situation, in der einer steht, gewußt sind, aber nicht im Sinne eines diskursiven Wissens, sondern dank ihrer verbindlichen Geltung. Akteure (auch Theoretiker) können, anders formuliert, diese Gesichtspunkte nur angemessen sehen, das heißt von ihrer erfüllten Konkretion her, sofern sie sich selber unter ihrer verbindlichen Geltung erfahren (ibid., 470 f.). Praktisches Wissen in diesem Sinne ermöglicht Handelnden, kompetent zu handeln und einen ‚schützenden Kokon' gegen anmaßende Forderungen anderer oder allgemein der Umwelt und gegen eigene Unsicherheiten und Ängste zu entwickeln.

3.4.2 Konventionswissen und Netzwerkwissen

Die ‚stocks of knowledge' (Schütz) der Akteure in Unternehmungsnetzwerken (allgemein: in Sozialsystemen) sind nicht nur individuell. Immer wird zumindest einiges des praktischen oder diskursiven Wissens von Akteuren miteinander geteilt. Das trifft besonders für Konventionen zu, da sie sich nur auf der Grundlage eines auf sie bezogenen Wissens (re-)produzieren können:[87]

„By mutual knowledge I refer to knowledge of convention which actors must possess in common in order to make sense of what both they and other actors do in the course of their day-to-day lives. Meanings are produced and reproduced via the practical application and continued reformulation in practice of ‚what everyone knows' "(Giddens, 1987c, 65).[88]

Als *Wissen über Konventionen* ist es Wissen, von dem miteinander interagierende Akteure annehmen (können), daß es der andere auch hat. Es ermöglicht, gemeinsam zu handeln und dasselbe zu meinen (Heidegger, 1986 [1927], 168). Als solches ist es ein Wissen, das nicht nur systematische Begrenzungen und Ausblendungen aufweist (s.a. Giddens, 1984, 334). Es bildet Wissensbestände darüber aus, welche (Ketten von) Aktivitäten in Situationen und Kontexten zusammengehören und welche nicht. Auf der Grundlage von ‚mutual knowledge' wissen Akteure daher in Interaktionen, worauf es ankommt (s.a. Gadamer, 1985 [1930], 245). Solches Wissen ist innerhalb von Unternehmungsnetzwerken – zwischen Akteuren verschiedener Unternehmungen – auf ganz andere Weise prekär als innerhalb einer Unternehmung.

---

87 Der implizite Bezug auf Wittgensteins Verständnis von ‚Sprachspielen' als sozialen Aktivitäten in Giddens' ‚stratification model of the agent' wird damit deutlich. Selbstredend ist auch das unbewußte Wissen Medium und Resultat sozialer Interaktionen zwischen Akteuren – auch wenn die Zusammenhänge verschlungener Natur sind.

88 ‚Mutual knowledge' weist also enge Bezüge zu dem auf, was unter ‚common sense'-Vorstellungen verstanden wird. Giddens (1984, 337) schlägt jedoch vor, beide zu unterscheiden: „[C]ommon sense is mutual knowledge treated not as knowledge but as fallible belief." Die Rede von ‚mutual knowledge' impliziert ferner nicht, daß Divergenzen zwischen Akteuren nicht fortexistieren oder daß, etwa über Wertkonsense, wie bei Parsons, die Erwartungen zueinander komplementär sind.

Die in Unternehmungsnetzwerken in Zeit und Raum koordinierten Interaktionen und Beziehungen schaffen im Netzwerk eine bestimmte Dynamik sozial verteilter Wissensproduktion, die auf dem (durch den Netzwerkzusammenhang beförderten oder behinderten) Fluß von Wissen zwischen den beteiligten Unternehmungen (bzw. zwischen Akteuren unterschiedlicher Netzwerkunternehmungen) und (den sich in Zeit und Raum wandelnden) Mustern ihrer Verknüpfung gründen. Als Resultat bilden sich Wissensbestände aus, die einzelne Unternehmungen übergreifen – *transgressives Wissen* oder *Netzwerkwissen* (allgemein: Systemwissen), wie ich es nennen möchte.[89] Unter transgressivem Wissen oder Netzwerkwissen von (Akteuren in) Netzwerkunternehmungen soll dabei das Wissen verstanden werden, das in Gebiete von Netzwerken jenseits einzelner Netzwerkunternehmungen vordringt und die Fähigkeit unternehmungsübergreifenden Handelns in Netzwerken begründet und verbessert, es gegebenenfalls aber auch erschwert, wenn das Wissen in nicht akzeptabler Form verwendet wird oder das Wissen Erkenntnisse über inakzeptable Praktiken beinhaltet.

An Unternehmungsnetzwerken beteiligte Akteure entwickeln über ihr Handeln im Netzwerkkontext notwendig transgressives Wissen. Von kompetenten Netzwerkakteuren wird erwartet, daß sie Netzwerkwissen und Kompetenzen jenseits ihrer eigenen Unternehmungen aufbauen und in ihrem Handeln nutzen. Netzwerkwissen einzelner wie auch von Gruppen von Akteure(n) im Netzwerk ist Medium und Resultat systemischer Praktiken der Produktion und Nutzung dieser Wissensform. In Unternehmungsnetzwerken wird dessen Konstitution durch den dauerhaften Beziehungszusammenhang zwischen den Netzwerkunternehmungen im Netzwerk befördert – einschließlich transgressiven Wissens über als inakzeptabel eingestufte Arten und Weisen der Nutzung. Typische Orte der Konstitution transgressiver Wissensbestände sind Interaktionen und wiederkehrende Zusammentreffen zwischen Netzwerkbeteiligten, in denen sie über Bedingungen des Handelns im Netzwerkkontext reflektieren. Die Herausbildung dieses Wissens kann dabei Gegenstand der Zusammentreffen oder mitlaufendes Resultat anders orientierten Handelns sein – etwa der Entwicklung eines im Netzwerk zu fertigenden Produkts oder der Ausarbeitung eines gegenüber Kunden gemeinsam zu nutzenden Dienstleistungskonzepts. Akteure gewinnen in Interaktionen – insbesondere in sozialen Gelegenheiten – Einsichten über Praktiken, Prozeduren und Regulationen in anderen Unternehmungen des Netzwerks, überprüfen (zumeist praktisch) ob und warum diese mit den Netzwerkpraktiken und denen im eigenen Unternehmen (nicht) zusammenpassen. Sie entdecken, wo sich Regelungen praktisch überschneiden, sich wechselseitig verknüpfen oder wo das eher nicht möglich ist, erfahren Möglichkeiten, dieses auch anders zu nutzen. Faktisch wird das Systemwissen verschiedener Sozialsysteme, das der Netzwerkunterneh-

---

89 Den Begriff des transgressiven Wissens und einige Facetten der Diskussion des Konzepts entlehne ich von Nowotny (2000). Sie diskutiert diese Wissensform jedoch für Fachexperten und anhand der für diese Gruppe existierenden Notwendigkeit, enge Fachgrenzen zu überwinden. Siehe zu Netzwerkkompetenzen auch Duschek (1998).

mungen und das des Netzwerks als ganzem, in ein rekursives Verhältnis gesetzt. Als Resultat gleichen Netzwerkpraktiken sich gegebenenfalls aneinander an. Andernfalls pflegen sie systematisch die Differenzen. Ob sich dadurch die Systempraktiken in der Sicht der Akteure verbessern oder verschlechtern, an Relevanz gewinnen oder verlieren, ist offen. Die Positionen können zudem interessiert auseinanderfallen und umkämpft und damit Moment interorganisationaler Mikropolitik sein.

Unternehmungsübergreifendes Wissen wird so in Netzwerken als Medium und Resultat kompetenten Handelns der Akteure und der Regulation der Netzwerkpraktiken zwischen Netzwerkunternehmungen (nicht notwendig gleich) verteilt und als Moment der Koordination von Aktivitäten und Ereignissen im Netzwerk genutzt. Transgressives Wissen kann so peu à peu (in einigen Bereichen des Netzwerks oder bezogen auf das Netzwerk als ganzes) zu einem ‚mutual knowledge' evolvieren; gemeinsame Wissensbestände können umgekehrt die Ausbildung transgressiver ‚stocks of knowledge' befördern. Die Grenze des Wissens einzelner Akteure wird zumindest über die Grenzen ihrer jeweiligen Unternehmungen hinaus erweitert. Unternehmungsübergreifendes, transgressives Wissen ist damit einerseits Voraussetzung für die Konstitution gemeinsamen und insbesondere kollektiven Handelns in Unternehmungsnetzwerken. Andererseits ist dieses Wissen offen für Infragestellungen, da Akteure auch über Dinge sprechen, die ihre unternehmungsbezogene Kompetenz überschreiten. Es bedarf daher besonderer Orchestrierung, um Situationen zu befördern, in denen es möglich wird, gemeinsam zu handeln und transgressives Wissens und ‚mutual knowledge' im Netzwerkverbund auszubilden und gemeinsam zu nutzen.

3.4.3 Grenzen der ‚knowledgeability'

Das Wissen, verstanden als zutreffendes oder valides Bewußtsein über das Geschehen, die Regeln und Taktiken des Handelns in sozialen Systemen, ist immer begrenzt. Mit Giddens (1984, 91) lassen sich allgemein Umstände benennen, die den Grad und die Natur der Durchdringung der Bedingungen der Systemreproduktion durch kompetente Akteure tendenziell beeinflussen. Auch sie sind nicht einfach gegeben. In Unternehmungen und in Unternehmungsnetzwerken sind die Umstände nicht nur in besonderer Weise ausgelegt, sondern selbst Gegenstand reflexiver Einflußnahme, Moment der Systemregulation, auf die ich gleich noch ausführlich eingehe:

„They include the following factors:
  (1) the means of access actors have to knowledge in virtue of their social location;
  (2) the modes of articulation of knowledge;
  (3) circumstances relating to the validity of the belief-claims taken as ‚knowledge';
  (4) factors to do with the means of dissemination of available knowledge."

‚Knowledgeability' hängt daher, wie Giddens bemerkt, *erstens* von der Plazierung sozialer Akteure innerhalb eines sozialen Systems und der raum-zeitlichen Verortung im Handlungszusammenhang, das heißt vom *Wissenszugang*, ab. Das ist einleuchtend und wird ja auch von der strukturellen Netzwerkanalyse zu Recht hervorgehoben: Netzwerkkoordinatoren nutzen andere Wissensbestände, um kompetent zu handeln, als Unternehmungen im Netzwerk, die nicht mit dieser Aufgabe betraut sind; zwischen Prinzipalen und Agenten gibt es ‚Informationsasymmetrien'; Arbeiter haben in der Regel Zugang zu anderen Wissensbeständen und können ihr Wissen anders nutzen als Mitglieder von Geschäftsleitungen; für unterschiedliche Handlungsebenen bilden sich in sozialen Systemen unterschiedliche Aufmerksamkeiten und Wissensbestände sowie Verwendungsformen von Wissen aus. Und kompetente Akteure wissen das. In den Sozialwissenschaften wird dieser Umstand etwa im Konzept des ‚generalisierten Anderen' (Mead) auch bereits seit langem reflektiert. Das Wissen von Akteuren nimmt mit der Entfernung der Kontexte von ihrer Erfahrungswelt ab (s.a. Giddens, 1979, 73). Mit der Qualität des (praktischen) Wissens variiert die Handlungskompetenz der Akteure. Inwiefern die sozialen Fertigkeiten und Fähigkeiten von Akteuren ihnen zum Beispiel erlauben, einen unmittelbaren Zugang zu anderen Unternehmungen im Unternehmungsnetzwerk oder fremden Branchenkontexten bis hin zu kulturell fremden Kontexten zu entwickeln, ist offensichtlich variabel und variiert (in Unternehmungsnetzwerken) auch mit der Regulation des (interorganisationalen) Wissentransfers und der Existenz transgressiven und wechselseitigen Wissens. Akteure sind zudem zumeist mehr oder weniger ignorant gegenüber dem, was in anderen Milieus vor sich geht. Das betrifft nicht nur das Wissen über Handlungsweisen in räumlich entfernten Gebieten. Es betrifft auch das Wissen über unterschiedliche Handlungsebenen in einer Gesellschaft oder auch in Unternehmungsnetzwerken.

Die *Artikulation von Wissen* ist ein *zweiter* Faktor. Sind Wissen und Vorstellungen zum Beispiel in (fest) geordnete Diskurse eingebettet und weisen etwa die Ansichten über die Wege adäquater Regulation ökonomischer Aktivitäten kognitive Verriegelungen auf (Douglas, 1991; Grabher, 1993c; Ortmann, 1994), dann hat das unmittelbar Einfluß auf das Erfassen und Durchdringen sozialer Systeme und die Möglichkeiten der Nutzung von Wissen bis hin zur alternativen Ausgestaltung sozialer Systeme. Die Kommunikation zwischen Akteuren unterschiedlicher Unternehmungen in Unternehmungsnetzwerken kann dadurch nachhaltig gestört oder behindert sein.

Formen kontextabhängiger *Validierung von Wissen* bilden einen *dritten* Faktor, der die ‚knowledgeability' von Akteuren begrenzt:

„The measure of their ‚validity' is supplied by how far actors are able to co-ordinate their activities with others in such a way as to pursue the purposes engaged by their behaviour" (Giddens, 1984, 90).

In Unternehmungsnetzwerken (wie in anderen ökonomischen Kontexten) geschieht die Validierung von Wissen in relevantem Umfang organisiert über die Auslegung des reflexiven Netzwerkmonitoring. Neben rechenbaren Größen geschieht die Validierung aber zumindest immer auch über Glaubensvorstellungen, Mythen, Leitbilder, so sie als ‚Wissen' gehandhabt werden. Auch dieses Wissen befähigt Akteure zu handeln, Aktivitäten zu regulieren oder zu koordinieren.[90] Zudem variieren die Formen kontextabhängiger Validierung von Wissen. Nicht in jedem Fall ist das von Nachteil; in Netzwerken existieren oft parallel wegen der Beteiligung unterschiedlicher Unternehmungen mit ihren eigenen organisationalen Arten und Weisen vergleichsweise heterogenere Formen der Validierung als in einer Unternehmung. Das muß keinesfalls disfunktional sein, soweit die notwendigen Anschlüsse in hinreichendem Ausmaße gewährleistet sind.

Abschließend beeinflußt *viertens* die *Dissemination verfügbaren Wissens* die ‚knowledgeability'. In Unternehmungsnetzwerken und Unternehmungen ist die Dissemination in gewissem Umfang reflexiv ausgelegt. Welches Wissen wem wann wie zugänglich gemacht oder vorenthalten wird, variiert. Wird etwa in Steuerungsgremien, Arbeitskreisen oder anderen sozialen Netzwerkgelegenheiten in Unternehmungsnetzwerken produziertes Wissen nicht in die Netzwerkunternehmungen hineingetragen, dessen Nutzung nicht befördert, dann hat das naheliegende Auswirkungen auf das im Netzwerkzusammenhang Mögliche. Genutzt werden zur Dissemination von Wissen Kommunikationstechniken wie Schreiben und Lesen, Drucken und Mittel elektronischer Kommunikation. Sie bieten im Konzert mit Fähigkeiten von Akteuren, diese zu nutzen, vielfältige Möglichkeiten (und setzen ganz andere Grenzen), um Aktivitäten und Ereignisse in Kopräsenz und über unterschiedliche Kontexte hinweg abzustimmen. Insofern ist der Einsatz und die Kompatibilität von Informationstechnik in und zwischen Unternehmungen ein Moment, das gegebenenfalls die ‚knowledgeability', die Genese, Positionierung, Artikulation, Dissemination und den Transfer des (transgressiven) Wissens der Unternehmungsnetzwerke maßgeblich beeinflußt.

Die Betrachtung von Wissen als sich im Handeln zeigendes, valides Bewußtsein über das Geschehen und die Regeln und Taktiken des Handelns in sozialen Systemen, befreit Wissen von dem Schein, radikal einzeln zu sein, betrachtet Wissen als Moment der Konstitution des Handelns. Das wiederum legt den Gedanken einer gleichzeitigen, *wechselseitigen Konstitution von individuellem und kollektivem Wissen* nahe. Die Validität des Wissens erweist sich in den Praktiken mit anderen, die um das Wissen der Akteure im sozialen System wissen. Wissen kann dann nicht nur einzeln sein, ist immer schon sozial. Individuelles Wissen prägt sich in sozialen Praktiken und in Auseinandersetzung mit dem in soziale Praktiken eingebetteten ‚mutual knowledge' aus. Da ein Teil der Kompetenz von Akteuren in sozialen Systemen ihr Wissen davon ist, was andere im sozialen Sy-

---

90 Kontextspezifische Validierung sollte nicht mit Gültigkeit verwechselt werden. Akteure operieren zum Beispiel durchaus mit falschen Theorien, Beschreibungen oder Zurechnungen. Das betrifft sowohl ihr Handeln und das anderer in den jeweiligen Kontexten als auch das Tun in umfassenderen sozialen Systemen. Die Rationalisierungen, die ein Akteur gegenüber sich selbst und gegenüber anderen äußert, können aber selbstredend bewußt oder unbewußt manipuliert sein. Das, was Akteure als Gründe, Intentionen für ihr Handeln sich selbst oder anderen nennen, muß nicht mit dem übereinstimmen, was sie in ihrem Handeln angeleitet hat. Insofern ist gerade die empirische Sozialforschung aufgefordert, das Erhobene jeweils quasi ideologiekritisch zu reflektieren.

stem auch wissen, sind wir per Analogie berechtigt, von einem kollektiven Wissen zu sprechen.[91] Soziale Systeme prägen durch die Koordination der Aktivitäten und die Regulation der allgemeinen Bedingungen der Systemreproduktion individuelles wie kollektives Wissen mit, produzieren und reproduzieren für beide Arten des Wissens systembezogene Begrenzungen und Ausblendungen.

Unternehmungsnetzwerke sind, was ihr Wissen und ihre ‚knowledgeability' betrifft, durch ein Mix charakterisiert: Die beteiligten Netzwerkunternehmungen organisieren ihr Wissen *intern* (unter Bezug auf eine einheitliche Leitung in wirtschaftlichen Angelegenheiten) hochgradig reflexiv. Der Grad reflexiver Strukturierung ist im Geschäftsgeschehen *zwischen* Unternehmungen zumeist (deutlich) geringer. Entscheidend ist aber: Das transgressive Wissen ist ein anderes und ist in anders koordinierte Sozialsysteme eingebunden – in Märkte und Netzwerke. Das stellt die Genese und die Nutzung von Wissen in Unternehmungsnetzwerken und die ‚knowledgeability' von Netzwerkpartnern vor spezielle Anforderungen – ebenso wie die Regulation von Wissen und von ‚knowledgeability', einschließlich ihrer Grenzen.

3.5 Dezentrierung des Subjekts ohne Abschied vom Subjekt

Giddens (z.B. 1993 [1976], 119) sieht Individuen nicht als ‚kulturelle oder strukturelle Esel'. Aber ist dieses Verständnis vom Subjekt gerade in ökonomischen Kontexten adäquat? Ist es nicht doch so, wie uns strukturalistische Forscher versichern, das Subjekte derart ‚kleine Lichter' sind, daß wir sie im Schatten objektiver Strukturen getrost übersehen dürfen? Fällt Giddens mit seiner Position nicht doch unter der Hand auf längst überkommen geglaubte subjektivistisch-voluntaristische Positionen zurück? Werfen wir einen Blick auf die Diskussion um Dezentrierung und wenden uns dann der aufgeworfenen Frage zu.

Die abendländische Literatur ist reich an Vorstellungen von einem dezentrierten Subjekt.[92] Die Formel von der *Dezentrierung des Subjekts* wurde von strukturalistischen und poststrukturalistischen Autoren geprägt.[93] Foucaults ebenso wie Derridas Arbeiten lassen sich als Versuche interpretieren, Subjekte als Epiphänomene des ‚Diskurses' oder der Bewegung der ‚différance', des systematischen Spiels der Differenzen zwischen Zeichen, erscheinen zu lassen, dessen Strukturen – ähnlich wie bei Lévi-Strauss' Tiefenstrukturen – nicht selbst in Erscheinung

---

91 Bei dieser Lesart, welche in sozialen Systemen die ganze Last der Konstitution kollektiver Entitäten der Intersubjektivität aufbürdet, ist also nie zu vergessen, daß es nur durch Analogie und unter Bezugnahme auf individuelles Wissen möglich ist, von einem kollektiven Wissen zu sprechen.

92 Der Leser lasse sich hier etwa durch die Überlegungen von Foucault (z.B. 1981 [1973], 24 ff.), Giddens (z.B. 1987d, 87 ff.) oder von Hirschman (1982) inspirieren. Zur Relevanz der angesprochenen Bezugspunkte im industriesoziologischen Denken siehe Brandt (1981; 1984).

93 Zur einer ideengeschichtlichen Verortung der Dezentrierung des Subjekts (insbesondere ihrem Verhältnis zum Denken Heideggers) instruktiv: Frank (1984, 245 ff.).

treten, sondern gewissermaßen über die Köpfe der Autoren hinweg oder durch sie hindurch deren Äußerungen und Aktivitäten organisieren: Foucaults (1974 [1966], 462) Schlußsatz in seiner ‚Die Ordnung der Dinge' bringt dieses Verständnis auf den Punkt: „Der Mensch verschwindet, wie am Meeresufer ein Gesicht im Sand" (s.a. z.B. Foucault, 1981 [1973], 24 ff.).[94]

Ein anderer Bezugspunkt der Vorstellung vom dezentrierten Subjekt ist die Psychoanalyse, ist Freuds bis heute zum Teil argwöhnisch betrachtete Erkenntnis, der Mensch sei nicht ‚Herr im eigenen Hause', sondern durch Unbewußtes getrieben. Das mächtige Cartesianische Ich sei eher ohnmächtig und nicht autonom, sondern allenfalls ein schwacher Vermittler zwischen den Forderungen des ‚Es' und des ‚Über-Ich'. Im Subjekt kreuzten sich psychische und soziale Kräfte, deren ‚Herr' das Subjekt gerade nicht sei (Wellmer, 1985, 70 ff.).

Argumentativ ganz ähnlich klingen auf der Grundlage der Schriften Simmels (1992 [1908]) auch Stimmen struktureller Netzwerkanalytiker (Teil II.2.). Der Mensch ist für sie nur ein Ort, an dem verschiedene soziale, kulturelle, ökonomische und psychologische Kräfte sich (zufällig) kreuzen. Entsprechend ist für diese Theoretiker zweifelhaft, an die Vernunft oder das Handeln von Akteuren zu appellieren oder diesen allzu große Beachtung zu schenken.

Auf der Grundlage *ökonomischer ‚Kräfte' kapitalistischer Gesellschaften*, wie sie Marx analysiert hat, lautet das relevante Argumentationsmuster vereinfacht: Die kapitalistischen Produktionsverhältnisse dominieren. Produktion und Reproduktion der Gesellschaft spielen sich daher ‚hinter dem Rücken der Akteure' ab. Akteure handeln zwar. Aber sie wissen nicht, was sie tun, da sie die Konsequenzen ihres Tuns nicht durchschauen, die ihnen als unerkannte Voraussetzungen des Handelns beständig wieder entgegentreten. Für andere Forscher spielt der *industrielle Techikeinsatz* eine ähnliche Rolle. Technik, die zu einer Modernisierung der Gesellschaft beiträgt, beherrsche weitgehend das Leben und zwinge so die Subjekte, entsprechend der in die Technik eingewobenen Herrschaftslogik zu agieren.

Die Vorstellung einer *doppelgesichtigen Rationalisierung des Lebens* nimmt in gewissem Sinne die beiden vorher genannten Argumentationsbündel in sich auf. Diese Vorstellung hat bei Weber (1979 [1920], 188) zu dem Diktum ‚stahlhartes Gehäuse der Hörigkeit' geführt. Horkheimer und Adorno haben dies in der ‚Dialektik der Aufklärung' zugespitzt. Das Subjekt ist mehr oder weniger in die verwaltete, bürokratisch-rationale Welt ‚total integriert', ‚Waren- und Denkform' sind identisch geworden, der ‚Geist versachlicht', die Beziehungen des Menschen zu sich und anderen ‚verhext', die Möglichkeiten, anders sein zu können, verstellt, die Autonomie des Subjekts auf die des Warenkonsumenten reduziert:

---

94 Bei Derrida (1986 [1972], 70) heißt es: „Es gibt kein Subjekt, das Agent, Autor oder Herr der différance wäre und dem sie sich möglicherweise empirisch aufdrängen würde. Die Subjektivität ist – ebenso wie die Objektivität – eine Wirkung der différance, eine in das System der différance eingeschriebene Wirkung."

Der Mensch „schrumpft zum Knotenpunkt konventioneller Reaktionen und Funktionsweisen zusammen, die sachlich von ihm erwartet werden. [...] Der ökonomische Apparat stattet schon selbsttätig, vor der totalen Planung, die Waren mit den Werten aus, die über das Verhalten der Menschen entscheiden. [...] Durch die ungezählten Agenturen der Massenproduktion und ihrer Kultur werden die genormten Verhaltensweisen dem Einzelnen als die allein natürlichen, anständigen, vernünftigen aufgeprägt" (Horkheimer/Adorno, 1971 [1947], 28 f.).

Den Subjekten bleibt in einer solchen Welt nicht allzu viel Luft zum Atmen. Eine durch Subjekte gestaltbare Kontingenz ist aus dieser Version der Verfallsgeschichte der Moderne ausgeschlossen (s.a. Heller, 1997, 234). Selbst Kommunikation degeneriert:

„Alles, was heutzutage Kommunikation heißt, ausnahmslos, ist nur der Lärm, der die Stummheit der Gebannten übertönt. Die einzelmenschlichen Spontaneitäten, mittlerweile auch weithin die vermeintlich oppositionellen, sind zur Pseudoaktivität, potentiell zum Schwachsinn verurteilt. Die Techniken der Hirnwäsche und das ihnen Artverwandte praktizieren von außen eine immanent-anthropologische Tendenz, die freilich ihrerseits von außen motiviert wird" (Adorno, 1975 [1966], 341).

Die Erfahrungswelt des Subjekts, des handelnden Menschen, nähert sich hiermit „tendenziell wieder der der Lurche an" (Horkheimer/Adorno, 1971 [1947], 36).[95]

Auch Giddens' Schriften sind voll von Verweisen auf die Dezentrierung des Subjekts. Erinnern wir uns: Sie konstituieren ihr Handeln in durch systemische und institutionelle soziale Praktiken gebundenen Handlungskorridoren. Der Prozeß der Motivation des Handelns entzieht sich – mit Bezug auf Freud und andere psychoanalytische Autoren – der Kontrolle des Subjekts. Die Prozesse des ‚reflexive monitoring' und der Rationalisierung sind hochgradig durch ein kontextuell geprägtes Wissen orientiert. Eine Vielzahl von Voraussetzungen des Tuns und der Konsequenzen des Handelns entziehen sich – zunächst ganz ähnlich den Argumenten der gerade angesprochenen Theoretiker – auch in strukturationstheoretischer Sicht dem reflexiven Zugriff des Akteurs. Eher lapidar heißt es:

„I am the author of many things I do not intend to do, and may not want to bring about, but none the less *do*. Conversely, there may be circumstances in which I intend to achieve something, and do achieve it, although not directly through my agency" (Giddens, 1984, 9).

Aber: Die sozialen Aktivitäten der Menschen

„are not brought into being by social actors but continually recreated by them via the very means whereby they express themselves as actors. In and through their activities agents reproduce the conditions that make these activities possible" (Giddens, 1984, 2).

Dezentrierung des Subjekts bedeutet für Giddens (1987d, 84 ff.) *weder* den *Rückzug in die Zeichen* – wie für Saussure, für den Sprache bekanntlich ein System von Zeichen ist, das sich über die Differenzen der Zeichen konstituiert und nur eine zufällige Beziehung zur Objektwelt und damit zum Sprecher, zum sprechenden

---

95 Lesenswerte kritische Überlegungen zum Scheitern des Projekts der ‚kritischen Theorie', die unter anderem den Umgang mit der Theoriefigur der Dezentrierung des Subjekts betreffen, finden sich bei Brandt (1990 [1986a]) und bei Honneth (1989). Einwände gegen die Vernunftorientiertheit der ‚Dialektik der Aufklärung' formulieren Böhme und Böhme (1985). Umfassende Literatur, in der Einwände gegen die umfassende Reichweite kapitalistischer Prinzipien vorgebracht werden, findet sich bei Hirschman (1982).

Subjekt unterhält; *noch Rückzug* der Subjektivität *in die Struktur* – wie für viele marxistische oder kritische Theoretiker oder auch für strukturelle Theoretiker und Netzwerkforscher gilt. Dezentrierung ist für Giddens auch *kein Rückzug* der Subjektivität *in das System* – wie das etwa für Luhmann zutrifft, für den die Konstitution sozialer Systeme eine autopoietische Angelegenheit der Systeme ist (z.B. Luhmann, 1984, 43), die von den Subjekten getrennt und nur über Interpenetration oder strukturelle Kopplung mit ihnen verbunden sind.

Giddens' Verständnis erschließt sich über Marx' Bestimmung (1953 [1857/1858], 600) in den ‚Grundrissen':

„Die Bedingungen und Vergegenständlichungen des Prozesses [der Produktion] sind selbst gleichmäßig Momente desselben, und als die Subjekte desselben erscheinen nur die Individuen, aber die Individuen in Beziehungen aufeinander, die sie ebenso reproduzieren, wie neuproduzieren. Ihr eigener beständiger Bewegungsprozeß, in dem sie sich ebenso erneuern, als die Welt des Reichtums, die sie schaffen."

Subjekte und überhaupt *alles Feste* sind nur verschwindende Momente der Bewegung der Reproduktion sozialer Systeme. Sie befinden sich *in einem beständigen Prozeß der Transformation und Reproduktion*, deren ‚Herren' sie jedoch nicht sind, die sie aber gleichwohl ‚hervorbringen'.

Für Giddens trägt eine Vielzahl von Mechanismen zur Dezentrierung des Subjekts bei und haben die genannten Theoriestränge wesentliche Beiträge zur Revision der Vorstellung geliefert, Subjektivität sei der unvermittelte Ursprung der Erfahrung. Seine Schlußfolgerung ist jedoch eine andere:

„But it is essential to insist upon the need for an interpretation of the agent, rather than the subject, and of agency rather than subjectivity alone. ‚Subjects' are first and foremost agents. In explicating human agency, two elements which tend either to be lacking or downplayed in structuralist accounts need to be brought to the fore. One is [...] practical consciousness, the other is contextuality of action" (Giddens, 1987d, 98).

Die Strukturationstheorie als Theorie sozialer Praxis entwickelt so eine sowohl zu den subjektivistisch-voluntaristischen als auch zu den strukturalistisch-systemtheoretischen Vorstellungen unterschiedliche Konzeption des menschlichen Subjekts als Akteur:

„I acknowledge the call for a decentering of the subject and regard this as basic to structuration theory. But I do not accept that this implies the evaporation of subjectivity in an empty universe of signs. Rather, social practices, biting into space and time, are considered to be at the root of the constitution of both subject and social object" (Giddens, 1984, xxii). „A de-centering of the subject must at the same time *recover* that subject, as a reasoning, acting being" (Giddens, 1982a, 8).

Obwohl Akteure nur in gewisser Weise ‚Subjekte' in einer in vielfältiger Weise vorgezeichneten, nicht durch den Akteur kontrollierten Welt sind, ist ihr Tun zu berücksichtigen. Da Institutionen, Strukturen und Systeme nur insoweit (fort-) existieren, als sie in kontingenten Kontexten des sozialen Lebens produziert und reproduziert werden, und Akteure immer Möglichkeiten besitzen, anders zu handeln, ist die Konstitution des Sozialen nur ausgehend von aktiven und reflexiven Akteuren zu verstehen – und das gilt eben auch für den Bereich der Ökonomie.⁹⁶ Giddens Plädoyer lautet daher zusammengefaßt: *Dezentrierung des Subjekts ohne Abschied vom Subjekt.*

3.6 Handeln in Unternehmungsnetzwerken

Handeln in Unternehmungsnetzwerken ist Handeln in speziellen Handlungskontexten. Das zeigt sich nicht nur an den Governances von Unternehmungsnetzwerken, die sich von denen von Unternehmungen und von Märkten unterscheiden. (Was diese kennzeichnet, erläutere ich im Abschnitt III.4.) Das Handeln von Netzwerkunternehmungen, das ihrer Mitglieder und Repräsentanten, bezieht sich, über den Netzwerkzusammenhang zwischen den Akteuren koordiniert, relational auf Aktivitäten anderer Unternehmungen im Netzwerk. Es bettet sich (zumeist) proaktiv in das durch das netzwerkbezogene Handeln der Netzwerkunternehmungen gestiftete Geschehen ein, zieht daraus einen Teil seiner Handlungsfähigkeiten, überwacht, kontrolliert und steuert eigene Aktivitäten und die anderer in bezug auf den Netzwerkzusammenhang, generiert darauf bezogene Wissensbestände und nutzt diese im Handeln. Das ist aber nicht alles. Die Besonderheit ist: Nicht nur der Handlungskontext des Netzwerks wird einbezogen, auch der der Netzwerkunternehmungen. Akteure handeln in Unternehmungsnetzwerken, so kann man zusammenfassen, in einem *doppelten Bezugsrahmen* (Sydow/Windeler, 1998): dem der Netzwerkunternehmungen und dem des Netzwerks, der über das Handeln sogenannter ‚boundary spanners' miteinander vermittelt wird.

3.6.1 Netzwerkhandeln: der doppelte Handlungsrahmen

Im Handeln findet also eine ‚soziale Doppelattribution' (Teubner, 1992, 199) statt. Einerseits bezieht es sich relational auf die durch den Netzwerkzusammen-

---

96 Giddens' Strukturationstheorie weist damit Berührungspunkte mit der Position prominenter amerikanischer ‚Radicals', Samuel Bowles und Herbert Gintis (1990, 20), auf, die ihre Forderung nach einer ‚Mikrofundierung der politischen Ökonomie' ähnlich begründen: Mit der „Notwendigkeit einer mikroökonomischen Fundierung der politischen Ökonomie [...] meinen [wir] einfach, daß eine adäquate Gesellschaftstheorie eine konsistente Erklärung dafür liefern muß, wie individuelle Entscheidungen in historisch gegebenen Umständen zu bestimmten gesellschaftlichen Ergebnissen führen. Unsere Position legt uns auf wenig mehr fest als auf die Behauptung, daß Leute Entscheidungen treffen und daß diese Entscheidungen einen Unterschied machen. Nicht einmal in verkürzter Redeweise ist es nützlich zu sagen, daß Strukturen sich selbst reproduzieren, oder daß Regeln durch eine intrinsische Logik reproduziert werden; die Einschränkungen, unter denen Entscheidungen getroffen werden, und die Evolution dieser Einschränkungen [..] [sind] Resultat dessen, was Leute tun oder nicht tun. In dieser vielleicht minimalistischen Manier definiert, enthält die Behauptung, daß die Mikrofundierung wesentlich ist, kein Urteil über die womöglich rigoros zusammengestrichene Speisekarte, von der gewählt werden kann, über die vielleicht despotischen oder opaken Regeln, durch die individuellen Entscheidungen gesellschaftliche Resultate zeugen, oder über die Bedingungen, unter denen Präferenzen oder Verpflichtungen der Akteure geformt wurden."

hang koordiniert miteinander verbundenen Aktivitäten anderer Unternehmungen im Netzwerk und damit auf das Netzwerk. Akteure, die im Netzwerk handeln, führen als Repräsentanten der Netzwerkunternehmungen andererseits gleichzeitig aber immer auch den Kontext der Netzwerkunternehmung, mit der sie einen Arbeits- und/oder Dienstleistungsvertrag haben, mit. Ihre Fähigkeit zu agieren speist sich dominant aus den in beiden Handlungskontexten vergegenwärtigten Handlungsmöglichkeiten (und -grenzen). Ihr Handeln bezieht reflexiv beide Kontexte in die Aktivitäten und die Aufnahme der Ereignisse ein. Die Wissensbestände sind parallel auf den doppelten Handlungsrahmen ausgelegt. Die doppelte Einbindung der Aktivitäten und Ereignisse – jenseits ihrer Verknüpfung mit netzwerkübergreifenden, industriellen und gesellschaftlichen Kontexten – ist notwendig: Akteure können nur kompetent im Netzwerkkontext handeln, wenn sie reflexiv beide Kontexte mitführen. Und so sie ihre Aktivitäten unter Bezug auf den doppelten Bezugsrahmen und deren Modi der Koordination hervorbringen, tragen sie zur Konstitution von Unternehmungsnetzwerken bei.

3.6.2 ‚Boundary spanning', ‚boundary spanners' und ‚boundary spanning practices': zur Vermittlung der Handlungskontexte in Netzwerken

Netzwerkhandeln ist Handeln im durch das Netzwerk speziell regulierten Beziehungszusammenhang zwischen Netzwerkunternehmungen. (Was die Form der Regulation im Netzwerk ausmacht, spezifiziere ich gleich.) Unternehmungsnetzwerke konstituieren sich im Geflecht der Beziehungen zwischen Netzwerkunternehmungen. Schaut man auf Beziehungen zwischen Unternehmungen und auf die Aufnahme von Kontexten durch Unternehmungen, dann geraten das *‚boundary spanning'* und *‚boundary spanners'* in den Blick:

> „There is a wide variety of ways in which organizations interact with their environments, both social and material. They have special service units for interacting with their clients and customers; they have special receiving and shipping departments for expediting material exchanges with the environment. Their personnel offices serve to make contact with individual members of the surrounding community for recruitment purposes. Organizations have differentiated public relations and information groups which handle the relation of the organization to their various publics" (Guetzkow, 1966, 18).[97]

---

[97] Die Aufgaben des ‚boundary spanning' sind insbesondere für verschiedene Funktionsbereiche in der Literatur untersucht worden. Prominent gilt das für Forschung und Entwicklung (Allan/Cohen, 1969; Frost/Whitley, 1971; Keller/Holland, 1975, Tushman, 1977; aktuell s.a. Zündorf, 1994). Bradach und Eccles (1989) und Spekman (1979) diskutieren die Rolle von ‚boundary spanners' für den Vertrieb. Perry und Angle (1979) betrachten die kollektiven Aushandlungen zwischen Vertretern der Personalabteilung und Vertretern der Beschäftigten. Ergänzend zu den von Guetzkow im Zitat genannten Aufgabenstellungen ist auf das Aushandeln kollektiver Vereinbarungen, die den Einsatz von Arbeitskraft regeln, hinzuweisen. Generelle Überlegungen zu ‚boundary spanners', ihren widersprüchlichen Rollenanforderungen und ihren Aufgaben und Praktiken formulieren Adams (1976), Aldrich und Herker (1977), Sydow (1992), Alter und Hage (1993, 72) und Baker (1994, xv f.).

Wie Unternehmungen ihre grenzüberschreitenden Aktivitäten ausgestalten, variiert naturgemäß – auch im Grad ihrer Reflexivität. Allein schon Handelsbeziehungen unterscheiden sich hier offensichtlich von Beziehungen zwischen Produzenten entlang einer Wertschöpfungskette (z.B. Richardson, 1972). Sie gestalten sich dann wiederum recht verschieden aus, je nachdem, ob sie stärker marktförmig oder netzwerkförmig reguliert sind. Auch ist es nicht unerheblich, wie multiplex, wie langfristig, wie komplex-reziprok die Aktivitäten in Zeit und Raum miteinander verwoben sind und über welche Medien die Vermittlung erfolgt. So unterscheiden sich zum Beispiel ‚boundary spanning systems' danach, ob sie primär über Informations- und Kommunikationstechniken wie in ‚virtuellen Unternehmungen' oder über kopräsente Interaktionen von Akteuren wie in Projektnetzwerken (etwa der Produktion von Contents für das Fernsehen) vermittelt sind, und im letzteren Fall wieder danach, in welchem Grad dies reflexiv und strategisch koordiniert ist.

‚Boundary spanning' ist in der Organisationstheorie ein ‚altes' Thema. Im Mittelpunkt steht jedoch eine primär handlungstheoretische Aufnahme dyadischer Geschäftsbeziehungen. Die Anforderungen und Möglichkeiten eines ‚boundary spanning' in Netzwerken sind bisher kein Thema, und ein elaboriertes Verständnis der Konstitution der Praktiken fehlt. In der strukturellen Netzwerkanalyse wiederum werden ‚gatekeeper' in Netzwerken bestimmt, der strukturalistische Theorierahmen verhindert jedoch hier eine adäquate Aufnahme. Traditionell wird in der organisationstheoretischen Literatur angenommen, daß die Aufgabe des ‚boundary spanning' stabil und identifizierbar ist und von einer Person, typischerweise einem Individuum, dem ‚boundary spanner', wahrgenommen wird, der dann entsprechend auch als ‚boundary role person' (Adams, 1976) oder, wenn diese Person eine zentrale Position in einem Kommunikationsnetzwerk einnimmt, als ‚gatekeeper' (z.B. Allen/Cohen, 1969, 13; Tushman, 1977, 591 f.) bezeichnet wird. Dagegen hat schon recht früh und zu Recht Guetzkow (1966, 19) darauf verwiesen, daß die Verbindungen nicht nur von einer einzelnen Person, sondern auch von ‚liaison groups', wie Koordinationsgruppen, Steuerungskomittees, wahrgenommen werden. Für Crozier/Friedberg (1979 [1977], 94 ff.) fungieren diese als ‚Relais':

> Die Metapher des ‚marginal sécant' umreißt dann das Bild eines Akteurs, der „mehreren in Beziehung zueinander stehenden Handlungssystemen angehört und daher die unerläßliche Rolle eines Vermittlers und Übersetzers zwischen verschiedenen, oft sogar widersprüchlichen Handlungslogiken spielen kann" (Crozier/Friedberg, 1979 [1977], 52).

Die Akteure, die für ein soziales System die Aufgabe des ‚Relais' zu einer oder mehreren Unternehmungen wahrnehmen, sind immer in der Rolle des Beeinflussenden und des Beeinflußten (Adams, 1976, 1176; Perry/Angle, 1979, 489; Spekman, 1979, 105).

‚Pivot players' sind mit widersprüchlichen Anforderungen und Handlungslogiken konfrontiert: Sie sollen die Interessen der Unternehmung vertreten, mit der sie zumeist einen Arbeitsvertrag oder einen Dienstleistungsauftrag besitzen, und deren Handlungslogik vermitteln, übersetzen oder zur Geltung bringen. Sie sollen gleichzeitig die Interessen und Handlungslogiken der Unternehmungen, mit denen sie interagieren, aufnehmen (so bereits Luhmann, 1964, 220 ff. in seiner Erörterung zu Grenzstellen; s.a. Adams, 1976).[98] ‚Kundenintegration' (Engelhard/Kleinaltenkamp/Reckenfelderbäumer, 1993) lautet das entsprechende Stichwort im Marketing. In Netzwerken tritt nun eine entscheidende Aufgabe und Möglichkeit hinzu: ‚Pivot players' müssen und sollen in ihrem Handeln (entsprechend der Netzwerkregulation) den doppelten Handlungsrahmen des Netzwerks mitführen, aufnehmen, welche Anforderungen und Möglichkeiten der Netzwerkzusammenhang und welche einzelnen Netzwerkunternehmungen (und einzelne Beziehungen zwischen ihnen) stellen und bieten. Gleichzeitig haben ‚pivot players' immer eigene Interessen, die sie im Netzwerk generieren und/oder mit Geltung ausstatten können. Sie können *erstens* den Zugang zu Unternehmungen mehr oder weniger kontrollieren, *zweitens* als kompetente ‚broker' Ressourcen – etwa Informationsflüsse – zwischen den Netzwerkunternehmungen sichern und *drittens*, im Falle von Unternehmungsnetzwerken, die Formation anderer direkter Verbindungen zwischen den Netzwerkunternehmungen behindern oder (nur selektiv) befördern (s.a. Wellman, 1983, 177). Die zu vermittelnden Interessen und Handlungslogiken sind in Unternehmungsnetzwerken oft unklar umrissen, immer bedürfen sie einer situativen Ausfüllung. Die Positionierung in einem Geflecht derartiger Interessen und nicht gleich kompatibler Handlungslogiken eröffnet ‚pivot players' in Netzwerken zumeist sogar ergänzende Möglichkeiten, existierende Ambiguitäten und Widersprüche interessiert zu nutzen.[99] ‚Pivot players' sind daher Akteure, über die nicht selten ein großer Teil der praktischen Vermittlung zwischen Netzwerkunternehmungen läuft.

Die Ansätze zur systemischen Rationalisierung blenden die praktische Vermittlung interorganisationaler Prozesse und Praktiken über das Handeln von ‚boundary spanners' weitgehend aus (II.1), die Konzeptualisierung der strukturelle Netzwerkanalyse berücksichtigen sie, wenn überhaupt, positional, aber nicht prozessual. Die managementnahe Netzwerkliteratur (I) wiederum konzentriert sich auf strategische Vorstellungen des Top-Managements und verliert vor allem auch die Ebene konkreter praktischer Vermittlung aus den Augen – und damit eine ganze Palette von Problemen in den Beziehungen und dem Beziehungszusammenhang zwischen Unternehmungen im Netzwerk. Die implizierte Vorstel-

---

98 ‚Pivot' bezeichnet im Englischen den Dreh- oder Angelpunkt oder die Türangel. Das Bild des ‚pivot player' macht, da die Türzapfen die Tür sowohl fest- als auch beweglich halten, darauf aufmerksam, daß Akteure wie der ‚marginal sécant' eine Position innehaben, auf die verschiedene Kräfte wirken, zentrifugale und zentripetale, statische und dynamische Kräfte, im Falle von ‚boundary spanners' interne und externe Interessen. Aufgrund ihrer Position als Dreh- und Angelpunkt kontrollieren sie eine für ‚ihre' Unternehmung relevante Ungewißheitszone und beziehen daraus ihre besondere Machtstellung (Ortmann et al., 1990, 468).

99 Guetzkow (1966, 20) unterscheidet weitere Rollen des ‚liaision'. So differenziert er zwischen ‚Vertrauensleuten', ‚Politikern', ‚Delegierten', ‚Bremsern', ‚Promotoren' (zu diesen letzteren Rollen in Innovationsprojekten Ortmann et al., 1990, 399 ff.)

lung, mit einer strategischen Entscheidung für eine Beziehung zwischen Unternehmungen seien auch die alltagspraktischen Probleme der Realisierung entschieden, erweist sich angesichts der alltäglichen Probleme der Koordination als gänzlich naiv.[100] Das gilt bereits für dyadische Geschäftsbeziehungen und umso mehr in Netzwerken.

‚Pivot players' können in Unternehmungen Manager sein, die in die Koordination von Beziehungen zwischen Unternehmungen einbezogen sind, oder Vertriebsleute, die den Kontakt zu Kunden pflegen, oder Einkäufer, die es mit Zulieferern zu tun haben. Es können auch Mitarbeiter sein, die in interorganisationalen Projekt- oder Forschungsteams, Gremien, Steuerungskomitees usw. agieren. Ebenso können Vertrauensleute mit ihren Beziehungen zu Gewerkschaften als ‚boundary spanners' agieren. Selbst Organisationen können, etwa als Broker, diese Rolle übernehmen. Die Aufzählung macht deutlich: In der Regel sind Unternehmungen über mehrere ‚pivot players' miteinander verzahnt, die unterschiedliche Aufgaben wahrnehmen. Selbst wenn diese aus einer Unternehmung kommen, sprechen sie nicht immer eine Sprache. Die Verbindungen zwischen zwei Unternehmungen im Netzwerk können so auf unterschiedlichen Ebenen, zum Beispiel Hierarchieebenen, unterschiedlich ausgelegt sein – intensiver oder weniger intensiv, kooperativer oder weniger kooperativ. Trüge man die Unterschiede für einen der genannten Aspekte auf einer Linie ab, dann ergäben sich in der Regel eher verschiedene ‚fuzzy lines' mit unterschiedlichen Amplituden denn eine gleichmäßig ausgelegte Beziehungslinie zwischen ökonomischen Akteuren. Ob Netzwerk-, allgemein: Systemregulation eine Vereinheitlichung der Außenbeziehungen des Netzwerks in zentralen Punkten erzielt, ist eine empirische Frage.

Die Rede von der Verknüpfung von Unternehmungen über ‚boundary spanners' könnte den Eindruck erwecken, die Beziehungen zwischen Unternehmungen (im Netzwerk) bestünden weitgehend auf einer personalen Ebene. Das ist typischerweise jedoch nicht der Fall – auch wenn die personale Ebene in interorganisationalen Beziehungen (wie in allen Sozialsystemen) nie ohne Bedeutung ist. Die Beziehungen lassen sich zumindest nicht darauf reduzieren. Sie werden vielmehr oft vorrangig über organisational festgelegte Rollen und Stellen geprägt und reflexiv reguliert – worauf auch die Redeweise von ‚boundary role persons' (Adams) verweist (s.a. Teil III.4 über soziale Positionen). Gleichwohl entwickelt sich mit der Zeit oftmals auch eine personale Beziehung zwischen den ‚pivot players'. Die personale Beziehung äußert sich etwa in einem gemeinsamen Geschäftsverständnis, Vertrauen, Deutungsmustern und Standards. Sie findet ihren Ausdruck in positiven Gefühlen, die Akteure über die Erledigung von Aufgaben erzielen und bestärken die Beziehungen (s.a. Lawler/Yoon, 1998) – oder stellen

---

100 Schöne Beispiele für die Vielzahl alltäglicher Probleme der Koordination unternehmungsübergreifender Produktionsprozesse bringen die sogenannten ‚Störfallanalysen' von Wehner und Endres (z.B. Endres, 1995).

sie im negativen Fall in Frage oder belasten sie. Die erzielte Qualität der Beziehungen der Netzwerkunternehmungen untereinander ist oft nur zum Teil von den Personen entkoppelbar. Das gilt umso mehr, wenn die Interaktionen durch hohe Unsicherheit, Kreativität und Wissensintensität, fehlende Kontrollen oder Kontrollmöglichkeiten, hohe Personen- und Situationsabhängigkeit und durch eine nur schwach reflexive Regulation gekennzeichnet sind – wie das etwa in Projektnetzwerken der Fernsehproduktion in Deutschland der Fall ist (z.B. Sydow/Windeler, 1999; Windeler/Lutz/Wirth, 2000).[101]

‚Boundary spanners' nutzen in der praktischen Ausgestaltung sozialer Beziehungen zwischen sozialen Systemen den Beziehungszusammenhang als Ressource (genauer III-5), entwickeln auf dieser Basis eine besondere Art des sozialen oder ‚Beziehungskapitals' (Sydow et al., 1995, 27 f.). In Unternehmungsnetzwerken nimmt Beziehungskapital darüber hinaus zuweilen die Form des *Netzwerkkapitals* an, wenn der Beziehungszusammenhang zwischen den Netzwerkunternehmungen im Netzwerk (und nicht nur einzelne soziale Beziehungen) als Ressource genutzt und kapitalisiert wird. Die Kontrolle dieser relevanten Ungewißheitszone (Crozier/Friedberg, 1979 [1977]) schwankt mit dem Grad reflexiver Netzwerkregulation. Beziehungskapital trägt in vielen Fällen besonders zur Gründung von Unternehmungsnetzwerken bei, und hilft, die Anfangsphase der Konstitution gemeinsam zu meistern oder immer wieder auftretende, auch tiefgreifende Krisen und Konflikte zu überwinden (Sydow/Windeler, 1998). Die Nutzung von Netzwerkkapital ist dagegen in der Regel stärker an die Etablierung von Netzwerken gebunden – einschließlich ihrer Anerkennung im Netzwerk und von Dritten.

Über das ‚boundary spanning' und das Netzwerkhandeln in einem doppelten Handlungsrahmen werden Praktiken *in und zwischen* Unternehmungen miteinander koordiniert, intra- und interorganisationale Praktiken miteinander in Beziehung gesetzt. Die Anforderungen, die eine Einbindung von Unternehmungen in Unternehmungsnetzwerke stellt, sind bisher recht wenig erforscht, aber jedenfalls beträchtlich:

„Network organizations call for a complex set of management skills and abilities, including building relationships, negotiating mutually rewarding deals, finding the ‚right' partners with compatible goals and values, and providing the partnered organizations with the appropriate balance of freedom and control. Managers will have to more fully be able to: 1) act as brokers, securing and negotiating relationships with other firms; 2) recognize their interdependence and be willing to share information and cooperate with their partners; 3) customize their product or service on a continual basis to maintain their position within the network; and 4) invest in the development of interfirm capabilities, human resources and trust at the individual, team, firm and network levels; as well as 5) be able to successfully compete against other network organizations" (Buono, 1996, 1).[102]

---

101 Vgl. zur Bedeutung informeller, ja: illegaler Praxis an organisationalen Grenzstellen, die Ausführungen, die Luhmann schon 1964 (304 ff.) unter dem Stichwort ‚brauchbare Illegalität' gegeben hat.

102 Die reflexive Regulation von Unternehmungsnetzwerken weist Ähnlichkeiten mit dem Organisieren bestimmter Unternehmungen auf. Das gilt zum Beispiel für dezentral geführte ‚Profit-Center'-Organisationen (s. hierzu wie zum folgenden Staehle, 1999, 743 ff.) und bei Holdings (Bühner, 1986; 1992), die rechtlich selbständige, kapitalmäßig aber eng verflochtene Unternehmen (Fortsetzung der Fußnote auf der nächsten Seite)

Kanter und Myers (1990) Aufsatz ist eine der seltenen Ausnahmen, die die Vermittlung inter- mit intraorganisationalen Prozessen mit Aufmerksamkeit bedenken und deren Bedeutung hervorheben. So diagnostizieren sie, daß in Folge von Vernetzung die Bedeutung der Akteure steigt, die im engeren Kontakt mit Netzwerkpartnern stehen, ebenso die Macht der Einheit in der Unternehmung, die für das Netzwerkmanagement verantwortlich ist; und daß umgekehrt in Folge der Verlagerung der Beziehungen auf mehrere Akteure die Monopolsituation bisheriger ‚boundary spanners' sinkt; daß gleichzeitig die Karriererisiken der mit diesen Aufgaben Betreuten enger an den Erfolg der Partnerschaft geknüpft sind (s.a. Jones, 1996; Jones/DeFillippi, 1996); daß sie mit neuen Anforderungen konfrontiert sind, zum Beispiel stärker konsultative Aufgaben wahrnehmen müssen; und daß all das von der Unternehmung und den einzelnen Handelnden entsprechende Fähigkeiten verlangt.

Allgemein dürfte gelten: Die Regulation der Aktivitäten von ‚bondary spanners' ist eine der zentralen Aufgabenstellungen der Regulation interorganisationaler Beziehungen, da diese Akteure die Ausgestaltung der Beziehungen durch ihre Aktivitäten weitgehend tragen. Je höher der Grad reflexiver Regulation der Geschäftsbeziehungen und der Praktiken der ‚boundary spanners', desto deutlicher sollten sich im negativen Fall die Reibungsverluste bei massiv abweichenden Vorstellungen über adäquate Handlungsweisen zeigen und umgekehrt. Wenn dies zutrifft, dann dürfte die netzwerkweite reflexive Regulation der Geschäftsbeziehungen über ‚boundary spanning' eine strategische Aufgabe von herausragender Bedeutung darstellen, die den erwartbaren Erfolg oder Mißerfolg des Netzwerks bis hin zur Auslegung der Herrschaftszusammenhänge in ihnen maßgeblich beeinflussen.

4 Unternehmungsnetzwerke als soziale Systeme

Unternehmungsnetzwerke sind soziale Systeme, die vornehmlich aus Geschäftsinteraktionen und -beziehungen *zwischen* (autonomen) Unternehmungen zusammengesetzt sind, die diese überwiegend mit Blick auf den Beziehungszusammenhang zwischen sich reflexiv koordinieren, dabei aber auch andere systemische Kontexte bis hin zu gesellschaftlichen Totalitäten mit einbeziehen (Abb. III-5). Netzwerkakteure vergegenwärtigen sich in ihren Netzwerkaktivitäten vor allem Geschäftsinteraktionen und -beziehungen auch anderer Netzwerkakteure und deren Regulation im Netzwerkzusammenhang in Zeit und Raum. Sie aktualisieren gleichzeitig aber auch in anderen relevanten Sozialsystemen (wie Unternehmungen und organisationalen Feldern) anzutreffende Geschäftspraktiken bis hin zu gesellschaftsweite Institutionen des Geschäftsverkehrs (einschließlich berufs-

---

mungen strategisch regulieren. Da die dezentralen Einheiten aber einer einheitlichen Leitung etwa durch die Holding unterliegen, spreche ich in diesen Fällen nicht von Unternehmungsnetzwerken.

ständischer Regeln) und nutzen sie zur Ausgestaltung ihrer Geschäftstätigkeiten. Netzwerk-, allgemein: Systemregulation ist so Medium und Resultat der Aktivitäten der Akteure, was jedoch, wie wir gleich noch gesondert sehen werden, einschließt, daß insbesondere strategisch plazierte Akteure allgemeine Bedingungen reflexiv strategisch mit gestalten. Das eröffnet Netzwerkakteuren und anderen Handelnden Möglichkeiten der Adressierung, Einordnung und Zurechnung ihrer Aktivitäten und Beziehungen zu Unternehmungsnetzwerken. Deren Aktualisierung im Handeln trägt umgekehrt mit zu deren (Re-)Produktion bei. Gewonnen

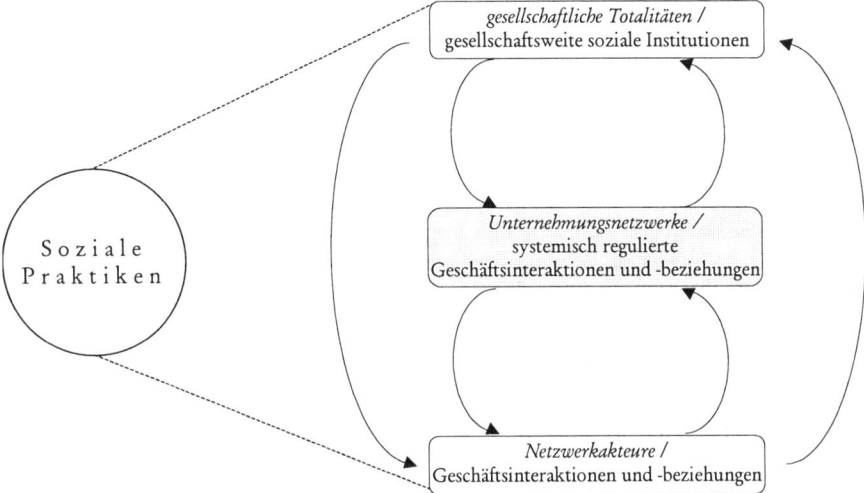

Abb. III-5: Strukturation von Unternehmungsnetzwerken

wird mit dieser konstitutionstheoretischen Fassung von Sozialsystemen ein neues Verständnis sozialer Systeme. Es ermöglicht der managementnahen Netzwerkforschung, überhaupt ein Systemkonzept zu gewinnen, und der strukturellen Netzwerkforschung, gebräuchliche Vorstellungen über Sozialsysteme durch ein Konzept mit verstärktem Akteursbezug zu ersetzen.

Giddens erörtert das konstitutionstheoretische Konzept der Strukturation von Sozialsystemen nicht – nicht nur nicht für Unternehmungsnetzwerke. Die Leichthändigkeit, um nicht zu sagen: Leichtfertigkeit, mit der Giddens das Phänomen sozialer Systeme durchgängig behandelt, steht im krassen Gegensatz zu dessen Bedeutung in modernen Gesellschaften – man denke nur an moderne Organisationen, die er einerseits in keiner seiner sozialtheoretischen Schriften stark beachtet, deren Relevanz andererseits aber betont:

„Who says modernity says not just organisations, but organisation – the regularised control of social relations across indefinite time-space distances" (Giddens, 1992, 16).

Sein Augenmerk liegt in seiner theoretischen Konzeptualisierung der Konstitution der Gesellschaft aber auf individuellen Akteuren und auf gesellschaftlichen Totalitäten. Ganz selten schreibt er von Organisationen als einem Systemtyp. Wenn er den Begriff der Organisation verwendet, wie zum Beispiel wenn er (1984, 25) in der ‚The Constitution of Society' die Begriffe der Struktur oder des Systems einführt, nutzt er zumeist einen allgemeinen Organisationsbegriff, spricht Prozesse der Vergesellschaftung an, in denen Ordnung, Struktur und System plan- oder unplanmäßig geformt, aufrechterhalten, umgeformt oder beendet werden. Die systembezogene Produktion und Reproduktion sozialer Praktiken für einzelne Systemtypen, zum Beispiel für Unternehmungen, Unternehmungsnetzwerke und Märkte, wird nicht gesondert reflektiert, obwohl er (1979, 62) formuliert: „I want to suggest that *structure, system* and *structuration*, appropriately conceptualized, are all necessary terms in social theory." Die Kritik lautet dabei nicht, daß er die Begriffe nicht an verstreuten Stellen und mit leichten Verschiebungen der Definitionen in allgemeiner Form einführt und hier und da hilfreiche Ergänzungen anfügt. Sie bezieht sich darauf, daß er es unterläßt aufzuzeigen, wie sie detailliert und systematisch zusammenspielen und nicht verdeutlicht, welche Bedeutung sozialen Systemen in den Prozessen der Konstitution des Sozialen zukommt und was es für Sozialsysteme heißt, daß sie sich in Zeit und Raum konstituieren.

Giddens (1987a, 153) ist zuzustimmen: „[A] theory of organization converges closely with the basic tasks of social sciences." Viele Fragen der (Re-)Produktion von Organisationen sind allgemeiner Natur, betreffen generell das Verständnis sozialer Konstitution. Das rechtfertigt jedoch nicht, soziale Systeme, Unternehmungen, Netzwerke und Märkte oder andere Systemtypen, nicht gesondert zu beachten – insbesondere auch deren Bedeutung für Vergesellschaftung zu thematisieren.

Organisations- und Netzwerktheorien haben dem Phänomen sozialer Systeme entsprechende Aufmerksamkeit zu widmen, gerade wenn sie mit Giddens die Ansicht teilen, daß Organisationen in der Moderne diese hohe Bedeutung besitzen – höhere Aufmerksamkeit, als Giddens ihnen in seiner Exposition der Strukturationstheorie zuteil werden läßt. Für Organisations-, Industrie- und Netzwerksoziologen besteht die Notwendigkeit, die theoriekonstruktiv auch im Rahmen der Sozialtheorie, also allgemein für die Strukturationstheorie bedeutsame, aber unausgearbeitete Stelle bei der Konzeptualisierung der Prozesse der Konstitution des Sozialen durch eine systematischere Aufnahme sozialer Systeme zu füllen. Erst dann eröffnet sich die Perspektive auf die ‚systemtheoretische' Grundlegung der strukturationstheoretischen Konzepte etwa des Akteurs, des Handelns und der Struktur – und nicht zuletzt des Unternehmungsnetzwerks, der Unternehmung, des Marktes und auch anderer Sozialsysteme. Mit ihr erst erschließt sich das Potential dieser Theorie. Die strukturationstheoretisch informierte Organisationstheorie greift bisher diese Herausforderung so gut wie nie auf (Ausnahme Cohen, 1989). Die Netzwerktheorie schweigt bisher zu dieser

Problemstellung. Immerhin lassen sich Giddens' wenige und verstreute Bestimmungen, wenn man sie konstruktiv zusammenträgt, für ein elaborierteres Verständnis sozialer Systeme nutzen – und, wie das Zitat über die Stellung von Organisationen in der Moderne und die eingangs vorgestellten Überlegungen andeuten, ein spezielles Verständnis sozialer Systeme und ihrer Reproduktion gewinnen. Zur Ausarbeitung einer Netzwerk-, allgemein: Systemanalyse nehme ich relevante Konzepte auf und diskutiere sie im Rahmen des von mir entwickelten konstitutionstheoretischen Analyseansatzes. Vorgestellt wird eine Grundlage für die systemtheoretisch verfeinerte Ausarbeitung der Strukturationstheorie. Die Darstellung intendiert, zur Grundlegung einer System-, Organisations- und Netzwerktheorie auf strukturationstheoretischer Basis beizutragen, auch wenn der Schwerpunkt auf Unternehmungsnetzwerken als besonderem Typ sozialer Systeme ruht.

In meiner Ausarbeitung des Systemkonzepts und der Vorstellung der Grundzüge einer strukturationstheoretisch informierten Netzwerk- bzw. allgemeiner: Systemanalyse erläutere ich im Abschnitt 4.1 den Systembegriff mit seinen grundlegenden Implikationen. Der Abschnitt 4.2 stellt Netzwerke als Sozialsysteme kollektiver Akteure vor, definiert Unternehmungen, Märkte und Unternehmungsnetzwerke als drei grundlegende Typen sozialer Systeme im Bereich der Ökonomie und diskutiert Gemeinsamkeiten und Unterschiede zwischen den in der Literatur vorherrschenden und den strukturationstheoretischen Bestimmungen von Netzwerken. Der Abschnitt 4.3 widmet sich konzeptionell der Netzwerkregulation. Abschnitt 4.4 bietet als Abschluß der Diskussion von Unternehmungsnetzwerken als sozialen Systemen eine kurze Gegenüberstellung der strukturationstheoretischen Sicht sozialer Systeme mit der von Hegel und Luhmann. Ferner offeriert er strukturationstheoretische Überlegungen zum Governancekonzept und komplexitätstheoretisch angereicherte Argumente zu Ordnung und Wandel und zur Koevolution besonders von Netzwerkunternehmungen und organisationalen Feldern. Vorweg umreiße ich einige allgemeine Besonderheiten der strukturationstheoretischen Sicht auf die Konstitution von Unternehmungsnetzwerken.

Die strukturationstheoretische Perspektive auf Unternehmungsnetzwerke als eine über soziale Praktiken vermittelte Konstitution in Zeit und Raum überwindet ein verdinglichtes Verständnis (der Produktion und Reproduktion) von Unternehmungsnetzwerken (allgemein: von Sozialsystemen). Sie *bricht radikal mit den Sichtweisen der etablierten Netzwerkforschung*. So verwirft sie, indem sie die Aktivitäten einzelner Akteure als systemisch reguliert und kontextuell konstituiert versteht, die in der managementnahen Netzwerkforschung unterstellte Position, Unternehmungsnetzwerke seien auf der Grundlage von (isolierten) Entscheidungen des Top-Managements isoliert agierender Unternehmungen in weitgehend extern gegebenen Handlungskontexten zu erfassen. Sie kritisiert daran, daß in dieser Betrachtung weder die systemische Basis, der Systemzusammenhang, in dem die Entscheidungen getroffen werden, noch die relationalen Beziehungen und die darüber konstituierten Beziehungsgeflechte zwischen verschiedenen Unternehmungen und deren Mitgliedern, noch die rekursive Einbindung in relevante Handlungskontexte eine Rolle spielen. Dabei sind gerade letztere es, über die kompetente Akteure situativ unter Rekurs auf vergegenwärtigte, im Systemkontext passende Sicht-, Legitimations- und Handlungsweisen interagieren und Unternehmungsnetzwerke kompetent konstituieren. Gegenüber funktionalistischen, strukturalistischen und einer Vielzahl marxistischer Positionen – wie sie in den im Abschnitt II vorgestellten Ansätzen der soziologischen Netzwerkforschung vertreten werden – sei vor allem betont: Soziale Systeme und die allgemeinen Bedingungen der System(re-)produktion, die Ordnungen sozialer Beziehungen und Interaktionen setzen sich nicht extern induziert durch, lösen sich nicht vom Handeln der Akteure ab. Die Akteure nutzen vielmehr in ihren Aktivitäten jene Systeme und Ordnungen, bemühen sich um die Kontrolle dieser relevanten Ungewißheitszonen (Crozier/Friedberg (1979 [1977]), sind bestrebt, sie in einer ihren Interessen dienlichen Form zu gestalten – auch wenn sie die Prozesse nie vollständig kontrollieren, sich vieles ihrem aktiven Zugriff entzieht. Die im Konzept der systemischen Rationalisierung hervorgehobenen technisch-ökonomischen Momente oder die in der strukturellen Netzwerkanalyse in den Vordergrund gerückten Strukturmerkmale sind konzeptionell genauer auf ihre interessierte Einbindung in Systemzusammenhänge zu analysieren und an den Prozeß der Konstitution sowie an das aktive rekursive Handeln der Netzwerkakteure rückzubinden, durch die sie in ihrer jeweiligen Bedeutung ‚hervorgebracht' werden. Sozialsysteme sind daher durch Sets ‚geordneter, verwickelter Ordnungen' (Dupuy, 1990) charakterisiert, die Akteure in und durch ihr Handeln unter Rekurs auf systemisch und institutionell miteinander verbundenen Serien von Aktivitäten hervorbringen, statt, wie insbesondere funktionalistische Theorieansätze annehmen, durch Anforderungen an systemische Interdependenz und Kohäsion.[103] Die im Systemzusammenhang miteinander verflochtenen Praktiken

---

103 Die *Interdependenz*annahme auf Unternehmungsnetzwerke übertragen würde besagen: alle Geschäftsinteraktionen und -beziehungen in Unternehmungsnetzwerken (allgemein: alle Elemente in Sozialsystemen) sind aufgrund des Systemzusammenhangs wechselseitig interdependent. Nicht nur strukturationstheoretisch verwirft man diese Annahme. Die Fälle, daß alle Systemelemente in Sozialsystemen in wechselseitigem Austausch miteinander oder nur mit einem anderen stehen und für ihre Reproduktion hochgradig oder nur geringfügig vom System abhängig sind, bilden die Extrempunkte (s.a. Gouldner, 1973 [1959], 206). Auch die strukturelle Netzwerkanalyse lehrt uns, daß sich in Systemen gegebenenfalls verschiedene miteinander verknüpfte, gleichwohl weitgehend voneinander unabhängige Sets von Beziehungen identifizieren lassen. Industriecluster in nationalen Ökonomien, Cluster engerer und loserer Beziehungen (Orton/Weick, 1990) innerhalb eines Netzwerks (z.B. Sydow et al., 1995, 299 ff. für Beispiele) oder Burts (1992a) ‚strukturelle Löcher' (Teil II.2) sind Beispiele. Strukturationstheoretisch gesehen wandelt sich nicht jede Geschäftsinteraktion und -beziehung notwendig, wenn andere sich wandeln, bleibt gleich, wenn andere es tun usw.. Unternehmungsnetzwerke (allgemein: Sozialsysteme) streben nicht naturgegeben nach vollständiger Interdependenz, sehen vielmehr oftmals gerade (partiell) strategisch davon ab. Interdependenzen sind zudem nicht schlicht systemisch *gegeben*. Erst dadurch, daß Akteure sie kompetent in ihr Handeln aufnehmen, gewinnen sie Bedeutung und erlangen sie Bestand. Das schließt ein: Akteure können im Prozeß der Produktion und Reproduktion der Geschäftsinteraktionen und -beziehungen und ihrer Koordination, Interdepen-
(Fortsetzung der Fußnote auf der nächsten Seite)

werden unter Rekurs auf die systemische Koordinationsform geformt, aufrechterhalten, umgeformt oder beendet.

Abgelehnt wird ferner jede *Uniformitäts- und Zwangsläufigkeitsvorstellung* hinsichtlich der Konstitution von Unternehmungsnetzwerken und der Ausgestaltung der Netzwerkregulation. Ökonomische Zielvorgaben in Form von Marktentwicklungen, technischer Sachzwänge, Netzwerktypen (hierarchisch oder heterarchisch) oder andere Strukturmerkmale – wie Ressourcenspezifitäten in der Transaktionskostentheorie – induzieren zunächst gar nichts. Explizit zu beachten sind vielmehr die (strategischen) Interessen der Netzwerkunternehmungen und deren Praktiken. Diese sind nicht, wie auch Vertreter des Konzepts systemischer Rationalisierung (II.1) faktisch unterstellen, zu vernachlässigen. Die Absichten (zur Vernetzung und zur Auslegung der Netzwerkregulation) sind für das Geschehen in Unternehmungsnetzwerken (allgemein: in Sozialsystemen) *elementar* und in Zeit und Raum zudem *immer kontingent und variabel* – ohne angesichts der Fähigkeiten und Interessen der Akteure und angesichts der sozial eingebetteten Konstitution von Unternehmungsnetzwerken beliebig gestaltbar zu sein.

Unternehmungsnetzwerke (allgemein: soziale Systeme) sind strukturationstheoretisch zudem nicht immer klar umrissene Einheiten und Ganzheiten. Sie konstituieren sich im Geflecht anderer Sozialsysteme und gesellschaftsweiter Institutionen, deren wechselseitige Relationen ‚boundary spanners' zu uneinheitli-

---

denzen zu einem gewissen Grad auch eigenständig erneuern, sie verändern – gegebenenfalls durchaus grundlegend. Sind Interdependenzen von Netzwerkkoordinatoren oder anderen Akteuren beabsichtigt, müssen sie dafür vorsorgen. Interdependenzen sind daher zwar nicht ausgeschlossen, werden aber nicht als gegeben gesetzt, sondern als (strategisch) produziert betrachtet. Unternehmungsnetzwerke und die Geschäftsinteraktionen und -beziehungen zwischen Netzwerkunternehmungen (allgemein: Sozialsysteme und Systemelemente) können so, wie ja bereits Gouldner (1973 [1959], 205 ff.) in seiner Kritik funktionalistischer Theorien hervorhob, im Grad und Ausmaß sowie in der Reichweite und dem Charakter ihrer Interdependenzen variieren und sich gegenseitig unterscheiden. Einige Unternehmungsnetzwerke weisen höhere Autonomie und Eigenständigkeit auf als andere. Das kann durchaus quer zu hierarchischen und heterarchischen Formen der Koordination variieren. Geschäftspraktiken in hierarchisch koordinierten Unternehmungsnetzwerken können durchaus auch in relevanten Bereichen etwa mehr Autonomie und Eigenständigkeit aufweisen als in heterarchischen, wenn diese ihre Aktivitäten durchgängig enger aneinander binden. Die Möglichkeiten und Grenzen der Ausgestaltung von Interdependenz zwischen Unternehmen variieren zudem mit der Form der Koordination; sie sind etwa auf Märkten andere als in Unternehmungen oder in Unternehmungsnetzwerken.

Abgelehnt wird ferner die weit verbreitete Annahme der *Kohäsion*, die Vorstellung, soziale Systeme befänden sich (zumindest im Modell) im Gleichgewicht oder strebten (bei Strafe ihres Untergangs) notwendig darauf zu. Geschäftsinteraktionen und -beziehungen (allgemein: Systemelemente) und Geschäftspraktiken in Unternehmungsnetzwerken (allgemein: in sozialen Systemen) besitzen nicht notwendig die gleiche Wellenlänge und Schwingungsart; sie befinden sich daher nicht immer im Einklang mit anderen, verstärken sich nicht durchgängig wechselseitig, löschen sich in ihrer Wirkung, wie Amplituden sich überlagernder Wellen, möglicherweise aus, stehen durchaus potentiell konträr zueinander oder einander mehr oder weniger neutral gegenüber, ohne Unternehmungsnetzwerke (allgemein: Sozialsysteme) damit notwendig in ihrem Bestand zu gefährden. Unternehmungsnetzwerke oder andere Sozialsysteme können zwar durchaus Gleichgewichte ausbilden, das ist aber für sie nicht konstitutiv. Beides, Interdependenzen und Gleichgewichte zwischen den Geschäftsaktivitäten, wird gerade in stärker reflexiv regulierten Sozialsystemen wie Unternehmungsnetzwerken vielmehr als bewußt (und strategisch) gestaltbar angesehen – mit jedoch notwendig immer begrenzten Möglichkeiten interessierter Gestaltung.

chen Beziehungsbündeln (mit ihren Geschäftspartnern) verknüpfen (s.a. III-3.6.2). Der *Grad der Systemhaftigkeit* wird – und dieser Akzent unterscheidet das strukturationstheoretische Systemverständnis von dem systemtheoretischen – folgerichtig als *variabel* angesehen:

> „It is important here to re-emphasize that the term ‚social system' should not be understood to designate only clusters of social relations whose boundaries are clearly set off from others. *The degree of ‚systemness' is very variable.* ‚Social system' has tended to be a favoured term of functionalists, who have rarely abandoned organic analogies altogether, and of ‚system theorists', who have had in mind either physical systems, or once more, some kind of biological formation. I take it to be one of the main features of structuration theory that the *extension and ‚closure'* of societies across space and time *is regarded as problematic*" (Giddens, 1984, 165; a. ibid.; 283; Hervorh. A.W.).

Statt Reduktion auf Harmonie und Konsens, Interdependenz und Kohäsion richtet sich der Fokus auch auf die Produktion von Spannungen, Widersprüchen im System und in den Einbettungen in relevante Handlungskontexte, auf unterschiedliche Interessen, Inkonsistenzen, parallele Strukturierungen, Inseln weitgehender Autonomie, parallele und sich in Zeit und Raum wandelnde Regulationen und auf weder ökonomisch noch technisch noch sonstwie determinierte Entwicklungspfade sowie auf Machtauseinandersetzungen um deren Ausgestaltung – auf der Ebene einzelner Sozialsysteme wie in ihrem Verhältnis zueinander. System(re-)produktion beinhaltet Systemwandel und -stabilität in Zeit und Raum, schließt vor allem auch inkrementalen Wandel als Medium und Resultat alltäglicher (Re-)Produktion ein. Zwangsläufigkeitsbehauptungen jeglicher Couleur (von ‚one best ways' bis hin zu ‚best practices') setzt sie Kontingenz und Prozesse machtvoller Schließung in herrschaftlich konturierten Handlungskontexten mit unterschiedlichen Graden an Systemhaftigkeit entgegen.

Teilt man diese Einsichten, dann hat das weitreichende theoriekonstruktive Folgen. Sozialsysteme sind konzeptionell präziser aufzunehmen, was in anderen Theorieansätzen – zum Beispiel denen, die der etablierten Netzwerkforschung unterliegen, allerdings mit der Folge einer geringen Erklärungsfähigkeit oder dem Verlust derselben – (nur) vermeintlich erspart bleibt. Hält man die weitgehende Struktur- und Systemblindheit der managementnahen Netzwerkforschung und die Akteurs- und Konstitutionsblindheit der strukturellen Netzwerkforschungsansätze für Netzwerk-, allgemein: für Sozialanalysen für wenig ertragreich, muß man zunächst einmal die Elemente sozialer Systeme (4.1.1), die systemische Koordination der Systemelemente (4.1.2), die Konstitution von Systemreflexivität und das Verhältnis von Akteur und System (4.1.3) genauer bestimmen.

4.1 Sozialsysteme: Rekursiv koordinierte soziale Beziehungen und Interaktionen in Zeit und Raum

Die von Giddens in seinen Schriften fast en passant eingeführte Definition *sozialer Systeme* entpuppt sich bei näherer Ansicht als eine ganz besondere:

> „Social systems are composed of social relations and social interactions, coordinated across time and space" (Giddens, 1990b, 302; s.a. 1984, 25, 89).

Mit sozialen Interaktionen und Beziehungen als Elementen sozialer Systeme wählt Giddens einen anderen Ausgangspunkt als die strukturelle Netzwerkanalyse (Teil II-2).[104] Letztere, wir erinnern uns, versteht Beziehungsgeflechte zwischen Elementen unterschiedlichster Art als Systeme, klassifiziert sie bei Vorliegen ergänzender Kriterien als soziale. In der strukturationstheoretischen Definition sind die Elemente sozialer Systeme dagegen radikal begrenzt und klar bestimmt.[105] Unternehmungsnetzwerke setzen sich vorrangig aus Geschäftsinteraktionen und -beziehungen zusammen, die unter Rekurs auf die Strukturmerkmale der Sozialsysteme koordiniert werden und aufgrund dieser systembezogenen *Koordination* und *Koordiniertheit in Zeit und Raum* Systemelemente sind. Netzwerkakteure vergegenwärtigen sich in ihren Geschäftsinteraktionen und -beziehungen entsprechend deren Eingebettetheit in das Netzwerk, nutzen das zur Koordination ihrer Geschäfte und ‚machen' ihre Geschäftsinteraktionen und -beziehungen dadurch zu Elementen von Unternehmungsnetzwerken. Allgemein gilt also: Systemelemente werden durch den rekursiven Einbezug in den Systemzusammenhang – durch den dieser reproduziert oder verändert wird – zu Systemelementen. Systemelemente werden auf diese Weise Sozialsystemen zugerechnet, wodurch die Systemelemente wie die Sozialsysteme selbst eine gewisse Ausdehnung in Zeit und Raum erlangen.

Der strukturationstheoretische Systembegriff unterscheidet sich ferner von dem der strukturellen Netzwerkanalyse dadurch, daß die Elemente tat-sächlich in Zeit und Raum miteinander systemisch koordiniert sein müssen, potentielle Beziehungen und gleichartige Strukturmerkmale nicht ausreichen (s. aber die Bestimmung von Pappi zu Beginn des Teils I und den Teil II.2). Sozialsysteme unterscheiden sich zumindest auch strukturationstheoretisch von Aggregationen von Menschen, die zur selben Zeit am gleichen Ort sind, aber keine Beziehungen miteinander teilen (Teilnehmer von Veranstaltungen), in ‚unfokussierten Interaktionen' (Goffman) miteinander stehen, also nicht direkt daran teilnehmen, was andere tun und sagen. Mehr noch unterscheiden sie sich von statistischen Gruppierungen, bei denen Menschen auf der Grundlage bestimmter Merkmale (Einkommen, Bildung etc.) als sozialen Gruppen zugehörig klassifiziert werden (Gid-

---

104 Die Definitionen sozialer Systeme haben in Giddens' Schriften kleinere Variationen erfahren, die ich hier nicht diskutiere. Der Begriff des sozialen Systems unterscheidet sich durchgängig von denen funktionalistischer und strukturalistischer Autoren, die die Begriffe System und Struktur nicht selten synonym verwenden. Insbesondere funktionalistische Theorieansätze verstehen – im Gegensatz zur Strukturationstheorie – unter sozialen Strukturen die in sozialen Systemen geordneten, sichtbaren Muster sozialer Beziehungen oder sozialer Phänomene (Giddens, 1984, 16; 1982a, 33; s.a. Teil II.2). Auch in der Organisationstheorie ist diese Auffassung weit verbreitet – zum Beispiel in der kontingenztheoretischen Forschung (für einen kritischen Überblick z.B. Starbuck, 1982; Staehle, 1999, 547 ff.). Giddens thematisiert die Muster der Beziehungen als strukturelle Merkmale sozialer Systeme (dazu genauer III-6).

105 Die Bestimmung der Elemente differiert dabei grundlegend zwischen der strukturellen und der strukturationstheoretischen Netzwerkanalyse. Die strukturelle Netzwerkanalyse geht von deren Existenz aus oder betrachtet sie als vom Forscher über objektive Definitionsmerkmale definiert. In strukturationstheoretischer Sicht unterliegt die Definition dagegen einer doppelten Hermeneutik (genauer: die einleitenden Überlegungen zu diesem Kapitel).

dens, 1989a, 275). Unternehmungsnetzwerke unterscheiden sich so auch grundlegend von lediglich über gleichartige Marktpositionen klassifizierten ‚business groups'.

4.1.1 Soziale Beziehungen und soziale Interaktionen als Elemente sozialer Systeme

Geschäftsbeziehungen und -interaktionen und *nicht* die Netzwerkakteure selbst, die Netzwerkunternehmungen und deren Mitarbeiter, sind Elemente von Unternehmungsnetzwerken, wenn sie von Akteuren in Zeit und Raum unter Rekurs auf die Koordiniertheit von Zeit und Raum im Unternehmungsnetzwerk koordiniert werden. Allgemein sind es in Sozialsystemen die sozialen Beziehungen und soziale Interaktionen – nicht die Akteure selbst. Soziale Systeme sind also in Zeit und Raum konstituierte *Interaktions- und Beziehungssysteme*. Wobei gilt:

„A *social relation* is any tie that establishes some kind of bond between individuals or groups (such as a kinship relation), while *social interaction* refers to direct interchanges between them, whether face-to-face or mediated by other forms of communication" (Giddens, 1990b, 302; Hervorh. A.W.).[106]

Der Begriff der sozialen Beziehung (auf dessen Grundlage ich im Abschnitt 4.2.3 den Netzwerkbegriff definiere) weist einige Ähnlichkeiten mit dem von Weber (1976 [1921], 13) auf:

„Soziale ‚Beziehung' soll ein seinem Sinngehalt nach aufeinander gegenseitig e i n g e s t e l l t e s und dadurch orientiertes Sichverhalten mehrerer heißen. Die soziale Beziehung b e s t e h t also durchaus und ganz ausschließlich: in der C h a n c e , daß in einer (sinnhaft) angebbaren Art sozial gehandelt wird, einerlei zunächst: worauf diese Chance beruht."

Netzwerkakteure stellen sich in ihren Geschäftsaktivitäten aufeinander ein. In der Folge orientieren sie sich vermittelt über Geschäftsbeziehungen (und -interaktionen) aneinander, koordinieren ihr Handeln mit anderen Akteuren unter rekursivem Bezug auf die durch soziale Beziehungen gestifteten Zusammenhänge – im Geflecht der durch die Différance gestifteten Bündel von Beziehungen. Soziale Beziehungen besitzen also eine gewisse Ausdehnung in Zeit und Raum und gewinnen sie über deren Auszeichnung im Geflecht anderer Beziehungen. Strukturationstheoretisch geht es dann aber nicht nur um Chancen, daß Akteure sich mit ihren subjektiv gemeinten Sinn im Handeln aufeinander einstellen, Akteure müssen das im Handeln (faktisch) bewerkstelligen, soll eine soziale Beziehung zwischen ihnen existieren. Soziale Beziehungen liegen nur dann vor, wenn Akteure Aktivitäten und Ereignisse *über einzelne Interaktionen hinaus* rekursiv (wechselseitig) in Zeit und Raum aneinander binden und darüber miteinander

---

[106] *Die Elemente sind* in den Prozessen der Konstitution sozialer Systeme *rekursiv* miteinander *vermittelt*. Akteure bringen soziale Beziehungen rekursiv durch ihre Aktualisierungen in Interaktionen hervor, verleihen diesen im Prozeß ihrer Vergegenwärtigung in Interaktionen – und nur dort – soziale Bedeutung und geben diesen ihre Ausdehnung in Zeit und Raum. Sie (re-)produzieren ihre Interaktionen aber wiederum im rekursiven Bezug auf soziale Beziehungen.

verbinden. Individuelle Akteure, Positionsträger (etwa Käufer und Verkäufer von Waren) und Sozialsysteme (z.b. Systemzulieferer und Endproduzenten) können dabei soziale Beziehungen miteinander ausbilden. Unternehmungen besitzen entsprechend dann und nur dann Geschäftsbeziehungen miteinander, wenn sie sich bei der Planung, Abwicklung, Durchführung usw. von Geschäften nicht nur in einem isolierten direkten Austausch aufeinander einstellen, sich (wechselseitig) in distinkten situativen Geschäftsaktivitäten aneinander orientieren, sondern die Bindung über einzelne Interaktionen hinausweist und Interaktionen ihrerseits die Bindung reflektieren – das heißt insbesondere Folgeinteraktionen anbahnen.

Nicht jeder Austausch, nicht jeder situative Einbezug einer Verbindung und insbesondere nicht unfokussierte Zusammentreffen schaffen sogleich soziale Beziehungen – nur solche, die im Erfahrungsraum und Erwartungshorizont der Akteure einen nachhaltigen Eindruck in sozialen Praktiken hinterlassen bzw. gewinnen. Aber jeder Geschäftskontakt kann Ausgangspunkt für eine Geschäftsbeziehung sein oder existierende (zwischen individuellen Akteuren, Positionsträgern und/oder Sozialsystemen) weiter festigen. Soll eine Sozialbeziehung in Zeit und Raum Bestand haben, muß sie im situativen Handeln jedoch aktiviert werden, sonst verfällt sie. Geschäftsbeziehungen – wie alle anderen Beziehungen auch – bedürfen so der Reproduktion, oder sie vergehen. Die Permanenz ihrer Aktivierung, der Grad ihrer Gestreutheit über unterschiedliche Kontexte hinweg und der praktische Einbezug weiter oder geringer in Zeit und Raum sich erstreckender Zusammenhänge verleihen ihnen ihre Ausdehnung in Zeit und Raum. Geschäftsbeziehungen – wie generell soziale Beziehungen – besitzen daher notwendig immer eine Einbettung in Zeit und Raum und damit eine Geschichte und/oder eine (erwartete) Zukunft – mit allerdings in ihrer Bedeutung und in Zeit und Raum variierenden Horizonten und Wirkungen auf das Geschehen. Die Ausdehnung sozialer Beziehungen in Zeit und Raum kann unterschiedlich sein – solchen, die über Generationen von Akteuren und über verschieden ausgedehnte Handlungsräume Bestand haben, stehen solche mit geringerer Reichweite gegenüber.

Die Bindungen können zudem – wie uns ein Blick in die soziologische und betriebswirtschaftliche Netzwerkforschung, insbesondere auch in die strukturelle Netzwerkanalyse lehrt (Teile I u. II) – verschiedener Natur sein: sie können intendiert oder auch unintendiert geformt, aufrechterhalten, umgeformt oder beendet werden; sie können sich auf der Basis geschäftlicher, personaler oder verbandlicher, technik-, macht-, vertrauens- oder geldvermittelter Praktiken konstituieren; Unternehmungen können miteinander marktliche oder netzwerkförmige Geschäftsbeziehungen unterhalten. Was Markt- von Netzwerkbeziehungen unterscheidet (jenseits dessen, daß sie beides Geschäftsbeziehungen zwischen Unternehmungen sind), gilt es also zu bestimmen. (Siehe hierzu unten die Abschnitte 4.2.2 und 4.2.3.) Die Bindungen zwischen Unternehmungen können ferner bedeutsam oder peripher, stark oder schwach, direkt oder indirekt, kurz- oder langfristig, transitorisch oder permanent, lokal oder global, uni- oder multiplex, homogen oder heterogen, symmetrisch oder asymmetrisch, sachlich und zeitlich begrenzt oder umfassend (bzw. offen), formell oder informell ausgelegt sein. Sie können Netzwerkunternehmungen eng oder lose, punktuell oder umfassend, kritisch oder subkritisch, positiv oder negativ miteinander koppeln. Selbst wenn die Beziehung in Zeit und Raum relativ stabil ist, kann sich ihr Charakter ändern: Marktliche Beziehungen zwischen Unternehmungen können sich zu netzwerkförmigen verändern und umgekehrt. Die Beziehungen zwischen Unternehmungen in Unternehmungsnetzwerken sind in der Regel multiplex, zumindest immer auch durch Geschäftsbeziehungen gekennzeichnet, die zumeist im Mittelpunkt stehen.

Wenn Netzwerkakteure Geschäftsbeziehungen aktivieren, vergegenwärtigen sie sich immer auch das Beziehungsgeflecht zwischen Netzwerkunternehmungen im Netzwerk. Beziehungen und Beziehungszusammenhänge zwischen individuellen Akteuren und sozialen Systemen können sich selbst dann ausbilden, etablieren und in Zeit und Raum Bestand haben, wenn ein Großteil der beteiligten Akteure einander nicht kennen und nicht in Kopräsenz miteinander interagieren – wie das etwa für die Mehrzahl der Mitglieder größerer Unternehmungen oder Unternehmungsnetzwerke oder für moderne Gesellschaften oder intergesellschaftliche Sozialsysteme wie die Europäische Union zutrifft. Wie die Beispiele andeuten, besitzen die Beziehungen gegebenenfalls unterschiedliche Qualitäten. Das Beziehungsgeflecht von Netzwerken (wie allgemein: das komplexer sozialer Systeme) kann entsprechend homogen und kohärent sein oder heterogen und eher einem Patchwork von Beziehungen verschiedener Qualität gleichen. Die Bindungen im sozialen System und an das System, die Eingebettetheit in den Systemzusammenhang, können variieren und von unterschiedlichster Natur sein. Die Sets von Beziehungen setzen sich systembezogen *und* systemübergreifend zu Mustern unterschiedlich aktivierter, fallengelassener, in Vergessenheit geratener, in Zyklen rhythmisch reaktivierter Beziehungen in Zeit und Raum zusammen. Sie werden von Akteuren in ihrem Tun rekursiv geformt, aufrechterhalten, umgeformt oder beendet und dienen ihnen als rekursive Bezugspunkte ihres Tuns.

4.1.2 Koordination sozialer Systeme: dominante Modi

Koordination in sozialen Systemen bezeichnet die Abstimmung von Handlungen und Ereignissen in Zeit und Raum. Das geschieht unter Rekurs auf den Systemkontext. Dabei schließen Akteure an bisher praktizierte Koordinationsweisen an und entwerfen aber auch neue. Koordination ist so immer Koordination *in* und *von* Zeit und Raum (s.a. Giddens, 1987a, 153).

Systemkoordination ist Medium und Resultat der Praktiken, mit denen Systemakteure ihre Interaktionen im Systemkontext aufeinander beziehen. (Geschäfts-)Handlungen *in* Unternehmungsnetzwerken können auf *mehr als eine Art koordiniert* werden. Modi der Systemkoordination können in der Zeit sich ändern und erstrecken sich nicht notwendig auf das ganze System. Die Koordination sozialer Systeme ist auch in diesem Sinne kontingent. Die Modi stehen untereinander nicht notwendig in einem harmonischen Verhältnis, aber auch nicht notwendig im Konflikt. Momente marktlicher oder netzwerktypischer Koordination finden sich beispielsweise in der Regel parallel in Unternehmungsnetzwerken, ohne daß diese damit gleich Hybride zwischen Markt und Hierarchie wären, wie Williamson und viele mit ihm annehmen. Interaktionen und Beziehungen werden in Unternehmungsnetzwerken (allgemein: in komplexen sozialen Systemen) nicht nur unter Rekurs auf eine Form der Koordination hervorgebracht. Sie werden unter gleichzeitigem Rekurs auf verschiedenste, oftmals miteinander amalgamierte Formen koordiniert.

Kompetente Akteure wissen um verschiedene Möglichkeiten der Koordination im Systemzusammenhang. Zu ihnen zählen im ökonomischen Handeln auch personale, familiale, freundschaftliche, ethnische, lokale und durch Mitgliedschaft in Gruppen sowie politischen und religiösen Verbindungen geprägte Koordinationsformen, deren Vermischung im ökonomischen Handeln oft auch abwertend als traditional bezeichnet wird (Perrow, 1986, Kap. 1 für ein Beispiel; 4.1.1 für eine Auflistung sozialer Bindungen und die Ausführungen zu regionalen Produktionssystemen im Teil I als Illustration). Die genannten Koordinationsformen sind aber genereller in ökonomischen (wie auch in anderen) Kontexten, nicht nur in vormodernen, anzutreffen. Weber (1976 [1921], 44) ist zuzustimmen: Ihre Bedeutung nimmt angesichts des Zuwachs institutionell abgesicherter zweckrationaler Orientierungen in der Moderne strukturell ab. Sie verschwinden damit aber nicht. Was sich ändert, ist vor allem ihr Status als unhinterfragte Orientierung (Giddens, 1990a) und die vormals etablierte, legitime Hierarchisierung. Sie sind jedoch heute, wenn auch in modifizierter Form, immer noch, so ist angesichts der Diagnose Webers einer kontinuierlich zunehmenden Zweckrationalisierung zu formulieren, auch in der Wirtschaft nicht vollständig ohne Bedeutung – und werden es wohl auch nie sein. Selbst die Vorstellung einer linearen Bedeutungsabnahme ist fraglich: Zum Teil besitzen und/oder erlangen sie nämlich erneut höhere Aufmerksamkeit, wie sich in den Diskursen um industrielle Distrikte oder ethnische Netzwerke zeigt (Teil I). Zumindest in regionalen Produktionssystemen, in denen es gilt, Aktivitäten zwischen Akteuren vornehmlich aus Ökonomie und Politik (bzw. allgemein: Akteuren aus unterschiedlichen Gesellschaftsbereichen) mit ihren divergierenden Logiken zu koordinieren, erlauben auch sie offensichtlich, relevante Koordinationslücken substantiell zu füllen und Unsicherheiten zu überbrücken.

Das Repertoire an Modi der Systemkoordination in der Ökonomie ist in strukturationstheoretischer Sicht selbst in modernen kapitalistischen Kontexten also nicht a priori auf Unternehmungen und Märkte (und Hybridformen dieser Grundformen) begrenzt, wie zum Beispiel Williamson (1975; 1990 [1985]) annimmt. Deren Ausprägung und Reproduktion muß vielmehr als Medium und Resultat der Prozesse ihrer Konstitution als in Zeit und Raum kontingent betrachtet werden. Das schließt die Möglichkeit ein, daß einzelne Modi, wie etwa die Form tayloristisch-fordistischer Organisation der Unternehmung, die dann jedoch einer veränderten begrifflichen Fassung bedürfen, für eine gewisse Zeit in bestimmten Handlungsregionen (wie etwa in westlichen Industriestaaten) dominante Formen ausmachen (s.a. Fligstein, 1990, 2).

Die Arten und Weisen der Koordination stehen zudem nicht einfach nebeneinander. Oftmals lassen sich *dominante Koordinationsmodi* in sozialen Systemen ausmachen. In diesem Sinne unterscheide ich drei *Koordinationsformen* im Bereich kapitalistischer Ökonomie, die von Unternehmungen, Märkten und Unternehmungsnetzwerken, und definiere die genannten Typen sozialer Systeme auf der Grundlage der Bestimmungen ihrer Koordinationsform (4.2). Weitere Formen ökonomischer Koordination sind möglich, sollen hier aber nicht gesondert betrachtet werden (etwa strategische Allianzen, Joint Ventures).

Die Vorstellung dominanter Koordinationsmodi ist dem vorherrschenden Verständnis in der ökonomischen Literatur entgegengesetzt. Erweckt diese trotz idealtypischer Konstruktionen den Eindruck, Markt und Unternehmung seien als Realtypen zueinander disjunkt und entwickelten auf einem Kontinuum hybride Formen (z.B. Williamson), so ergibt sich – als Resultat einer Dekonstruktion der Opposition von Markt und Hierarchie – aus strukturationstheoretischer Sicht ein relationales Verständnis. Wer sich dazu durchringt, ist offen für die Existenz paralleler und für die Supplementierung ‚übergeordneter' durch ‚untergeordnete' Modi sowie für den Wandel ihrer Relationen in Zeit und Raum. Das sensibilisiert dafür, daß zum Beispiel durchaus auch Elemente marktlicher Koordination in Unternehmungen anzutreffen sind.[107]

Die Dominanz eines Modus ist nicht einfach gegeben, aber auch nicht ausgeschlossen. Akteure müssen sie, soll sie in Zeit und Raum Bestand haben, im Anblick paralleler, situativ funktional äquivalenter und einander supplementieren-

---

[107] Der Begriff der *Supplementierung* verweist auf die *Dekonstruktion* einer hierarchischen Opposition (Derrida, z.B. 1986 [1972]; 1979 [1967], 145 ff.). Er meint nicht Destruktion, nicht Zerstörung, Reduktion, nicht etwas Zu-Grund-Richten und auch nicht Konstruktion, Neu-Aufbau, Erschaffen. Bei Gegensätzen haben wir es mit Derrida (1986 [1972], 88): „nicht mit der friedlichen Koexistenz eines *Vis-a-vis*, sondern mit einer gewaltsamen Hierarchie zu tun [..]. Einer der beiden Ausdrücke beherrscht (axiologisch, logisch usw.) den anderen, steht über ihm. Eine Dekonstruktion des Gegensatzes besteht zunächst darin, im gegebenen Augenblick die Hierarchie umzustürzen. [...] [Die Arbeit der Dekonstruktion bleibt jedoch unabgeschlossen,] denn die Hierarchie des dualen Gegensatzes stellt sich immer wieder her." Supplementierung heißt dabei nicht nur Ergänzung, sondern bezeichnet deren heimliche Drift zur Ersetzung (Derrida, 1983 [1967], 250): „Das Supplement fügt sich hinzu, es ist ein Surplus; Fülle, die eine andere Fülle bereichert, die Überfülle der Präsenz. Es kumuliert und akkumuliert die Präsenz. [...] Aber das Supplement supplementiert. Es gesellt sich nur bei, um zu ersetzen. Es kommt hinzu oder setzt sich unmerklich an-(die)-Stelle-von; wenn es auffüllt, dann so, wie wenn man eine Leere füllt. [...] Hinzufügend und stellvertretend ist das Supplement ein Adjunkt, eine untergeordnete, stellvertretende Instanz. Insofern es Substitut ist, fügt es sich nicht einfach der Positivität einer Präsenz an, [...], denn sein Ort in der Struktur ist durch eine Leerstelle gekennzeichnet." Supplementierung bewirkt daher nicht schlicht eine Zerstörung, eine Verkehrung von Hierarchie, sondern eine ‚tangled hierarchy' (Dupuy, 1990, 117), eine mit dem Bild des Möbiusbandes zu fassende ‚verwickelte Hierarchie', in der sich die Hierarchie von ‚oben und unten' in den Prozessen alltäglichen Handelns der Möglichkeit nach permanent verschiebt.

der Praktiken der Koordination von Moment zu Moment immer wieder herstellen. Sie müssen sie sich im Tun immer wieder neu vergegenwärtigen und zum Ausdruck bringen. Sensibilisiert wird so für unterschiedliche, in Zeit und Raum variable Grade und Ausprägungen von Dominanzen und damit für Gemeinsamkeiten und Unterschiede, Überlappungen, Widersprüche, Inkonsistenzen und für Arten und Weisen der Supplementierung von Sets von Formen der Koordination in sozialen Systemen. Aufmerksamkeit erlangen so vor allem auch die Prozesse, durch die sie immer neu reproduziert werden, so sie von Dauer sind, und die Regulationen, die sie ‚tragen'. Dieser Gedanke besitzt nicht nur für Unternehmungen und Unternehmungsnetzwerke Gültigkeit. Er gilt auch für deren relevanten Kontexte, für Ausprägungen der Koordinationsmodi innerhalb eines Landes und einer Branche und über unterschiedliche Länder und Branchen hinweg – für soziale Ordnungen generell. Unternehmungsnetzwerke sind in Geflechte sozialer Institutionen und in kapitalistische Kontexte mit verschiedenen Gesichtern eingebettet (z.B. Hollingsworth/Boyer, 1997a; Teubner, 1999), mit unterschiedlichen Bündel von (auch nicht-ökonomischen) Koordinationsmechanismen, welche Netzwerkakteure in ihrem Handeln nutzen. Gesellschaftsweite und branchenbezogene Institutionen und andere Praktiken sind so ihrerseits Voraussetzung für die Konstitution von Unternehmungsnetzwerken und für deren Erfolg oder Mißerfolg.

Damit ein Koordinationsmodus im Geflecht mit anderen Modi (mit denen es in einem Verhältnis der Différance steht) der dominante ist und bleibt, müssen Akteure diesen in ihrem Handeln in Sozialsystemen dominant setzen – was über Anreize und Sanktionen befördert werden kann (dazu gleich sofort mehr). Die Dominanz eines Modus fällt also nicht vom Himmel. Sie muß produziert werden. Die Sicherstellung und Kontrolle der Koordinationsform des Netzwerks bilden sodann eigenständige Aufgabenstellungen der Netzwerk(re-)produktion. Entsprechende reflexive Ausgestaltungen der Netzwerkzusammenhänge, die zudem die Einhaltung überwachen und die ökonomische (Re-)Produktion sichern, wollen aber erst geformt, aufrechterhalten und gegebenenfalls umgeformt (als disfunktional eingestufte notfalls auch beendet) sein. Die Koordination(sform) von Sozialsystemen wie ihre Trajektorien und pfadabhängigen Ausgestaltungen werden also via machtvoller Intervention in herrschaftlich strukturierten Handlungskontexten konstituiert – was in der ökonomischen, zuweilen auch in der soziologischen Literatur (etwa in manchen systemtheoretisch inspirierten Studien) ausgeblendet oder unterbelichtet wird.

4.1.3 Systemreflexivität: zur reflexiven und nicht-reflexiven System(re-)produktion

Netzwerkakteure konstituieren ihre Geschäftsaktivitäten unter Rekurs auf die Zusammenhänge, in welchen diese Aktivitäten im Netzwerk mit ihren Handlungskontexten gestellt sind. Sie tragen aber auch zur (Re-)Produktion dieser Zusammenhänge bei.

Reflexive Netzwerk(re-)produktion: das Schichtenmodell sozialer Systeme

Das von mir jetzt eingeführte Schichtenmodell sozialer Systeme kreist um ‚Systemreflexivität'. Es soll zu verstehen erlauben, wie und worüber Sozialsysteme das Systemgeschehen und ihre Kontexte reflexiv aufnehmen und ausgestalten.

Die Ausformulierung des Schichtenmodells der Sozialsysteme greift eine wichtige Orientierung auf, die Giddens (fast im Vorbeigehen) gibt, indem er zwischen *reflexiver* und *nicht-reflexiver System(re-)produktion* unterscheidet:

„There can be no objection to this as long as it is acknowledged that the ‚looseness' of most social systems makes the organic parallel a very remote one and that this relatively ‚mechanized' mode of system reproduction is not the only one found in human societies. Homeostatic system reproduction in human society can be regarded as *involving* the operation of causal loops, in which a range of unintended consequences of action feed back to reconstitute the initiating circumstances. But in many contexts of social life there occur processes of selective ‚*information filtering*' whereby *strategically placed actors* seek *reflexively* to *regulate* the overall conditions of system reproduction either to keep things as they are or to change them" (Giddens, 1984, 27; Hervorh. A.W.).[108]

Angelehnt an das Schichtenmodell des Handelnden (III-3) läßt sich auf der Grundlage der Unterscheidung einer reflexiven und einer nicht-reflexiven System(re-)produktion ein *Schichtenmodell sozialer Systeme* entwickeln.[109] Unternehmungsnetzwerke handeln (wie viele andere Sozialsysteme in modernen Kontexten und selbst kollektive Akteure auch) zwar nicht im strikten Sinne wie individuelle Akteure und sind nicht in einem identischen Sinne als Handelnde aufzu-

---

108 Homöostase meint (in der Kybernetik) die Bewegung in Richtung auf ein Gleichgewicht. Die Gleichgewichte kennzeichnen nicht notwendig Ruhepunkte, können sich in Raum und Zeit ändern, bezeichnen möglicherweise sogar permanente Phasenübergänge im Rahmen der Reproduktion des Systems. Reflexive und nicht-reflexive Regulationen können Homöostase erzeugen. Giddens (z.B. 1979, 78 f.) verwendet den Begriff der Homöostase nicht durchgängig einheitlich und im Sinne der Kybernetik. Als Beispiel für einen homöostatischen Loop im Sozialen gibt Giddens (1979, 79) den sogenannten ‚Armutszirkel' an: Ein Mangel an materiellen Mitteln führt zu geringer Schulausbildung. Das bewirkt eine Beschäftigung auf unterem Level und zieht materiellen Mangel nach sich. Versucht ein Kultusministerium aufgrund der Kenntnis des Armutszirkels, über Anreize Kinder mit Arbeiterklassenhintergrund dazu zu bewegen, weiterführende Schulen zu besuchen, wäre das ein reflexiver Eingriff auf der Grundlage von ‚reflexive monitoring' und ‚Rationalisierung' und Ausdruck reflexiver Systemregulation.

109 Giddens (1979, 75 ff.) unterscheidet drei Modi der System(re-)produktion: Homöostase, Selbstregulation durch Feedback und reflexive Selbstregulation. Cohen (1989, 136 ff.) differenziert, daran angelehnt, zwischen einer reflexiven und selbstreflexiven Regulationsform der Systemorganisation und meint damit, ganz wie Giddens, im ersten Fall das intentionale Einführen von Messungen und im zweiten das intentionale Installieren von Prozeduren zur Systemorganisation. Giddens' Unterscheidung ist allein wegen der ungebräuchlichen Verwendung des Begriffs der Homöostase unklar (s. vorherige Fn). Beiden Bestimmungen unterliegt die zwischen einer reflexiven und einer nicht-reflexiven Form der System(re-)produktion. Die von Giddens angeführte ergänzende Differenzierung erhellt das Angesprochene nicht weiter. Die Frage der Netzwerkregulation (allgemein: der Systemregulation) und der strategisch plazierten Akteure, die danach trachten, Sozialsysteme reflexiv zu regulieren, nehme ich unten genauer auf (4.3). Hier konzentriere ich mich auf die Praktiken reflexiver Netzwerk(re-)produktion.

fassen. (Siehe hierzu insbesondere die Ausführungen zu Sozialsystemen als kollektiven Akteuren im Abschnitt 4.2.1.) Stärker reflexiv regulierte Sozialsysteme wie Unternehmungen oder Unternehmungsnetzwerke legen aber allgemeine Bedingungen der System(re-)produktion zielstrebig aus, damit Akteure die Systemzusammenhänge wie gewünscht aufnehmen, und kontrollieren deren Einhaltung. Um das zu bewerkstelligen, werden spezielle Prozeduren und Praktiken installiert: Systemmonitoring, Systemrationalisierung und ‚Systemmotivation'.110 Über sie tragen Sozialsysteme zur reflexiven Vergegenwärtigung von Systemzusammenhängen bei, befördern sie die Präzision der Abstimmung von Systemaktivitäten und des systemisch abgesicherten Anschließens von Aktivitäten aneinander. Insgesamt erscheint es sinnvoll, den Begriff des Sozialsystems auf der Basis des in der Abbildung III-6 skizzierten Modells zu präzisieren.

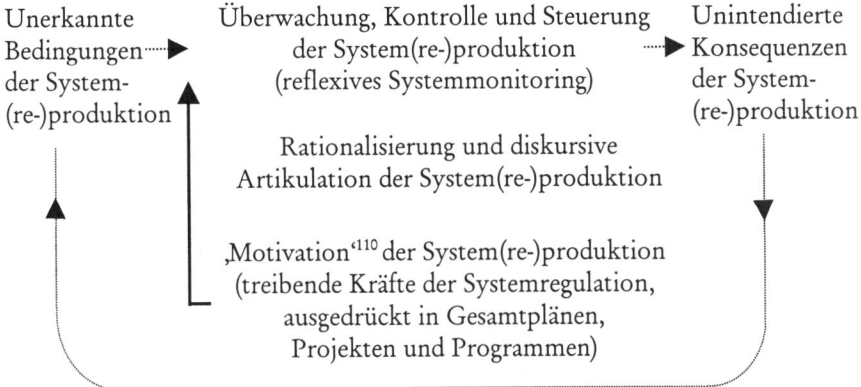

Abb. III-6:   Das Schichtenmodell sozialer Systeme

Der ‚innere Kern' des Schichtenmodells sozialer Systeme zeigt: Sozialsysteme überwachen kontinuierlich reflexiv das für sie relevante Geschehen. Ferner rationalisieren sie es gleichzeitig unter Rekurs auf situative Begebenheiten und auf die zumeist situationsübergreifend gestalteten ‚treibenden Kräfte' (wie vor allem nach Kapitalverwertung im Bereich der Ökonomie) und Pläne, Projekte und Programme, die emergenten und deliberaten Strategien, in denen sich das ‚reflexive monitoring', die Rationalisierungen und die ‚Motivationen' der System(re-)produktion ausdrücken. Sie greifen auch über diskursive Artikulationen (des Systemmonitoring, der Systemrationalisierung und ‚Systemmotivationen') in den Fortgang sozialer Systeme ein. Über diese *Praktiken der Systemreflexivität*, so will

---
110 Nur damit keine Mißverständnisse entstehen: Mit der Rede von ‚Systemmotivationen' ist *nicht* gemeint, Systeme hätten, wie Funktionalisten unterstellen, eigene Motivationen und Bedürfnisse, die Systeme verfolgen. Es sind immer Interessen, Motivationen und Bedürfnisse von Akteuren aber systemisch erzeugte und im und durch den Systemzusammenhang gesicherte: durch Pläne, Projekte und Programme.

ich sie nennen, bleiben Sozialsysteme mit dem Geschehen, den Gründen und ‚Motivationen' für System(re-)produktion in Kontakt.

Sozialsysteme nutzen ihre Systemreflexivität und die auf ihrer Grundlage gewonnenen Kenntnisse und Wissensbestände zur Auslegung allgemeiner Bedingungen von (strategisch als relevant eingestuften) Systempraktiken. (Welche Systempraktiken in Unternehmungsnetzwerken besondere Beachtung verdienen, erläutere ich im Abschnitt 4.3.)

Reflexive System(re-)produktion wird dabei selbstreflexiv, wenn Sozialsysteme ihren reflexiven Kontakt mit dem Geschehen und den Gründen und ‚Motivationen' für das Geschehen, das heißt das Systemmonitoring, die Systemrationalisierung und ‚Systemmotivationen', selbst noch einmal reflexiv ausgestalten. Gerade stärker reflexiv regulierte Sozialsysteme installieren ein reflexives Systemmonitoring, etablieren strategisch systemische Formen der Rationalisierung sowie der diskursiven Artikulation und legen Gesamtpläne, Projekte und Programme entsprechend der ‚treibenden Kräfte' fest, die man als ‚Systemmotivationen' verstehen kann. Sie nutzen das reflexiv ausgelegte Systemmonitoring, die Systemrationalisierungen und Systemmotivationen als Basis für die Hervorbringung von Systemaktivitäten, einschließlich der Schaffung von Anreizen und Sanktionen. Das ist Teil kompetenten Systemmanagements.

Giddens (1987a, 153) deutet für Organisationen Ähnliches an:

„What, then, is an organization? It is a social system which is able to ‚bracket time-space', and which does so via the reflexive monitoring of system reproduction and the articulation of discursive ‚history'."

Reflexives *Netzwerkmonitoring* (bzw. allgemein Systemmonitoring) ist dabei als eine *systemische* Form des Monitoring der System(re-)produktion aufzufassen, die insbesondere in Netzwerken (allgemein: reflexiven Sozialsystemen) mit starker reflexiver Regulation deutlich ausgeprägt ist. In komplexen Sozialsystemen, wie es Unternehmungsnetzwerke sind, wird das Systemmonitoring zumeist arbeitsteilig mittels speziell ausgebildeter Expertise (etwa des Controlling, der Organisation, der Wirtschaftsprüfung, der Unternehmensberatung) betrieben. Über das Netzwerkmonitoring bleibt das Netzwerk (allgemein: Sozialsysteme mit einem gewissen Grad reflexiver Regulation, insbesondere Kollektivitäten wie Organisationen) mit dem Geschehen im Netzwerk und in den für es relevanten Kontexten reflexiv in Kontakt:

„For reflexive self-regulation, as a property of collectivities, depends upon the collation of information which can be controlled so as to influence the circumstances of social reproduction. Information control, in turn, depends upon information storage of a kind distinct from the available in individual recollection, in myths or story-telling or in the practical consciousness of ‚lived tradition'"(Giddens, 1984, 200).

Über das reflexive Netzwerkmonitoring regeln Unternehmungsnetzwerke ihre Selbst- und Fremdbeobachtung. Sie legen diskursiv fest, welche relevanten Systeminformationen über interne Prozesse und relevante Umwelten sie (kontinuierlich, zyklisch, in Rhythmen oder zu ausgewählten Gelegenheiten) *selektiv* wie filtern, sammeln, speichern, wieder aufrufen und auswerten, welche Kontexte sie scannen oder screenen und nach Alternativen absuchen, und wie sie die Daten und Informationen als Grundlage für die Festlegung allgemeiner Bedingungen der System(re-)produktion verwenden. Einbezogen ist die (direkte) Supervision der Aktivitäten einiger Akteure oder Akteursgruppen durch andere (s.a. Giddens, 1987a, 154). Unternehmungsnetzwerke legen zumeist auf der Basis ihres reflexiven Netzwerkmonitoring reflexiv fest und überwachen, welche Ereignisse und Handlungen im Netzwerkzusammenhang selbstreferentiell aufeinander bezogen werden sollen und wie das erfolgen soll, ohne jedoch alle Bedingungen ihrer Reproduktion erfassen oder intendiert gestalten zu können.[111] Angesichts der Kontingenz der Praktiken der Systemreflexivität bleibt auch die Ausgestaltung der Systempraktiken Medium und Resultat pfadabhängiger Machtauseinandersetzungen auf der Grundlage (in sozialen Systemen wahrgenommener) alternativer Trajektorien.[112] Unternehmungsnetzwerke befinden so machtvoll darüber, welche Daten und Informationen als relevant gehandhabt werden (sollen) – etwa Verkaufszahlen, Erträge, Performanzen, relevante Verschiebungen von Aktivitäten, Handlungsdomänen und kontextueller Faktoren. Mit Macht wird ferner fixiert, welche Daten und Informationen als Bestätigungen und welche als Enttäuschungen von Erwartungen angesehen werden (sollen). Das reflexive Netzwerkmonitoring generiert so machtvoll Daten über das Geschäftsgeschehen zwischen den Netzwerkunternehmungen (unter Einbezug von Entwicklungen der für sie relevanten Kontexte). Besitzen Netzwerkunternehmungen als Kollektivitäten zumeist ein ausgeprägtes reflexives Unternehmungsmonitoring, so gilt das für viele Unternehmungsnetzwerke nicht oder nicht im gleichen Maße, erst recht nicht für solche, die erst entstehen. Die reflexiven Festlegungen des Netzwerkmonitoring müssen erst getroffen und – was oft entscheidender ist – im Geflecht reflexiver Monitoringaktivitäten der Netzwerkunternehmungen und oft noch unklarer Machtkonstellationen eigenständig etabliert und kontrolliert werden.

Die via reflexiven Netzwerkmonitorings gewonnenen Daten werden im Netzwerk unter Rekurs auf die reflexiv festgelegten (und auch auf die stillschweigend verfolgten) ‚treibenden Kräfte', Pläne, Projekte und Programme, das heißt auf die ‚*Systemmotivationen*', in systemtypischer Form *rationalisiert* und als Informationen, Einschätzungen und Ansichten *selektiv diskursiv artikuliert*. Die Formen der Rationalisierung und diskursiven Artikulation von Systemzusam-

---

111 Für andere Systemtypen, insbesondere Märkte und Unternehmungen, ist ein entsprechender Begriff der Markt- bzw. der Unternehmungsregulation zu bilden.
112 Zu den Strategievarianten zählen zum Beispiel die Adaption führender oder Schaffung funktional äquivalenter Modelle, das heißt die (Möglichkeiten der beschleunigten) Adaption branchenspezifischer ‚best practices', die gemeinsame Protektion gegenüber sich herausbildenden Performanceanforderungen externer Akteure, die Besetzung von Netzwerknischen, das heißt neue Formen netzwerkbezogener Spezialisierung, wie allgemein die gemeinsame Entwicklung funktional äquivalenter oder homogener Praktiken oder des koordinierten Zugriffs auf einen oder mehrere Märkte. Ein anderes Spannungsfeld strategischer Alternativen lautet: Homogenisierung auf ein Modell oder Sicherung von Varietät eigener, alternativer Handlungsmöglichkeiten im Netzwerk.

menhängen variieren. Anerkannte reflexive Verfahren oder Prozeduren der (arbeitsteiligen) Verfertigung systemischer oder gar systembindender Rationalisierungen und ‚Motivationen' stehen weniger reflexiv ausgelegte Praktiken gegenüber. Immer gilt jedoch: Sozialsysteme ergänzen ihren via reflexiven Systemmonitorings gewonnenen Kontakt mit dem Geschehen um die reflexive Aufnahme der von Akteuren im Handelnden verfolgten Gründe und Motivationen. Ziel der Artikulationen kann es sein, Sozialsysteme vor bestehenden Veränderungstendenzen zu bewahren, einen spontanen Wandlungsprozeß umzulenken oder eine als veränderungsbedürftig eingestufte stabile Struktur neu auszulegen (s.a. Mayntz, 1987, 94). Interessierte Akteure nutzen diskursive Systemartikulationen etwa im Unternehmungsnetzwerk, um ein Handeln zu befördern und zu kontrollieren, das der Kapitalverwertung (und auch anderen ‚treibenden Kräften'), der Verbesserung der Netzwerkregulation und der Wettbewerbsfähigkeit (oder anderen Interessen, etwa denen der ‚boundary spanners') dient und Anforderungen externer Akteure (Kunden, staatlicher Akteure etc.) reflektiert.[113] Pläne, Projekte und Programme werden etwa deliberat als Netzwerkstrategien verkündet, um Aktivitäten im Netzwerk durch einen systemisch ausgelegten Erwartungshorizont zu koordinieren. Interessiert nutzen sie hierzu auch die erkannten oder entworfenen Gründe und ‚Motivationen' anderer Akteure, einschließlich anderer Sozialsysteme (ihrer direkten Konkurrenten, Branchenführern usw.). Wird das diskursiv Artikulierte in Unternehmungsnetzwerken auf der einen Seite durch das reflexive Netzwerkmonitoring, die Rationalisierungen und ‚Motivationen' der Netzwerkunternehmungen und des Netzwerks geprägt, so prägen sie umgekehrt wiederum auch diese selbst. Relevante Innen- und Umwelt- oder Welthorizonte der Akteure werden selektiv auf asymmetrischer und überwachter Informationsgrundlage mit gebildet (Luhmann, 1984, 641). Das darf jedoch nicht darüber hinweg täuschen, daß alle kompetenten Akteure Kenntnisse über Systemzusammenhänge und deren Anforderungen besitzen, die sie wiederum zur Kontrolle der diskursiv artikulierten Systeminformationen wie der nicht artikulierten (etwa emergent verfolgen Netzwerkstrategien) einsetzen – auch wenn sie

---

113 Die im Prozeß selektiver Filterung von Systeminformationen auftretende Asymmetrisierung als relevant angesehener Daten und Informationen werden dabei nicht in Frage gestellt, oft wird vielmehr Vorsorge dafür getragen, daß das nicht geschieht (s.a. Luhmann, 1984, 631). Das Regulationswissen speist sich aus mindestens zwei Quellen: (1.) aus dem Systemmonitoring, der Rationalisierung des Systemgeschehens und aus den erkannten und entworfenen Möglichkeiten und Erfahrungen mit den Realisierungen der verfolgten Pläne, den ‚Systemmotivationen'. Netzwerke monitoren umsichtig (2.) auch die für sie relevanten Kontexte, wenn auch oft in einem eingeschränkteren Sinne, rationalisieren das Erfaßte und gleichen (zugeschriebene) ‚Motivationen' miteinander ab. Sie haben so auch Kenntnisse über andere Netzwerke, alternative Formen der Koordination ökonomischer Aktivitäten (sei es die in Unternehmungen und/oder in Marktzusammenhängen) und über die Nutzung ihrer oder alternativer Kontexte. Unternehmungsnetzwerke können ferner zur reflexiven Auslegung der Netzwerkzusammenhänge auf Wissensbestände der beteiligten Netzwerkunternehmungen zurückgreifen. Das kann die reflexive Netzwerk(re-)produktion erleichtern, konfrontiert sie aber immer auch mit hochgradig reflexiv gewonnenen und genutzten Formen der Verwendung von Regulationswissen in den einzelnen Netzwerkunternehmungen (zum Wissensbegriff allgemein III-3.4).

nicht auf die speziell in Sozialsystemen generierten Wissensbestände als Quellen zugreifen können.

Reflexive Netzwerk(re-)produktion bringt also einerseits selektive Berichte (selektiv gefilterter Systeminformationen) über vergangene Ereignisse und Handlungen hervor, die – wie Giddens oben im Zitat andeutet – vor allem durch die *diskursive Artikulation von ‚Geschichte'* Relevanz für aktuelles und zukünftiges Handeln erlangen – wie Weber (1976 [1921]) bereits für Bürokratien auswies.[114] Von entscheidender Bedeutung ist hierbei: Die Geschichten der Unternehmungsnetzwerke (wie allgemein: der Organisation) werden nicht nur selektiv konstruiert, sie werden mit personalen Geschichten und Daten der Akteure als Moment der Ausbildung von administrativer Macht verknüpft, und Akteure verbinden ihre personalen Geschichten partiell mit denen von Unternehmungsnetzwerken (oder Organisationen). Systematisch werden so für (individuelle) Systemakteure nicht einsehbare, durch das Sozialsystem aber auch reflexiv geschaffene Rück- oder Schattenseiten (der Geschichte) sozialer Systeme und von Akteuren hervorgebracht. Die durch Sozialsysteme selektiv produzierte Geschichte wird genutzt, um selektive Geschichte zu machen. Das reflexive Netzwerkmonitoring und die Netzwerkrationalisierung bringen andererseits aber auch Wissen über zukünftige Entwicklungen selektiv hervor, das als *diskursiv artikulierte Wissensumwelten* (Gadamer, 1987 [1969], 139) – nicht selten in Form strategischer Planungen – mit in die gegenwärtige Betrachtung einbezogen wird. Erwartungshorizonte über wahrscheinliche Verläufe des Geschäfts, von Projekten und über Abweichungen von antizipierten Resultaten werden so interessiert festgestellt und als Orientierungen im Handeln genutzt – gerade auch bei der Entscheidung über strategische Pläne, Projekte und Programme.[115]

Die Ausbildung einer Standardgeschichte von Unternehmungen und Unternehmungsnetzwerken und einer gemeinsam anwendbaren ‚Zukunft' bzw. systemischer Erfahrungsräume und Erwartungshorizonte als erkennbare soziale Markierungen bilden allgemeine Bedingungen der Ausbildung, Aufrechterhaltung und Weiterentwicklung von Netzwerken.

---

114 Die im Zuge des Netzwerkmonitoring auf der Ebene des Netzwerks produzierten ‚files' sind dabei weit mehr als nur Ausdruck von Bürokratie: Sie exemplifizieren Prozeduren und Programme mit ihren selektiven Informationsbeständen, sind als solche eine der Grundlagen für kontinuierliche und geregelte Operationen (s.a. Giddens, 1984, 152) und dienen der Zuordnung von Resultaten und Erträgen zu Beteiligten. Zum Teil werden sie als Ausgangspunkt für Formalisierungen verwendet. Regulationen gehen aber – auch in Organisationen und daher auch in Unternehmungsnetzwerken – *nicht* in Formalisierungen auf (s.a. Luhmann, 1964, 27). Deren Bedeutung schwankt. Organisationen wie Unternehmungsnetzwerke sind entsprechend nur unzureichend über Formalisierungen zu kennzeichnen.

115 Die im Abschnitt III-3.4 vorgestellten Grenzen der ‚Knowledgeabiltiy' finden hier ihre systemische Ausprägung.

Netzwerk(re-)produktion: reflexive Gestaltung und nicht-reflexive Verursachungskreisläufe

Systemmonitoring, Systemrationalisierung und ‚Systemmotivation' sind Medium und Resultat *reflexiver System(re-)produktion:*

„Causal loops which have a feedback effect in system reproduction, where that feedback is substantially influenced by knowledge which agents have of the mechanisms of system reproduction and employ to control it" (Giddens, 1984, 376).

Nicht-reflexive System(re-)produktion – und damit komme ich auf die Ränder der Abbildung III-6 zu sprechen – benennt dagegen eine emergente Form der System(re-)produktion, die durch einen nicht reflexiv beeinflußten Feedbackmechanismus zwischen unintendierten Konsequenzen und unerkannten Voraussetzungen des Systemgeschehens getragen wird (Giddens, 1984, 27 f.).[116] Unternehmungsnetzwerke (wie alle anderen Sozialsysteme auch) sind immer durch eine *Melange reflexiver und nicht-reflexiver System(re-)produktion* gekennzeichnet. Der Grad reflexiver Ausgestaltung variiert. Unterschiede bestehen bezüglich verschiedener Gestaltungsbereiche und hinsichtlich der Fähigkeiten zur Selbstreflexivität. Hoch dynamische Netzwerke, wie Projektnetzwerke oder virtuelle Unternehmungen, nutzen statt eigener Ausgestaltungen reflexiver Netzwerk(re-)produktion zumeist praktisch in einem beachtlichem Ausmaße (durchaus auch parasitär) systemübergreifende institutionelle Arrangements – wie etwa branchen- und regionenbezogene Regulationen von Arbeit.[117]

Unternehmungsnetzwerke werden, in Kurzform, immer auch intentional und umsichtig gestaltet. Soziale Systeme verschaffen sich über die Praktiken der Sy-

---

[116] *Reflexivität* meint bekanntlich nicht *Reflexion* – wie es ja auch das Schichtenmodell des Handelnden berücksichtigt –, sondern was als Medium und Resultat sozialer Aktivitäten reflexiv durch Rückbezug (auf sich selbst) miteinander vermittelt wird. Was Akteuren davon reflexiv bewußt wird oder Aufmerksamkeit erfährt, ist voneinander zu unterscheiden. Eine Vielzahl von Beziehungen, denen Akteure ausgesetzt sind, entzieht sich ihrer Reflexion. Diese Beziehungen werden über Kausalzusammenhänge reproduziert, die sie nicht reflexiv beeinflussen, obgleich sie ihnen als unerkannte Bedingungen ihres Handelns entgegentreten, und sie diese durch ihre Aktivitäten mit reproduzieren oder verändern. Machtdifferenzen schaffen hier sicherlich bedenkenswerte Unterschiede. Sie ändern aber nichts an dem allgemeinen Sachverhalt. Nicht-reflexive System(re-) produktion bezeichnet die im funktionalistischen und im Großteil des marxistischen Gedankenguts verbreitete Vorstellung: Systemreproduktion verläuft über Prozesse, die denen im Organismus ähneln. Angenommen werden kausale Verursachungskreisläufe, nahezu blinde Feedbackmechanismen, in die Akteure nicht oder kaum Kraft ihres ‚reflexive monitoring' und ihrer ‚Rationalisierungen' eingreifen (können), da sie aus ihrer Wahrnehmung herausfallen oder ihnen als strukturelle Zwänge entgegentreten. Diese kausalen Verursachungskreisläufe bewirken, daß sich Ausgangsbedingungen und Verbindungen sozialer Interaktionen und Beziehungen im System und darüber vermittelt die der Teilbereiche des Systems – etwa der Ökonomie und der Politik – nahezu mechanisch permanent wiederherstellen.

[117] Parallele Aktivitäten in unterschiedlichen Nationalstaaten und Kulturkreisen bieten bekanntlich Gewinnmöglichkeiten. Gegebenenfalls sind sie aber auch – wie die Literatur über internationale Märkte lehrt (z.B. Bartlett/Ghoshal, 1990; Biggart/Hamilton, 1992; Farley/Korbin, 1995, f.e. Überblick) – Ursache für Differenzen und Konflikte. Das Verhältnis der Praktiken und Horizonte der Ausgestaltung der reflexiven Systemregulation ist dabei zwischen Netzwerkunternehmungen und dem Netzwerk als ganzem nicht notwendig konsistent und additiv.

stemreflexivität also intendiert Möglichkeiten reflexiver Selbstreferenz, Selbstkoordination, Selbstrationalisierung, Selbstthematisierung, Selbstveränderung und Selbsttransformation, einschließlich der intendierten, diskursiven Auslegung des Verhältnisses von Selbst- und Fremdsteuerung. Wie gut aber auch immer das Netzwerkmonitoring der Unternehmungsnetzwerke und der beteiligten Unternehmungen (oder anderer Akteure), die Formen systemischer Rationalisierung und kompetenter Ausformulierung von Projekten, Plänen und Programmen in Sozialsystemen sein mag, immer entzieht sich regelmäßig vieles dem reflexiven Zugriff: unerkannte Voraussetzungen und unintendierte Konsequenzen. Das impliziert: Selbst *die (Re-)Produktion von Unternehmungsnetzwerken, Unternehmungen und des ökonomischen Lebens als ganzem entzieht sich*, obwohl wir es hier mit hochgradig reflexiv regulierten Sozialsystemen zu tun haben, wenn auch in unterschiedlichem Ausmaß, *notwendig einer reflexiven Kontrolle in einem umfassenden Sinne*. Die (Re-)Produktion sozialer Systeme ist immer Resultat ‚blinder‘ *und* reflexiv beeinflußter Kausalzusammenhänge. Sozialsysteme erfassen und kontrollieren die Bedingungen ihrer (Re-)Produktion zwar *nie* vollständig – und seien sie noch so machtvoll –, sind aber auch *nie ohne* jegliches Verständnis und jegliche Kontrolle.

Praktiken reflexiver System(re-)produktion *begrenzen* nicht nur das Handeln, sie *eröffnen* auch – und zwar durchaus auch strategisch – *Freiräume*.[118] Verallgemeinert bahnt reflexive System(re-)produktion also selektiv Zusammenhänge im System und läßt andere unwahrscheinlich werden, schafft Bedingungen und Anreize zur Integration von Aktivitäten in das System und begrenzt sie, kontrolliert das Verhalten und begrenzt die Kontrollen, schafft Anreize zur Erkundung neuer Möglichkeiten und begrenzt deren Ansatzpunkte, Ausrichtungen und Praktiken der Erkundung – ohne diese Prozesse jedoch jemals vollständig kontrollieren zu können. Inklusion und Exklusion, Konstitution wechselseitiger Abhängigkeiten und Garantie von Autonomie auf unsicheren Terrains werden also reflexiv ein Stück weit über Praktiken der Systemreflexivität im Systemzusammenhang koordiniert, durch Belohnungen und Disziplinarmaßnahmen, Kontrollsysteme und -rhythmen (etwa in Form der Festlegung von Zeitrhythmen oder Anlässen zur Überprüfung der Mitgliedschaft von Netzwerkunternehmungen) gestützt – auch wenn angesichts unintendierter Konsequenzen und unerkannter Bedingungen der System(re-)produktion eine Ausgestaltung relevanter Bedingungen immer nur partiell entsprechend der verfolgten Absichten gelingt und in Zeit und Raum von Moment zu Moment neu zu gewährleisten ist. Die reflexive Ausgestaltung der

---

118 Beispiele sind Formen kontrolliert autonomer Organisation ökonomischer Prozesse in Unternehmungen (Ortmann et al., 1990; aktuell z.B. als ‚standardisierte Gruppenarbeit‘ [Springer, 1999]) oder in Unternehmungsnetzwerken und Formen regulierter Entgrenzung zur reflexiven Erfassung und Erkundung möglicher Alternativen. Die Regulationen können zudem eher indirekter oder direkter Natur sein (z.B. Rahmenvorgaben geben oder konkrete Auflagen für die Ausgestaltung formulieren). Sie können zudem eher passiv oder eher aktiv ausgelegt sein, Formen kollektiven Handelns (etwa der Interessenvertretung) reguliert befördern oder behindern (s.a. Bovens, 1990).

Netzwerk(re-)produktion ist aber kein Wert an sich. Sie zielt darauf, ‚to get things done' (Brunsson, 1985) – was angesichts der Eigeninteressen der beteiligten Unternehmungen und der durch den Netzwerkzusammenhang geschaffenen Komplexität oftmals ein durchaus heikles Unterfangen ist.

Die Rede von reflexiver Netzwerk- bzw. allgemeiner System(re-)produktion drückt also keinen Glauben an umfassende Plan- und Steuerbarkeit sozialer Systeme und Handlungskontexte aus, wie es das Projekt der Moderne (Wagner, 1995, 254) kennzeichnet und die Diskussion um gesellschaftliche Planung in den sechziger Jahren in der Bundesrepublik beherrscht (Schäfers, 1999) oder die zu Recht diskreditierte Vorstellung von Plandetermination (z.B. Schreyögg, 1991) unterstellt. Statt dessen betont sie das immer nur begrenzt reflexive Handeln und das subtile, von Akteuren weder vollständig beobachtbare noch gestaltbare Wechselspiel verschiedener Systemebenen in den Prozessen der Konstitution sozialer Systeme. Sie reflektiert, daß die moderne Welt zwar durch einen hohen Grad von Reflexivität, aber eben auch durch Dezentrierung und Différance, das heißt durch einen asymmetrischen, zuweilen mittelpunktlosen oft polyzentrischen oder gegenüber hierarchischen Kontroll- und Regulationsformen durch Formwandel der Machtausübung charakterisierten Konstitutionsprozeß gekennzeichnet ist (s.a Mayntz, 1998, 12 f.). Hierarchische Kontrolle und dezentrale polyzentrische Koordination schließen sich daher nicht wechselseitig aus. Sie kennzeichnen verschiedene, kombinierbare Ordnungsprinzipien. Selbstregulation im ‚Schatten von Hierarchie' (Mayntz/Scharpf) oder im Schatten von Netzwerkregulation kann dabei durchaus ‚effektiv' sein.

Dieses Verständnis reflexiver Netzwerk-, allgemein: System(re-)produktion mündet in strukturationstheoretischer Sicht nicht in einer Abstinenz bezüglich der (Analyse der) Festlegung allgemeiner Bedingungen der System(re-)produktion oder Ausblendung reflexiver (Re-)Produktion. Im Gegenteil: Eine intelligente reflexive Ausgestaltung der Netzwerkzusammenhänge erhöht deren Wettbewerbsfähigkeit, und ein Verständnis von Netzwerkgovernance greift ohne ein Wissen um die Bereiche reflexiver Regulation, um Handlungsspielräume und Regulationsweisen notwendig zu kurz. Erst so eröffnet sich auch die Möglichkeit kompetenter Zurechnung unerwünschter Folgen und Risiken und als erwünscht betrachteter Resultate. Postuliert wird kein naiver Regulationsoptimismus, wohl aber eine Absage an einen strukturalistisch begründeten Fabilismus in Sachen Systemgestaltung (s.a. Sydow/Windeler, 2000; Giddens, 1991b, 207). Ganz in diesem Sinne stelle ich im Abschnitt 4.3 ein Set von Praktiken vor, welches als Gegenstand reflexiver (Re-)Produktion von Unternehmungsnetzwerken im Mittelpunkt ihrer Regulation steht. Vorweg gilt es jedoch ein Verständnis über das Verhältnis von Akteur und System zu entwickeln – und zu definieren, was genau unter Unternehmungsnetzwerken als sozialen Systemen verstanden werden soll.

Akteure als Umwelten sozialer Systeme

Kommen wir auf die Akteure der System(re-)produktion und ihre Einbeziehung in die Praktiken und Prozesse der System(re-)produktion zu sprechen. Sozialsysteme schließen *keineswegs alle Interaktionen und Beziehungen* der beteiligten Personen und kollektiven Akteure – im Fall von Unternehmungsnetzwerken: die der Netzwerkunternehmungen – und auch *nicht die Akteure selbst* ein. Personen, Netzwerkunternehmungen und andere (kollektive) *Akteure sind* für Unternehmungsnetzwerke (allgemein: *für Sozialsysteme*) *Umwelt* (an diesem Punkt ganz ähnlich Luhmann, z.B. 1964, 25). Unternehmungsnetzwerke produzieren und reproduzieren sich also auf der Grundlage, daß die System(re-)produktion des Netzwerks *nicht* mit der von Netzwerkunternehmungen und der beteiligten Personen zusammenfällt, Akteure immer in verschiedenen sozialen Systemen handeln und in Zeit und Raum in unterschiedlichem Ausmaß in Netzwerke einbezogen sein können. Obwohl Akteure zur Umwelt sozialer Systeme zählen, trennt sich die (Re-)Produktion von Unternehmungsnetzwerken *nicht* von Aktivitäten von Akteuren, insbesondere nicht von am Netzwerk beteiligten Personen und Netzwerkunternehmungen ab – die Prozesse sind und bleiben vielmehr rekursiv *über das Handeln der Akteure* miteinander verschränkt.[119]

---

119 Die Strukturationstheorie kann von der Systemtheorie vieles über Sozialsysteme lernen und muß es auch, soll diese bedeutsame Lücke in Giddens Strukturationstheorie geschlossen werden. Strukturationstheoretiker sind in ihrem Zugang zur Systemtheorie ihrerseits aber mit einem Problem in der Anlage dieser Theorie konfrontiert: mit der systemtheoretischen Aufnahme des Akteurs bei der Konzeptualisierung sozialer Systeme. System- und Strukturationstheorie unterscheiden sich an diesem Punkt recht weitgehend. Insbesondere gibt es strukturationstheoretisch *keine* vom Handeln der Akteure abgelöste, eigenständige Operationsebene oder selbstselektive Prozesse der Kommunikation sozialer Systeme, sondern nur das Zusammenhandeln verschiedener Akteure im Systemzusammenhang. Systemzusammenhänge werden also nicht über irgendwie vom Handeln abgelöste Operationen eines Systems hergestellt. Sie beruhen nicht auf der Ausübung von ‚Handlungen' sozialer Systeme, die, wie es funktionalistische Theorien vorgeben, funktional definierte Bedürfnisse verfolgen. Ebenso unhaltbar ist für sie das strukturalistische und das in einer ganzen Anzahl marxistischer Positionen anzutreffende Systemverständnis: „Reproduction is not a mysterious accomplishment that social systems manage to carry out via the activities of their ‚members'" (Giddens, 1979, 112).

Was für Handeln ausgeführt wurde, gilt auch für Kommunikation als besondere Form des Handelns, die Luhmann bekanntlich als (emergente) Systemelemente von Gesellschaften versteht. Strukturationstheoretisch gilt: Der Handelnde kommuniziert, wenn er handelt, nicht in dem Sinne, daß das System seine Kommunikation abgelöst vom Handeln oder über vollständig der reflexiven Erfassung und Beeinflussung entzogene Aktivitäten der Systemmitglieder an andere Kommunikationen anschließt. Das System entscheidet nicht unabhängig von Akteuren die Art der Teilnahme an Kommunikation, etwa ob sie den Beitrag als den eines Anwesenden oder eines Organisationsmitglieds auffaßt. Soziale Systeme sind reflexiv so gestaltet, daß sie bestimmte Bedingungen für den Anschluß von Handlungen an Handlungen, Kommunikationen an Kommunikationen schaffen, so daß kompetente Akteure wissen, wie sie Arten der Teilnahme an Kommunikation in welchen Situationen wie im Systemkontext kompetent einordnen können. Akteure müssen das per reflexivem Systemmonitoring, Systemrationalisierung und ‚Systemmotivation' Intendierte aber erst umsetzen und erst dadurch werden Systemanschlüsse und -zusammenhänge gegebenenfalls realisiert, unter Umständen aber auch mißachtet, verworfen. Gleiches gilt für die Relevanz von Akteuren für Kommunikationen, Kommunikationszusammenhänge und für die (re-)produzierten Resultate. Wenn Akteure kommunizieren, nutzen sie rekursiv und kompetent die Prozeduren und Techniken des Kommunizierens in sozialen Systemen, (Fortsetzung der Fußnote auf der nächsten Seite)

4.2 Unternehmungsnetzwerke und Organisationen, Unternehmungen und Märkte: Begriffe

Unternehmungsnetzwerke sind soziale Systeme, in denen Unternehmungen Geschäfte mit anderen Unternehmungen dominant unter Rekurs auf den dauerhaften Beziehungszusammenhang zwischen ihnen koordinieren. Einen (anderen) Teil ihrer Geschäfte wickeln sie intern, wieder anderes auf Märkten ab. Netzwerkstudien sind daher mit der Frage konfrontiert, begrifflich die Koordination von Geschäftsaktivitäten und -beziehungen in Unternehmungen, in Unternehmungsnetzwerken und auf Märkten zu unterscheiden und ihren wechselseitigen Bezug zu reflektieren. Bevor ich die unterschiedlichen Governances vorstelle, ist

> setzen sie (oder andere Systemakteure) ihre Kommunikationen mit anderen unter Bezug auf Sets von Regeln und Ressourcen der Kommunikation des Systems in Verbindung, schließen sie diese an andere an, handhaben sie die Kommunikationen als mit anderen systemisch koordiniert verbunden, klassifizieren sie Kommunikationsbeiträge als solche von Organisationsmitgliedern oder Dritten, weisen sie den Kommunikationsbeiträgen in der Art und Weise, wie sie diese rekursiv aufnehmen, Relevanz zu, produzieren sie – und niemand sonst – rekursiv die Vermittlungen zwischen ihnen. Das gilt, auch wenn sie die Prozesse nie vollständig kontrollieren, Akteure immer auch unintendierte Konsequenzen produzieren und Zurechnungen mit wachsender Ausdehnung in Zeit und Raum oft an Offensichtlichkeit verlieren und problematisch werden und die Praktiken reflexiver (Re-) Produktion unterschiedliche Grade autonomen Handelns aufweisen.
>
> Kommunikationsanschlüsse und -zusammenhänge lassen sich in Sozialsystemen zwar analytisch getrennt von Handlungen einzelner Akteure untersuchen. Sie sind aber schlicht nicht ohne die Aufnahme der Aktivitäten der Akteure (auch die zur intendierten Auslegung des reflexiven Systemmonitorings, der Systemrationalisierung und ‚Systemmotivation'), ohne die Berücksichtigung, was diese sich im Handeln (typisch) vergegenwärtigen, zu verstehen und/oder zu erklären – auch weil Systeme immer nur partiell die Prozesse der System(re-)produktion kontrollieren können. Das Absehen von diesen Zusammenhängen muß als Selbstsimplifizierung von System(re-)produktion durch Systemakteure, oder als defizitäre Zuschreibung anderer Beobachter verstanden werden. Die strukturationstheoretische Konzeptualisierung sozialer Systeme bindet die System(re-)produktion konsequent an rekursive Aktivitäten von Akteuren in Zeit und Raum. Sie vermeidet damit die Theorieprobleme der neueren Systemtheorie, die sich durch die Abdunkelung der Aktivitäten über die Interpenetration und strukturelle Kopplungen verbundener Emergenzniveaus ergeben, ohne daß ihrerseits Systemprozesse damit in den Hintergrund, ins Off gedrängt werden. Die Theoriefigur der Interpenetration und die der strukturellen Kopplung sind ihrerseits sehr fruchtbare Konzepte. Aber die Interpenetration und strukturelle Kopplung sozialer Systeme werden nur über das Handeln von Akteuren hergestellt und sind damit auch nur über deren Aufnahme zu erklären. Zumindest läßt sich festhalten: Die über Geschäftspraktiken in Unternehmungsnetzwerken miteinander vermittelten Geschäftsaktivitäten und -beziehungen sind rekursiv mit Praktiken reflexiver Systemgestaltung und dem vermittelt, was Akteure im Handeln sich rekursiv vergegenwärtigen, da Netzwerkakteure die den Geschäftspraktiken unterliegenden Strukturen rekursiv in ihren situativen Geschäftsaktivitäten nutzen und das Geschäftsgeschehen in Unternehmungsnetzwerken über ihr Tun aktiv mit schaffen. So Theorien handelnde Akteure nicht explizit aufnehmen, produzieren sie systematisch Erklärungslücken. Das gilt offensichtlich für die strukturelle Netzwerkanalyse, die in strukturalistischer Tradition diesem Aspekt keine oder nur wenig Bedeutung schenkt. Handelnde und ihr Handeln können dagegen in strukturationstheoretischer Sicht nur aus forschungsmethodologischen Gründen zeitweilig eingeklammert werden – alles andere liefe darauf hinaus, das Handeln entweder zu marginalisieren, wie in strukturalistischen Theorieansätzen, oder idealisierte Konzepte von Akteuren, wie in individualistischen Theoriekonzepten, die typischer Weise in Studien aus der Managementforschung anzutreffen sind, zugrundezulegen oder, wie ausgeführt, systematisch Erklärungslücken zu produzieren. Alle diese Varianten sind aus strukturationstheoretischer Sicht unzureichend und daher zu verwerfen.

es hilfreich, einen elaborierten Begriff des kollektiven Akteurs einzuführen. Denn: Unternehmungen, zuweilen auch Unternehmungsnetzwerken, wird der Status eines kollektiven Akteurs zugeschrieben, zum Beispiel wenn die Rede davon ist, daß sie eine Marktstrategie verfolgen.

4.2.1 Kollektive Akteure: hochgradig reflexiv regulierte Sozialsysteme

Auf den ersten Blick sieht es so aus, als wenn Giddens kein Verständnis kollektiver Akteure anbietet. Strikt formuliert er, ähnlich wie Weber (1976 [1921], 6 f.):

„[O]nly individuals, beings which have a corporal existence, are agents" (Giddens, 1984, 220).[120]

Gleichzeitig fragt er aber (ibid):

„[A]re collectivities actors?"

Mit der Rede von Kollektivität greift Giddens den durch Parsons im angloamerikanischen Raum geprägten Begriff auf (Luhmann, 1984, 271). Kollektivitäten sind für Parsons (z.B. 1956, 67 ff.; 1957) Sozialsysteme mit kollektiver Handlungsfähigkeit, die über das im System verdichtete Wertbewußtsein vermittelt ist. Mit Parsons versteht Giddens (1984, 200; 1990b, 303) Kollektivitäten, zu denen er (lediglich) Gruppen und Organisationen (aber nicht Netzwerke – eine Position, die mir so pauschal nicht gerechtfertigt scheint) zählt, als kollektive Akteure. Die kollektive Handlungsfähigkeit und die Interdependenzen der Aktivitäten sieht er jedoch anders verursacht und gewährleistet als Parsons. Er greift implizit auf Goffman und Weber (1976 [1921], 51) zurück und bindet jene Eigenschaft an einen gewissen *Grad reflexiver Regulation* der System(re-)produktion, das heißt einen gewissen Grad der reflexiven Ausgestaltung des Ordnungsrahmens des Systemgeschehens. *Kollektivitäten* sind für Giddens (1987e, 115; 1990b, 302 f.) Sozialsysteme, deren Konstitution *Spuren von Organisiertheit* im Sinne hochgradig reflexiver Ausgestaltung allgemeiner Bedingungen ihrer Reproduktion aufweisen. Kollektivität bezeichnet also eine graduelle Größe. Sie zeigt an, wie Akteure in der Lage sind, über die reflexive Auslegung allgemeiner Systembedingungen Aktivitäten in einem Systemzusammenhang auf diesen auszurichten, an diesen zu binden und als Medium und Resultat dieser Bindung eine Identität auszubilden (s.a. Scharpf, 1989, 13 f.; Geser, 1990; Teubner, 1992). In diesem Sinne, so behaupte ich, können auch Unternehmungsnetzwerke kollektive Akteure sein – sind es aber auch nicht immer.[121]

---

120 Der Leser beachte die weitgehend gleichlaufende Argumentation zwischen Giddens und Luhmann (1984, 270 ff.).
121 Allgemeiner gilt: Nicht alle sozialen Systeme sind kollektiv handlungsfähig. Eine Schlange am Taxistand oder der Theaterkasse entwickelt als kurzlebiges soziales System weitgehend wechselseitig unfokussierter Interaktionen in der Regel keine kollektive Handlungsfähigkeit, obwohl Akteure im Schlangestehen ihr Warten am Taxistand miteinander regulieren.

Vieles, was auf kollektiver Handlungsfähigkeit beruht, wie Kooperationseffekte, übersteigt die Fähigkeiten individueller Akteure. Gleichzeitig trägt nicht alles, was einzelne oder Gruppen von Unternehmungen in Unternehmungsnetzwerken tun, zu dessen kollektiver Handlungsfähigkeit bei. Akteure (Beschäftigte in Unternehmungen oder Unternehmungen in Unternehmungsnetzwerken) behalten ferner in ‚collectivities' immer ein Stück weit eigene Handlungsfähigkeit. Das setzt zuweilen komplizierte Prozeduren der Zurechnung von Ergebnissen, der Kontrolle von Handlungen und der (mikro-)politischen Konstitution von Aktivitäten und Zurechnungen in kollektiven Handlungszusammenhängen in Gang. Immer aber gilt: Kollektivitäten eröffnen Akteuren spezielle Handlungsoptionen und verstellen ihnen andere. Hochgradig reflexive Prozesse erfordern und ermöglichen etwa einen speziellen Informationsaustausch, besondere Formen der Wissensgenerierung und Ressourcennutzung. Sie ermöglichen selektiv Kompetenzen und Fähigkeiten zu entwickeln, Ressourcen zu mobilisieren sowie Handlungsfelder zu erschließen, die bei geringerer reflexiver Regulation verschlossen blieben. Stärker reflexiv regulierte Sozialsysteme wie Unternehmungsnetzwerke konfrontieren Akteure aber auch mit der Anforderung, kollektive Praktiken zu beachten – etwa der Nichtweitergabe von Informationen an Dritte oder der Nutzung vereinbarter Prozeduren und Ressourcen.

Kollektivitäten eröffnen zudem spezielle Möglichkeiten der *Repräsentation* und *Zurechnung*. Das Handeln eines (strategisch plazierten) individuellen Akteurs kann unter bestimmten Bedingungen als repräsentativ für das soziale System stehen und/oder als solches behandelt werden. Sozialsysteme mit kollektiver Handlungsfähigkeit sind naheliegende Kandidaten. Denn die Bedingungen sind: Das Handeln muß als Ergebnis *anerkannter* reflexiver Verfahren oder Prozeduren entstanden sein oder in *anerkannter* Weise das gesamte soziale System, etwa über erteilte Zuständigkeiten, Verpflichtungen, Rechte und Vollmachten, binden (ähnlich Giddens, 1984, 221). Organisationale Entscheidungsprozeduren, in denen unternehmenspolitische Entscheidungen über die Natur und die Qualität von Produktstandards oder über zu verfolgende Marktstrategien gefällt werden, sind Beispiele. „In such circumstances it makes sense to say that participants ‚decide' (individually) ‚to decide' (corporately) upon a given course of action" (ibid.).[122]

---

[122] Siehe hierzu ganz ähnlich auch Luhmann (1984, 273): „Auch kollektives Handeln ist selbstverständlich Einzelhandeln [...]. Es muß nur besonders ausgezeichnet sein durch Symbole, die verdeutlichen, daß das gesamte System dadurch gebunden wird"; gleichlautend auch Weick (1985 [1969], 53 f.). Das Problem der Repräsentation von Unternehmungen ist dabei in vielen Fällen mit von der Größe und der Besitzform der Unternehmungen abhängig. Kleinere und mittlere Eigentümer-Unternehmungen sind oft durch Entrepreneure charakterisiert, die zumeist ihre Unternehmungen recht weitgehend führen können. Aber auch in diesen Fällen gilt: um die Aktivitäten der Mitarbeiter zu binden, müssen sie Maßnahmen zur Bindung und Absicherung des Verhaltens treffen. Der von Giddens im Zitat angesprochene, aber nicht definierte Begriff des *korporativen Akteurs* wird in der Literatur unterschiedlich verwendet. Einmal meint er – und so scheint auch Giddens den Begriff zu gebrauchen – alle formalen Organisationen, dann lediglich solche, die eine formale Konstitution, reale Mitgliedschaft, eine (Mis-)Repräsentation von Interessen, eine mitgliedschaftsunabhängige Interessengenerierung des sozialen Systems und besondere Regelregime aufweisen (genauer Flam, 1990).

Repräsentanten wiederum entwickeln zumeist eigene, neue Kompetenzen, können als ‚boundary spanners' neue Ressourcen mobilisieren, sich in neuen Handlungsfeldern (qua Position) etablieren und eigene Interessen an dem Überleben und der Macht des repräsentierten Sozialsystems entwickeln – was eigene Anforderungen an die Ausgestaltung der Systemregulation stellt.

Ob und inwiefern einzelne Akteure und/oder Netzwerkunternehmungen stellvertretend für das Netzwerk handeln, Vereinbarungen treffen können, ist – obwohl die Akteure Unternehmungen und damit selbst kollektive Akteure sind – keinesfalls gleich gesichert. Die Anforderungen an kollektive Handlungsfähigkeit wie an Repräsentativität und Zurechnungsfähigkeit (Geser, 1990; Teubner, 1992) müssen in Unternehmungsnetzwerken erst gegeben und (zumeist auch von Dritten) anerkannt sein. Im Gegensatz zu Giddens schließe ich diese Möglichkeit aber nicht aus. Aufgrund des doppelten Bezugsrahmens von Netzwerkaktivitäten erfolgt in Unternehmungsnetzwerken aber immer eine simultane Zurechnung auf beteiligte Netzwerkunternehmungen und das Netzwerk. In der Praxis sind Zweifel gegenüber dem repräsentativen Handeln einzelner Unternehmungen für das Unternehmungsnetzwerk (vor allem in neu gebildeten Unternehmungsnetzwerken) breiter gesät als es für Unternehmungen gilt (Sydow/Windeler, 1997; 1998 für ein Beispiel). Der Grad kollektiver Handlungsfähigkeit von Unternehmungsnetzwerken variiert – auch in Zeit und Raum. Unternehmungsnetzwerke sind also insgesamt nur dann kollektive Akteure, wenn sie als Sozialsysteme in der Lage sind, ihre Konstitution in relevanten Bereichen hochgradig reflexiv unter Bezug auf den Netzwerkzusammenhang zu regulieren. *Unternehmungsnetzwerke sind also immer soziale Systeme, in denen Aktivitäten von Netzwerkunternehmungen, die selbst Kollektivakteure sind, netzwerkförmig koordiniert sind. Sie sind soziale Systeme kollektiver Akteure.* Das wiederum schafft eine beträchtliche Wahrscheinlichkeit dafür, daß auch Unternehmungsnetzwerke, so wie eine gewisse Ausdehnung in Zeit und Raum erlangen, die Kontexte es zulassen und die strategischen Absichten der Akteure darauf zielen, einen gewissen Grad von kollektiver Handlungsfähigkeit aufweisen.

4.2.2 Organisationen, Unternehmungen und Märkte

Organisationen sind für Giddens (1990b, 303) soziale Systeme und Kollektivitäten besonderer Art:

> „An organization is a collectivity of some size, which has a high degree of reflexive coordination of the conditions of system reproduction." „A distinctive feature of organizations, in other words, is the regularized use of information, not just as a means of surveillance, but as a way of ordering social relations across time and space" (ibid.; s.a. 1991, 16).

Organisationen sind für Giddens also nicht wie für Weber vor allem Bürokratien, nicht wie für Ortmann (1995, 295) durch Formalität gekennzeichnet und auch nicht autopoietische Entscheidungssysteme wie für Luhmann: Sie sind Sozialsysteme, die durch „concentrated reflexive monitoring" ausgezeichnet sind, *allge-*

meine Bedingungen der System(re-)produktion hochgradig *reflexiv a*uslegen und hierdurch eine Form hochgradig reflexiver Koordination in und von Zeit und Raum erlauben und voraussetzen.[123] Unterscheidungsmerkmal von Organisationen gegenüber anderen sozialen Systemen ist mit Giddens also nicht das Vorliegen bestimmter Systemelemente (wie Entscheidungen bei Luhmann), nicht eine nur in bestimmten Zeit-Raum-Kontexten gültige und in besonderer Art und Weise ausgeprägte Form hochgradig reflexiver Koordination (wie Bürokratie bei Weber) und auch nicht die Nutzung bestimmter Organisationsmittel wie explizite Modelle (,blue prints') wie bei Ortmann.

Unternehmungen sind, so will ich bestimmen, wiederum besondere Organisationen. Sie sind Organisationen, in denen vornehmlich ökonomische Aktivitäten in Zeit und Raum koordiniert werden und die hochgradig reflexive Form der Koordination allgemeiner Bedingungen der System(re-)produktion eine *einheitliche Leitung in wirtschaftlichen Angelegenheiten* begründet. Geschäftsaktivitäten in diesem Bereich sind, da ist sich die Literatur weitgehend einig, allgemein ,erwerbswirtschaftlich orientiert' (Gutenberg, 1983 [1951], 464 ff.). Unternehmungen geht es in ihren Praktiken dominant um die (Verbesserung der Bedingungen der) Verwertung von Kapital (Marx, 1975 [1867]) und nicht per se, sondern nun in diesem Rahmen um die, wie Giddens (1984, 33) es formuliert, (Verbesserung der Möglichkeiten der) Nutzung allokativer Ressourcen.

Die hochgradig reflexive Koordination allgemeiner Bedingungen der System(re-)produktion, das heißt die *hochgradig reflexive Regulation*, konstituiert *eine einheitliche Leitung in wirtschaftlichen Angelegenheiten*.[124] Indizien hierfür

---

[123] Die Redeweise von einem hohen Grad reflexiver Regulation in Organisationen schließt ein: Auch in Unternehmungen und in deren Verhältnissen zu ihren relevanten Kontexten ist nicht alles – und schon gar nicht vollständig – hochgradig reflexiv reguliert. Ein Verständnis von Unternehmungen muß daher das jeweilige Mix von Reflexivität mit bedenken, beachten, daß Unternehmungen (wie Organisationen generell) nicht monolithische Einheiten sind.

[124] Das Festlegen eines ,Rahmens' für unternehmenspolitische Entscheidungen im Sinne der (faktischen, letztendlichen) Setzung von Handlungsdomänen, der Vorgabe von Budgets oder von Richtlinien für die Ausstattung mit Kapital und für die Kostenplanung begründen in der Rechtssprechung eine einheitliche Leitung. Unterstellt wird bei einheitlicher Leitung ein *(faktisches) Weisungsrecht* bei der Festlegung von Eckpfeilern der Geschäftspolitik (z.B. bei der Erstellung des Jahresbudgets – aber nicht notwendig in personalen Angelegenheiten, wie es der Begriff der Hierarchie unterstellt, der in der Transaktionskostentheorie zur Kennzeichnung von Unternehmungen verwendet wird). Zu den in Konzernen gebräuchlichen Mitteln der Realisierung einer einheitlichen Leitung zählen Beteiligungen (oftmals Mehrheitsbeteiligungen), personelle Verflechtungen, Verträge, konzerneinheitliche Controlling- und Informationssysteme (z.B. Intranet), Zustimmungspflichten für Investitionen und bei anderen geschäftsrelevanten Entscheidungen. Bei einer Mehrheitsbeteiligung wird das Vorliegen einer einheitlichen Leitung unterstellt. Letztere ist aber nicht notwendig an (bestimmte Prozentzahlen von) Beteiligungen gebunden. Entscheidend ist, ob faktisch einheitlich geleitet wird. Zudem variiert gegebenenfalls der Bereich einheitlicher Leitung. In einer Managementholding (z.B. dem Bertelsmann-Konzern) koordiniert die Holding typischerweise die Finanzen, das Personal sowie die Technologie über auf finanzielle und strategische Größen ausgerichtete Pläne. Bei einer Finanzholding (z.B. dem DBG-Konzern), bei denen Konzerngesellschaften weitgehend autonom handeln, die Konzernleitung auf die operative und strategische Geschäftsführung keinen Einfluß nimmt, bezieht sich die wirtschaftlich einheitliche Leitung alleine auf die an finanziellen Zielen orientierte Steuerung des Portfolios (zsfd. Theisen, 2000, oder Teubner, 2000; s.a. Hess, 2000, oder Sydow, 2001, und die dort zitierte (Fortsetzung der Fußnote auf der nächsten Seite)

sind: Ökonomische Einheiten einer Unternehmung, wie Abteilungen einer Unternehmung oder Konzernunternehmen in einem Konzern, können sich – das unterscheidet die Beziehungen *in* einer Unternehmung von den *zwischen* Unternehmungen auf Märkten und in Unternehmungsnetzwerken – nicht eigenständig aus der Unternehmung verabschieden, ihre Beziehungen zur Konzernzentrale auflösen. Ein weiteres Indiz ist: Unternehmungen können dezentralen Einheiten (etwa Konzernunternehmungen) gewährte Autonomiespielräume für ökonomisches Handeln prinzipiell, etwa im Rahmen eines Strategiewechsels, wieder einschränken. Einheitliche Leitung kann stärker (de-)zentral ausgelegt sein. Die Möglichkeiten der Ausformung sind dabei ihrerseits im Rahmen von Eigentumsordnungen und vielfältiger, heute noch weitgehend nationalstaatlich ausgelegter Vorgaben für innerbetriebliches Handeln reguliert – und damit eben auch begrenzt, etwa durch Mitbestimmungs- oder Partizipationsregelungen im Rahmen industrieller Beziehungen oder durch gesetzliche Regelungen im Rahmen des Arbeits- und Sozialrechts.

Auf *Märkten* werden Geschäftsinteraktionen und Geschäftsbeziehungen in Raum und Zeit vornehmlich über *Geld und Marktpreise* koordiniert. Selbst Tauschakte auf ‚spot markets' bleiben (wie Marx ausgeführt hat) über Geld in Zeit und Raum aneinander anschlußfähig und Waren werden (was Marx nicht [näher] betrachtet) von kompetenten Marktakteuren darüber miteinander mit anderen in Beziehung gesetzt. Unternehmungen, die ihre Geschäftsaktivitäten vor allem über Geld und Preise (das heißt marktlich) koordinieren, tragen so rekursiv mit zur Konstitution von Märkten bei. Im Gegensatz zu Unternehmungen ist in Märkten ein Austausch von Geschäftspartnern, die Wahrnehmung der Exitoption (Hirschman, 1970) über Austauschregeln institutionalisiert, die das prinzipiell ermöglichen und erleichtern (Coase, 1988, 8). Wettbewerb zwischen im Prinzip wechselnden ökonomischen Akteuren ist mit Weber (1976 [1921]) das konstitutive Merkmal von Märkten[125] – egal wie stabil Märkte trotz der prinzipiellen Möglichkeit der Wahrnehmung der Exitoption sind.

Die Regeln reflexiver Selektion von Geschäftspartnern sind aber nicht auf allen Märkten gleich, auch was die Wahrnehmung der Exitoption betrifft: Die Austauschregeln auf den von White (1981) untersuchten Produktionsmärkten ermutigen Akteure nicht dazu, die Exitoption zu wählen; die Regeln in der von Uzzi (1996) analysierten Bekleidungsindustrie gestatten, den Geschäftspartner zu

---

Literatur). Diese an die Rechtsprechung angelehnte Bestimmung von Unternehmungen verschiebt die „Koordinaten des kapitalistischen Betriebstyps" von Gutenberg (zsfd. 1983 [1951], 507 f.) in zweifacher Weise: Sie weist dem ‚erwerbswirtschaftlichen Prinzip' eine übergeordnete Bedeutung unter den Prinzipien in der Ökonomie zu und reformuliert das ‚Autonomieprinzip' und das ‚Prinzip der Alleinbestimmung' als Prinzip einheitlicher Leitung in wirtschaftlichen Angelegenheiten. Die Reichweite einheitlicher Leitung von Unternehmungen ist variabel – wie die Unterscheidung zwischen einer Management- und einer Finanzholding belegt.

125 Mit Wallerstein (1987, 318) gilt zudem bis heute mit Marx: „Capitalism is a system based on competition between free producers using free labour with free commodities, ‚free' meaning is availability for sale and purchase on a market."

wechseln, befördern das jedoch nicht; während die Regeln auf den von Baker (1984; 1990) erforschten Finanzdienstleistungsmärkten die Wahl dieser Option gerade nahelegen (aber nicht durchgängig oder mit nationalen Besonderheiten wie die Befunde in Sydow et al., 1995 belegen). Allgemein gilt jedoch:

"The patterns of intertemporal exchanges among buyers and sellers offer important clues to the rules of exchange in action in a given market, [...]. A pattern of frequent switching might imply, for example, that the rules of exchange include ‚free and easy' exit from (and entry into) exchange relationships, or what (Baker, 1990) calls the ‚transaction' orientation. Stable relationships and infrequent switching, in contrast, might imply that the rules of exchange favor ‚exclusivity' or ‚loyalty' (Hirschman, 1970), or what Baker (1990) calls the ‚relationship' orientation" (Baker/Faulkner/Fisher, 1998, 150 f.).

Bezugspunkt der Klassifikation der Regelsysteme von Märkten oder der Praktiken der Marktregulation ist die Idee des ‚diskreten Tauschs' von Gütern und Dienstleistungen auf der Basis von Preisen, das heißt von:

„exchange relatively free of relations beyond those created by a common language, a system of order (including property and liberty rights), a monetary system, and, for discrete exchanges not accomplished simultaneously, a legal system enforcing promises" (Macneil, 1985, 485).

Wie uns Weber (1976 [1921]) und Durkheim (1988 [1893]) lehren (sowie Autoren wie Macneil [1985] bestärken), sind Märkte als Medium und Resultat der Aktivitäten der Marktakteure und der Einflußnahme vor allem verbandlicher und staatlicher Akteure reguliert und bilden zum Beispiel Praktiken der Konfiguration von Marktpositionen aus:

„All established markets operate with institutional rules governing the roles and responsibilities of market actors and the rules of exchange" (Baker/Faulkner/Fisher, 1998, 173).

Schmollers Bild der ‚regulierten Konkurrenz' erweist sich so in vielerlei Hinsicht als wirkmächtiger als das Marxsche der Anarchie der Märkte. Ganz im Sinne von Weber lassen Märkte sich als politisch-kulturelle Konstruktionen verstehen, deren Austauschregeln Machtkämpfe zwischen Unternehmungen um die Kontrolle von Märkten zur Sicherung von Wettbewerbsvorteilen und mit staatlichen Akteuren um deren Regulation reflektieren (s.a. Swedberg, 1994; Fligstein, 1996; Porac/Rosa, 1998). Marktregulierungen bringen nicht nur ökonomische Anforderungen an die Entwicklung von Preisen, Investments und Profiten, sondern auch eine Vielzahl anderer Faktoren zum Ausdruck. Sie schaffen, mit Weber (1976 [1921], 31; 36) formuliert, einen Rahmen für die „friedliche Ausübung von Verfügungsgewalt" im Preis- oder Konkurrenzkampf, im Kampf um lukrative Wettbewerbspositionen und der Durchsetzung von Interessen im Tausch. Die Marktregulationen reflektieren eine Vielzahl von Wertorientierungen. Weber diagnostiziert hier eine zunehmende Säkularisierung, die Durchsetzung von ökonomischer Rationalität:

„Der ökonomisch rationale Sinn der Markt*regulierungen* ist geschichtlich mit Zunahme der formalen Marktfreiheit und der Universalität der Marktgängigkeit im Wachsen gewesen. Die *primären* Marktregulierungen waren teils traditional und magisch, teils sippenmäßig, teils ständisch, teils militärisch, teils sozialpolitisch, teils durch den Bedarf von Verbandsherrschern bedingt, in jedem Fall aber: beherrscht von Interessen, welche nicht an der Tendenz zum Maximum der rein zweckrationalen *markt-*

mäßigen Erwerbs- oder Güterversorgungschancen von Marktinteressen orientiert waren, oft mit ihm kollidierten" (Weber, 1976 [1921], 44).

Auf allen *realen Märkten* kommt jedoch – so ist gegen die Diagnose Webers einzuwenden – Marktregulierungen und sozialen Beziehungen zwischen Akteuren und sozialen Mechanismen, das heißt der vielschichtigen (kognitiven, kulturellen, strukturellen und politischen) Einbettung (Zukin/DiMaggio, 1990b) eine, wenn auch unterschiedlich große Bedeutung für die Koordination von Marktaktivitäten und die Regulation von Märkten zu. Das hat aktuell nicht zuletzt Baker (1984) gezeigt, indem er nachwies, daß selbst das Geschehen auf Börsen (die üblicherweise als Paradebeispiele von Märkten aufgefaßt werden) durch soziale Mechanismen reguliert ist (s.a. z.B. Bowles/Gintis, 1990; Abolafia/Kilduff, 1988; Powell, 1991, 185). Abolafia (1996, 8 f.) verweist in diesem Sinne am Beispiel der Wall Street auf die institutionelle Konfiguration von Märkten:

„An individual's economic actions are embedded in a multi-levelled context. A market maker on the trading floor is an individual actor in an informal group of other market makers. That group acts within the context of a formal organization; either an exchange association like the New York Stock Exchange or an investment bank. Both the formal and informal levels are shaped by the political, economic, and regulatory environments of the market. Each level enables and restrains individual action. Individual and institutional processes mutually influence each other. It is the complex interplay between these levels that gives each market its unique institutional configuration. [...] [M]arkets are not spontaneously generated by the exchange activity of buyers and sellers. Rather, skilled actors produce institutional arrangements: the rules, roles, and relationships that make market exchange possible. The institutions define the market, rather than the reverse."

Ein soziologisch reflektiertes Verständnis moderner Märkte, Produkt- wie Arbeitsmärkte, hat nicht nur eine Vielzahl von Waren, die Existenz nationaler wie internationaler Märkte mit ihren Regulationen und die Existenz hochstandardisierten Geldes zur Voraussetzung; sie hat auch Markt- und Machtpositionen, Machtungleichgewichte und die Konstitution von Märkten mitsamt den Formen ihrer Einbettung im Lichte alternativer strategischer Koordinationsmöglichkeiten zu berücksichtigen. Die oben eingeführten Praktiken der Systemregulation können als Bezugspunkte der Bestimmung von Märkten dienen. Strategische Allianzen, Joint Ventures und Unternehmungsnetzwerke (sowie alle anderen möglichen Beziehungen zwischen Unternehmungen) sind in einer solchen, realistischen Marktperspektive nämlich nicht einfach als Marktversagen zu deuten, wie das traditionell in der Ökonomie in der Nachfolge von Coase (1937) geschieht. Sie können durchaus auch Ausdruck anderer Strategien sein – auch der, wie Baker, Faulkner und Fisher (1998, 148) formulieren, Märkte zu vermeiden.

4.2.3 Unternehmungsnetzwerke: dauerhafte Beziehungszusammenhänge zwischen Unternehmungen

Unternehmungsnetzwerke sind vornehmlich aus Geschäftsbeziehungen und Geschäftsinteraktionen zusammengesetzt, die (mehr als zwei) Unternehm*un*gen überwiegend mit Blick auf den zwischen ihnen konstituierten *dauerhaften Beziehungszusammenhang* reflexiv koordinieren.[126]

Unternehmungsnetzwerke sind also Sozialsysteme mit gewisser Ausdehnung, die mehrere Unternehm*ungen* in ihren Handlungskontexten in Zeit und Raum konstituieren. Wie die Rede von Netzwerkunternehm*ungen* anzeigt, halten die am Netzwerk beteiligten Unternehmungen also auch als Netzwerkmitglieder jeweils die einheitliche Leitung ihrer wirtschaftlichen Angelegenheiten aufrecht. Sie nutzen in ihrem auf das Netzwerk bezogenen Geschäftsgebaren den dauerhaften Beziehungszusammenhang und regulieren diesen entsprechend reflexiv, um ihr Kapital zu verwerten und um dadurch Wettbewerbsvorteile für sich zu erzielen. Und insoweit sie das tun, (re-)produzieren sie als Resultat ihrer Aktivitäten die dominante konstitutive Bedeutung des dauerhaften Beziehungszusammenhangs für die beteiligten Unternehmungen – was zum Beispiel auf Märkten nicht der Fall ist. Soweit Akteure einzelne Geschäftsaktivitäten weitgehend in einen dauerhaften Beziehungszusammenhang mit vorausgegangenen und/oder antizipierten im Netzwerk stellen, zählen diese zu diesem, selbst wenn die beteiligten Akteure wechseln. Indem das geschieht, wird der Netzwerkzusammenhang in Zeit und Raum reproduziert. Die Zeit-Raum-Horizonte von Netzwerken können sehr variieren. In Projektnetzwerken etwa ist die Dauerhaftigkeit des Beziehungszusammenhangs einzelner Projekte von Beginn an für alle beteiligten Akteure offensichtlich terminiert, besitzt der projektübergreifende Zusammenhang eine weiterreichende Ausdehnung in Zeit und Raum (Sydow/Windeler, 1999; Windeler/Lutz/Wirth, 2000). Auch zeitlich befristete Projekte können also netzwerkförmig koordiniert sein, sei es mit oder ohne Rekurs auf projektübergreifende Zusammenhänge.

Die Qualität des Netzwerkzusammenhangs erweist sich primär darin, daß das, was in einem Netzwerk geschieht und möglich ist, nicht primär durch den

---

126 Strategische Allianzen und Joint Ventures sind entsprechend dem hier vorgestellten Begriff keine Unternehmungsnetzwerke. Sie sind Allianzen zwischen zwei Unternehmungen. Entsprechend ist ein Portfolio von Allianzen von einem Netzwerk von Allianzen zu unterscheiden. Im ersteren Fall unterhält eine Unternehmung individuelle Allianzen mit unterschiedlichen Firmen, ohne Aktivitäten netzwerkförmig zu koordinieren (s.a. Koza/Lewin, 1999, z.B. 639). Giddens (1990b, 302) unterscheidet drei Typen sozialer Systeme: Kollektivitäten, Assoziationen und Netzwerke. Das konstitutive Merkmal von *Netzwerken* ist für ihn: „Networks can be defined as systems in which social relations are of predominant importance, rather than interconnections involving regularized interaction." Diese Definition von Netzwerken ist für meine Zwecke zu allgemein. Sie läßt sich jedoch in dem von mir vorgelegten Sinne als Grundlage einer Definition von Unternehmungsnetzwerken verwenden. Modifikationen betreffen den Umstand, daß wir es mit Netzwerken im Bereich der Ökonomie zu tun haben, es Unternehmungen sind, die das Netzwerk konstituieren, die Beziehungen zwischen Unternehmungen in Unternehmungsnetzwerken vornehmlich Geschäftsbeziehungen sind und es die relative Dauerhaftigkeit des Beziehungszusammenhangs ist, das die Netzwerkartigkeit der Beziehungen begründet (letzteres Merkmal ist implizit auch im Begriff von Giddens angelegt). Der vorgestellte Begriff des Unternehmungsnetzwerks fußt im Kern auf einem *allgemeineren Netzwerkbegriff, der dauerhafte Beziehungszusammenhänge zwischen Systemelementen als Netzwerke kennzeichnet.* Er läßt sich auf andere Sozialsysteme übertragen. Akteure und Interaktionen und Beziehungen sind zu modifizieren. Industrien, organisationale Felder, regionale Produktionssysteme können entsprechend netzwerkförmig koordiniert sein.

Geschäftskontakt zwischen einzelnen Netzwerkunternehmungen oder durch dyadische Geschäftsbeziehungen geprägt ist. Es beruht vielmehr auf dem einzelne *Dyaden übergreifenden dauerhaften Beziehungszusammenhang* – ohne daß ausgeschlossen wäre, daß einzelne Geschäftsbeziehungen im Netzwerk besondere Bedeutung besitzen. Die wechselseitigen Erfahrungen mit dem netzwerkförmigen Beziehungszusammenhang und die erwarteten Entwicklungsmöglichkeiten des Beziehungsgeflechts bestimmen weitgehend die Netzwerkaktivitäten der am Netzwerk beteiligten Unternehmungen und bewirken die rekursive (Re-)Produktion des Netzwerks. Der Beziehungszusammenhang resultiert aber *nicht* wie in Unternehmungen in einer einheitlichen Leitung. Unternehmungen realisieren zudem ihre wettbewerbliche Orientierung innerhalb des Netzwerks nicht wie auf Märkten vorrangig durch die im direkten Austausch erzielbare Ausnutzung von Preis- und Kostendifferenzen, mit den diesen kennzeichnenden situativen Chancen und Risiken. Selbstredend sind Unternehmungen im Netzwerk auch bestrebt, wirtschaftliche Vorteile aus dem Netzwerkzusammenhang situativ und kontinuierlich zu realisieren. Mittel hierfür ist aber eine deutlich längerfristig ausgelegte *Reziprozität* (Gouldner) des Gebens und Nehmens von Kooperationsvorteilen im Rahmen des dauerhaften Beziehungszusammenhangs.

Die Bestimmung von Unternehmungsnetzwerken über eine dominante Form der Koordination impliziert: (1.) Die Form der Netzwerkkoordination ist die dominante (genauer 4.1.2). (2.) Der Grad netzwerkförmiger Koordination kann im Unternehmungsnetzwerk variieren: einige der Beziehungen können stärker netzwerkförmig koordiniert sein als andere, und die Ausprägung kann in Zeit und Raum variieren. (3.) Wir haben es dann und nur dann mit Unternehmungsnetzwerken zu tun, wenn Akteure ihre Aktivitäten dem Netzwerk zurechnen. Vorausgesetzt ist also ein Mindestmaß an sozialer Attribuierung.

Die gemeinsame Abstimmung im Netzwerk beinhaltet insbesondere eines nicht: die Abschaffung von Kompetition zwischen den beteiligten Unternehmungen. Die Abstimmung gemeinsamer Handlungsdomänen, Wettbewerbsregeln zwischen Netzwerkunternehmungen ist also nicht mit der Eliminierung von Wettbewerb zu verwechseln. Vernetzung modifiziert vielmehr die Wettbewerbssituation in bestimmten Bereichen für gewisse Zeit-Raum-Episoden für Netzwerkakteure (und darüber vermittelt für andere) und schafft ergänzende Anlässe zur verstärkten Konkurrenz über Performance und Performancestandards der Netzwerkunternehmungen untereinander – wobei dieser Wettbewerb nach der Bedeutung des Netzwerkzusammenhangs und der Differenz der Praktiken differiert und Entscheidungen als Medium und Resultat mikropolitischer Prozesse zu verstehen sind. Ferner ist die Wahrnehmung der Exitoption durch die Einbindung in den dauerhaften Beziehungszusammenhang des Netzwerks für Netzwerkunternehmungen gegenüber Geschäftsbeziehungen zwischen Marktpartnern eingeschränkt und gegenüber den in Unternehmungen gegebenen Chancen erweitert. Die Möglichkeiten und Grenzen der Nutzung der Exitoption variiert dabei aber von Netzwerk zu Netzwerk, den Fähigkeiten der Netzwerkunternehmungen und den kontextuellen Regulationen.

Märkte, Unternehmungen und Unternehmungsnetzwerke: eine Gegenüberstellung

So klar die Gegenüberstellung (der Koordinationsmodi) von Märkten, Unternehmungen und Unternehmungsnetzwerken ist: Die Übergänge sind fließend. Entscheidend ist, welcher Koordinationsmodus faktisch *dominant* ist (Abb. III-7).

Schauen wir auf die Übergänge: Begründen die Praktiken zwischen Netzwerkunternehmungen eine einheitliche Leitung in wirtschaftlichen Angelegenheiten, dann hört das Netzwerk auf, ein Netzwerk zu sein. Es wird zu einer Unternehmung – etwa einem faktischen Konzern – mit allen seinen juristischen und ökonomischen Implikationen, was Fragen etwa der Haftung, der Gültigkeit arbeitsrechtlicher Normen und des Schuldrechts betrifft (Theisen, 2000; Teubner, 2000).[127] Umgekehrt gilt: Selbstredend sind auch die Beziehungen zwischen ökonomischen Einheiten, etwa zwischen Profit-Centern oder Töchtern eines Konzerns, für das Geschehen in einem Konzern durchaus von Bedeutung. Es ist aber solange sinnvoll, vom Konzern als *einer* Unternehmung und nicht von einem Netzwerk von Unternehmungen zu sprechen – und das ökonomische System unter diesem Namen zu führen –, wie die einheitliche Leitung in wirtschaftlichen Angelegenheiten das dominante Merkmal des ökonomischen Geschehens im betrachteten sozialen System ist (siehe nochmals die Definition auf der Seite 228).

Gewinnen Marktpreise an Bedeutung, nimmt die Relevanz des dauerhaften Beziehungszusammenhangs für die Koordination ab und Momente diskreten Tauschs zu, dann ändert sich der Koordinationsmodus von einem netzwerkförmigen zu einem marktlichen. Damit haben wir es aber nicht gleich mit einen ‚spot contracting' zu tun. Märkte bestehen nämlich nicht nur aus ‚spot contracts' – diese bilden vielmehr eine besondere Art marktlicher Beziehung. Akteure können durchaus längerfristige Marktbeziehungen miteinander unterhalten, wiederkehrend, selbst über längere Zeiträume ihre Geschäftsaktivitäten marktlich koordinieren (wie z.B. die von White [1981] untersuchten Produktionsmärkte zeigen); sie können durchaus ihre Tauschmodalitäten untereinander aus- und verhandeln und zwar auch unter asymmetrischen Bedingungen (z.B. Bowles/Gintis, 1990, die zuweilen sich der faktischen Anweisung annähern, dann jedoch eine Unternehmung begründen); sie können zudem zu einem gewissen Grad das dauerhafte Geflecht ihrer Beziehungen mit Geschäftspartnern mit in die Koordination ihrer

---

[127] Das schließt die Möglichkeit ein, daß in einem hochgradig dezentral organisierten Konzern die Beziehungen zwischen den Konzerneinheiten schwächer ausgeprägt sind als in einem Unternehmungsnetzwerk.

Geschäftsaktivitäten einbeziehen (wie das dominant in Unternehmungsnetzwerken geschieht).

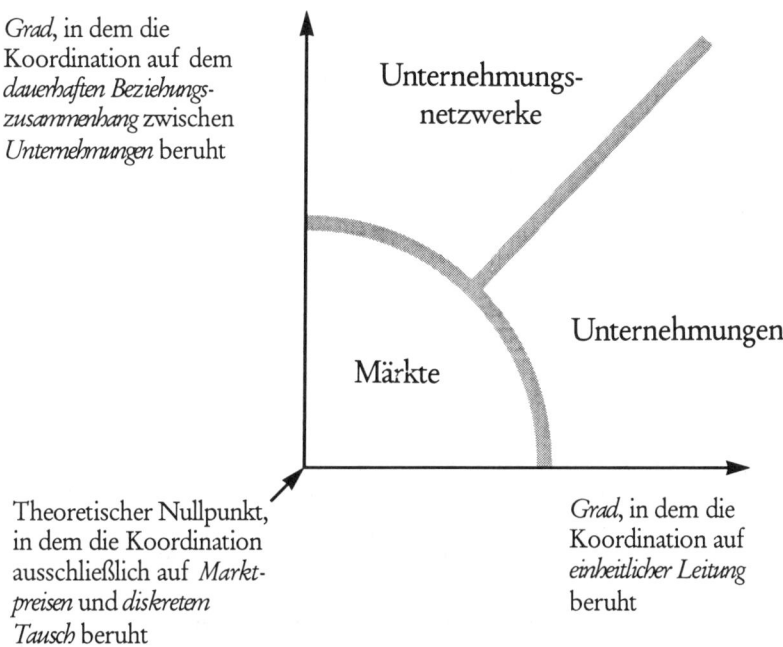

Abb. III-7: Unternehmungsnetzwerke, Märkte und Unternehmungen: eine Gegenüberstellung ihrer Koordinationsmodi[128]

Solange Geschäftsaktivitäten *dominant über Marktpreise* koordiniert werden, ist es, entsprechend der hier vorgelegten Definition, gerechtfertigt, von Märkten zu sprechen.[129] Für Marktpraktiken heißt das: Akteure machen trotz gegebenenfalls existierender dauerhafter Marktbeziehungen und Regulationen, die die Wahrnehmung der Exitoption einschränken oder unwahrscheinlich erscheinen lassen, derart miteinander Geschäfte, daß eine beachtliche Wahrscheinlichkeit dafür existiert, daß die Marktpartner im nächsten Tauschakt wechseln (können). Orientierungspunkt der Aktivitäten ist (und bleibt) was Macneil als ‚sharp in – sharp

---

[128] Die Pole der X-Achse lauten: Koordination ausschließlich über Marktpreise und über einheitliche Leitung. Die Pole der Y-Achse heißen: Koordination zwischen Unternehmungen ausschließlich als diskreter Tausch und über den dauerhaften Beziehungszusammenhang. Einheitliche Leitung bei annähernd diskretem Tausch kennzeichnet sehr flüchtige Unternehmungen und/oder Unternehmungen mit flüchtigen Beschäftigungsverhältnissen (Zeitarbeiter, Projektbeschäftigte usw.).

[129] Dem Cash-Nexus kommt natürlich auch in Unternehmungsnetzwerken und Unternehmungen eine beträchtliche Rolle zu. Er ist in ihnen nur nicht dominant.

out' charakterisiert.¹³⁰ Marktpartner interagieren und bilden zwar Beziehungen miteinander aus. Sie regulieren ihre Marktbeziehungen miteinander aber so, daß sich mit ihnen wechselseitig keine all zu stark ausgeprägten Verpflichtungen und Rechte der Fortsetzung der Beziehung oder der Berücksichtigung anderer im Geschäft verbinden. Ähnliches gilt für den Übergang von Unternehmungen zu Märkten bezogen auf die abnehmende Bedeutung einheitlicher Leitung für das Geschäftsgeschehen.

Nicht immer gibt es *eindeutige Dominanzen* bezüglich der vorgestellten Kriterien der Typisierung. Einige hierarchische Netzwerke (die in der Managementliteratur auch als strategische Netzwerke bezeichnet werden), zum Beispiel Franchisesysteme, sind hier zu nennen. In ihnen werden ökonomische Aktivitäten hochgradig reflexiv reguliert; ob und inwieweit diese Art der Koordination aber bereits eine einheitliche Leitung begründet, ist fraglich. Gleiches gilt für sehr dezentral geführte Konzerne, in denen die Frage der faktischen Gewährleistung einer einheitlichen Leitung aufkommt. Gerade in Grenzfällen ist zu erwarten, daß Akteure die Einstufung der ‚governance modes' strategisch aufnehmen – nicht zuletzt weil sich mit unterschiedlichen Systemtypen (im Rahmen des Rechtssystems) verschiedene Rechte und Pflichten verbinden. Wie auch die Abbildung III-7 verdeutlicht: Der strukturationstheoretische Begriff des Unternehmungsnetzwerks ist offen für den Umstand, daß in der Praxis von Unternehmungsnetzwerken sich unterschiedliche Grade einheitlicher Leitung in wirtschaftlichen Angelegenheiten als auch der Koordination über Marktpreise bei der Koordination der Geschäftspraktiken mit Blick auf den dauerhaften Beziehungszusammenhang vorfinden.¹³¹

Die vorgelegten Bestimmungen von Unternehmungen, Unternehmungsnetzwerken und Märkten binden das Vorliegen von Systemtypen nicht strikt an juristische Bestimmungen, nutzen diese aber als Orientierungspunkte begrifflicher Konzeptualisierungen. Entscheidend sind soziale Praktiken, die ja auch in der Rechtsprechung im Vordergrund stehen. Juristische Kodifizierungen und systemische Praktiken sind ja auch keinesfalls identisch. Welche Bedeutung beispielsweise rechtliche Bestimmungen in den Praktiken besitzen, beantwortet sich nur dort (einschließlich der Reaktionen aus jeweils relevanten Kontexten). Das strukturationstheoretische Verständnis der Konstitution sozialer Systeme weist allgemein den Kontexten für die Reproduktion (über die Legislative hinaus) hohe Bedeu-

---

130 Der Begriff des Marktes ähnelt in diesem Sinne Giddens' Systemtyp der Assoziation. Giddens (1990b, 303) definiert den Begriff der Assoziation nicht weiter, setzt ihn aber dem der Kollektivität entgegen: „Collectivities are distinguished from associations in terms of their level of coordination – associations are systems in which there is considerable fluidity."

131 Aber natürlich stehen nicht alle hierarchischen oder heterarchischen Unternehmungsnetzwerke unter Generalverdacht, faktisch Unternehmungen zu sein. In hierarchischen Unternehmungsnetzwerken geschieht die Regulation stärker durch einen Netzwerkkoordinator und anweisungsnahe, weil machtgestützte Foderungen oder ‚Diktate', in heterarchischen stärker durch kollektive Aus- und Verhandlung zwischen den beteiligten Unternehmungen (zur Unterscheidung von Grundformen der Netzwerkregulation Teil I). In beiden Fällen begründet die Regulation jedoch per se noch keine einheitliche Leitung in wirtschaftlichen Angelegenheiten im strengen Sinne.

tung zu. Für Unternehmungsnetzwerke (und für Unternehmungen) sind die Charakteristika der Industrien wichtig, in die sie ihr Handeln einbetten.[132] Vernetzte Industrien bieten andere Handlungsmöglichkeiten und -grenzen als stärker atomistisch strukturierte Industrien, wie wir in unserem Aufsatz über ‚Networked networks' zeigen (Sydow/van Well/Windeler, 1998). Über rekursiv vermittelte Praktiken stehen Industrie- und Netzwerkpraktiken in einem Prozeß der Koevolution (4.4.3).

Der strukturationstheoretische Netzwerkbegriff: Besonderheiten

Vier Besonderheiten kennzeichnen den strukturationstheoretischen Netzwerkbegriff. (1.) Netzwerke werden als *eigenständiger Typus sozialer Systeme* im Bereich der Ökonomie angesehen. (2.) Definiert werden Unternehmungsnetzwerke über eine *Qualifizierung des Beziehungszusammenhangs* und nicht über Qualitäten einzelner (dyadischer) Beziehungen. (3.) Der *Grad kollektiver Handlungsfähigkeit* von Unternehmungsnetzwerken wird als *variabel* und nicht als immer hinreichend ausgebildet betrachtet. (4.) Es wird ein *Verständnis der Konstitution von Unternehmungsnetzwerken* vorgelegt, das die (Re-)Produktion von Unternehmungsnetzwerken als Medium und Resultat der Aktivitäten kompetenter Akteure versteht, die diese unter rekursivem Bezug auf organisationale Felder und gesellschaftsweiten Institutionensets hervorbringen. Der strukturationstheoretische Begriff des Unternehmungsnetzwerks greift dabei relevante Aspekte der in der Literatur vertretenen Begriffsfassungen auf, nimmt aber eine eigenständige Akzentuierung vor.

Zu 1.: Unternehmungsnetzwerke bilden in strukturationstheoretischer Sicht *einen besonderen Typ* sozialer Systeme im Bereich der Ökonomie; sie kennzeichnen eine Koordinationsform ‚beyond market and hierarchy', um mit Powell (1990) zu sprechen. Diese Bestimmung widerspricht der in der managementnahen Netzwerkforschung prominenten, im Kapitel I angesprochenen Vorstellung, Netzwerke seien eine Hybridform zwischen Markt und Hierarchie (z.B. Williamson, 1990 [1985]; Sydow, 1992). Die diesbezügliche Diskussion ist bisher zwar wenig erhellend (als Überblick Krebs/Rock, 1994), die Dominanz dieser Vorstellung im managementnahen Netzwerkdiskurs läßt es gleichwohl angebracht erscheinen, fünf bisher weitgehend unbeachtete Einwände kurz zu erwähnen.
- Ein *erster* Einwand ist historischer Natur: Im Gegensatz zur in der Definition von Unternehmungsnetzwerken als Hybridform implizierten Annahme stand

---

132 Die Anerkennung ist zuweilen für sich formierende soziale Systeme in stark vermachteten Kontexten besonders prekär. Gerade sich konstituierende Unternehmungsnetzwerke kämpfen hier von Zeit zur Zeit einen längeren Kampf (z.B. Sydow et al., 1995; 344 ff.). Allgemeiner sind neben der Anerkennung durch andere Akteure institutionelle Vorgaben, wie die der Politik und der Legislative, und ‚industry recipes' (Spender, 1989) besonders zu beachten.

am Anfang ökonomischen (oder kapitalistischen) Tauschs keinesfalls der Markt (z.B. Lie, 1997).
- Jenseits historischer Einwände gilt *zweitens*: Unternehmungsnetzwerke können auf vielfältige Arten und Weisen entstehen. Mindestens vier Wege der Netzwerkgenese lassen sich unterscheiden. (1.) Eine Unternehmung kann (ganz im Sinne der Transaktionskostentheorie) durch Quasi-Internalisierung von Geschäftsaktivitäten von Geschäftspartnern (etwa über den Abschluß langfristiger Lieferverträge) bisher marktliche Geschäftsbeziehungen in netzwerkförmige überführen. (2.) Umgekehrt können Unternehmungen Geschäftsaktivitäten – etwa die EDV oder Bereiche (wie die Produktion von Kleinwagen) – auslagern, diese quasi-externalisieren und die Geschäftsaktivitäten mit den diese Funktion oder den Geschäftsbereich übernehmenden Unternehmungen dann in netzwerkförmiger Art und Weise koordinieren (s.a. Sydow, 1992). (3.) Unternehmungen, die bisher keine Geschäftsbeziehungen miteinander unterhalten, oder neu entstehende Unternehmungen können ihre Aktivitäten – wie zum Beispiel in Franchisenetzwerken – netzwerkförmig koordinieren (Windeler, 1998). Mit Joint Ventures, strategischen Allianzen usw. gibt es (4.) verschiedene andere Arten der Koordination von Geschäften, die alle ebenfalls Ausgangspunkt für Vernetzung, Vermarktlichung oder Integration in einer Unternehmung sein können.
- Ein *dritter* Einwand betrifft die Vermischung von Phänomen und Konstitution. Gewiß spielen Marktpreise und hierarchische Koordination auch in Unternehmungsnetzwerken als Phänomene eine wichtige Rolle. Deren Vermischung ist jedoch nicht schon das konstitutive Merkmal von Unternehmungsnetzwerken. Wäre das der Fall, dann würde gleiches für viele Unternehmungen (z.B. dezentrale Konzerne) und für vermachtete Märkte gelten, in denen einmal auch marktliche, im anderen Fall auch hierarchische Momente eine Rolle spielen. Hielte man an der Hybridvorstellung fest, wären fast alle realen Systeme im Bereich der Ökonomie Unternehmungsnetzwerke. Das ist aber offensichtlich wenig ertragreich.
- Der *vierte* Einwand ist (ähnlich wie der dritte) begriffslogischer Natur: In der Transaktionskostentheorie werden Markt und Unternehmung idealtypisch charakterisiert. Ihre reale Ausgestaltung läßt damit verschiedene Mischformen zu. Diese stehen aber ihrerseits zu den (ideal- und/oder realtypisch gefaßten) auf einem Kontinuum zwischen Markt und Hierarchie angesiedelten Hybridformen, unter die Williamson (1991) und eine Vielzahl von Autoren nach ihm ja auch Unternehmungsnetzwerke subsumieren, in einem begriffslogisch ungeklärtem Verhältnis.
- Heterarchische Netzwerke, in denen der Grad der einheitlichen Leitung *Null* ist und Hierarchie und Anweisung à la Williamson daher keine Rolle spielen, *müßten* – und das ist der *fünfte* und letzte Einwand – im Rahmen der Markt-Hierachie-Dichotomie als Märkte identifiziert werden – zum Beispiel Miles' und Snows ‚spherical organization' (hierzu Teil I, 2.3).

Die strukturationstheoretische Bestimmung von Unternehmungsnetzwerken löst sich daher aus der zwar im managementnahen Netzwerkdiskurs dominierenden, jedoch unfruchtbaren Dichotomie von Markt und Hierarchie und von der etwas ratlosen Bestimmung von Unternehmungsnetzwerken als „something between market and organization" (Thorelli, 1986). Sie gewinnt damit die Möglichkeit einer alternativen Begriffsdefinition, die die Defizite der vorherrschenden zu überwinden erlaubt.

Die strukturationstheoretisch informierte Definition von Unternehmungsnetzwerken setzt zudem anders als die systemtheoretische Netzwerkdefinition von Teubner (1992) an. Kritisiert dieser scharf und mit überzeugenden Argumenten die institutionenökonomische Fassung von Netzwerken,[133] so bleibt er gleichzeitig in zwei Punkten deren Grundlogik der Argumentation verhaftet: Ganz in der Logik der institutionentheoretischen Tradition wählt er erstens als Ausgangspunkt der Betrachtung von Netzwerken das Markt- und Organisationsversagen und geht zweitens von der Annahme aus, Organisation und Markt seien irgendwie vorrangige Systemtypen zweiter Ordnung, Netzwerke dagegen ein Systemtyp dritter Ordnung:

„Netzwerke als autopoietische Systeme dritter Ordnung resultieren aus einem *re-entry* der Unterscheidung von Markt und Hierarchie in diese selbst. In der Formulierung der japanischen Lehrmeister Imai und Itami [1984, 285]: ‚Market principles penetrate into the firm's resource allocation and organization principles creep into the market allocation. Interpenetration occurs to remedy the failure of pure principles either in the market or in the organization' " (Teubner, 1992, 198).

Strukturationstheoretisch kann man diese scharfsinnige Bestimmung noch verstärken. Unternehmungsnetzwerke implizieren ein ‚re-entry' der Unterscheidung von Markt und Unternehmung, aber auf beiden Dimensionen: auf der Dimension ‚Marktpreis-einheitliche Leitung' *und* auf der Dimension ‚diskreter Tausch-dauerhafter Beziehungszusammenhang' (als Tausch- und Kooperationszusammenhang). Denn, wie man gleich sehen wird, läßt sich eine Reduktion der ganzen Frage auf ein bipolares Schema – hie Markt, da Hierarchie – leicht vermeiden. Unternehmungsnetzwerke nutzen als Fremdreferenz auf der einen Seite die auf Märkten dominante Koordination von Geschäftsinteraktionen und -beziehungen über Marktpreise und die in Unternehmungen vorherrschende Koordination über eine einheitliche Leitung. Gleichzeitig verwenden sie auf der anderen Seite die Form des diskreten Tauschs zwischen Unternehmungen auf Märkten und die Form des diskreten oder dauerhaften Tausch- und Kooperationszusammenhangs in einer Unternehmung als Fremdreferenz. Wir haben es also mit einem doppelten ‚re-entry' zu tun, über den Akteure die Form der Ko-

---

[133] Teubner (1992, 193 ff.) beanstandet an dem institutionenökonomischen Verständnis von Netzwerken bekanntlich vor allem „die grundbegriffliche Einebnung des Gegensatzes von Vertrag und Organisation" (ibid., 194) und die Gleichsetzung von Austausch und Kooperation (ibid., 195) und die sich damit verbindende Einordnung von Netzwerken auf der Dichotomie von Markt und Hierarchie.

ordination von Unternehmungsnetzwerken konstituieren.[134] Wenn man das so sieht, dann wird auch klar, was die entscheidende Frage ist: Wie wird die Dauerhaftigkeit des Beziehungszusammenhangs zwischen (rechtlich selbständigen, ihre wirtschaftlichen Angelegenheiten einheitlich leitenden) Unternehmungen jenseits bipolarer Bestimmungen hervorgebracht? Das läßt sich nicht erschöpfend auflisten. Der Konstitutionsphantasie sind keine Grenzen gesetzt. Gefunden werden müssen soziale Mittel, Mechanismen und/oder Regulationspfade, welche die Ausbildung dauerhafter Beziehungszusammenhänge befördern. Alte Bekannte wie Reziprozität, räumliche Nähe, Macht, familiale, ethnische, parteiliche, verbandliche oder religiöse Zugehörigkeit, Eigenschaften von Akteuren, Vertrauen, (ökonomisches) Interessenkalkül, Verträge oder auch Verläßlichkeit können, wie uns die Netzwerkliteratur lehrt, sämtlich eine Rolle spielen. Das Besondere ist nämlich: In Unternehmungsnetzwerken ist der Bezugspunkt jeweils der dauerhafte Beziehungszusammenhang zwischen mehr als zwei Unternehmungen. Verläßlichkeit als Strukturmerkmal eines Netzwerks besagt: die Unternehmungen stützen sich auf die Verläßlichkeit des Beziehungszusammenhangs und nicht vor allem auf die einzelner Beziehungen,[135] und das, obwohl keine einheitliche Leitung diesen Zusammenhang stiftet.

Die strukturationstheoretische Bestimmungen verschiebt also die Bestimmung von Unternehmungsnetzwerken grundlegend gegenüber den aus dem institutionenökonomischen Kontext bekannten. Das schließt, wie ausgeführt, ein, daß durchaus auch marktliche und für Unternehmungen typische Elemente in Unternehmungsnetzwerken anzutreffen sind, aber eben nicht nur dort. Statt Rekurs auf Markt- oder Organisationsversagen zu nehmen, betrachtet sie die Form der Koordination von Geschäftsaktivitäten in Unternehmungsnetzwerken auch als Erweiterung des strategischen Repertoires ökonomischer Koordination, das auch verfolgt wird, Märkte zu vermeiden oder institutionelle Anforderungen an Organisationen, etwa in Fragen der Mitbestimmung oder der Haftung, strategisch zu umgehen.

Zu 2.: Der strukturationstheoretische Netzwerkbegriff klassifiziert Unternehmungsnetzwerke über eine besondere *Qualität* des Beziehungs*zusammenhangs*, dessen Dauerhaftigkeit, und *nicht* über eine bestimmte Qualität *von Beziehungen* (und auch nicht über ein re-entry der Unterscheidung von Markt und Hierarchie wie Teubner). In der managementnahen und industriesoziologischen Literatur ist die Situation umgekehrt.[136] Verschiedenste strukturelle Besonderhei-

---

134 Die Rede von ‚re-entry' nimmt das Formenkalkül von George Spencer Brown (1969) auf, den (formalen) Wiedereintritt der Unterscheidung in das durch sie Unterschiedene.

135 Entsprechend bestimmt man, daß in Unternehmungen die einheitliche Leitung dominant die Verläßlichkeit des Beziehungszusammenhangs zwischen den Akteuren konstituiert. Auf Märkten ist die Verläßlichkeit aufgrund der Strukturmerkmale von Märkten nicht so wichtig. Sie existiert gleichwohl auch auf Märkten, wird dort aber vor allem durch den Rekurs auf Strukturmerkmale des diskreten Tauschs und seine institutionellen Kontexte hervorgebracht.

136 Eine partielle Ausname bildet dabei Thorelli (1986). Er definiert Netzwerke als ‚long-term relationships between firms' (ibid., 37), versteht sie dann aber – ohne die damit einhergehenden Theo-
(Fortsetzung der Fußnote auf der nächsten Seite)

ten von Beziehungen werden als Definitionsmerkmale von Unternehmungsnetzwerken verwendet. Nur welche als für Netzwerke konstitutiv anzusehen sind, ist umstritten. Im Angebot für die Bestimmung sind *Kooperation, Vertrauen, Verläßlichkeit* und *Verhandlung* sowie ein bestimmtes *Vertragsrecht*. Ich will die genannten Strukturmerkmale hier kurz exemplarisch anhand der Position eines Autors vorstellen (s.a. Sydow/Windeler, 2000).

- *Kooperation* ist für Semlinger (1993) das für Unternehmungsnetzwerke konstitutive Strukturmerkmal, das die eigenständige Qualität von Unternehmungsnetzwerken begründet. Kooperation ist für ihn allerdings, anders als in vielen anderen Beiträgen der Netzwerkforschung (z.B. Powell, 1990), nicht gleichbedeutend mit vertrauensbasierter Zusammenarbeit eher gleichberechtigter Partnerunternehmungen. Kooperation steht für ihn vielmehr in Verbindung mit Strategie, Kontrolle, Macht, Abhängigkeit, Konflikt, Wettbewerb und ungleichem Tausch.
- *Vertrauen* ist das heute wohl am häufigsten herausgestellte Strukturmerkmal von Netzwerken (z.B. Powell, 1990; Gerum et al., 1998; Bachmann, 2000). In aller Regel wird davon ausgegangen, daß Netzwerke durch dieses Strukturmerkmal als eigenständige Organisationsform ökonomischer Aktivitäten – beyond market and hierarchy – ausgezeichnet sind.
- *Verläßlichkeit* ist ein interessantes, da andere Bestimmungen aufhebendes aktuell von Ortmann (2002c) in die Diskussion gebrachtes Definitionsmerkmal von Beziehungen. Es wird in Netzwerken zentral über die Auswahl geeigneter Netzwerkpartner hergestellt, kann aber auch durch entsprechendes Handeln, zum Beispiel durch eine offene Kommunikation oder durch Ausübung von Macht, geschaffen werden. Als Kriterium für Netzwerkbeziehungen ist es vom Anspruch her bescheidener als Vertrauen. Die Konsequenzen für die Netzwerkregulation sind aber keineswegs weniger weitreichend. Ortmann schlägt zumindest vor, sich mit diesem Definitionsmerkmal von Netzwerken zu begnügen. Verläßlichkeit schließt dabei die Möglichkeit mit ein, sich bei Entwicklung und Steuerung des Netzwerks zu verlassen „auf die Interessen des anderen, auf seine Klugheit, auf die Bewährtheit einer Organisation oder Institution, kurz: auf andere als moralische Qualitäten" (Ortmann, 2002c, 4). Vertrauen ist dann nur ein Sonderfall der Verläßlichkeit.
- *Verhandlungen* gelten traditionell besonders in der Diskussion von Politiknetzwerken als konstitutiv: „Die Verhandlung ist [...] eine Interaktionsform, die in der Tat interorganisationalen Netzwerken und wieder vor allem Policy-Netzwerken besonders angepaßt erscheint," schreibt Mayntz (1996, 481). In den Mittelpunkt der Betrachtung rückt mit dem Verhandlungsbegriff die Unterschiedlichkeit von Interessen der Verhandlungspartner, aber auch die Möglichkeit, und eben im Wege der Verhandlung zu einer Problemlösung

---

rieprobleme anzusprechen oder gar zu diskutieren – als Subtypen von Märkten und ordnet sie unter Rekurs auf Williamson in die Dichotomie zwischen Markt und Hierarchie ein.

und gegebenenfalls einem zumindest partiellen Interessenausgleich zu kommen.
- *Verträge* und *Vertragsformen* stehen in der betriebswirtschaftlichen, insbesondere in der transaktionskostentheoretisch inspirierten Literatur im Mittelpunkt (zur Kritik Teubner, 2000). Für Williamson (1991) kennzeichnen zugrundeliegende Vertragstypen die Organisationsformen von Märkten, Netzwerken (bzw. Hybriden) und Hierarchien. Basieren Märkte auf klassischen Verträgen und Hierarchien auf relationalen Verträgen, so sei für Netzwerke das neoklassische Vertragsrecht zentral.[137] Letzere seien zwar zeitlich befristet, bezögen sich aber auf einen längeren Zeitraum, ließen den Vertragspartnern einen gewissen Spielraum bei der konkreten Vertragserfüllung. Mögliche daraus resultierende Konflikte werden durch eine Drittparteienintervention gelöst. Diese Art von Verträgen seien besonders geeignet für Interdependenzen, in denen die Akteure gleichwohl – netzwerktypisch – eine gewisse Autonomie bewahren und aufgrund sich potentiell ändernder Bedingungen auch bewahren müssen.

Rücken in den vorgenannten Bestimmungen Strukturmerkmale von Beziehungen in den Mittelpunkt und der Beziehungszusammenhang zwischen den Akteuren eher in den Hintergrund, dreht die strukturationstheoretische Bestimmung das Verhältnis genau um. Es setzt an dem seit Barnes und Mitchell (Teil I) in der strukturellen Netzwerkanalyse bekannten Beziehungsgeflecht zwischen den Netzwerkelementen als allgemeinem Netzwerkmerkmal an, qualifiziert dann aber die *Spezifik des Beziehungszusammenhangs* über das Strukturmerkmal der *Dauerhaftigkeit*, betrachtet die Beziehungszusammenhänge *zwischen bestimmten Akteuren*, in Unternehmungsnetzwerken denen zwischen *Netzwerkunternehmungen*, und stellt auf die *Koordination* ohne *einheitliche Leitung in wirtschaftlichen Angelegenheiten*.[138]

Die Perspektive auf Unternehmungsnetzwerke wird so gegenüber den dominanten Netzwerkdiskursen grundlegend verändert. Betrachtet werden *nicht* nur, wie in der Transaktionskostentheorie, *lediglich dyadische Beziehungen*. Schon definitorisch setzt die Betrachtung anders an und erweitert die Sicht über dyadi-

---

137 Infolge intensiver zwischenbetrieblicher Kooperationsvereinbarungen kann Netzwerken auch ein relationaler Vertrag zugrunde liegen (Picot/Reichwald/Wigand, 1996, 52). Grundbegriffliche Unterschiede zwischen Markt, Netzwerk und Organisation sowie Vertrag werden eingeebnet. Im Extrem wird in neoklassischer Sicht keinerlei Differenz zwischen ihnen gesehen (Alchian/Demsetz, 1972, 777), in moderater Form wird etwa von Organisationen als ‚nexus of treaties' (Aoki/Gustafsson/Williamson, 1990) gesprochen (zur Kritik Teubner, 1992, 193 ff.).

138 Neben der grundlegenden Gemeinsamkeit zwischen dem strukturationstheoretischen Begriff des Netzwerks und dem der strukturellen Netzwerkanalyse sind mindestens *zwei Unterschiede* zu nennen: *Erstens* wird nicht jeder Beziehungszusammenhang als netzwerkförmig betrachtet, sondern nur diejenigen, die sich als dauerhafte Beziehungszusammenhänge zwischen mehr als zwei Akteuren erweisen. Strukturationstheoretisch sind Netzwerke besondere Typen sozialer Systeme, sind nicht alle Sozialsysteme Netzwerke. *Zweitens* wird dem Beziehungszusammenhang und den Geschäftsbeziehungen zwischen den Unternehmungen über die Warnehmung, Erfahrungen und Erwartungen eine besondere Qualität zugewiesen: Er ist das dominante Medium (und Resultat) der Koordination der Netzwerkaktivitäten (s.a. nochmals Teil II.2).

sche Beziehungen hinaus. Das eröffnet erst systematisch eine ernstzunehmende Netzwerkperspektive. Dyadische Beziehungen werden damit nicht mißachtet. Gewiß spielen sie auch in Unternehmungsnetzwerken eine Rolle. Das besondere an Unternehmungsnetzwerken ist jedoch: Unternehmungen koordinieren in Netzwerken ihre dyadischen Geschäftsbeziehungen, erkennen und entwerfen Handlungsmöglichkeiten mit Blick auf das dauerhafte Geflecht von Beziehungen und den gesamten Beziehungszusammenhang, das heißt über einzelne dyadische Beziehungen hinaus. Das unterscheidet die strukturationstheoretische Betrachtung von Unternehmungsnetzwerken aber nicht nur von den in der Tradition der Transaktionskostentheorie stehenden: Diese Art von Beziehungszusammenhang wird vielmehr auch von den anderen Konzeptualisierungen, soweit sie nur über die vorgenannten Strukturmerkmale laufen nur unzureichend eingefangen, selbst wenn Kooperation, Vertrauen usw. als ‚*Netzwerk*'qualität ausgezeichnet wird.

In strukturationstheoretischer Sicht setzt die Koordination und Regulation von Aktivitäten und Beziehungen in Netzwerken *nicht* an *einzelnen Strukturmerkmalen von Beziehungen, sondern am Beziehungszusammenhang* und den Praktiken der Regulation seiner Dauerhaftigkeit an. Die in der Literatur genannten Strukturmerkmale, Kooperation, Vertrauen, Verhandlung, Verläßlichkeit und bestimmte Vertragsformen, verlieren dadurch nicht jede Bedeutung. Sie werden als Faktoren oder Momente angesehen und analysiert, welche die Herausbildung eines dauerhaften Beziehungszusammenhangs befördern oder sich als Resultat seiner Reproduktion und dessen Merkmal ergeben – so rekursiv ist die Netzwerkrealität gebaut. Einzelne Beziehungsqualitäten werden damit also nicht als unwichtig eingestuft. Im Gegenteil: Sie können konkrete Unternehmungsnetzwerke weitergehender charakterisieren, ohne daß einzelnen Qualitäten allerdings konstitutive Bedeutung zugewiesen werden sollte. Das ist zumindest nicht zweckmäßig. Wählt man zum Beispiel mit Powell (1990) Vertrauen als Konstitutionsmerkmal, dann verengt man den Netzwerkbegriff unnötig. In vielen, wenn nicht (nahezu) in allen im Teil I vorgestellten Unternehmungsnetzwerken spielen Macht und Herrschaft zumindest auch eine wichtige (vielleicht sogar wichtigere) Rolle als Vertrauen – im Fall hierarchischer Netzwerke wie Endproduzenten-Zulieferer-Netzwerke in der Automobilindustrie ist das sogar offensichtlich (für weitere Beispiele z.B. Sydow et al., 1995). Legte man die Definition von Powell zugrunde, dann wären die größte Anzahl der im Teil I vorgestellten Netzwerke nicht als solche zu verstehen – das scheint unbefriedigend.[139] Die Qualifizierung

---

139 Was hier gegenüber dem Netzwerkbegriff von Powell eingewendet wurde, gilt gleichermaßen für die Vorstellung, Unternehmungsnetzwerke seien dominant durch Kooperation (Semlinger, 1991; 2000; Sydow, 1992; Belzer, 1993), durch Autonomie (Perrow, 1992) oder durch Macht (Sauer/ Döhl, 1994b) gekennzeichnet. Alle genannten Merkmale sind in Netzwerkbeziehungen gegebenenfalls durchaus relevant. Erhebt man sie aber zum Definitionsmerkmal von Unternehmungsnetzwerken, dann nimmt man unnötige Verkürzungen vor. Die angesprochenen Begriffsfassungen lassen sich natürlich für spezielle Netzwerkanalysen verwenden. Die Verwendung als allge-
(Fortsetzung der Fußnote auf der nächsten Seite)

von Unternehmungsnetzwerken über den Beziehungszusammenhang eröffnet dagegen Möglichkeiten, Qualifizierungen von Geschäftsbeziehungen aufzugreifen und zur Kennzeichnung unterschiedlicher Typen von Unternehmungsnetzwerken zu verwenden: Der dauerhafte Beziehungszusammenhang in konkreten Netzwerken kann etwa vor allem auf Macht und Herrschaft, auf Vertrauen oder auf Verläßlichkeit basieren.

Die Qualifizierungsmöglichkeiten von Beziehungen für Unternehmungsnetzwerke sind allgemein wegen ihrer Eingebundenheit in die Prozesse der Konstitution des Sozialen und speziell wegen ihrer Verknüpfung mit relevanten Handlungskontexten (wie organisationalen Feldern und den in ihnen dominanten Praktiken) nicht beliebig. Forschung über Netzwerke vernachlässigt dies erstaunlich oft und verliert dabei insbesondere den Aspekt von Macht und Herrschaft in ökonomischen Kontexten aus dem Blick (zum Formwandel von Herrschaft in Netzwerken aber Harrison, 1994; Sauer/Döhl, 1994b). Berücksichtigt man diesen Aspekt, so fällt ja sofort auf, daß in den dauerhaften Beziehungszusammenhängen, auch in Netzwerken, Vertrauen immer unter der Spannung von Kontrolle steht. Das ist in dem Sinne zu verallgemeinern, daß es in Unternehmungsnetzwerken und beim Management von Netzwerken immer darauf ankommt, bestimmte Spannungsverhältnisse – zwischen Vertrauen und Kontrolle, Autonomie und Abhängigkeit sowie Kooperation und Wettbewerb – zu balancieren (z.B. Sydow et al. 1995, 113 ff.).

Zu 3.: Ein weiterer Unterschied zu den in der Managementliteratur anzutreffenden Vorstellungen betrifft die *Organisiertheit* und die *kollektive Handlungsfähigkeit* von Unternehmungsnetzwerken. Spricht die strukturelle Netzwerkanalyse die kollektive Handlungsfähigkeit nicht an, so macht die Managementliteratur wie die Industriesoziologie überwiegend keinerlei begrifflichen Unterschied zwischen der kollektiven Handlungsfähigkeit der Netzwerkunternehmungen und von Netzwerken. Unternehmungsnetzwerke werden qua Definition (oder in einem eher als metaphorisch zu bezeichnenden Sinne) als eine Form der Organisation ökonomischer Aktivitäten betrachtet (etwa Sydow, 1992). In strukturationstheoretischer Sicht wird damit ein relevanter Aspekt von Vernetzung unterschlagen: Unternehmungsnetzwerke sind per se *keinesfalls immer organisiert* und *kollektiv handlungsfähig* – auch wenn das für die Mehrzahl etablierter Netzwerke (hierarchische wie auch heterarchische) zutreffen mag. Der Grad der Reflexivität wie der kollektiven Handlungsfähigkeit von Unternehmungsnetzwerken ist (allgemein betrachtet) hoch variabel. Der Zusammenschluß von Unternehmungen in einem Unternehmungsnetzwerk macht sie nicht gleich kollektiv handlungsfähig – und schon gar nicht von Beginn an und in einem umfassenden Sinne. Diese Fähigkeit *muß zumeist erst gemeinsam im Unternehmungsnetzwerk produziert und aufrechterhalten werden* (Sydow/Windeler, 1998). Hierzu sind Beziehungen zwi-

---

meines Konstitutionsmerkmal von Netzwerken hindert indes das empirische Phänomen der Vernetzung von Unternehmungen insgesamt zu erfassen.

schen Netzwerkunternehmungen über Dyaden hinaus dauerhaft hochgradig reflexiv zu koordinieren, allgemeine Bedingungen ihrer Reproduktion reflexiv auszulegen. Das allerdings ist nicht unmöglich. Die Möglichkeit, daß Netzwerke umfassend kollektiv handlungsfähig werden und ihre Beziehungen auch formell regulieren können, ist ein bedeutsamer Umstand. Dieses Verständnis von Unternehmungsnetzwerken ist damit auch radikal Positionen entgegengesetzt, die darunter lediglich informelle soziale Beziehungsgeflechte verstehen (dazu Heydebrand, 1999).

Zu 4.: Der wichtigste Unterschied gegenüber allen in der Literatur vorgelegten Begriffen, dem der strukturellen Netzwerkanalyse, der Literatur zur systemischen Rationalisierung und der Managementforschung, ist das Verständnis der Konstitution von Unternehmungsnetzwerken, genauer das Verständnis von *Konstitution als Strukturation*. In der angesprochenen Literatur wird den sozialen Praktiken der Konstitution keine (oder kaum) Aufmerksamkeit zu teil. Stehen zum Beispiel in der transaktionskostentheoretisch inspirierten Literatur vornehmlich isolierte, geschichtslose Akte transaktionskostenminimierender Entscheidung im Mittelpunkt, so werden Unternehmungsnetzwerke in der Industriesoziologie vornehmlich als Resultat externer ökonomischer und technischer Entwicklungen thematisiert. Die strukturelle Netzwerkanalyse wiederum analysiert vornehmlich Tiefenstrukturen von Netzwerken (Teil I u. II). Die strukturationstheoretische Sicht bricht radikal mit den in diesen Ansätzen anzutreffenden statischen Betrachtungen und mit den vom Handeln der Akteure abgelösten Erklärungsmustern. In den Mittelpunkt rückt sie Praktiken aktiver und rekursiver Produktion und Reproduktion von Unternehmungsnetzwerken in Zeit und Raum, das heißt deren situative (Re-)Produktion unter Rekurs auf den Systemzusammenhang, auf organisationale Felder und gesellschaftsweite Institutionen. Relevante Kontexte der Netzwerk(re-)produktion werden so nicht in die Rahmenbedingungen des Handelns verbannt, sondern als von Moment zu Moment im Handeln (re-)produzierte Möglichkeiten und Grenzen des Handelns von Unternehmungsnetzwerken thematisiert. Zudem offeriert der Ansatz ein über drei Sozialdimensionen, Signifikation, Domination und Legitimation, vermitteltes Verständnis von Konstitution, sensibilisiert so für das Zusammenspiel von Bedeutungen, Normen und von Macht, Herrschaft und Ökonomie in den Netzwerkpraktiken und für die Wichtigkeit von Regeln der Signifikation und Legitimation sowie von Ressourcen der Domination für die Konstitution von Unternehmungsnetzwerken sowie für die vielfältigen Ansatzpunkte und Grundlagen für Vernetzung. Er greift damit nicht nur die in der Managementforschung üblichen Sichtweisen, die im Ansatz der systemischen Rationalisierung herausgestellten Entwicklungen von Technik und Ökonomie und die Strukturmerkmale der strukturelle Netzwerkanalyse auf, er integriert sie zudem in einen Theorierahmen.

Begriffsstrategisch wird ein Netzwerkkonzept vorgelegt, das gleichzeitig allgemein genug ist, um verschiedenste (empirisch anzutreffende) soziale Systeme als

Netzwerke zu bestimmen, offen genug, um *sinnvolle Untertypen* (wie hierarchische oder heterarchische, stärker durch Vertrauen oder durch Herrschaft charakterisierte Unternehmungsnetzwerke) zu *bilden, und* trennscharf genug, um Unternehmungsnetzwerke klar von Unternehmungen und Märkten zu unterscheiden.

4.3 Netzwerkregulation: Mittel, Gegenstände und Akteure

Netzwerkregulation bezeichnet einerseits den sich als Medium und Resultat der Netzwerkaktivitäten der Netzwerkakteure herausbildenden Ordnungsrahmen für das Geschäftsgeschehen in Netzwerken und andererseits die Aktivitäten seiner Ausgestaltung. Netzwerke (allgemein: Sozialsysteme mit gewisser Ausdehnung in Zeit und Raum) *sind* also nicht nur reguliert, sie *werden* auch reguliert.[140] Sie konstituieren ihrerseits aktiv und reflexiv das Netzwerkgeschehen, besorgen die Différance ihrer Konstitution. Verstanden als reflexive Aufgabenstellung bildet die Gestaltung allgemeiner Bedingungen der Netzwerkaktivitäten ein, wenn nicht gar das relevante Aufgabenbündel reflexiver Netzwerk(re-)produktion.

Grundsätzlich prallen bei der Netzwerkregulation zwei nicht identische Logiken aufeinander: die Logiken der Regulation von Unternehmungen und von Netzwerken. Netzwerkregulation fügt Netzwerkunternehmungen in den dauerhaften Beziehungszusammenhang des Netzwerks ein, den die Unternehmung zu nutzen bestrebt ist – für sich und eventuell auch für das Netzwerk, so es nicht ihre Chancen begrenzt. Die reflexive Regulation von Netzwerken und die von Unternehmungen weisen daher möglicherweise Reibungsflächen auf. Konflikte sind also nicht gleich auszuschließen – insbesondere wenn sich unerwünschte Resultate ankündigen oder vorausgesehen werden. Reflexive Netzwerkregulation kann von der Unternehmungsregulation aber auch profitieren, wissen die Akteure doch erfahrungsgesättigt um die Notwendigkeit zur Regulation und um ein Repertoire möglicher erfolgreicher Mittel ihrer Gestaltung.

Wie Netzwerke ihre Praktiken regulieren, ergibt sich also im Netzwerkzusammenhang und mit Blick auf relevante Handlungskontexte. Kompetente Netzwerkakteure regulieren per Zwang oder via Einverständnis allgemeine Bedingungen, wie Netzwerkunternehmungen untereinander und mit Dritten Geschäfte machen und Einfluß auf netzwerk- und vor allem wettbewerbsförderliche

---

140 Da die in Netzwerken handelnden Personen und Unternehmungen zur Umwelt des Netzwerks zählen, die Natur ihrer Beziehungen untereinander und zum Netzwerk unterschiedlich sind, und schließlich die netzwerkbezogene Koordination von Aktivitäten immer im Angesicht alternativer Möglichkeiten und im Rahmen des Doppelhorizonts auf Netzwerkunternehmungen und das Netzwerk als ganzes jeweils in situativen Aktivitäten bewerkstelligt werden muß, ist die Schaffung eines Ordnungsrahmens, der die Aktivitäten der Akteure gesichert auf den Netzwerkzusammenhang orientiert und infolgedessen eine Diskussion der Praktiken, über den dieser Rahmen interessiert ausgestaltet wird und werden kann, alles andere als trivial.

Handlungsbedingungen jenseits des Netzwerkzusammenhangs ausüben.[141] Möglich sind auch der Verzicht auf und die Delegation von Regulation oder dezentrale oder polyzentrische Selbstregulation.

Da die Gestaltung allgemeiner Bedingungen der Netzwerk(re-)produktion immer auch eine Auslegung von Chancen und Risiken zwischen den am Netzwerk Beteiligten ist, ist die reflexive Regulation von Unternehmungsnetzwerken ein rekursiver, macht- und herrschaftsdurchtränkter „weaving dance through time-space" (Pred, 1977, 208). Unternehmungsnetzwerke sind für Netzwerkunternehmungen und Beteiligte damit aber nicht nur Horte ungelöster Widersprüche, aufeinanderprallender Interessengegensätze. Sie eröffnen natürlich auch Chancen. Wie immer sind diese nicht für alle gleich groß, haben einige mehr zu verlieren oder zu gewinnen als andere – auch in Abhängigkeit von der Regulation des Netzwerkzusammenhangs. Chancen ergeben sich aus den Möglichkeiten, den Beziehungszusammenhang für sich im Geschäft mit Netzwerkunternehmungen und mit Dritten in Kooperationsvorteile umzumünzen. Ferner bilden sich – je nach Netzwerkregulation – für individuelle Akteure Möglichkeiten, Identitäten aufzubauen, zum netzwerkweit anerkannten Experten, ‚boundary spanner', Netzwerkkoordinator, Konfliktmoderator zu avancieren oder eine Identität als Mitglied eines Start-up, eines Primär-, Komponenten- oder Qualitätszulieferers in einem lokal, regional oder global aktiven Netzwerk auszubilden, das selbst zudem eventuell die Identität eines wissensintensiven oder Qualitätsnetzwerks erlangt.[142]

Der Begriff reflexiver Netzwerkregulation respezifiziert für Netzwerke die im Begriff von Management und Steuerung übliche Vorstellung intentionaler Ausgestaltung von System(re-)produktion (s.a. Luhmann, 1994 [1988], 328).[143] Er erlaubt einen neuen Blick auf den heute gebräuchlichen Begriff der Governance, auf das in der Systemtheorie vorfindliche Konzept von Autopoiesis und auf das in der Komplexitätstheorie anzutreffende Verständnis von Koevolution (4.4). Beginnen wir die Vorstellung des Konzepts der Netzwerkregulation mit einen kurzen Blick auf deren Mittel.

---

141 Giddens' (z.B. 1984, 27) verwendet einen allgemeinen Begriff von Regulation, der sich auf alle sozialen Systeme bezieht, also nicht vorrangig staatliche Regulation meint, wie viele neoinstitutionalistische Autoren (z.B. Leblebici et al., 1991).

142 Netzwerkidentitäten setzen reflexive Bewußtheit von Kontinuitäten des Selbst, der Selbstreflexion und Selbstinterpretation des Netzwerks in Zeit und Raum voraus (s.a. Giddens, 1991a). Siehe zur Frage der Identität jetzt auch den Diskurs um die Identität von Organisationen in der Zeitschrift Academy of Management Review (2000, 25. Jg., Heft 1).

143 Die Begriffe Management und Steuerung werden oft synonym verwandt (kritisch hierzu z.B. Sydow/Windeler, 2000). Mit Management wird zumeist ein plandeterminierter und kontingenztheoretisch gefaßter Zusammenhang von Planung, Organisation, Personaleinsatz, Führung und Kontrolle verbunden (Koontz/O'Donnell, 1955; zur Kritik Steinmann/Schreyögg, 1993; Staehle, 1999, 81 ff.).

4.3.1 Mittel der Netzwerkregulation: Sprache/Schrift, Geld, Technik und Expertise

Akteure nutzen eine Vielzahl von Mitteln zur Koordination ihrer Systemaktivitäten und zur Auslegung des Ordnungsrahmens für das Systemgeschehen. In Unternehmungsnetzwerken (wie in vielen anderen modernen ökonomischen Kontexten) kommt insbesondere der Sprache und der Schrift, dem Geld, der Technik und der Expertise als Mitteln eine hohe Bedeutung zu (s.a. Giddens, 1990a). Die Mittel sind für Unternehmungsnetzwerke konstitutiv und Vernetzung dient auch dazu, sie koordiniert zu nutzen, gegebenenfalls gar deren Nutzung zu verbessern.

Giddens (1990a; 1992, 20) spricht von dem kombinierten Einsatz der genannten Mittel in modernen Gesellschaften als *abstrakten Systemen*. Ihre Bedeutung und ihr Mix variieren. Geld ist definitionsgemäß in Geldgesellschaften allgemein das grundlegende Mittel für ökonomischen Tausch. Netzwerke etablieren in ihrem internen Geschäftsverkehr auf der Grundlage der Reziprozitätsnorm in Zeit und Raum gestreckter Geschäfte gleichwohl spezielle Umgangsweisen mit Geld. Ähnliches gilt für Expertensysteme: In virtuellen Unternehmungen, in denen Unternehmungen über ihre technologisch vermittelte Virtualität agieren, spielen technische Expertensysteme in Form von Informations- und Kommunikationstechnik eine wichtige Rolle (Davidow/Malone, 1992; Teil I). Unterschiedlichste Netzwerke, wie die von Automobilendfertigern mit ihren Zulieferern oder die von Galoob Toys, Ikea, MLP, die ich im Teil I kurz vorstellte, nutzen intelligent Kombinationen von Transport- sowie Informations- und Kommunikationstechniken zur Produktion und Distribution ihrer Güter und Dienstleistungen. Das Geschehen in wissensintensiven Unternehmungen (Starbuck, 1992) und Unternehmungsnetzwerken (Sydow et al., 1995; 349 f; Sydow/van Well, 1996) beruht dagegen vornehmlich auf wissensbasierten Formen von Expertise. Techniken können in diesen Kontexten, müssen aber nicht eine große Rolle für die Koordination der Netzwerkaktivitäten spielen. Für eine nicht geringe Anzahl von Netzwerken spielt Informations- und Kommunikationstechnik für die Koordination und Regulation des Netzwerkgeschehens so gut wie keine Rolle – siehe als Beispiel das Versicherungsmaklernetzwerk InBroNet im Teil I. Ähnliches gilt für die Bereithaltung von Expertise in allen für das Geschäft benötigten Bereichen. Sie wird, das gilt insbesondere für kleinere und mittlere Unternehmungen, in vielen Gesellschaftsbereichen immer wichtiger und prekärer. Die Vernetzung betrieblicher Expertise über Unternehmungsgrenzen hinweg (in industriellen Distrikten wie über sie hinaus) ist eine Form, das Problem zu lösen (Amin/Thrift, 1992; Saxenian, 1994; Zündorf, 1994), die Vernetzung von Unternehmungen eine andere (z.B. Sydow et al., 1995, 344 ff.; InBroNet, Teil I). Das stiftet netzwerktypische, durch den dauerhaften organisationsübergreifenden Zusammenhang geschaffene Möglichkeiten der Wissensakkumulation und des Lernens. Das relevante Mix der Mittel kann in und zwischen verschiedenen Netzwerkunternehmungen und ihren Abteilungen usw. variieren (z.B. Arthur, 1990; Ortmann et al., 1990; Giddens, 1992, 30 f.).[144]

Netzwerkregulation regelt also allgemeine Bedingungen der Auswahl und Verwendung von Mitteln.[145] Ihr Einsatz und ihre Ausgestaltung sind kontingent, aber nicht beliebig. In Unternehmungsnetzwerken bedarf es einer auf die Netzwerkaktivitäten und ihren Zusammenhang bezogenen Abstimmung des Mix, um die notwendige Anschlußfähigkeit und Bündelung der Aktivitäten in regulierter Form (unter Einbezug kontextueller Anforderungen und Chancen) zu erzielen.

4.3.2 Gegenstände der Netzwerkregulation: Selektion, Allokation, Evaluation, Systemintegration, Positionskonfiguration und Grenzkonstitution

Sozialsysteme konstituieren sich in relevantem Umfang über die *Selektion* der dem System zugehörigen Akteure, die *Allokation* von Ressourcen, die *Evaluation* des Geschehens sowie über die Ausgestaltung der *Systemintegration, Positionskonfiguration* und *Grenzkonstitution.* Das Geschehen in den Sozialsystemen wird weitgehend durch die Handhabung und Ausprägung dieser Strukturmerkmale ‚getragen'. Deren Gestaltung steht im Mittelpunkt der Netzwerk- bzw. allgemeiner der Systemregulation, das heißt der Ausbildung *allgemeiner Bedingungen* von Netzwerk- oder allgemein von System*praktiken.* Sie bilden daher Gegenstände der Netzwerk- allgemein der Systemregulation. Das Augenmerk der Netzwerk-

---

144 Die Entwicklung und institutionelle Nutzung abstrakter Systeme haben ökonomisches Handeln und deren Regulation seit dem Aufkommen der Moderne grundlegend gewandelt und verändern diese(s) weiter. „Anwesenheitsverfügbarkeit" (Giddens, 1984, 123) kann heute auf der Basis der Trennung von Transport- und Kommunikationsmedien in ganz anderer Weise und zu ganz anderen Kosten gewährleistet werden als das früher der Fall war: Rohmaterialien, Güter und Waren können heute über weit entfernte Orte hinweg durch schnelle und verfügbare Kommunikations- und Transportmittel in kurzen Zeiten über den Globus verteilt werden. Unternehmungsnetzwerke können Formen erkunden, die ihnen Wettbewerbsvorteile gegenüber ihren Mitkonkurrenten eröffnen. Zerstörte Industrialisierung die enge Kopplung mit den Rhythmen der Natur, die die Agrargesellschaft kennzeichnete, so kommt es in einigen Bereichen der Informationsarbeit heute zu einer radikalen Transformation der im Zuge der Industrialisierung ausgebildeten Muster räumlicher und zeitlicher Verteilung des Arbeitens, Wohnens und Lebens. Produktion kann sich mit Hilfe von Informationstechnologie und neuer Organisationsmodelle wie Vernetzung von einigen Zwängen, die die Industrialisierung mit sich brachte, befreien (s.a. Malone/ Laubacher, 1998). Die Nutzung dieser informationstechnikbasierten Potentiale einer dezentralen Produktion in ökonomischen Kontexten setzt allerdings und sogar im verschärften Maße die Regulation des Zusammenhangs zwischen den kleineren und flexibleren Einheiten voraus – was in der Diskussion um virtuelle Unternehmungen oft vergessen wird. Unternehmungsnetzwerke sind eine mögliche Antwort auf die Frage nach dem ‚Wie' der Koordination, deren Möglichkeiten zur Regulation beruhen aber gleichzeitig wiederum auf Entwicklungen abstrakter Systeme. Die Möglichkeiten und Grenzen zur Regulation variieren zudem mit den ja auch keinesfalls konstanten Einstellungen und Entwürfen der Akteure.

145 Eine Vielzahl der zur reflexiven Systemregulation genutzten Mittel ist zwar nicht spezifisch für eine Unternehmung oder ein Unternehmungsnetzwerk ausgelegt. Das bedeutet aber nicht, daß sie nicht unter Umständen doch in systemspezifischer Form verwendet werden – etwa indem sich ein Netzwerkjargon in Unternehmungsnetzwerken ausbildet, Netzwerkregulationen darauf zielen, bestimmte Mitbestimmungsrechte und Tarifbindungen zu unterlaufen oder Arbeitszeiten speziell ausgelegt werden.

bzw. Systemkoordinatoren und auch der Einsatz der Mittel richtet sich auf sie. Das gilt zumindest für Sozialsysteme im Bereich der Ökonomie. Netzwerkregulation richtet sich (diskursiv oder praktisch, stärker oder weniger reflexiv) im wesentlichen auf die Ausgestaltung allgemeiner Bedingungen für die (Re-)Produktion dieses Sets von Strukturmerkmalen. Gegebenenfalls bilden sich als Medium und Resultat der Netzwerkpraktiken und ihrer Regulation spezielle gegenstandbezogene Praktiken ihrer Aufnahme und Ausgestaltung heraus, das heißt Praktiken der Selektion, der Ressourcenallokation usw..

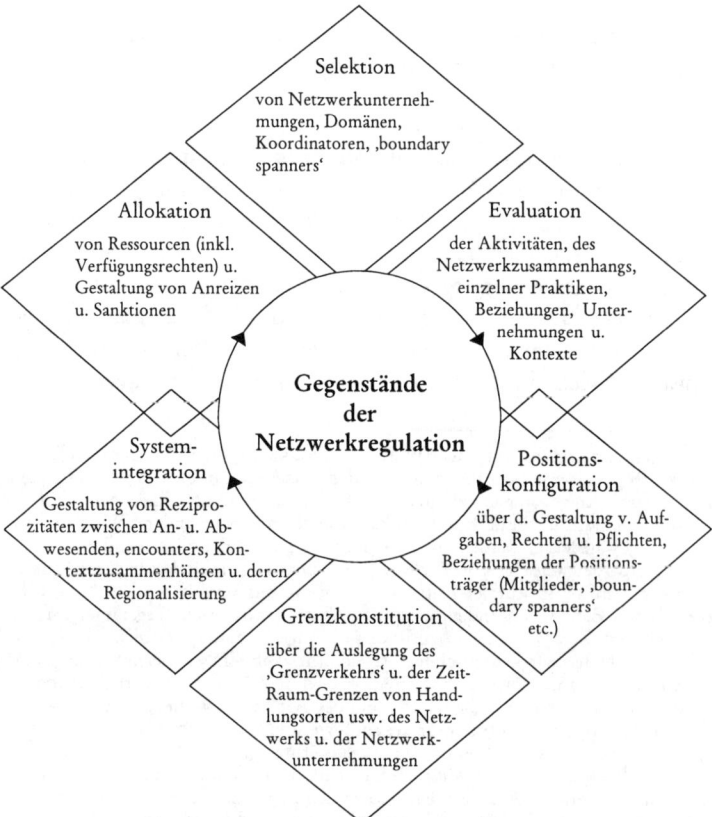

Abb. III-8: Gegenstände der Netzwerkregulation[146]

Die gegenstandsbezogenen Aktivitäten der Netzwerkregulation sind rekursiv miteinander vermittelt. Die Auswahl von Akteuren mit entsprechenden Fähigkeiten setzt zum Beispiel elementare Bedingungen für die Ausgestaltung der Al-

---

[146] Die Abbildung erweitert und modifiziert eine frühere Überlegung (Sydow/Windeler, 1994, 4 ff.; 1997, 151).

lokation von Ressourcen, für die Evaluation usf. bis hin zur Grenzkonstitution. Umgekehrt ist die kompetente Auswahl von Akteuren ihrerseits durch die Auslegung der anderen Praktiken beeinflußt: Maßnahmen der Systemintegration besitzen Einfluß auf die Auswahl von Akteuren, die Praktiken der Positionskonfiguration und der Grenzkonstitution stellen besondere Anforderungen an potentielle Neumitglieder usw.. Die tagtägliche, situative Ausgestaltung von Netzwerkpraktiken hat (zuweilen gar) massive Auswirkungen auf Möglichkeiten und Grenzen der Regelung allgemeiner Bedingungen für diese Praktiken und umgekehrt. Nur bei einem hohen Grad an Netzwerkregulation geraten einzelne (Bündel von) Gegenständen der Netzwerkregulation systematischer in den Blick, bilden sich (vereinzelt oder umfassend) spezielle Praktiken der Aufnahme dieser Gegenstände der Netzwerkregulation aus und werden sie gezielt reguliert. In vielen Netzwerken wird ein Großteil der genannten Gegenstände der Netzwerkregulation eher praktisch strukturiert als (stärker reflexiv) reguliert.

Die Literatur über Netzwerke nimmt sich der Netzwerkpraktiken (und ihrer Regulation) nicht in ihrer ganzen Breite an. Sie thematisiert allenfalls einzelne Aspekte, wie etwa den Opportunismus der Akteure (Williamson, 1990 [1985]), Maßnahmen, die Vertrauen befördern (Bachmann, 2000), ökonomisch-technische Bedingungen (Bechtle, 1994) oder gesellschafts- oder branchenweite institutionelle Arrangements (Hollingsworth/Lindberg, 1985; Hollingsworth, 1991). So wichtig die damit zu erzielenden Erkenntnisse im Einzelnen sind, die in strukturationstheoretischer Sicht im Zentrum einer jeden Netzwerkerklärung stehenden Praktiken lassen sich damit nicht voll erfassen. Partiell finden sich in der Literatur jedoch Ausnahmen. So sind die von uns recht vorläufig formulierten Überlegungen zur Selektion, Regulation, Allokation und Evaluation von Netzwerkpraktiken (Sydow/Windeler, 1994) etwa von Sieber (1998) und auch Griese und Sieber (1999) positiv aufgegriffen worden. Auch hat sich in den letzten Jahren ein eigener kleiner Diskurs um Netzwerkgrenzen entsponnen (hierzu 262 ff.). Als Anregung für weitere Ausarbeitungen stelle ich nun die angesprochenen Gegenstände der Netzwerkregulation für Unternehmungsnetzwerke vor und erörtere wichtige Regulationsmaßnahmen – ähnliche Überlegungen ließen sich parallel für eine ganze Anzahl moderner Handlungssysteme treffen.

Selektion von Akteuren und Handlungsdomänen

Wer Partner in einem Unternehmungsnetzwerk werden kann, ist außerordentlich wichtig – ungleich wichtiger als die Selektion einzelner Mitarbeiter in Unternehmungen. Festgelegt werden Prozeduren, Praktiken und Kriterien der Netzwerkselektion. Die Auswahl und Zuordnung von Partnerunternehmungen ist in Unternehmungsnetzwerken insbesondere aus drei Gründen bedeutsam: In Netzwerken ist (1.) die Mitgliedschaft (anders als etwa in Familien, aber ähnlich wie in Unternehmungen) hochgradig intentional, diskursiv, strategisch wichtig und disponibel. Der Einbezug in die strategische Ausgestaltung des dauerhaften

Beziehungszusammenhangs schließt (2.) ein, daß diese Mitgliedschaft nicht punktuell ist (wie auf Märkten), sondern zumeist auf Dauerhaftigkeit (wiederum ähnlich wie in Unternehmungen) orientiert ist, sich dann aber mit Erwartungen an proaktives Handeln ohne Anweisungsbefugnis im Sinne einer einheitlichen Leitung (also anders als in Unternehmungen) verbindet. Netzwerke treffen daher Mitgliedschaftsentscheidungen von gewisser Dauer zumeist mit besonderer Sorgfalt. Da die gewünschte Teilnahme an Unternehmungsnetzwerken mit verbesserten Wettbewerbsmöglichkeiten und anderen Intentionen einhergeht, wird sehr genau über Anreize und Sanktionen nachgedacht. ausgewählt werden (strategisch) zudem Handlungsdomänen. Die Auswahl von Akteuren und Handlungsdomänen sind rekursiv miteinander vermittelt.

Im Mittelpunkt einer Regulation der Selektion in und von Unternehmungsnetzwerken stehen:
- Festlegungen relevanter Handlungsbereiche oder Domänen, Prozeduren und Programme[147] sowie der zu nutzenden Kriterien und Mittel der Selektion (Eintritts-, Austritts- und Ausschlußkriterien);
- Besetzungen selektionsrelevanter Netzwerkpositionen;
- die Abstimmung von Selektionspraktiken des Netzwerks mit denen der Netzwerkunternehmungen und eventuell
- die Einflußnahme auf Kontexte zur Durchsetzung netzwerkförderlicher Bedingungen (wie selektionsrelevanter Gesetze, politischer Regulationen bis hin zu Sicht- und Denkweisen über adäquate Selektionspraktiken) und die Nutzung netzwerkübergreifender Institutionen zur Ausgestaltung der Selektionspraktiken wie zur Sanktionierung von Regelverstößen.

Allokation von Ressourcen

Die Koordination von Interaktionen und Beziehungen in Zeit und Raum setzt in Unternehmungsnetzwerken die Allokation und Nutzung von materiellen und immateriellen sowie allokativen und autoritativen Ressourcen voraus. Eingeschlossen sind auch die im Netzwerk verwendeten Mittel der Netzwerkregulation.[148] Angesichts alternativer Verwendungsmöglichkeiten von zumeist knappen Ressourcen und Kontingenzen ihrer Nutzung, wird deren Allokation geregelt – einschließlich der Bereitstellung hinreichender Ressourcen für die Netzwerkregulation. Unternehmungsnetzwerke fixieren zumeist weitgehend reflexiv allgemeine Bedingungen für die Prozesse, Praktiken und Verfahren institutioneller oder

---

147 Eingeschlossen sind Rhythmen und Anlässe, Prozesse, Mittel und Praktiken der Sammlung und Auswertung selektionsrelevanter Daten und Informationen, etwa der Überprüfung der Mitgliedschaft und ein reflexiver Abgleich relevanter (Entwicklungen der) Profile des Netzwerks und der Netzwerkunternehmungen mit denen der Geschäftsfelder und Handlungsräume, auf denen sie in Zeit und Raum aktiv sind oder sein wollen – wobei sich die Profile aus den Sicht-, Legitimations- und Handlungsweisen der Akteure speisen (Windeler/Lutz/Wirth, 2000).
148 Siehe zum strukturationstheoretischen Ressourcenbegriff genauer den Abschnitt III-6.

punktueller Zuordnung von Aufgaben und Ressourcen zu Akteuren.[149] Das schließt die Verteilung von Verfügungsrechten und die Ausgestaltung von Anreizstrukturen ein. Allgemein geregelt wird ferner gegebenenfalls:
- wer welche Rechte des Zugriffs auf und der Nutzung von Informationen, Maschinen und Personen sowie von Beziehungen zwischen Akteuren – unter Umständen auch anderer Netzwerkunternehmungen – und welche Pflichten im Netzwerk hat (Verfahren der Mittelvergabe und -nutzung, zum Beispiel gemeinschaftliche Nutzung von Patenten),
- wer welche Rechte und Pflichten der Teilnahme an Entscheidungen (auch über die Allokation von Ressourcen) und Aktivitäten anderer Art im Netzwerk besitzt;
- durch welche Ressourcen (und physikalische Eigenschaften) und Aufgabenstellungen usw. Handlungsorte und Positionen ausgezeichnet werden sollen;
- welche Ressourcen neu produziert, welche verbessert und wie diese im Netzwerk verteilt und abgesichert werden sollen[150] und eventuell auch,
- in welchem Bereich in welcher Form Einfluß genommen werden soll auf netzwerkübergreifende Regulationen der Allokation von Ressourcen (etwa auf Besitz-, Eigentums- Transfer- und Nutzungsrechte von Ressourcen und die relevanten Entwicklungen in diesen Bereichen) und wie netzwerkexterne Vorgaben zur Regulation – vor allem zur Sanktionierung und Ahndung von Verstößen – genutzt werden sollen.

Evaluation des Netzwerkgeschehens

Reguliert wird auch die *Evaluation*, geht es beim Anschluß von Handlungen aneinander doch auch um die Bewertung situativer Alternativen unter Einbezug vergegenwärtigter vergangener und zukünftiger Möglichkeiten sowie interner und externer Anforderungen im Systemkontext.

Die Evaluationskriterien sind in Unternehmungsnetzwerken natürlich vor allem ökonomische. Obwohl Fragen der Evaluation in ökonomischen Kontexten allgemein hohe Aufmerksamkeit besitzen, sind bezogen auf Unternehmungs-

---

149 Die Verfahren können recht unterschiedlich sein: Allokation von Ressourcen kann Medium und Resultat ausgefeilter, vielschichtiger Verfahren und Beteiligung einer Vielzahl von Akteuren sein, wie das oft in großen tief integrierten Unternehmungen der Fall ist; sie kann aber auch Medium und Resultat von Verfahren sein, wie wir es aus dem Bereich des Venture Capitals kennen, in dem Ideen, die als erfolgversprechend eingestuft werden, Ressourcen in Form von Risikokapital und Talent zugeordnet werden.

150 In Frage steht, ob Unternehmungen im Netzwerk (gemeinsam) Produktionsstätten, Dienstleistungseinrichtungen wie Büros, EDV-Dienstleister, Berater und ähnliches schaffen oder vorhandene als Netzwerkeinrichtungen deklarieren, die sie gemeinsam nutzen und deren Kosten und Erträge sie untereinander nach einem zwischen den selbständigen Unternehmungen vereinbarten Modus verteilen. Geprüft werden muß ferner, inwiefern Praktiken gemeinsamer Kapitalbeschaffung entwickelt und erprobt sowie Formen wechselseitiger Kapitalbeteiligung (zum Beispiel der ringförmigen wechselseitigen Kapitalverflechtungen im Falle der japanischen Keiretsu [Gerlach, 1992, 113 ff.]) ausgehandelt werden sollen.

netzwerke noch erstaunlich viele Fragen offen – während für Fragen der Bewertung von Leistungsbeiträgen und Leistungspotentialen auf Märkten und in Unternehmungen recht ausgefeilte Standards und Verfahren (der Kosten-/Nutzenrechnung, der Unternehmensanalyse, der Ressourcen- und Konkurrentenanalyse etc. z.B. Steinmann/Schreyögg, 1993, 172 ff.) vorliegen. Bereits eine kostenmäßige Evaluation der Netzwerkzusammenhänge ist in Unternehmungsnetzwerken alles andere als einfach. Vieles ist ferner gerade in Unternehmungsnetzwerken nicht leicht kostenmäßig klar zuzurechnen. So ist es schwer, die Erträge des Netzwerkzusammenhangs den Aktivitäten einzelner Netzwerkunternehmungen einerseits und dem Netzwerk andererseits zuzurechnen. Die Potentiale einzelner Geschäftsbeziehungen (sowie den Grad ihrer Realisierung) werden in ihrer Bedeutung für den Netzwerkzusammenhang bisher nur recht rudimentär bestimmt. Ob etwa Redundanzfreiheit (Burt, 1992) oder ein bestimmter Grad von Redundanz (z.B. Grabher, 1994) der adäquate Orientierungspunkt für ökonomische Effizienz und Effektivität von Netzwerkzusammenhängen ist, ist umstritten (genauer II.2). Weitgehend unerforscht ist auch die Bedeutung, die Übereinstimmungen (oder Divergenzen) in Sicht-, Legitimations- und Handlungsweisen für ökonomischen Erfolg in Netzwerken zukommt. Weitere Problemstellungen verbinden sich mit juristischen und mit politischen Evaluationen (was Organisationsformen, Haftungs- und Vertragsformen sowie politische Gestaltungsmöglichkeiten betrifft). Schließlich gibt es auch Praktiken sozialer Evaluation mit dem Ziel der Legitimationssicherung im Sinne von Meyer und Rowan (1977, 352).

Da es bei Evaluation um allgemeine Bedingungen der Aneignung der Resultate und des Verhältnisses von Beitrag und Nutzen geht, sind gerade diese Festlegungen bedeutsam, höchst sensibel und nicht selten zwischen verschiedenen Stakeholdern umkämpft.[151] Tragfähigere Evaluationsprozeduren und -programme von Unternehmungsnetzwerken sind also erst noch zu entwickeln. Sie müssen mindestens ergänzend zur einzelbetrieblichen Evaluation Regeln und Prozeduren

---

151 Fligstein (1990) unterscheidet für Unternehmungen zwischen einer Finanz-, Produktions- sowie einer Verkaufs- und Marketingkonzeption (s.a. Ortmann et al. 1990, 372 ff.), die auch in Unternehmungsnetzwerken Gültigkeit besitzen (Sydow et al., 1995). Die damit einhergehenden Orientierungen sind bekanntlich unterschiedlich. Im Rahmen der Finanzkonzeption der Unternehmung, der aktuell hohe Bedeutung zukommt (z.B. Fligstein, 1990, 15; Springer, 1999), besteht der Zweck der Unternehmung darin, kurzfristig Profite zu erzielen. Dementsprechend wird die Performanz zentral über Profitraten gemessen und über Diversifikationen, genauer durch Fusionen und Divestments, versucht, die relevanten Assets zu manipulieren. Seinen Ausdruck findet das auch im Credo des Shareholder-Value-Capitalism mit seiner vergleichenden Orientierung an kurzfristiger Kapitalverzinsung auf Produkt-, Kapital- und Finanzmärkten. In der Produktionsperspektive steht dagegen die Preisstabilität durch interne Kontrollen und deren Absicherung durch Einflußnahme auf organisationale Felder im Mittelpunkt. In der Verkaufs- und Marketingperspektive wiederum rückt die Fähigkeit der Unternehmungen in den Vordergrund, entsprechend der Nachfrage zu produzieren. Die Perspektiven begründen, wie auch die Studien von Ortmann et al. (1990) aufzeigen, legitime Orientierungspunkte für Abteilungsrationalitäten und für Auseinandersetzungen um deren Dominanz in Unternehmungen und, so hat es den Anschein, auch im Rahmen von Unternehmungsnetzwerken (s.a. Sydow et al., 1995, 135 ff.).

des in der Zeit gestreckten Ausgleichs von Leistungen auf der Basis der Reziprozitätsnorm ausbilden (Provan/Milward, 1995; 1999; Sydow/Windeler, 1996; Provan, 2001).

Reflexiv ausgestaltet werden (abhängig von stärker explorativ oder exploitativ ausgerichteten Strategien[152]) gleichwohl und wie vorläufig auch immer:
- allgemeine Kriterien der Evaluation und Zuständigkeiten für deren Gestaltung, Überwachung, Einhaltung und Sanktionierung;
- Prozeduren und Programme, die den Beitrag und die Potentiale einzelner Akteure, Praktiken, Kombinationen von Praktiken, konkreter Aktivitäten und schließlich des Netzwerkzusammenhangs insgesamt bestimmen und zuzurechnen erlauben. Eingeschlossen ist die Kontrolle und Supervision der Kompetenzen des jeweiligen Managements, von Geschäftsaktivitäten und -beziehungen mit Dritten sowie des jeweiligen Mix aus Anreizen und Sanktionen;
- Vergleiche mit anderen Governanceformen,[153] die Erkundung und Bewertung von ‚best practices' im Netzwerk usw. usf.;
- die Abstimmung von Evaluationspraktiken des Netzwerks mit denen der Netzwerkunternehmungen und zukünftig eventuell
- die Einflußnahme auf Kontexte zur Durchsetzung netzwerkförderlicher Evaluationsbedingungen, -verfahren usw..

Systemintegration von Aktivitäten und Akteuren

Akteure konstituieren Unternehmungsnetzwerke und legen Praktiken der Netzwerkregulation aus, indem sie Aktivitäten und Akteure *in und jenseits von Kopräsenz* in das Unternehmungsnetzwerk *integrieren* (ähnliches gilt allgemein für Sozialsysteme s.a. Giddens, 1984, 28).[154] Wie Akteure in ihren Aktivitäten Rezi-

---

152 Koza und Lewin (1999, 641) sehen Vernetzung auf der Basis einer Unterscheidung von March (1991) im wesentlichen durch zwei Strategien verursacht – Exploitation und Exploration. „Exploitation refers to the elaboration and deepening of existing capabilities and to incremental improvements in efficiencies. The strategic intent of exploitation is to obtain residual revenue and enhancement of other capabilities. Exploration refers to experimenting with or establishing new assets and capabilities. The strategic intent of exploration is the discovery of new opportunities, which may have dramatic effects on a firm's performance."

153 Vergleichend evaluiert werden beispielsweise Praktiken alternativer Markteintritte: greenfield investments, Akquisitionen, Joint Ventures, strategische Allianzen und der Eintritt in bestehende oder der Aufbau eines eigenen Netzwerks. Einbezogen werden *interne* Ausgangsbedingungen mit ihren Entwicklungen (einschließlich ‚imprinting conditions' [Stinchcombe, 1965], ‚structural inertia' [Hannan/Freeman, 1977]) und eventuell auch *externe* Bedingungen (wie Entwicklungen von Märkten und politischen Regulierungen) sowie Möglichkeiten der Beeinflussung und Nutzung netzwerkübergreifender Vorgaben und Institutionen zur Regulation von Evaluation.

154 *Integration* bezieht sich in einem strukturationstheoretischen Sinne auf rekursiv hervorgebrachte, regulierte Verbindungen zwischen Aktivitäten und Akteuren in Zeit und Raum. Der Gegenbegriff zu Integration ist daher nicht, wie bei Parsons, Konflikt oder das Fehlen von Regulation. Er lautet: Zusammenbruch der Systemreproduktion (Cohen, 1989, 93 f.). Der Verklammerung von Integration mit Kohäsion und Konsens, die der Begriff in den Schriften von Parsons und Lockwood erfährt, erteilt Giddens eine Absage (s.a. Giddens, 1981, 29). Giddens thematisiert das (Fortsetzung der Fußnote auf der nächsten Seite)

prozitäten zwischen und mit Anwesenden und Abwesenden herstellen, Geschäftsaktivitäten und -beziehungen als Netzwerkaktivitäten oder als Aktivitäten Dritter handhaben, Aktivitäten damit in Systemzusammenhänge integrieren (und andere ausgrenzen), wird geregelt – und zwar durchaus auch reflexiv.

Systemintegration in Kopräsenz (Sozialintegration in Giddens' Terminologie) meint Praktiken der Herstellung von Reziprozität, des koordinierten wechselseitigen Bezugs zwischen Anwesenden in einen Systemzusammenhang, knüpft an *Anwesenheit*, an die in Face-to-Face-Interaktionen in sozialen Gelegenheiten oder in medial, etwa über Telefon, Fax bis hin zum Internet, vermittelter kopräsenter Interaktion an. Sie meint nicht eine abstrakte Form von Anwesenheit, etwa die der Weltbevölkerung auf der Welt zu eine bestimmten Zeitpunkt (s.a. Berger, 1995, 104). Giddens (z.B. 1987e, 136 f.) unterscheidet zwischen Kopräsenz und ‚presence-availability'. *Kopräsenz* bezeichnet die für die meisten Akteure alltägliche Erfahrung, daß andere direkt zugänglich und greifbar sind, und sei es über das Telephon oder das E-Mail. Beide Interaktionskontexte unterscheiden sich wiederum von dem, was Giddens *‚presence-availability'* nennt:

„In large gatherings, although individuals might be present in the same overall space with one another, they are not continuously within the range of vision or earshot of each other. They are ‚available', in the sense that the individual might quite readily seek them out. Yet there may be more effort involved in so doing than in the case of individuals who are in adjoining rooms within a building, or in rooms on the same floor in a building. The study of mechanisms of ensuring presence availability has to be closely tied to analysing what goes on in situations of immediate co-presence. This means relating sorts of discussion Goffman provides with more extended analysis of the nature of the locales and the modes of regionalization whereby contexts of co-presence are conjoined. For example it seems entirely misleading to separate, as a distinct ‚interaction order', the tissue of encounters in contemporary societies from urbanism as a social form" (Giddens, 1987e, 137).

von mir vorgestellte Verständnis von Systemintegration als *Sozial- und Systemintegration:* „Social integration [means] reciprocity between actors in contexts of *co-presence*; system integration reciprocity between actors or collectivities *across extended time-space*" (Giddens, 1984, 28; Darstellung verändert und Hervorh. hinzugefügt, A.W.; s.a. Giddens, 1990b, 301 f.; 1979, 77). Er greift die Unterscheidung von Lockwood (1964) auf, reformuliert sie aber recht weitgehend. Begrifflich ist die Unterscheidung nicht sehr glücklich. Sie suggeriert, daß Sozialintegration nicht in soziale Systeme integriere und Systemintegration nicht sozial integrativ sei. Die Kopula ‚und' verweist zwar auf deren Verkopplung, beseitigt aber nicht das Problem. Ich bevorzuge daher die Redeweise der Integration *in Kopräsenz* und *über sie hinaus*, trifft sie doch den inhaltlichen Kern der Bestimmung, ohne die angesprochenen Assoziationen zu provozieren. Archer (1995; 1996) und Mouzelis (1997) bringen eine Vielzahl ganz anderer Einwände gegen die von Giddens vorgenommene Modifikation der Unterscheidung von Lockwood vor, denen ich mich wiederum nicht anschließe. Im Mittelpunkt ihrer Kritik steht die Annahme von Giddens, Sozial- und Systemintegration könnten nicht vollständig unabhängig voneinander variieren, da sie über soziale Praktiken miteinander vermittelt seien. Für beide Kritiker gilt: Fruchtbarer ist da schon die von Lockwood vorgestellte Differenz zwischen ‚Sozialintegration', als ‚geordnete oder konfliktuelle Beziehung zwischen Akteuren', und ‚Systemintegration', als ‚kompatible oder inkompatible/widersprüchliche Beziehungen zwischen Teilen des Systems', wobei unter Teilen die von Parsons unterschiedenen Teilsysteme der Ökonomie, der Politik, der Justiz und der Religion verstanden werden. Beide Einwände beruhen auf der Vorstellung von ‚emergent properties' im Sinne Durkheims, die Giddens begründet verwirft (eine direkte Replik auf eine frühere, ähnlich orientierte Kritik von Mouzelis findet sich in Giddens, 1993 [1976], 2 ff.).

Tatsächlich haben Unternehmungsnetzwerke es auch mit diesen räumlichen Gesichtspunkte der Anwesenheits-Verfügbarkeit zu tun, die sie neu organisieren. Sie nutzen räumliche Nähe und/oder neue Möglichkeiten der Überbrückung von Zeit und Raum.

Systemintegration jenseits von Kopräsenz (Giddens' Systemintegration) spricht dagegen den Einbezug physisch in Zeit und Raum Abwesender und von Abwesendem an, verbindet sich mit *Abwesenheit*. Systemintegration in und jenseits von Kopräsenz sind analytisch zu unterscheiden, spielen aber im Handeln zusammen.[155] Netzwerkzusammenhänge tragen über die Auslegung allgemeiner Bedingungen der Netzwerk(re-)produktion zu der Ausdehnung einer regulierten Zeit-Raum-Koordination, zu möglichen neuen Formen und Erweiterungen der *Zeit-Raum-Ausdehnung* und *Zeit-Raum-Dynamik* im Rahmen der reflexiven Systemintegration bei. Die Praktiken der Herauslösung *aus* und Reintegration *in* Zeit und Raum, bewirken eine Rückbindung *an* Zeit und Raum, gegebenenfalls in größeren Zeit-Raum-Zusammenhängen, setzen (Handlungs-)Orte in Verbindung, rekombinieren sie über weite Distanzen in Zeit und Raum (Giddens, 1992, 2).

Aktuelle Formen des Zeitmanagements, zum Beispiel bei der ‚just-in-time'-Produktion oder der gesteigerten Aufmerksamkeit für ‚time-to-market' als wichtigen Gesichtspunkt des Managements von Produktinnovationen (z.B. Jürgens, 1997; Werner, 1997; Buchholz, 1998), ferner neue Möglichkeiten der Zeit-Raum-Koordination und -konstitution durch neue Medien wie das Internet (z.B. Rammert, 1997), steigern die Bedeutung der Zeit-Raum-Regulation von Netzwerken.

Systemintegration umfaßt im Netzwerk das Gestalten und Überwachen:

- ausgewählter unternehmungsübergreifender Anlässe und Gelegenheiten kopräsenten Zusammentreffens und der Herstellung bzw. Aufrechterhaltung der Anwesenheitsverfügbarkeit von Akteuren unterschiedlicher Netzwerkunternehmungen (von Arbeitern bis zu Topmanagern);
- unternehmungsübergreifender Produktions-, Distributions- und Konsumtionsprozesse[156] und damit des rekursiven Einbezugs von Aktivitäten unterschiedlicher (gegebenenfalls über den Globus verstreuter) Werke eines Unternehmungsnetzwerks inklusive der nötigen Prozeduren und Programme wie Arbeits- und Lieferpläne, informationstechnische Produktionsfortschrittsmeldungen, vergleichende Beurteilungen von Standorten; das stiftet eine Ver-

---

[155] Ich kann und will an dieser Stelle nicht die einschlägigen Verschiebungen zwischen An- und Abwesenheitsformen und die mit ihnen korrespondierenden Verschiebungen der Zeit-Raum-Pfade und Reziprozitätsformen en détail nachzeichnen, die sich mit der Trennung von Produktion und Reproduktion, von Arbeit und Wohnen und Formen medialer Vermittlungen von Kommunikationen in der Herausbildung moderner Gesellschaften oder neuer Formen der Koordination ökonomischer Prozesse verbinden (hierzu Giddens, 1984; 1990a; 1994; Berger, 1995).

[156] Unternehmungsnetzwerke schaffen unternehmungsübergreifende Handlungsgelegenheiten. Man denke an die abgestimmte oder gemeinsame Produktion materieller Güter in Fabriken. Gegebenenfalls werden verschiedene organisationale Felder, wenn die Produktion die Grenzen von Nationalstaaten überschreit, miteinander verzahnt und Zonen unterschiedlicher Wichtigkeit miteinander verflochtener Handlungsorte etabliert.

gegenwärtigung von Zusammenhängen sowie die Einbindung der Geschichte und der in Wissensumwelten eingeschlossenen Zukunft;[157]
- von Praktiken rekursiver Markierung, Ordnung und Verbindung von Netzwerkaktivitäten in Zeit und Raum – einschließlich des netzwerkbezogenen Gebrauchs von ‚frames' und ‚maps' (z.B. des proaktiven Einbezugs anderer Netzwerkunternehmungen bei der Ausgestaltung von Arbeits-, Produktions- und Lieferplänen);[158]
- der Regionalisierungen und Verknüpfungen von Handlungsorten (Zeit-Raum-Zonen, Formen, Reichweite und Charakter der Verflechtung) und Handlungssequenzen im Netzwerk durch Abstimmung der An- und Abwesenheit, der Zeit-Raum-Profile von Netzwerkunternehmungen, des Netzwerks und der relevanten Kontexte einschließlich der damit verbundenen Konflikte;[159]
- der Zuständigkeiten für Systemintegration im Netzwerk und des Abgleichs der Praktiken des Netzwerks mit denen der Netzwerkunternehmungen (ein-

---

[157] Unternehmungsnetzwerke tragen so zu einer unternehmungsübergreifenden Regionalisierung von Handlungsorten (Giddens Begrifflichkeit) bei. Es bilden sich im Netzwerkzusammenhang koordiniert (typische) Zeit-Raum-Zonen (z.B. Arbeitszeiten in ihrer Verbindung mit speziell ausgezeichneten Arbeitsorten) und spezielle Geflechte von Handlungsregionen (z.B. Orte miteinander verflochtener Produktionen oder allgemeiner: Aktivitäten) heraus. Räume werden so zu bestimmten Zeiten im Netzwerkzusammenhang koordiniert wiederkehrend genutzt, Tätigkeiten, Abläufe in Zeit und Raum synchronisiert und die Geschichte sowie zukünftige Horizonte miteinander in Zeit und Raum verzahnt (s.a. Giddens, 1987a, 160 f.). Die Untersuchung der Regionalisierung von Handlungsorten in Unternehmungsnetzwerken in Form der Analyse von Zeit-Raum-Pfaden von Kapital, Geld, Gütern, Aktivitäten und Akteuren, Informationen, Technologien, Ideen, Bildern und Regulationen in Netzwerken, der durch Vernetzung erfolgenden strategisch beeinflußbaren oder pfadabhängigen Möglichkeiten und Grenzen der Verschiebung der Pfade und der durch sie bewirkten wechselseitigen Verflechtungen von Aktivitäten, Ereignissen und Handlungsorten steht heute noch aus. Mittel zu ihrer Analyse liegen seit langem vor (z.B. Hägerstrand, 1953; s.a. Harvey, 1982; Giddens, 1984, 110 ff.; Gregory, 1989; Jary, 1991; Urry, 1991).

[158] Die Ausgestaltung der Regionalisierung von Handlungsorten besitzt viele Ansatzpunkte (Giddens, 1984, 121 ff.), physikalische und symbolische Grenzen und Praktiken ihrer Überwachung und Sicherung. Physikalische Grenzen, wie Wände zwischen Räumen, Mauern oder die Architektur von Gebäuden und Handlungsterrains als Abgrenzung von Fabrikhallen gegenüber ihrer räumlichen Umwelt, lassen sich hierbei von symbolischen unterscheiden, die durch ein Grenzmanagement bedacht sein wollen. Relevant sind ferner die unterschiedliche *Dauer* und *Reichweite* von Regionalisierungen, die produzierten ‚*Vorder- und Rückseiten*' des Handlungsgeschehens, die Formen der ‚*Ein- und Ausgrenzung*' sowie der ‚*Ver- und Entöffentlichung*', die strategische Verflechtung und Hierarchisierung von Handlungsregionen und die Verknüpfungen zwischen *Lokalität und Translokalität*.

[159] Weltweit ausgelegte, vielstufige Produktionsketten schaffen etwa auf der einen Seite transnationale Produktions- und selektive Informationszusammenhänge, produzieren auf der anderen Seite aber für viele (insbesondere eher periphere) Akteure im Netzwerk und netzwerkexterne Akteure auch systematisch Unübersichtlichkeiten, Undurchsichtigkeiten und Hintergrundregionen. Nicht zufällig kommt da zuweilen der Eindruck auf, die Produktions- und Distributionsverbünde regulierenden Akteure schafften zum Teil bewußt und strategisch Barrieren gegen umfassendere Formen der Vergegenwärtigung von Produktionszusammenhängen für Akteure im Netzwerk oder externe Beobachter und entzögen sich damit auch möglicher Zurechnung von Verantwortung (s. hierzu etwa für Unternehmungsnetzwerke in der Spielzeugindustrie das Beispiel Galoob Toys im Teil I).

schließlich der Auslegung der Infrastrukturen, vor allem Kommunikations- und Transportmittel)[160] und eventuell das Gestalten
- weiterer Bedingungen der Systemintegration (von Arbeitszeitregulationen bis hin zu Regulationen des Baus von Gebäuden und der Ausgestaltung von Infrastruktur und Nutzung netzwerkexterner Institutionen zur Regulation).

Ich habe in dieser Arbeit immer wieder den praktischen Rekurs auf den System*zusammenhang* der Netzwerke als differentia spezifika gegenüber Märkten verwiesen – in Absetzung von jedweder Fokussierung auf dyadische Beziehungen. Um so bedeutsamer sind die erwähnten Maßnahmen der Systemintegration und ihre Regulation.

Positionskonfiguration im und vom Netzwerk

Auch in Netzwerken geht es um ‚Stellen' – im weitesten Sinne.

Unternehmungsnetzwerke bilden (wie alle Sozialsysteme mit gewisser Ausdehnung in Zeit und Raum) soziale Positionen (wie die des Netzwerkkoordinators) und Positionsgefüge (etwa von Produzenten mit ihren Zulieferern) aus und positionieren sich reflexiv im Geflecht der für sie relevanten Sozialsysteme (etwa als Netz von Systemzulieferern gegenüber Endproduzenten). Akteure können mehrere Positionen gleichzeitig bekleiden, die Zurechnung kann multiplex und polyvalent sein.[161] Soziale Positionen und Positionsgefüge standardisieren und konventionalisieren den Möglichkeitsraum für das Geschehen und generalisieren Verhaltenserwartungen (Luhmann, 1964, 54 ff.), offerieren aber gleichzeitig differenzierende Möglichkeiten der Zeit-Raum-Ausdehnung und Koordination.[162]

---

160 Einbezogen ist gegebenenfalls die Einflußnahme auf forschungs- und technologiepolitische Entscheidungskorridore (Ortmann et al., 1990, 409 ff.) bis hin zu Zeitpunkten, Fahrtrhythmen und Fahrtstrecken von Transportmitteln, mit denen Akteure ihre Arbeits- und Wohnorte und Produkte ihrer Bestimmungsorte erreichen (Giddens, 1984, 78; 1979, 12).

161 Positionierung ist etwas *Mehrrelationales*. Gerade wenn Unternehmungen Mitglieder verschiedener Unternehmungsnetzwerke sind, sind Probleme vorprogrammiert. Positionierung ist ferner *polyvalent*. Ein Top-Manager einer Unternehmung handelt gleichzeitig zum Beispiel als Vertreter eines Unternehmungsnetzwerks, als Mitglied der Führungselite einer Branche, Verbandsmitglied usw.. (s.a. Giddens, 1984, 85).

162 Akteure verbinden mit Positionen ‚Erkenntnisregeln' (Luhmann, 1988, 171): Sie zeigen ihnen die Stellung eines Akteurs an, geben Hinweise, wer zuständig ist, an wen man sich wenden kann, wer Bezugspunkt oder Ansprechpartner ist, welche Aufgaben die Positionsinhaber durchführen (können und/oder müssen), welche Netzwerkunternehmungen oder Netzwerken diese zugeordnet und zugerechnet werden, welche begründete Erwartungen an eine durch den Netzwerkzusammenhang kontrollierte Qualität der Durchführung der Aktivitäten gerichtet werden kann, ob begründetes Zutrauen in den so gesicherten Ablauf der Prozesse und der produzierten Resultate besteht und welche Reziprozitäten aufgrund der Stellung oder der Zugehörigkeit zu einer Akteurskonstellation typisch zu bedenken sind (s.a. Luhmann, 1964, 172 ff.). In Netzwerkkontexten treten Aktivitäten zwischen positionalen Positionsträgern oft an die Stelle von auf personaler Beziehung begründeter Vertrauenswürdigkeit und darüber vermittelter Anschlußfähigkeit (Giddens, 1989a, 279). Deren Bestimmung kann an den Befunden und Kategorien struktureller Netzwerkanalyse anschließen. Sie offeriert uns eine Vielzahl möglicher Klassifizierungen von Positionen und Positionskonfigurationen. Sie kann deren Gehalt aber nicht erfassen (zu den Problemen s. nochmals den Teil II.2).

Unternehmungsnetzwerke (allgemein: Sozialsysteme) werden über die Gestaltung sozialer Positionen und Positionsgeflechte als markierte und geordnete *Artikulations-* und *Zurechnungspunkte* sowie ‚Adressen' gestaltet (s.a. Giddens, 1990a).[163]

Reguliert werden in Unternehmungsnetzwerken daher auch vorrangig Aktivitäten von Positionsträgern (seien es Mitglieder, Experten, Repräsentanten oder Delegierte, die z.b. als Mitglieder von Steuerungsgremien interagieren, oder seien es z.B. System- oder Komponentenzulieferer), die sich in ihrem Handeln zudem oft durch die Nutzung bestimmter Mittel und/oder Räume ausweisen (müssen), auch wenn die Durchführung notwendig immer an Personen gebunden bleibt. Das befördert zudem ein ‚*position-taking*'[164] und erleichtert, Aufgabenstellungen über die Grenzen einzelner Unternehmungen hinweg reguliert aufeinander zu beziehen und entsprechend zu regulieren – etwa in Form einer flexiblen Spezialisierung der Netzwerkunternehmungen (Piore/Sabel, 1985 [1984]) oder der koordinierten Abstimmung von Aktivitäten von Positionsträgern einzelner Netzwerkunternehmungen im Netzwerkverbund.[165]

---

[163] Positionen lassen sich als Cluster von Verhaltensweisen und Reziprozitäten mit ihren Rechten und Verpflichtungen verstehen: „A social position can be regarded as a ‚social identity' that carries with it a certain range (however diffusely specified) of prerogatives and obligations that an actor who is accorded that identity (or is an ‚incumbant' of that position) may activate or carry out: these prerogatives and obligations constitute the role prescriptions associated with that position" (Giddens, 1984, 84; ähnlich Luhmann, 1988). Das Konzept der Positionierung reformuliert das der Rolle, welches Parsons bekanntlich mit dem Verständnis gesellschaftlicher Integration über das Erzielen von Wertkonsens verband (Giddens, 1984, 84). Es respezifiziert ebenso die Überlegung zur Mitgliedschaft und die zur Stelle (hierzu auch Luhmann, 1964; 1988). Die Respezifizierung besteht gegenüber Parsons darin, daß in strukturationstheoretischer Sicht die gesellschaftliche Integration über Positionen nicht, wie bereits ausgeführt, auf Werte beschränkt ist. Sie beruht in bezug auf herkömmliche Vorstellungen über Mitgliedschaft und Stellen darauf, daß deren Bedeutung an die Aufnahme in sozialen Praktiken gebunden ist. Giddens' Überlegungen zur Positionierung weisen zudem Ähnlichkeiten zu dem im Foucaults Denken zentralen Konzept von ‚Nachbarschaft' auf (z.B. Foucault, 1981 [1973], 298; Veyne, 1992 [1978]).

[164] ‚*Position-taking*' bezeichnet das, was Akteure unter Rekurs auf systemische Rechte und Verpflichtungen als Positionsinhaber tun, wodurch sie sich zum Positionsinhaber machen und ihre Position ausfüllen, Positionen in Zeit und Raum im Handlungskontext weiter verankern oder verändern. Die Bekleidung einer Position und deren Inhalt sind damit an die von Moment zu Moment erfolgenden Aktualisierungen von Positionen durch Akteure (Cohen, 1989, 210) und an deren Anerkennung durch andere gebunden – und nicht mit deren Kodifizierung oder offizieller Zuweisung (im Stellenplan oder Vertrag) zu verwechseln. Die Positionen, das Positionsgefüge und die Positionspraktiken können in Zeit und Raum stabil sein oder einzeln oder kombiniert variieren. So ist die Position des Netzwerkkoordinators in hierarchischen Netzwerken zumeist fix besetzt, wohingegen sich in heterarchischen Netzwerken mit parallelen und rotierenden Formen der Netzwerkregulation fluidere Formen finden. Soziale Positionen weisen insgesamt unterschiedliche Ausdehnung in Zeit und Raum auf: Sie können über verschiedene Generationen von Akteuren hinweg Bestand haben oder vergleichsweise geringere Ausdehnung erlangen (s.a. Cohen, 1989, 207 ff.).

[165] Positionen, wie die des Mitglieds des Netzwerks, des Netzwerkkoordinators, von ‚pivot players', Primärzulieferern usw., sind in Unternehmungsnetzwerken mit einem individuellen Akteur oder einer Unternehmung (bzw. einer Gruppe von Unternehmungen) besetzt. Sie sind nicht beliebig besetzt oder besetzbar, reflektieren das ‚position-taking' und das existierende Positionsgefüge, inklusive der mit ihnen verbundenen Gestaltungsräume, Aufgabenstellungen und Unterstellungen.

Reguliert wird die Positionskonfiguration über
- ein auf Positionen und Positionengeflechte bezogenes ‚mapping' und ‚framing' von Aktivitäten und Beziehungen;
- die Ausgestaltung sozialer Positionen, der Beziehungen zwischen ihnen (inklusive der Beförderung oder Behinderung von Akteurskonstellationen im Netzwerk), der Charakteristika von Positionsgeflechten (positionaler Strukturen wie ‚strukturelle Löcher')[166] und der Positionspraktiken;
- die Festlegung von Aufgaben, Rechten und Verpflichtungen des Netzwerks (einschließlich der Artikulation von Systeminformationen oder repräsentativer Artikulation), der Mitglieder im Netzwerk, von ‚boundary spanners', Netzwerkkoordinatoren und anderer Netzwerkpositionen (wie zum Beispiel der von Primärzulieferern oder von Interessenvertretern im Netzwerk); auch Praktiken der (Begrenzung der) Integration Dritter (im Dienstleistungsbereich z.B. insbesondere der Kunden [Kleinaltenkamp, 1998]) gehören dazu;
- Ausgestaltungen von Formen des proaktiven ‚position-taking', der Einnahme oder Wahrnehmung von Netzwerkpositionen und der Positionen des Netzwerks relevanten Kontexten (einschließlich der Handhabung von ‚exit' und ‚voice');
- das netzwerkförderliche Balancieren von Chancen (wie der Nutzung von Netzwerkressourcen) und Risiken (wie der Bindung von Ressourcen an proaktives Handeln im Netzwerk) der Bekleidung von Netzwerkpositionen;[167]
- das Auslegen kopräsenter, gegebenenfalls medial vermittelter Zugangspunkte zu Unternehmungsnetzwerken und Netzwerkunternehmungen, einschließlich der von Akteuren zu verwendenden Mittel und Räume, und von Artikulationspunkten von Unternehmungsnetzwerken als Orten und Situationen, in denen über gegebenenfalls medial vermittelte Kontakte und Zusammentreffen mit Positionsträgern (Experten, Repräsentanten oder Delegierten) eine situationale Wiedereinbettung sozialer Beziehungen und Zutrauen in die Funktionsweise des Netzwerks geschaffen wird;

---

166 Angemerkt sei: Die Regulation der Positionskonfiguration von Unternehmungsnetzwerken besteht nicht im Erstellen eines Netzwerkorganigramms – obwohl das ein Moment reflexiver Verständigung über zu gestaltende Positionen und Positionszusammenhänge sein kann.

167 Neben Chancen lauern hier eine Vielzahl von Konflikten, die in der Literatur oft nicht bedacht werden. Zwei Beispiele. Die Teilnahme an Unternehmungsnetzwerken hat eventuell auch ihre positionalen Schattenseiten: Positionen in und von Unternehmungen gegenüber Mitkonkurrenten und anderen Akteuren können durch die Beteiligung an Netzwerken in Frage gestellt werden. Unternehmungen sind als Mitgliedsunternehmungen in Netzwerken nämlich gefordert, in ihren Aktivitäten im Netzwerk und mit Dritten proaktiv den Netzwerkzusammenhang, das Positionsgefüge im Netzwerk (und die Eingebettetheit des Netzwerks in andere Positionsgefüge) mit aufzunehmen und damit einen Teil ihrer Ressourcen an das Netzwerk zu binden. Zudem können Wünsche und Vorstellungen der Akteure und die Positionsvorschriften und -erwartungen auseinanderfallen; Akteure können im Netzwerkzusammenhang mit dauerhaft inkompatiblen Anforderungen oder Interpretationen konfrontiert sein: mit denen der Netzwerkunternehmungen und denen des Netzwerks. Das gilt in besonderem Maße für ‚boundary spanners', Projektmitarbeiter oder Mitglieder von Steuerungskomitees in Unternehmungsnetzwerken, die einerseits der Netzwerkunternehmung, mit der sie einen Arbeitsvertrag haben, und andererseits dem Projekt oder dem zu steuernden Netzwerk verpflichtet sind.

- das Festlegen inter- und intraorganisationaler Praktiken der Positionskonfiguration im Netzwerk und in den am Netzwerk beteiligten Unternehmungen;[168]
- Praktiken des interorganisationalen Personaltausches und Wissenstransfers;
- die Bestimmung (hierarchisch oder heterarchisch strukturierter) Entscheidungswege, zu nutzender Mittel und zu beachtender Orientierungen (z.B. an bestimmten Qualitätsstandards).

Grenzkonstitution sozialer Systeme und von Handlungsorten

Unternehmungsnetzwerke (wie andere moderne Kontexte auch) setzen Grenzen voraus und regulieren sie reflexiv. Wo die Grenzen von Unternehmungsnetzwerken (wie allgemein die sozialer Systeme) verlaufen, ist gerade in modernen sozialen Kontexten mit ihren Praktiken leichterer Ent- und Wiedereinbettung unklarer und oft prekärer als vielfach zugestanden wird[169] – Grenzüberschreitungen und Grenzkontrollen sprechen hier eine deutliche Sprache:

„Boundaries have to be constructed, negotiated, and maintained. Boundaries are not a free good, handily available to participant or observer. There are projects of control and disciplines of production which underlie and shape putative ‚boundary'. One boundary gets recognized from, and as a frequency distribution of sets of social actions. Another boundary is constructed out of stories to dampen impacts of network" (White, 1992, 128).[170]

Die Notwendigkeit der Regulation der Grenzkonstitution ergibt sich aus dem Grenzproblem sozialer Systeme, genauer aus der *Dialektik von Zeit-Raum-Ausdehnung und Zeit-Raum-Einklammerung*, aus dem Erfordernis der Aufnahme *systemübergreifender* Zusammenhänge im Handeln und der *systembezogenen* Koordination der Aktivitäten mit gewisser Kontinuität in Zeit und Raum.[171] Strate-

---

168 Hierzu zählt gegebenenfalls die Abstimmung, Auswahl und Durchsetzung von Prozeduren der Positionsbesetzung (z.B. der Mitgliederrekrutierung, der Rotation von Netzwerkkoordinatoren in heterarchischen Netzwerken oder die Übernahme bestimmter Rollen wie die des Projektkoordinators in Netzwerkprojekten usw.) und der Auslegung von Karrierewegen in Netzwerken.

169 Recht und Rechtsprechung unterstellen hier oft mehr Trennschärfe als zu haben ist. Auch Verträge sind hier nur begrenzt aussagekräftig. Sie können als Indiz verwendet werden – nicht weniger, aber auch nicht mehr. Nicht alles ist vertraglich geregelt oder kann es werden – oft bestehen keine Verträge (Blois, 1975).

170 Da Grenzverletzungen Grenzziehungen supplementieren können, müssen sie nicht notwendig die System(re-)produktion mindern oder schaden – Luhmann (1964, 304 ff.) spricht entsprechend von ‚brauchbarer Illegalität'. Vgl. zu notwendigen und funktionalen Regelverletzungen auch Ortmann (2002a).

171 Das Grenzproblem konstituiert sich – reflektiert man das bisher Ausgeführte – auf vielen Ebenen: Zunächst sind die beteiligten Akteure, individuelle wie möglicherweise auch kollektive, der Umwelt sozialer Systeme zuzurechnen und in der Regel, was die Qualität und Natur der Beziehungen betrifft, eher uneinheitlich an das System gebunden. Akteure agieren zudem immer in mehreren sozialen Systemen, mit potentiell heute rasch wandelnden Zeit-Raum-Horizonten und in verschiedenen Positionen mit ihren jeweiligen Rechten und Verpflichtungen. Netzwerkunternehmungen agieren in verschiedenen Netzwerken, Branchen, Gesellschaften und Kulturen. Ihr Dis- und Reembedding bewirkt eine Vielzahl möglicher, in Zeit und Raum variabler, sich überlappender und kontingenter Verbindungen. Akteure koordinieren Aktivitäten zudem unter Re-
(Fortsetzung der Fußnote auf der nächsten Seite)

gisch ausgelegt werden dementsprechend allgemeine Bedingungen der Aufnahme systemübergreifender Zusammenhänge bei gleichzeitiger Sicherstellung systembezogener Koordination in Zeit und Raum. Der *Ausdehnung und Geschlossenheit* sozialer Systeme entsprechen Praktiken einer wie auch immer umstrittenen, stillschweigend tolerierten oder schlicht als natürlich angesehenen *In- oder Externalisierung* sozialer Interaktionen und sozialer Beziehungen sowie der durch sie hervorgebrachten Resultate und Konsequenzen (s.a. Geser, 1990).

Daß Sozialsysteme unscharfe Ränder aufweisen, ist nicht erst so, seit es Unternehmungsnetzwerke gibt. Aber Grenzen besitzen in ihnen eine besondere Qualität.[172] Wo Netzwerkgrenzen verlaufen, was dem Netzwerk, was einzelnen Netzwerkunternehmungen und was Dritten zugerechnet wird, entscheidet sich an den *Praktiken rekursiver Grenzziehung* und *deren Anerkennung in relevanten Kontexten* und ist für das Erzielen von ökonomischem Erfolg wie für die Zurechnung von Rechten und Pflichten aller Art nicht ganz ohne Bedeutung und daher immer auch eine Interessen- und eine Machtfrage.

Unternehmungsnetzwerke stellen neue Anforderungen an die Grenzregulation. Die Beteiligung von Unternehmungen an Unternehmungsnetzwerken geht (1.) mit einer *Transgression bestehender Grenzen* einzelner Netzwerkunternehmungen und einem Abbau bisher existierender Grenzen einher. Die Verminde-

---

kurs auf eine Mehrzahl (möglicher) Orientierungen – die der Netzwerkunternehmungen, mit der sie einen Vertrag haben, Berufs- oder Identitätsgruppen, denen sie sich zugehörig fühlen, branchen- oder gesellschaftsweite Institutionen, die für sie gültig sind. Die Akteure verfügen über autonome Handlungsspielräume und verfolgen ferner verschiedene Interessen und Strategien. Akteure sind keinesfalls immer bestrebt, ihre im Systemzusammenhang hervorgebrachten sozialen Interaktionen und sozialen Beziehungen sowie die erzielten Resultate lediglich einem bestimmten System zuzuordnen. Auch verfügen sie über Möglichkeiten, die Zuordnung selbst mit zu beeinflussen. Einiges sind sie bestrebt – und Organisationen sind dafür typische Beispiele –, sogar organisiert zu externalisieren (s.a. Perrow, 1989). Sozialsysteme können zudem die Aktivitäten, deren Voraussetzungen und Konsequenzen immer nur begrenzt reflexiv überwachen, kontrollieren und steuern. Ferner gilt: Die Grenzziehung wird nicht in jeder Hinsicht und jedem Bereich als gleich bedeutsam eingeschätzt. Die Durchlässigkeit oder Undurchlässigkeit von Grenzen, die Bedeutung und die Möglichkeiten und Grenzen der Kontrolle der Grenzziehungen können daher für unterschiedliche Handlungsbereiche in sozialen Systemen variieren. Als Medium und Resultat der Systemregulation wird heute zudem ein strategischer Bezug auf die Grenzkonstitution befördert und werden Kontinuitäten sozialer Systeme potentiell stärker in Frage gestellt. Die erhöhte Disponibilität von Grenzen ist daher durchaus relevant für die Auslegung der Systemkomplexität – mit eventuell relevanten Folgen, was die Wettbewerbsfähigkeit betrifft.

172 Vorstellungen über Sozialsysteme, die (wie in der managementnahen Netzwerkforschung) die Grenzen nicht näher aufnehmen oder (wie vielfach in der strukturellen Netzwerkanalyse) ihnen per Definition klare Grenzen zuweisen, sind gleichermaßen zu verwerfen (s.a. Giddens, 1984, 163 f.). Werden Systemgrenzen in der Industriesoziologie weitgehend ausgeblendet, so sind sie seit den vierziger Jahren in der Organisationstheorie Thema – wenn auch in unterschiedlicher Art und Weise und zumeist in reduktionistischer Form. Stand zwischen 1940 und 1960 beim Versuch der Bestimmung von Organisationen als eigenständigem Untersuchungsgegenstand die Unabhängigkeit von Organisationen von ihrer Umwelt im Mittelpunkt, ging es sodann darum, Organisationen weder als Aggregation ihrer individuellen Mitglieder noch als abhängige Untereinheiten umfassenderer Sozialsysteme zu verstehen (March/Simon, 1958, z.B. 4), so traten seit den sechziger Jahren unterschiedliche Vorstellungen über Interdependenzen von Organisation und Umwelt an ihre Stelle. So betrachtet das Modell des ‚organization set' Umwelt vom Standpunkt einer fokalen Organisation (Evan, 1966) und hebt die Ressourcenabhängigkeit (Pfeffer/ Salancik, 1978) hervor.

rung der Geschlossenheit kommt einer Stärkung der Offenheit für grenzüberschreitende Zusammenhänge im Netzwerkzusammenhang gleich – ‚blurred boundaries' (Badaracco, 1988, 73) wie es im Netzwerkdiskurs heißt.[173] Die Öffnung der Unternehmungsgrenzen schließt aber, das ist aufgrund der Notwendigkeit von Grenzen für die Reproduktion sozialer Systeme kaum verwunderlich, (2.) die Konstitution *neuer Grenzen* ein, die des Netzwerks (Sydow/Windeler, 1998; Ortmann/Sydow, 1999). Darüber hinaus stellt sich (3.) das Problem der *Begrenzung der wechselseitigen Einflußnahme*, nämlich der Netzwerkzusammenhänge auf die einzelnen Netzwerkunternehmungen und umgekehrt. Notwendig bleibt ja die Aufrechterhaltung eines gewissen Grades von Autonomie und Diskretion (Simmel, 1992 [1908], 395 ff.; Pfeffer/Salancik, 1978; Sydow et al., 1995, 135 ff.). Die Begrenzungen wechselseitiger Einflußnahme sind Voraussetzung dafür, daß die beteiligten Unternehmungen Unternehmungen bleiben und das Netzwerk ein Netzwerk. Die Analyse der Praktiken der Grenzkonstitution hat also Systeminklusion und Abwehr dagegen, Systemexklusion und Widerstand dagegen aufzunehmen.

Die Regulation der *Grenzkonstitution* richtet sich vornehmlich auf die Fixierung und Überwachung von Bedingungen für eine kontrollierte koordinierte Schließung und Öffnung des Netzwerks und der Netzwerkunternehmungen. Reguliert werden in diesem Sinne etwa:
- Formen der Zuordnung von Geschäftsaktivitäten und -beziehungen zum Netzwerk und/oder zu einzelnen oder Gruppen von Netzwerkunternehmungen (einschließlich der Inklusion oder Exklusion ihrer Resultate und Konsequenzen);
- Grenzen des Einflusses des Netzwerks auf die Netzwerkunternehmungen und umgekehrt, das heißt die Autonomie und Diskretion der Akteure in einem durch Autonomie und Abhängigkeit gekennzeichneten Beziehungsverhältnis zwischen den Netzwerkunternehmungen;
- Aspekte des ‚Grenzverkehrs', des Öffnens und Schließens der Grenzen der Netzwerkunternehmungen untereinander und gegenüber Dritten, der Ausarbeitung von Routineprogrammen der Aufnahme von Umwelten, der Ausgestaltung und Handhabung von Kommunikationswegen (Luhmann, 1964, 233 ff.) und Ressourcenflüssen und der Abstimmung inter- und intraorganisationaler Praktiken;
- Zuständigkeiten für die Ausgestaltung und Überwachung von Netzwerkgrenzen und der Abgleich von Praktiken der Netzwerkunternehmungen mit de-

---

173 Das Problem verwischter Grenzen ist vermutlich nicht so neu, wie es in der Managementliteratur klingt. Die Rede setzt nämlich auf der fraglichen Annahme auf, die Grenzen von Unternehmungen seien durchgängig einheitlich und immer klar gezogen. Dabei variieren doch auch Grenzen zwischen Unternehmungen und weisen unterschiedliche Grade von Durchlässigkeit auf (z.B. Gouldner, 1973 [1959]). Statt mit einem neuen Phänomen haben wir es also mit einer graduellen Verschiebung zu tun.

nen des Netzwerks (z.B. a. in Form der Regelung des interorganisationalen Informations- und Wissenstransfers und Personaltauschs);
- Schließung und Eröffnung von Handlungsorten[174] durch Zugangsregelungen (durch ausgewiesene Mitgliedschaft, Schlüsselgewalt, Kenntnis von Paßwörtern usw.);
- die Einflußnahme auf politisch-rechtliche Regulationen von Grenzen für relevante Unternehmungen und Unternehmungsnetzwerke und die Nutzung entsprechender Vorgaben und Instanzen zur Regulation, insbesondere der Sanktionierung von Grenzverletzungen.

4.3.3 Netzwerkkoordinatoren: Strategisch plazierte Akteure der Netzwerkregulation

Die reflexive Netzwerkregulation wird von *strategisch plazierten Akteuren* ‚getragen', wie Giddens (1984, 27 f.; s. nochmals den Schluß des Zitats auf der Seite 214) sie nennt. Das heißt allerdings angesichts der in soziale Prozesse eingeschriebenen ‚dialectic of control' (Giddens) nicht gleich, daß andere Akteure dafür ohne Bedeutung sind. In Unternehmungsnetzwerken bekleidet diese Position offensichtlich der *Netzwerkkoordinator*, so will ich ihn nennen, das heißt der Akteur, zumeist die Unternehmung (oder Gruppe von Unternehmungen), die das Netzwerk hierarchisch oder heterarchisch führt (s. Teil I). Einzelne Personen oder Akteure können hierbei als Netzwerkkoordinatoren handeln, wenn ihre Aktivitäten Ergebnis im Netzwerk anerkannter Prozeduren und erteilter Zuständigkeiten sind und die getroffenen Maßnahmen der Netzwerkregulation das Netzwerk binden.[175] Die Bedeutung strategisch plazierter Akteure variiert mit der Relevanz der Regulationsmaterie und ihren Fähigkeiten zur Regulation. Die Ausgestaltung der Netzwerkregulation konstituiert zumindest den Grad kollektiver Handlungsfähigkeit des Unternehmungsnetzwerks und zeigt an, wer legitim stellvertretend für das Netzwerk in welchen Bereichen agieren kann (s. nochmals den Abschnitt 4.2.1).

---

174 Die Handlungsorte oder Territorien müssen nicht materiell begrenzt sein, wie das etwa traditionell für die Fabrikhallen und Verwaltungsgebäude einer Unternehmung gilt. Sie können selbst zeit-räumliche Cluster von Handlungsorten unterschiedlicher Art ausbilden. Wir erhalten so ganz unterschiedliche Zeit-Raum-Cluster: auf der einen Seite den seit einem Jahrhundert an einem Ort ansässigen Betrieb, der etwa als Handwerksbetrieb nur in einer eng umgrenzten Stadt oder Region aktiv ist, und auf der anderen Seite dynamische Netzwerke oder virtuelle Unternehmungen mit einem transnationalen oder globalen Aktivitätsradius sowie mit variablen Produktionsräumen und -zusammenhängen.

175 Die von Netzwerkkoordinatoren getroffenen Entscheidungen über die Regulation von Netzwerken müssen nicht für alle die gewünschten sein. Netzwerkunternehmungen können sich gleichwohl hinter Ergebnissen von Entscheidungen über die Netzwerkregulation stellen, mit denen sie nicht einverstanden sind und gegen die sie votiert haben. Für die Umsetzung einzelner Maßnahmen der Netzwerkregulation im Netzwerk mag dabei die Frage durchaus entscheidend sein, wer der Hauptinitiator, wer Hauptmotor der Umsetzung und welches die Konstellation von Akteuren ist, die diesen Maßnahmen zustimmend oder ablehnend gegenüberstehen

Unternehmungsnetzwerke sind Subjekt und Objekt von Netzwerkregulation. Netzwerkkoordinatoren regulieren ferner nicht nur den internen dauerhaften Beziehungszusammenhang. Je nach Machtposition und Interesse greifen sie auch in die Regulation relevanter externer Kontexte aktiv strategisch ein – etwa in die von Netzwerkunternehmungen, relevanten Branchen, Märkten und in weitere institutionelle Arrangements.[176] Nicht alles jedoch wird eigens reguliert, vieles einfach als gegeben angenommen. Dazu zählen netzwerkinterne Auslegungen von Praktiken ebenso wie eine gemeinsame Sprache, der Rückgriff auf gesellschaftliche oder berufsbezogene Normen, Standards, Werte, Gesetze, Geschäftsgebaren (DiMaggio/Powell, 1983; Leblebici et al., 1991).

Netzwerkregulation ist ein multilateraler Prozeß. An ihr sind immer eine Mehrzahl von Unternehmungen und einige externe Akteure mehr oder weniger direkt beteiligt, auch wenn einer Unternehmung (oder gegebenenfalls einer kleineren Gruppe von Unternehmungen wie in manchen hierarchischen Netzwerken [Teil I]) als Netzwerkkoordinator eine dominante Position im Prozeß zufällt. So besitzen Netzwerkunternehmungen zumeist ein recht ausgeprägtes, originäres Interesse, ihrerseits die Netzwerkregulation zu beeinflussen. Aber auch staatliche Akteure nehmen über Gesetze, Vorschriften und dergleichen recht umfassend Einfluß auf die Ausgestaltung der Netzwerkregulation. Ähnliches gilt auch für andere Stakeholder. Die Möglichkeiten zur Regulation sind zwischen Akteuren aber nicht gleich verteilt. Angesichts des Fehlens einer einheitlichen Leitung in wirtschaftlichen Angelegenheiten, wie in Unternehmungen, und dominant nicht über Geld abgewickelter Geschäfte, wie auf Märkten, stehen verschiedene Logiken und Orientierungen von Netzwerkunternehmungen und des Netzwerks permanent in einem, im negativen Fall lähmenden im positiven Fall beflügelnden Spannungsverhältnis um die Adäquanz von Regulation.

Regulationen können sich auch auf Teilbereiche beschränken – etwa auf den Entwicklungsbereich, die Ausgestaltung der Interessenvertretung oder auf die Arbeit im Netzwerk. Die Handlungsbereiche weisen variierende Grade der Regulation auf, und zumeist gibt es *mehrere strategisch plazierte Akteure* mit unterschiedlichen Regulierungskompetenzen, -fähigkeiten und -reichweiten. Die Akteure müssen nicht notwendig nur in den (ausgewiesenen) Schaltzentralen sitzen. Wer immer relevante Ungewißheitszonen der System(re-)produktion kontrolliert, kommt in Frage – zum Beispiel Vorgesetzte, ‚boundary spanners', Mitarbeiter aus den Bereichen des Accounting und Controlling, die für die strategische Überwachung des Netzwerkmonitoring zuständig sind, gegebenenfalls auch Vertrauensleute und Betriebsräte (Stichwort: Co-Management von Unternehmungsnetzwerken [Sydow, 1997; 1999c; Duschek/Wirth, 1999]). Die Position strategischer Ak-

---

176 Zwischen, zum Beispiel, lokalen Netzwerken im Bauhandwerk und global agierenden Automobilnetzwerken gibt es dabei große Unterschiede in den Möglichkeiten des Einflusses auf diese Handlungsfelder.

teure kann auch Medium und Resultat des kompetenten Arrangements von Koalitionen und/oder durchsetzungsfähiger Positionen und Strategien sein.

Unternehmungsnetzwerke weisen in der Regel durchaus mehrere, ihrerseits *oftmals reguliert-hierarchisierte Zentren* der Regulation auf. Sie sind insofern dezentrierte Systeme, als die beteiligten Netzwerkunternehmungen und Akteure eigene Handlungsspielräume zur Regulation konstituieren. Teubners (1992) Rede von Unternehmungsnetzwerken als ‚vielköpfiger Hydra' verleiht dem Umstand multipler Regulation dezentrierter Systeme einen bildhaften Ausdruck. Die Netzwerkregulation (wie generell die sozialer Systeme) kann zudem (intern sowie im Verhältnis zu relevanten Umwelten) stärker homogen oder heterogen, stärker konfliktär oder konsensuell ausgestaltet sein. Konflikthaltigkeit speist sich oft aus der konzeptionell unterschiedlichen, nicht selten auf Abteilungslogiken beruhenden Betrachtung des Geschehens (s.a. Fligstein, 1990).

4.4 Unternehmungsnetzwerke: Strukturation, Governance, Autopoiesis und Koevolution

Das strukturationstheoretische Verständnis von Unternehmungsnetzwerken und ihrer Regulation reformuliert die Vorstellung von Governance, das Hegelsche Konzept des sozialen Systems und neuere system- und komplexitätstheoretische Vorstellungen von Autopoiesis und Koevolution.

4.4.1 Systemregulation und Governance

Wird der Ordnungsrahmen von Unternehmungsnetzwerken in der Literatur zum Thema, spricht man heute vielfach von Governance, statt von Systemregulation. Das *Governance*konzept wird in der Literatur recht unterschiedlich verwendet. Lange Zeit wurde der Begriff im Bereich der Politikwissenschaft grob als Synonym für ‚politische Steuerung' im Rahmen des hierarchischen Kontrollmodells verwendet (hierzu wie zum folgenden Mayntz, 1998). Heute hat er zwei grundlegende Modifikationen erfahren: Einmal wird er zur Kennzeichnung stärker kooperativer Formen der Koordination genutzt, bei dem staatliche und nichtstaatliche Akteure in Netzwerken agieren. Sodann erhält der Begriff unter Rekurs auf Williamson (1975; 1990 [1985]) und dessen Gegenüberstellung von Markt und Hierarchie eine sehr viel allgemeinere Fassung. Governance meint dann unterschiedliche Arten der Koordination von Akteuren bzw. die Festlegung von Regeln, über die etwa in Unternehmungen das Management auf die Interessen der Anteilseigner, Gläubiger sowie anderer Stakeholder ausgerichtet wird oder werden soll. Die Entdeckung weiterer Koordinationsmodi, wie der des Netzwerks, hat die Verallgemeinerung des Konzepts befördert (Hollingsworth/Lindberg, 1985; Powell, 1990).

Das avancierteste Verständnis von Governance bietet der aktuelle politikwissenschaftliche Diskurs.[177] Aus der Sicht eines ‚akteur-zentrierten Institutionalismus' (Mayntz/Scharpf, 1995) meint Governance: „the totality of institutional arrangements – including rules and rule-making agents – that regulate transactions inside and across the boundaries of an economic system" (Hollingsworth/Schmitter/Streeck, 1994, 5; s.a. Teil I; Campbell/Hollingsworth/Lindberg, 1991).[178] Schneider und Kenis (1996, 10) präzisieren:

„Governance bezeichnet den Prozeß des Steuerns und Regelns eines technischen und sozialen Zusammenhangs. [...] Steuerung meint jedoch nicht notwendigerweise autoritative Anordnung. Obzwar in der historischen Figur eines Steuermanns begründet, ist Governance nicht auf den Spezialfall hierarchischer Steuerung reduzierbar, in der die Steuerungsleistungen auf ein singuläres Steuerungssubjekt zurückgehen. Aus einer generalisierten Steuerungs- und Regelungsperspektive im Sinne von Governance ist ein breites Spektrum von Mechanismen denkbar, angefangen bei dem erwähnten singulär-hierarchischen Schema, über komplexe und heterogene Steuerungssysteme, in denen vielzählige eigenständige Steuerungssubjekte über ebenso vielfältige Koordinationsmechanismen und Ressourcenflüsse ineinandergreifen und zusammenwirken bis hin zum atomistischen Markt als Extrempunkt dezentraler Steuerung."

Governance meint ‚institutionelle Steuerung' (Schneider/Kenis, 1996, 11). Akteure handeln allgemein in einem institutionell ausgelegten Rahmen (s.a. Mayntz, 1998, 19). Genauer kanalisieren und motivieren Steuerungsinstitutionen Handeln über Anreizstrukturen. Die Steuerung greift jedoch – wie auch die Managementforschung unter dem Begriff der Organisation verdeutlicht (z.B. Schreyögg, 1999) – darüber hinaus:

„Über Anreize hinaus gibt es institutionelle Komponenten, die Handlungsrechte zuteilen, Handlungsspielräume limitieren und unerwünschte Handlungsmöglichkeiten ausgrenzen. Schließlich gibt es Steuerungselemente, die bestimmte Signalisierungsmedien, Koordinationstechniken und kognitive Rationalisierungsinstrumente bereitstellen, über die sich Rationalität und Leistungsfähigkeit individuellen und kollektiven Handelns beträchtlich steigern lassen. Hierzu zählen Arrangements, die Wahrnehmung strukturieren, Aufmerksamkeit fokussieren und erfolgreiche Such- und Optimierungsverfahren auf Dauer stellen" (Schneider/Kenis, 1996, 12).

Der Begriff der *Systemregulation* weicht trotz Nähe seines Verständnisses einer über Institutionen vermittelten Konstitution von dem der Governance ab. Der theoriesystematische Unterschied besteht darin, daß das Konzept der Systemregulation die im politikwissenschaftlichen Diskurs (und selbst noch in Braczyks

---

[177] Das auch in der Managementliteratur anzutreffende kontingenztheoretische, rationalistische Verständnis von Governance der Schriften von Williamson (1990 [1985]) kennzeichnet Governanceformen lediglich verkürzt, umreißt nur einige mögliche strukturelle Eigenschaften unterschiedlicher Koordinationsformen ökonomischer Systeme, die Akteure rationalistisch in ihr Handeln (bzw. die Ausgestaltung ihrer vertraglichen Beziehungen) einbeziehen. Dieser Theorieansatz kann nur in einem sehr eingeschränkten Umfang die verschiedenen Governanceformen erfassen und ist ohne weiteres theoretisches Potential. Er soll hier daher auch nicht weiter diskutiert werden (zur Kritik siehe Seite 237 ff.).

[178] Im politikwissenschaftlichen Diskurs finden sich auch mehrere Varianten des Governancekonzepts. Mit March und Olsen (1994) lassen sich mindestens zwei Versionen gegenüberstellen: eine erste versteht Politik als Aggregation individueller Präferenzen durch rationalen Tausch; die zweite, von ihnen bevorzugte und auch hier vorgestellte Variante betont als Aufgabe von Politik dagegen die Schaffung von Identitäten und Institutionen.

[1997] Konzept von ‚diskursiver Koordination') nebeneinander stehenden Institutionensets und Aktivitäten des ‚rule-making' miteinander über im Handeln vergegenwärtigte Praxisstrukturen vermittelt. Betrachtet man Governance in diesem Sinne, dann wird Governance wirklich prozessual, trägt das Konzept den Wechselbeziehungen zwischen weiter in Zeit und Raum ausgreifenden Institutionensets und ihren Aktualisierungen im Handeln Rechnung. Über die Vermittlung der drei nur analytisch trennbaren Sozialdimensionen Signifikation, Domination und Legitimation (auf die ich gleich eingehe) gestattet der Begriff der Systemregulation vor allem die Machtgeprägtheit von Aktivitäten in herrschaftlich strukturierten Zusammenhängen genauer aufzunehmen. Damit überwindet man die in Austauschtheorien vorfindliche Vorstellung der Aushandlung von Governances zwischen individuellen Akteuren, die ihre individuellen Interessen verfolgen. Statt dessen richtet sich der Blick auf kontextuell situierte Prozesse, auf Akteure bzw. auf arrangierte Koalitionen von Akteuren, die rekursiv die Steuerungsformen hervorbringen (s.a. March/Olsen, 1994). Das Konzept reflexiver Systemregulation reflektiert ferner den auch in der neueren Governanceliteratur berücksichtigten Umstand, daß moderne Kulturen einen hohen Grad von Reflexivität aufweisen und – darüber hinaus – bei aller existierender Asymmetrie dezentriert sind, also insbesondere gesellschaftliche Totalitäten, umfassende gesellschaftliche und kulturelle Zusammenhänge keinen steuernden Mittelpunkt vorweisen, von dem aus Soziales umfassend reguliert wird – was eben auch die Vorstellung institutioneller Steuerung maßgeblich verschiebt und den Eigenlogiken der Regulation sozialer Systeme Rechnung trägt. Der Begriff der Netzwerkregulation offeriert also ein differenziertes Verständnis von Governance. Governance ist daher, wohl verstanden, Systemregulation.

4.4.2 Reflexive Systemregulation, Autopoiesis und Subjekt- und Systemreflexivität

Giddens' Systembegriff weist, wie Luhmann selbst stets gesehen hat, Anklänge an den Begriff *autopoietischer* Systeme auf, wie er uns heute vor allem über die Schriften von *Maturana und Varela* (1990 [1984]) sowie *Luhmann* (1984) vertraut ist (Giddens, 1979, 75 f.). Gemeinsam ist dem autopoietischen und dem strukturationstheoretischen Konzept des sozialen Systems ein Verständnis *selbstreferentieller* System(re-)produktion. Einige Unterschiede, die ich in diesem Kapitel einführte, seien jedoch angedeutet: Spricht Luhmann (1984; 1997) von sozialen Systemen als autopoietisch reproduzierten *Kommunikations*systemen, so Giddens von reflexiv regulierten *Beziehungs- und Interaktions*systemen. Unterschiedlich ist auch das Verständnis von *Selbstreferentialität* bzw. von *Autopoiesis*. Für Luhmann ist – im Anschluß an Maturana – Autopoiesis ein ‚Alles-oder-nichts-Phänomen', wie Teubner (1987a, 431) es bezeichnet. Teubner (ibid.) selbst plädiert dagegen für einen „graduellen Prozeß, der viele Zwischenschattierungen kennt," an dessen Endpunkt, als Resultat der „Vervielfältigung selbstreferentieller Verhältnisse in einem sich autonomisierenden System", Autopoiesis steht (ibd., 424). Teubner rechnet also mit der Möglichkeit der Zunahme selbstreferentieller Schleifen von Systemkomponenten und mit der Variabilität von Verkopplungen von Episoden und hyperzyklischer Verkettung. Übrigens fordert Luhmann (1984, 40) – oft mißverstanden und auch leicht zu übersehen – jedoch lediglich von Systemen die „Kontrolle einiger, aber nicht aller Ursachen durch das System." Das strukturationstheoretische Verständnis von Systemreflexivität neigt, was die Frage gradueller Ausprägung von Systemreferentialität und Autonomie betrifft, der Vorstellung von Teubner zu. Die Notwendigkeit der Kontrolle einiger grundlegender Bedingungen der Systemreproduktion teilt es mit Luhmann. Es weicht von beiden Bestimmungen insofern ab, als es mit einem anderen Konzept von Konstitution arbeitet: Kompetente Akteure aktualisieren kontinuierlich rekursiv soziale Praktiken in Interaktionen, und nicht Sozialsysteme – ‚abgehoben' von den Aktivitäten von Akteuren – die System/Umweltdifferenz. Strukturationstheoretisch bringen dagegen Akteure – und niemand sonst – als Medium und Resultat ihrer Aktivitäten (unter Einbezug der Systemregulation, der Regulation relevanter organisationale Felder bis hin zu gesellschaftsweiten Institutionen) die Selbstreferentialität und Autonomie sozialer Systeme sowie deren Autopoiesis (Selbstreproduktion, Selbstbeobachtung und Selbsterhaltung) zustande. Das ‚Selbst' der Selbstreferenz und Selbstreproduktion meint die System- respektive Prozeßlogik oder -dynamik, die aber von Akteuren zur Geltung gebracht werden muß,[179] im Sinne der Garantie der Bedingungen der Fortsetzbarkeit der Systemreproduktion in ihren situativen Vergegenwärtigung kontextuell eingebetteter Interaktionen und Beziehungen hervor.

So ergibt sich ein Begriff des Unternehmungsnetzwerks, der wichtige Einsichten der Systemtheorie aufnimmt, ohne jedoch deren Schwierigkeiten mit zu importieren. Im Rahmen der Systemtheorie tauchen dagegen einige systematische Probleme auf. Ich will mich hier auf die zwei wichtigsten Konstruktionsprobleme konzentrieren. (1.) Wir erinnern uns: Luhmann (1984, 6 ff.) unterscheidet zwischen Interaktionen, Organisationen und Gesellschaften als Sozialsystemen zweiter Ordnung. Netzwerke sind daher in der Logik der Theoriekonstruktion auf dieser Ebene nicht zu verorten. Folgerichtig konzipiert Teubner (1992) – Luhmann hat sich dem Problem der Vernetzung meines Wissens an keiner Stelle systematisch zugewendet – seinen Netzwerkbegriff als Sozialsystem dritter Ordnung. Luhmann (1984, 17) hat uns nun aber darauf hingewiesen: „Vergleiche zwischen verschiedenen Arten von Systemen müssen sich an eine Ebene halten." Organisationen und Netzwerke lassen sich daher in dieser Perspektive, folgt man den Prämissen, gar nicht miteinander vergleichen – obgleich Unternehmungen die Koordinationsform des Netzwerks als alternative Koordinationsformen öko-

---

179 Vgl. auch Luhmann (1984, 182) selbst: „Wenn ein Ego ein Alter als alter Ego erlebt und in diesem Erlebniskontext handelt, weist jede Bestimmung, *die Ego seinem Handeln gibt*, auf sich selbst zurück" (Hervorh. A.W.).

nomischer Aktivitäten nicht selten parallel mitführen. Für Teubner sind Unternehmungsnetzwerke Sozialsysteme.[180] Was sind sie für Luhmann? (2.) Ein weiteres Konstruktionsproblem zeigt sich darin, daß man im Rahmen der Systemtheorie Schwierigkeiten hat, den Beziehungen bzw. dem Beziehungszusammenhang zwischen Unternehmungen als besonderen Organisationen, den verwischten Grenzen zwischen den Unternehmungen und der Einbindung von Unternehmungsnetzwerken zum Beispiel in regionale Produktionssysteme (genauer Teil I) Rechnung zu tragen (als Indiz hierfür s.a. Luhmann, 1997, 806 ff.). Zur Debatte stehen zwei Grundprinzipien der systemtheoretischen Sicht – genauer deren systemtheoretische Auslegung: erstens das der funktionalen Differenzierung zwischen verschiedenen Funktionsbereichen und zweitens das der Selbstorganisation. Wohl lassen sich die Probleme irgendwie auch im Rahmen der Systemtheorie ansprechen, als wechselseitige Konditionierung und strukturelle Kopplung zwischen Unternehmungen als Sozialsystemen (s.a. Luhmann 1997, 800 ff.). Es ist aber doch auffällig, daß in Teubners Bestimmung von Netzwerken weder Beziehungen zwischen Unternehmungen noch der Beziehungszusammenhang zwischen ihnen Definitionsmerkmal sind und auch nicht diskutiert werden. Statt dessen setzt er systemtheoretisch folgerichtig auf das Wiedereintreten der Unterscheidung von Markt und Hierarchie, wodurch das in strukturationstheoretischer Sicht zentrale Moment von Vernetzung, die Dauerhaftigkeit des Beziehungszusammenhangs, nicht erfaß werden kann.

Das strukturationstheoretische Verständnis reflexiver Systemregulation speist sich ferner aus dem von *Hegel* (1986 [1813], 569) in der ‚Logik' entwickelten Verständnis von Reproduktion als *reflexiver Vermittlung von Subjekt- und Systemreflexivität*. Aber auch hier gibt es gravierende Unterschiede: Luhmann konzentriert sich auf Prozesse der Systemreflexivität. Er trennt die bei Hegel reflexiv vermittelten Prozesse von System- und Subjektreflexivität und bindet sie dann über strukturelle Kopplung wieder aneinander. Luhmann zieht also zunächst eine deutliche Trennungslinie zwischen System- und Subjektreflexivität. In radikaler Weise zieht er die Konsequenz aus der Gefahr, vor der Hegel steht: der Gefahr, die Fähigkeit des reflexiven Individuums im (gar noch teleologisch vorgezeichneten) Prozeß, in dem es zu sich selbst kommt, zu überhöhen. Wie das Schichtenmodell des Handelnden und Giddens' Vorstellung von der Dezentrierung des Subjekts überdeutlich machen, stimmen die Theoriekonstruktionen von Luhmann und Giddens, was Vorbehalte gegenüber dem Hegelschen Verständnis von System(re-)produktion betrifft, weitgehend überein. Auch Giddens geht von der prinzipiell *begrenzten* Reflexivität der Akteure aus und verabschiedet sich implizit von allen identitätsphilosophischen wie teleologischen Annahmen

---

180 Dessen Netzwerkbegriff habe ich oben im Rahmen der Besonderheiten des strukturationstheoretischen Netzwerkbegriffs ja bereits vorgestellt (239 f.).

in Hegels Theorie.[181] Seine Abkehr von der Rationalität der Akteure ist mit dem Konzept der ‚Knowledgeability' sogar noch radikaler und deutlicher als bei Luhmann. An dem Hegelschen Grundgedanken der reflexiven Vermittlung von Subjekt- und Systemreflexivität in sozialer Praxis hält Giddens jedoch direkter fest als Luhmann. Strukturationstheoretisch geht man von einer Vermittlung von Akteurs- und Systemreflexivität und damit von einer Dezentrierung des Subjekts aus, ohne sich jedoch vom Akteur zu verabschieden. Damit geht auch eine Dezentrierung sozialer Systeme einher.

Die Kopplung und Entkopplung sozialer Systeme (eine der grundlegenden Theoriefiguren in Luhmanns Systemtheorie) wird in strukturationstheoretischer Sicht über soziale Praktiken konstituiert; kompetente Akteure koppeln und entkoppeln soziale Systeme und verändern die Kopplung und Entkopplung sozialer Systeme in Zeit und Raum. (Sie setzen sie in und durch ihre Aktivitäten in eine Verhältnis der Koevolution, wie ich gleich zeige.) Regulation sozialer Systeme bedeutet in strukturationstheoretischer Sicht daher *Selbst- und Fremdregulation* sozialer Systeme. Giddens selbst verabsäumt allerdings, das deutlich zu machen.

Reflexive Selbstregulation bezieht sich, wie oben definiert (s. nochmals das Zitat auf der Seite 220), auf die kausale Einflußnahme auf die System(re)produktion auf der Grundlage des Wissens, das Akteure von den Mechanismen der System(re-)produktion haben und im Handeln zu deren Kontrolle anwenden. Selbstregulation ist zwar ein grundlegendes Moment sozialer Systeme, sonst hören sie auf, Sozialsysteme zu sein.[182] Systeme werden jedoch nicht nur systemintern reguliert. Auch Luhmann (1984, 40) meint: Sozialsysteme kontrollieren nur einige, aber nicht alle Ursachen. In den Blick rücken damit für ein Verständnis von Unternehmungsnetzwerken relevante Zusammenhänge: Zulieferer werden von Endproduzenten in hierarchischen Netzwerken zuweilen genötigt, sich in bestimmter Weise auf Praktiken des Endherstellers intern einzustellen – entsprechend allgemeiner Vorgaben des Endproduzenten. Zulieferer müssen das dann zwar noch intern umsetzen. Sie müssen als Unternehmungen bestimmen, was sie angesichts der Anforderungen anderer und Abhängigkeiten selbst tun können. Das ist Moment ihrer einheitlichen Leitung wirtschaftlicher Angelegenheiten. Erlöscht diese Fähigkeit, so hören sie auf, Unternehmungen zu sein. Das ändert aber nichts daran, daß deren reflexive Regulation eventuell substantiell

---

181 Sozialwissenschaftliche Möglichkeiten, Hegels Gedankenfigur von reflexiv miteinander vermittelter Subjekt- und Systemreflexivität zu verwenden, zeigt Ritsert (1981). Die Konsequenzen der Identitätsphilosophie und deren heutige Gestalten erhellt Schnädelbach (1993).

182 Obwohl, zur Erinnerung, Giddens [1984, 164] zu Recht betont, daß der Grad der Systemhaftigkeit sozialer Systeme variiert. Luhmanns (1984, 603) Überlegung zur „Kontrolle der eigenen Negationsmöglichkeiten bei der Herstellung der eigenen Elemente," die zudem in der Verwendung noch konditionierbar ist, deutet auf eine ähnliche Annahme. Das Verhältnis wäre aber erst noch genauer zu untersuchen. Denn autopoietische Systeme sind für Luhmann operativ geschlossen. Sie können nicht unterschiedliche Grade von Geschlossenheit aufweisen. Unternehmungen können nicht in Netzwerken, Netzwerke nicht in Unternehmungen operieren (allgemeiner: Umwelten nicht in Systemen, Systeme nicht in Umwelten). Ein Theorieproblem, wie mir scheint.

weitreichend durch andere mit beeinflußt und kontrolliert wird: Unternehmungen nehmen aber, obwohl sie in system- und in strukturationstheoretischer Sicht zu den Kontexten von Unternehmungsnetzwerken zählen, direkt Einfluß auf die Auslegung der Regulation von Unternehmungsnetzwerken und umgekehrt. Rechtliche Regulierungen des Geschäfts irritieren soziale Systeme, auch Unternehmungen und Unternehmungsnetzwerke, nicht nur extern, sie werden ihnen nicht nur zur internen Ausgestaltung übergeben; staatliche Erzwingungsstäbe (Weber) oder von ihnen akzeptierte Experten (wie Wirtschaftsprüfer) kontrollieren auch deren Einhaltung. Rechtliche Regulationen sind ihrerseits aber ebenfalls nicht einfach gegeben. Über ‚strategische Institutionalisierung' (Ortmann/Zimmer, 1998) werden sie gezielt beeinflußt; über die Einflußnahme auf Forschungsorientierungen, Produktentwicklungen und Marktstrategien wird versucht, Trajektorien ganzer Wirtschaftszweige oder Gesellschaften gezielt mit zu gestalten.

Externer Einfluß wird selbstredend systemintern selbstreferentiell weiter verarbeitet. Luhmanns Insistenz auf der eigenen, systeminternen Verarbeitung kann man ja nur zustimmen. Diese Einsicht bildet heute so etwas wie das Credo avancierter organisationstheoretischer Betrachtung von Organisationen und ist ein geeigneter Ausgangspunkt insbesondere für Kritiken an strukturalistischen Theoriepositionen. Die autopoietische Fassung (strukturell gekoppelter) sozialer Systeme bei Luhmann strapaziert diese Idee meines Erachtens jedoch zu sehr (instruktiv hierzu die Zusammenstellung von Luhmann, 1997, 776 ff.; zur Kritik z.B. Teubner, 1987a; 1987b). Die Umstellung der neueren Systemtheorie Luhmanns gegenüber der klassischen, von der Bestimmung des Systems durch die Umwelt zur Umweltbestimmung durch das System verliert die wechselseitigen Bedingungsverhältnisse aus dem Blick. Die Einflußnahme relevanter Akteure, von Netzwerkunternehmungen, über Beschäftigte und Eigentümer, Zulieferer, Kunden, staatliche Regulatoren, andere Stakeholder, Gewerkschaften, Finanzdienstleister, Dienstleistungszentren, Transportunternehmen bis hin zu externen Experten, auf die Regulation von Unternehmungsnetzwerken (und umgekehrt) ist konzeptionell stärker zu berücksichtigen. Gleiches gilt für Praktiken der Abwehr gegen externe Einflußnahme – etwa über Mythen und Zeremonien (Meyer/Rowan, 1977) oder Regulationen organisationaler Felder (Strulik, 2000 für ein Beispiel aus dem Bereich der Bankenregulation). Es ist zwar zutreffend, wie Weick (1985 [1969]) ausführt, daß soziale Systeme ihre Umwelten selbst im Handeln bestimmen, erfassen, ‚gestalten' (‚enactment'). Umwelten sind nicht einfach gegeben. Umwelten validieren aber nicht nur ex post Systemaktivitäten, die Systeme retrospektiv feststellen lassen, ob und inwieweit ihre Aktivitäten adäquat waren. Ereignisse aus der Umwelt bewirken für Sozialsysteme mehr als nur ein Umweltrauschen. Zur Erfassung der wechselseitigen Bedingtheiten von System und Umwelt dieses Sachverhalts bietet sich das Begriffspaar von Selbst- und Fremdregulation an, was eben auch reine Fremdregulation als Möglichkeit ausschließt. Die Aufnahme von Selbst- und Fremdregulation radikalisiert im gewissen Sinne Luhmanns (z.B. 1997, 6 f.) Vorstellung von Autopoiesis und

‚Konditionierung', ‚Interpenetration' und ‚struktureller Kopplung' oder Willkes (1987; 1992; 1997) Überlegungen zur ‚(dezentralen) Kontextsteuerung' und knüpft an Überlegungen von Selbst- und Fremdsteuerung an, wie sie etwa Teubner (1992, 210) vorstellt. Sie vollzieht quasi die radikale Umstellung auf die Bestimmung der Umwelt durch das System in der neueren Systemtheorie mit, ohne blind zu werden für die in der klassischen Systemtheorie in den Mittelpunkt gestellten Bestimmungen des Systems durch die Umwelt.

Die Theorieansätze von Hegel, Luhmann und Giddens stimmen – und das gilt vor allem für Giddens und Luhmann –, was die rekursive und selbstreferentielle System(re-)produktion betrifft, recht weitgehend überein, wenn sie auch auf recht grundlegend differenten Grundannahmen aufbauen. Die grundlegende Gemeinsamkeit weist einen klaren und vielversprechenden Weg, System- und Strukturationstheorie wechselseitig füreinander fruchtbar zu machen. Der Systemtheorie könnte es über das hier vorgestellte Konzept von Systemstrukturation gelingen, die Verknüpfung von System(re-)produktion und Aktivitäten kompetenter Akteure in Zeit und Raum und die Bedeutung von Macht und Herrschaft in diesen Prozessen genauer zu klären (wie es Martens, 1997, oder Schimank, 1997, vorschlagen). Aus strukturationstheoretischer Sicht geht es darum, die Vielzahl tiefer Einsichten Luhmanns zur Systemkonstitution für die eigene Theorie fruchtbar zu machen.

4.4.3 Produktion von Ordnungen und Wandel: Kontinuität auf der Basis von Diskontinuität und Koevolution

Ordnung – wie ich sie oben explizit als Netzwerkregulation vorgestellt habe – setzt Identität und Differenz voraus, „Selbigkeit im Wechsel" (Gadamer, 1987 [1977], 128). Der Mensch ist in der Lage, „Ordnung zu denken, das heißt, Differentes und Identisches auseinanderzuhalten und zusammenzusehen" (ibid.). Er gebraucht sein Vermögen und Wissen, um Zusammenhänge im Kleinen wie im Großen herzustellen und bewirkt so in und durch sein rekursives Handeln ein beständiges Umgestalten der Ordnungen. Was unter Ordnungen und unter dem Problem der Ordnung verstanden wird, ist, da sie Bezugspunkte kompetenten Handelns sind, nicht unerheblich. Die Strukturationstheorie bietet hier, wie bereits anklang, ein besonderes Verständnis.

Produktion von Ordnungen und Wandel: ‚continuity through discontinuity'
auf der Basis orientierter verwickelter Ordnungen

Das Ordnungsproblem ist für Parsons (1967 [1937], 102) und für Giddens (1981, 29 f.; 1984, 35; 1989a, 252) *das* Problem für jede Sozialtheorie. Ihr Verständnis von Ordnung ist unterschiedlich. Ordnung wird in der Tradition parsonianischer Soziologie als Antithese zu Desintegration verstanden. Das Ordnungsproblem wird als eines sozialer Kontrolle bzw. genauer: funktionaler Anforderungen zur Aufrechterhaltung von Ordnung in der Gesellschaft konzipiert. In den Mittelpunkt rückt, wie angesichts individueller Interessen und des ‚Kampfes aller gegen alle' (Hobbes) erreicht und gesichert werden kann, daß Individuen gemäß der normativen Anforderungen sozialer Gruppen, deren Mitglieder sie sind, handeln. Die (kontrollierte) Internalisierung gemeinschaftlicher Werte bietet für Parsons die Lösung. Folgt man Parsons, steht die Gewährleistung der Internalisierung gemeinschaftlicher Werte im Mittelpunkt sozialer Systeme – und damit auch in Unternehmungsnetzwerken.

Giddens leugnet nicht die auch integrierende Bedeutung gesellschaftlicher Werte. Er (z.B. 1981, 29 ff.) verwirft aber, so lese ich seine Entgegnungen auf Parsons und seine Definition sozialer Systeme, die Hobbessche Grundannahme. Implizit beruht das strukturationstheoretische Verständnis der Konstitution des Sozialen in meiner Lesart auf einem soziologischen Verständnis des Konzepts der Anerkennung (der Hegelschen Gegenfigur zu Hobbes): der Konstitution von Ordnung auf der Grundlage wechselseitiger Anerkennung als Handelnde.[183] Das Ordnungsproblem wird auf der Basis dieser zu Parsons konträren Grundannahme aus seiner zu engen normativen, strukturfunktionalistischen Umklammerung befreit. Es wird als Problem der Konstitution von Ordnung reformuliert, als (Re-) Produktion von „continuity through discontinuity" (Giddens, 1979, 217). Oder in anderen Worten:

Das Ordnungsproblem ist „how social systems bracket time and space – how they stretch across greater or lesser spans of time-space" (Giddens, 1987a, 153).

Kontinuitäten jeglicher Art, Dinghaftigkeiten, Substanzen, Prozesse, Identitäten usw., sind auf der Grundlage permanenter Diskontinuitäten der Eingebundenheit in das Spiel der Différance zu begreifen. Das wahre Ausmaß der Problemstellung wird noch deutlicher, wenn man die drei miteinander vermittelten institutionellen Dimensionen des Sozialen, Signifikation, Domination und Legitimation, als *multikausale Basis* von Ordnung (und von Wandel) (III-5; s.a. Jary, 1991, 118)) und die *Supplementierung von An- und Abwesenheit* im Handeln hinzuzieht:

„The problem of order is how *form* occurs in social relations [and across situated practices], or (put in another fashion) how social system ‚bind' time and space. All social activity is formed in three conjoined moments of difference: temporally, structurally (in the language of semiotics, paradigmatically), and spatially; the conjunction of these express the *situated* character of social practices. The ‚binding' of time and space in social systems always has to be examined historically, in terms of the bounded knowledgeability of human action" (Giddens, 1981, 30).

Kompetente Akteure stellen im situativen Handeln Zusammenhänge oder Koinzidenzen her, indem sie sich rekursiv auf soziale Praktiken sozialer Systeme bis hin zu gesellschaftsweiten Institutionen beziehen und so durch ihr Handeln Handlungsserien mit ihren Ordnungen formen, aufrechterhalten, umformen oder

---

183 Hegels Argumentationsmodell der Anerkennung ist bekanntlich dem von Hobbes fundamental entgegengesetzt (z.B. Ritsert, 1981; Honneth, 1992).

beenden. Schaut man auf die Selektion, Allokation, Evaluation, Systemintegration, Positionskonfiguration und Grenzkonstitution als Gegenstände der Konstitution und Regulation von Systempraktiken, dann ist ganz deutlich: Sie liefern, obgleich rekursiv vermittelt, nicht notwendig übereinstimmende Bezugspunkte für situatives Handeln. Ordnungen sozialer Systeme und durch sie rekursiv hervorgebrachte gesellschaftsweite institutionelle Ordnungen (auf die ich gleich gesondert eingehe) stehen als Medium und Resultat ihrer (Re-) Produktion im Handeln nicht notwendig in einem kohärenten Verhältnis zueinander, können sich durchaus partiell eigenständig entwickeln.

Soziale Systeme aktualisieren in ihren Aktivitäten, mit Max Weber (1973 [1904]) gesprochen, eine ungeheure Mannigfaltigkeit von Ordnungen unterschiedlicher Reichweite in Zeit und Raum. Richtet sich mit Parsons die Aufmerksamkeit auf die Regulation der Reproduktion existierender Ordnungen zur kontrollierten Internalisierung der für die Funktionsfähigkeit benötigten Normen und Werte, so wendet sich der strukturationstheoretisch informierte Blick auf rekursive Praktiken der Konstitution der ‚Bindungen' von Zeit und Raum im Angesicht permanenter Produktion von Diskontinuitäten, zeitlicher, struktureller und räumlicher Differenzen und immer nur partieller Kontrolle der Prozesse. Gelingt diese Bindung nicht, lösen Ordnungen und/oder Sozialsysteme sich auf.

Wie bringen Akteure die Produktion und Reproduktion sozialer Ordnungen und deren Veränderung hervor? Wichtig sind die Fähigkeiten und das Wissen von Akteuren, Kontinuitäten und Diskontinuitäten unter Rückgriff auf eigene Relevanzen und systemische Praktiken (in unserem Zusammenhang: auf der Basis eines systemischen Netzwerkmonitoring, systemischer Netzwerkrationalisierung und systemisch ausgelegter ‚Netzwerkmotivationen') kompetent rekursiv herzustellen – auch wenn sich unintendierte Konsequenzen und unerkannte Bedingungen des Handelns immer dem reflexiven Zugriff entziehen. Bedeutsam sind damit auch die in sozialen Systemen und durch gesellschaftsweite Institutionen herrschaftlich festgezurrten Ordnungen, die Akteure im Netzwerkkontext intendiert und diskursiv produzieren und reproduzieren.

Wandel kann auf ebenso vielfältige Art und Weise geschehen und multikausal verursacht sein wie Ordnung, kann seinen Ursprung bei Transformationen von Regeln der Signifikation und Legitimation oder von Ressourcen der Domination nehmen. Vier Haupttypen sozialen Wandels, die sich in Unternehmungsnetzwerken (wie allgemein in Sozialsystemen) überlappen können, sind analytisch zu unterscheiden (Giddens, 1990b, 304). Grundlegend ist (1.) sozialer Wandel, der durch die inhärente Indeterminiertheit und die Diskontinuitäten sozialer Reproduktion in die Prozesse der Systemkonstitution verursacht wird. Er ist jeder Geschäftsinteraktion und Aktualisierung einer Geschäftsbeziehung inhärent, besitzt inkrementalen Charakter, erfolgt unintendiert und ungeplant. Er ist nicht Ergebnis kollektiver Mobilisierung, sondern Moment einer Vielzahl situativer, zumeist nicht auf diese Ziel hin koordinierten Handelns: „a slow ‚drift' away from a given practice or set of practices at any given location in time-space" (ibid.). Pfadabhängigkeiten, ,sunk costs' und ,increasing returns' können solchen Wandel allerdings unwiderstehliche Kraft verleihen (Arthur, 1990; Ortmann, 1995). Sie können ferner in Lock ins führen und liefern dann eine Erklärung für Trägheit, Stillstand, prekäre Gleichgewichte und – Ordnung, ohne daß letztere als vernünftige Ordnung auszuzeichnen wäre. Von jenem ersten Typ sozialen Wandels zu unterscheiden ist (2.) sozialer Wandel, der gerade auf Aktivitäten kollektiv mobilisierter Akteursgruppen (etwa von Komponenten- gegen Systemzulieferer in einen Unternehmungsnetzwerk oder verschiedener Stakeholder) beruht. Gemeint ist allgemein Wandel, der durch von Akteursgruppen aktualisierten Systemwidersprüchen verursacht wird und auf dem Aufeinandertreffen oder Kampf zwischen verschiedenen Interessenlinien fußt. Wandel durch reflexive Aneignung ist ein (3.) Typ. Er beruht – wie das etwa bei der Änderung der Netzwerkstrategie oder der reflexiven Veränderung von Strategien der Fall ist – auf Änderungen des Verständnisses der Bedingungen der System(re-)produktion und bewirkt sequentielle, sanft fließende Wandlungsprozesse ebenso wie, der Möglichkeit nach, radikale Veränderungen. Ein (4.) Typ sozialen Wandels fußt auf Veränderungen von Ressourcen und/oder des Ressourcenzugangs inklusive – wie im Fall technischer Entwicklungen oder Änderung relevanter ökonomischer Koordinationsmodelle – der Verschiebung von Kontrollen über relevante Ressourcen. Wandel dieser Art muß nicht reflexiv mobilisiert, kann etwa durch Nachfrageschwankungen, Kulturwandel, Moden, Veränderungen der Bevölkerungsdichte oder ähnliches begründet sein. Gleichwohl finden sich auch durch Unternehmungsnetzwerke getragene Versuche, die Distribution und Kontrolle der Nutzung von Ressourcen zu monopolisieren und zu beherrschen, gerade auch weil die Fähigkeit der Verfolgung von Interessen auf den Fähigkeiten zur Nutzung von Ressourcen basiert – Unternehmungsnetzwerke sind hier neben Organisationen wohl die bedeutsamsten Beispiele in modernen Gesellschaften.

Insgesamt rücken mit dieser Betrachtung von Ordnung und Wandel Interessen beteiligter Akteure und ihre Machtpotentiale in das Zentrum der Strukturationstheorie. Gleichzeitig sehen wir nun auch Trajektorien, selbsttragende und selbstverstärkende Prozesse, deren Unwiderstehlichkeit durch das Handeln der Akteure kaum noch etwas, im Extrem überhaupt nichts mehr entgegenzusetzen haben. Moden des Managements, auch die Akzeptanz von Netzwerken, erklären sich um Teil als Effekte solcher Entwicklungen.

Koevolution von Netzwerkunternehmungen und Netzwerken:
zur reflexiven Regulation endogener und exogener Ordnungsbildung

Die von Koza und Lewin (1998; 1999) in der Organisationstheorie prominent gemachte Überlegung der Koevolution (s.a. das Sonderheft der Organization Science, 1999) setzt auf Überlegungen der Komplexitätstheorie auf. Ich konzentriere mich im folgenden auf aktuelle Ausarbeitungen von Peter Kappelhoff

(1999; 2000b) und nutze sie zur Entwicklung einer Vorstellung von *Koevolution von Netzwerkunternehmungen und Netzwerken* als Strukturation.[184]

Gestärkt wird mit der Diskussion um Koevolution eine allgemeiner beobachtbare Tendenz: Evolutionstheoretische Positionen gewinnen heute über Entwicklungen im Bereich des populationsökologischen Ansatzes (Hanan, 1998; Aldrich, 1999), des evolutionären Managements (kritisch Kieser, 1988; 1994), der evolutionären Theorie der Firma (Nelson, 1995), der evolutionären Ökonomik (Hodgson, 1993; Arthur, 1995) weltweit wieder große Aufmerksamkeit (Kappelhoff, 2000b, 348). Auch für die Organisations- und Netzwerktheorie liefert das spannende Herausforderungen.

Giddens (1984, 227 ff.) begegnet Evolutionstheorien mit einer gehörigen Portion Skepsis (s.a. Mayntz, 1992). Die Bedenken richten sich gegen illegitime Teleologieannahmen, automatische Prozesse von Differenzierung und Integration und diffuse Konzepte der Adaption. Die Sicht auf Wandel ist dabei nicht einheitlich: Bei Durkheim ist Wandel eher inhärent langsam und kumulativ, für Marx dagegen durch revolutionäre Übergänge charakterisiert (Giddens, 1984, 229). Unterstellt ist aber immer ein geordneter Wandlungsprozeß, der, besonders deutlich bei Comte, verschiedene Stadien durchläuft. Evolutionstheorien lassen sich zusammengefaßt traditionell durch vier Merkmale charakterisieren, die auch Grundlage ihrer Kritik sind: (1.) durch ein gewisse konzeptuelle Kontinuität mit biologischer Evolution; (2.) das Vorliegen eines Wandlungsmechanismus (Komplexität, Differenzierung usw.), durch den generelle Entwicklungsprozesse und spezielle Tendenzen als unilinear ablaufend aufgefaßt werden; (3.) durch die Denkfigur ‚Fortschritt durch Auslese' und (4.) durch den Mechanismus der Adaption an die materielle Umwelt (ibid., 231 ff.).

Wie steht es nun um Koevolution und neuere evolutionstheoretische Ansätze? Die komplexitätstheoretische Konzeptualisierung zählt, theoretisch gesprochen, sicher zu den avancierten Varianten. Das gilt allerdings nur für ganz ausgewählte Arbeiten aus diesem Bereich. Vieles, was heute unter der Rubrik ‚Ordnung am Rande des Chaos' publiziert wird, bezieht sich eher assoziativ und metaphorisch auf das komplexitätstheoretische Argument und ist ohne jeglichen theoretischen Ertrag (einen Überblick gibt Kappelhoff, 2000b). Selbst für seriöse Arbeiten in diesem Gebiet erweist sich – durchaus überraschend –, daß sie mit Vorstellungen über konzeptuelle Kontinuität mit biologischer Evolution und dem Vorliegen eines durchgängigen Wandlungsmechanismus fest in der Tradition bisheriger Evolutionstheorien verankert sind:

„Von der Kinesis der Amöbe (Lorenz, 1982, 71) bis zum reflexiven Management interorganisationaler Netzwerke (Sydow/Windeler, 1997) folgt die Evolution von Steuerungsmechanismen dem gleichen

---

[184] Die Idee der Koevolution ist nicht neu. Sie findet sich im Traditionsbestand der Disziplin. Weber (1976 [1921]) spricht so von den sich im Zusammenhang von Wandlungen im Industriezeitalter herausbildenden Bürokratien, Marx (1975 [1867]) von der Genese der großen Industrie im Prozeß des sich verallgemeinernden Kapitalismus.

abstrakten Modell: der Koevolution von Systemen komplexer adaptiver Systeme am Rande des Chaos" (Kappelhoff, 2000b, 347).

Gleiches gilt für die normative Überhöhung machtgeprägter Evolutionsprozesse:

„Explizit oder implizit wird eine wie auch immer geartete Tendenz der (Ko-)Evolution komplexer adaptiver Systeme zu einem Zustand optimaler Evolutionsfähigkeit am Rande des Chaos postuliert," wie Kappelhoff (2000b, 357) kritisch festhält.

Jedoch emanzipieren sich neuere Evolutions- und Komplexitätstheorien – und das läßt aufmerken – in zweifacher Hinsicht von den all zu mechanistischen Annahmen traditioneller Evolutionsansätze. So betonen sie den diskontinuierlichen Charakter dynamischer Entwicklungen und zeigen sich sensibel für die nichtlineare Prozeßdynamik in Unternehmungsnetzwerken (oder allgemeiner: komplexen sozialen Systemen), in denen strategische Handlungen netzwerkweit auch indirekte, strategisch nicht-intendierte Konsequenzen und Folgewirkungen zeitigen:

„Mit der Theorie dissipativer Strukturen (Prigogine/Stengers, 1981), der Synergetik (Haken, 1984; 1996) und dem Autopoiesiskonzept (Maturana/Varela, 1990 [1984]) wurden Theorieelemente aus Physik und Biologie integriert, die die endogene Ordnungsbildung durch Selbstorganisation in den Vordergrund stellen, aber auch auf die Bedeutung von Mikrofluktuationen, Pfadabhängigkeiten und historisch einmaligen Konstellationen hinweisen. Auf der anderen Seite wird aus evolutionsbiologischer Sicht Kritik an adaptionistischen Erklärungen laut (Gould/Lewontin, 1979), wird der genetische Reduktionismus aus einer hierarchischen Sicht auf die Makroevolution kritisiert (Eldredge, 1985) und wird der neodarwinistische Gradualismus durch die Theorie durchbrochener Gleichgewichte (Eldredge/Gould, 1972; Gould/Eldridge, 1993) in Frage gestellt" (Kappelhoff, 2000b, 348).

Ferner zeigen sich avancierte Komplexitätstheoretiker sensibel für Probleme all zu weitgehender konzeptioneller Kontinuität mit biologischer Evolution und für das der handlungstheoretischen Fundierung bei der Übertragung ihrer Denkfiguren auf sozialwissenschaftliches Terrain:

„Offensichtlich macht es einen Unterschied, ob die Elemente eines komplexen adaptiven Systems chemische Verbindungen oder Gene (z.B. Kauffman, 1993) oder aber ihre Umwelt sinnhaft interpretierende und zielorientiert handelnde autonome Agenten [wie Individuen, Unternehmungen oder auch Unternehmungsnetzwerke] mit einer Fähigkeit zu kreativem und reflexivem Handeln sind" (Kappelhoff, 2000b, 354).

Ebenso arbeiten reflektierte Komplexitätstheoretiker mit einem aufgeklärtem Verständnis von Adaption:

Sie verstehen „Evolution nicht im Sinne der Anpassung eines Merkmals an eine fixierte Umwelt, sondern als endogene Ordnungsentstehung im Rahmen komplex organisierter Wechselwirkungen zwischen lernfähigen Agenten [...]. Evolution als Koevolution findet daher grundsätzlich in einem Möglichkeitsraum statt, der durch die koevolutionäre Dynamik im *Zusammenwirken von Zufallsvariation, Selbstorganisation und Emergenz* als Potentialität erst geschaffen wird. Anders ausgedrückt [...]: Gehalten und beschränkt von in der Vergangenheit getroffenen Strukturentscheidungen, angetrieben und reflexiv gesteuert von evolvierten Handlungsregeln und angezogen von Attraktoren im morphogenetischen Raum sozialer Formen erzeugen die Handlungen der Agenten im sozialen Netzwerke zufallsgesteuert und freischwebend eine kumulative Entwicklung, in dem sie im Rahmen der Koevolutionsdynamik endogen neue Festlegungen schaffen, die für den weiteren Prozeß zugleich als Handlungsermöglichung und -beschränkung dienen" (ibid., 358; Hervorh. A.W.).

Ordnung speist sich, wie das Zitat aufweist, in weiterentwickelten Evolutionstheorien nicht mehr nur aus Zufällen. Ihr zur Seite steht Ordnung durch Selbstorganisation (und Emergenz). Auf der Grundlage von Selbstorganisation bringen Netzwerke und andere komplex adaptive Systeme als „zur Selbstorganisation fähige[s] Netz vieler parallel prozessierender Agenten" (ibid., 360), (die selbst wieder, wie im Fall von Netzwerkunternehmungen in Netzwerken, komplexe adaptive Systeme sein können,) Ordnung hervor. Komplexe adaptive Systeme sind besondere Systeme, die gekennzeichnet sind durch

„zielorientierte, regelgeleitet handelnde Akteure, die über interne Modelle der Außenwelt in Form eines Systems von Informationsverarbeitungs- und Handlungsregeln verfügen und die darüber hinaus lernfähig, das heißt zu einer regelgeleiteten Veränderung dieser Regeln in Reaktion auf die beobachteten systemvermittelten, aber aus der lokalen Perspektive nicht völlig durchschaubaren Handlungskonsequenzen in der Lage sind" (ibid.).

Damit einher geht der entscheidende Wandel der Theoriepositionen von Evolutionstheorien weg von einer mechanistischen Adaption (materieller) Umweltanforderungen: „Die Evolution evolutionsfähiger Ordnungen ist [..] ohne interne Kräfte der Selbstorganisation nicht denkbar" (ibid., 366).

Evolutionstheoretiker wie Kappelhoff greifen in ihrer Argumentation aber nicht nur die in der neueren Systemtheorie übliche Bestimmung der Umwelt durch das System auf. Sie sehen, daß insbesondere in turbulenteren Umwelten Unternehmungsnetzwerke (wie allgemein Sozialsysteme) grundsätzlich überfordert sind, Ordnung allein endogen zu gewährleisten. Benötigt werden ‚externe oder exogene Ordner'. Parallel zur neoinstitutionalistischen Hervorhebung organisationaler Felder (DiMaggio/Powell, 1983) postulieren Autoren wie Kappelhoff (2000b, 376) mit impliziten Rekurs auf Parsons „im Rahmen der kybernetischen Kontrollhierarchie [..] die informationelle Steuerung durch übergeordnete Systemebenen, insbesondere durch das politische, das integrative und das sozialkulturelle Subsystem." Exogenen Ordnern wird dabei die Funktion zugeschrieben, die „Wechselwirkungen so weit zu reduzieren, daß ordnungsfähige Strukturen entstehen, und diese Ordnung extern durch politischen Konsens und kulturelle Legitimation zu stabilisieren" (ibid., 376 f.).

Das führt Kappelhoff (1999) zu einer radikalen Transformation seines Theorieansatzes gegenüber der neueren Systemtheorie Luhmanns, dessen Lösung ihn nicht befriedigt, und verdeutlicht ein Grundproblem der Konzeptualisierung von Evolution im Luhmannschen Systemansatz:

„Mit Luhmann betrachte ich soziale Systeme weiterhin als sinnkonstituierte Systeme, stelle aber von Autopoiesis auf Evolution um [...]. Die Elemente der sozialkulturellen Evolution sind demnach sinnvolle Regeln, und zwar Handlungsregeln ebenso wie Regeln zur Orientierung in sozialen Situationen, die auf kognitiven Strukturen und Rationalitätskriterien aufbauen. Die Menge von Regeln ist strukturiert, bildet also ein System, und enthält insbesondere auch Metaregeln, also Regeln zur Bewertung von Regeln und zur Reflexion von Regeln.[185] Dieses System von Regeln unterliegt der Evolution, indem es auf der Ebene der Interaktoren die sozialen Prozesse steuert, durch die die Regeln variiert,

---

[185] Angemerkt sei, daß Kappelhoff hier einen allgemeineren (insbesondere anderen) Systembegriff verwendet als Luhmann.

selegiert und reproduziert werden. Die Regeln sind sozial auf Agenten der verschiedenen Ebenen, insbesondere individuelle Akteure und Organisationen, verteilt. Die parallel prozessierenden Agenten sind durch ihre regelgeleiteten Handlungen miteinander verbunden, bilden also ein Interaktionsnetzwerk mit nichtlinearen Wechselwirkungen. Derart komplex und hierarchisch organisiert, findet die Koevolution des Systems von Regeln in einem sozialen Prozeß statt, der gleichzeitig auf einer Vielzahl von Ebenen und vor dem Hintergrund eines variablen Systems von Situationsdeutungen und Rationalitätskriterien operiert"(Kappelhoff, 1999, 6).

Das Zitat verdeutlicht: Autopoiesis und Evolution sind in der neueren Systemtheorie Luhmanns unglücklich verknüpft. Das Luhmannsche Autopoiesiskonzept hat in der Frage, wie und worüber Autopoiesis zustande gebracht wird, ihre Probleme und bedarf eines Konzepts von Regeln (und Ressourcen), wie es der strukturationstheoretische Ansatz bereithält (III-6), der die rekursive Vermittlung reflexiver Systemzusammenhänge mit Sets von Regeln und Ressourcen auf unterschiedlichen Systemebenen allerdings – so will ich gegenüber Kappelhoff herausstellen – über das Handeln kompetenter Akteure konzeptionell aufzunehmen gestattet, Akteure, die dabei die Regeln immer wieder verletzten müssen – im Interesse der Funktionsfähigkeit des sozialen Systems (Ortmann, 2002a). Das bedeutet umgekehrt: Auch die Kappelhoffsche Umstellung von Autopoiesis auf Evolution kann noch nicht die Lösung sein, da sie ihrerseits den autopoietischen Systemzusammenhang dem strukturierten Set von Regeln nachordnet. Kappelhoffs Luhmann-Kritik läßt sich positiv als eine Anforderung an die Konzeptualisierung von Koevolution wenden. Koevolution von Unternehmungsnetzwerken ist rekursiv über das Handeln von Akteuren vermittelt. Die Konstitution von Unternehmungsnetzwerken wird hierbei via Koevolution vor allem mit der von Netzwerkunternehmungen und Branchenkontexten verknüpft, in die sie eingebettet sind.

Viele der von Kappelhoff vorgestellten Bestimmungen der Komplexitätstheorie fallen ähnlich aus wie die der Strukturationstheorie: soziale Ordnung als Kontinuität auf der Basis von Diskontinuitäten und nichtlinearen Prozessen, die Qualifizierung der Akteure als lernfähig und regelgeleitet, Regeln und Ressourcen als Moment der System(re-)produktion, Systemregulation durch endogene Selbstorganisation und exogene Ordner. Kappelhoffs (2000b, 382) Einschätzung, daß eine theoretisch derart ausgelegte Komplexitätstheorie in ihren Grundorientierungen mit der Strukturationstheorie kompatibel ist, kann man teilen.

Die Parallelität der Argumentation zeigt an, daß der strukturationstheoretische Theorieansatz in der Lage ist, das avancierte komplexitätstheoretische Evolutionsmodell von Ordnung reformuliert in sich aufzunehmen. Aus strukturationstheoretischer Sicht bestehen im komplexitätstheoretischen und evolutionären Ansatz jedoch zwei Grundprobleme der praktischen Vermittlung und Hervorbringung fort, ohne die ein befriedigendes Verständnis von Koevolution nicht zu gewinnen ist: Sie betreffen (1.) die Vermittlung der Ebenen der Koevolution und (2.) das Verhältnis von Institutionen, Systemzusammenhängen und Sets von Regeln und Ressourcen. Der strukturationstheoretische Ansatz kann die verbliebenen Leerstellen mit seinen über soziale Praktiken kompetenter Akteure vermittelten Verständnis sozialer Konstitution füllen.

Erfährt die Strukturationstheorie durch die neueren Arbeiten der Komplexitätstheorie eine Sensibilisierung für Fragen der Konstitution sozialer Systeme in ihren Handlungskontexten in Zeit und Raum, so besteht die bedeutsamste Erweiterung des strukturationstheoretisch informierten Verständnisses von Koevolution für die Komplexitätstheorie in durch Praktiken der Konstitution hergestellten Koinzidenzen. Die Sicht auf die Koevolution von Netzwerken, Netzwerkunternehmungen und Branchenkontexte (allgemein: auf miteinander verknüpfte komplexe Sozialsysteme) verdeutlicht: Netzwerke und ihre relevanten Kontexte verändern sich nicht nur von Moment zu Moment zeitlich, strukturell und räumlich, und beeinflussen sich zudem nicht nur wechselseitig. Zu beachten ist, daß sie jede für sich der Evolution unterworfen sind, idiosynkratische, eigensinnige Entwicklungspfade aufweisen und füreinander evolutionär selegierende Umwelten darstellen.

Koevolutionsprozesse betreffen nicht nur die Bestands-, sondern auch die (weitere) Evolutionsfähigkeit. Sie können positiv oder negativ miteinander vermittelt sein: Die Entwicklungsfähigkeit von Unternehmungen kann durch den Netzwerkzusammenhang (die von Netzwerken durch die für sie relevanten Kontexte usw.) befördert oder behindert sein und umgekehrt, im glücklichen Fall verbessert sich parallel die Entwicklungsfähigkeit der Netzwerkunternehmungen und des Netzwerks. Die koevolutionäre Dynamik wird durch das Zusammenwirken von reflexiver Regulation sozialer Praktiken und unintendierten Fluktuationen, Pfadabhängigkeiten bis hin zu historisch einmaligen Konstellationen und Zufallsvariationen, durch eine Vielzahl von Koinzidenzen oder ‚conjunctures' und über ‚critical thresholds' (kritische Schwellen) hinweg (Giddens, 1984, 251, 246) bewerkstelligt. Selbst gleiche Resultate, wie in ihren Grundstrukturen weitgehend übereinstimmende Formen der Netzwerkgovernance, können daher Ergebnis sehr unterschiedlicher Prozesse sein. Die komplexitätstheoretische Vorstellung von Ordnung durch Zufall und Selbstorganisation und der „Koevolution evolutionsfähiger Fitneßlandschaften durch ein Zusammenspiel von internen Selbstorganisations- und externen Selektionskräften" (Kappelhoff, 2000b, 364) wird in strukturationstheoretischer Perspektive als Medium und Resultat rekursiver Aktivitäten kompetenter Akteure gefaßt, das heißt als Ordnung und Wandel durch Konstitution oder genauer: *Ordnung und Wandel durch Strukturation*. Damit wird ein strukturationstheoretisches Konzept von Koevolution umrissen, das die Sicht auf die Evolution von Netzwerken erweitert, alle traditionell gegenüber Evolutionstheorien vorgebrachte Einwände weit hinter sich läßt und gleichzeitig eine Denkfigur vorstellt, mit der die Ergebnisse dieser avancierten Forschungen produktiv verarbeitet werden können. Insbesondere wirft es ein neues Licht auf das Verhältnis der Konstitution von Unternehmungsnetzwerken (allgemeiner: sozialer Systeme) unter Rekurs auf gesellschaftsweite Institutionen, denen ich mich jetzt zuwende.

5 Soziale Institutionen, Netzwerkinstitutionen, institutionelle Bereiche und Institutionenkomplexe

Unternehmungsnetzwerke (wie auch andere Sozialsysteme) konstituieren sich unter Rekurs auf Ensembles von Institutionen, unter anderem: gesellschaftsweiten Institutionen, die sie zwar nicht auswählen können, die sie aber in ihren Aktivitäten nutzen und dadurch in deren Weiterentwicklung mit beeinflussen.

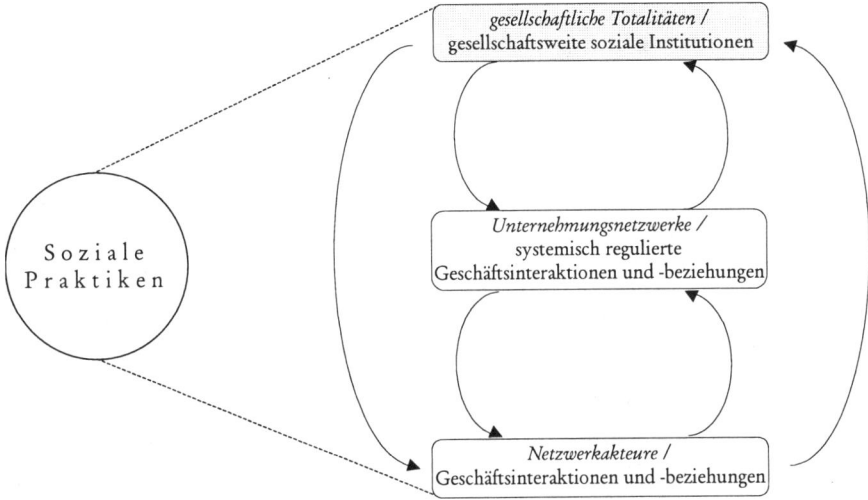

Abb. III-9: Strukturation gesellschaftlicher Totalitäten und gesellschaftsweiter Institutionen

Netzwerkakteure nutzen in Unternehmungsnetzwerken vor allem das mit der Netzwerkgovernance verbundende Ensemble netzwerkinterner und -übergreifender Institutionen. Es gestattet ihnen, das Geschehen in Unternehmungsnetzwerken und mit Dritten kompetent und aneinander anschlußfähig hervorzubringen, System und Umwelt zu verknüpfen. Alle Handelnden vergegenwärtigen sich und nutzen in ihrem Handeln durchgängig Institutionen – die sie zum Teil als gegeben betrachten – und (re-)produzieren sie so. Einigen strategisch plazierten Akteuren kommt gleichwohl besondere Bedeutung bei der reflexiven Konstitution von Institutionensets in Gesellschaften oder Gesellschaftsbereichen zu: In der Ökonomie zählen dazu ausgewählte konkrete Unternehmungsnetzwerke, Unternehmungen, staatliche Akteure, Gewerkschaften, Verbände, Experten, Forschungsinstitute usw., das heißt Akteure, die in organisationalen Feldern besonders aktiv sind und das Geschehen mit prägen können (zur Typologie relevanter Akteure Hollingsworth/Schmitter/Streeck, 1994; Scharpf, 1993).

5.1 Institution, Institutionalisierung und Netzwerkinstitutionen: begriffliche Bestimmungen

Für die Konstitution von Unternehmungsnetzwerken, aber auch für die von Märkten und Unternehmungen sowie allgemein für die von Ökonomie gibt es eine Vielzahl bedeutsamer – nicht ausschließlich auf Unternehmungsnetzwerke bezogener – sozialer Institutionen: das jeweilige System industrieller Beziehungen, die Ausgestaltung des Ausbildungssystems, Traditionen, Gewohnheiten (Tocqueville), Gedankeneinstellungen (Veblen), Verhaltensregeln (Commons), normative Standards und Werteinstellungen (Parsons), Gesinnungen (Scheler), Mentalitäten (Geiger), Charaktere (Adorno) bis hin zu im Habitus (Bourdieu) oder im ‚Geist des Kapitalismus' (Max Weber) sedimentierte Verhaltensweisen, aber auch rechtliche und politische Institutionen (wie die jeweilige Rechtsordnung und -kultur).

Strukturationstheoretisch definiert man Institutionen über soziale Praktiken:

„Institutions may be regarded as practices which are deeply sedimented in time-space: that is, which are enduring and inclusive ‚laterally' in the sense that they are widespread among the members of a community or society" (Giddens, 1979, 80; Hervorh. weggelassen, A.W.). „Institutions by definition are the more enduring features of social life. [...], giving ‚solidity' across time and space" (1984, 24).

Institutionen sind, wie schon Durkheim betont hat, ‚auferlegt': Abweichungen sind möglich, aber meist nicht kampf-, straf- oder kostenlos. Die Vielzahl relevanter, oben angedeuteter und im Governancediskurs (z.B. bei Hollingsworth/ Schmitter/Streeck, 1994; Hollingsworth/Boyer, 1997a) genauer diskutierter Institutionen sind strukturationstheoretisch also dann und nur dann Institutionen, wenn sie tief in Zeit und Raum sedimentierte Praktiken kennzeichnen. Das gilt auch für Märkte, Unternehmungen und auch Unternehmungsnetzwerke. Auch sie können jedoch zumeist nur *als Formen* sozialer Systeme, die tief in Zeit und Raum sedimentierte Praktiken *der Koordination* ökonomischer Aktivitäten herausbilden, selbst ökonomische Institutionen sein. (Konkrete Unternehmungen oder Unternehmungsnetzwerke erreichen diesen Status nur in Ausnahmefällen, wenn viele andere sich in ihren Aktivitäten an ihnen als Institution ausrichten.) Gleiches gilt für im Geschäftsleben *weit verbreitete Techniken, Prozeduren und Ressourcen*, etwa für Verträge, das Privateigentum, Lohnarbeitsverhältnis, Verfügungsrechte, Leitbilder der Organisation und Professionsnormen.

Institutionen besitzen für Akteure eine besondere Bedeutung, da sie ihnen eine gesicherte, *institutionelle ‚Grammatik des Handelns'* einer ‚Handlungsgemeinschaft' eröffnen (s.a. Barley/Tolbert, 1997). Ähnlich wie die Grammatik einer Sprache gestatten Institutionen (genauer die ihnen unterliegenden Sets von Regeln und Ressourcen [III-6]), in einer unendlich vielfältigen, aber eben nicht beliebigen Art und Weise zu handeln.

Institutionen sind Medium und Resultat von Praktiken ihrer rekursiven *Institutionalisierung*. Institutionalisierung ist ein permanenter, nie endender Prozeß, der immer auch (als Différance von Institutionen) sein Gegenteil, die Möglichkeit zur Deinstitutionalisierung, in sich trägt (s.a. DiMaggio, 1998, 12). Institutionen sind nicht fixierte Endpunkte von Institutionalisierungsprozessen. Sie stehen vielmehr dauerhaft und durchgängig unter der Spannung ihrer (Re-)Produktion. Eine erste oder wiederholte Aktivität kann der Ausgangspunkt der Ausbildung oder Verfestigung einer Institution sein. Koordinieren Akteure Geschäfte zwischen Akteuren etwa im Hinblick auf einen dauerhaften Beziehungszusammenhang zwischen Unternehmungen, so kann das Ausgangspunkt oder Verfestigung der Institution der Netzwerkkoordination sein. Erste Unterbrechungen oder Infragestellungen ihrer rekursiven Aktualisierungen können als Anzeichen ihrer Auflösung oder ihres Niedergangs oder (momentanen) Bedeutungsverlusts gelesen werden. Institutionalisierung setzt dabei nicht die Reproduktion vollständig gleicher Aktivitäten voraus, sie müssen nur im Sozialsystem faktisch als identisch gehandhabt werden.

Institutionen bedürfen, damit sie nicht nur eine kurzzeitige Mode widerspiegeln, nicht nur der *Adoption*, der Aufnahme. Gefordert ist eine *Verankerung*, ein ‚maintenance' (Scott, 1995, 80), ein ‚establishment' (Leblebici et al., 1991, 334) oder ein ‚entrenchment' (Zeitz/Mittal/McAulay, 1999). Sozialsysteme mit gewisser Ausdehnung in Zeit und Raum und gewissem Grad reflexiver Systemregulation sind Zusammenhänge, die diese Verankerungen bewerkstelligen und die Ausbildung (systembezogener und -übergreifender) Institutionen wie auch gesellschaftlicher Totalitäten befördern. Der Grad der Verankerung von Institutionen im Systemgeschehen zeigt sich in der Aktualisierung durch interne und externe Stakeholder. Er eweist sich zudem in der Einflußnahme auf und Absicherung durch die Systemregulation und in dem Eingebundensein in das für das Sozialsystem relevante Institutionengefüge (s.a. Zeitz/Mittal/McAulay, 1999, 743 ff.). Diverse Mechanismen der Institutionalisierung befördern deren Etablierung: Hierzu zählen der mimetische, zwangsförmige und normative Isomorphismus (DiMaggio/Powell, 1983), die Entwicklung einer Systemidentität, Praktiken reflexiver Regulation und die damit einhergehende Diffusion und Sedimentation von Ideen, Vorstellungen und Modellen (s.a. Westphal/Gulati/Shortell, 1996), die Professionalisierung und Formalisierung von Aktivitäten und Prozeduren (insbesondere in Form von Gesetzen), die Zuweisung technischer Effizienz (s.a. Zeitz/Mittal/McAulay, 1999), die machtvolle Intervention und möglicherweise Oktroyierung, schließlich auch: Verständigung.

Giddens' Definition von Institutionen läßt sich für alle Sozialsysteme verallgemeinern. *Netzwerkinstitutionen* sind tief in Zeit und Raum eingeschriebene Netzwerkpraktiken. Sie konstituieren sich (1.) als Resultat und sodann Medium der Netzwerkregulation (betreffend Selektion, Allokation, Evaluation, Systemintegration, Positionskonfiguration und Grenzkonstitution). Als Netzwerkinstitutionen sind sie (2.) im Netzwerk weit verbreitet und werden von der Mehrzahl der Netzwerkakteure immer wieder aktualisiert. Sie dienen (3.) Netzwerkakteuren bei ihrem Rekurs auf den dauerhaften Beziehungszusammenhangs im Netzwerk als institutionelle ‚Netzwerkgrammatik'. Sie tragen (4.) zu einer koordinierten Verbreitung *organisationaler* Institutionen bei. Nicht selten strahlen sie weit über Unternehmungsnetzwerke hinaus auf branchenbezogene bis hin zu gesellschaftsweiten Institutionen aus.

Netzwerk- und, allgemein, Systeminstitutionen lassen sich von gesellschaftsweiten unterscheiden, die Giddens und viele andere Autoren (z.B. Scott, 1995; Kapitel 1 u. 2.; Ausnahme Cohen, 1989, 39) vornehmlich im Sinn haben, wenn sie von Institutionen sprechen:

„Those practices which have the greatest time-space extension within such [societal] totalities can be referred to as *institutions*" (Giddens, 1984, 17).

Indes, *Sozialsysteme aller Art*, Gruppen, Abteilungen, Unternehmungen, Netzwerke, Branchen bis hin zu gesellschaftsweiten Totalitäten oder Kulturen, *können Institutionen ausbilden.*[186] Damit einher geht eine Perspektiverweiterung: von der Einbettung in gesellschaftsweite Institutionengefüge hin zu reflexiv miteinander verwobenen, wechselseitig verstrickten institutionellen Arrangements sozialer Systeme (s.a. Boyer/Hollingsworth, 1997, 468 ff., die von ‚nestedness' sprechen, dabei aber den wechselseitigen Fit überbetonen).

Netzwerkinstitutionen und Institutionen von Netzwerkunternehmungen sind nicht per se identisch – man denke etwa an institutionalisierte Produktionspraktiken. Kein Wunder – Netzwerkunternehmungen sind zu verschiedenen Zeiten und unter unterschiedlichen Umständen geschaffen worden. Eventuell haben sie differierende Umweltsituationen meistern müssen. Sie mögen daher verschiedene Erfahrungen besitzen oder aus ähnlichen ganz andere Schlußfolgerungen hinsichtlich ihrer Regulation gezogen haben:

„Even within relatively tightly bounded organizational fields, no two firms will have the exact same pattern of resource flows. Complex resource environments create heterogeneity and allow for the possibility for organizations to respond strategically to external demands. When the boundaries of organizational fields are murky or penetrated by members of other fields (for example, medical care technology involves hospitals as well as high-tech-firms), heterogeneity in organizational forms and practices will be even greater" (Powell, 1991, 195).

Institutionelle Praktiken der Produktion, Distribution, des Accounting usw. usf. sind trotz diverser, auf institutionellen Praktiken in organisationalen Feldern gründender Gemeinsamkeiten zwischen Netzwerkunternehmungen alles andere als identisch, selbst wenn sie seit langem gemeinsam in einem organisationalen Feld aktiv sind. Und was für Unternehmungsnetzwerke zutrifft, gilt auch für die für Netzwerke relevanten organisationalen Felder. Netzwerkinstitutionen stehen aber unter der Spannung, die Institutionen der Netzwerkunternehmungen *und* die der organisationalen Felder aufzunehmen. Sie sind in einen durch Koevoluti-

---

186 Für Überblicke über die Diskussion um Institutionen in der Soziologie siehe DiMaggio/Powell, 1991, Scott (1994b) oder Türk (1997). Auch in neueren Schriften ökonomischer Institutionalisten finden sich interessante Bestimmungen. North (1990), der wohl aktuell prominenteste Vertreter, betont zum Beispiel den Regelcharakter von Institutionen – unter denen er jedoch vornehmlich ‚property rights' versteht – und die Bedeutung von Ressourcen, um Institutionen, wie Verfügungsrechte, zu definieren, zu verteidigen und Übereinkünfte durchzusetzen (ibid., 61).

on charakterisierten Beziehungszusammenhang gesetzt. Insofern ist zu erwarten, daß Institutionen, welche die Kernaktivitäten des Netzwerks und der Netzwerkunternehmungen betreffen, miteinander, als Medium und Resultat von Isomorphismen und reflexiv oder respektiv koevolutionär aufeinander bezogenen Systemregulationen, einigermaßen verträglich sind, keine allzu widersprüchlichen Orientierungen und Anforderungen an die Akteure stellen. Sicher ist das jedoch nie, und es zu gewährleisten, wäre Aufgabe eines reflexiven Netzwerkmanagements.

5.2 Institutionen: Besonderheiten des strukturationstheoretischen Begriffs

Ein Blick auf Schriften der Klassiker der Repräsentanten der neueren institutionellen Organisationstheorie verdeutlicht: Selbst „institutional theory [...] cannot by itself provide a complete theory of institutions" (DiMaggio, 1988, 11). Führende Vertreter der institutionellen Organisationstheorie wie DiMaggio (z.B. 1988) und Powell (1991) sehen in den Schriften von Giddens Potentiale, die Defizite bisheriger Ausarbeitungen des Institutionenkonzepts zu überwinden – ohne das jedoch eingehender zu diskutieren.

5.2.1 Moment und Ergebnis der Konstitution des Sozialen

Makroinstitutionalisten wie die Forschungsgruppe um Meyer (Meyer/Rowan, 1977; Scott/Meyer, 1994) richten den Blick auf die Umwelt von Organisationen und betrachten Institutionalisierung als *Reproduktion* gesellschafts- oder sektorweiter institutioneller Elemente. Kollektive normative Ordnungen wie Professionen und Professionsnormen, zwischen Mitgliedern organisationaler Felder geteilte Vereinbarungen und staatliche Aktivitäten treten für sie von außen an die Organisation heran (z.B. DiMaggio/Powell, 1983). Organisationen übernehmen erfolgreiche Elemente aus ihren Umwelten, imitieren das Verhalten erfolgreicher Akteure. Sie machen das nicht freiwillig. Sie sind vielmehr gezwungen, zentrale oder staatliche Vorgaben zu berücksichtigen (mimetischer, normativer oder zwangsweiser Isomorphismus [ibid.]). Einflußreiche Institutionalisten monieren heute diese Position:

„We have tended to neglect the myriad ways in which professional groups and organizations can shape the institutional environment in which they operate" (Powell, 1991, 200 f.; s.a. DiMaggio, 1988; Zucker, 1988).

Mikroinstitutionalisten wie Zucker (1977; 1983; 1987; 1988) betrachten Organisationen dagegen als Quellen von Institutionalisierung – und Organisationen als die vorherrschende institutionelle Form in modernen Gesellschaften (Zucker, 1983, 1). Sie rücken die Prozesse der *Hervorbringung* insbesondere neuer kultureller Elemente durch Organisationen in den Mittelpunkt (Zucker, 1987, 444).

Die strukturationstheoretische Sicht integriert beide Perspektiven. Institutionen sind ihr *Moment und Ergebnis der Konstitution des Sozialen.*[187] Institutionen sind nicht etwas Externes, vom Handeln der Akteure Abgelöstes. Unternehmungsnetzwerke tragen durch die Netzwerkkoordination zur Ausbildung netzwerkbezogener und -übergreifender Institutionen wie zur Infragestellung bisher gültiger Sets von Institutionen bei; das gilt etwa für Praktiken bisher auf Einzelunternehmungen bezogener Evaluation ökonomischer Aktivitäten ebenso wie für Institutionen des Systems industrieller Beziehungen, die durch Vernetzung in Frage stehen (zu letzterem Müller-Jentsch, 1999; Sydow, 1999c; Windeler/Wirth, 2000; Windeler/Wirth/Sydow, 2001). Im Handeln genutzte Institutionen treten ihnen dabei im zukünftigen Handeln wieder als Voraussetzungen ihres Handelns entgegen. Institutioneller Wandel und Stabilität bedürfen daher der Erklärung (III-4.4.3).

5.2.2 Ermöglichung und Zwang

Sind Organisationen in institutionalistischen, funktionalistischen und strukturalistischen Ansätzen eher passive, übersozialisierte, durch ihre Umwelt eingeschränkte Akteure, deren Aufgabe primär darin besteht, Werte und Normen – und nicht etwa Produktionspraktiken, Belohnungssysteme, Machtstrukturen usw. – zu gestalten, so wird diese Sicht heute zuweilen mit explizitem Verweis auf Giddens kritisiert, so von Powell mit selbstkritischem Blick auf die eigene Arbeit:

„We neglected, however, to emphasize that each form of constraint is, in varying ways, also a form of enablement. Constraints open up possibilities at the same time as they restrict or deny others" (Powell, 1991, 194, der sich hier auf den berühmten ‚Iron Cage'-Aufsatz von DiMaggio/Powell 1983 bezieht).

Strukturationstheoretisch betrachtet besitzen *Institutionen* einen Doppelcharakter: Sie *restringieren und ermöglichen Handeln*. Soweit Institutionen gelten, steigert das – man ist geneigt zu sagen: definitionsgemäß – in beträchtlichem Maße die Chancen, daß Akteure sich in ihrem Handeln an ihnen orientieren. Eine Institution muß „als irgendwie für das Handeln geltend: verbindlich oder vorbildlich, angesehen werden" (Weber, 1976 [1921], 16). Damit Institutionen gelten, muß ihre Einhaltung zwar oft über entsprechend ausgelegte Systemregulationen machtvoll durchgesetzt und gesichert werden.[188] Dann aber ermöglichen

---

187 Der Begriff der Institution fällt damit trotz seiner allgemeinen Bestimmung keineswegs, wie Türk (1997, 146) moniert, mit dem des Sozialen zusammen. Denn nicht nur Dauerhaftes, einzelne Personen Übergreifendes ist sozial. Auch Durkheim hat das nie behauptet. Seine Entscheidung für soziale Tatsachen als Gegenstände von Soziologie ist anders begründet (s.a. das Zitat auf der Seite 291).

188 Das gilt zumindest insoweit, als man, wie in der Strukturationstheorie, von aktiven und reflexiven Akteuren ausgeht, von einer immer unvollständigen Internalisierung und Regulationsfähigkeit von Institutionen und von immer begrenzten Motivationen zu und Interessen an institutio-
(Fortsetzung der Fußnote auf der nächsten Seite)

Institutionen angesichts von Kontingenz, Unsicherheit und Risiko im Netzwerkzusammenhang zu handeln. Obwohl Institutionen aus diesem Grunde ein selbstverstärkender Mechanismus innewohnt, erfahren alle sozialen Praktiken – auch die mit noch so großer Ausdehnung in Zeit und Raum – im und durch Handeln zeitliche, räumliche, inhaltliche und strukturelle Verschiebungen (III-4.4.3).

Die tiefe Verwurzelung von Institutionen in den Prozeduren und Praktiken des Sozialsystems kann gleichzeitig Ursache für eine gewisse Widerständigkeit gegenüber Wandel, Moment der ‚*inertia*‘, aber auch Grundlage der *Funktionsfähigkeit* sozialer Systeme sein – auch in Unternehmungsnetzwerken:

„Once particular sets of social arrangements are in place, they embody sunk costs – economic and psychological – that cannot be recovered. Shared expectations arise that provide psychological security, reduce the cost of disseminating information, and facilitate the coordination of diverse activities. Efforts at change are often resisted because they threaten individuals' sense of security, increase the cost of information processing, and disrupt routines. Moreover, established conceptions of the ‚way things are done' can be very beneficial; members of an organizational field can use these stable expectations as a guide to action and a way to predict the behavior of others. These are not necessarily stories about inefficiency or maladaptation, but rather plausible accounts of how practices and structures reproduce themselves in a world of imperfect information and increasing returns" (Powell, 1991, 194).

Der Netzwerkzusammenhang fordert so von Netzwerkunternehmungen nicht nur proaktives Handeln; seine Institutionen ermöglichen es ihnen auch, entsprechend der im Netzwerkkontext üblichen Form zu interagieren. Je nach Netzwerkregulation verbessern sich Fähigkeiten der Netzwerkunternehmungen, in angestammten oder eher unbekannten organisationalen Feldern ähnlich kompetent zu handeln und das Verhalten anderer kompetent einzuschätzen. Netzwerkinstitutionengefüge zeigen an, wie man als Netzwerkunternehmung mit anderen im Netzwerkzusammenhang und mit Dritten handelt und wie nicht. Eine gewisse Widerständigkeit gegen möglicherweise notwendigen Wandel geht damit einher, potentiell gar ein tödliches ‚lock in' (Grabher, 1993b). Da Institutionen Individuen dazu anhalten, aufrufen, auffordern, motivieren, ihr Leben unter die Herrschaft institutioneller Praktiken und Zielsetzungen zu stellen, die systematisch immer auch Möglichkeiten des Daseins verstellen, sind sie Gegenstand jeder reflektierten Kritik.

5.2.3 ‚Taken for granted' und reflexiv ausgelegt

Institutionen sind in strukturationstheoretischer Sicht immer auch *Medium und Resultat reflexiver* und/oder *reflexiv regulierter Formen des Handelns*. Akteure können Institutionen jenseits reflexiver Aufnahme im Handeln – aus Routine, Repetitivität oder aus einem Gefühl der Selbstverständlichkeit heraus – als passend angesehene Formen des Handelns, als natürlich und legitim handhaben

---

nenkonformem Verhalten. Das schließt ferner natürlich nicht aus, daß bloße Gewohnheiten oder höchst rationale Interessen, die Weber von Ordnungen absetzt, in die gleiche Richtung wirken.

und tun das auch immer wieder – ‚taking for granted' ist ein mächtiges Medium der Institutionalisierung. Akteure können Institutionen aber eben auch reflexiv nutzen und befestigen. Organisationen und Unternehmungsnetzwerke mit ihren reflexiven Regulationen sind einschlägige Beispiele.

Institutionalisierung ist weder ein Prozeß rationaler Wahl isolierter, kontextfrei handelnder Akteure, noch ausschließlich ein Prozeß der Internalisierung herrschender Werte und Normen, nicht nur Ausdruck von Konformität gegenüber dem ‚taking for granted' des alltäglichen Lebens (Zucker, 1977):

„Attention has been drawn in the past to the institutional aspects of organizations, but exclusively in a rationalistic rather than a phenomenological frame. From the rational perspective, institutions consist of distinctive values that are conscious and explicitly articulated by all organizational participants: schools are guided by educational values, governments by political values, and so on. Since participants are also aware of alternatives to theses values, deviance is common (Selznick, 1957). In contrast, the taken for granted quality of institutions in the phenomenological approach espoused here implies that participants are not conscious of their central values and that the common understandings are seldom explicitly articulated. Institutionalization simply constructs the way things *are*; alternatives may be literally unthinkable" (Zucker, 1983, 5).

Beide im Zitat vorgestellten Positionen sind ungenügend. Gegenüber Theoretikern rationaler Wahl ist auf Grenzen der Wahrnehmung und Veränderbarkeit und auf die Undurchsichtigkeit von Systemreproduktion zu verweisen. Gegenüber Institutionalisten wie Zucker ist darauf zu insistieren: Institutionen und Institutionalisierungsprozesse entziehen sich nicht systematisch und notwendig einer reflexiven Erfassung – zumindest nicht vollständig. Entsprechend der Schichtenmodelle des Handelnden und der Sozialsysteme (III-3.3 bzw. III-4.1.3) wird das ‚taking for granted' immer wieder durch Reflexion gebrochen. Akteure können sich Institutionen klar machen, ein Verständnis über ihre Funktionsweise entwickeln – und ihr Verhalten und sodann die Institutionen ändern.

Unternehmungsnetzwerke besitzen über ihre auf Praktiken der Systemreflexivität gegründeten Regulationskompetenzen (was in institutionalistischen Arbeiten in den Hintergrund rückt oder ausgeblendet wird [DiMaggio/Powell, 1983; weniger stark Leblebici et al., 1991]) durchaus auch Möglichkeiten reflexiver Institutionalisierung. Netzwerkkoordinatoren oder Topmanager von Unternehmungen greifen eben nicht nur auf extern gegebene Institutionen in Form eines erzwungenen, mimetischen oder normativen Isomorphismus (DiMaggio/Powell, 1983) zu. Sie tragen durchaus aktiv zur Konstitution systeminterner und systemexterner allgemeiner Bedingungen der System(re-)produktion bei (s.a. Powell, 1991, 194) – etwa indem sie das Set der sechs Netzwerkpraktiken ausgestalten und auf Praktiken ihrer Konkurrenten Einfluß nehmen, sich an der Formulierung von Berufsbildern, Ausbildungsgängen oder Verbandspolitik aktiv beteiligen oder Gesetze und politische Entscheidungen beeinflussen. Umfassendere strategische Institutionalisierungen organisationaler Felder im Sinne hochgradig diskursiv und intentional gesteuerter Prozesse sind in der Praxis aufgrund der Dezentrierung der Akteure und der in die Prozesse der (Re-)Produktion eingeschriebenen Différance allerdings meist (nahezu) ausgeschlossen. ‚Mighty player' im Feld nutzen jedoch geschickt ihre Chancen (Hutter, 1989; Ortmann/ Zimmer, 1998).[189]

5.2.4 Verschiedene Autoritätsgrade, unterschiedliche Rechte und Verpflichtungen

Bei Autoren wie Radcliffe-Brown entsteht der Eindruck, Institutionen seien monolithisch, in Granit geschlagen, unterlägen weder relevanten Veränderungen noch besäßen sie unterschiedliche Ausprägungen. Die Strukturationstheorie bestreitet diese Setzungen kategorisch. Selbst für Autoren wie Durkheim (1980 [1895], 114), die oftmals als Gewährsmänner für diese Position bemüht werden, ist die Qualität institutioneller Einflußnahme auf soziale Praktiken alles andere als einheitlich, variiert der Grad der Institutionalisierung:

> „So gibt es eine ganze Skala von Abstufungen, die in Form eines Kontinuums von den ausgesprochen strukturierten Tatbeständen zu den freien Strömungen des sozialen Lebens reichen, die noch in keine feste Form eingegangen sind."

Nicht alle Institutionen regulieren das gesamte soziale Leben. Einige gelten nur in der Ökonomie, andere nur in Unternehmungsnetzwerken. In bezug auf die Reichweite sowie die Intensität der Institutionen und den Grad ihrer Verbindlichkeit zeigen sich erhebliche Unterschiede. Sie sind „graded in authority", wie Mills (1959, 29) formuliert (s.a. Parsons, 1990 [1934], 326).[190] Auch der Grad reflexiver Reguliertheit von Institutionen variiert. Sie können als etwas erfahren werden, was eine Realität für sich selbst besitzt, was Zucker als Exteritorität bezeichnet, oder als etwas bewußt Ausgestaltetes. Variieren kann die unhinterfragte Gültigkeit oder ‚Habitualisierung' von Institutionen, die Konsensualität

---

189 Strategisch intendiert wird immer nur ein gewisser Ausschnitt der Praktiken in Unternehmungsnetzwerken institutionalisiert bzw. genauer: deren Institutionalisierung via Regulation zu befördern versucht. Selbst für diesen Ausschnitt des Netzwerkgeschehens muß angesichts unerkannter Bedingungen und unintendierter Konsequenzen des Handelns Institutionalisierung nicht immer gelingen. Vieles ist ferner nicht primär durch das Netzwerk selbst, sondern etwa durch Professionen, staatliche Gesetze, Branchenrezepte oder via Kultur institutionalisiert, eventuell jedoch in relevantem Ausmaß im Netzwerk speziell ausgelegt.

190 Traditionell wird die Reichweite nicht zum Thema. Eine prominente Ausnahme bilden Berger und Luckmann (1980 [1966], 58), die über ihre Definition von Institution als reziproke Typisierung habitualisierter Handlungen durch Typen von Handelnden eine Begriff von Institution vorstellen, der nicht direkt an Gesellschaft als ganzer gebunden ist, als theoretischen Grenzfall sogar Institutionen zwischen zwei Personen zuläßt und daher implizit das Thema der Reichweite von Institutionen zugespitzt aufwirft. Einige aktuelle institutionentheoretische Arbeiten verstärken das Argument ungleicher Institutionalisierung (z.B. Tolbert/Zucker, 1996; Barley/Tolbert, 1997). Giddens ergänzt, daß die erste Wiederholung einer Aktivität der erste Schritt zur Institutionalisierung einer Praktik sein kann. So unterscheidet auch Giddens (1985, 10, 35 ff.) die Reichweite und die Intensität von Regeln. Ersteres bezieht sich beispielsweise auf die Fähigkeit von Vorgesetzten, weite Aktionsbereiche der ihnen Unterstellten zu kontrollieren. Die Intensität der Regel ist davon zu unterscheiden. Sie läßt sich beispielsweise an die Schärfe der Sanktionen binden, mit denen ein Mitspielen erreicht werden kann. Ein kritischer Überblick über verschiedene Ansatzpunkte von Institutionentheorien findet sich bei Roth (1991, 5 ff.; insbes. 10 ff.).

oder ‚Objektifikation' zwischen Entscheidungsträgern, die Verbreitung oder ‚Sedimentation' in Zeit und Raum (s.a. Tolbert/Zucker, 1996, 181 ff.), die diskursive Ausgestaltung auf der Grundlage von Einverständnis oder Vereinbarung. Institutionalisierung geht also in Netzwerken (wie allgemein in sozialen Kontexten) nicht (wie eine Vielzahl von Autoren gerade in strukturfunktionalistischer Tradition formulieren) in Internalisierung von Werten und Normen auf, obwohl dadurch die Institutionalisierung stark gefördert und gefestigt wird. Akteure können Institutionen aber selbst dann nutzen, wenn sie deren Gültigkeit in Frage stellen, nicht mit ihnen konform gehen, aber etwa schlicht zur Zeit keine Möglichkeiten sehen, sie zu verändern. Institutionen können wie im Fall von gesetzlich fixierten Verfügungsrechten formeller oder informeller Natur sein, wie im Fall von Konventionen, Sanktionen, Tabus, Traditionen, Verhaltensmustern oder -regeln und -prinzipien sowie Vorstellungen und Ideologien (North, 1990).[191] Auch wird nicht alles zunehmend institutionalisiert. Grenzen der Institutionen und Institutionalisierbarkeit sprechen ebenso dagegen wie Regulationsverzicht als Moment reflexiver Regulation.

Die Bündel von Vorstellungen und Verhaltensweisen, die sich mit Institutionen verbinden, legen zudem *nicht notwendig* allen Individuen *dieselben Rechte und Verpflichtungen* auf. In der Regel variieren sie mit sozialen Positionen, wie am Fall von Eigentumsrechten und daran ankristallisierten weiteren Rechten und Pflichten leicht auszubuchstabieren wäre. Der situationsübergreifende Charakter von Institutionen schließlich verlangt von Akteuren, sie situationsadäquat anzuwenden. Das erfordert und ermöglicht ihnen, sich aktiv zu verhalten, eröffnet immer Möglichkeiten, anders zu handeln – verstellt aber auch institutionell andere Möglichkeiten. Ein Verständnis von Institutionen ist daher an Wissen über die Beweggründe und das Wissen der Akteure über Institutionen gebunden.

5.2.5 Institutionen und Effizienz: kein lineares Verhältnis

Die *Existenz von Institutionen ist nicht Ausdruck ihrer Effizienz* – wie insbesondere Transaktionskostentheoretiker unterstellen. Strukturationstheoretiker halten es an diesem Punkt eher mit Meyer und Rowan (1977, 340). Sie lehren uns, daß Organisationen (und damit auch Unternehmungsnetzwerke) allgemein vorherrschende und als sinnvoll eingestufte Praktiken und Prozeduren, wie Beschäftigungspolitiken, Accounting- und Budgetierungspraktiken, Stellen- und Abteilungsstrukturen, aus Legitimitationsgründen übernehmen, selbst wenn es die Effizienz unterminiert. Rational ist das oft insofern, als es selbst bei ineffizienter Produktion die Ressourcenversorgung und das Überleben sichert. Verletzungen

---

191 Auch gegenüber Verhaltensmustern bestehen oft empirische Zweifel, z.B. hinsichtlich der Gültigkeit, Verbindlichkeit, Widerspruchsfreiheit und der strikten Befolgung von Institutionen. Man denke etwa an die Arbeit von Salais und Storper (1992), die Zweifel in bezug auf die Allgemeingültigkeit des Paradigmas industrieller Massenproduktion vorbringen.

üblicher Praktiken und Prozeduren zugunsten effizienterer könnte dagegen gerade das Überleben gefährden – etwa wenn Banken die Kreditwürdigkeit mit dem Einhalten von Konventionen verbinden. Unter Umständen sichern sich so selbst ‚permanently failing organizations' (Meyer/Zucker, 1989) ihr Überleben, das heißt Organisationen, die, da sie offensichtlich permanent ineffizient arbeiten, eigentlich scheitern müßten (s.a. Tolbert/Zucker, 1996, 178). Allerdings variiert je nach organisationalem Feld der vom Markt, von staatlicher Regulation oder durch organisationale Felder ausgeübte Druck auf Organisationen, institutionelle Vorstellungen sozialer und/oder ökonomischer Effizienz zu übernehmen (s.a. Powell, 1991, 189).

5.2.6 Institutionelle Dimensionen des Sozialen: Signifikation, Domination und Legitimation

Gedankeneinstellungen, normative Standards und Werteinstellungen sowie Produktionspraktiken – Institutionen lassen sich unterschiedlichen Dimensionen zuordnen.

Unter implizitem Bezug auf Parsons (z.B. 1990 [1934], 326) gründet für *institutionalistische Organisationstheoretiker* das Verhalten von Akteuren primär in ihrem *Glauben in die moralische Autorität oder den Wertstandard von Institutionen* – und nicht in reflektierten Erwartungen oder in asymmetrischen Beziehungen zwischen Akteuren. Entsprechend durchzieht viele Schriften die Vorstellung, technische Anforderungen der Umwelt von Organisationen würden – in Erweiterung kontingenztheoretischen Denkens – mit Werten und Normen aufgeladen (Selznick, 1957; Zucker, 1977). Erst darüber erhielten technische und aufgabenbezogene Anforderungen (der Umwelt) ihre Wirkung auf Organisationen. Die Aufladung mit Werten und Normen sei die primäre Ursache für Ähnlichkeiten und Isomorphien zwischen Organisationen. Die Trennung zwischen materiellen und institutionellen Umwelten (z.B. von Meyer/Rowan, 1977 bis hin zu Leblebici et al., 1991) ist aber selbst äußerst fraglich und kommt allenfalls als analytische Unterscheidung in Betracht (s.a. Powell, 1991, 184 f.).

Giddens respezifiziert und erweitert diese Sicht grundlegend. Er greift Positionen der Klassiker der Disziplin auf – und ermöglicht damit die Neufassung organisationstheoretischer Bestimmungen, soweit diese direkt oder vermittelt (über Parsons) auf der Basis der Klassiker formuliert sind. Er macht nicht viel Aufhebens davon, legt aber auch keine Bezüge offen.

Marx umreißt im Vorwort zur ‚Kritik der Politischen Ökonomie' bekanntlich das *materialistische Verständnis gesellschaftlicher Institutionen*. Er hebt die Verknüpfung von Institutionen mit Ressourcen, mit der materiellen ‚Basis' der Reproduktion des sozialen Lebens und deren Verteilung im Sinne von (Privat-)Eigentum und daher mit Herrschaft hervor (s.a. Giddens, 1979, 100 f.). *Durkheim* (1980 [1895], z.B. 100) betont in den ‚Regeln der soziologischen Methode' dagegen die *normativen Grundlagen* gesellschaftlicher Reproduktion. Sein analytischer Fokus ist – in Giddens' Begrifflichkeit – insbesondere auf signifikatorische und legitimatorische Aspekte sozialer Produktion und Reproduktion gerichtet. Institutionen kennzeichnen für ihn die *moralischen, religiösen und* allerdings auch *technischen Standards des Handelns,* die in gesellschaftlichen Rollen festgeschriebenen Verhaltensstandards *und Verhaltensweisen* selbst.[192] Weber (1979 [1920]) hebt auf der einen Seite, ebenso wie Durkheim, gerade in der ‚Protestantischen Ethik' die *kulturellen, moralischen und religiösen Institutionen* bei der Entstehung und Reproduktion des Sozialen hervor. Auf der anderen Seite führt er den Gedanken der Rationalisierung des Sozialen in seinen Überlegungen zur Herrschaftssoziologie fort. Er (1976 [1921], 548 ff.; 551 ff.) betont vor allem die *institutionelle Form der Koordination sozialer Praktiken in Zeit und Raum,* die rational-bürokratische Organisation der Befehls- und Zwangsgewalten im Sinne der Erzielung und Erhaltung von Herrschaft über Menschen.

Stellen die Klassiker der Disziplin – und in ihrem Gefolge Organisationstheoretiker – einzelne institutionelle Dimensionen in den Mittelpunkt, so betrachtet *Giddens* diese als zwar analytisch unterscheidbar, *ontologisch* aber als *gleich grundlegend.* Er rekonzeptualisiert den soziologischen Institutionenbegriff, indem er drei miteinander verknüpfte, ineinandergreifende Dimensionen des Sozialen unterscheidet und ihnen neue Bezeichnungen zuweist: *Signifikation, Legitimation und Domination* – entlang derer die Konstitution des Sozialen und damit auch die von Unternehmungsnetzwerken erfolgt. Für die Konstitution von Unternehmungsnetzwerken heißt das: Unternehmungsnetzwerke werden immer gleichzeitig unter Rekurs auf Sichtweisen und Bedeutungen des Netzwerkzusammenhangs für Akteure (Signifikation), auf in diesem Kontext typische Handlungsweisen im Umgang mit autoritativen und allokativen Ressourcen (Domination) und unter Rekurs auf Legitimationsweisen hervorgebracht, die sie selbst über die Netzwerkregulation mit ausprägen. Man beachte die Ähnlichkeiten, aber auch die Differenzen zu der Vorstellung der politischen, strukturellen, kulturellen und kognitiven Einbettung (Zukin/DiMaggio, 1990b) und auch zu

---

[192] Daß Durkheim Vorstellungen und Verhaltensweisen im Blick hat, wenn er von Institutionen spricht, zeigt sich beispielsweise an folgender Formulierung: „Daraus, daß sich uns die sozialen Glaubensvorstellungen und Verhaltensweisen von außen aufdrängen, folgt nicht, daß wir sie passiv aufnehmen und sie etwa keiner Modifikation unterzögen. Indem wir die kollektiven Institutionen erfassen, sie uns assimilieren, individualisieren wir sie und verleihen ihnen mehr oder minder unsere persönliche Marke; ebenso denkt ein jeder von uns die sinnliche Welt nach seiner Auffassung, und die verschiedenen Subjekte passen sich auf verschiedene Weise demselben natürlichen Milieu an. Aus diesem Grunde bildet jeder gewissermaßen seine Moral, seine Religion, seine Technik. Es gibt keinen sozialen Konformismus, der nicht eine ganze Reihe von individuellen Nuancen vertrüge. Nichtsdestoweniger bleibt das Gebiet der erlaubten Variationen begrenzt. Es besteht gar nicht oder nur in sehr engen Grenzen auf dem Gebiet der religiösen und sittlichen Phänomene, wo die Variation leicht zum Verbrechen wird; ausgedehnter ist es in allem, was das wirtschaftliche Leben betrifft. Aber früh[er] oder spät[er] stößt man, selbst im letzterwähnten Falle, auf eine Grenze, welche nicht überschritten werden kann" (Durkheim, 1980 [1895], 100, FN **). Durkheim (1988 [1893]) spricht das Problem der Entstehung einer Kooperationsmoral als Institution bekanntlich in seinem Buch über ‚soziale Arbeitsteilung' an, in dem er eine antagonistische Arbeitsteilung des Marktes der organisierten Kooperation gegenüberstellt.

Scotts (1995, 33; Hervorh. weggelassen A.W.) aktueller Definition von Institutionen, die für ihn aus „cognitive, normative, and regulative structures and activities that provide stability and meaning to social behavior" bestehen. Rethematisiert wird ferner der zwingenden Charakter von Institutionen als Zwang und Macht, einen Punkt, den ich im Abschnitt III-6 noch genauer aufnehme.[193]

Akteure handeln (strukturationstheoretisch betrachtet) immer zugleich auf allen drei Dimensionen. Jedes Handeln ist Kommunizieren, Macht ausüben und Sanktionieren zugleich und bezieht sich auf systemisch koordinierte und auf institutionelle Praktiken der Signifikation, Domination und Legitimation. Genauer vergegenwärtigen die Akteure sich im Handeln Strukturmerkmale sozialer Systeme und Regeln der Signifikation, Regeln der Legitimation und Ressourcen der Herrschaft über ‚Natur' und Menschen. Das ist der Kern des Konzepts der Dualität von Struktur, auf das ich im nächsten Abschnitt III-6 genauer eingehe.

Systemregulation, die strategische Ausgestaltung des Monitoring, des Mitteleinsatzes und der Praktiken der System(re-)produktion trägt zur Konstitution von Regeln der Sinnkonstitution und Legitimation sowie zur Allokation von Ressourcen bei und wird unter Rekurs auf sie ins Werk gesetzt.

System und Umwelt sind institutionell über diese drei Dimensionen miteinander vermittelt. Das gilt für das ‚enactment', das selektive Filtern der Umwelt, das Entdecken von Praktiken, Mitteln und Mechanismen und für deren Artikulation im Systemzusammenhang.

Institutionen erhalten ihre Gültigkeit also nicht, wie in der Tradition des Parsonianischen Struktur-Funktionalismus, lediglich über Normen und Werte. Institutionen beruhen nicht unwesentlich auf *Herrschaft*. Eine institutionelle Ordnung verwirklicht sich letztlich über ihr *allgemeines Auftreten*, über *soziale Kontrollen* und in einem nicht unwesentlichen Umfang über *Zwangsmittel* (Weber, 1976 [1921], 16 f.; Durkheim, 1980 [1895], 114; Berger/Luckmann, 1980 [1966], 58 f.).[194] Institutionenkomplexe sind herrschaftlich hervorgebrachte und reproduzierte historische Phänomene. Als solche sind sie *nicht per se widerspruchsfrei*. Es ist durchaus keine Seltenheit, auch innerhalb von Unternehmungsnetzwerken, daß einander widersprechende Institutionenkomplexe nebeneinander stehen und gleichzeitig das Verhalten bestimmen. Das bietet kompeten-

---

193 In den substantiellen Schriften der Jahre 1985 und 1990a klassifiziert Giddens Überwachung, Kapitalismus, Industrialisierung und militärische Macht als die vier institutionellen Dimension der Moderne. In der in dieser Arbeit vorgelegten Terminologie sind diese jedoch Institutionenkomplexe (III-5.4).
194 Auch Durkheim kann als Referenzpunkt dafür dienen, daß Institutionen nicht nur Zwang sind. In seinen ‚Regeln' ist dieser Aspekt zwar vorherrschend. Später hat er das jedoch modifiziert: „It is this ‚later Durkheim' – who recognized that moral phenomena are both positively motivating as well as constraining in his original sense – who was the main inspiration of Parsons" (Giddens, 1979, 51).

ten Akteuren Chancen, eigenen Interessen nachzugehen (s.a. Weber (1976 [1921], 17).[195]

„Indeed, actors may use institutionalized rules and accounts to further their own ends, seeking legitimation for changes that enhance their prestige and power" (Powell, 1991, 194; s.a Stinchcombe, 1968, 107).

Institutionen werden daher, obwohl das in der institutionalistischen Organisationstheorie oft nicht näher thematisiert wird, oft genug interessiert hervorgebracht:

„In other words, the theoretical accomplishment of institutional theory are limited in scope to the diffusion and reproduction of successfully institutionalized organizational forms and practices. Institutional theory tells us relatively little about ‚institutionalization' as an unfinished process (as opposed to an achieved state), about where institutions come from, why some organizational innovations diffuse while others do not, and why innovations vary in their rate and ultimate extent of diffusion. Institutional theory tells us even less about deinstitutionalization: why and how institutionalized forms and practices fall into disuse" (DiMaggio, 1988, 12).

Wie bereits Gouldner bemerkte:

„To progress in this area, it may be necessary to bring interest and agency more centrally onto the institutional stage, to recognize, in Gouldner's (1954, 27, 237) words, that institutions have never ‚developed and operated without the intervention of interested groups, groups [...] which have different degrees of power' and that the persistence of an institution is often the ‚outcome of a contest between those who want it and those who do not'" (DiMaggio, 1988, 12).

Institutionalisierung setzt jedoch nicht notwendig kollektive Mobilisierung oder machtvolle Intervention voraus (s.a. Jepperson, 1991). Institutionen können über wechselseitiges *Einverständnis* oder als *Vereinbarung* zwischen miteinander Interagierenden zustandekommen – was Machtasymmetrien nicht ausschließt.[196] Die Spannbreite von Institutionen wiederum und die Vielfalt ihrer Quellen sind also weit größer als Selznick oder Parsons annahmen.

Unternehmungsnetzwerke können institutionelle Effekte verstärken und die Herausbildung von Institutionen machtvoll stützten. Das kann aber auch, was Institutionalisten leicht übersehen (z.B. Powell, 1991, 192), zu einem Aufeinanderprallen von Institutionensets führen. DiMaggio (1988, 11) hat Recht:

---

195 Die Ausprägung und Widersprüchlichkeit der Institutionenkomplexe wie ihre parallele Existenz lassen sich als Ausdruck und Resultat früherer Praktiken und Auseinandersetzungen über Wege lesen, wie beispielsweise die Produktion von Gütern und Dienstleistungen unter den herrschenden oder strategisch ins Auge gefaßten institutionellen Bedingungen organisiert werden und ihre Verwaltung stattfinden soll. Sie sind daher als Medium und Resultat von Machtkämpfen interessierter Akteure auf umkämpften Terrains zu verstehen, in die die Prozesse der Konstitution eingebettet sind. Die Institutionenkomplexe sind als herrschaftlich festgezurrte ‚Ordnungen' Gegenstand ihrer herrschaftlich abgesicherten Fortschreibungen und Veränderungen Gegenstand politischer Prozesse – was ihre mögliche Veränderung ebenso mit einschließt wie ihre Fortschreibung.

196 Diese Bestimmung respezifiziert die Unterscheidung von Max Weber (1976 [1921]) zwischen ‚gesatzter' und ‚einverständnismäßig wirksamer Ordnung'.

„[...] without more explicit attention to interest and agency of the kind that institutional rhetoric has thus far obstructed, institutional theorists will be unable to develop predictive and persuasive accounts of the origins, reproduction, and erosion of institutionalized practices and organizational forms."

Institutionen besitzen eine relative Unabhängigkeit vom *individuellem* Tun, *speziellen* Situationen und von *lokaler* Reproduktion (ibid., 114).[197] Ihre Re-Produktion ist insofern nicht an singuläre Individuen, Situationen und Orte gebunden[198] und doch vom Handeln der Akteure abhängig:

„Although societywide constitutive understandings (for example, the meaning of a handshake assumptions about exchange, beliefs about the nature of empirical reality) are often highly institutionalized, most sector-specific institutional understandings about organizational forms, programs, and procedures are relatively unstable. Institutions must be reproduced continuously, and their reproduction is often problematic" (DiMaggio, 1988, 13).

Das heißt die institutionellen Praktiken müssen auf die eine oder andere Art und Weise im sozialen Geschehen in Zeit und Raum präsent bleiben – trotz individueller Glaubensvorstellungen und Verhaltensweisen.[199]

---

197 Der Objektivitätszustand von Institutionen zwischen nur zwei Personen ist mit Berger und Luckmann (1980 [1966], 62) „spannungsvoll, schwankend, fast spielerisch." Tritt eine dritte Person hinzu, dann „,verdichtet' und ,verhärtet'" (ibid., 63) sich die Objektivität der institutionellen Welt.

198 Selbst da aber, wo der obligatorische, zwingende Charakter der Durkheimschen ‚faits sociaux' nur indirekt wirksam ist, wirkt er doch, wie Durkheim (1980 [1895], 106) in einer bekannten Passage ausgeführt hat: „Ich bin nicht gerade verpflichtet mit meinen Landsleuten französisch zu sprechen, auch nicht, die gesetzliche Währung zu gebrauchen. Und doch ist es unmöglich, daß ich anders handle. Ein Versuch, mich dieser Notwendigkeit zu entziehen, müßte elendiglich scheitern. *Nichts hindert einen Industriellen daran, mit den Methoden eines anderen Jahrhunderts zu arbeiten. Er soll es aber nur tun.* Sein Ruin wäre sicher. Selbst wenn ich mich in der Tat von diesen Regeln befreien und sie mit Erfolg verletzen kann, bleibt mir doch der Kampf gegen sie nicht erspart. Und selbst wenn sie endgültig überwunden werden, spürt man ihre Zwangsgewalt an dem Widerstand, den sie einen entgegensetzen" (Hervorh. A.W.). Das ist, was ich oben als ‚Auferlegtheit von Institutionen' bezeichnet hatte.

199 Institutionen erweisen ihre Bindungs- und Orientierungskraft nicht zuletzt im Umgang mit *Abweichungen*, die als etwas gehandhabt werden, das tolerierte individuelle Nuancen überschreitet. Explizite Auseinandersetzungen verbinden sich oft vor allem mit Institutionen des Rechts, etwa mit Vertragsverletzungen, die im Netzwerkzusammenhang andere Konsequenzen beinhalten als in Marktbeziehungen, weil sie den Beziehungszusammenhang zwischen mehreren Unternehmungen tangieren. Abweichungen von allen Formen der Konvention oder Sitte werden auch in Unternehmungsnetzwerken vorrangig durch Mißbilligung sanktioniert. Aber auch das Maß an Billigung schwankt, wie Goffman (1971, 18) hervorhebt. Solchen Handlungen, die mehr oder weniger niemand ‚verlangt', stehen – nicht zuletzt als Medium und Resultat von Netzwerk- (bzw. allgemein: System-)Regulation – ‚obligatorische' gegenüber, deren Nichtbefolgung drastische Strafen nach sich zieht. Dazwischen liegen die mehr oder weniger ‚tolerierten' Handlungen. Im Bereich der Ökonomie findet sich bekanntlich die ganze Palette von Sanktions- und Kontrollmechanismen (z.B. DiMaggio/Powell, 1983): Sie reichen von milden Ablehnungen bis hin zur Entwicklung spezialisierter Überwachungs- und Durchsetzungsmechanismen sowie machtvollen Sanktionen, wie sie regulative Agenturen, Webers ‚Erzwingungsstäben', zur Verfügung stehen. Zusammen bilden sie ein positives oder negatives Attributionsmilieu für institutionenkonformes Handeln. Zu ‚Zonen tolerierter Differenz' zur Regelbefolgung vgl. auch Ortmann (2002a).

5.3 Institutionelle Bereiche: zur gewichteten institutionellen Kombination und Nutzung von Regeln und Ressourcen

Die *Umwelt*, die Akteure in Unternehmungsnetzwerken (und anderen Sozialsystemen) im Handeln berücksichtigen, ist für sie nicht konturenlos, kein Rauschen. Sie ist *ihrerseits institutionalisiert und strukturiert*. Institutionen stehen weder isoliert nebeneinander, noch sind sie alle miteinander verflochten; sie besitzen unterschiedliche Ausdehnung sowie Grade von Autorität. Ihre Ausprägungen und Bedeutungen für die Konstitution von Unternehmungsnetzwerken ist jeweils erst nachzuweisen. Entsprechend der Ablehnung der Interdependenz- und Kohärenzannahme für Sozialsysteme wird dabei weder der innere Zusammenhalt von Institutionen noch ihre Widersprüchlichkeit oder Widerspruchslosigkeit per se vorausgesetzt. Zugelassen werden vielmehr mehr oder weniger lose gekoppelte sowie widersprüchliche Institutionengeflechte und auch Gegen-Institutionen etwa im Sinne von Parallelhierarchien in Unternehmungsnetzwerken. Das Aufeinandertreffen verschiedener institutionalisierter Welten in einem Sozialsystem wie Unternehmungsnetzwerken ist daher niemals ausgeschlossen.

Kompetente Akteure aktualisieren Institutionen verschiedener Systeme und Ausdehnung. Regionale, sektorale, branchenweite und betriebliche Kulturen werden von Netzwerkunternehmungen und selbst von ökonomischen Laien oft als gegeben angesehen. Auch wenn Institutionen primär branchen- oder gesellschaftsweit zuweilen sogar kulturweit gültig sind, erfahren sie im Kontext der Netzwerkunternehmungen wie des Unternehmungsnetzwerks zuweilen recht spezielle Ausgestaltungen: branchentypische Arbeitszeitregelungen werden etwa strikt oder verändert gehandhabt, zuweilen ihnen auch systematisch zuwidergehandelt.

Gesellschaftliche Bereiche konstituieren sich im Kontext gesellschaftlicher Totalitäten. Sie sind für Giddens in modernen, differenzierten Gesellschaften durch die *Dominanz der Verwendung bereichsspezifischer Institutionen* oder *Institutionenkomplexe* im Sinne von Sets von Regeln und Ressourcen charakterisiert. Sie werden analytisch klar unterschieden, obgleich sie sich in der Praxis überlappen, komplex miteinander verschränkt sind. Giddens unterscheidet vier *institutionelle Bereiche*.

Ich will hier den Begriff institutioneller Bereiche anhand des für Unternehmungsnetzwerke zentralen Bereichs der Ökonomie exemplarisch aufnehmen. Der Bereich der Ökonomie wird dominant durch ökonomische Institutionen charakterisiert. Im Mittelpunkt steht die Nutzung von allokativen Ressourcen. Jede Nutzung von Ressourcen ist aber – wie die Abbildung III-10 zeigt – mit der von Regeln der Signifikation und Legitimation verknüpft.[200] Im Bereich der Ökonomie geht es dominant, so will ich formulieren, um institutionell ausgeleg-

---

[200] Die Linien zwischen den institutionellen Dimensionen in der Abbildung zeigen Interdependenzen an (Giddens, 1979, 107). Zu den hier nicht näher diskutierten institutionellen Bereichen siehe Giddens (1984, 28ff.; instruktiv auch Thompson, 1995, 12 ff.).

te Praktiken der Produktion von Gütern und Dienstleistungen. In kapitalistischen Gesellschaften geht es um die Nutzung von Ressourcen zur Produktion von Waren mit dem Ziel der Verwertung von Kapital. Der Gebrauch von Ressourcen im Bereich der Politik zielt dagegen vor allem auf die (Re-)Produktion politischer Macht. Was jeweils als ökonomisch und/oder politische Institutionen betrachtet wird, ergibt sich dabei selbst als Resultat im Rahmen der (Re-)Produktion des Sozialen und wird interessiert beeinflußt, weil es sodann zum Medium weiteren Handelns wird.

S – D – L	Symbolische Ordnungen/Diskursformen
$D_{autoritativ}$ – S – L	Politische Institutionen
$D_{allokativ}$ – S – L	Ökonomische Institutionen
L – D – S	Rechtliche Institutionen

wobei: S := Signifikation, D := Domination, L := Legitimation

Abb. III-10: Klassifikationen institutioneller Bereiche (Giddens, 1984, 33).

Die Dominanz der alloktiven Ressourcen in der Wirtschaft bedeutet und zeigt sich daran, daß die nachgeordneten ‚Faktoren' auf sie ausgerichtet sind. Die analytisch getrennten institutionellen Dimensionen sind generell wechselseitig interdependent. Je nach Bereich richtet sich die Verwendung von Regeln und Ressourcen dominant auf signifikatorische, legitimatorische, politische oder ökonomische Gesichtspunkte. Die Dominanz allokativer Ressourcen in der Wirtschaft bedeutet weder, daß die nachgeordneten autoritativen Ressourcen und Regeln der Signifikation und Legitimation aus diesen ‚abzuleiten', noch daß sie zu vernachlässigen sind.[201] Möglichkeiten, die Profitabilität zu verbessern (oder zu vermindern), sind immer an Verknüpfungen von Ressourcen mit Regeln der Signifikation und Legitimation gebunden. Die Konstitution von Regeln der Signifikation und Legitimation bzw. von Ressourcen der Domination ist im ökonomischem Handeln auf die Nutzung allokativer Ressourcen ausgerichtet. Passen Sicht-, Legitimations- und Handlungsweisen zueinander und erweisen sie sich als akzeptabel und viabel, so steigert das die Chancen auf Stabilisierung einer ökonomischen institutionellen Struktur. Trotz der Dominanz (der Verwendung) eines Faktors kann die Legitimität der Nutzung von Ressourcen in Frage stehen:

---

[201] Die Aufrechterhaltung der Dominanz des einen Faktors in den jeweiligen Praktiken ist zudem nicht per se gegeben. Die Überwachung, Kontrolle und Steuerung der dominanten Orientierung auf die Mobilisierung und Nutzung von Ressourcen im Sinne des sozialen Systems ist nicht nur in ökonomischen Praktiken ein wichtiger Gegenstand reflexiver Regulation. Dieses schließt, worauf North (1990) ebenso wie die Klassiker der Disziplin hingewiesen haben, ihrerseits herrschaftsabhängige Formen der Erfassung von Zuwiderhandlungen und der Bestrafungen ein.

Sklavenarbeit, Kinderarbeit, Schwarzarbeit, Schleichwerbung sind Beispiele, Beispiele auch für veränderbare Regeln (als veränderbare Verfahren) der Sinnkonstitution. Es gibt zudem nicht nur eine richtige Kombination von Sets von Regeln und Ressourcen – worauf auch die parallele Existenz verschiedener Organisationsformen ökonomischer Produktion (in Unternehmungsnetzwerken, Unternehmungen, Joint Ventures, strategischen Allianzen usw.) hinweist. Das Erkunden passender Regel-Ressourcen-Kombinationen ist trotz – oder gerade: wegen – dominanter Ausprägungen in gesellschaftlichen Bereichen eine Aufgabe mit hohem strategischen Gehalt und daher auch Gegenstand reflexiver Netzwerk- allgemein: Systemregulation. Vernetzung wird selbst heute oft als eine organisatorische Möglichkeit der Erzielung von Wettbewerbsvorteilen gesehen. Ob dem so ist, das ist aber auch eine Frage der in der Ökonomie anzutreffenden Formen der Regel-Ressourcen-Kombination.

5.4 Institutionenkomplexe: Zum Zusammenspiel von Institutionen

Zwei Gesichtspunkte werden bei der Betrachtung sozialer Institutionen zumeist ausgeblendet: Daß *„Institutionen dazu tendieren, ‚zusammenzuhängen'* (Berger/Luckmann, 1980 [1966], 68, 88 ff.; Hervorh. A.W.) *und daß sie einander nicht determinieren.* Ersteres verweist darauf, daß sich unterschiedliche Institutionen miteinander verbinden, in sozialen Praktiken verbunden werden – etwa typische Sicht-, Legitimations- und Handlungsweisen. Letzteres verdeutlicht aber gleichzeitig, daß das Verhältnis von Ökonomie und Politik zunächst kontingent ist (Joas, 1996 [1992], 326 ff; 345).

Die konstitutionstheoretische Redeweise von Institutionenkomplexen bedeutet, daß es nicht so etwas gibt wie einen ‚autonomen' Bereich der Ökonomie. Nicht nur Neoklassiker sehen Märkte als eigentümlich von ‚Sozialem' gereinigte, insbesondere macht- und politikfreie Orte an oder betrachten sie, ‚als ob' sie es wären (zur Kritik Bowles/Gintis, 1990, 9). Für viele, die in marxistischer Perspektive mit marktökonomischen Erfordernissen argumentieren, gilt ähnliches. Und gerade im Bereich der Netzwerkforschung ist es üblich, die neoklassische Vorstellung von Märkten unhinterfragt als Bezugspunkt der eigenen Bestimmungen von Netzwerken zu verwenden (z.B. Williamson, 1990 [1985]).[202]

Daß Gesellschaftsbereiche keine in der Gesellschaft isolierten, durch schnittmengenfreie Institutionenkomplexe gekennzeichnete Bereiche sind (wie etwa Luhmanns gesellschaftlichen Teilsysteme), ist eine der grundlegenden strukturationstheoretischen Positionen (s.a. Bowles/Gintis, 1990; Hollingsworth/Boyer,

---

202 Rechnung getragen wird mit der Rede von Institutionenkomplexen dem Umstand, daß ökonomische Aktivitäten in modernen Gesellschaften die rechtliche Absicherung von Zahlungsverpflichtungen und Eigentumsrechten voraussetzen, zumeist eine gewisse Autonomie gegenüber Politik aufweisen, ohne von ihr unabhängig zu sein, daß das Rechtssystem und Politik auf einer Gewaltenteilung beruhen und daß Forschung, Lehre, Wissenschaft, Kultur institutionell oft auf staatlichen Geldtransfers bei rechtlicher und institutionell garantierter Unabhängigkeit gründen.

1997b). „The *disembedding, yet interconnecting, of state and economic institutions*" ist für Giddens (1984, 183; Hervorh. A.W.) das Strukturprinzip moderner kapitalistischer Gesellschaften. Gerade mit Blick auf die Ökonomie ist es wichtig zu sehen, daß Politik und Ökonomie zwar in modernen kapitalistischen Gesellschaften voneinander getrennt sind, daß sie aber gleichzeitig notwendig in sozialer Praxis zusammenspielen (s.a. Roth, 1991):[203]

> „In place of the market system, we must now assume, that for approximately half of all economic output there is a power or planning system. [...] The planning system consists in the United States of, at the most, 2.000 large corporations. In their operation they have power that transcends the market. They rival where they do not borrow the power of the state. [...] Thus we agree that the modern corporation, either by itself or in conjunction with others, has extensive influence over its prices and its major costs. [...] There remains in the modern economy – and this I stress – a world of small firms where the instruction of the market is still paramount, where costs are given, where the state is remote and subject through the legislature to the traditional pressures of economic interest groups and where profit maximization alone is consistent with survival. [...] When the modern corporation acquires power over markets, power in the community, power over the state, power over belief, it is a political instrument, different in form and degree but not in kind from the state itself" (Galbraith, 1973, 4 ff.).

Auch historische Untersuchungen über Organisationen, wie die von Galambos (1970; 1983; Weber, 1976 [1921], Perrow, 1989; ähnlich, wenn auch mit anderem Bezugspunkt Schmidt, 1990) begründen eine ‚organizational synthesis' und damit die Ausprägung bereichsübergreifender Institutionenkomplexe auf der Basis von Organisationen, die isoliert oder wie in Verbänden oder auch in Unternehmungsnetzwerken durchaus koordiniert oder auch kollektiv agieren (s.a. Türk, 1997). Die Verknüpfung politischer und ökonomischer Institutionen ist daher kein Sündenfall der Geschichte, wie es das neoklassische Modell nahelegt.[204]

Unternehmungsnetzwerke sind so in netzwerkübergreifende Institutionensettings verankert, auf die sie durch Vernetzung gesteigerten Einfluß ausüben (können). Das bietet einen Ansatz für eine systematische Erklärung für eine Vielzahl relevanter, im Rahmen institutioneller Organisationstheorie bisher nur unzurei-

---

[203] Zur theoretischen Aufarbeitung des sogenannten Flickskandals, der die systematischen und konzentrierten Versuche der Einflußnahme ‚der Wirtschaft' auf die Politik aufzeigte, wie sie etwa in der Dokumentation des damaligen Abgeordneten ‚Der Grünen' Schily aufgezeichnet sind, und des Parteienfinanzierungskandals des Jahres 2000 vgl. Landfried (1994), Ortmann (2002a).

[204] Schon an der Wiege der Entstehung von Märkten gehen sie vielmehr Hand in Hand. So ist es historisch nicht haltbar, wie Gutenberg (1983 [1951], 645) behauptet, daß „das System der freien Markt- und Unternehmerwirtschaft nach der Idee des vollkommenen Wettbewerbs entworfen wurde." Schaut man historische Studien zur Entwicklung des Kapitalismus und speziell von Märkten, dann ist schlicht das Gegenteil der Fall. Von Beginn an wurde die Politik bemüht, um Gewinnchancen festzuschreiben. Das belegen die Ausführungen von Marx (1975 [1867], insbes. 741 ff.) zur ‚sogenannten ursprünglichen Akkumulation' im Kapital, Max Webers (1976 [1921]) Verweis auf basale Regulationen des Marktgeschehens, ebenso wie Untersuchungen über die Entstehung von Märkten, wie sie zum Beispiel von White (1981) oder von Lie (1992) vorgelegt worden sind. Mit Rent-seeking-Theorie und Capture-Theorie hat die moderne Ökonomik diese Einsichten längst zu integrieren versucht: Regulationen verdankten ihre Entstehung und ‚industriefreundliche' Anwendung dem Bemühen einflußreicher Unternehmungen um Quasi-Renten, zu beziehen aus genehmen Regulationen. Die Annahme eines institutionenfreien Marktes wird in der modernen institutionenökonomischen Theorie denn auch ‚Nirwana-Approach', kritisiert. Vgl. dazu auch Ortmann/Zimmer (1998, 762 f.) mit Rekurs auf Samuels/Mercuro (1984).

chend zu beantwortender Fragen. Etwa der: Durch wen und wie werden Institutionen, Rationalitätsmythen, Prozeduren und Praktiken institutionalisiert oder deinstitutionalisiert? Wie und unter welchen Bedingungen werden Institutionen stabilisiert? Wie und wann erodieren sie?

Die von strukturalistischen und funktionalistischen Forschern als Normalfall diagnostizierte Form quasi mechanischer Integration, mechanisch produzierter Anschlüsse (z.B. Radcliffe-Brown, 1940, 9), stellt in strukturationstheoretischer Sicht einen Grenzfall dar, der in seinen spezifischen Merkmalen erst zu bestimmen ist (s.a. Adorno, 1972 [1961], 140). Auch Unternehmungsnetzwerke verkörpern Gesellschaft. Sie sind bis in ihr Inneres, bis in ihre Praktiken und ihre netzwerkförmige Koordination direkt und indirekt auch durch gesellschaftsweite Institutionen geprägt. Umgekehrt wird die sozial wirksame Umwelt von Unternehmungsnetzwerken, werden die organisationalen Felder und gesellschaftlichen Totalitäten, in denen sie aktiv sind, und sei es noch so mittelbar und unkenntlich, auch von Unternehmungsnetzwerken mit produziert.

Unternehmungsnetzwerke kommen so als Sozialsysteme in den Blick, die über ihre Systemregulation sich spezielle Möglichkeiten schaffen, organisationale Felder bis hin zu Institutionenkomplexen und Gesellschaften zu beeinflussen.[205] Vor allem aber bringen Unternehmungsnetzwerke eigene, netzwerkweite Institutionen hervor. Wenn in dieser Arbeit der praktische Rekurs auf Netzwerkzusammenhang als differentia spezifika gegenüber Märkten und Unternehmungen namhaft gemacht worden ist, dann ist damit auch das so außerordentlich komplexe Institutionengefüge der Netzwerke gemeint, der den Netzwerkpartnern mehr oder minder deutlich vor Augen steht.

6 Die Dualität von Netzwerkstrukturen

Die Strukturen von Unternehmungsnetzwerken werden (wie die Abb. III-11 verdeutlicht) im und durch das Handeln von Netzwerkakteuren rekursiv konstituiert:

„Structure [..] refers, in social analysis, to the structuring properties allowing the ‚binding' of timespace in *social systems*, the properties which make it possible for discernibly similar social practices to

---

205 Inwiefern gesellschaftsweite und/oder industriespezifische Institutionen und Strukturen durch mit Vernetzung einhergehende Verschiebungen und Veränderungen von Praktiken geprägt werden, variiert. Der Begriff der Institution ist in der Strukturationstheorie sozialtheoretisch definiert. Er gewinnt über seine Einbettung in den Konstitutionsprozeß des Sozialen seinen theoriepragmatischen Ort. Gesellschaftstheoretische Spezifizierungen sind damit gebahnt, aber nicht ontologisch vorentschieden. Ob, wie Galambos (1970), Perrow (1989) oder stärker theoretisch argumentierend Adorno (1972 [1961], 140) und jetzt Türk (1997, 147) behaupten, moderne Gesellschaften durch Organisationen, durch organisierte Beziehungen dominiert sind, ist ihr eine empirische Frage, die im Vergleich mit der Bedeutung anderer als organisierter Koordinationsformen zu bestimmen ist. Ahistorische Vorstellungen der Produktion und Reproduktion von Unternehmungsnetzwerken (allgemein: von Sozialsystemen) und von Institutionen werden aber ebenso verworfen wie die, diese seien Medium und Resultat gesellschaftsfreier Individualhandlungen rationaler (individueller oder kollektiver) Akteure (s.a. Türk, 1997, 145 f.).

exist across varying spans of time and space and which lend them *‚systemic form'*"(Giddens, 1984, 17; Hervorh. A.W.).

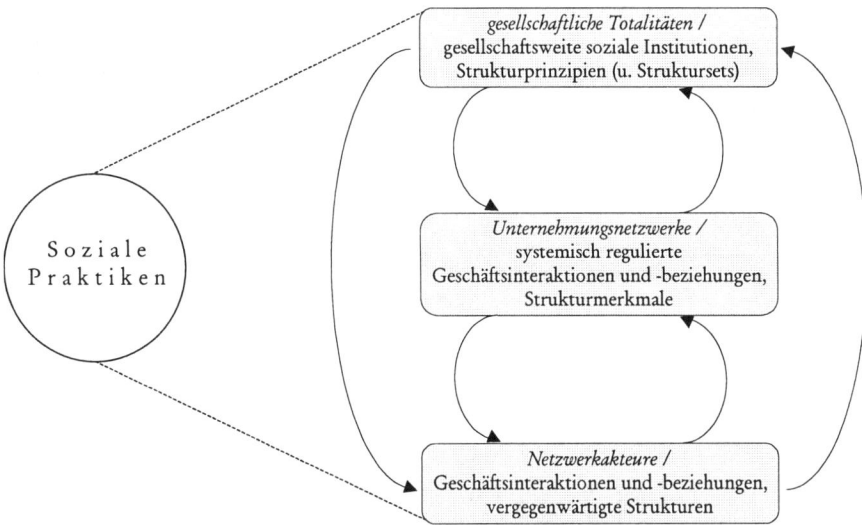

Abb. III-11:   Konstitution von Netzwerkstrukturen: die strukturationstheoretische Perspektive

6.1 Struktur: Regelmäßigkeiten, Regeln und Ressourcen

Das Verständnis von Struktur und vor allem das Verhältnis von Handlung, System und Struktur ist in den Sozialwissenschaften alles andere als einheitlich: Einige begreifen Strukturen als *Regeln*, als verallgemeinerbare Verfahren der Praxis, die Handelnde kollektiv selber verwenden und durch ihre Aktivitäten erst hervorbringen. Andere sehen sie als *Regelmäßigkeiten* sozialer Systemzusammenhänge, worunter sie in unserem Zusammenhang etwa Muster von Gewinnverteilungen zwischen Netzwerkunternehmungen, Häufigkeitsverteilungen von Netzwerkaktivitäten, Merkmale von Beziehungsgeflechten zwischen Aktivitäten und Akteuren (wie etwa die Arbeitsteilung zwischen Netzwerkunternehmungen) und ähnliches verstehen, die sich jenseits der sinnhaften Rekurse durch Akteure ergeben und nur von wissenschaftlichen Beobachtern ans Licht gebracht werden können (s.a. Reckwitz, 1997, 32). Giddens greift beide Verständnisse von Struktur auf. Regeln (und auch Ressourcen, wie wir gleich sehen werden) *und* Regelmäßigkeiten sind für ihn zunächst *Strukturmerkmale* sozialer Systeme, da sie situationsübergreifend gültig sind:

„Structural properties [are] [i]nstitutionalized features of social systems, stretching across time and space" (Giddens, 1984, 185; a. ibid., 377).[206]

Nur kurz will ich zwei weitere Strukturkonzepte ansprechen, die eher vermittelt auch das Geschehen in Unternehmungsnetzwerken mit prägen und von diesen mit geprägt werden: Strukturprinzipen und sogenannte Struktursets (genauer Giddens, 1984, 180 ff.). *Strukturprinzipien* gesellschaftlicher Totalitäten kennzeichnen unterschiedliche Gesellschaften bzw. genauer: gesellschaftliche Totalitäten. Die Ausdifferenzierung und wechselseitige Verbindung von Ökonomie und Politik ist etwa das Strukturprinzip moderner kapitalistischer Gesellschaften (ibid., 183). Davon zu unterscheiden sind *Struktursets* sozialer Systeme, unter denen Giddens Cluster von Transformations-/Mediationsbeziehungen in Gesellschaften versteht wie das der Transformation und Mediation von Privateigentum in Profit als Moment der Kapitalverwertung in kapitalistischen Gesellschaften.[207] Netzwerke nutzen auch Strukturprinzipien und Struktursets, wenn auch zum Teil recht vermittelt, für ihre Zwecke. Sie gebrauchen etwa Steuergesetzgebungen, staatliche und legislative Akteure bei der Regulation ihrer Geschäftspraktiken (Verträge, Eigentumsrechte etc.) bis hin zu Wirtschaftsförderung unterschiedlicher Regionen im Netzwerk – insbesondere auch Inkonsistenzen zwischen ihnen. Sie aktualisieren über eine Vielzahl von Praktiken die konkrete Ausgestaltung des Verhältnisses ökonomischer und politischer Institutionen und damit das Strukturprinzip kapitalistischer Gesellschaften. Dem Strukturset der Transformation/Mediation von Privateigentum in Profit bieten sie (wie auch anderen Struktursets) mit den über den dauerhaften Beziehungszusammenhang der Netzwerkunternehmungen koordinierten Geschäftsinteraktionen und -beziehungen einen speziellen Rahmen. Wie angedeutet werden Strukturprinzipien und Struktursets ihrerseits durch die wechselseitige Konvertierbarkeit von *Regeln und Ressourcen* in den Prozessen der Reproduktion sozialer Systeme geformt (ibid., 186 ff; Giddens, 1979, 104). Wie das geschieht, darauf gehe ich jetzt ein.

Der Schlüssel zum strukturationstheoretischen Konzept von Struktur und damit der besonderen begrifflichen Vermittlung von Regeln (und Ressourcen) und Regelmäßigkeiten findet sich in der Aufnahme zweier gänzlich unterschiedlicher Denktraditionen über Struktur: Von großem Interesse ist strukturationstheoretisch – vielleicht ein wenig überraschend angesichts durchgängiger Kritik

---

206 Der Begriff des Strukturmerkmals, wie ich ihn verwende, enthält unterschiedliche Grade der Institutionalisierung, das heißt unterschiedliche Grade der Ausdehnung in Zeit und Raum in Sozialsystemen.

207 Die Transformations-/Mediationsbeziehungen von Privateigentum in Profit kennzeichnet Giddens genauer durch folgendes strukturelles Set: Privateigentum – Geld – Kapital – Arbeitskontrakte – Profit. Andere strukturelle Sets, die in der Reproduktion industriekapitalistischer Gesellschaften institutionell eingeschrieben sind, betreffen die Konvertierung von Privateigentum in Autorität über Arbeits- und Verwertungsprozesse (Privateigentum-Geld-Kapital-Arbeitskontrakt-industrielle Autorität) oder die Konvertierung von Privatbesitz in Beschäftigungspositionen (Privatbesitz-Geld-Ausbildungsvorteile-Beschäftigungsposition) (genauer Giddens, 1979, 104 ff.; 1984, 302 ff.).

an diesen Theorieansätzen – zunächst das strukturalistische und post-strukturalistische Verständnis von Struktur:

„As conceptualized in structuralist and post-structuralist thought, [...], the notion of structure is [..] interesting. Here it is characteristically thought of not as a patterning of presences but as an *intersection of presence and absence; underlying codes have to be inferred from surface manifestations*" (Giddens, 1984, 16; Hervorh. A.W.).[208]

Betont das strukturalistische Konzept, daß Handlungscodes (verstanden als Regeln und Ressourcen) auf der Basis bereits vorliegender Informationen und vorhandenem Wissen über in Zeit und Raum miteinander verwobene Oberflächenmanifestationen (Regelmäßigkeiten) durch (wissenschaftliche) Beobachter bestimmt werden müssen, so heben ethnomethodologische bzw. sozial-phänomenologische Theoretiker die aktive und reflexive Verwendung der Codes im (alltäglichen) Handeln hervor:

„As Schütz and many others have pointed out, actors employ typified schemes (formulae) in the course of their daily activities to negotiate routinely the situations of social life" (Giddens, 1984, 22).

Strukturationstheoretisch geht es darum, beide Positionen in einer konstitutionstheoretischen Perspektive produktiv zu integrieren. Kompetente Akteure bringen im Handeln erst die Geschehens- und Verweisungszusammenhänge, die Oberflächenmanifestationen, die Regelmäßigkeiten hervor. Wichtig ist zudem: Akteure aktualisieren nicht ausschließlich das, was situativ präsent ist – wie implizit die Managementforschung und auch die strukturalistische Forschung über Unternehmungsnetzwerken annehmen (Teil I u. II).[209] Sie vergegenwärtigen sich An- und Abwesendes, haben es zu tun mit ‚instantiation' von Regeln und Ressourcen im Handeln und mit ‚distanciation', der Zeit-Raum-Ausdehnung sozialer Systeme

---

208 Die im Zitat anklingende Leitunterscheidung strukturalistischen Denkens zwischen Oberflächenmanifestationen und Tiefenstruktur ist in der Sprachwissenschaft mit Saussure (1967 [1916]) verbunden; Lévi-Strauss (1958 [1945]) hat sie dann später auf Handeln übertragen und damit in ein sozialwissenschaftliches Konzept überführt. Sprecher variieren, so Saussure, im Sprechen (parole) Sprache scheinbar unendlich; faktisch aktualisieren sie, ohne daß ihnen das bewußt ist, die virtuelle Realität des abstrakten Regelsystems der Sprache (langue). Insbesondere Ricoeurs (1971) Einsichten in Texte als Modelle bedeutungsvollen Handelns haben Giddens' Verständnis geprägt.

209 Diese Gedankenfigur beinhaltet einen Bruch mit der vorherrschenden Tradition in der westlichen Philosophie und Metaphysik. Determiniert für sie das Präsente, die jeweils situativen empirischen Manifestationen mit ihren Zeichen, Markierungen, der Sprache, Schrift und Strukturen, die Operationen, so bringt Giddens unter Rekurs auf Derrida – ergänzend zu dem allgemeinen, durch Heidegger und Mead inspirierten Zeit-Raum-Verständnis – die supplementäre Natur von An- und Abwesenheit oder des Daseins zum Ausdruck. In Giddens' Begrifflichkeit geht es also immer um ‚instantiation' *und* ‚distanciation', um das augenblickliche Vergegenwärtigen der ‚Zeit-Raum-Ausdehnung' sozialer Praktiken und Zusammenhänge mit ihren Ordnungen im Handeln. Die Aktualisierung kann auf vielerlei Weise geschehen. Sie schließt Formen des kompetenten Mitspielen- oder Anklingenlassens der Zusammenhänge im Vorder- oder Hintergrund der Aktivitäten ein. Ein Beispiel: Wer heute über die effiziente Ausgestaltung der Produktionsorganisation redet, führt, anders als vor zwanzig Jahren, als Vorder- oder Hintergrund Praktiken ‚japanischer Produktionsorganisation', von ‚lean production', Gruppenarbeit oder Vernetzung in ihrer im organisationalen Feld ausgewiesenen Bedeutung, den mit ihnen verbundenen Drohungen über Produktionsverlagerungen, Entlassungen und/oder Anreizen für Akteure oder Akteursgruppen als Hintergrund mit, selbst wenn das nicht explizit Thema sein sollte.

und ihrer Institutionen (Giddens, 1984, 171). Gleichzeitig konstituieren sie die Handlungscodes, die Regeln und Ressourcen, die den Zusammenhängen in Zeit und Raum unterliegen. Sie nutzen letztere zum kompetenten Handeln und können nur so kompetent handeln.

Beginnen wir mit der Konstitution von Oberflächenmanifestationen. Für eine Vielzahl dieser Strukturmerkmale sozialer Systeme gilt: *Weder individuelle noch kollektive Akteure erfassen sie reflexiv* oder *widmen ihnen Aufmerksamkeit* im Handeln, obwohl sie diese durch ihr Handeln mit (re-)produzieren:

> „Social systems do have structural properties that cannot be described in terms of concepts referring to the consciousness of agents" (Giddens, 1984, 171).

Vielen (von diesen) Strukturmerkmalen unterliegt zudem *kein*

> „precept that the individual is following or any sanction which applies to back up that precept" (Giddens, 1984, 19).

Sodann aber gibt es vielfältige Strukturmerkmale von Unternehmungsnetzwerken (allgemein: von Sozialsystemen), nämlich Regeln und Ressourcen, die sich Akteure im Handeln *reflexiv vergegenwärtigen:* auferlegte Verfahren der Praxis und Ressourcen, die sie an-wenden, eventuell wenden, und so im Handeln nutzen. Strukturmerkmale sozialer Systeme werden also zusammengenommen von Akteuren teils reflexiv, teils nicht-reflexiv hervorgebracht. Akteure erfassen sie nie vollständig, sind aber gleichzeitig nie prinzipiell und durchgängig ohne jegliche Kenntnisse über Strukturmerkmale.

Akteure beziehen Strukturmerkmale sozialer Systeme rekursiv in ihr Handeln ein, ohne sie alle im Handeln präsent zu machen. Giddens (1986, 533; Hervorh. A.W.) illustriert das anhand von ‚Sprache':

> „Structure here presumes the idea of *an absent totality*. To understand the sentence which the speaker utters means knowing an enormous range of rules of a syntactical[,] [..] semantical [and pragmatical] kind[210] which are not contained within the speech act but are nevertheless fundamental to understanding it or to producing it. It is a parallel idea of structure (as an absolut totality) which I hold to be important as a concept for the social science as a whole, and as basic to the notion of duality of structure."

Andererseits gilt für Giddens (1987d, 81; Hervorh. A.W.):

> „*[T]he linguistic totality* does not ‚exist' in the contexts of the use of language themselves. The totality is not ‚present' in the instantiations which are its traces."

---

210 Syntaktische Regeln bezeichnen Regeln, wie aus einer bestimmten Menge vorgegebener Grundzeichen unter Abstraktion semantischer oder pragmatischer Zusammenhänge ein syntaktisch, das heißt im Satzaufbau richtiger Satz konstruiert werden kann. Semantische Regeln kennzeichnen Techniken, wie aus Zeichen sinnvolle Zeichen und Zeichenreihen gebildet werden und wie diese interpretiert werden können. Pragmatische Regeln zeigen auf, wie Zeichen von Zeichenbenutzern verwendet werden (genauer Schulte-Sasse/Werner, 1977; insbes. 53 ff.). Syntax und Semantik fallen nicht ineinander. Ein grammatisch richtiger Satz kann dennoch sinnlos sein. ‚Colorless green ideas sleep furiously' lautet Chomskys berühmtes Beispiel.

Die Oberflächenmanifestationen einerseits und Handlungscodes andererseits sind also nicht einfach gegeben und präsent. Sie werden jeweils situativ, von Moment zu Moment neu, auf der Basis vorhandenen Wissens, erkannt und ‚entworfen'. Die Notwendigkeit zu ihrer hermeneutischen Deutung speist sich aus drei Gründen: Akteure nehmen (1.) die jeweilige Handlungssituation über ihr ‚reflexive monitoring' kontextsensibel auf und vermitteln sich praktisch verstehend-auslegend, auf der Grundlage ihrer Rationalisierungen und ‚Motivationen', ein in ihren Augen zum aktuellen Geschehen passendes Verständnis der Geschehenszusammenhänge mit ihren Oberflächenmanifestationen und Handlungscodes. Sie beziehen sich dabei auf Struktur als eine ‚virtuelle Ordnung' in dem Sinne, wie Sprache im Sprechen nicht eigentlich anwesend wohl aber als Ordnung wirksam ist.

„In analyzing social relations we have to acknowledge both a syntagmatic dimension, the patterning of social relations in time-space involving the reproduction of situated practices, and a paradigmatic dimension, involving a virtual order of ‚modes of structuring' recursively implicated in such reproduction" (Giddens, 1984, 17).[211]

Die Fähigkeit und Kompetenz zu handeln erzielen Akteure also durch das Vergegenwärtigen von Geschehens- und Verweisungszusammenhängen mit vorhergehenden und nachfolgenden Interaktionen und Beziehungen im Handeln. Im Rekurs auf situative Anforderungen bis hin zu gesellschaftsweiten Sets von Institutionen aktualisieren Akteure (2.) dabei eine schwindelerregende, virtuell geordnete Vielfalt von Arten der Strukturierung, von Formen der Konstitution der Bindung von Zeit und Raum in Sozialsystemen mit ihren Handlungscodes in ihren Praktiken (Giddens, 1984, 23).[212] Die Codes weisen (3.) einen gewissen Grad von Allgemeinheit auf und ‚regeln', obwohl sie durch die Spuren sozialer Praktiken und des Gedächtnisses und durch Festlegungen im Rahmen der Sy-

---

211 Einwände gegen Giddens' Vorstellung von Struktur setzen oft an dieser Bestimmung an – etwa bei Bryant und insbesondere bei Archer (1982; 1988; 1990; 1995). Bryant (1995, 97 f.), obwohl er mit der Theorieposition von Giddens sympathisiert, formuliert: Für Giddens seien Strukturen „virtual, not real, in that they exist only in instantiations in action and in memory traces [...] [‚but] something is real if it has real effects." Daß Strukturen irreal seien, daß meint (und sagt) Giddens aber nirgendwo. Strukturen sind für ihn ‚instantiations' und im Gedächtnis präsent und existent – und daher real. Sie sind nur virtuell im Handeln geordnet. Bryants Kritik läuft schlicht fehl. Archers Einwände richten sich auch gegen die nur virtuelle Geordnetheit von Struktur, der sie unter Rekurs auf Durkheim eine reale entgegensetzt. Weiter moniert sie die Vorstellung einer im jeweiligen Handeln präsent gemachten Struktur. Für sie besagt das, daß Regeln dann nicht einschränken, da Akteure diesen ja in der Situation nach freiem Willen zustimmen, diese modifizieren oder zurückweisen können (z.B. Archer, 1988, 88). Beide Einwürfe belegen, daß sie auf der Grundlage zu Giddens konträrer ontologischer Annahmen argumentiert. So sieht Archer die soziale Realität als klar voneinander abgegrenzte ‚emergente Ebenen' des Sozialen. Zudem berücksichtigt sie nicht, daß Handlung und Struktur bei Giddens in Systemzusammenhänge eingebettet sind. Durch die reflexive Regulation sozialer Systeme und das Handeln kompetenter Akteure sind Handlung und Struktur systemisch miteinander vermittelt und institutionell abgesichert. Von ‚free will' kann zumindest bei Giddens nicht die Rede sein.

212 Die vergegenwärtigten Sets von Regeln (und Ressourcen) überlappen sich, sind miteinander verbunden, konfligieren gar unter Umständen und weisen unterschiedliche Reichweite und Charakteristika auf (*intensiv* oder *oberflächlich, stillschweigend praktisch* oder *diskursiv, informell* oder *formalisiert, schwach* oder *stark sanktioniert* [Giddens, 1984, 22]).

stemregulation alles andere als unstrukturiert sind, bekanntlich nicht ihre Anwendung.[213]

Im Handeln werden nur die reflexiv konstituierten Geschehens- und Verweisungszusammenhänge mit den erkannten und entworfenen Handlungscodes im Handeln relevant. Alle anderen Strukturmerkmale entziehen sich der reflexiven Aufnahme im Handeln. Unter Strukturen im allgemeinsten Sinne versteht Giddens daher *Regeln und Ressourcen* (nicht nur Regeln):

„Structure, in its broadest sense, [...] should be understood as rules and resources, recursively drawn upon and reconstituted in processes of interaction" (Giddens, 1989a, 253).[214]

Die im Netzwerkhandeln rekursiv gebrauchten Regeln und Ressourcen bezeichnen also die von Netzwerkakteuren im Handeln reflexiv konstituierten Techniken, verallgemeinerbaren Prozeduren und Handlungskapazitäten. Diese sind in Unternehmungsnetzwerken bereits in einer Vielzahl von Gelegenheiten (wie in Netzwerkunternehmungen oder organisationalen Feldern) angewendet worden. Das erlaubt Netzwerkakteuren (wie auch anderen), Geschäfts-, allgemein: Handlungssequenzen *methodisch* wie im Systemzusammenhang üblich *fortzusetzen*:

„Knowledge of procedure, or mastery of the techniques of ‚doing' social activity, is by definition methodological. That is to say, such knowledge does not specify all the situations which an actor might meet with, nor could it do so; rather, it provides for the generalized capacity to respond to and influence an indetermined range of social circumstances" (Giddens, 1984, 22).

Das ‚methodische' Wissen, das ‚to know how to go on', bedeutet: Akteure können Regeln und Ressourcen systemtypisch anwenden, und daß sie es können, zeigt sich im einigermaßen reibungslosen Fortsetzen des Handelns. Es äußert sich nicht notwendig darin, daß Akteure sich die verwendeten Regeln (und Ressourcen) sprachlich-diskursiv vergegenwärtigen. Oft ist das Gegenteil der Fall. Sie bleiben unausgesprochen, sind damit gegebenenfalls aber umso wirksamer:

„Man fühlt nicht, daß man immer des Winkes (der Einflüsterung) der Regel gegenwärtig sein muß. Im Gegenteil. Wir sind nicht gespannt darauf, was sie uns wohl jetzt sagen wird, sondern sie sagt uns immer dasselbe, und wir tun, was sie uns sagt" (Wittgenstein, 1988 [1953], 352).

---

213 „Daß die Allgemeinheit der Regel der Anwendung bedarf und daß es für die Anwendung von Regeln ihrerseits keine Regel gibt, konnte man, wenn schon nicht aus eigener Einsicht, von Kants ‚Kritik der Urteilskraft' lernen und von ihren Nachfolgen, insbesondere von Hegel" (Gadamer, 1987 [1980], 471; s.a. Spaemann, 1996, 286, 289). Zu der entsprechenden Theoriefigur bei Chomsky, der allerdings von einer Tiefenstruktur spricht, siehe Stetter (1974, 197 ff.). Zur Aufnahme des linguistischen Theoriemodells durch Giddens (1979; 1987d). Zur Anwendung (und notwendigen Verletzung) von Regeln s.a. Ortmann (2002a).

214 In der Literatur finden sich viele, oftmals logisch unstimmige Bestimmungen zu Giddens' Struktur als Regeln und Ressourcen. Das ist zunächst nicht zuletzt ihm selbst anzukreiden. Seine Ausführungen zu diesem Punkt lassen, was allgemeine Verständlichkeit angeht, aber auch in puncto Konsistenz, offensichtlich zu wünschen übrig. Archer (1995) listet genüßlich diverse, in sich inkonsistente oder sich wechselseitig widersprechende Bestimmungen auf. Die Arbeit von Sewell (1992) ist dabei ihr Lieblingsbeispiel. Der Ertrag für ein Verständnis des strukturationstheoretischen Konzepts von ‚Struktur' ist, vorsichtig formuliert, bescheiden.

Im Sprechen können wir Regeln unserer Muttersprache verwenden, – ob wir sie auch formulieren können, das steht auf einem ganz anderen Blatt. Wir können sie uns aber oft auch diskursiv erschließen. *Kodifizierungen von Regeln,* wie in Gesetzen, organisationalen Anweisungen oder in ‚blue prints' fixierte formale Regeln, wiederum *sind nicht mit Handlungsregeln zu verwechseln*:

> „Formulated rules – those that are given verbal expression as canons of laws, bureaucratic rules, rules of games and so on – are thus codified interpretations of rules rather than rules as such. They should be taken not as exemplifying rules in general but as specific types of formulated rules, which, by virtue of their overt formulation, taken on various specific qualities" (Giddens, 1984, 21).

Akteure besitzen ein weitgehend praktisches Bewußtsein von Netzwerkregeln und -ressourcen (allgemein: von Regeln und Ressourcen sozialer Systeme) und zeigen ihre Kompetenz durch ihre praktisch korrekte ‚awareness' gegenüber Netzwerkzusammenhängen, in denen sie handeln. Netzwerkregeln und -ressourcen werden durch ihre Aktualisierung im auf das Netzwerk bezogenen Handeln ‚veröffentlicht' und sind dadurch *systemöffentlich.* Regeln (und Ressourcen) sind keine Privatregeln individueller Akteure. Sie entspringen keiner ‚Privatsprache', keiner ‚Privathandlung' (Wittgenstein, 1988 [1953], 243 ff.; 346 f.).[215]

Netzwerkregeln (wie Regeln anderer Systeme auch) sind ‚regulativ' und ‚konstitutiv' (Giddens, 1984, 20),[216] und sie bedeuten immer beides: *Ermöglichung und Zwang* – nicht nur Zwang. Restringiert durch Regeln wissen wir, was zu tun ist und was wir voneinander zu erwarten haben.

Akteure legen handelnd, mehr oder weniger umsichtig, immer wieder neu fest, *welche Regeln und Ressourcen* situations- und systemkontext*adäquat sind,* ohne daß dies *in das Belieben der Akteure gestellt* wäre. Wittgenstein (1988 [1953], 346, 356) betont: „Die gemeinsame menschliche Handlungsweise ist das Bezugssystem," die ‚Lebensform'. Kompetente Akteure erwarten von sich und von anderen die Verwendung im Netzwerk üblicher, zumeist durch Systemregulationen abgesicherter oder (so) initiierter Praktiken, Techniken und Prozeduren

---

215 Damit wird nicht bestritten, daß es subjektive Gewißheiten der (inneren) Erfahrung – etwa von Schmerzen – oder (des Umgangs mit oder) von Regeln gibt. Diese besitzen nur gegenüber der sozialen, intersubjektiv gültigen Erkenntnis der Außenwelt und für das Handeln in der Welt kein Primat. Denn der Wahrheits- und verstehbare Sinngehalt der Erfahrungen und Handlungen ist an die Voraussetzung einer mit anderen geteilten Sprache und einer systemisch regulierten Art und Weise praktischen Handelns gebunden. Das Handeln erhält seinen Sinngehalt – im Vollzug des ‚Sprachspiels' – als ein als eingestuftes Befolgen systemöffentlicher Regeln. Soziale Regeln sind nicht Kennzeichen bestimmter individueller Akteure, sondern sozialer Systeme.

216 Sie sind ‚regulativ', da die Techniken und Prozeduren Anweisungen implizieren, wie ‚Do X' oder ‚If Y, do X'. Sie sind ‚konstitutiv', da sie Bestimmungen mitführen wie ‚X counts as Y' oder ‚X counts as Y in context C' (Giddens, 1984, 20, unter Rekurs auf Searle). Die praktisch gehandhabten ‚rules of the game' (North) im Bereich der Ökonomie, in Unternehmungsnetzwerken oder im Sport enthalten Kombinationen regulativer und konstitutiver Aspekte. Aber die Regeln des Fußballspiels, des Netzwerkgeschehens wie des Tausches gehen darin nicht auf: Zwar würde ein Fußballspiel ohne praktisch gehandhabte Definitionen von ‚Tor', ‚Abseits', ‚Sieg und Niederlage' usw. und ohne Formen der Sanktionierung von Verhalten bei Regelverstößen nicht möglich sein. Aber Fußball muß auch gespielt, der Tausch vollzogen, in Unternehmungsnetzwerken muß gehandelt werden. Darauf komme ich gleich zurück.

sowie die Verwendung systemischer Handlungskapazitäten. Auf der Grundlage ihres ‚reflexive monitoring', ihrer Rationalisierungen, ‚Motivationen' und Erfahrungen wissen sie, daß andere im Netzwerk das auch von ihnen erwarten (‚Erwartungserwartungen', ‚mutual knowledge') und Aktivitäten und Ereignisse entsprechend sanktionieren. Strukturen existieren daher ausschließlich in ihrer situativen Anwendung (und, worauf ich gleich eingehe, im Gedächtnis). Sie erfahren im und durch das Handeln ihre Stabilität oder Modifikation. Nie ist garantiert, daß Handlungen im Netzwerk (wie allgemein: in Sozialsystemen) regelkonform ausfallen. Regeln und Ressourcen erweisen sich dabei als (im Handeln konstituierte) Potentiale, die in ihrer Anwendung aktualisiert werden. Aus Möglichkeiten wird Wirklichkeit. Konstituierte Wirklichkeit eröffnet Möglichkeiten und Einschränkungen. Daß Regeln (und Ressourcen) Zwangscharakter haben, hieße: Sie implizieren Notwendigkeit. Diese Notwendigkeit aber ist für Akteure nie absolut, immer bleibt ein Rest an Kontingenz.[217] Strukturmerkmale und Handlungscodes *erfahren ihre soziale Relevanz* ausschließlich *über ihre Aufnahme im Handeln*, seien es unerkannte oder reflexiv erfaßte Bedingungen und Konsequenzen des Handelns. Aus beiden Quellen, individuellen wie systemischen, speist sich die ‚Grammatik des Handelns' (s.a. Barley/Tolbert, 1997). Die „rule governed creativity" (Chomsky, 1964, 10) und die Kompetenz des Handelns bleibt immer im Spiel:

„Social actors can be wrong some of the time about what these rules and tactics might be – in which cases their errors may emerge as ‚situational improprieties'. But if there is any continuity to social life at all, most actors must be right most of the time; that is to say, they know what they are doing, and they successfully communicate their knowledge to others. [...] The measure of their ‚validity' is supplied by how far actors are able to co-ordinate their activities with others in such a way as to pursue the purposes engaged by their behaviour" (Giddens, 1984, 90).[218]

---

217 Die Konstitution der Kontingenz kann unterschiedlich erfolgen. Mindestens drei verschiedene Arten und Weisen lassen sich unterscheiden: Möglichkeit, Wirklichkeit, Notwendigkeit und Verwandtes. Hintergrund dieser Bestimmungen ist die Unterscheidung von ‚energia' und ‚dynamis' bei Aristoteles. Tun und Nichttun (‚energia'), kombiniert mit Können und Nichtkönnen (‚dynamis') bilden, wie Bröcker (1946, 43) aufweist, vier elementare Fälle. ‚Müssen' ist in diesem Sinne ‚nicht nichttun Können'. Aristoteles unterschied etwa so drei Urteilsformen: Eine Sache ist möglich (A kann B sein) oder wirklich (A ist B) oder eine Sache wird für notwendig erklärt (A muß B sein). Können, Müssen, Tun, Nichtkönnen usw. kann man auch bei Handlungen und Praktiken unterscheiden: Jemand *kann* einen (grammatisch) korrekten Satz sprechen oder eine Maschine (korrekt) bedienen, *tut* es aber nicht; Jemand *muß* sich einer Anordnung widersetzen; Jemand *kann nicht* hören usw. usf. (genauer Bröcker, 1946; s.a. Michaëlis, 1911, z.B. 583).

218 Die Validität einer Regel (und auch von Ressourcen) ist so an individuelle Fähigkeiten und an systemisch reguliertes Handeln, an Einschätzungen und Reaktionen anderer, an regulierte soziale Praktiken in Sozialsystemen gebunden. Die Gültigkeit einer Regel zeigt sich zunächst darin, daß Akteure sich in ihrem Tun auf sie beziehen, selbst wenn sie diese verletzen: Einbrecher versuchen, ihre Regelverletzung möglichst geheimzuhalten (Mead, 1973 [1934], 308). Sie erweist sich auch in konventionalisierten, zeitlich begrenzten, kollektiv regulierten Regelverletzungen. Man denke etwa an das legitime oder tolerierte Verletzen von Regeln zur Zeit des Karnevals, das zudem zu einer Befestigung der verletzten Regeln während der ‚normalen' Zeit des Jahres führt (Dupuy/Varela, 1991). Regeln können sich aber auch ändern (genauer zu dieser Frage III-4.4). Eben noch gültige Regeln können da auf einmal nicht mehr gültig sein.

6.2 Netzwerkstruktur als Regeln und Ressourcen: zur ‚Gammatik systemischen Handelns' in Unternehmungsnetzwerken

6.2.1 Netzwerkregeln der Signifikation und Legitimation

Giddens' Regelbegriff kombiniert – wie bereits angedeutet – strukturalistisches Gedankengut mit Einsichten ethnomethodologischer und sozial-phänomenologischer Theoretiker und insbesondere mit Wittgensteins (1988 [1953]) Überlegungen aus den ‚Philosophische Untersuchungen':

„Let us regard the rules of social life, then, as techniques or generalizable procedures applied in the enactment/reproduction of social practices" (Giddens, 1984, 21).

Jedes *Handeln* wendet Regeln an, *setzt Regeln voraus* (Wittgenstein). Handelnde in Unternehmungsnetzwerken (und ähnlich auch in anderen Sozialsystemen) aktualisieren im situativen Handeln in Serien praktischer Netzwerkaktivitäten genutzte Techniken oder verallgemeinerbare Prozeduren.

Giddens unterscheidet Regeln der Signifikation und der Legitimation. *Regeln der Signifikation* bezeichnen die für das Handeln in Sozialsystemen konstitutiven Techniken und generalisierbaren Prozeduren des Bezeichnens und der Bedeutungszuweisung. Kompetente Netzwerkakteure reproduzieren sie im Handeln also weder darüber, daß sie sich einfach vorgegebene Sinnzuschreibungen und Bedeutungen vergegenwärtigen, noch bringen sie diese in der Situation allein aus sich heraus hervor.[219]

Alles Handeln schließt über das Verstehen und Ausloten von Handlungsmöglichkeiten hinaus Fähigkeiten ein, Alternativen und die Adäquanz von Beiträgen zu bewerten. Dazu bedarf es *Regeln der Legitimation*, das heißt systemischer Techniken und verallgemeinerbarer Prozeduren des Sanktionierens, der Bewertung und Einordnung. Die Netzwerkregeln der Legitimation zeigen an, was ‚man' tut – was als angemessen, fair, professionell gilt, als ‚guter Job', als berechtigt oder unberechtigt, erwünscht oder unerwünscht, geboten oder verpönt. Eingeschlossen ist Wissen über Weisen der Sanktionierung bis hin zum Ausschluß aus dem Netzwerk.

6.2.2 Netzwerkressourcen der Domination: allokative und autoritative sowie materielle und immaterielle Ressourcen

Machtvolles Handeln beruht für Weber auf einer Macht*basis*. Lapidar erscheint der oft nicht weiter reflektierte Nachsatz seiner (1976 [1921], 28; Hervorh. A.W.)

---

219 Einige Handlungsmöglichkeiten drängen sich Handelnden im Netzwerk über Regeln der Sinnkonstitution im Unternehmungsnetzwerk allerdings auf, ohne deren Berücksichtigung jedoch zu determinieren. Andere fallen aus dem systemisch konfigurierten Bezeichnungs- und Bedeutungshorizont heraus, kommen Akteuren tendenziell gar nicht (zumindest nicht via Systemregulation befördert) in den Sinn. Regeln der Signifikation sind so für Handeln konstitutiv.

Machtdefinition: „gleichviel *worauf* diese Chance beruht." Giddens verallgemeinert diese Überlegung. Für ihn (1984, 15; genauer III-3) schließt alles Handeln Macht ein, und das heißt für ihn: transformative Fähigkeiten. Handeln heißt, Unterschiede zu machen. Dieses transformative Vermögen beruht auf im Handeln aktualisierten Ressourcen der Domination, das heißt auf situativ vergegenwärtigten, in Sozialsystemen zur Generierung von Herrschaft genutzten *Formen oder Typen transformativer Kapazitäten*, die Kontrolle über Materie („Natur"), Menschen und soziale Beziehungen und Systeme konstituieren (s.a. Giddens, 1984, 33). Ressourcen sind also nicht unabhängig vom situativen Handeln und den Prozessen der (Re-)Produktion von Sozialsystemen gegeben. Über Regeln der Signifikation und Legitimation konstituieren Akteure ihren Ressourcencharakter:

> „Resources (focused via signification and legitimation) are structured properties of social systems, drawn upon and reproduced by knowledgeable agents in the course of interaction. [...] In this conception the use of power characterizes not specific types of conduct but all action, and power is not itself a resource. Resources are media through which power is exercised, as a routine element of the instantiation of conduct in social reproduction" (Giddens, 1984, 15 f.).

Selbst Gebäude, Boden oder Maschinen sind – auch wenn sich systemtypische Arten und Weisen der Verwendung ausgebildet haben – nur dann Ressourcen, wenn Akteure sie in Interaktionen in Sozialsystemen wiederholt als Medien des Handelns nutzen (Giddens, 1984, 185; s.a. ibid. 377):

> „[..] [T]heir ‚materiality' does not affect the fact that such phenomena become resources [...] only when incorporated within processes of structuration. The transformational character of resources is logically equivalent to, as well as inherently bound up with the instantiation of, that of codes and normative sanctions" (Giddens, 1984, 33).

Als Medium und Resultat systemisch (regulierter) Praktiken weisen Unternehmungsnetzwerke (wie andere Sozialsysteme auch) spezielle Formen und/oder Typen transformativer Kapazitäten auf: Netzwerkressourcen.

Netzwerkressourcen sind keine Privat-Ressourcen, da ihre Verwendung als Fazilität nicht privat ist, sondern systemische Medien der Einflußnahme repräsentieren, von denen Akteure typisch Gebrauch machen.[220] Sie sind netzwerköffentlich. Ressourcen können nun aber bekanntlich privaten Charakter in dem Sinne besitzen, daß nur ausgewählte Personen sie nutzen dürfen oder konstituieren und/oder sich die Resultate aneignen können. Auch in diesen Fällen aber sind Ressourcen nicht rein privat. Die Bedeutung der Ressourcen und die Legiti-

---

220 Auch Ressourcen setzten (ganz wie Regeln, siehe nochmals die Ausführungen auf der Seite 306 f.) die Idee einer abwesenden Totalität voraus. Netzwerkhandeln wie auch ein Verständnis einer Netzwerkhandlung verlangt die Kenntnis einer Anzahl von Ressourcen, die man im Netzwerk, in der Industrie und in der Gesellschaft als Machtmittel, Formen transformativer Kapazitäten verwendet. Diese sind zwar in der Handlung nicht alle ‚enthalten'. Sie sind aber für das Handeln und dessen Verständnis selbst grundlegend. Allgemein formuliert: Die Totalität aller Ressourcen ist in der Handlung zwar nicht präsent; Akteure aktualisieren Ressourcen aber im Handeln verstehend-auslegend und rekursiv als virtuell geordnete. Sie (er-)füllen in der situativen Anwendung die ‚Leere' der im Handeln konstituierten Bündel von Ressourcen (s.a. Fn, 107; Ortmann, 2002a).

mität ihrer Nutzung wird in Interaktionen mit anderen in institutionell regulierten Handlungszusammenhängen konstituiert und muß dort konstituiert werden, ansonsten verlieren sie (man denke etwa an Geld als ‚symbolic token' oder an Expertise) vollständig oder teilweise ihren Ressourcencharakter. Akteure beziehen sich in ihrem Handeln auf diese Ressourcen, indem sie etwa ihre exklusive Nutzung anerkennen oder in Frage stellen, den Ausschluß von der Nutzung selbst als Ressource – man denke an ‚Beziehungskapital' nutzen – oder, wie in Unternehmungsnetzwerken, Formen kollektiven Gebrauchs unter Beibehaltung individuellen Eigentums entwickeln. Das Wissen um Ressourcen, einschließlich der Möglichkeiten und Grenzen der systemviablen (oder systemkritischen) Nutzung von Strukturmerkmalen sozialer Systeme als Ressourcen, zeigt sich auch hier im Handeln – einschließlich des kompetenten Absehens von Handlungsmöglichkeiten und des Wissens um den regulierten Ausschluß von Optionen (s.a. Elster, 1987, 231). Auch Ressourcen ermöglichen und begrenzen Handeln.

Giddens unterscheidet zwei *Ressourcentypen*, allokative und autoritative, die kombiniert Bestandteil jeglicher Koordination von Sozialsystemen sind:

„Any co-ordination of social systems across time and space necessarily involves a definite combination of these two types of resources, [...]" (Giddens, 1984, 258; f.e. Beispiel, 259 f.).

Er definiert diese Typen von Ressourcen unterschiedlich. Einmal bestimmt er und dieser Definition schließe ich mich an:

„Allocative resources refer to capabilities – or, more accurately, to forms of transformative capacity – *generating* command over objects, goods or material phenomena. Authoritative resources refer to types of transformative capacity *generating* command over persons or actors" (Giddens, 1984, 33; Hervorh. A.W.).

Die Definition im Glossar weist nun nicht darauf, *wofür* Akteure Strukturmerkmale verwenden. Sie zeigt darauf, *woher* sie ihre transformativen Fähigkeiten *schöpfen*:

„Allocative resources [are] *[m]aterial resources* involved in the generation of power, including the natural environment and physical artifacts; allocative resources *derive from* human dominion over nature. [...] Authoritative resources [are] *[n]on-material resources* involved in the generation of power, *deriving from* the capability of harnessing the activities of human beings; authoritative resources result from the dominion of some actors over others" (ibid., 373; Hervorh. A.W.)

Giddens' Ausführungen zum Ressourcenbegriff sind selbst in ‚The Constitution of Society' also nicht einheitlich. Sie konfundieren verschiedene Distinktionen: materiell – immateriell; allokativ – autoritativ; technisch – organisatorisch (Produktivkräfte – Produktionsverhältnisse), Herrschaft über Natur und über Menschen (s.a. Ortmann, 1995, 299, Fn 9) und entscheidend: ‚Natur' und Nutzung von Strukturmerkmalen.

Ich will zwei Klarstellungen machen, durch die sich die Konfusion der von Giddens vorgelegten Bestimmungen überwinden läßt. *Erstens: Materielle wie immaterielle Ressourcen können zur Generierung von Herrschaft über* Objekte, Güter und *materielle Phänomene* und *über Personen und Akteure verwendet werden.* Maschinen wie das Fließband schaffen immer auch Macht über Personen. Das kann auch im Mittelpunkt der Verwendung materieller Strukturmerkmale als Ressourcen stehen – im Extrem etwa bei Gewehren und Kanonen. Wissen, Expertise und andere immaterielle Phänomene können und werden nicht selten vor allem zur Generierung von Herrschaft über Objekte, Güter und materielle Phänomene genutzt – naturwissenschaftliches Wissen, Expertise zur Landerschließung, zum Abbau von Rohstoffen sind Beispiele. *Zweitens*: Man sollte unterscheiden, *wofür* Akteure Strukturmerkmale verwenden, und *woher* sie die transformativen Kapazitäten *schöpfen* (s.a. Giddens, 1979, 91 f.). Blickt man darauf, ‚wofür' Akteure Strukturmerkmale sozialer Systeme nutzen, dann läßt sich unterscheiden, ob sie diese zur Generierung von Herrschaft über Objekte, Dinge und materielle Phänomene oder zur Generierung von Herrschaft über Personen und Akteure, zur Administration und Organisation als moderne Errungenschaften zur Erweiterung der Handlungsfähigkeit der Menschen gebrauchen.[221] Im Einklang mit Giddens (1984, 33) will ich im ersten Fall von *allokativen Ressourcen* und im zweiten Fall von *autoritativen Ressourcen* sprechen. Schaut man auf das, ‚woher' Akteure ihre transformativen Kapazitäten schöpfen, dann gewinnt man eine weitere Unterscheidung, die Giddens nur unglücklich mit der von allokativen und autoritativen Ressourcen in seiner Bestimmung im Glossar vermengt. Akteure nutzen zur Generierung von Herrschaft nämlich auf der einen Seite materielle Strukturmerkmale wie Objekte, Güter und materielle Phänomene und auf der anderen Seite immaterielle Strukturmerkmale wie Wissen, Organisation von Zeit und Raum, Beziehungen und Lebenschancen[222]. Erstere kennzeichnen *materielle*, letztere *immaterielle Ressourcen*.

---

[221] Die Verwendung muß dabei lediglich faktisch, nicht notwendig intentional dominant darauf gerichtet sein.

[222] „ ‚Life chances' means, in the first instance, the chances of sheer survival for human beings in different forms and regions of society. But it also connotes the whole range of aptitudes and capabilities which Weber had in mind when he introduced the term. Take just one example: mass literacy. A literate population can be mobilized, and can mobilize itself, across time-space in ways quite distinct from those pertaining within largely oral cultures" (Giddens, 1984, 261). Organisation von Lebenschancen verweist, ruft man sich Webers (z.B. 1976 [1921], 531 ff.) Bestimmung in Erinnerung, auf gesellschaftliche Ordnungen beziehungsweise Institutionen. Nicht zufällig startet Weber mit der *Rechtsordnung*. North (1990) würde von den ‚rules of the game' sprechen. Für Weber schließen sie die Organisation von Güterbesitz, Erwerbsinteressen und Verfügungsrechten sowie von Tauschgewinnchancen mit ein. *Kulturbedingungen* organisieren weitere Lebenschancen, das heißt Bräuche, Sitten, Glaubenssätze, Rechte und Pflichten, aber auch Leitbilder, Rationalisierungsparadigmen und ähnliches sowie *intellektuelle Entwicklungschancen*. Auch *Berufstraditionen, Regelungen von Zugängen, Zuständigkeiten, Entlohnungen und Statuszuweisungen* sowie *Monopolisierungen von Gütern und Chancen* organisieren für Weber Lebenschancen.

	Materielle Ressourcen		*Immaterielle Ressourcen*
1	Materielle Merkmale der Umwelt (Rohmaterialien, ‚Natur')	1	Wissen und Organisation der Aneignung, Artikulation, Validierung und Dissemination von Wissen über materielle und immaterielle Ressourcen
2	Mittel materieller Produktion/Reproduktion (Produktionsinstrumente, Technologie)	2	Organisation von Zeit und Raum (zeit-räumliche Konstitution von Pfaden und Regionen)
3	Produktion/Reproduktion des Körpers	3	Organisation und Beziehungen von Menschen in wechselseitiger Assoziation (soziales Kapital; Beziehungskapital; Netzwerkkapital)
4	Produzierte Güter (Dinge die durch das Zusammenspiel von 1, 2 und 3 hervorgebracht werden)	4	Organisation von Lebenschancen[222] (Konstitution von Chancen der Selbstentwicklung und des Selbstausdrucks; kulturelles Kapital)

Abb. III-12: Materielle und immaterielle Ressourcen: Beispiele
(Quelle: nach Giddens, 1984, 258)

Es geht zunächst um das Zusammenlegen (‚pooling') von Ressourcen: Gemeinsam ist man stark. Dieser Gesichtspunkt indes bedarf der Ausarbeitung und Ergänzung.

6.2.3 Netzwerkressourcen: Beispiele

Netzwerkressourcen sind allokative und autoritative sowie materielle und immaterielle Ressourcen, die Netzwerkakteure zur Generierung von Herrschaft im Netzwerk (und gegenüber Dritten) verwenden und die ihre Existenz dem dauerhaften Beziehungszusammenhang des Netzwerks verdanken. In Unternehmungsnetzwerken dienen Netzwerkressourcen vor allem zum Zwecke der Kapitalverwertung. Netzwerkzusammenhänge begründen, je nach Fall, zum Beispiel
- Möglichkeiten der Ko-Spezialisierung, des Pooling und der gemeinsamen Nutzung von *materiellen Netzwerkressourcen*, das heißt von:
  - *Rohmaterialien und ‚Natur'* (etwa in Form des gemeinsamen Einkaufs u.ä.),
  - *Produktionsinstrumenten und Technologie* (etwa in Form der Verteilung des Entwicklungsaufwands bei Forschungs- und Entwicklungskooperationen, Ko-Spezialisierung u.ä.),

- *Produktionskapazitäten* zur Produktion von Gütern und Dienstleistungen (etwa in Form der gemeinsamen Nutzung von Arbeitskräften, des Aufbaus und der Abstimmung gemeinsamer Produktionsanlagen usw.),
- ...
- Möglichkeiten der Ko-Spezialisierung, des Pooling und der gemeinsamen Nutzung von *immateriellen Netzwerkressourcen*, das heißt von:
    - *Expertise, Informationen und Wissen* aller möglichen Art (Produkt- und Produktions-Know-how, aber auch Expertise in bezug auf Qualität, Verläßlichkeit, Timing und wechselseitige Bahnungen von Geschäften oder Geschäftskontakten, ferner im Sinne von Gelegenheiten der Bildung und Nutzung von Netzwerkbeziehungen [s.a. Burt, 1992a; Ahuja, 2000, 322] und kooperativer Kernkompetenzen [Duschek, 1998]) sowie der Abstimmung des Einsatzes von Experten im Netzwerk (z.B. Rotation, Ko-Spezialisierung),
    - (auch internen) *Absatz- und Arbeitsmärkten und Geschäftsvolumina* (die etwa zur Erzielung verbesserter Geschäftskonditionen, von Arbitragegewinnen durch die Ausnutzung von Markt- und Verhandlungsmacht, zur Eroberung jeder Einzelunternehmung verschlossener Märkte oder Kunden verwendet werden), Handlungsdomänen sowie Handlungspfaden,
    - reflexiv ausgelegten Beziehungszusammenhängen zwischen Netzwerkakteuren und Dritten außerhalb des Netzwerks,
    - im Netzwerk organisierten Handlungsgelegenheiten wie *Arbeitskreisen, Teams, Projekten* usw.,
    - von organisiert regulierten *Netzwerkidentitäten* und *Netzwerkkarrieren*,
    - ...
- Möglichkeiten der Verbesserung *allokativer und autoritativer Netzwerkressourcen* für Netzwerkakteure durch die Möglichkeiten der Nutzung und Kombination materieller und immaterieller Netzwerkressourcen zur Generierung von Herrschaft über ‚Natur' und Menschen.

Bei der Betrachtung von Netzwerkressourcen sind sechs Merkmale zu beachten:
1. Die Möglichkeiten der Herausbildung von Netzwerkressourcen beruhen für Netzwerkakteure auf den Kompetenzen, ein Netzwerk zu organisieren und zu regulieren. Wichtig sind Fähigkeiten, im Netzwerk Kooperation und Teamwork zu meistern, Verläßlichkeit und gar Vertrauen zu etablieren und zu stabilisieren. Mit einem Wort: Sie beruhen auf dem *Vermögen, den Netzwerkzusammenhang als Ressourcenzusammenhang zu begründen* (zu den dafür relevanten, auszugestaltenden Gegenständen und Praktiken der Netzwerkregulation siehe III-4.3).
2. Im gelingenden Fall konstituiert der Netzwerkzusammenhang spezielle Ressourcen, indem er verschiedene Vorteile gewährt. Zu ihnen zählen: *Kooperationsvorteile* à la Axelrod (1984), *Vorteile bei der Entwicklung neuer Ressourcen* durch *Verteilung des Entwicklungsaufwands, Standardisierungsvorteile* (z.B.

Ortmann/Schnelle, 2000; van Well, 2001), *Transaktionskostenvorteile* einschließlich der Verringerung von Such-, Vertragsanbahnungs- und Kontrollkosten (z.B. Duschek, 1998), *Innovations- und Lernvorteile* (Powell/Koput/Smith-Doerr, 1996; Kanna/Gulati/Nohria, 1998; Lane/Lubatkin, 1998) und (besondere) Vorteile in der Ressourcen*ausnutzung* im Falle z.B. von Projektnetzwerken, aus denen in einem Projekt nur auf die wirklich benötigten Partner und Ressourcen zurückgegriffen wird, mit dem Resultat der Verminderung von ‚(inter-)organizational slack' sowie *Liquiditäts-, Solvenz- und Performancevorteile*.
3. Netzwerkressourcen können (wie alle anderen Ressourcen auch) Charakteristika von *Kernkompetenzen* (z.B. Duschek, 1998) oder *Monopolcharakter* aufweisen.
4. Netzwerkressourcen bilden sich tendenziell um so eher aus, je weniger Unternehmungsnetzwerke wie ein Portfolio weitgehend unabhängiger und nur lose gekoppelter Engagements geführt werden. *Zumeist können erst aus stärker reflexiv regulierten, kontextsensitiven Abstimmungen von Netzwerkpraktiken* (einschließlich entsprechender Ausgestaltungen der Gegenstände der Netzwerkregulation sowie des Einsatzes der Mittel der Regulation [III-4.3]) *relevante strategische Vorteile erwachsen*. Das erst führt zu einer Synergie von Netzwerkpraktiken, zur diskursiven Artikulation von Geschäftsprojekten im Netzwerk und zur Ausbildung strategisch relevanter Bündel von Netzwerkressourcen. Dezentral in den Netzwerkunternehmungen generierte Ressourcen können ferner oft erst dann – etwa über den Austausch sogenannter ‚best practices' und die Abstimmung der Systemregulation – netzwerkweite Programme der Ressourcenverbesserung initiieren.
5. Netzwerkweite Transparenz birgt selbstredend immer auch *Gefahren* wie des ungewollten Know-how-Abflusses an Dritte oder opportunistischen Verhaltens einzelner Netzwerkunternehmungen.[223] Diese Gefahren sind selbstredend um so größer, je stärker Netzwerkunternehmungen in unterschiedliche Systeme (strategische Allianzen, Joint Ventures oder auch andere Unternehmungsnetzwerke) eingebunden sind.
6. Allgemein gilt, daß sich durch die Einbindung in den Netzwerkzusammenhang für Netzwerkunternehmungen viele Nutzungen ihrer Strukturmerkma-

---

223 Wie Duschek (2002) zu Recht moniert, liegt in solcher Orientierung aus Sicht des betriebswirtschaftlichen Mainstreams die Hauptmotivation zum Eintritt in einen Netzwerkzusammenhang. Die Gestaltungsempfehlung lautet dann: ‚Eintreten, wenn Abschöpfungsvorteile winken, Ausscheiden, wenn sie ausgeschöpft sind!' Dieser Approach kann dauerhafte Netzwerke und gar die Stabilisierung von Verläßlichkeit und gar Vertrauen als Merkmal des Beziehungszusammenhangs nicht erklären und übersieht allfällige Kooperationsvorteile, auch die aus kooperativen Kernkompetenzen. Kann Know-how technisch übertragen werden, stellt sich die Frage, ob nach der Übertragung das Ausschlußprinzip noch gültig ist. Bei patentierbaren und patentiertem Knowhow könnt der Know-how-Entwickler trotz Offenlegung seines Wissens noch bestimmen und kontrollieren, wer Zugang zu diesem Wissen hat und wer nicht. Bekanntlich ist aber nicht alles Wissen patentierbar, etwa nicht organisationales Know-how, Informationen über Lieferanten und Nachfrager (z.B. Brown/Duguid, 1999, 77).

le als *Ressourcen verändern* – einige, bisher exklusive Nutzungen fallen weg, andere verlieren an Gewicht, wieder andere konstituieren sich dagegen erst durch den dauerhaften Beziehungszusammenhang neu oder verbessern sich. Netzwerkressourcen unterscheiden sich durch die divergierenden, rekursiv mit der Form der Koordination verbundenen Strukturmerkmale von Unternehmungsressourcen der einzelnen Netzwerkunternehmungen. Die spezielle Form der Koordination von Netzwerken eröffnet Netzwerkunternehmungen *Netzwerkkapital* im Sinne der Akkumulierung des Kapitals des dauerhaften Beziehungszusammenhangs (trotz Fehlens einheitlicher Leitung in wirtschaftlichen Angelegenheiten) zwischen den Netzwerkunternehmungen. Netzwerkressourcen implizieren (zusammen mit Netzwerkregeln) die Konstitution von Netzwerkeffekten (Uzzi, 1996), die (Re-)Produktion von Faktorspezifitäten (Galaskiewicz/Zaheer, 1999) und den Aufbau von Beziehungskapital von Unternehmungsnetzwerken (Sydow et al., 1995).

Die Möglichkeiten (und Grenzen) der Nutzung von Strukturmerkmalen von Netzwerken als Ressource ist (wie in anderen Systemzusammenhängen auch) an Fähigkeiten, Interessen und ‚Motivationen' individueller Akteure und der beteiligten Netzwerkunternehmungen, sodann an entsprechend ausgebildete Regeln der Signifikation und Legitimation sowie an Strukturmerkmale der Netzwerkunternehmungen und organisationalen Felder bis hin zu Gesellschaften als relevanten Kontexten gebunden. Netzwerkressourcen entwickeln sich für Netzwerkunternehmungen daher in einem gegebenenfalls pfadabhängigen *Prozeß* mit diesen Fähigkeiten, Interessen, ‚Motivationen' und Strukturen der Netzwerkunternehmungen. Die Fähigkeit der (strategischen) Entwicklung und Nutzung des Netzwerkzusammenhangs als Ressource muß daher selbst als notwendige Netzwerkressource betrachtet werden. Unternehmungen ohne Erfahrungen mit Netzwerkzusammenhängen müssen sich diese Fähigkeit oft erst erwerben; Unternehmungen mit Netzwerkerfahrung können diese in das Netzwerk, die Erweiterung des Netzwerks und die Konstruktion neuer Netzwerkzusammenhänge einbringen (z.B. Sydow et al., 1995, 344 ff.). March (1991; s.a. Levinthal und March, 1993) hat hier treffend zwischen einer Strategie der ‚Exploitation' vorhandener Fähigkeiten und ‚Exploration' neuer unterschieden. Netzwerkunternehmungen können durch die Entwicklung ihrer Netzwerkfähigkeiten, Interessen und ‚Motivationen' gegebenenfalls auch über das Netzwerk hinaus ihre Potentiale erweitern, die dann wiederum ihre Netzwerkfähigkeit stützen können (s.a. Gulati, 1999). Vorausgesetzt ist allerdings ein entsprechend professionelles Netzwerkmanagement.

Die kontextuelle Einbettung von Unternehmungsnetzwerken (in ggf. andere Netzwerke, organisationale Felder, Gesellschaften) schließt ein, daß Netzwerkressourcen und deren Qualitäten sich auch im Kontakt mit Dritten außerhalb des Netzwerks konstituieren. Das trifft insbesondere auf die Anerkennung des Netzwerks durch Geschäftspartner (Sydow et al., 1995 f.e. Beispiel) und auf Reputationseffekte zu (Gulati, 1999): Netzwerk-Reputation kann zur Ressource werden. Das verweist auf koevolutionäre Entwicklungen von Netzwerkressourcen mit Strukturmerkmalen organisationaler Felder und gesellschaftlicher Totalitäten, in die sie sich einbetten. Verschiebt sich etwa der dominante Modus der Produktion in einer Industrie von einer Inhouse-Produktion zu einer Netzwerkproduktion – wie seit Mitte der achtziger Jahre in der deutschen Fernsehindustrie (z.B. Sydow/Windeler, 1999; Windeler/Lutz/Wirth, 2000) – und/oder ändern sich grundlegende Bestandteile des Rechtsrahmens, so hat das Auswirkungen auf die Generierung und Nutzungsmöglichkeiten von Strukturmerkmalen als Netzwerkressourcen und umgekehrt.[224]

Wieder, wie schon beim Blick auf Netzwerkregelwerke, -institutionen und -regulationen, erweist sich die Rede von Netzwerk*zusammenhang* als überaus fruchtbar, wenn er mit Blick auf Netzwerkressourcen aufgefächert und ausbuchstabiert wird. Netzwerke sind Veranstaltungen zur reflexiv koordinierten Konstitution von Ressourcen über die Nutzung und Ausgestaltung des dauerhaften Beziehungszusammenhangs zwischen Netzwerkunternehmungen ohne einheitliche Leitung in wirtschaftlichen Angelegenheiten. Die Negativität dieser letzteren Bestimmung schlägt um in eine außerordentlich wichtige Frage: Wie kann diese Form der Resssourcenkonstitution ohne einheitliche Leitung Zustande gebracht und als lebendiger Quell der Ressourcenentwicklung fortentwickelt werden? Eine Fülle von Antworten haben wir kennengelernt. Sie verweisen sämtlich auf Aktivitäten kompetenter Akteure, auf die Auslegung der Systemregulation, auf die Kontexte und auf die Fülle der Dimensionen des Sozialen.

6.2.4 Besonderheiten des strukturationstheoretischen Ressourcenbegriffs

Das strukturationstheoretische Verständnis von Ressourcen eröffnet eine gegenüber der strukturellen Netzwerkanalyse, dem Konzept der systemischen Rationalisierung und dem in der Netzwerkforschung oft genutzten organisationstheoretischen Ansatz der Ressourcenabhängigkeit radikal unterschiedliche Sicht auf Ressourcen und damit auf Macht und Herrschaft. Ist allen Ansätzen gemeinsam, daß sie Ressourcen für die Erklärung des Sozialen und der Beziehungen zwischen sozialen Systemen im Bereich der Ökonomie eine hohe Bedeutung zuweisen, die

---

[224] Die kontextuelle Einbettung von Netzwerken muß für die Entwicklung von Netzwerkressourcen nicht nur Vorteile bringen. Pfadabhängigkeiten und ‚lock ins' sprechen hier eine deutliche Sprache. Nicht alle Netzwerkunternehmungen können zudem Netzwerkressourcen gleichermaßen aktualisieren. Das liegt an unterschiedlichen (manageriellen) Fähigkeiten, Interessen und ‚Motivationen', beruht aber ebenso auf unterschiedlichen Ausgestaltungen der Netzwerkregulation, vornehmlich der Netzwerkintegration der Netzwerkunternehmungen und der ihnen im Netzwerk zugewiesenen Positionen, etwa ihrem Zugang zu relevanten Netzwerkinformationen. Netzwerkakteure nutzen in ihren Netzwerkaktivitäten zudem nicht nur Netzwerkressourcen, sondern auch die der Unternehmungen, organisationalen Felder und Gesellschaften. Potentiell bilden sie zu Netzwerkressourcen komplementäre Ressourcen. Gerade fluidere Netzwerkzusammenhänge wie Projektnetzwerke nutzen oft Strukturmerkmale ihrer organisationalen Felder als Ressourcen, indem sie etwa dort vorherrschende Standards recht weitgehend ohne eigene Spezifikation gebrauchen.

sich nicht zuletzt in Unternehmungsnetzwerken (allgemein: in Sozialsystemen) in der regulierten Kontrolle (des Gebrauchs) von Ressourcen zeigt, so finden sich doch auch wichtige Unterschiede. Ich will fünf Unterschiede hervorheben.

Der strukturationstheoretische Ressourcenbegriff *bindet* (1.) *die Generierung und Nutzung von Ressourcen an Regeln der Signifikation und Legitimation* – und umgekehrt. Er hebt (2.) die *Differenz zwischen Strukturmerkmal und Nutzung als Ressource* hervor. Er offeriert (3.) ein *prozessuales Konzept* von Ressource. Zudem hebt er (4.) die *Möglichkeit* hervor, *Ressourcen zu speichern und zu verbessern*. Last but not least bettet er (5.) die *Konstitution von Ressourcen* in die von Sozialsystemen ein.

Zu 1.: Ressourcen werden in der Literatur allgemein weitgehend unabhängig von Regeln betrachtet. Das strukturationstheoretische Verständnis weicht grundlegend davon ab: Es *bindet die Hervorbringung und Nutzung von Ressourcen an die von Regeln der Signifikation und Legitimation* – und umgekehrt. Es eröffnet damit einen anderen Blick auf (Regeln und) Ressourcen. Welchen Strukturmerkmalen sozialer Systeme welche Bedeutung zukommt, ist damit nicht mehr rein eine Frage der ‚Natur' der Strukturmerkmale, sondern vor allem eine Frage ihrer Nutzung, ihres Gebrauchs. Letzerer wiederum bindet sich auch an Regeln der Signifikation und Legitimation, an die Bedeutung, die Akteure Strukturmerkmalen in Sozialsystemen im Handeln (wiederkehrend) zuweisen und wie sie diese bewerten. Die nur analytische Trennung der Regeln von Ressourcen bindet dabei umgekehrt die Konstitution der Bedeutungen und Bewertungen an die jeweils vorliegende Herrschaftssituation zurück. Regeln der Signifikation und Legitimation der Verwendung oder Nutzbarkeit von Ressourcen reflektieren in Unternehmungsnetzwerken (allgemein: in Sozialsystemen) also deren Herrschaftszusammenhang. Netzwerkzusammenhänge sind für Akteure insoweit Ressourcen, so sie diese als relevante Kontexte wahrnehmen, beurteilen, bewerten und handhaben.

Zu 2.: Strukturelle Soziologen weisen der *Differenz zwischen Strukturmerkmalen* sozialer Systeme auf der einen Seite *und* den *Möglichkeiten, sie als Ressource zu nutzen* auf der anderen Seite, keine (große) Bedeutung zu. Wenn sie diese überhaupt zum Thema machen, bieten sie, wie die Forschergruppen um Emerson oder um Burt, recht grobe Modelle ihrer Nutzung an (s.a. Molm/Peterson/Takahashi, 1999; II-2). In der ökonomischen Strategieliteratur (des Resource-based View) wird traditionell zwischen ‚assets' und Kompetenzen (z.B. Hall, 1993) unterschieden. Erstere bezeichnen, was eine Unternehmung hat (Finanzressourcen, Gebäude, Ausstattungen), letzere das, was sie kann (Skills, Fähigkeiten). Aber selbst wenn man, wie Ring (1996), Ressourcen als ‚assets' *und* Kompetenzen definiert, bleibt deren Nutzung außen vor oder reduziert sich auf Möglichkeiten ihrer Kombination. Pfeffer und Salancik konzentrieren sich zudem auf einen spezifischen Aspekt der Ressourcennutzung: den *Erwerb* und die *Kontrolle* von Ressourcen (oder den Zugriff auf fremdes Eigentum bzw. dessen Sicherstellung). Die Verwendung von Ressourcen ist hier über Erwartungen an die strategische

Kontrolle, Nutzungsmöglichkeit und Kritizität für das Geschäftsgeschehen nur vermittelt aufgenommen. Die Transaktionskostentheorie thematisiert immerhin Nutzungsweisen, jedoch nur entlang der Maxime Opportunismus vermeiden. Instrumente sind dann vor allem: Anreizsysteme und Beseitigung von Informationsasymmetrien. Strukturationstheoretisch betont man die ganze Fülle an Dimensionen der Ressourcennutzung. Wie schon Edith Penrose (1959) gesehen hat, liegt in der Entdeckung und Kreation neuer Nutzungsweisen von Ressourcen ein – im Extrem: einzigartiges – Potential an Wettbewerbsvorteilen einer Unternehmung und auch eines Unternehmungsnetzwerks.

Nicht alles, was man als Ressource nutzen kann, kann man erwerben. Das gilt für Netzwerkbeziehungen zwischen Netzwerkunternehmungen, Identitäten von Gruppen, Unternehmungen oder Unternehmungsnetzwerken, Monopol- oder Oligopolstellungen auf Märkten, Knappheiten, die Konzentration oder Dispersion und Substituierbarkeit von Machtmitteln in einer Industrie, für Vertrauen und für die Kontrolle von Distributionskanälen, die Bedeutung der Ressourcen für Akteure und schließlich, nicht zuletzt, für Mechanismen der Ressourcenkontrolle und der Nutzbarkeit ‚geliehener Macht' etwa durch Broker oder Netzwerkkoordinatoren in Unternehmungsnetzwerken. Es gilt ferner weiterhin für implizites Wissen und idiosynkratische Nutzungsweisen von Ressourcen, ein für Netzwerkunternehmungen wichtiger Fall, weil zur Erschließung solcher Ressourcen und Nutzungsweisen Kooperation – und Dauerhaftigkeit – erforderlich sind. Für alle diese Beispiele und für vieles mehr existieren keine Eigentumstitel respektive vertragliche Festlegungen. Der Beziehungszusammenhang zwischen den Netzwerkunternehmungen läßt sich als Ressource für Geschäfte unter den Netzwerkunternehmungen und mit Dritten nutzen, indem man sich gegenseitig Geschäftsgelegenheiten anbietet und gemeinsam entwickelt, auf der Basis von Reziprozität miteinander Geschäfte abwickelt oder das Geschäftsvolumen wieder und wieder in Verhandlungen gegenüber Dritten bündelt. Gemeinschaftsressourcen des Netzwerks können zudem anders genutzt werden als Ressourcen im Eigentum einer Netzwerkunternehmung. Eine weitere Besonderheit von Netzwerken ist, daß der Netzwerkzusammenhang über Ko-Spezialisierung oder die erweiterte bzw. abgestimmte Nutzbarkeit von Ressourcen im Netzwerkkontext gegebenenfalls neue Ressourcen eröffnet. Die Aufnahme der Differenz zwischen materiellen und immateriellen Ressourcen und ihrer Nutzung als allokative und autoritative Ressource eröffnet auch das Verständnis für die Notwendigkeit ihrer beständigen Konstitution *in der Zeit*. Ressourcen sind nur dann Ressourcen, so sie in Sozialsystemen wiederholt als Medien der Machtausübung verwendet werden. Damit bin ich bei der nächsten Besonderheit.

Zu 3.: Die Nutzung von Ressourcen variiert in Zeit und Raum – der Ressourcenbegriff ist *prozessual*. Wie Ressourcen gebraucht werden, ist mit dem Erwerb oder der Verteilung von ‚assets' und/oder Kompetenzen noch nicht abgemacht (und mit deren Erhebung in strukturellen Analysen noch nicht berücksichtigt). Die Formen der Nutzung von Ressourcen hängen immer von strategischen

Überlegungen ab, wie ja bereits Pfeffer und Salancik (1978) andeuten und insbesondere auch die neuere Strategieforschung verdeutlicht; sie werden zudem durch entsprechende Regulationen der Netzwerkpraktiken befördert.[225] Der Gebrauch ist gleichwohl immer situativ. Er ändert sich von Moment zu Moment. Die Aufnahme von Ressourcen ist notwendig an die kompetente situative Aktualisierung durch Akteure gebunden. Selbst Kernkompetenzen von Netzwerken, eben noch wertvoll, können zu einem anderen Zeitpunkt oder für andere Netzwerke ‚core-rigidities' (Leonard-Barton, 1992) sein. Die Nutzung von Ressourcen in Zeit und Raum ist zudem an Akteure und an deren Fähigkeiten, Interessen und ‚Motivationen' gebunden. Die Strukturationstheorie nimmt das Wort ernst: „Re-Source' – Akteure *re*kurrieren wieder und wieder auf die Quelle und bringen sie dadurch als systemische Quelle hervor, nutzen sie als Form transformativer Kapazitäten im Handeln. Mit jeder Handlungssituation ändert sich gleichwohl gegebenenfalls die Adäquanz, Viabilität und Bedeutung von Ressourcen, die Möglichkeiten der Nutzung von Fazilitäten. Ressourcen sind so nicht einfach konstant. Selbst eine noch so perfekte Netzwerkregulation kann das nicht sicherstellen – ganz abgesehen davon, ob es sinnvoll ist. Ferner können Akteure unter Umständen ‚neue' Ressourcen schaffen, ‚neue' Kapazitäten der Einflußnahme generieren oder sich aktiv und reflexiv erschließen.[226] Statische Theorien wie die Transaktionskostentheorie und viele strukturalistische Theorieansätze, denen in der Netzwerkforschung so viel Bedeutung beigemessen wird (Oliver/Ebers, 1998), können den prozessualen Charakter von Ressourcen (und damit auch die Konstitution von Netzwerken) nicht erfassen. Mit dem Blick auf die prozessuale Verwendung richtet sich die Aufmerksamkeit zudem genauer auf Praktiken der Konstitution und vor allem der Sicherstellung von Nutzungsweisen. Gewisse kontinuierliche Verwendungen werden so vor allem als Medium und Resultat der Netzwerkregulation (allgemein: der Systemregulation) sichtbar, ohne daß sie dadurch jemals ihren kontingenten Charakter verlören.

Zu 4.: Eng verwandt mit einer prozessualen Sicht auf Ressourcen ist die Vorstellung der *Speicherung, Ausdehnbarkeit und Verbesserung von Ressourcen:*

„[P]ower is not a static quantity but expandable in relation to divergent forms of system property" (Giddens, 1984, 258). [Ressources] „are *not fixed resources*; they form the media of the *expandable character of power* [...]"(ibid.; Hervorh. A.W.).

Diese Vorstellung von Kraft und Macht verabschiedet sich radikal von systemunabhängigen und statischen Betrachtungen von Ressourcen. Sie setzt sich zudem Konzepten entgegen, die relationale Macht als Nullsummenspiel verstehen. Die

---

225 Siehe zur neueren Strategieforschung die Diskussion um den ‚resource-based view of the firm' (Barney, 1991; 1992; Wernerfeld, 1984; 1995; die Beiträge in Shrivastava/Huff/Dutton, 1994; für ein instruktives Beispiel auch Lyles/Reger, 1993). Weitere Einsichten in das Verhältnis von Macht und Herrschaft sowie zu Autonomie und Abhängigkeit vermitteln Crozier (1964) und Benson (1975).

226 Über deren Eigentum und Aneignung wird – falls diese Frage aufkommt – erst im Rahmen der jeweils gültigen Eigentumsordnung entschieden.

Möglichkeiten, Macht auszuweiten, beruhen auf den sich wandelnden situativen Begebenheiten und vor allem auf den über Netzwerkregulation (allgemein: Systemregulation) recht unterschiedlich eröffnenden Möglichkeiten, *Macht zu speichern*:

„‚Storage' is a medium of ‚binding' time-space involving, on the level of action, the knowledgeable management of a projected future and recall of an elapsed past [...]. Storage here already presumes modes of time-space control, as well as a phenomenal experience of ‚lived time', and the ‚container' that stores authoritative resources is the community itself" (Giddens, 1984, 261).

Die Machtrelevanz des Speicherns von Ressourcen zeigt sich allgemein an der Speicherung von Macht in Maschinen, Gebäuden, in der Form von Organisation von Beziehungen zwischen Akteuren, von Techniken, Prozeduren und Verfahren. Daß es sich dabei immer nur um (Macht-)Potentiale handelt, die erst noch zu aktualisieren sind, bleibt unberührt. In Unternehmungsnetzwerken (wie allgemein in Sozialsystemen) bieten sich durch die regulierte Ausgestaltung des dauerhaften Beziehungszusammenhangs Möglichkeiten der Speicherung. Praktiken reflexiver Systemregulation sind dessen Grundlage:

„The storage of authoritative and allocative resources may be understood as involving the retention and control of information and knowledge whereby social relations are perpetuated across time-space. Storage presumes *media* of information representation, modes of information *retrieval* or recall and, as with all power resources, modes of its dissemination. [...] [T]he character of the information medium [...] directly influences the nature of the social relations [and interactions] which it helps to organize" (Giddens, 1984, 261 f.; s.a. 1987a).

Die Ausdehnung oder *‚Verbesserung' von Ressourcen* im Sinne der Steigerung von Herrschaft kann sicherlich ein Stück weit reflexiv erfolgen, aber nie vollständig. Sie ist immer Resultat einer Vielzahl ineinandergreifender Faktoren und Settings, Trajektorien und Verriegelungen:

„To give one example, it can be claimed that the dependency on oil is structured into the physical design of homes, automobiles, and industry. Yet the persistence of oil as a needed resource is enhanced by policies which continue the production of automobiles with only minor changes in fuel requirements, and by continued inaction regarding the development of alternative energy sources" (Zeitz, 1980, 78).

Moderne Unternehmungsnetzwerke können – so die Netzwerkregulation die Ausdehnung, Verbesserung und Akkumulation befestigt – als typische Orte der *Speicherung von Macht* und *Verbesserung von Ressourcen* gelten. Sie sind dann *„power container"* (Giddens, z.B. 1984, 262; 1987a, 157; s.a. Galambos, 1970; 1983; Perrow, 1989). Unternehmungsnetzwerke bilden in diesen Fällen mehr oder weniger starke *‚Gravitationszentren'*, die als Attraktoren auch auf andere Unternehmungen wirken und sie auf bestimmte ‚Bahnen' bringen, – etwa im Zuge eines erzwungenen, mimetischen oder normativen Isomorphismus (DiMaggio/Powell, 1983). Als dessen Resultat verbessert sich im günstigen Falle die Form transformativer Kapazitäten von Unternehmungsnetzwerken, verschlechtert sich dagegen nicht selten gleichzeitig die der ausgeschlossener Akteure. Zuweilen werden auch relevante Kontexte, wie die organisationalen Felder, in denen sie agieren, massiv beeinflußt. Möglichkeiten der Nutzung des Netzwerkzusammenhangs als Medien erweiterter Machtausübung und der Konstitution von Formen transformativer Kapazitäten sind also nicht per se auf diesen begrenzt. Sie greifen gegebenenfalls strategisch auf Umwelten über, nutzen Strukturmerkmale relevanter Kontexte als systemische Ressourcen und prägen diese umgekehrt gegebenenfalls mit. Besonders deutlich ist das für sich formierende Unternehmungsnetzwerke und für solche, die wie Projektnetzwerke, nur bedingt eigene Strukturen aufbauen, dafür aber Kontextregulationen (wie die Regulation von Arbeit in der Industrie und in der Region) als Strukturen der Regulation (von Arbeit) nutzen (zu letzterem Windeler/Wirth, 2000; Windeler/Wirth/Sydow, 2001).

Zu 5.: Ressourcen und Sozialsysteme konstituieren sich wechselseitig. Akteure konstituieren über ihr Handeln das Systemgeschehen und damit die Strukturmerkmale, die sie als Ressourcen in ihrem Handeln verwenden. Ihr Gebrauch als Ressourcen wiederum trägt umgekehrt zur Konstitution von Sozialsystemen bei. Die systemrelative Ausprägung von Systemmerkmalen und damit von Ressourcen wird in der Literatur traditionell nicht (weiter) reflektiert.

Was in Netzwerken als Ressource fungiert, ist aber immer von Netzwerken als Sozialsystemen und von der Netzwerkregulation abhängig – davon, welche Strukturmerkmale zum Gegenstand des Netzwerkmonitoring und welche Arten und Weisen des Handelns und der Beziehungen das System zuläßt und begünstigt. Der Tausch über Geld kann in Unternehmungsnetzwerken etwa partiell durch den Tausch reziproker Leistungen ersetzt werden, die Organisation von Zeit und Raum und der Beziehungen zwischen Akteuren, die Speicherung von ‚Wissen' in allen seinen Facetten (auch im Körper der Akteure) bis hin zur Ausbildung einer ‚Architektur der Disziplin' und ‚Ästhetik der Macht' (z.B. Foucault, 1977 [1975]; Damus, 1982; Nagbøl, 1986) kann im Netzwerkzusammenhang eine spezielle Gestalt erhalten, die Akteure nur in diesem Netzwerk vorfinden und als Ressourcen auch zur Kompensation von Ressourcendefiziten nutzen können (III-3).

6.3 Gedächtnisspuren: zur Existenz von Struktur im Gedächtnis sozialer Akteure

Sozialsysteme weisen zwar Strukturmerkmale auf, *haben aber nicht Struktur*, wie viele sozialwissenschaftliche Theorien es annehmen, etwa die strukturalistische Netzwerkforschung. Struktur ist strukturationstheoretisch in Zeit und Raum nur in doppelter Weise präsent: in ihren augenblicklichen Verwendungen[227] und in Gedächtnisspuren:

---

[227] Das impliziert auch: Unternehmungen existieren nicht nur während ihrer betrieblichen Öffnungszeiten, sagen wir von 7 bis 17.00 Uhr. Existent sind sie auch, wenn Mitarbeiter ihr In-der-Welt-sein (implizit oder explizit) unter Rekurs auf ‚ihr' Unternehmen verstehen und auslegen, ihr Leben entsprechend führen, Mitarbeiter etwa Freizeit miteinander gestalten oder sich gerade bemühen, berufliche Kontakte während dieser Zeiten zu meiden, über ihren Arbeitsplatz und ihre Arbeitszusammenhänge in der außerbetrieblichen Zeit mit anderen sprechen, ihr Ver-
(Fortsetzung der Fußnote auf der nächsten Seite)

„To say that structure is a ‚virtual order' of transformative relations means that social systems, as reproduced social practices, do not have ‚structures' but rather exhibit ‚structural properties' and that structure exists, as time-space presence, only in its instantiations in such practices and as memory traces. This does not prevent us from conceiving of structural properties as hierarchically organized in terms of the time-space extension of the practices they recursively organize" (Giddens, 1984, 17).

Der erste Teil der Bestimmung ist offensichtlich, der zweite wird in der Literatur oft geflissentlich übergangen. Ein grundlegendes Moment des Strukturkonzepts und der Strukturation des Sozialen bleibt so ausgeblendet.

Nur soviel sei hier gesagt:[228] In Unternehmungsnetzwerken und Organisationen gehen Erfahrungen und Erwartungen in Dokumente, Berichte, Akten, Produktionspraktiken und Prozeduren, in die soziale und physikalische Geographie der (Inter-)Organisationsstrukturen, in die sozialen Beziehungen, in die Systemkultur, in die geteilten Sicht-, Wahrnehmungs- und Legitimationsweisen ein. *Praktiken der Aufrechterhaltung* von Erfahrungen und Erwartungen regeln den Transfer und die Mediation von Erfahrungen und Erwartungen zwischen individuellen Akteuren. Schriftlich fixierte Regeln, mündliche Überlieferungen oder Formen der Übertragung von Akteuren auf andere bilden Mechanismen der Diffusion, bewirken eine systembezogene Verteilung systemischer Erfahrungen und Erwartungen – wie auch Autoren des ‚transactive memory' (z.B. Wegener, 1986) betonen (z.B. Walsh, 1995; Moorman/Miner, 1998 für Überblicke zur Diskussion um Gedächtnis in der Organisationsforschung). *Praktiken des Wiederaufrufens* von Erfahrungen und Erwartungen befestigen das soziale Gedächtnis (Connerton, 1989). Routinen, technische und organisationale Mittel werden dabei in der neueren Diskussion um das organisationale Gedächtnis als wichtig eingeschätzt (z.B. Levitt/March, 1988).

Über die Speicherung, Aufrechterhaltung und das Wiederaufrufen von Erfahrungen und über systemtypische Formen der Generierung von Erwartungen bilden sich in den und durch die Praktiken ein Netzwerk- oder allgemeiner: Systemvokabular und ein Set von Regeln der Legitimation aus, was ‚Geschichten sozialer Systeme' und ‚systembezogene Geschichten der beteiligten Akteure' einschließt. Hierüber beeinflussen sie das Gedächtnis der beteiligten Akteure. Ob selbst stärker reflexiv regulierte soziale Systeme ein starkes kollektives Gedächtnis ausbilden, ist nicht gesichert, auch nicht, daß das Gedächtnis individueller und kollektiver Akteure harmonisch zusammenspielen.[229] Immer erhebt sich die Frage: Wieweit reicht jeweils die Gemeinsamkeit, die alle Betroffenen und Handelnden zugleich erfaßt – und wo muß differenziert werden (s.a. Koselleck, 2000,

---

halten und die Möglichkeiten der Gestaltung ihrer Lebenszusammenhänge unter Rekurs auf das Unternehmen darstellen oder rechtfertigen und nicht zuletzt: ihr Eingebundensein in sie als Ressource bei der Ausgestaltung anderer Kontexte nutzen.

228 Genauer arbeite ich den Begriff des Gedächtnisses und insbesondere auch das Konzept des kollektiven Gedächtnisses im Aufsatz ‚Das Alte, das Neue und das Netzwerkgedächtnis' aus (Windeler, in Vorbereitung).

229 Der Begriff des kollektiven Gedächtnis (Halbwachs, 1985 [1950]) besitzt hier den Status eines operativen Begriffs. Per Analogie kann man von einem solchen Gedächtnis sprechen (Ricoeur, 1998, 79 f.).

265 ff.)? Gruppen in Unternehmungsnetzwerken (allgemein: in Sozialsystemen) prägen in der Regel eigene Differenzierungen von Gedächtnis aus, ‚Gedächtnisdialekte', ‚abweichende Gedächtnisse' von Subkulturen, Subgruppen und Subeinheiten. Sie können zueinander passen, sich wechselseitig verstärken oder sich widersprechen. Verschiedene Darstellungen derselben Ereignisse können je nach Perspektive und Eingebundenheit in Zeit und Raum gleichberechtigt Geltung beanspruchen, obwohl ihre Bedeutung im Systemzusammenhang auf der Basis von Machtungleichgewichten ganz unterschiedlich sein kann. Die Möglichkeit, die Gleichzeitigkeit des Ungleichzeitigen, die Einheit in der Vielfalt reflexiv aufeinander abzustimmen und dadurch gegebenenfalls Wettbewerbsvorteile zu erzielen, existiert. Die Abstimmung des Systemmonitorings, der Praktiken der Aufrechterhaltung und des Wiederaufrufens von Erfahrungen und Erwartungen der Netzwerkunternehmungen kann das im Netzwerk befördern. Sie ist aber immer begrenzt. Die strukturationstheoretisch informierte Sicht auf Gedächtnis liefert insgesamt also ein *Modell der wechselseitigen Konstitution von individuellem und kollektivem (bzw. systemischen) Gedächtnis* über soziale Praktiken, bei dem sich Gedächtnis auf den drei Dimensionen des Sozialen ausbildet und von kompetenten Akteuren unter Rekurs auf diese Dimensionen rekursiv hervorgebracht wird.

6.4 Dualität von Struktur

Auf das Konzept der Dualität von Struktur bezieht sich die weltweite Giddensrezeption mit Abstand am häufigsten. Das Verständnis bleibt jedoch meist vage. Bedeutsam ist das Konzept der Dualität von Struktur im Rahmen der Strukturationstheorie, da es den Mechanismus benennt, über den kompetente Akteure ihre situativen Interaktionen in Sozialsysteme einbetten und Sozialsysteme über situative Interaktionen von Moment zu Moment (re-)produzieren. Als Theorem faßt es grundlegende Einsichten der Strukturationstheorie zusammen.

Interaktionen, Modalitäten und Strukturen bilden sich (entsprechend der Ausführungen im Abschnitt III-5) auf drei nur analytisch trennbaren Dimensionen des Sozialen aus: Signifikation, Domination und Legitimation. Kompetente Akteure vergegenwärtigen in ihren situativen Interaktionen – wie die Abbildung III-13 anzeigt – *Strukturen* der jeweils relevanten Handlungskontexte auf den drei Sozialdimensionen. Netzwerkunternehmungen aktualisieren etwa jeweils situativ eine Vielzahl von Regeln der Signifikation, Ressourcen der Domination und Regeln der Legitimation der Netzwerke und der für sie relevanten organisationalen Felder, in die sie ihre Aktivitäten einbetten. Ihre *Interaktionen* sind immer zugleich Kommunikation, Machtausübung und Sanktionierung.[230] Akteure

---

[230] Kommunikation wird heute als eine Form des Handelns betrachtet. Akteure etablieren oder erneuern Beziehungen miteinander durch den Gebrauch von Sprache. Einen sprachlichen Ausdruck gebrauchen ist Handeln, nicht vor allem die Beschreibung eines Zustands. Aber wenn das (Fortsetzung der Fußnote auf der nächsten Seite)

vermitteln Interaktion und Struktur über *Modalitäten*. Dieses Moment der System(re-)produktion tritt hier in der Vorstellung des strukturationstheoretischen Netzwerkansatzes neu hinzu. Wir müssen uns es daher ein wenig genauer anschauen.

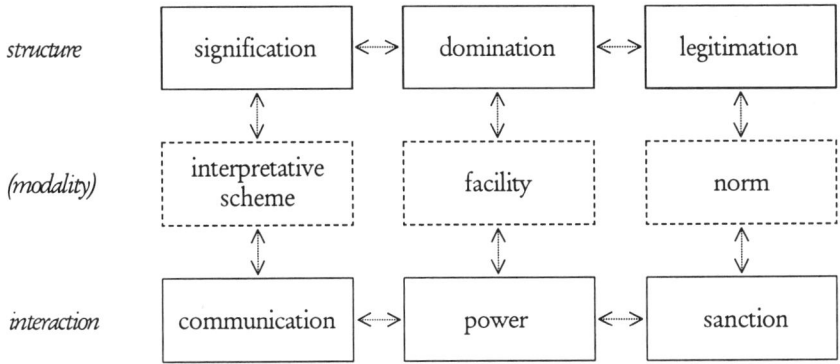

Abb. III-13: Dualität von Struktur in der Interaktion (Quelle: Giddens, 1984, 29)

Giddens ist hier nicht gerade hilfreich. Er erläutert nicht, was er unter Modalitäten verstehen will. Es heißt lediglich:

„What I call the ‚modalities' of structuration serve to clarify the main dimensions of the duality of structure in interaction, relating the knowledgeable capacities of agents to structural features. Actors draw upon the modalities of structuration in the reproduction of systems of interaction, by the same token reconstituting their structural properties" (Giddens, 1984, 28).

Auch die Literatur ist an diesem zentralen Punkt des strukturationstheoretischen Verständnis sozialer Konstitution erstaunlich schweigsam. Ich interpretiere Modalitäten konstitutionstheoretisch, stelle also eine besondere Interpretation von ‚Indexikalität' (Peirce; Goffman) vor (genauer Giddens, 1993 [1976], 42; 1987d, 100): Kompetente Akteure verwenden in Interaktionen (wie die Abbildung aufzeigt) interpretative Schemata, Machtmittel oder Fazilitäten und Normen als *Modalitäten* ihrer Interaktionen. Interaktionen, Modalitäten und Strukturen werden – in der Abbildung repräsentiert durch Doppelpfeile – damit über die Aktivitäten der Akteure vertikal und die Strukturen und Interaktion horizontal vermittelt. Akteure konstituieren situativ in Interaktionen die von ihnen verwendeten Interaktionsmodalitäten im Zusammenhandeln mit anderen (bzw. unter reflexivem Bezug auf das Handeln anderer – man denke an das Schichtenmodell des Handelnden bzw. an das sozialer Systeme [III-3 u. 4]). Interaktionsmodalitäten bringen sie so unter Rekurs auf den situativen Ereignis- und Hand-

---

zutrifft, dann kann die Analyse von Kommunikationen nicht unabhängig von einer kontextsensiblen Handlungsanalyse erfolgen (Thompson, 1995, 12).

lungsfluß und auf systemische (und institutionelle) Anforderungen und Regulationen der Handlungskontexte indexikal (das heißt unter situativem Rekurs auf vergegenwärtigte systemische Bedeutungen) hervor. Dominante Handlungskontexte prägen dabei die in Interaktionen aktualisierten, ‚virtuell' geordneten Arten der Strukturierung in Zeit und Raum. Welche das sind, ist gerade in stärker reflexiv regulierten Sozialsystemen (wie Unternehmungen und Unternehmungsnetzwerken) weitgehend festgelegt. Und indem Akteure derart Strukturen in Interaktionen vergegenwärtigen und Modalitäten konstituieren, (re-)produzieren sie die Strukturmerkmale sozialer Systeme.

Im einzelnen heißt das:[231] Individuelle oder auch kollektive Akteure, wie Netzwerkunternehmungen, *kommunizieren* durch ihr Handeln, bezeichnen etwas und/oder weisen Bedeutung zu. Kommunikation kann sogar (wie im Gespräch, in Vertragsverhandlungen, in Absprachen über strategisches Vorgehen), soweit es vorrangig um Verständigung über Sichtweisen und Bedeutung geht, im Mittelpunkt einer Interaktion stehen. Akteure kommunizieren, indem sie (praktisch oder diskursiv) *interpretative Schemata als Kommunikationsmodalitäten* nutzen. Das heißt, sie verwenden in all ihren Interaktionen Signifikationsmittel wie Körperbewegungen, Gesten, Haltungen, Worte, Redewendungen und Formulierungen als Ausdrucksmittel für ihre schemabasierten Deutungen und bringen durch ihre Interaktionen, durch das, was sie faktisch tun, ihre Sicht auf Ereignisse und Aktivitäten zum Ausdruck. So kommunizieren sie (Interaktion ↔ Modalität). Als kompetente Akteure nutzen sie die Signifkationsmittel unter Bezug auf in Interaktionen aktualisierte Regeln der Signifikation (z.B. primär unter Bezug auf die im Netzwerk typische Form der Kommunikation, auf die üblichen Techniken und verallgemeinerbaren Prozeduren der Absprache, Koordination usw.) (Modalität ↔ Struktur). Kompetente Akteure kommunizieren also, indem sie Interpretationsschemata als Kommunikationsmodalitäten unter Bezug auf wahrgenommene situative Anforderungen der Kommunikation und vergegenwärtigte Regeln der Signifikation in Interaktionen konstituieren. Und indem sie das tun, tragen sie zur (Re-)Produktion der Regeln der Signifikation bei (Interaktion ↔ Modalität ↔ Struktur).

Akteure *üben Macht aus*, wenn sie miteinander interagieren. Das gilt auch für Netzwerkunternehmungen, die mit anderen im Netzwerk und mit Dritten Geschäfte machen. Wenn es vorrangig darum geht, eine Differenz in der Welt zu bewerkstelligen, Handlungen etwa im Bereich der Ökonomie primär darauf zielen, langfristige Wettbewerbsvorteile zu sichern, kennzeichnet Macht – bei Giddens immer einschließlich ökonomischer Stärke – sogar die dominante Interaktionsdimension. Akteure üben Macht aus, indem sie (praktisch oder diskursiv) materielle und immaterielle *Fazilitäten*, die von im Handeln genutzten

---

[231] Zur Vereinfachung der Darstellung nehme ich die Vermittlungen zwischen Strukturen, Modalitäten und Interaktionen zuerst getrennt für die einzelnen Sozialdimensionen auf, lasse also die horizontalen Zusammenhänge zunächst unberücksichtigt.

verbalen Fähigkeiten bis hin zu angewendeten Mitteln physischer Gewalt reichen können (Giddens, 1977c, 134), als Mittel der Einflußnahme oder Machtausübung auf Ereignisse oder Aktivitäten, als *Machtmodalitäten*, verwenden. Durch die Art und Weise, wie sie Fazilitäten unter Rekurs auf allokative und autoritative Ressourcen in Interaktionen gebrauchen,[232] bringen sie in die Handlungssituation jeweils ihre Interessen sowie ihr Verständnis der Situation zum Ausdruck und üben sie Macht aus (Interaktion ↔ Modalität). Als kompetente Akteure nutzen sie Fazilitäten in Interaktionen unter vergegenwärtigendem Rekurs auf Ressourcen der Domination, beziehen sie Formen transformativer Kapazitäten (über die im Netzwerk Herrschaft über Produkte und Güter sowie die Organisation von Zeit und Raum, von Beziehungen usw. hervorgebracht werden) in ihren Interaktionen ein (Modalität ↔ Struktur). Kompetente Akteure üben also Macht auf den Verlauf von Ereignissen und Aktivitäten aus, indem sie Fazilitäten als Machtmodalitäten unter Bezug auf situativ vergegenwärtigte Ressourcen der Herrschaftsausübung in Interaktionen konstituieren. Und indem sie so Macht ausüben, tragen sie zur (Re-)Produktion der Ressourcen der Domination, zur Generierung von Herrschaft über ‚Natur' und Mensch bei (Interaktion ↔ Modalität ↔ Struktur).

Akteure *sanktionieren* in Interaktionen, ordnen das Geschehen, die Ereignis- oder Handlungsflüsse ein, bewerten und beurteilen sie – sonst könnten sie nicht handeln. Der Legitimationsaspekt kann in Interaktionen auch dominieren. Das ist etwa der Fall, wenn es Netzwerkunternehmungen vor allem darum geht, das Verhalten von Netzwerkunternehmungen (allgemein: eines Systemakteurs) als fair oder unfair, gerecht oder ungerecht zu beurteilen. Akteure sanktionieren, indem sie (praktisch oder diskursiv) *Normen als Sanktionsmodalitäten* anwenden. Welche Normen sie im Handeln verwenden verdeutlicht, wie sie die Ereignis- und Aktivitätsflüsse und deren Legitimationsrahmen einschätzen. Und dadurch, daß sie Normen gebrauchen, sanktionieren sie (Interaktion ↔ Modalität). Als kompetente Akteure bringen sie Normen in Anschlag, indem sie (im Netzwerk oder auch im organisationalen Feld als gültig angesehene) Regeln der Legitimation situativ aktualisieren (Modalität ↔ Struktur). Kompetente Akteure sanktionieren im Handeln den Verlauf von Ereignissen und Aktivitäten also, indem sie mit Blick auf situative Anforderungen Normen als Sanktionsmodalitäten durch Vergegenwärtigung von Regeln der Legitimation konstituieren. Zur Vergegenwärtigung gehört die Selektion und situationsadäquate Anwendung dieser Regeln. Und indem sie so sanktionieren, tragen sie zur (Re-)Produktion der Regeln der Legitimation bei (Interaktion ↔ Modalität ↔ Struktur).

---

[232] Ressourcen können, wie im Abschnitt III-6.2.3) ausgeführt, im Netzwerkzusammenhang koordiniert miteinander abgestimmte Produktionsmittel, Maschinen, produzierte Güter oder Aktivitäten und Ereignisse, Beziehungen zwischen Netzwerkunternehmungen und anderen Akteuren (wie Geschäftspartnern oder Konkurrenten außerhalb des Netzwerks) und Ausgestaltungen von Lebenschancen in Zeit und Raum) sein

Horizontal sind Sets von Regeln und Ressourcen über die in Interaktionen aktualisierten und über sie (re-)produzierten Strukturmerkmale sozialer Systeme und Systempraktiken und die verschiedenen Dimensionen der Interaktionen miteinander vermittelt.

Interaktionen zwischen Netzwerkunternehmungen konstituieren sich vermittelt über die Dualität von Struktur also immer über die drei Dimensionen des Sozialen im Zusammenspiel mit in ihnen konstituierten Interaktionsmodalitäten. Ein Beispiel: In Interaktionen in unternehmungsübergreifenden Produktionsprozessen in Unternehmungsnetzwerken kommunizieren zum Beispiel ‚boundary spanners' Produkt-, Liefermengen- und/oder Terminanforderungen der Endproduzenten an Systemzulieferer. Sie vergegenwärtigen sich hierzu situative Begebenheiten der Kommunikation und im Netzwerkkontext (und ggf. darüber hinaus in der Industrie oder der Gesellschaft) übliche Regeln der Signifikation. Unter Aufnahme dieser situativen und systemischen (sowie institutionellen) Handlungskontexte konstituieren sie die Ansprache, verwenden interpretative Schemata, typische Fachtermini, Redewendungen usw. zur Bezeichnung des Auftragsgegenstands und der Kennzeichnung der weiteren bedeutsamen Aspekte des Auftrags. Indem sie das tun, sanktionieren sie gleichzeitig ihre Aktivitäten als Netzwerkgeschäft, indem sie unter Rekurs auf die Handlungssituation des Nachfragers und des Zulieferers und die Netzwerkregeln der Legitimation (etwa unter Bezug auf professionelle und Netzwerkstandards) handeln und ihre Geschäftsaktivitäten als legitime Netzwerkaktivitäten deuten. Bereits im Reden üben sie gleichzeitig wechselseitig Macht aus (‚dialectic of control'), indem sie unter Rekurs auf situative und systemisch-institutionelle Anforderungen bei Anwesenheit in Kopräsenz ihre Stimme und/oder bei Interaktionen jenseits von Kopräsenz andere Fazilitäten (wie Telefon, Fax, E-Mail) zur Kommunikation nutzen. Die Machtausübung in der Interaktionssituation ist darauf nicht beschränkt. Gegenstand der Kommunikation sind etwa (erfahrene oder erwartete) Fähigkeiten des Handelns und der Nutzung von Ressourcen. In Geschäftskommunikationen können ferner subtile Drohungen über Auftragsentzug oder Erwartungen über zukünftige Geschäfte mitlaufen. Gelegentlich wird ein Auftrag tatsächlich entzogen (allgemein zu Drohungen Paris/Sofsky, 1987). Machtmittel werden eingesetzt und die Herrschaftsordnung so reproduziert (oder modifiziert).

6.5 Besonderheiten des strukturationstheoretischen Strukturbegriffs

Die Strukturationstheorie nimmt Strukturen von Sozialsystemen, also auch von Unternehmungsnetzwerken, in besonderer Weise auf. Sie bietet (1.) ein Verständnis von Struktur, in dem *Regelmäßigkeiten und Regeln und Ressourcen* nicht – wie in der sozialwissenschaftlichen Literatur üblich – auseinanderfallen. Vielmehr unterscheidet sie Regeln und Regelmäßigkeiten und nimmt an, daß sie in situativen Interaktionen in systemisch und institutionell regulierten Handlungskontexten vermittelt werden. Mit ihrem Verständnis von Strukturen als Regeln und

Ressourcen eröffnet sie (2.) einen Blick auf Struktur, in dem über *Regeln der Signifikation und Legitimation und* über *Ressourcen der Domination die drei analytischen Dimensionen des Sozialen fruchtbar miteinander verknüpft* werden. Über die Unterscheidung materieller und immaterieller sowie allokativer und autoritativer Ressourcen richtet sich das Augenmerk immer auf beides: auf die transformativen systemischen Kapazitäten der Generierung von Herrschaft über Mensch und ‚Natur', und auf die Herkunft dieser Kapazitäten aus materiellen und immateriellen Quellen. Strukturen sozialer Systeme existieren aus strukturationstheoretischer Sicht (3.) in Zeit und Raum präsent *nur im Augenblick des situativen Handelns* in den jeweiligen regulierten Systemkontexten *und in den Gedächtnisspuren der Akteure.* Als Präsente *vermitteln* sie aber *immer An- und Abwesendes.* Damit wird die Gegenposition zur Managementforschung und strukturellen Netzwerkforschung bezogen, die von statischen und geschichtslosen Annahmen ausgehen und faktisch annehmen, nur das jeweils Präsente sei relevant (Teil I u. II). Das wiederum beinhaltet: Strukturen werden in strukturationstheoretischer Sicht erst über das Handeln kompetenter Akteure von Moment zu Moment neu in den Interaktionen in regulierten Sozialsystemen rekursiv unter Bezug auf Sets von Regeln und Ressourcen hervorgebracht. Erst darüber erlangen Strukturen ihre Ausdehnung in Zeit und Raum. Mit dem Theorem der *Dualität von Struktur* bietet sie (4.) ein systematisches *Verständnis der Vermittlung von Interaktion und Struktur in den Prozessen der Konstitution sozialer Systeme.* Sie offeriert damit (5.) ein Verständnis der *Konstitution von Struktur,* bei dem systemisch und institutionell regulierte Techniken und Prozeduren der Signifikation und Legitimation und Formen transformativer Kapazitäten zur Generierung von Herrschaft über Mensch und ‚Natur' zum Thema werden. Als Ressourcen genutzten Fazilitäten (wie Geld) wird so nicht an sich Koordinationsleistungen zugeschrieben. Gebunden wird das vielmehr an rekursiv im Handeln aktualisierte Regeln der Signifikation und Legitimation. Der Blick wird somit insbesondere auch gegenüber systemtheoretischen Sichtweisen recht grundlegend verschoben.

Rigoros wendet sich das strukturationstheoretische Verständnis der Konstitution von Struktur damit insgesamt gegen Vorstellungen, die auch den im Teil II vorgestellten Ansätzen struktureller Netzwerkforschung unterliegen, das heißt gegen funktionalistische und strukturalistische Vorstellungen, Regelmäßigkeiten determinierten ‚hinter dem Rücken der Akteure' oder über das ‚Vorbewußte' das Handeln und seien daher für eine sozialwissenschaftliche Erklärung des systemischen Geschehens die einzigen relevanten Gegenstände (III-1):

„But there can be no doubt about how ‚structure' is usually understood by functionalists and, indeed, by the vast majority of social analysts – as some kind of ‚patterning' of social relations or social phenomena. This is often naively conceived of in terms of visual imagery, akin to the skeleton or morphology of an organism or to girders of a building. Such conceptions are closely connected to the dualism of subject and social object: ‚structure' here appears as ‚external' to human action, as a source of constraint on the free initiative of the independently constituted subject" (Giddens, 1984, 16).

Giddens betont dagegen zu Recht deren rekursive aktive und reflexive Konstitution:

„Structure is not ‚external' to individuals: as memory traces, and as instantiated in social practices, it is in a certain sense *more ‚internal' than exterior* to their activities in a Durkheimian sense" (ibid., 25; Hervorh. A.W.).

Nicht immer reproduzieren Akteure nur das, was strukturell vorgegeben ist. Soweit das geschieht, ist es jedenfalls nur unter Einbezug der Aktivitäten der Akteure und der Kontexte zu erklären. Handelnde schaffen aber auch keine Strukturen aus dem Nichts. Physische Eigenschaften ihrer Körper, materielle und immaterielle Eigenschaften der Handlungskontexte, systemisch regulierte Praktiken und Sanktionen (von physischer Gewalt bis hin zu milden Formen des Nicht-Einverständnis) und strukturelle Eigenschaften sozialer Systeme treten Akteuren im Handeln als allgemeine Ausgelegtheit der Welt entgegen (Giddens, 1984, 175 ff.). Zwar können sie immer anders handeln, sonst hören sie auf, Handelnde zu sein. Aber sie handeln unter strukturellen Restriktionen.

Akteure besitzen daher auch *nicht die Freiheiten*, die ihnen merkwürdiger, ja: paradoxerweise in funktionalistischen und strukturalistischen Ansätzen (wie in der strukturellen Netzwerkforschung [Teil II]) mit ihren Annahmen über Strukturen, die das Handeln determinieren, faktisch zugeschrieben werden:

„The more that structural constraint is associated with a natural science model, paradoxically, the freer the agent appears – within whatever scope for individual action is left by the operation of constraint. The structural properties of social systems, in other words, are like the walls of a room from which an individual cannot escape but inside which he or she is able to move around at whim. Structuration theory replaces this view with one which holds that *structure is implicated in that very freedom of action'* which is treated as a residual and unexplicated category in the various forms of ‚structural sociology' (Giddens, 1984, 174; Hervorh. A.W.).

Wie Akteure Strukturmerkmale (von Netzwerken oder anderen Sozialsystemen) im Handeln aufgreifen, welche (Aspekte von ihnen) sie reflexiv erfassen und welche nicht, ist daher in Abhängigkeit von jeweils vorliegenden Typen sozialer Systeme und Formen ihrer Regulation sowie den Charakteristika ihrer institutionellen gesellschaftsweiten Kontexte zu erkunden – also auch und gerade im Sinne der Frage, wie Unternehmungsnetzwerke (allgemein: Sozialsysteme) die Erfassung von Strukturmerkmalen in ihren jeweiligen institutionellen Kontexten über die Auslegung ihrer Systemregulationen systemisch befördern. Akteure können sich nämlich durchaus selbst Strukturprinzipien und Struktursets klarmachen und, entscheidend: sie nutzen ihr Verständnis im Handeln – gegebenenfalls auch zur Einflußnahme auf die Ausgestaltung der für sie relevanten Handlungskontexte. Strukturmerkmale, Regelmäßigkeiten sowie Regeln und Ressourcen und deren Bedeutung lassen sich also nur verstehen, wenn man deren Aufnahme im Handeln und die Prozesse ihrer Konstitution berücksichtigt.

Die Begriffstrias von System, Struktur und Akteur erfährt strukturationstheoretisch eine spezielle konstitutionstheoretische Bestimmung. System und Struktur werden zunächst im Gegensatz zu funktionalistischen und strukturalistischen Schriften klar unterschieden und gleichzeitig über das Handeln und über die Dualität von Struktur aufs innigste aneinander gebunden (Giddens, 1979). Ein Verständnis des einen Konzepts ist ohne das der anderen nicht möglich. Der

Begriff des *sozialen Systems* kennzeichnet die kontextsensitive Koordination und Koordiniertheit und daher den Zusammenhang sozialer Interaktionen und Beziehungen in Zeit und Raum. Der Begriff der *Struktur* ist dagegen für die Merkmale sozialer Systeme reserviert, die Akteure im situativen Handeln kompetent rekursiv vergegenwärtigen und die ihnen erlauben, erkennbar ähnliche soziale Praktiken in Zeit und Raum koordiniert in Beziehung zu setzen, situierte Praktiken mit vorhergehenden, gleichzeitigen und nachfolgenden zu verbinden. Strukturen werden also zur Konstitution von Anschlüssen von Handlungen (bzw. Ereignissen) verwendet. Akteure erzeugen sie rekursiv *im* Gebrauch *für den* Gebrauch und reproduzieren oder verändern sie durch ihre Verwendung im Handeln. Sie und nur sie verleihen ihnen durch ihre Aufnahme im Handeln ihre Ausdehnung in Zeit und Raum. Statt von Akteuren abgetrennte Systemmechanismen oder -operationen verknüpfen, strukturationstheoretisch gesehen, also Akteure (intendiert und unintendiert) auf der Grundlage ihrer reflexiven Erfassung von Welt in systemisch regulierten Handlungszusammenhängen Aktivitäten und Ereignisse in Zeit und Raum. Kontinuitäten sind nicht von ihnen unabhängig. Es geht zwar auch um von (externen) Beobachtern konstituierte ‚annähernde Gleichheit' (Simmel, Teil II.2), im Mittelpunkt steht aber die in sozialen Praktiken gehandhabte Ähnlichkeit. Über die Regulation der System(re-)produktion – über entsprechende Be- oder Mißachtung im Netzwerkmonitoring, über Steigerung oder Verminderung der Mittelausstattung sowie entsprechende Ausgestaltung der Gegenstände der Netzwerkregulation – werden Regeln und Ressourcen in Systemkontexten strategisch oder unintendiert mit ausgestaltet. Umgekehrt üben sie Einfluß auf die Ausgestaltung der Systemregulation aus: Regulation ist reflektierte Strukturation. Aber einmal etablierte Strukturen setzen auch Bedingungen für weitere Regulationen.

Reflexive Vernetzung: die aktuelle Form moderner Vernetzung

> „The reflexivity of modern social life consists in the fact that social practices are constantly examined and reformed in the light of incoming information about those very practices, thus constitutively altering their character" (Giddens, 1990a, 38).

Reflexive Vernetzung ist die aktuelle Form moderner Vernetzung. Sie ist Ausdruck von Vernetzung unter der Bedingung institutionalisierter Reflexivität in einer reflexiv gewordenen Moderne. Gleichzeitig ist sie heute relevantes Medium der Konstitution von Ökonomie im Kontext reflexiver Vergesellschaftung (Giddens, 1990a; 1991a). Formen der Vernetzung von Unternehmungen kannte schon das 19. Jahrhundert (Sydow, 1992, 54 ff.). Daß die Form des Netzwerks, zunächst ohne großes Aufhebens, in die zeitgenössischen Governance-Strukturen der USA einsickert, beginnt für Hollingsworth (1991) bereits mit den 1950er Jahren. Erst seit den achtziger Jahren indes werden Praktiker und dann auch Theoretiker dessen inne, und jetzt setzt ein Prozeß der Reflexion *auf diese Form* ein. *Reflexive Vernetzung* meint dieses Innewerden und sodann die intendierte Überprüfung und Ausgestaltung von Vernetzung auf einer durch das reflexive Systemmonitoring der Netzwerkkonstitution kontinuierlich hervorgebrachten und revidierten Basis des Wissens über Netzwerke. Die Legitimationsgrundlage der Vernetzung wird dabei durch die durchgängige Vergegenwärtigung netzwerkförmiger Handlungsmöglichkeiten und -alternativen gleich mitproduziert und ständig erneuert.

Reflexive Vernetzung dekonstruiert Traditionen interorganisationaler Beziehungen und Beziehungssysteme. Sie kennzeichnet eine *radikalisierte Form von Vernetzung* insofern:

– als Unternehmungen heute die Konstitution der Vernetzung verstärkt zum Gegenstand reflexiven Monitorings machen;
– als reflexive Vernetzung sich notgedrungen auch kontinuierlich Veränderungen relevanter Kontexte vergegenwärtigt, die selbst (auch als Medium und Resultat reflexiver Vernetzung) einer Entwicklung unterliegen (etwa Rechtspraktiken und Anforderungen an das Vertragsrecht, Teubner, 2000) und daher nicht mehr als ‚taken for granted' durchgehen können;
– als sich der dominante Bezugspunkt der Regulation verschiebt: von Tradition hin zur jeweils gültigen Wissensbasis über die Konstitution von Vernetzung;[1]

---

1   Die Rede von reflexiver Vernetzung von Unternehmungen meint also nicht, Unternehmungsnetzwerke würden erst jetzt damit beginnen, interorganisationale Beziehungszusammenhänge reflexiv auszugestalten. Das haben Unternehmungen als hochgradig reflexiv regulierte Sozialsysteme seit ihrem Bestehen schon immer getan. Heute aber wird auf Netzwerke *als Form*, als Gesamtzusammenhang und als inzwischen ‚zuhandene' (Schütz) Alternative zu Markt und Unternehmung mit eigenen Stärken und Schwächen reflektiert. Was sich ändert, ist daher der dominante Bezugspunkt der Reflexion und Regulation: Gebrochen wird heute radikal mit allen Formen (Fortsetzung der Fußnote auf der nächsten Seite)

- als reflexive Vernetzung sich im letzten Vierteljahrhundert weltweit verallgemeinert hat.² Viele Unternehmungen reflektieren heute ihre Netzwerkerfahrungen – zum Teil unterstützt durch die parallel anwachsende Netzwerkforschung – zunehmend diskursiv auf der Basis ihrer Erfahrungen und Kompetenzen in Sachen Vernetzung. ‚Inter-firm networks are in the air'. Favorisieren (Manager in) Unternehmungen etwa weiterhin (und vielleicht sogar mit exzellenten Gründen) die Marktkoordination bei ihren interorganisationalen Beziehungen oder Großunternehmungen als adäquate Orte ökonomischer Aktivitäten, dann werden sie kontinuierlich genötigt, sich zu erklären und zu rechtfertigen. Entsprechendes Handeln wird zur Grundlage der Anerkennung als kompetenter Akteur.

- Reflexive Vernetzung radikalisiert – last but not least – das Spannungsverhältnis von Kontinuität und Wandel und stellt damit neue Anforderungen an Systemregulation. Medium und Resultat reflexiver Vernetzung ist ein selbst permanent mit erzeugter, Schwindel erregender Wandel der Informations-, Wissens und Erfahrungsgrundlagen. Zugespitzt tendiert das dazu, Kontinuitäten in den Abgrund der Bedeutungslosigkeit zu ziehen. Systemregulation setzt dagegen Kontinuität in Zeit und Raum voraus – auch wenn die zeitliche Dauer und räumliche Ausdehnung variabel ist. Das Verhältnis von Kontinuität und Wandel ist daher selbst grundlegendes Moment des reflexiven Netzwerkmonitoring (wie des Systemmonitoring generell). Gefahndet werden muß permanent nach dem schmalen Grat zwischen Erstarrung auf der einen Seite und Kontinuitätsverlust auf der anderen.

Aktuelle Umbrüche in Ökonomie und Gesellschaft befördern den Prozeß reflexiver Vernetzung (s.a. Beck/Giddens/Lash, 1995). Als Medium und Resultat

---

oder Resten traditionaler Auslegung interorganisationaler Beziehungen, mit Formen, die sich primär durch ihren Bezug auf Tradition legitimieren, die mit all ihren Institutionen darauf eingestellt sind, daß alles so bleibt, wie es ist und die reklamieren, daß die bisher praktizierte Form der Ausgestaltung interorganisationaler Beziehungen mit ihren Routinen und Ritualen nicht nur bisher gültig war, sondern auch gegenwärtig ist und in Zukunft sein wird (zum Traditionsbegriff s.a. Luhmann, 1997, 654). Bezugspunkt der Validierung ist so also nicht mehr hauptsächlich die Tradition, sondern das jeweils vergegenwärtigte Wissen. Das schließt jedoch Wissen über Kontinuitäten von Vergangenheit, Gegenwart und Zukunft und Wissen mit ein, das über entsprechend ausgelegte Praktiken des Netzwerk- allgemein: des Systemmonitoring einen kontinuierlichen Vorgriff auf Zukunft über die Organisation von Wissensumwelten konstituiert. Traditionen verlieren im Zuge dieser Entwicklungen zudem nie vollständig an Bedeutung – vielmehr werden immer wieder auch neue konstituiert, gerade auch weil vieles sich immer eines reflexiven Monitorings im Zuge der Auslegung der Systemregulation entzieht. Die Erweiterung der Horizonte im Zuge reflexiver Vernetzung fußt dabei in Unternehmungsnetzwerken nicht auf einem abstrakten Wahrheits- oder Ganzheitsanspruch. Sie ist vielmehr an Interessen gebunden und daher auch in der Erweiterung selbstredend hochgradig selektiv.

2 Vorstellungen von ‚one best ways' geraten so heute durchgängiger in die Kritik. Permanent kritisch überprüft werden konventionelle, als ‚taken for granted' betrachtete Sicht-, Legitimations- und Handlungsweisen im Netzwerk, in der Industrie, in der Ökonomie oder in der Gesellschaft (wie etwa die aus der Strategieliteratur [s.a. Whipp, 1996] bekannten ‚dominant logics' [Huff, 1982], und ‚business recipes' [Spender, 1989] oder die aus industriesoziologischen Schriften vertrauten Vorstellungen tayloristischer-fordistischer Organisation [z.B. Lipietz, 1991] oder ‚systemischer Rationalisierung' [Teil II.1]).

der Entwicklungen reflexiver Vergesellschaftung, vor allem der koordinierten Nutzung neuer Informations- und Kommunikations- und auch Transporttechnologien beeinflussen sich Prozesse an weit entfernten Orten und lokale Begebenheiten wechselseitig immer intensiver – dis- und reembedding in einer sich globalisierenden Welt.[3] Traditionen und Konventionen aller Art sind darüber stärker, umfassender mit Entwicklungen an anderen, oft weit entfernten Orten konfrontiert, denen früher kaum Aufmerksamkeit zu Teil wurde. Das trifft heute auch die Praktiken reflexiver Vernetzung.

Reflexive Vernetzung sprengt so den ‚schützenden Kokon' (Giddens, 1991a, 129) traditionaler Vernetzung bzw. der Ausgestaltung interorganisationaler Beziehungen. Sie eröffnet aber auch neue Horizonte – gerade weil sie Traditionen in Frage stellt, die (längerfristige, traditionell abgesicherte) Eigenbindung reduziert und die Möglichkeit legitimer Veränderung von Moment zu Moment schafft. Netzwerkzusammenhänge sind in diesem Sinne ‚post-traditionalistisch' (Giddens, 1993, 83), da sie kontinuierlich wechselnde Beziehungen und Beziehungsgeflechte im Rahmen des Netzwerks und im Kontakt mit Dritten sogar selbst vorsehen und regulieren. Kontinuitäten und Stabilitäten müssen, da alle an Vernetzung beteiligten Akteure ihr Monitoring entsprechend reflexiv ausgestalten, daher auf neuer, oftmals ‚schwankender' Basis hergestellt werden. Gefordert ist eine permanente Pflege und Neujustierung der Netzwerkbeziehungen, eine Art permanenter ‚Prozeß doppelter Konsultation' (Giddens, 1996a, 251): Maßnahmen, Sicht- und Bewertungsweisen sowie die Erschließung und Nutzung von Formen transformativer Kapazitäten, von Ressourcen, müssen in sich wandelnden Kontexten immer gleichzeitig mit Akteuren vor Ort, in einzelnen Netzwerkunternehmungen und mit relevanten Akteuren in netzwerkübergreifenden Kontexten beraten werden. Das gilt für hierarchische und heterarchische Netzwerke gleichermaßen.

1 Umkämpfte Terrains pluraler ökonomischer Regulation statt neuer ‚one best ways'

Miles und Snows These indes, daß „[a] new form of organization [...] [the network organization] is changing the global business terrain" (Snow/Miles/Coleman, 1992, 5) und Unternehmungsnetzwerke „The Future.Org" (Miles/Snow/Miles, 2000) seien, geht gleichwohl zu weit. Richtig ist, daß sich das globale ‚business terrain' grundlegend ändert. Das liegt jedoch nicht, wie sie behaupten, an einer Dynamik, in der sich Netzwerke als endlich entdeckter, neuer ‚one best

---

3   Die Rede von globalen Kontexten bedeutet nicht, daß jede Unternehmung oder jedes Unternehmungsnetzwerk globale Zusammenhänge reflektiert oder zu reflektieren hat. Allgemein stimme ich aber nicht nur Giddens, sondern auch March (1995, 428) zu: „Although most organizations are still basically local and exist with only minor direct global connexions, globalism is an increasing factor in contemporary organizational life."

way' durchsetzt. Begründet ist es vielmehr vornehmlich in der Detraditionalisierung von Ökonomie, zu der allerdings auch der Netzwerkdiskurs sein Scherflein beiträgt. Neben einem reflexiven Umgang mit Vernetzung schließt dieser Prozeß auch eine reflexive Aufnahme der zur Netzwerkkoordination praktizierten Alternativen ein, das heißt der ökonomischer Koordination über Märkte und in Unternehmungen. Teilt man diese Einschätzung, dann gelangt man zu einer konträren Position, was die Beurteilung der Entwicklung anbelangt.

Miles und Snows Hauptthese ist: Unternehmungsnetzwerke lösen als Reaktion auf den Wandel des Geschäftsgeschehens *die* tayloristisch-fordistische Form der Organisierung ökonomischer Aktivitäten ab, die von vielen als seit dem zweiten Weltkrieg weltweit vorherrschende Form angesehen wird. Unternehmungsnetzwerke seien die „organizational form of the future" (Snow/Miles/Coleman, 1992, 5). Mein Haupteinwand dagegen ist: Reflexive Vernetzung widerspricht grundlegend der Vorstellung von ‚one best ways' und der kontingenztheoretischen Position einer an die Entwicklung des ökonomischen Geschehens gar optimal adaptierten Form der Koordination. Auch die von Miles und Snow unterstellte empirische Evidenz der Entwicklung ist mehr als fraglich.

Auf den ersten Blick spricht zwar einiges für ihre Behauptung. Zumindest ein Kernelement des tayloristisch-fordistischen Produktionsparadigmas, die vertikal integrierte Großunternehmung (s.a. Chandler, 1977; 1990), die ihre zwischenbetrieblichen Aktivitäten marktlich koordiniert und in einem durch ein Set von Spielregeln gekennzeichneten (politischen) Handlungskontext tätig ist, ist durch Vernetzung in ihrer traditionell zugewiesenen Stellung in Frage gestellt (s.a. Lipietz, 1991). Viele Manager sind ferner heute der Überzeugung, Netzwerke paßten als Form der Koordination ökonomischer Aktivitäten besser als andere zu den aktuellen Anforderungen ökonomischer Umwelt – womöglich am besten? Das wäre die alte Idee von der Optimierung durch die Geschichte. Wieder einmal hätten wir eine suggestive Erklärung der Entwicklung, die uns zugleich ihrer Vernunft versichert: das übliche, verführerische Angebot ökonomistischen Denkens. Zweifel daran, daß Unternehmungsnetzwerke den aktuellen ‚one best way' ökonomischer Organisation darstellen, sind jedoch angebracht – trotz (und vielleicht auch wegen) der Vielzahl der in der Literatur vorgestellten Vernetzungsprojekte und des Umstands, daß „[s]trategic alliance [and inter-firm network] research has become something of an industry, challenging the traditional centrality of the firm as a focus for research" (Koza/Lewin, 1998, 255).

Ein *erster* Einwand lautet: Daß heute überall Kooperationen in Form von Netzwerken diagnostiziert werden, liegt zum Teil, wenn auch keinesfalls ausschließlich, daran, daß der Begriff des Netzwerks durch Konzepte wie ‚lean production', ‚flexible Spezialisierung', ‚systemische Rationalisierung', ‚virtuelle Integration', ‚Co-opetition' und diverse andere Labels derart verbreitet wird, daß Manager und Forscher sie als *forschungs- und praxisleitende Metaphern* (Morgan,

1986, 12 f.) verwenden (müssen).⁴ Das trägt erheblich zu deren Verbreitung und Beurteilung bei. Netzwerke erhalten in den einschlägigen Diskuren sogar nicht selten den Status eines *Leitbilds*: wahlweise gelten sie als Synonym für die „organizational form of the future" (Snow/Miles/Coleman, 1992, 5; s.a. Davidow/ Malone, 1992), für eine „high-performance economy" (Bosworth/Rosenfeld, 1993, 1) oder als der Indikator „moderner Vergesellschaftung" (Mayntz, 1992). Die Folge ist: Manager nutzen sie und können sie nutzen, um Rationalisierungsprozesse anzustoßen oder durchzusetzen, die ihren Ursprung möglicherweise in ganz anderen Zusammenhängen besitzen und deren Ausrichtung vielleicht noch gar nicht so klar ist (Ortmann et al., 1990, 438 ff.). Niemand kann sich – und auch das ist ein Indiz für reflexive Vernetzung – diesem Diskurs ohne Weiteres entziehen. Wer es versucht, gerät schnell unter Legitimationsdruck, wenn sich Erfolge verringern oder sich Diskussionen um die strategische Ausrichtung des Geschäfts ergeben. Und was für die ‚Bremser' gilt, betrifft die ‚Treiber' gleichermaßen.

Ein *zweiter* Einwand richtet sich gegen die der Vorstellung vom ‚one best way' zuweilen unterlegte Ansicht, die Ökonomie entwickle sich *linear*, von isolierten Unternehmungen, die auf Märkten agieren, hin zu vernetzten Unternehmungen (z.B. Miles/Snow, 1986; 1992). Bereits der Ausgangspunkt verrät Unkenntnis: Am Anfang der Entwicklung des Kapitalismus stand eben keinesfalls der idealtypische Markt, sondern ein durch vielfältige Regulationen und Verbindungen zwischen den Akteuren gekennzeichnetes Marktgeschehen (z.B. Weber, 1976 [1921], 43; Galambos; 1970; 1983; Lie, 1992). Auch wenn man größere geschichtliche Zeiträume betrachtet, ändert sich dieses Bild nicht.⁵ Schaut man dagegen auf Entwicklungen in den letzten zehn Jahren, dann scheint es, folgt man Einschätzungen wie denen von Snow, Miles und Coleman (1992, 19), jedoch eindeutig:

---

4 Isomorphe Sprech- und Organisationsweisen resultieren eben – wie aus der institutionalistischen (Meyer/Rowan, 1977; DiMaggio/Powell, 1983; Leblebici et al., 1991) oder auch der mikropolitischen Organisationsforschung (Ortmann et al., 1990; Windeler, 1992a; 1992b) bekannt – nicht nur aus ökonomischen, technischen oder politisch-rechtlichen Anforderungen oder gar Zwängen. Vielmehr spielen auch Legitimationserfordernisse, Mythen des Organisierens, Leitbilder, Nachahmung und politische Prozesse gerade im Bereich der Ökonomie eine nicht zu unterschätzende Rolle. Zu einer sozio-historischen, im 18. Jahrhundert startenden Betrachtung der Voraussetzungen, warum der Netzwerkbegriff aufkommen und heute eine nahezu universelle Verbreitung gewinnen konnte, siehe Laufer (1995).

5 Viele Formen zwischenbetrieblicher Verbindungen haben wir angesichts der herrschenden Sichtweisen schlicht nicht gesehen, an den Rand oder aus dem Bild gedrängt. Wechselweises Lizensieren zwischen großen Unternehmungen im internationalen Rahmen bildet so etwa in der chemischen und der Industrie großer elektrischer Geräte seit den zwanziger und dreißiger Jahren des Jahrhunderts bis heute ein signifikantes Merkmal dieser Industrien. Auch ‚joint ventures' sind keine Erfindungen der letzten Jahre (Chesnais, 1991, xiii). Und geht man historisch noch weiter zurück, dann weist bereits das Verlagssystem, als eines der Vorläufer kapitalistischer Wirtschaftens, spätestens seit dem 13. Jahrhundert Merkmale der Vernetzung auf. Netzwerkartige Verbindungen überziehen, so berichtet auch Ferdinand Braudel (1986 [1979], 344 ff.; insbes. 350), zu der Zeit ganz Europa (ergänzend Sydow, 1992, 56 ff.) – obgleich wir in früheren Zeiten vermutlich stärker mit Formen traditionaler, denn reflexiver Vernetzung zu tun haben.

„The forces currently pushing many American companies toward network forms of organization are likely to continue unabated. [...] In short, it is difficult to imagine any industry ever returning to a form of competition in which traditional pyramidal organizations can survive. [...] Global competition in the 21st century will force every firm to become, at least to some extent, a network designer, operator, and caretaker."

Diese Trendaussage ruht, genauer betrachtet, auf tönernen Füßen.[6] Schwierig ist nicht nur, daß unterschiedliche Begriffe von Netzwerken verwendet werden. Der Gegenstand entzieht sich, weil sich die Grenzen der Betriebe wie der Netzwerke verwischen (Badaracco, 1988), ein Stück weit seiner Vermessung.[7] Zu beachten ist auch: Viele Trendaussagen beziehen sich, wie die von Miles und Snow, auf die USA. Dort wurden in den sechziger und den siebziger Jahren die Stärken lateraler Diversifikation, die zur Bildung großer internationaler Mischkonzerne führte (,conglomerates'), stark überschätzt, was zu verschiedenen Wellen der Bildung der Konglomerate führte. Mitte der achtziger Jahre läßt sich eine Gegenbewegung beobachten. Gerade die Konglomerate ent-diversifizieren die selbst geschaffenen ökonomischen Einheiten, die sich unter gewandelten Marktbedingungen und veränderten Sichtweisen sowohl unter Ertrags- als auch unter Steuerungsgesichtspunkten als unproduktiv erwiesen hatten. Ende der achtziger Jahre verzeichnet die USA dann auch ihre bis dahin höchste Fusionswelle (z.B. Stearns/Allan, 1996). Der historische Kontext und Verlauf werden jedoch selten reflektiert (so aber Hoskisson/Hitt, 1994).

Ein *dritter* Einwand richtet sich gegen die von vielen als zweifelsfrei gegeben betrachteten *Effizienzvorteile* von Unternehmungsnetzwerken. Wurde früher die Verbreitung der integrierten Großorganisation, so wird heute die von Unternehmungsnetzwerken als Effizienzbeweis angesehen. Zweifel sind jedoch angebracht. Unklar ist, ob und inwiefern der oft als Beweis angeführte Erfolg japanischer Unternehmungen vor allem durch Unterbewertungen der japanischen Währung, des Yen, oder durch ,billiges' Kapital getragen wurde (z.B. Ortmann, 1995, 355 ff.). Aber selbst wenn man Währungseinflüsse ausklammert, ist zu konstatieren: In der Praxis und in der Theorie wird zwar viel über die Effizienz und Effektivität von Unternehmungsnetzwerken geredet, bisher gibt es jedoch keine Möglichkeit, diese zu bestimmen (f. erste Überlegungen Provan/Milward, 1995; Sydow/Windeler, 1998; Provan, 2001). Strukturationstheoretisch ist zudem eine kontext-

---

6 Ein statistischer Nachweis aktuell zunehmender Kooperation und Arrangements zwischen Unternehmungen ist schwierig zu führen. Auf was man überall stößt, sind Trendaussagen wie die folgenden: „In Europa stieg zwischen 1980 und 1985 die Zahl der Kooperationsabkommen um das rund Zehnfache, während sich die Zahl der internationalen ,joint ventures' zwischen US-Firmen und Überseepartner seit 1978 beinahe verdoppelt hat" (Badaracco, 1991, 17 f.); Die Anzahl der Beschäftigten oder die Fertigungstiefe sinkt (z. B. McMillan, 1990; s.a. den Überblick bei Sydow, 1992, 15 ff.). Eine ausführlichere Diskussion der Probleme eines wirtschaftsstatistischen Belegs wie indirekter Möglichkeiten, empirische Evidenz beizubringen, findet sich bei Sydow (1992, 15 ff.) und Klein (1996).

7 Für eine beträchtliche Anzahl von Netzwerken gilt, daß die sozialen Beziehungen zwischen den Unternehmungen in den Geschäftspraktiken nach und nach stärkere Bedeutung erlangen. Nicht selten kommt es zu unintendierten, netzwerkförmigen Beziehungen zwischen ihnen, ohne daß dies jeweils mit einem Vertragsabschluß als einem meßbaren Indikator einhergeht.

unabhängige Diskussion der Effizienz von Unternehmungsnetzwerken wenig zielführend und fraglich (ähnlich Scharpf, 1993). Aus Gründen, die mit der rekursiv-reflexiven Vermittlung von Mittel und Zweck und der stets macht- und institutionenabhängigen Bestimmung dessen liegen, was Effizienz überhaupt bedeutet, lassen sich systematisch weitere Einwände formulieren (Ortmann, 1995, 98 ff.). Ferner bedeuten die wechselseitigen Festlegungen für Unternehmungen unter Umständen auch kurz- oder langfristige Verluste an Steuerungsfähigkeit. Da sich nicht zuletzt durch Vernetzung und Detraditionalisierung Industriekontexte ändern, stellt sich die Frage der Koordination immer wieder neu. Vielmehr geht es um die Konstitution von Adäquanz.[8] Keinesfalls ausgeschlossen ist, daß in ein paar Jahren, statt wie heute von einer ‚merger mania‘ (Dwyer, 1994), rückblickend von einer ‚network mania‘ die Rede sein wird und ‚downscoping‘ (Hoskinsson/Hitt, 1994) und ‚Netzwerkversagen‘ (Messner, 1995) dann auch für Netzwerke zu geflügelten Worten avancieren.

Meine Zweifel an Netzwerken als dem neuen ‚one best way‘ der Ausgestaltung interorganisationaler Aktivitäten – und das ist mein *vierter* Einwand – sind jedoch letztlich grundsätzlicherer Natur. Die Jagd nach dem heiligen Gral namens ‚one best way‘ erweist in einer reflexiv gewordenen Moderne ohnehin zunehmend seine Vergeblichkeit (Ortmann, 1995, 9 ff.; Sydow/Windeler, 1996).[9] Eben noch unumstößliche Wahrheiten, etwa im tayloristisch-fordistischen Produktionsparadigma zusammengefaßt, erweisen sich nicht zuletzt im Angesicht allgemein bekannter, offensichtlich praktizierbarer Alternativen der Koordination als Konvention. ‚One best ways‘ entpuppen sich als das, was sie sind: als Produkte historischer Diskurse (Foucault, 1981 [1973]). Diese im Zuge reflexiver Vergesellschaftung verallgemeinerte Einsicht oder Praxis des Infragestellens ermöglicht nicht nur die Arbeit an der Veränderung der Konventionen, sie fordert sie heraus:

„In many situations of social life we cannot choose but to choose among alternatives – even if we should choose to remain ‚traditional‘"(Giddens, 1994, 83).

---

8   Nämlich um die keinesfalls a priori immer gegebene und per se feststehende, an spezielle Kontext- wie Systembedingungen geknüpfte Praktiken *im Kontext*. Die Netzwerkform ist also intelligent anzuwenden und nicht pauschal zu be- oder abzuurteilen. Adäquanz ist dabei ein mehrrelationaler Begriff. Die Form der sozialen Regulation ökonomischer Aktivitäten muß zunächst für eine Vielzahl an ‚stakeholders‘ (Staehle, 1999, 426 ff.) ‚stimmen‘. Vorausgesetzt ist etwa, daß es sich bei den Unternehmungen im Netzwerk um kompetente und um ökonomisch potente Partner handelt. Sie müssen zumindest (1.) die Phase der Formation des Netzwerkes ökonomisch durchstehen und positiv mitgestalten, (2.) die durch eigene oder fremde ökonomische Kraft ermöglichte Teilnahme für sich nutzen und (3.) gewährleisten können, daß entsprechende Kapazitäten und Fähigkeiten vorhanden sind und die praktizierte Form der Kooperation auch dem Gegenstand und dem Geschäftskontext adäquat ist, so daß sich durch den Zusammenschluß die Ressourcen verbessern und sich die Wettbewerbsfähigkeit steigert. Netzwerke sind kein Allheilmittel.

9   Das ist neu natürlich nur im Sinne des Kontingenzbewußtseins gegenüber einem ‚one best way‘-Denken, dessen frühe wissenschaftliche Reflexion Taylors Scientific Management war. Organisation ist, wie angedeutet, per se ein reflexives Phänomen.

Der Disponibilität interorganisationaler Beziehungen innezuwerden, wirkt als ‚Blitz der Reflexion'. Jäh sehen sich die Akteure in ein neues ‚Zeitalter' versetzt: einer reflexiven Ökonomie in einer sich detraditionalisierenden Gesellschaft. Das Terrain aber ist und wird dadurch unsicher.[10] Gleichzeitig drängt sich der Eindruck auf: die Potentiale reflexiver Koordination sind bisher alles andere als ausgeschöpft.

Vieles spricht dafür, daß es für Unternehmungen *die* adäquate Form der Regulation ihrer internen und externen Beziehungen in sich dynamisch entwickelnden Kontexten nicht gibt. Für viele insbesondere größere Unternehmungen dürfte eher eine *reflexive, in der Zeit variable Handhabung unterschiedlicher ‚governance modes'* adäquat sein. Das erlaubt ihnen nicht nur, Kompetenzen der Regulation verschiedener Koordinationsmodi vorzuhalten, sondern die Entscheidung und Überprüfung der einen oder anderen Variante auf erweiterter Reflexionsbasis zu treffen. Der strategische Sinn der Netzwerkexperimente mit der Fertigung des Smart durch DaimlerChrysler in Hambach zum Beispiel läßt sich trotz aller operativen Verluste (in der Anfangsphase) durchaus so erklären: Man sammelt einschlägige Erfahrungen über Alternativen der Produktion und des Vertriebs eines Automobils, die im Konzernzusammenhang so nur schwer zu realisieren sind. Der strategische Wert der gewonnenen Erfahrungen ist womöglich immens, selbst wenn sich in den Produktions- und/oder Vertriebsstrategien im Konzern (vorerst) nichts ändern sollte.

Stimmt diese These, dann dürfte sie auch in anderen gesellschaftlichen Bereichen gültig sein. Das hat zumindest drei Konsequenzen: Eine *Netzwerkgesellschaft* ist (1.) *nicht in Sicht*, obwohl und weil der Grad der Reflexivität der reflexiven Strukturation sozialer Systeme zunimmt.[11] Trotz (und wegen) allfälliger Tendenzen zur Globalisierung ist (2.) wegen unterschiedlicher Entwicklungspfade und wegen verallgemeinerter Reflexivität auf verschiedensten Ebenen der Ökonomie von einer Varietät der Formen des *Kapitalismus* (z.B. Boyer, 1997; Mayntz, 1998, 20; Teubner, 1999) auszugehen. Fraglich ist damit auch Piores und Sabels (1985 [1984]) Vorstellung eines „second industrial divide". Auch sie atmet zu sehr den Geist des ‚Entweder-Oder'. *Die Netzwerkform der Koordination ökonomischer Aktivitäten ist* (3.) *kein reines Übergangsphänomen*, an dessen Ende entweder die Unternehmung oder der Markt steht (wie z.B. Kogut, 1989, oder Williamson, 1990 [1985], ansprechen). Die Gegenthese lautet vielmehr: Unternehmungen wie Unternehmungsnetzwerke verwenden heute eher *Konstellationen von Strategien*, praktizieren zum Beispiel statt ‚make or buy' intelligente Formen von ‚make *and* buy', setzen auf unterschiedliche Governancestrukturen zugleich und ändern diese auf der Grundlage neuer Informationen oder machtvoller Neuinterpreta-

---

10 Das gilt auch für die Stellung von Wissenschaft. Auch sie verliert im Zeitalter der sich radikalisierenden Moderne an allgemein akzeptierter Gültigkeit.

11 Castells (1996, z. B. 470) Gegenthese beruht auf einem anderen Netzwerkbegriff. Er spricht von Netzwerken als „sets of interconnected nodes", verwendet also einen Begriff von Netzwerk, der an den in der strukturellen Netzwerkforschung üblichen erinnert.

tionen von Daten in kürzester Zeit – wie etwa das Beispiel der recht grundlegenden Umstrukturierungen bei Asean Brown Bovery (ABB) zeigt (Frankfurter Rundschau vom 13-08-98, Nr. 186, 12).

Im Anschluß an Foucault und Derrida ließe sich sagen: Im Korsett des herrschenden, tayloristisch-fordistisch ausgelegten Organisationsdiskurses waren die Formen vernetzter interorganisationaler Gestaltung lange Zeit nicht thematisierbar. Sei wurden aber von den Rändern[12] des von Amerika und Europa dominierten kapitalistischen Wirtschaftssystems her mit Leben gefüllt. Lange Zeit wurden sie aber von einer schier übermächtigen ‚market place'-Rhetorik an den Rand gedrängt – marginalisiert von einer dem Marginalprinzip gleichsam doppelt verpflichteten ökonomischen Theorie. ‚Randfiguren' fungierten als Geburtshelfer. Sie sprengten den vorher im tayloristisch-fordistischen Produktionsparadigma umrissenen Möglichkeitsraum der Gestaltung interorganisationaler Beziehungen auf. Heute ermöglichen und erzwingen sie in einem transnationalen Maßstab die reflexive Aufnahme von Formen netzwerkförmiger Regulation. Das schließt allerdings Entscheidungen für tief-integrierte Großunternehmungen oder für Marktbeziehungen als durchgängig zur Debatte stehende Alternativen nicht aus, die, soweit das heute absehbar ist, nicht etwa ersetzt werden.

„Globalization poses yet another theoretical problem: the problem of the *co-existence of many different types of structures and processes*, i.e. *different governance modes*. [...] Only if we enlarge the governance perspective to include all of the different modes of social ordering, all of the different types of actor configurations beyond hierarchies and networks, their combinations and particularly their interactions, might we be able to address the issues created by transnationalization and globalization (Mayntz, 1998, 18 f.; Hervorh. A.W.).

Ferner sind Gegenbewegungen zu erwarten, die sich nicht zuletzt in der Form von Verweigerungen von Reflexivität ausdrücken.[13] Eine *Pluralisierung ökonomischer Regulation* scheint mir insgesamt wahrscheinlicher als die Konvergenz in einem neuen, gar universellen Produktionsparadigma (ähnlich Brandt, 1990 [1986b], 319, in seiner Kritik der Studie von Piore und Sabel; zu aktuellen Befunden z.B. Heidenreich/Töpsch, 1998).[14] Das schließt die Möglichkeit zeitweili-

---

12 Getragen wurde die Infragestellung überkommener Formen der Koordination ökonomischer Aktivitäten durch kleine und mittlere Unternehmungen im dritten Italien (Piore/Sabel, 1985 [1984]), durch neue, innovative Industrien im Bereich der Informations- und Kommunikationstechnologien (Saxenian, 1990) und durch Japan als neu aufkommender ökonomischer Weltmacht (Gerlach, 1992).

13 Auf gesellschaftlicher Ebene ist dies etwa im Phänomen eines erstarkenden Fundamentalismus zu beobachten.

14 Was Wassiliy Kandinsky (1955 [1927]) zu Beginn des letzten Jahrhunderts für das 20. Jahrhundert postulierte, gewinnt m.E. zunehmend an Plausibilität: die Moderne steht „unter dem Zeichen ‚und'", und dieses ‚Und' kennzeichnet nun auch den Bereich der Ökonomie sowie die Ausgestaltung interorganisationaler Beziehungen (allg. Beck, 1993, 9). Statt eines Denkens, das im Zeichen der Spezialisierung und der Ordnung des Sozialen nach einer Wahl, nach Zerteilung und nach Absonderung vermeintlich alternativer Teile von Welt im Namen eines ‚Entweder-Oder' verlangt, schärft die reflexive Regulation den Blick für das ‚Und', für das Nebeneinander, die Vielheit, die Ungewißheit, die Zusammenhänge, die Kontextualität und Geschichtlichkeit sowie die reflexive Konstituiertheit. Das ‚Und' wird selbst reflexiv.

ger Dominanzen einzelner Koordinationsformen und institutionellen Arrangements, wie sie ihren Ausdruck in Fusions- und/oder Netzwerkwellen oder diskutierten Vorteilen einzelner nationaler Konfigurationen von Institutionen finden, nicht aus. Märkte, Unternehmungen, Unternehmungsnetzwerke sowie andere Formen der Koordination verändern im Zuge ihres Reflexivwerdens und veränderter kontextueller Einbettungen (vor allem jenseits einzelner Nationalstaaten) ihren Charakter als Universalschlüssel zur Lösung des Problems der Koordination ökonomischer Aktivitäten (für Märkte Mayntz, 1998, 18).

2 ‚Driving the juggernaut'?

„Das Projekt der Moderne ruht auf den beiden grundlegenden Annahmen von der Verstehbarkeit und der Gestaltbarkeit (oder Steuerbarkeit) der sozialen Welt" (Wagner, 1995, 254). Wie steht es um die der Konstitution von Unternehmungsnetzwerken? Verbessert sich die Koordination ökonomischer Aktivitäten, am Ende gar ‚die Gesellschaft', durch Praktiken reflexiver Vernetzung? Die strukturationstheoretische Antwort lautet: Reflexivität verbessert nicht gleich das ‚Monitoring'-Potential, das Potential zur Überwachung, Steuerung und Kontrolle von Unternehmungsnetzwerken (wie auch anderer Sozialsysteme). Oft ist das Gegenteil der Fall: Reflexive Regulation mag zwar die Adaptionsfähigkeit und Flexibilität von Unternehmungsnetzwerken steigern; im Zuge der Verallgemeinerung reflexiver Regulation bedeutet das oft aber einen Verlust an Kontrolle und Vorhersagbarkeit der Prozesse und Entwicklungen. Damit verliert jedoch die jeweilige Regulation nicht an Bedeutung – sie wird wichtiger.

Auch die Kontexte – für Unternehmungsnetzwerke, für die relevanten organisationalen Felder – sind nämlich nicht mehr einfach gegeben. Auch sie werden zunehmend reflexiv ausgestaltet, werden ihrerseits detraditionalisiert.

Eröffnet sind damit neue Möglichkeiten *reflexiver Mehrebenenregulation* – und zwar vor allem auch jenseits von Nationalstaaten – ‚governance without government' wie James Rosenau (1993) es nennt. Beispiele gibt es viele. Zu ihnen zählen regionale Produktionssysteme (Teil I), in denen Unternehmungsnetzwerke ihre Aktivitäten reflexiv unter engem Bezug auf regionale organisationale Felder ausgestalten und umgekehrt. Im Resultat können regionale organisationale Felder sich zu ‚Neo-Marshallian Nodes' (Amin/Thrift) in international ausgelegten Industrien entwickeln. Die Regulation kann dann mehrere Regulationsebenen umschließen, wie die Studien zu nationalen Produktionssystemen belegen (z.B. Braczyk/Cooke/Heindenreich, 1997; Hollingsworth/Boyer, 1997a). Bemerkenswert sind in dieser Hinsicht neuartige Versuche nationaler Industriepolitik auf Basis regionaler Vernetzung. Ein jüngeres Beispiel ist der durch das Bundesministerium für Bildung und Forschung im Jahre 2000 ausgeschriebene Wettbewerb ‚Kompetenznetze Optische Technologien (OptecNet)'. Das Vorhaben zielt darauf, in verschiedenen Schwerpunktregionen im Bereich optischer Technologien in der Bundesrepublik ‚regionale Kompetenznetze' aus Unternehmungen,

Forschungsinstitutionen und weiteren Akteuren in den jeweiligen Regionen zu bilden. Im Rahmen der regionalen Kompetenznetze und durch diese gefördert, sollen wiederum Unternehmungsnetzwerke einzelne konkrete, auf dem Weltmarkt verwertbare Technologieprojekte in unternehmungsübergreifenden Kooperationen realisieren. Die Aktivitäten der regionalen Kompetenznetze werden sodann regionenübergreifend durch ein sogenanntes ‚Netz der Netze' – wenn auch eher lose – miteinander verbunden.

Gleichwohl bedeuten reflexive Vernetzung und reflexive Mehrebenenregulation nicht, daß man Gesellschaften, Industrien und Unternehmungsnetzwerke umfassend verstehen und steuern kann. Ziel reflexiver Vernetzung (allgemein: von reflexiver Systemregulation) ist die Ausgestaltung allgemeiner Bedingungen zur reflexiven Ordnungsbildung in Zeit und Raum. In diesem Verständnis reflexiver Konstitution von Ordnung kommt zum Ausdruck: Akteure (re-)produzieren Ordnungen und Wissensbestände (1.) rekursiv von Moment zu Moment neu, und zwar auf der Basis multikausaler Verursachung von Kontinuität und Diskontinuität, einer Selbst- und Fremdregulation sozialer Systeme und der Koevolution von System und Systemkontexten. Gerade als Medium und Resultat reflexiver Ausgestaltungen der Prozesse kann es (2.) keinen ‚Herrn der Entwicklungen' geben. Die reflexive Regulation gleicht einem *„riding the juggernaut"* (Giddens, 1990a, 151 ff.). Die modernen Zauberlinge sitzen auf Giddens' Dschagganath-Wagen,

„a runaway engine of enormous power which, collectively as human beings, we can drive to some extent but which also threatens to rush out of our control and which could rend itself asunder. The juggernaut crushes those who resist it, and while it sometimes seems to have a steady path, there are times when it veers away erratically in directions we cannot foresee. The ride is by no means wholly unpleasant or unrewarding; it can often be exhilarating and charged with hopeful anticipation" (ibid., 139).

„We can drive [the juggernaut] to some extent." Unternehmungsnetzwerke bilden auf der Basis der Monitoringpraktiken der einzelnen Netzwerkunternehmungen besondere Fähigkeiten aus, sich ökonomische wie allgemein gesellschaftliche Kontexte interessiert zu vergegenwärtigen. Aber sie sind als Akteure im Prozeß reflexiver Vergesellschaftung immer dezentriert. Kein Unternehmungsnetzwerk, und sei es noch so mächtig, kann die Entwicklung allein kontrollieren. Die Prozesse der Konstitution von Unternehmungsnetzwerken „threatens to rush out of control and [..] could rend itself asunder." Besonders national weniger stark gebundene Netzwerke auf der einen und politische Strukturen der Nationalstaaten auf der anderen Seite tendieren dazu, auseinander zu fallen (hierzu Mayntz, 1998, 18). Scheinbar fest gefügte Unternehmungsnetzwerke können so – und durch vieles andere mehr – außer Kontrolle geraten und im nächsten Augenblick auseinanderdriften. Auch gibt es für Unternehmungen wie für Unternehmungsnetzwerke selbst keine Möglichkeiten, sich den Prozessen des Reflexivwerdens der Prozesse zu entziehen. Alles gerät in den Sog der Kontingenz und ‚unter die Räder' der Reflexion. Planung kann da helfen, aber „while it sometimes seems to have a steady path, there are times when it veers away erratically in directions we cannot foresee" (Giddens, 1990a, 139). Die reflexive Moderne ist durch *Unsicherheit* gekennzeichnet:

„But so long as the institutions of modernity endure, we shall never be able to control completely either the path or the pace of the journey. In turn, we shall never be able to feel entirely secure, because the terrain across which it runs is fraught with risks of high consequence. Feelings of ontological security and existential anxiety will coexist in ambivalence" (ibid.).

Unternehmungsnetzwerke schaffen allerdings nicht nur neue Unsicherheiten und Unübersichtlichkeiten, sondern ermöglichen auch, sie auf die Netzwerkunternehmungen zu verteilen: Unsicherheits- und Risikosharing im Netzwerk. Reflexion heckt Reflexion.

Unternehmungsnetzwerke können Potentiale von Konzernen entwickeln, ohne Konzerne zu sein – was viele Fragen nach neuen Maßstäben für die Beurteilung von Konzentration aufwirft (s.a. Harrison, 1994). Ob sie, wie Perrow (1992) diagnostiziert, demokratische Strukturen befördern, oder ob sie eine Enthierarchisierung moderner Gesellschaften bewirken, wie Stichweh (2001) urteilt, darf als generelle Erwartung bezweifelt werden. Für nicht in diese Netzwerke eingebundene Unternehmungen oder für Regelungsagenturen, wie Nationalstaaten, die an Autonomie und Kontrolle ihrer Grenzen verlieren (March, 1995, 430), mögen sich die Machtpotentiale verringern.[15]

3 Forschungsprobleme

Reflexive Vernetzung stellt die Forschung vor neue Herausforderungen und bietet ihr neue Möglichkeiten. Die Rede von Unternehmungen, die als autonome Einheiten in rauher See nach Wettbewerbsvorteilen streben, hat Richardson zwar bereits 1972 als Illusion charakterisiert. Spätestens im Zuge verallgemeinerter reflexiver Vernetzung wird sie vollständig obsolet.

Der Industriesoziologie und der Betriebswirtschaftslehre geraten mit dem Betrieb respektive mit der Unternehmung, wie einleitend erwähnt, die traditionellen Gegenstände ihrer Untersuchung in Bewegung – bewegliche Ziele. In Frage gestellt sind, wie Strategieforscher wie Gulati, Nohria und Zaheer (2000, 203) zu Recht feststellen, traditional basale Positionen der *Strategieforschung*. Das gilt für die Industrieökonomik, nach der Unternehmungen als autonome Einheiten danach streben, Wettbewerbsvorteile aus extern vorgegebenen Industriestrukturen zu erzielen (Porter, 1980), und gleichermaßen für den an Penrose (1959) anschlie-

---

15 Daher wird ‚access' wichtig: Der Zugang zu relevanten Netzwerken entscheidet darüber, ob man noch stärker als schon bisher als Privatperson und als formell freier Unternehmer wie als lohnabhängiger Beschäftigter, als Unternehmung, als Unternehmungsnetzwerk, als Region oder als Nationalstaat ins Abseits gerät oder nicht. Möglichkeiten der Ausbildung neuer oder der Vertiefung bereits existierender gesellschaftlicher Trennungen, Spaltungen und Zusammenhänge, die die Folien traditioneller Betrachtungen und Ausrichtung der Praxis überlagern, scheinen auf. Sie zeigen jedoch noch keine deutlichen Konturen – und zwar trotz oder, soll man eher sagen, wegen reflexiver Strukturation.

ßenden Ausgangspunkt des Ressource-based View, nach dem Wettbewerbsvorteile vor allem auf internen Ressourcen und Fähigkeiten fußen (Barney, 1991):

„[..] [T]he image of atomistic actors competing for profits against each other in an impersonal marketplace is increasingly inadequate in a world in which firms are embedded in networks of social, professional, and exchange relationships with other organizational actors (Granovetter, 1985; Gulati, 1998; Galaskiewicz/Zaheer, 1999). Such networks encompass a firm's set of relationships, both horizontal and vertical, with other organizations – be they suppliers, customer, competitors, or other entities – including relationships across industries and countries. These strategic networks are composed of interorganizational ties that are enduring, are of strategic significance for the firms entering them, and include strategic alliances, joint ventures, long-term buyer-supplier partnerships, and a host of similar ties" (Gulati/Nohria/Zaheer, 2000, 203).

Die Herausforderung besteht nicht nur darin anzuerkennen, daß Industriestrukturen, Fähigkeiten und Ressourcen von Unternehmungen und Formen interorganisationaler Vernetzung zählen, sondern daß sie aktiv gestaltet werden – wie vermittelt auch immer das geschieht. Das erfordert ein verfeinertes Verständnis der Konstitution von Industriestrukturen, Ressourcen und Fähigkeiten von Unternehmungen und von Konstitutionsprozessen einschließlich selbsttragender, selbstverstärkender Entwicklungen. Die Homogenität ganzer Industrien erweist sich als Illusion. In den Blick geraten strategische Gruppen oder ‚strategische Blöcke' (Nohria/Garcia-Pont, 1991) verbundener Unternehmungen, die miteinander Allianzen oder Netzwerke unterhalten.[16] Die Aufnahme der Konstitution von Unternehmungsnetzwerken legt zudem nahe, Ressourcen und Fähigkeiten nicht nur innerhalb von Unternehmungen, sondern auch im Netzwerkzusammenhang zu suchen (III-6) und die Weisen der Netzwerkregulation zu berücksichtigen.[17]

Auch die *Organisationstheorie* kann angesichts reflexiver Vernetzung schwerlich weiter von der Existenz stabiler Organisationsformen und routineförmiger Formen organisationaler Operationen und Entscheidungen in gegebenen Kontexten ausgehen. Obgleich Organisationen seit den fünfziger Jahren als offene Systeme gesehen werden (Scott 1986 [1981]), sind die meisten Organisationstheorien nicht flexibel genug, gleichzeitig der in institutionellen Theorien hervorgehobenen Bedeutung gesellschaftlicher und kultureller Umwelten, der in der Managementforschung betonten Wichtigkeit des Handelns individueller Akteure

---

16 Nohria und Garcia-Pont (1991) haben das für die Automobilindustrie, Sydow et al. (1995) für Versicherungsmaklernetzwerke, Piskorski und Nohria (1999) für Venture-Capitalists und Zaheer und Zaheer (1999) für Banken im Wechselkursgeschäft (f.e. Überblick Gulati/Nohria/Zaheer, 2000, 207) aufgezeigt.

17 Von Prozessen eines Reflexivwerdens von Ökonomie künden in der Managementliteratur eine Vielzahl von Konzepten, in denen Flexibilität, Dynamik und Hybridizität eine Rolle spielen (s.a. Hitt, 1998): Man denke etwa an Überlegungen, die das Erzielen nachhaltiger und dauerhafter Wettbewerbsvorteile binden an ‚strategische Flexibilität' (Hitt/Keats/DeMarie, 1998), an ‚dynamische Kern-Kompetenzen' (Lei/Hitt/Bettis, 1996), ‚hybride Strategien' (z.B. Proff/Proff, 1997), ‚flexible Architekturen' von Unternehmungen mit leicht zu rekonfigurierenden Bündeln von ‚assets' (Nadler/Tushman, 1997), an das Management institutioneller Kontexte von Ressourcenentscheidungen (Ginsberg, 1994; Oliver, 1997), an ‚nichtlineares Lernen und Denken' (Hitt, 1998) und, last but not least, an das konstante Selektieren von ‚governance modes' binden (Hedlund, 1993, 225).

und der in der Strategieforschung hervorgehobenen Bedeutung der Entwicklung einer relationalen Sicht (s.a. Dyer/Singh, 1998; Gulati/Nohria/Zaheer, 2000) in einem integrierten Interpretationsansatz Rechnung zu tragen.[18]

Besonderer Entwicklungsbedarf besteht für die *Netzwerkforschung*. Gegenüber der als Motto dieser Arbeit vorangestellten Diagnose von Miles und Snow (1986, 62), Unternehmungsnetzwerke seien „strange beasts roaming around which we can't even identify", hat sich die Situation in der Netzwerkforschung grundlegend geändert. Aber keiner der zu Beginn dieser Arbeit vorgestellten Ansätze kann Unternehmungen als ‚knowledgeable agents' in den Prozessen der Konstitution von Unternehmungsnetzwerken adäquat aufnehmen: Allen mangelt es an einem elaborierten Verständnis sozialer Konstitution, das heißt an einer zureichenden soziologischen Theorie der Vernetzung. Daran sollten wir weiter arbeiten.

---

18 Auch in der Organisationstheorie finden sich allerdings Prozesse der Detraditionalisierung: Ansichten soziologischer Institutionentheorie (z.B. Meyer/Rowan, 1977) werden heute fruchtbar mit der Handlungs- oder Strukturationstheorie (z.B. DiMaggio/Powell, 1983; 1991; Scott, 1994a) oder mit Ansätzen des Rational Choice oder dem Resource-based View verknüpft (Oliver, 1997). Führende Vertreter der Populationsökologie erweitern ihre Fragestellungen auf Institutionalisierungsprozesse und greifen dabei Argumentationen, wie sie aus der soziologischen Institutionentheorie vertraut sind, auf (z.B. Hannan, 1998). Andere wiederum verknüpfen Evolutions- und Chaostheorie (Kappelhoff, 2000b; zu aktuellen Entwicklungen in der Organisationstheorie s.a. Ortmann/Sydow/Türk, 1997). Auch in der Industriesoziologie und Techniksoziologie ist das Thema ‚reflexive monitoring' unter Bezug auf Giddens vereinzelt aufgegriffen worden, so durch Deutschmann et al. (1995) und Rammert (1997).

Literatur

Abolafia, M.Y.; Kilduff, M. (1988): Enacting market crisis: The social construction of a speculative bubble. In: Administrative Science Quarterly 33 (2), 177-193.

Abolofia, M.Y. (1996): Making markets. Opportunism and restraint on Wall Street. Cambridge, MA.; London.

Adams, J.S. (1976): The structure and dynamics of behavior in organizational boundary roles. In: Dunnette, M.D. (Hrsg.): Handbook of industrial and organizational psychology. Chicago, 1175-1199.

Adorno, T.W. (1970 [1966]): Gesellschaft. In: Adorno, T.W. (Hrsg.): Aufsätze zur Gesellschaftstheorie und Methodologie. Frankfurt a.M., 137-148.

Adorno, T.W. (1972 [1957]): Soziologie und empirische Forschung. In: Adorno, T.W.; Dahrendorf, R.; Pilot, H.; Albert, H.; Habermas, J.; Popper, K.R. (Hrsg.): Der Positivismusstreit in der deutschen Soziologie. Darmstadt und Neuwied, 81-101.

Adorno, T.W. (1972 [1961]): Zur Logik der Sozialwissenschaften. In: Adorno, T.W.; Dahrendorf, R.; Pilot, H.; Albert, H.; Habermas, J.; Popper, K.R. (Hrsg.): Der Positivismusstreit in der deutschen Soziologie. Darmstadt und Neuwied, 125-143.

Adorno, T.W. (1974 [1963]): Drei Studien zu Hegel. Frankfurt a.M..

Adorno, T.W. (1975 [1966]): Negative Dialektik. Frankfurt a.M..

Adorno, T.W. (1990 [1956]): Zur Metakritik der Erkenntnistheorie. Studien über Husserl und die phänomenologischen Antinomien. Frankfurt a.M..

Adorno, T.W.; Dahrendorf, R.; Pilot, H.; Albert, H.; Habermas, J.; Popper, K.R. (Hrsg.) (1972): Der Positivismusstreit in der deutschen Soziologie. Darmstadt und Neuwied.

Ahrne, G. (1990): Agency and organization. Towards an organizational theory of society. London.

Ahuja, G. (2000): The duality of collaboration: Inducements and opportunities in the formation of interfirm linkages. In: Strategic Management Journal 21, 317-343.

Albach, H. (1993): Information, Zeit und Wettbewerb. Thünen-Lecture. Discussion Paper FS IV 93-24. Wissenschaftszentrum Berlin.

Alchian, A., Demsetz, H. (1972): Production, information costs, and economic organization. In: American Economic Review 62, 777-795.

Aldrich, H.E. (1979): Organizations and environments. Englewood Cliffs, NJ..

Aldrich, H.E. (1982): The origins and persistence of social networks. In: Marsden, P.V.; Lin, N. (Hrsg.): Social structure and network analysis. Beverly Hills; London; New Dehli, 281-293.

Aldrich, H.E. (1999): Organizations evolving. London et al..

Aldrich, H.E.; Herker, D. (1977): Boundary spanning roles and organizational structure. In: Academy of Management Review 2, 217-230.

Aldrich, H.E.; Marsden, P.V. (1988): Environments and organizations. In: Smelser, N.J. (Hrsg.): Handbook of sociology. Newbury Park et al., 361-392.

Alexander, J.C. (1987): The centrality of the classics. In: Giddens, A.; Turner, J.H. (Hrsg.): Social theory today. Cambridge, 11-57.

Alexander, J.C. (1998): Neofunctionalism and after. Oxford.

Alexander, J.C. (Hrsg.) (1985): Neofunctionalism. Beverly Hills.

Allan, T.J.; Cohen, S.I. (1969): Information flow in research and development laboratories. In: Administrative Science Quarterly 14, 12-19.

Alter, C.; Hage, J. (1993): Organizations working together. London.

Altmann, N.; Bechtle, G. (1971): Betriebliche Herrschaftsstruktur und industrielle Gesellschaft. Ein Ansatz zur Analyse. München.

Altmann, N.; Bechtle, G.; Lutz, B. unter Mitwirkung von K. Düll und G. Schmidt (1978): Betrieb, Technik, Arbeit: Elemente einer soziologischen Analytik technisch-organisatorischer Veränderungen. Frankfurt a.M.; New York.

Altmann, N.; Deiß, M.; Döhl, V.; Sauer, D. (1986): Ein ‚Neuer Rationalisierungstyp'. Neue Anforderungen an die Industriesoziologie. In: Soziale Welt 37 (2/3), 191-207.

Altmann, N.; Sauer, D. (Hrsg.) (1989): Systemische Rationalisierung und Zulieferindustrie. Sozialwissenschaftliche Aspekte zwischenbetrieblicher Arbeitsteilung. Frankfurt a.M.; New York.

Amin, A.; Thrift, N. (1992): Neo-Marshallian nodes in global networks. In: International Journal of Urban and Regional Research 16, 571-587.

Amin, A.; Thrift, N. (1994): Living in the global. In: Amin, A.; Thrift, N. (Hrsg.): Globalization, institutions, and regional development in Europe. Oxford, 1-22.

Ansoff, I.H. (1965): Corporate strategy: An analytic approach to business policy for growth and expansion. New York.

Aoki, M.; Gustafsson, B.; Williamson, O.E. (Hrsg.) (1990): The firm as a nexus of treaties. London.

Apel, K.-O. (1967/1968): Wittgenstein und Heidegger. Die Frage nach dem Sinn von Sein und der Sinnlosigkeitsverdacht gegen alle Metaphysik. In: Müller, M. (Hrsg.): Philosophisches Jahrbuch; 75. Jg., 56-94.

Archer, M.S. (1982): Morphogenesis versus structuration: On combining structure and action. In: British Journal of Sociology 33 (4), 455-483.

Archer, M.S. (1988): Culture and agency. Cambridge.

Archer, M.S. (1990): Human agency and social structure: A critique of Giddens. In: Clark, J.; Modgil, C.; Modgil, S. (Hrsg.): Anthony Giddens: Consensus and controversy. London, 73-84.

Archer, M.S. (1995): Realist social theory: the morphogenetic approach. Cambridge.

Archer, M.S. (1996): Social integration and system integration: Developing the distinction. In: Sociology 30 (4), 679-699.

Arrow, K. (1995): Economics as it is and as it is developing: A very rapid survey. In: Albach, H.; Rosenkranz, S. (Hrsg.): Intellectual property rights and global competition. Towards a new synthesis. Berlin, 11-32.

Arrow, K.; Hahn, F. (1971): General competitive analysis. Edingburgh.

Arthur, W.B. (1990): Positive feedbacks in the economy. In: Scientific American, February, 80-85.

Arthur, W.B. (1995): Increasing returns and path-dependence in the economy. Ann Arbor.

Astley, W.G. (1984): Toward an appreciation of collective strategy. In: American Management Review 9 (3), 526-535.

Astley, W.G.; Fombrun, C.J. (1983): Collective strategy: Social ecology of organizational environments. In: Academy of Management Review 8 (4), 576-587.

Auster, E.R. (1994): Macro and strategic perspectives on interorganizational linkages: A comparative analysis and review with suggestions for reorientation. In: Advances in Strategic Management 10B, 3-40.

Axelrod, R. (1984): The evolution of cooperation. New York.

Bachmann, R. (2000): Die Koordination und Steuerung interorganisationaler Netzwerkbeziehungen über Vertrauen und Macht. In: Sydow, J.; Windeler, A. (Hrsg.): Steuerung von Netzwerken. Konzepte und Praktiken. Opladen, 107-125.

Bachrach, P.; Baratz, M.S. (1962): Two faces of power. In: The American Political Science Review 56 (4), 947-952.

Bachrach, P.; Baratz, M.S. (1963): Decisions and nondecisions: An analytical framework. In: The American Political Science Review 57 (3), 632-642.

Badaracco, J.L. (1988): Changing forms of the corporation. In: Meyer, J.R.; Gustafson, J.M. (Hrsg.): The U.S. business corporation – An institution in transition. Cambridge, 67-91.

Badaracco, J.L. (1991): Strategische Allianzen. Wien.

Baert, P. (1998): Social theory in the twentieth century. Cambridge.

Baethge, M. (1987): Technische Zwänge oder Pfade in die Freiheit. In: Lutz, B. (Hrsg.): Technik und sozialer Wandel. Verhandlungen des 23. Deutschen Soziologentages in Hamburg 1986. Frankfurt a.M.; New York, 185-195.

Baethge, M. (1995): ‚Erst heute tritt die Schwäche der deutschen Industrie zutage'. In: Frankfurter Rundschau vom 25-01-1995 (21), 12.

Baethge, M.; Oberbeck, H. (1986): Zukunft der Angestellten. Neue Technologien und berufliche Perspektiven in Büro und Verwaltung. Frankfurt a.M.; New York.

Baethge, M.; Oberbeck, H. (1990): Systemische Rationalisierung von Dienstleistungsarbeit und Dienstleistungsbeziehungen. In: Rock, R.; Ulrich, P.; Witt, F. (Hrsg.): Strukturwandel der Dienstleistungsrationalisierung. Frankfurt a.M.; New York, 149-175.

Baker, W.E. (1984): The social structure of a national securities market. In: American Journal of Sociology 89 (4), 775-811.

Baker, W.E. (1990): Market networks and corporate behavior. In: American Journal of Sociology 96, 589-625.

Baker, W.E. (1994): Networking smart. How to build relationships for personal and organizational success. New York et al..

Baker, W.E.; Faulkner, R.R.; Fisher, G.A. (1998): Hazards of the market: The continuity and dissolution of interorganizational market relationships. In: American Sociological Review 63, 147-177.

Bal, M. (1985): Narratology: Introduction to the theory of narrative. Toronto.

Balsen, W. (1997): Autokonzerne treten aufs Gaspedal – aber die Händler sind nicht angeschnallt. In: Frankfurter Rundschau vom 06-09-97, 9.

Barbaric, D. (1996): Zur Sprachauffassung H.-G. Gadamers. In: Figal, G.; Rudolph, E. (1996): Schwerpunktthema: Wahrheit und Interpretation. Internationale Zeitschrift für Philosophie (2), 227-235.

Barley, S.R.; Tolbert, P.S. (1997): Institutionalization and structuration: Studying the links between action and institution. In: Organization Studies 18 (1), 93-117.

Barnes, J.A. (1954): Class and committees in a Norwegian island parish. In: Human Relations 3, 39-58.

Barnes, J.A. (1969): Networks and political process. In: Mitchell, J.C. (Hrsg.): Social networks in urban situations. Analyses of personal relationships in central African towns. Manchester, 51-76.

Barnes, J.A. (1972): Social networks. In: Module in Anthropology 26, 1-29.

Barney, J. (1991): Firm resource and sustained competitive advantage. In: Journal of Management 17 (1), 99-120.

Barney, J. (1992): Integrating organizational behavior and strategy formulation research: A resource based analysis. In: Advances in Strategic Management 8, 39-61.

Bartlett, C.A.; Ghoshal, S. (1990): Managing across borders: the transnational solution. Boston.

Bateson, G. (1972): Steps to ecology of mind. San Francisco.

Bavelas, A. (1948): A mathematical model for group structure. In: Applied Anthropology 7, 16-30.

Becattini, G. (1978): The development of light industry in Tuscany: An interpretation. In: Economic Notes 2 (3), 107-123.

Becattini, G. (1990): The Marshallian industrial district as a socio-economic notion. In: Pyke, F.; Becattini, G.; Sengenberger, W. (Hrsg.): Industrial districts and inter-firm co-operation in Italy. Genf.

Bechtle, G. (1980): Betrieb als Strategie: theoretische Vorarbeiten zu einem industriesoziologischen Konzept. Frankfurt a.M.; New York.

Bechtle, G. (1994): Systemische Rationalisierung als neues Paradigma industriesoziologischer Forschung? In: Beckenbach, N.; Treeck, W. van (Hrsg.): Umbrüche gesellschaftlicher Arbeit. Soziale Welt Sonderband 9. Göttingen, 45-64.

Beck, U. (1993): Die Erfindung des Politischen. Zu einer Theorie reflexiver Modernisierung. Frankfurt a.M..

Beck, U.; Giddens, A.; Lash, S. (Hrsg.) (1994): Reflexive modernization. Politics, tradition and aesthetics in the modern social order. Cambridge.

Beckenbach, N. (1991): Industriesoziologie. Berlin.

Beckenbach, N.; Treek, W. van (Hrsg.) (1994): Umbrüche gesellschaftlicher Arbeit. Soziale Welt Sonderband 9. Göttingen.

Behr, M.; Heidenreich, M.; Schmidt, G.; Schwerin, A. Graf von (1991): Neue Technologie in der Industrieverwaltung. Optionen veränderten Arbeitskräfteeinsatzes. Opladen.

Belzer, V. (1993): Unternehmenskooperationen. Erfolgsstrategien und Risiken im industriellen Strukturwandel. München und Mehring.

Benson, K.J. (1975): The interorganizational network as a political economy. In: Administrative Science Quarterly 20, 229-249.

Berge, C. (1962): The theory of graphs and its applications. London.

Berger, H. (1974): Untersuchungsmethode und soziale Wirklichkeit. Eine Kritik an Interview und Einstellungsmessung in der Sozialforschung. Frankfurt a.M..

Berger, P.A. (1995): Anwesenheit und Abwesenheit. Raumbezüge sozialen Handelns. In: Berliner Journal für Soziologie 5 (1), 99-111.

Berger, P.L.; Luckmann, T. (1980 [1966]): Die gesellschaftliche Konstruktion der Wirklichkeit. Eine Theorie der Wissenssoziologie. Frankfurt a.M..

Berkowitz, S.D. (1982): An introduction to structural analysis. The network approach to social research. Toronto.

Berkowitz, S.D. (1988): Afterword: Toward a formal structural sociology. In: Wellman, B.; Berkowitz, S.D. (Hrsg.): Social structures: a network approach. Cambridge, 477-498.

Bernstein, R.J. (1975 [1971]): Praxis und Handeln. Frankfurt a.M..

Bernstein, R.J. (1989): Social theory as critique. In: Held, D.; Thompson, J.B. (Hrsg.): Social theory of modern societies: Anthony Giddens and his critics. Cambridge, 19-33.

Bertalanffy, L. von (1956): General system theory. In: Bertalanffy, L. von; Rapoport, A. (Hrsg.): General systems. Yearbook of the Society for the Advancement of General Systems Theory 1, 1-20.

Bieber, D. (1992): Systemische Rationalisierung und Produktionsnetzwerke. In: Malsch, T.; Mill, U. (Hrsg.): ArBYTE. Modernisierung der Industriesoziologie? Berlin, 271-293.

Bieber, D. (1997): Probleme unternehmensübergreifender Organisation von Innovationsprozessen. In: Bieber, D. (Hrsg.): Technikentwicklung und Industriearbeit. Frankfurt a.M.; New York, 111-140.

Bieber, D.; Sauer, D. (1991): ‚Kontrolle ist gut! Vertrauen besser?' In: Mendius, H.G.; Wendeling-Schröder, U. (Hrsg.): Zulieferer Im Netz. Köln, 228-254.

Bien, B. (1989): Praxis, praktisch. In: Ritter, J.; Gründer, K. (Hrsg.): Historisches Wörterbuch der Philosophie. 7. Band. Stuttgart, Sp 1277-1287.

Biggart, N.W.; Hamilton, G.G. (1992): On the limits of a firm-based theory to explain business networks: The western bias of neoclassical economics. In: Nohria, N.; Eccles, R.G. (Hrsg.): Networks and organizations: Structure, form, and action. Boston, 471-490.

Blau, P.M. (1964): Exchange and power in social life. New York.

Blau, P.M. (1977): A macrosociological theory of social structure. In: American Journal of Sociology 83, 26-54.

Blau, P.M. (1987): Microprocess and macrostructure. In: Cook, K.S. (Hrsg.): Social exchange theory. Newbury Park, 83-100.

Blau, P.M.; Schwartz, J.E. (1984): Crosscutting social circles. New York.

Blois, K.J. (1975): Supply contracts in the Galbraithian planning system. In: The Journal of Industrial Economics 24 (1), 29-39.

Blumer, H. (1954): What is wrong with social theory? In: American Sociological Review 19 (1), 3-10.

Böhle, F. (1999): Arbeit – Subjektivität und Sinnlichkeit. Paradoxien des modernen Arbeitsbegriffs. In: Schmidt, G. (Hrsg.): Kein Ende der Arbeitsgesellschaft. Berlin, 89-109.

Böhme, H.; Böhme, G. (1985): Das Andere der Vernunft. Frankfurt a.M..

Bonacich, P. (1987): Power and centrality: A family of measures. In: American Journal of Sociology 92, 1170-1182.

Boormann, S.; Levitt, P. (1980): The genetics of altruism. New York.

Bork, H. (1994): Die Spielzeugfabrik als Todesfalle. In: Frankfurter Rundschau vom 07-12-94, 3.

Bosworth, B.; Rosenfeld, S. (1993): Significant others. Exploring the potential of manufacturing networks. Chapel Hill.

Bouchikhi, H.; Kilduff, M.; Whittington, R. (Hrsg.) (1995): Action, structure, and organizations. Coventry.

Boulding, K.E. (1956): General systems theory – The skeleton of science. In: Management Science 2 (April), 197-208.

Bourdieu, P. (1979 [1972]): Entwurf einer Theorie der Praxis. Frankfurt a.M..

Bourdieu, P. (1983): Ökonomisches Kapital, kulturelles Kapital, soziales Kapital. In: Kreckel, R. (Hrsg.): Soziale Ungleichheiten. Soziale Welt. Sonderband 2. Göttingen, 183-198.

Bourdieu, P. (1985 [1984]): Sozialer Raum und ‚Klassen', Leçon sur la leçon. Frankfurt a.M..

Bovens, M.A.P. (1990): Review article: The social steering of complex organizations. In: British Journal of Political Science 20, 91-117.

Bowersox, D.J. (1991): Logistische Allianzen machen Furore. In: Harvard Manager 13 (II. Quartal), 34-42.

Bowles, S.; Gintis, H. (1990): Umkämpfter Tausch. Eine neue Mikrofundierung der politischen Ökonomie des Kapitalismus. In: Prokla 20 (81), 8-65.

Bowles, S.; Gintis, H. (1993): The revenge of homo oeconomicus: Contested exchange and the revival of political economy. In: Journal of Economic Perspectives 7 (1), 83-102.

Boyer, R. (1992): Neue Richtungen von Managementpraktiken und Arbeitsorganisation. In: Demirovic, A.; Krebs, H.-P.; Sablowski, T. (Hrsg.): Hegemonie und Staat. Münster, 55-103.

Boyer, R. (1997): The variety and unequal performances of really existing markets: Farewell to Doctor Pangloss. In: Hollingsworth, J.R.; Boyer, R. (Hrsg.): Contemporary capitalism. Cambridge, 55-93.

Boyer, R.; Hollingsworth, J.R. (1997): From national embeddedness to spatial and institutional nestedness. In: Hollingsworth, J.R.; Boyer, R. (Hrsg.): Contemporary capitalism. Cambridge, 433-484.

Braczyk, H.-J. (1994a): Perspektiven zur Zukunft der Arbeit – Implikationen der gegenwärtigen Restrukturierung. Vortrag auf dem Symposium ‚Regionale Strukturprobleme' des Instituts für Sozialforschung der Universität Stuttgart am 13./14. Oktober 1994.

Braczyk, H.-J. (1994b): Kann die Gesellschaft von der Wirtschaft lernen? Überlegungen zu einem neuen Modus der Handlungskoordination. Vortrag am Institut für Sozialforschung der Universität Stuttgart, 12.12.1994.

Braczyk, H.-J. (1995a): Bedeutung neuer Arbeitsformen. In: Braczyk, H.-J.; Ganter, D.; Seltz, R. (Hrsg.): Neue Organisationsformen in Dienstleistung und Verwaltung. Stuttgart, 163-180.

Braczyk, H.-J. (1995b): Erfahrungen der Restrukturierung. Anregungen zur theoretischen Verarbeitung in der Industriesoziologie. Vortrag gehalten im Rahmen der Sektionstagung ‚Arbeitssysteme im wirtschaftlich-gesellschaftlichen Kontext: Zum Wandel der Konstruktion von Strukturen und Akteuren.' Mannheim, 3./4. November 1995.

Braczyk, H.-J. (1997): Organisation in industriesoziologischer Perspektive. In: Ortmann, G.; Sydow, J.; Türk, K. (Hrsg.): Theorien der Organisation. Wiesbaden, 530-575.

Braczyk, H.-J.; Cooke, P.; Heidenreich, M. (Hrsg.) (1997): Regional innovation systems. London.

Braczyk, H.-J.; Knesebeck, J.v. dem; Schmidt, G. (1982): Nach einer Renaissance. Zur gegenwärtigen Situation von Industriesoziologie in der Bundesrepublik Deutschland. In: Schmidt, G.; Braczyk, H.-J.; Knesebeck, J.v. dem (Hrsg.): Materialien zur Industriesoziologie. Kölner Zeitschrift für Soziologie und Sozialpsychologie Sonderheft 24. Opladen, 16-36.

Braczyk, H.-J.; Schienstock, G. (1995): Lean Production in Baden-Württemberg - Erwartungen, Wirkungen und Folgen. Vortrag auf dem Baden-Württemberg-Kolloquium 1995 ‚Chancen und Probleme neuer Technologien im 21. Jahrhundert' an der Universität Stuttgart am 8. März 1995. Manuskript.

Braczyk, H.-J.; Schmidt, G. (1986): ‚Die Hauptsache kommt erst'. In: Soziologische Revue 9, 243-248.

Bradach, J.L.; Eccles, R.G. (1989): Price, authority, and trust: From ideal types to plural forms. In: Annual Review of Sociology 15, 97-118.

Braham, P. (1985): Marks & Spencer: A technological approach to retailing. In: Rhodes, E.; Wield, D. (Hrsg.): Implementing new technologies. Oxford, 123-141.

Brandt, G. (1981): Ansichten kritischer Sozialforschung 1930-1980. In: Institut für Sozialforschung (Hrsg.): Gesellschaftliche Arbeit und Rationalisierung. Leviathan Sonderheft 4. Opladen, 9-56.

Brandt, G. (1984): Marx und die neuere deutsche Industriesoziologie. In: Leviathan 12 (2), 195-215.

Brandt, G. (1990 [1986a]): Max Horkheimer und das Projekt einer materialistischen Gesellschaftstheorie. In: Brandt, G. (Hrsg.): Arbeit, Technik und gesellschaftliche Entwicklung. Frankfurt a.M., 281-302.

Brandt, G. (1990 [1986b]): Das Ende der Massenproduktion - wirklich? In: Brandt, G. (Hrsg.): Arbeit, Technik und gesellschaftliche Entwicklung. Frankfurt a.M., 303-324.

Braudel, F. (1986 [1979]): Sozialgeschichte des 15. und 18. Jahrhunderts. München.

Breuer, S. (1991): Max Webers Herrschaftssoziologie. Frankfurt a.M.; New York.

Briefs, U. (1984): Informationstechnologie und Zukunft der Arbeit: ein politisches Handbuch zur Mikroelektronik und Comuptertechnik. Köln.

Bröcker, W. (1946): Das Modalitätenproblem. In: Zeitschrift für philosophische Forschung (I), 35-46.

Brogan, A.P. (1967): Aristotle's logic of statements about contingency. In: Mind 76, 49-61.

Brown, G.S. (1969): Laws of form. London.

Brown, J.S.; Duguid, P. (1999): Dem Unternehmen das Wissen seiner Menschen erschließen. In: Harvard Business Manager (3), 76-88.

Brunsson, N. (1985): The irrational organization. Irrationality as a basis for organizational action and change. Chinchester et al..

Brusco, S. (1982): The Emilian model: Productive decentralization and social integration. In: Cambridge Journal of Economics 6, 167-184.

Bryant, C.G.A. (1989): Towards post-empiricist sociological theorising. In: The British Journal of Sociology 40 (2), 319-327.

Bryant, C.G.A. (1995): Practical sociology. Post-empiricism and the reconstruction of theory and application. Cambridge.

Bryant, C.G.A.; Jary, D. (Hrsg.) (1991a): Giddens' theory of structuration. A critical appreciation. London.

Bryant, C.G.A.; Jary, D. (1991b): Introduction: Coming to terms with Anthony Giddens. In: Bryant, C.G.A.; Jary, D. (Hrsg.): Giddens' theory of structuration. A critical appreciation. London, 1-31.

Bryant, C.G.A.; Jary, D. (Hrsg.) (1996): Anthony Giddens. Critical Assessments. 4 Bände. London.

Buchholz, W. (1998): Timingstrategien - Zeitoptimale Ausgestaltungen von Produktentwicklungsbeginn und Markteintritt. In: Zeitschrift für betriebswirtschaftliche Forschung 50 (1), 21-40.

Bühner, R. (1986): Strategische Führung im Bereich der Hochtechnologie durch rechtliche Verselbständigung von Unternehmensteilbereichen. In: Der Betrieb 39, 2341-2346.

Bühner, R. (1992): Management-Holding – Unternehmensstruktur mit Zukunft. Landsberg/Lech.

Buono, A.F. (1996): Enhancing strategic partnerships: Intervening in network organizations. Cincinatti.

Buono, A.F.; Hachey, G.A. (1993): Ethical gaps in financial services networks: Lessons from the mortgage banking industry. In: Business & the Contemporary World 5 (Autumn), 140-152.

Burke, P.J. (1997): An identity model for network exchange. In: American Sociological Review 62 (February), 134-150.

Burns, T.; Stalker, G.M. (1961): The management of innovation. London.

Burt, R.S. (1982): Toward a structural theory of action: Network models of social structure, perceptions and action. New York.

Burt, R.S. (1983): Corporate profits and cooptation: Networks of market constraints and directorate ties in the American economy. New York.

Burt, R.S. (1992a): Structural holes. The social structure of competition. Cambridge.

Burt, R.S. (1992b): The social structure of competition. In: Nohria, N.; Eccles, R.G. (Hrsg.): Networks and organizations: Structure, form, and action. Boston, 57-91.

Burt, R.S. (1993): Market integration. In: Lindenberg, S.M.; Schreuder, H. (Hrsg.): Interdisciplinary perspectives on organization studies. Oxford, 241-292.

Byrne, J.A. (1993): The virtual corporation. In: Business Week, February 8, 1993, 36-41.

Campbell, J.L.; Hollingsworth, J.R.; Lindberg, L.N. (Hrsg.) (1991): Governance of the American economy. Cambridge.

Castells, M. (1996): The information age: Economy, society and culture; Vol I: The rise of the network society. Oxford.

Chandler, A.D. (1977): The visible hand. The managerial revolution in American business. Cambridge.

Chandler, A.D. (1990): Scale and scope. The dynamics of industrial capitalism. Cambridge.

Cherry, C. (1957): On human communication: A review, a survey and a criticism. New York.

Chesnais, F. (1991): Preface. In: Mytelka, L.K. (Hrsg.): Strategic partnerships and the world economy. States, firms and international competition. London, xiii-xvi.

Chia, R.; King, I.W. (1998): The organizational structuring of novelty. In: Organization 5, 461-478.

Child, J. (1972): Organizational structure, environment and performance. The role of strategic choice. In: Sociology 6, 1-22.

Chomsky, N. (1964): Current issues in linguistic theory. The Hague.

Claesges, U. (1964): Edmund Husserls Theorie der Raumkonstitution. Den Haag.

Claesges, U. (1976): Konstitution, phänomenologisch. In: Ritter, J.; Gründer, K. (Hrsg.): Historisches Wörterbuch der Philosophie. Basel, Sp. 1004-1005.

Clark, J.; Modgil, C.; Modgil, S. (Hrsg.) (1990): Anthony Giddens. Consensus and controversy. London.

Clark, T. (Hrsg.) (1997): Advancement in organizational behaviour. Essays in Honour of Derek S. Pugh. Aldershot et al..

Clegg, S.R.; Hardy, C. (1996): Introduction. Organizations, organization and organizing. In: Clegg, S.R.; Hardy, C.; Nord, W.R. (1996): Handbook of organization studies. London, 1-28.

Coase, R.H. (1937): The nature of the firm. In: Economica 4 (November), 386-405.

Coase, R.H. (1988): The firm, the market, and the law. In: Coase, R.H. (1988): The firm, the market, and the law. Chicago, 1-31.

Cohen, I.J. (1986): The status of structuration theory: A reply to McLennan. In: Theory, Culture and Society 3 (1), 123-134.

Cohen, I.J. (1987): Structuration theory and social praxis. In: Giddens, A.; Turner, J.H. (Hrsg.): Social theory today. Cambridge, 273-308.

Cohen, I.J. (1989): Structuration theory. Anthony Giddens and the constitution of social life. London.

Coleman, J.S. (1990): Foundations of social theory. Cambridge.

Collins, R. (1986): Is 1980s sociology in the doldrums? In: American Journal of Sociology 91 (6), 1336-1355.

Collins, R. (1988): Theoretical sociology. San Diego.

Connerton, P. (1989): How societies remember. Cambridge.

Cook, K.S. (1982): Network structures from an exchange perspective. In: Marsden, P.V.; Lin, N. (Hrsg.): Social structure and network analysis. Beverly Hills; London; New Dehli, 177-199.

Cook, K.S. (1987): Emerson's contribution to social exchange theory. In: Cook, K.S. (Hrsg.): Social exchange theory. Newbury Park, 209-222.

Cook, K.S. (1991): The microfoundations of social structure: An exchange perspective. In: Huber, J. (Hrsg.): Macro-micro-linkages in sociology. London, 29-45.

Cook, K.S.; Emerson, R.M. (1978): Power, equity and commitment in exchange networks. In: American Sociological Review 43, 712-739.

Cook, K.S.; Emerson, R.M.; Gilmore, M.R.; Yamagishi, T. (1983): The distribution of power in exchange networks: Theory and experimental results. In: American Journal of Sociology 89 (2), 275-305.

Cook, K.S.; Whitmeyer, J.M. (1992): Two approaches to social structure: Exchange theory and network analysis. In: Annual Review of Sociology 18, 109-127.

Cooke, P. (1997): Introduction: origins of the concept. In: Braczyk, H.-J.; Cooke, P., Heidenreich, M. (Hrsg.): Regional innovation systems. London, 2-25.

Coser, L.A. (1981): Review of central problems in social theory by Anthony Giddens. In: American Journal of Sociology 86 (6), 1435-1436.

Crozier, M. (1964): The bureaucratic phenomenon. Chicago.

Crozier, M.; Friedberg, E. (1979 [1977]): Macht und Organisation. Die Zwänge kollektiven Handelns. Königstein/Ts..

Crozier, M.; Thoenig, J.-C. (1976): The regulation of complex organized systems. In: Administrative Science Quarterly 21 (December), 547-570.

Damus, M. (1982): Architektonische Form und staatliche Repräsentation. In: Leviathan 10 (4), 555-584.

Däubler, W. (1993): Mitbestimmung und logistische Kette. In: Staehle, W.H.; Sydow, J. (Hrsg.): Managementforschung 3. Berlin, 1-17.

Davidow, W.H.; Malone, M.S. (1992): The virtual corporation. Structuring and revitalizing the corporation for the 21st century. New York.

Davis, J.; Leinhardt, S. (1972): The structure of positive interpersonal relations in small groups. In: Berger, J.; Zelditch, M.; Anderson, B. (Hrsg.): Sociological theories in progress, II. Boston, 218-251.

Davis, L.E.; North, D.C. (1971): Institutional change and American economic growth. Cambridge.

DeCock, C.; Richards, T. (1995): Of Giddens, paradigms, and philosophical garb. In: Organization Studies 16 (4), 699-704.

Deiß, M.; Döhl, V. (Hrsg.) (1992): Vernetzte Produktion. Automobilzulieferer zwischen Kontrolle und Autonomie. Frankfurt a.M.; New York.

Delmestri, G. (1998): Do all roads lead to Rome... or Berlin? The evolution of intra- and interorganizational routines in the machine-building industry. In: Organization Studies 19, 639-665.

Demes, H. (1989): Die pyramidenförmige Struktur japanischer Automobilindustrie und die Zusammenarbeit zwischen Endherstellern und Zulieferern. In: Altmann, N.; Sauer, D. (Hrsg.): Systemische Rationalisierung und Zulieferindustrie. Frankfurt a.M., 251-297.

Derrida, J. (1976 [1967]): Die Schrift und die Differenz. Frankfurt a.M..

Derrida, J. (1977): Limited Inc a b c .... In: Glyph 2, 162-254.

Derrida, J. (1979 [1967]): Die Stimme und das Phänomen. Ein Essay über das Problem des Zeichens in der Philosophie Husserls. Frankfurt a.M..

Derrida, J. (1983 [1967]): Grammatologie. Frankfurt a.M..

Derrida, J. (1986 [1972]): Positionen. Gespräche mit Henri Ronse, Julia Kristeva, Jean-Louis Houdebine, Guy Scarpetta. Graz; Wien; Böhlau.

Derrida, J. (1988 [1972a]): Randgänge der Philosophie. Erste vollständige deutsche Ausgabe. Wien.

Derrida, J. (1988 [1972b]): Die Différance. In: Derrida, J. (1988 [1972a]): Randgänge der Philosophie. Wien, 29-52.

Derrida, J. (1988 [1972c]): Signatur Ereignis Kontext. In: Derrida, J. (1988 [1972a]): Randgänge der Philosophie. Wien, 291-314.

Derrida, J.; Rötzer, F. (1986): Ist Dekonstruktion kritisierbar? Ein Gespräch über Irrationalismus, Wahrheit und Verantwortung mit dem französischen Philosophen Jacques Derrida. In: Frankfurter Rundschau vom 25-08-86, 20.

Deutsch, C.; Dürand, D. (1995): Outsourcing. Sprunghaft gestiegen. Dienstleister erledigen Einkauf, Lagerung und Distribution oft besser und billiger. In: Wirtschaftswoche (33), 83-85.

Deutschmann, C.; Faust, M.; Jauch, P.; Notz, P. (1995): Veränderungen der Rolle des Managments im Prozeß reflexiver Rationalisierung. In: Zeitschrift für Soziologie 24, 436-450.

DeVroy, M. (1991): Der Markt – von wegen einfach.... In: Prokla 21 (82), 7-22.

Dill, W.R. (1958): Environment as an influence on managerial autonomy. In: Administrative Science Quarterly 2, 409-443.

DiMaggio, P. (1988): Interest and agency in institutional theory. In: Zucker, L.G. (Hrsg.): Institutional patterns and organizations. Culture and environment. Cambridge, MA., 3-21.

DiMaggio, P.; Powell, W.W. (1983): The iron cage revisited: Institutional isomorphism and collective rationality in organizational fields. In: American Sociological Review 48 (2), 147-160.

DiMaggio, P.; Powell, W.W. (1991): Introduction. In: DiMaggio, P.; Powell, W.W. (Hrsg.): The new institutionalism in organizational analysis. Chicago, 1-38.

Dore, R. (1983): Goodwill and the spirit of market capitalism. In: British Journal of Sociology 34, 459-482.

Doreian, P.D. (1995): Social network analysis as a scientific revolution: Thinking in circles or genuine progress. Paper presented at the first ‚International Social Network Conference'. Manuskript.

Dörrenbacher, C.; Meißner, H.-R. (1991): IKEA – ‚The Hollow Elk Corporation'. In: Informationen über Multinationale Konzerne o. Jg. (2), 21-27.

Douglas, M. (1991): Wie Institutionen denken. Frankfurt a.M..

Dowling, M.J.; Lechner, C. (1998): Kooperative Wettbewerbsbeziehungen: theoretische Ansätze und Managementstrategien. In: Die Betriebswirtschaft 58 (1), 86-102.

Doz, Y.L. (1996): The evolution of cooperation in strategic alliances: initial conditions or learning processes. In: Strategic Management Journal 17 (Supplement), 3-30.

Dupuy, J.-P. (1990): Deconstructing deconstruction: Supplement and hierarchy. In: Stanford Literature Review 7, 101-121.

Dupuy, J.-P.; Varela, F. (1991): Kreative Zirkelschlüsse: Zum Verständnis der Ursprange. In: Watzlawick, P.; Krieg, P. (Hrsg.): Das Auge des Betrachters. Beiträge zum Konstruktivismus. München, 247-275.

Düll, K. (1987): Rationalisierungsprozeß und die Zukunft der Arbeit – eine kontroverse Diskussion. In: Lutz, B. (Hrsg.): Technik und sozialer Wandel. Frankfurt a.M.; New York, 135-145.

Dürand, D. (1995): Im Nebel stochern. In: Wirtschaftswoche (33), 74-76.

Durkheim, É. (1980 [1895]): Regeln der soziologischen Methode. 4. revidierte Auflage. Darmstadt und Neuwied.

Durkheim, É. (1988 [1893]): Über soziale Arbeitsteilung. Studie über die Organisation höherer Gesellschaften. Frankfurt a.M..

Duschek, S. (1998): Kooperative Kernkompetenzen – Zum Mananagemnet einzigartiger Netzwerkressourcen. In: Zeitschrift Führung und Organisation 67, 230-236.

Duschek, S. (2002): Innovation in Netzwerken: Renten, Relationen, Regeln. Wiesbaden.

Duschek, S.; Wirth, C. (1999): Mitbestimmte Netzwerkbildung – Der Fall einer außergewöhnlichen Dienstleistungsunternehmung. In: Industrielle Beziehungen 6, 73-110.

Dwyer, P. (1994): Merger mania strikes again. In: Business Week, 08-08-94, 18-19.

Dyer, J.H., Singh, H. (1998): The relational view: Cooperative strategies and sources of interorganizational competitive advantage: Evidence from the auto industry. In: Academy of Management Review 23 (4), 660-679.

Ebers, M.; Hermesch, M.; Matzke, M.; Mehlhorn, A. (2000): Strukturwandel und Steuerungsformen von Netzwerken in der deutschen Bauindustrie. In: Sydow, J.; Windeler, A. (Hrsg.): Steuerung von Netzwerken. Konzepte und Praktiken. Opladen, 251-279.

Eccles, R.G. (1981): The quasi-firm in the construction industry. In: Journal of Economic Behavior and Organization 2, 335-357.

Eldredge, N. (1985): Unfinished synthesis: Biological hierarchies and modern evolutionary thought. New York.

Eldredge, N.; Gould, S.J. (1972): Punctuated equilibria: An alternative to phyletic gradualism. In: Schopf, T.J.M. (Hrsg.): Models in paleobiology. San Francisco, 88-105.

Elster, J. (1987): Subversion der Rationalität. Frankfurt a.M.; New York.

Emerson, R.M. (1962): Power-dependence relations. In: American Sociological Review 27, 31-41.

Emerson, R.M. (1972a): Exchange theory, part I: A psychological basis for social exchange. In: Berger, J.; Zelditch Jr., M.; Anderson, B. (Hrsg.): Sociological theories in progress. Boston, 38-57.

Emerson, R.M. (1972b): Exchange theory, part II: Exchange relations and network structures. In: Berger, J.; Zelditch Jr., M.; Anderson, B. (Hrsg.): Sociological theories in progress. Boston, 58-87.

Emerson, R.M. (1982): Charismatic kingship in Baltistan. Washington.

Emirbayer, M. (1997): Manifesto for a relational sociology. In: American Journal of Sociology 103, 281-317.

Emirbayer, M., Goodwin, J. (1994): Network analysis, culture, and the problem of agency. In: American Journal of Sociology 99 (6), 1411-1454.

Empter, S. (1988): Handeln, Macht und Organisation. Zur interaktionistischen Grundlegung sozialer Systeme. Augsburg.

Endres, E. (1995): Kooperation als Integrationsmodus bei der Neubestimmung zwischenbetrieblicher Arbeitsteilung. In: Fischer, J.; Gensior, S. (Hrsg.): Netzspannungen. Berlin, 115-140.

Engelhard, W.H.; Kleinaltenkamp, M.; Reckenfelderbäumer, M. (1993): Leistungsbündel als Absatzprojekte. In: Zeitschrift für betriebswirtschaftliche Forschung 45 (5), 395-426.

Esser, H. (1993): Soziologie. Allgemeine Grundlagen. Frankfurt a.M; New York.

Esser, H.; Troitzsch, K.G. (1991): Einleitung: Probleme der Modellierung sozialer Prozesse. In: Esser, H.; Troitzsch, K.G. (Hrsg.): Modellierung sozialer Prozesse. Bonn, 13-25.

Evan, W.M. (1966): The organization-set: Toward a theory of interorganizational relations. In: Thompson, J.D. (Hrsg.): Approaches to organizational design. Pittsburgh, 173-188.

Farley, J.; Korbin, S. (1995): Organizing the global multinational firm. In: Bowan, E.H.; Kogut, B.M. (Hrsg.): Redesigning the firm. New York, 197-217.

Faulkner, R.R.; Anderson, A.B. (1987): Short-term projects and emergent careers: Evidence from Hollywood. In: American Journal of Sociology 92 (4), 879-909.

Felstead, A. (1993): The corporate paradox. Power and control in the business franchise. London.

Figal, G.; Rudolph, E. (1996): Editorial. In: Figal, G.; Rudolph, E. (Hrsg.): Schwerpunktthema: Wahrheit und Interpretation. Internationale Zeitschrift für Philosophie (2), 153-154.

Firth, R. (1951): Elements of social organization. London.

Fischer, J.; Gensior, S. (Hrsg.) (1995): Netzspannungen. Trends in der sozialen und technischen Vernetzung von Arbeit. Berlin.

Flam, H. (1990): Corporate actors: Definition, genesis, and interaction. MPIFG Discussion Paper 90/11. Köln.

Flament, C. (1963): Applications of graph theory to group structure. Englewood Cliffs, NJ..

Fligstein, N. (1990): The transformation of corporate control. Cambridge.

Fligstein, N. (1996): Markets as politics. A political-cultural approach to market institutions. In: American Sociological Review 61 (August), 656-673.

Fombrun, C. (1988): Crafting an institutionally informed ecology of organizations. In: Carroll, G. (Hrsg.): Ecological models of organizations. Cambridge, 223-239.

Fortes, M. (Hrsg.) (1963): Social structure: Studies presented to A.R. Radcliffe-Brown. New York.

Foucault, M. (1974 [1966]): Die Ordnung der Dinge. Eine Archäologie der Humanwissenschaften. Frankfurt a.M..

Foucault, M. (1977 [1975]): Überwachen und Strafen. Die Geburt des Gefängnisses. Frankfurt a.M..

Foucault, M. (1981 [1973]): Archäologie des Wissens. Frankfurt a.M..

Frank, M. (1984): Was ist Neostrukturalismus? Frankfurt a.M..

Freeman, L.C. (1978/1979): Centrality in social networks. Conceptual clarification. In: Social Networks 1, 215-239.

Freeman, L.C. (1989): Social networks and the structure experiment. In: Freeman, L.C.; White, D.R.; Romney, A.K. (Hrsg.): Research methods in social network analysis. Fairfax, 11-40.

Freeman, R.E. (1984): Strategic management. A stakeholder approach. Marshfield.

Friedberg, E. (1995): Ordnung und Macht. Dynamiken organisierten Handelns. Frankfurt a.M.; New York.

Friedman, M. (1953): The methodology of positive economics. In: Friedman, M. (Hrsg.): Essays in positive economics. Chicago, 3-43.

Frost, P.A.; Whitley, R. (1971): Communication patterns in a research laboratory. In: R&D Management 1 (2), 71-79.

Furubton, E.-G.; Richter, R. (1995): The new institutional economics: An assessment. Aldershot.

Furubton, E.-G.; Richter, R. (1997): Institutions and economic theory: The contribution of the new institutional economics. Ann Arbor.

Gadamer, H.-G. (1985 [1930]): Praktisches Wissen. In: Gadamer, H.-G. (1985): Griechische Philosophie I. Gesammelte Werke Band 5. Tübingen, 230-248.

Gadamer, H.-G. (1987 [1969]): Über leere und erfüllte Zeit. In: Gadamer, H.-G. (1987): Neuere Philosophie II. Gesammelte Werke. Band 4. Tübingen, 137-153.

Gadamer, H.-G. (1987 [1977]): Die Zeitanschauung des Abendlandes. In: Gadamer, H.-G. (1987): Neuere Philosophie II. Gesammelte Werke. Band 4. Tübingen, 119-136.

Gadamer, H.-G. (1987 [1980]): Das Erbe Hegels. In: Gadamer, H.-G. (1987): Neuere Philosophie II. Gesammelte Werke. Band 4, 463-483.

Gadamer, H.-G. (1993): Hermeneutik II. Wahrheit und Methode. Ergänzungen/Register. Gesammelte Werke Band 2. Tübingen.

Gadamer, H.-G. (1995 [1989a]): Hermeneutik und ontologische Differenz. In Gadamer, H.-G. (1995): Nachträge und Verzeichnisse. Gesammelte Werke Band 10. Tübingen, 58-70.

Galambos, L. (1970): The emerging organizational synthesis in modern American history. In: Business History Review 44, 279-290.

Galambos, L. (1983): Technology, political economy, and professionalization: Central themes of the organizational synthesis. In: Business History Review 57, 471-493.

Galaskiewicz, J.; Wasserman, S. (1994): Introduction: Advances in the social and behavioral sciences from social network analysis. In: Wasserman, S.; Galaskiewicz, J. (Hrsg.): Advances in social network analysis: Research in the social and behavioral sciences. Thousands Oaks, xi-xvii.

Galaskiewicz, J.; Zaheer, A. (1999): Networks of competitive advantage. In: Andrews, S.; Knoke, D. (Hrsg.): Research in the sociology of organizations. Greenwich, CT., 237-261.

Galbraith, J.K. (1973): Power and the useful economist. In: American Economic Review 63 (March), 1-11.

Gerlach, M.L. (1992): Alliance capitalism. The social organization of Japanese business. Berkeley.

Gerum, E.; Achenbach, W.; Opelt, F. (1998): Zur Regulierung der Binnenbeziehungen von Unternehmensnetzwerken. Ein Problemaufriß. In: Zeitschrift Führung und Organisation, 266-270.

Geser, H. (1990): Organisationen als soziale Akteure. In: Zeitschrift für Soziologie 19 (6), 401-417.

Ghoshal, S.; Bartlett, C.A. (1990): The multinational corporation as an interorganizational network. In: Academy of Management Review 15 (4), 603-625.

Gibson, J.J. (1982): Wahrnehmung und Umwelt. Der ökologische Ansatz in der visuellen Wahrnehmung. München; Wien; Baltimore.

Giddens, A. (1971): Capitalism and modern social theory: An analysis of the writings of Marx, Durkheim and Max Weber. Cambridge; New York; New Rochelle; Melbourne; Sydney.

Giddens, A. (1976): New rules of sociological method. London.

Giddens, A. (1977a): Studies in social and political theory. London.

Giddens, A. (1977b): Positivism and its critics. In: Giddens, A. (1977a): Studies in social and political theory. London, 29-95.

Giddens, A. (1977c): Functionalism: après la lutte. In: Giddens, A. (1977a): Studies in social and political theory. London, 96-134.

Giddens, A. (1977d): ‚Power' in the writings of Talcott Parsons. In: Giddens, A. (1977a): Studies in social and political theory. London, 333-349.

Giddens, A. (1979): Central problems in social theory. Action, structure and contradiction in social analysis. Houndmills et al..

Giddens, A. (1981): A contemporary critique of historical materialism. Power, poverty and the state. Houndmills et al..

Giddens, A. (1982a): Profiles and critiques in social theory. London.

Giddens, A. (1982b): Sociology. A brief but critical introduction. Houndmills et al..

Giddens, A. (1982c): Power, the dialectic of control and class structuration. In: Giddens, A.; Machenzie, G. (Hrsg.): Social class and the division of labour. Essay in honour of Ilya Neustadt. Cambridge, 29-45.

Giddens, A. (1984): The constitution of society. Outline of the theory of structuration. Cambridge.

Giddens, A. (1985): The nation-state and violence. Volume two of a contemporary critique of historical materialism. Cambridge.

Giddens, A. (1986): Action, subjectivity and the constitution of meaning. In: Social Research 53 (3), 529-545.

Giddens, A. (1987a): Time and social organization. In: Giddens, A. (1987f): Social theory and modern sociology. Cambridge, 140-165.

Giddens, A. (1987b): Social theory and problems of macroeconomics. In: Giddens, A. (1987f): Social theory and modern sociology. Cambridge, 183-202.

Giddens, A. (1987c): The social sciences and philosophy – trends in recent social theory. In: Giddens, A. (1987f): Social theory and modern sociology. Cambridge, 52-72.

Giddens, A. (1987d): Structuralism, post-structuralism and the production of culture. In: Giddens, A. (1987f): Social theory and modern sociology. Cambridge, 73-108.

Giddens, A. (1987e): Erving Goffman as a systematic social theorist. In: Giddens, A. (1987f): Social theory and modern sociology. Cambridge, 109-139.

Giddens, A. (1987f): Social theory and modern sociology. Cambridge.

Giddens, A. (1989a): A reply to my critics. In: Held, D.; Thompson, J.B. (Hrsg.): Social theory of modern societies: Anthony Giddens and his critics. Cambridge et al., 249-301.

Giddens, A. (1989b): Sociology. Cambridge.

Giddens, A. (1990a): The consequences of modernity. Cambridge.

Giddens, A. (1990b): Structuration theory and sociological analysis. In: Clark, J.; Modgil, C.; Modgil, S. (Hrsg.): Anthony Giddens. Consensus and controversy. London et al., 297-315.

Giddens, A. (1991a): Modernity and self-identity. Self and society in the late modern age. Cambridge.

Giddens, A. (1991b): Structuration theory: past, present and future. In: Bryant, C.G.A.; Jary, D. (Hrsg.): Giddens' theory of structuration. A critical appreciation. London, 201-221.

Giddens, A. (1992): The transformation of intimicy. Sexuality, love and eroticism in modern societies. Cambridge.

Giddens, A. (1993 [1976]): New rules of sociological method. 2. Aufl. Cambridge.

Giddens, A. (1993): Tradition in der post-traditionalen Gesellschaft. In: Soziale Welt 44, 445-485.

Giddens, A. (1994): Beyond left and right. The future of radical politics. Cambridge.

Giddens, A. (1995): Politics, sociology and social theory. Encounters with classical and contemporary social thought. Cambridge.

Giddens, A. (1996): What is social science? In: Giddens, A. (Hrsg.): In defense of sociology. Essays, interpretations and rejoinders. Cambridge, 65-77.

Giddens, A. (1996a): The labour party and British politics. In: Giddens, A. (Hrsg.): In defense of sociology. Essays, interpretations and rejoinders. Cambridge, 240-271.

Giddens, A. (1998): The third way: The renewal of social democracy. Cambridge.

Giddens, A.; Turner, J.H. (1987): Introduction. In: Giddens, A.; Turner, J.H. (Hrsg.): Social theory today. Cambridge, 1-10.

Ginsberg, A. (1994): Minding the competition: From mapping to mastery. In: Strategic Management Journal; Winter Special Issue 15, 153-174.

Gioia, D.A.; Pitre, E. (1990): Multiparadigm perspectives on theory building. In: Academy of Management Review 15 (4), 584-602.

Gloy, K. (1996): Vernunft und das Andere der Vernunft. Eine modelltheoretische Exposition. In: Zeitschrift für philosophische Forschung 50 (4), 527-562.

Gluckman, M. (1955): The judicial process among the Barotse of Nothern Rhodesia. Manchester.

Goffman, E. (1971): Verhalten in sozialen Situationen. Strukturen und Regeln der Interaktion im öffentlichen Raum. Gütersloh.

Goodman, E.; Bamford, J. (Hrsg.) (1989): Small firms and industrial districts in Italy. London.

Gould, S.J. (1982): Utopia. In: New York Review of Books (3), 23-50.

Gould, S.J. (1983): Utopia (Limited). In: New York Review of Books, 3 March 1983, 23-25.

Gould, S.J. (1994 [1989]): Zufall Mensch. Das Wunder des Lebens als Spiel der Natur. München.

Gould, S.J.; Eldredge, N. (1993): Punctuated equilibrium comes to age. In: Nature 336, 225-227.

Gould, S.J.; Lewontin, R.C. (1979): The spandrels of San Marco and the panglossian paradigm: A critique of the adaptionist program. In: Proceedings of the Royal Society of London 205, 581-598.

Gouldner, A.W. (1954): Patterns of industrial bureaucracy. Glencoe, Ill..

Gouldner, A.W. (1960): The norm of reciprocity: A preliminary statement. In: American Sociological Review 25 (2), 161-178.

Gouldner, A.W. (1973 [1959]): Reciprocity and autonomy in functional theory. In: Gouldner, A.W. (Hrsg.): For sociology. London, 190-225.

Grabher, G. (1993b): Rediscovering the social in the economics of interfirm relations. In: Grabher, G. (Hrsg.): The embedded firm. On the socioeconomics of industrial networks. London; New York, 1-31.

Grabher, G. (1993c): The weakness of strong ties: The lock-in of regional development in the Ruhr area. In: Grabher, G. (1993c): The embedded firm. On the socioeconomics of industrial networks. London; New York, 255-277.

Grabher, G. (1994): Lob der Verschwendung. Redundanz in der Regionalentwicklung: Ein sozioökonomisches Plädoyer. Berlin.

Grabher, G. (Hrsg.) (1993a): The embedded firm. On the socioeconomics of industrial networks. London; New York.

Grandori, A. (1998): Editiorial. Back to the future of organization theory. In: Organization Studies 19, v-xiii.

Grandori, A., Soda, G. (1995): Inter-firm networks: Antecedents, mechanisms and forms. In: Organization Studies 16 (2), 183-214.

Granovetter, M. (1973): The strength of weak ties. In: American Journal of Sociology 78, 1360-1380.

Granovetter, M. (1979): The theory-gap in social network analysis. In: Holland, P.W.; Leinhardt, S. (Hrsg.): Perspectives on social networks. New York, 501-518.

Granovetter, M. (1985): Economic action and social structure: The problem of embeddedness. In: American Journal of Sociology 91 (3), 481-510.

Granovetter, M. (1987): Structural analysis in the social sciences. (Konzept des Editors der Reihe). In: Mizruchi, M.S.; Schwartz, M. (Hrsg.): Intercorporate Relations. The structural analysis of business. New York et al..

Granovetter, M. (1990): Entrepreneurship, development and the emergence of firms. Discussion Paper FS I 90-2 (WZB, Berlin). Berlin.

Gregory, D. (1989): Presence and absences: Time-space relations and structuration theory. In: Held, D.; Thompson, J.B. (Hrsg.): Social theory of modern societies: Anthony Giddens and his critics. Cambridge et al., 185-215.

Gregory, S., Thompson, L. (1982): Superclusters and voides in the distribution of galaxies. In: Scientific American 246, 6-14.

Griese, J.; Sieber, P. (1999): Betriebliche Geschäftsprozesse. Bern et al..

Guetzkow, H. (1966): Relations among organizations. In: Bowers, R.V. (Hrsg.): Studies on Behavior in Organizations. A research symposium. Atheus, 13-44.

Gulati, R. (1995): Social structure and alliance formation patterns: a longitudinal analysis. In: Administrative Science Quarterly 40, 619-652.

Gulati, R. (1998): Alliances and networks: In: Strategic Management Journal 19 (4), 293-317.

Gulati, R. (1999): Network location and learning: The influence of network resources and firm capabilities on alliance formation. In: Strategic Management Journal 20, 397-420.

Gulati, R.; Nohria, N.; Zaheer, A. (2000): Strategic networks. In: Strategic Management Journal 21, 203-215.

Gurvitch, G. (1958): Traité de Sociologie. Paris.

Gutenberg, E. (1983 [1951]): Grundlagen der Betriebswirtschaftslehre. Erster Band. Die Produktion. 24. Aufl.. Berlin.

Habermas, J. (1972 [1963]): Analytische Wissenschaftstheorie und Dialektik. In: Adorno, T.W.; Dahrendorf, R.; Pilot, H.; Albert, H.; Habermas, J.; Popper, K.R. (1972 [1963]): Der Positivismusstreit in der deutschen Soziologie. Darmstadt und Neuwied, 155-191.

Habermas, J. (1972 [1964]]): Gegen einen positivistisch halbierten Rationalismus. In: Adorno, T.W.; Dahrendorf, R.; Pilot, H.; Albert, H.; Habermas, J.; Popper, K.R. (Hrsg.): Der Positivismusstreit in der deutschen Soziologie. Darmstadt und Neuwied, 235-266.

Habermas, J. (1984 [1972]): Wahrheitstheorien. In: Habermas, J.: Vorstudien und Ergänzungen zur Theorie des kommunikativen Handelns. Frankfurt a.M., 127-183.

Habermas, J. (1988 [1981]): Theorie des kommunikativen Handelns. Band 1/2. Frankfurt a.M..

Hacking, I. (1975): Why does language matter in philosophy? Cambridge.

Hacking, I. (1984): On the frontier. In: New York Review of Books (12), 54-80.

Hägerstrand, T. (1953): Innovations forloppet ur Korologisk Synpunkt. Lund Universitet Geografiska Institutionen.

Hahmann, M. (2000): Komplementäre Managementdiskurse. Polarisierung oder Paradigmenvielfalt. Wiesbaden.

Hahn, F. (1994): Die Relevanz der allgemeinen Gleichgewichtstheorie für die Transformation zentral geplanter Wirtschaften. In: Prokla 24 (94), 113-126.

Håkansson, H. (1987): Product development in networks. In: Håkansson, H. (Hrsg.): Industrial technological development: A network approach. New York, 84-127.

Håkansson, H. (1997): Organization networks. In: Sorge, A.; Warner, M. (Hrsg.): The handbook of organizational behaviour. London; Boston, 232-240.

Håkansson, H.; Johanson (1993): The network as a governance structure: interfirm cooperation beyond markets and hierarchies. In: Grabher, G. (Hrsg.): The embedded firm. London, 35-51.

Haken, H. (1984): Can synergetics be of use to management? In: Ulrich, H.; Probst, G.J.B. (Hrsg.): Self-organization and management of social systems. Berlin, 33-41.

Haken, H. (1996): Synergetik und Sozialwissenschaften. In: Ethik und Sozialwissenschaften 7, 587-675.

Halbwachs, M. (1985 [1950]): Das kollektive Gedächtnis. Frankfurt a.M..

Hall, R. (1993): A framework linking intangible resources and capabilities to sustainable competitive advantage. In: Strategic Management Journal 14, 607-618.

Hannan, M.T. (1998): Legitimation, identity and the evolution of organizational populations. Vortrag gehalten auf dem 14. EGOS-Kolloquium ‚Stretching the boundaries of organisation studies into the next millenium', July 9/11. 1998, Maastricht.

Hannan, M.T.; Freeman, J. (1977): The population ecology of organizations. In: American Journal of Sociology 82 (5), 929-964.

Hannan, M.T.; Freeman, J. (1989): Organizational ecology. Cambridge, MA.; London.

Harary, F.; Norman, R.Z.; Cartwright, D. (1965): Structural models. An introduction to the theory of directed graphs. New York.

Harrison, B. (1994): Lean and mean. The changing landscape of corporate power in the age of flexibility. New York.

Harvey, D. (1982): The limits to capital. Oxford.

Hassard, J. (1988): Overcoming hermeticism in organization theory: An alternative to paradigm incommensurability. In: Human Relations 41 (3), 247-259.

Hassard, J. (1991): Multiple paradigm and organizational analysis: A case study. In: Organization Studies 12 (2), 275-299.

Haude, R.; Wagner, T. (1999): Herrschaftsfreie Institutionen. Studien zur Logik ihrer Symbolisierungen und zur Logik ihrer theoretischen Leugnung. Baden-Baden.

Hawley, A.H. (1950): Human ecology: A theory of community structures. New York.

Hedlund, G. (1986): The hypermodern MNC – A heterarchy? In: Human Resource Management 25 (1), 9-35.

Hedlund, G. (1993): Assumptions of hierarchy and heterarchy, with applications to the management of the multinational corporation. In: Ghoshal, S.; Westney, O.E. (Hrsg.): Organization theory and the multinational corporation. New York, 211-236.

Hedlund, G. (1994): A model of knowledge management and the N-form corporation. In: Strategic Management Journal. Special Issue 15, 73-90.

Hedström, P.; Swedberg, R. (1996): Social mechanisms. In: Acta Sociologica 39 (3), 281-308.

Hegel, G.W.F. (1952 [1807]): Phänomenologie des Geistes. Hamburg.

Hegel, G.W.F. (1986 [1813]): Wissenschaft der Logik II. Werke Band 6. Frankfurt a.M..

Heidegger, M. (1986 [1927]): Sein und Zeit. 16. Auflage. Tübingen.

Heidenreich, M; Töpsch, K. (1998): Die Organisation von Arbeit in der Wissensgesellschaft. In: Industrielle Beziehungen 5 (1), 13-44.

Heidling, E. (1997): Interessenvertretung im Netz. Frankfurt a.M.; New York.

Heinze, R.G.; Hilbert, J.; Potratz, W.; Scharfenorth, K. (1995): Perspektiven nordrhein-westfälischer Industrie- und Standortpolitik. Arbeitspapier. Bochum.

Heinze, R.G.; Minssen, H.; Oberste-Schlüchting, M.; Pommerening, C.; Schramm, J.; Thinnes, P.; Wegge, M. (1998): Regionalisierungstendenzen in Wirtschaft und Politik am Beispiel der Umstrukturierung von Opel in Bochum und Opel in Eisenach. Endbericht DFG-Projekt. Bochum.

Held, D.; Thompson, J.B. (1989a): Editors' introduction. In: Held, D.; Thompson, J.B. (Hrsg.): Social theory of modern societies: Anthony Giddens and his critics. Cambridge et al., 1-18.

Held, D.; Thompson, J.B. (Hrsg.) (1989b): Social theory of modern societies: Anthony Giddens and his critics. Cambridge et al..

Heller, A. (1997): Undialektische Dialektik. Der Stand der Aufklärung in Europa. In: Leviathan 25 (2), 233-240.

Helper, S. (1991): How much has really changed between US automakers and their suppliers? In: Sloan Management Review 32 (4), 15-28.

Herrigel, G.B. (1993): Power and the redefinition of industrial districts: The case of Baden-Württemberg. In: Grabher, G. (Hrsg.): The embedded firm. London; New York, 227-251.

Heß, A.; Meinig, W. (1996): Absatzkanalsysteme der Automobilwirtschaft. In: Zeitschrift für betriebswirtschaftliche Forschung 48 (3), 280-299.

Hess, T. (2000): Anwendungsmöglichkeiten des Konzerncontrolling in Unternehmensnetzwerken. In: Sydow, J.; Windeler, A. (Hrsg.): Steuerung von Netzwerken. Opladen, 156-177.

Hesse, M.B. (1980) Revolutions and reconstruction in the philosophy of science. Brighton.

Heuß, A. (1985): Kontingenz in der Geschichte. In: Neue Hefte für Philosophie 24/25, 14-43.

Heydebrand, W. (1999): The network metaphor as key to the analysis of complex production and service relation in a global economy. Arbeitspapier Nr. 149. Akademie für Technikfolgenabschätzung in Baden-Württemberg. Stuttgart.

Hirsch, P.M. (1985): The study of industries. In: Bacharach, S.B.; Mitchell, S.M. (Hrsg.): Research in the sociology of organizations 4. Greenwich, CT., 271-309.

Hirschman, A.O. (1970): Exit, voice, and loyalty. Cambridge.

Hirschman, A.O. (1982): Rival interpretations of market society: Civilizing, destructive, or feeble? In: Journal of Economic Literature XX (4), 1463-1484.

Hitt, M.A. (1998): Twenty-first century organizations: Business firms, business schools, and the Academy. In: Academy of Management Review 23, 218-224.

Hockett, C.F. (1966): Language mathematics and linguistics. In: Current trends in linguistics 3, 155-304.

Hodgson, G.M. (1988): Economics and institutions. A manifesto for a modern institutional economics. Cambridge.

Hodgson, G.M. (1993): Economics and evolution. Bringing life back into economics. Cambridge.

Hodgson, G.M. (1994): The return of institutional economics. In: Smelser, N.J.; Swedberg, R. (Hrsg.): The handbook of economic sociology. Princeton, 58-76.

Hoffman, A.J. (1999): Institutional evolution and change: Environmentalism and the U.S. chemical industry. In: Academy of Management Journal 42 (4), 351-371.
Hogrebe, W. (1974): Kant und das Problem einer transzendentalen Semantik. Freiburg.
Hogrebe, W. (1976): Konstitution. In: Ritter, J.; Gründer, K. (1976): Historisches Wörterbuch der Philosophie, Sp. 992-994.
Hollingsworth, J.R.; Boyer, R. (1997b): Coordination of economic actors and social systems of production. In: Hollingsworth, J.R.; Boyer, R. (Hrsg.): Contemporary capitalism. Cambridge, 1-47.
Hollingsworth, J.R.; Boyer, R. (Hrsg.) (1997a): Contemporary capitalism. The embeddedness of institutions. Cambridge.
Hollingsworth, J.R.; Lindberg, L.N. (1985): The governance of the American economy: the role of markets, clans, hierarchies, and associative behaviour. In: Streeck, W.; Schmitter, P. (Hrsg.): Privat interest government: Beyond market and state. London; Beverly Hills; New Dehli, 221-254.
Hollingsworth, J.R.; Schmitter, P.C.; Streeck, W. (1994): Capitalism, sectors, institutions, and performance. In: Hollingsworth, J.R.; Schmitter, P.C.; Streeck, W. (Hrsg.): Governing capitalist economies. Performance and control of economic sectors. New York; Oxford, 3-16.
Homans, G.C. (1987): Behaviourism and after. In: Giddens, A.; Turner, J.H. (Hrsg.): Social theory today. Cambridge, 58-81.
Homans, G.S. (1960 [1950]): Theorie der sozialen Gruppe. Frankfurt a.M..
Hondrich, K.O. (1985): Begrenzte Unbestimmtheit als soziales Ordnungsprinzip. In: Neue Hefte für Philosophie 24/25, 59-78.
Honneth, A. (1980): Arbeit und instrumentales Handeln. In: Honneth, A.; Joas, H. (Hrsg.): Arbeit, Handlung, Normativität. Frankfurt a.M., 185-233.
Honneth, A. (1989): Kritische Theorie. Vom Zentrum zur Peripherie einer Denktradition. In: Kölner Zeitschrift für Soziologie und Sozialpsychologie 41, 1-32.
Honneth, A. (1992): Kampf um Anerkennung. Zur moralischen Grammatik sozialer Konflikte. Frankfurt a.M..
Horkheimer, M.; Adorno, T.W. (1971 [1947]): Dialektik der Aufklärung. Philosophische Fragmente. Frankfurt a.M..
Hoskisson, R.E.; Hitt, M.A. (1994): Downscoping. How to tame the diversified firm. New York; Oxford.
Huff, A.S. (1982): Industry influences on strategy reformulation. In: Strategic Management Journal 3, 119-131.
Hutter, M. (1989): Die Produktion von Recht. Eine selbstreferentielle Theorie der Wirtschaft, angewandt auf den Fall des Arzneimittelpatentrechts. Tübingen.

Ilinitch, A.Y.; D'Aveni, R.A.; Lewin, A.Y. (1996): New organizational forms and strategies for managing in hyper-competitive environment. In: Organization Science 7, 211-220.
Imai, K.; Itami, H. (1984): Interpenetration of organization and market: Japan's firm and market in comparison with the U.S.. In: International Journal of Industrial Organization 2, 285-310.

Jackson, N.; Carter, P. (1991): In defence of paradigm incommensurability. In: Organization Studies 12 (1), 109-127.
Jarillo, J.C. (1988): On strategic networks. In: Strategic Management Journal 9 (1), 31-41.
Jarillo, J.C. (1993): Strategic networks. Creating the borderless organization. Oxford.
Jary, D. (1991): ‚Society as time-traveller': Giddens on historical change, historical materialism and the nation-state in world society. In: Bryant, C.G.A.; Jary, D. (Hrsg.): Giddens' theory of structuration. A critical appreciation. London, 116-159.
Jepperson, R.L. (1991): Institutions, institutional effects, and institutionalism. In: DiMaggio, P.; Powell, W.W. (Hrsg.): The new institutionalism in organizational analysis. Chicago, 143-163.

Joas, H. (1986): Giddens' Theorie der Strukturbildung. Einführende Bemerkungen zu einer soziologischen Transformation der Praxisphilosophie. In: Zeitschrift für Soziologie 15 (4), 237-245.

Joas, H. (1988): Einführung. In: Giddens, A.: Die Konstitution der Gesellschaft. Frankfurt a.M.; New York, 9-23.

Joas, H. (1992): Pragmatismus und Gesellschaftstheorie. Frankfurt a.M..

Joas, H. (1996 [1992]): Die Kreativität des Handelns. Frankfurt a.M..

Jones, C. (1996): Career in project networks: The case of the film industry. In: Arthur, M.; Rousseau, D. (Hrsg.): Boundaryless careers. Oxford, 58-75.

Jones, C.; DeFillippi, R.J. (1996): Back into the future in film: Combining industry and self-knowledge to meet career challenges of the 21st century. In: Academy of Management Executive 10 (4), 89-104.

Jones, C.; Hesterley, W.S.; Borgatti, S.P. (1997): A general theory of network governance: Exchange conditions and social mechanisms. In: Academy of Management Review 22, 911-945.

Jürgens, U. (1984): Die Entwicklung von Macht, Herrschaft und Kontrolle im Betrieb als politischer Prozeß. In: Jürgens, U.; Naschold, F. (Hrsg.): Arbeitspolitik. Leviathan SH 5. Opladen, 58-91.

Jürgens, U. (1992): Synergiepotentiale der Entwicklungskooperation zwischen Zulieferern und Abnehmern. In: Deiß, M.; Döhl, V. (Hrsg.): Vernetzte Produktion. Frankfurt a.M.; New York, 421-440.

Jürgens, U. (1997): Strategien des Zeitwettbewerbs und Internationalisierungseffekte in den Prozeßketten der Produktentstehung. Vortrag auf der Tagung ‚Arbeitspolitische Auswirkungen ökonomischer Globalisierung – aktuelle empirische Befunde' der Sektion Industrie- und Betriebssoziologie in der DGS in Mannheim.

Kalmbach, P. (1988): Neoklassik als gesellschaftliche Produktivkraft. In: Leviathan 16 (1), 108-122.

Kandinsky, W. (1955 [1927]): und. In: Kandinsky, W.: Essays über Kunst und Künstler. Bern, 97-108.

Kanna, T.; Gulati, R.; Nohria, N. (1998): The dynamics of learning alliances: competition, cooperation, and relative scope. In: Strategic Management Journal 19 (3), 193-210.

Kanter, R.M.; Myers, P.S. (1991): Interorganizational bonds and intraorganizational behaviour. In: Etzioni, A.; Lawrence, P.R. (Hrsg.): Socio-Economics. New York, London, 329-344.

Kanter, R.M.; Uzzi, B.D. (1995): An interview with Rosabeth Moss Kanter. In: The Organization and Management Theory Division of the Academy of Management - Newsletter o. Jg. (Spring), 5-8.

Kapferer, B. (1972): Strategy and transaction in an African factory. Manchester.

Kappelhoff, P. (1987a): Cliquenanalyse. Die Bestimmung von intern verbundenen Teilgruppen in Netzwerken. In: Pappi, F.U. (Hrsg.): Methoden der Netzwerkanalyse. München, 39-63.

Kappelhoff, P. (1987b): Blockmodellanalyse: Positionen, Rollen und Rollenstrukturen. In: Pappi, F.U. (Hrsg,): Methoden der Netzwerkanalyse. München, 101-128.

Kappelhoff, P. (1993): Soziale Tauschsysteme. Strukturelle und dynamische Erweiterungen des Marktmodells. München.

Kappelhoff, P. (1995): Interpenetration von Rationalität und Moralität: Die verborgene Systemtheorie in der individualistischen Soziologie. In: Ethik und Sozialwissenschaft 6 (1), 57-67.

Kappelhoff, P. (1999): Handlungssysteme als komplexe adaptive Systeme: Überlegungen zu einer evolutionären Sozialtheorie. Manuskript. Wuppertal.

Kappelhoff, P. (2000a): Der Netzwerkansatz als konzeptueller Rahmen für eine Theorie interorganisationaler Netzwerke. In: Sydow, J.; Windeler, A. (Hrsg.): Steuerung von Netzwerken. Konzepte und Praktiken. Opladen, 25-57.

Kappelhoff, P. (2000b): Komplexitätstheorie und Steuerung von Netzwerken. Sydow, J.; Windeler, A. (Hrsg.): Steuerung von Netzwerken. Konzepte und Praktiken. Opladen, 347-389.

Katz, D.; Kahn, R.L. (1966): The social psychology of organizations. New York.

Kauffman, S.A. (1993): The origin of order. Self-organization and selection in evolution. Oxford.

Keller, R.T.; Holland, W.E. (1975): Boundary-spanning roles in a research and development organization: An empirical investigation. In: Academy of Management Journal 18 (2), 388-393.

Kenis, P., Knoke, D. (1998): A network theory of interorganizational relations. Manuskript. 14. EGOS Kolloquium, Maastricht, 9.-11. Juli.

Kern, H. (1989): Über die Gefahr, das Allgemeine im Besonderen zu sehr zu verallgemeinern. In: Soziale Welt 40 (1/2), 259-268.

Kern, H. (1998): Proletarisierung, Polarisierung oder Aufwertung der Erwerbsarbeit? In: Friedrichs, J.; Lepsius, M.R.; Mayer, K.U. (Hrsg.): Die Diagnosefähigkeit der Soziologie. SH 38 der Kölner Zeitschrift für Soziologie und Sozialpsychologie. Opladen, 113-129.

Kern, H.; Schumann, M. (1984): Das Ende der Arbeitsteilung? München.

Kerst, C.; Braczyk, H.-J.; Niebur, J. (1990): Systemische Rationalisierung als Chiffre ‚moderner' Innovationsverläufe? In: Bergstermann, J.; Brandherm-Böhmker, R. (Hrsg.): Systemische Rationalisierung als sozialer Prozeß. Bonn, 65-80.

Kieser, A. (1988): Darwin und die Folgen für die Organisationstheorie: Darstellung und Kritik des Population Ecology-Ansatzes. In: Die Betriebswirtschaft 48 (5), 603-620.

Kieser, A. (1994): Fremdorganisation, Selbstorganisation und evolutionäres Management. In: Zeitschrift für betriebswirtschaftliche Forschung 46 (3), 199-228.

Kieser, A. (Hrsg.) (1999): Organisationstheorien. 3. überarb. und erw. Aufl.. Stuttgart; Berlin; Köln.

Kieser, A.; Kubicek, H. (1983): Organisation. Berlin; New York.

Kießling, B. (1988): Kritik der Giddensschen Sozialtheorie. Frankfurt a.M. et al..

Kirkpatrick, D. (1992): Breaking up IBM. In: Fortune, 27-07-1992, 112-121.

Kleer, M. (1995): Gestaltung von Kooperationen zwischen Industrie- und Logistikunternehmen. Ergebnisse theoretischer und empirischer Untersuchungen. Berlin.

Klein, S. (1994): Virtuelle Organisation. In: Wirtschaftswissenschaftliches Studium 23 (6), 309-311.

Klein, S. (1996): Interorganisationssysteme und Unternehmungsnetzwerke. Wiesbaden.

Klein, S.; Werthner, H. (2000): Steuerungswirkungen interorganisationaler Informations- und Kommunikationssysteme am Beispiel touristischer Informationsplattformen. In: Sydow, J.; Windeler, A. (Hrsg.): Steuerung von Netzwerken. Konzepte und Praktiken. Opladen, 234-250.

Kleinaltenkamp, M. (1998): Begriffsabgrenzungen und Erscheinungsformen von Dienstleistungen. In: Bruhn, M.; Meffert, H. (Hrsg.): Handbuch Dienstleistungsmanagement. Wiesbaden, 29-52.

Knoblauch, H. (2000): Das Ende der linguistischen Wende. Sprache und empirische Wissenssoziologie. In: Soziologie (2), 46-58.

Knoke, D. (1990): Political networks. The structural perspective. Cambridge.

Knoke, D.; Kulinksi, J.H. (1982): Network analysis. Beverly Hills.

Knorr-Cetina, K. (1981): The micro-sociological challenge of macro-sociology. In: Knorr-Cetina, K.; Circourel, A.V. (Hrsg.): Advances in social theory and methodology, 1-47.

Knorr-Cetina, K.D. (1985): Soziale und wissenschaftliche Methode oder: Wie halten wir es mit der Unterscheidung zwischen Natur- und Sozialwissenschaften. In: Bonß, W.; Hartmann, H. (Hrsg.): Entzauberte Wissenschaft. Soziale Welt Sonderband 3. Göttingen, 275-297.

Kogut, B.M. (1989): The stability of joint ventures: Reciprocity and competitive rivalry. In: The Journal of Industrial Economics 38 (2), 183-198.

Kogut, B.M.; Bowan, E.H. (1995): Modularity and permeability as principles of design. In: Bowan, E.H.; Kogut, B.M. (Hrsg.): Redesigning the firm. New York, 243-260.

Köhler, H.-D. (2000): Netzwerksteuerung und/oder Konzernkontrolle? In: Sydow, J.; Windeler, A. (Hrsg.): Steuerung von Netzwerken. Konzepte und Praktiken. Opladen, 280-300.

Köhler, R. (1991): Japans Wirtschaft schirmt sich gegen Ausländer ab. Sechs Gruppen halten Machtzentren von Fremden frei. In: Frankfurter Rundschau vom 26-06-91, 23.

Köhler, W. (1925): The mentality of après. New York.

Kollenbach, S. (1995): Positionierungsmanagement in Vertragshändlersystemen. Konzeptionelle Grundlagen am Beispiel der Automobilindustrie. Frankfurt a.M.; Berlin.

Koontz, H.D.; O'Donnell, C.J. (1955): Principles of management: An analysis of managerial functions. New York.

Kortzfleisch, H.F.O. von (1999): Virtuelle Unternehmen. In: Die Betriebswirtschaft 59, 664-685.

Koselleck, R. (1989): Vergangene Zukunft. Zur Semantik geschichtlicher Zeiten. Frankfurt a.M..

Koselleck, R. (2000): Zeitschichten. Studien zur Historik. Frankfurt a.M..

Kößler, R. (1990): Arbeitskultur im Industrialisierungsprozeß. Münster.

Kouba, P. (1996): Die Sache des Verstehens. In: Figal, G.; Rudolph, E. (Hrsg.): Schwerpunktthema: Wahrheit und Interpretation. Internationale Zeitschrift für Philosophie (2), 185-196.

Koza, M.P., Lewin, A.Y. (1998): The co-evolution of strategic alliances. In: Organization Science 9 (3), 255-264.

Koza, M.P.; Lewin, A.Y. (1999): The co-evolution of network alliances: A longitudinal analysis of an international professional service network. In: Organization Science 10 (5), 638-653.

Krackhardt, D. (1995): Review symposium: ‚Structural holes: The social structure of competition.‘ In: Administrative Science Quarterly 40 (2), 350-358.

Krebs, M.; Rock, R. (1994): Unternehmungsnetzwerke – eine intermediäre oder eigenständige Organisationsform? In: Sydow, J.; Windeler, A. (Hrsg.): Management interorganisationaler Beziehungen. Vertrauen, Kontrolle und Informationstechnik. Opladen, 322-345.

Kristensen, P. (1994): Spectator communities and entrepreneurial districts. In: Entrepreneurship and Regional Development 6, 177-198.

Krystek, U.; Redel, W.; Reppegather, S. (1997): Grundzüge virtueller Organisationen. Wiesbaden.

Küpper, W.; Felsch, A. (1999): Organisation, Macht und Ökonomie. Mikropolitik und die Konstitution organisationaler Handlungssysteme. Opladen.

Landfried, C. (1994): Parteienfinanzen und politische Macht. Baden-Baden.

Lane, P.J.; Lubatkin, M. (1998): Relative absorptive capacity and interorganizational learning. In: Strategic Management Journal 19, 461-477.

Lange, K.W. (1998): Das Recht der Netzwerke. Heidelberg.

Laplanche, J.; Pontalis, J.-B. (1973 [1967]): Das Vokabular der Psychoanalyse. 2. Band. Frankfurt a.M..

Latour, B. (1996): On actor-network theory. In: Soziale Welt 47 (4), 369-381.

Laufer, R. (1995): Networks, legitimacy and society: Neither market nor hierarchy. Paper presented on the ESSEC workshop on ‚Action, structure and organization‘. Paris.

Laumann, E.O.; Galaskiewicz, J.; Marsden, P.V. (1978): Community structure as interorganizational linkages. In: Annual Review of Sociology 4, 455-484.

Laumann, E.O.; Knoke, D. (1987): The organizational state: Madison, WI..

Laumann, E.O.; Pappi, F.U. (1973): New directions in the study of community elites. In: American Sociological Review 38, 212-230.

Laumann, E.O.; Pappi, F.U. (1976): Networks of collective action. New York.

Laurent, M. (1996): Verteilte Kooperation zwischen Industrie und Handel. Frankfurt a.M.

Lawler, E.J.; Yoon, J. (1998): Network structure and emotion in exchange relations. In: American Sociological Review 63, 871-894.

Lawrence, P.R.; Lorsch, J.W. (1967): Organization and environment. Boston, MA..

Lazerson, M.H. (1988): Organizational growth of small firms. In: American Sociological Review 53, 330-342.

Leblebici, H.; Salancik, G.R. (1982): Stability in interorganization exchanges: Rulemaking processes of the Chicago Board of Trade. In: Administrative Science Quarterly 27 (2), 227-242.

Leblebici, H.; Salancik, G.R.; Copay, A.; King, T. (1991): Institutional change and the transformation of interorganizational fields. In: Administrative Science Quarterly 36 (3), 333-363.

Lei, D.; Hitt, M.A.; Bettis, R.A. (1996): Dynamic core competences through meta-learning and strategic context. In: Journal of Management 22, 549-569.

Lenk, H. (1995): Interpretation und Realität. Frankfurt a.M..

Lenk, H. (1996): Philosophieren als kreatives Interpretieren. In: Zeitschrift für philosophische Forschung 50 (4), 585-600.

Leonard-Barton, D. (1992): Core capabilities and core regidities: A paradox in managing new product development. In: Strategic Management Journal 13 (2), 111-125.

Levine, S.; White, P.E. (1960): Exchange as a conceptual framework for the study of interorganizational relationships. In: Administrative Science Quarterly 5 (1), 583-610.

Levinthal, D.A.; March, J.G. (1993): The myopia of learning. In: Strategic Management Journal 14 (Special Issue Winter), 95-112.

Lévi-Strauss, C. (1958 [1945]): Strukturale Anthropologie. Frankfurt a.M..

Lévi-Strauss, C. (1981 [1947]): Die elementaren Strukturen der Verwandtschaft. Frankfurt a.M..

Levitt, B.; March, J.G. (1988): Organizational learning. In: Annual Review of Sociology 14, 319-340.

Lewin, K. (1936): Principles of topological psychology. New York.

Lewontin, R.C. (1983): The corpse in the elevator. In: New York Review of Books (1), 34-70.

Li, P.P. (1998): Towards a geocentric framework of organizational form: A holistic, dynamic and paradoxical approach. In: Organization Studies 19, 829-861.

Lie, J. (1992): The concept of mode of exchange. In: American Sociological Review 57, 508-523.

Lie, J. (1997): Sociology of markets. In: Annual Review of Sociology 23, 341-360.

Light, I.; Karageorgis, S. (1994): The ethnic economy. In: Smelser, N.J.; Swedberg, R. (Hrsg.): The handbook of economic sociology. Princeton, 647-671.

Lincoln, J.R.; Gerlach, M., Ahmadjian, C. (1998): Evolving patterns of keiretsu organization and action in Japan. In: Research in Organizational Behavior 20, 303-345.

Lindberg, L.N.; Campbell, J.L.; Hollingsworth, J.R. (1991): Economic governance and the analysis of structural change in the American economy. In: Campbell, J.L.; Hollingsworth, J.R.; Lindberg, L.N. (Hrsg.): Governance of the American economy. Cambridge, MA, 3-34.

Lipietz, A. (1991): Die Beziehungen zwischen Kapital und Arbeit am Vorabend des 21. Jahrhunderts. In: Leviathan 19 (1), 78-101.

Lockwood, D. (1964): Explorations in social change. In: Zollschan, G.K.; Hirsch, W. (Hrsg.): Exploration in social change. London, 244-257.

Lorenz, K. (1982): Die Rückseite des Spiegels. München.

Luce, R.D.; Perry, A. (1949): A method of matrix analysis of group structure. In: Psychometrika 14, 95-116.

Luckmann, T. (1969): Soziologie der Sprache. In: König, R. (Hrsg.): Handbuch der Empirischen Sozialforschung. 2. Band. Stuttgart, 1050-1101.

Luckmann, T. (1984): Language in society. In: International Social Science Journal 39 (99), 5-20.

Luhmann, N. (1964): Funktion und Folgen formaler Organisationen. Berlin.

Luhmann, N. (1971): Sinn als Grundbegriff der Soziologie. In: Habermas, J.; Luhmann, N. (Hrsg.): Theorie der Gesellschaft oder Sozialtechnologie. Frankfurt a.M., 25-100.

Luhmann, N. (1973 [1968]): Zweckbegriff und Systemrationalität. Frankfurt a.M..

Luhmann, N. (1975): Legitimation durch Verfahren. 2. Aufl. Darmstadt und Neuwied.

Luhmann, N. (1984): Soziale Systeme. Grundriß einer allgemeinen Theorie. Frankfurt a.M..

Luhmann, N. (1988): Organisation. In: Küpper, W.; Ortmann, G. (Hrsg.): Mikropolitik. Rationalität, Macht und Spiele in Organisationen. Opladen, 165-185.

Luhmann, N. (1989): Politische Steuerung. In: Politische Vierteljahresschrift 30 (1), 4-9.

Luhmann, N. (1992): Beobachtungen der Moderne. Opladen.

Luhmann, N. (1994 [1988]): Die Wirtschaft der Gesellschaft. Frankfurt a.M..

Luhmann, N. (1997): Die Kontrolle von Intransparenz. In: Ahlemeyer, H.W.; Königswieser, R. (Hrsg.): Komplexität managen. Wiesbaden, 51-76.

Lutz, B.; Schmidt, G. (1977): Industriesoziologie. In: König, R. (Hrsg.): Handbuch der empirischen Sozialforschung. Band 8. 2. völlig neu überarbeitete. Aufl. Stuttgart, 101-262.

Lyles, M.A.; Reger, R.K. (1993): Managing for autonomy in joint ventures: A longitudinal study of upward influence. In: Journal of Management Studies 30 (3), 383-404.

Macneil, I.R. (1985): Relational contract. In: Wisconsin Law Review 78, 483-525.

Maier, H.E. (1987): Das Modell Baden-Württemberg. WZB-Diskussionspapier IIM/LMP 87 - 10a. Berlin: WZB.

Malone, T.W.; Laubacher, R.J. (1998): The dawn of E-lance economy. In: Harvard business Review (September-October), 145-152.

Malsch, T. (1987): Arbeit und Kommunikation im informatisierten Produktionsprozeß. In: Lutz, B. (Hrsg.): Technik und sozialer Wandel. Frankfurt a.M.; New York, 164-175.

Malsch, T.; Mill, U. (Hrsg.) (1992): ArBYTE. Modernisierung der Industriesoziologie? Berlin.

March, J.G. (1991): Exploration and exploitation in organizational learning. In: Organization Science 2, 71-87.

March, J.G. (1995): The future, disposable organizations and the rigidities of imagination. In: Organization 2, 427-440.

March, J.G.; Olsen, J.P. (1994): Institutional perspectives on governance. In: Derlien, H.-U.; Gerhardt, U.; Scharpf, F.W. (Hrsg.): Systemrationalität und Partialinteresse. Baden-Baden, 249-269.

March, J.G.; Simon, H.A. (1958): Organizations. New York.

Marcuse, H. (1965 [1933]): Über die philosophischen Grundlagen des wirtschaftswissenschaftlichen Arbeitsbegriffs. In: Marcuse, H.: Kultur und Gesellschaft 2. Frankfurt a.M., 7-48.

Marsden, P.V. (1990): Network data and measurement. In: Annual Review of Sociology 16, 435-463.

Marsden, P.V. (1992): Social network theory. 4. Band. In: Borgatta, E.; Borgatta, M.L. (Hrsg.): Encyclopedia of sociology. New York, 1887-1894.

Marsden, P.V.; Lauman, E.O. (1977): Collective action in a community elite. In: Liebert, R.J.; Imershein, A.W. (Hrsg.): Power, paradigms and community research. Beverly Hills, 199-250.

Marsden, P.V.; Lin, N. (Hrsg.) (1982): Social structure and network analysis. Beverly Hills; London; New Dehli.

Marshall, A. (1890): Principles of economics. Basingstoke.

Martens, W. (1989): Entwurf einer Kommunikationstheorie der Unternehmung. Frankfurt a.M.; New York.

Martens, W. (1997): Organisation und gesellschaftliche Teilsysteme. In: Ortmann, G.; Türk, K., Sydow, J. (Hrsg.): Theorien der Organisation. Opladen. 263-311.

Marx, K. (1953 [1857/1858]): Grundrisse der Kritik der politischen Ökonomie (Rohentwurf). Berlin.

Marx, K. (1968 [1844]): Ökonomisch-philosophische Manuskripte. In: Marx, K.; Engels, F.: Werke. 1. Ergänzungsband. Berlin.

Marx, K. (1969 [1863/1865]): Resultate des unmittelbaren Produktionsprozesses. Frankfurt a.M..

Marx, K. (1972 [1852]): Der 18te Brumaire des Louis Napoleon. In: Marx, K.; Engels, F.: Werke. Band 8. Berlin, 111-207.

Marx, K. (1975 [1867]): Das Kapital. Kritik der politischen Ökonomie. Band 1. Berlin.

Masuch, M. (1985): Vicious circles in organizations. In: Administrative Science Quarterly 30 (3), 14-33.

Mathews, J. (1992): TCG: Sustainable economic organization through networking. Kensington.

Maturana, H.R.; Varela, F.J. (1990 [1984]): Der Baum der Erkenntnis. Bern; München.

Mayhew, B.H. (1980): Structuralism versus individualism: Part I. Shadowboxing in the dark. In: Social Forces 59 (2), 335-375.

Mayntz, R. (1987): Politische Steuerung und gesellschaftliche Steuerungsprobleme. In: Ellwein, T.; Hesse, J.J.; Mayntz, R.; Scharpf, W. (Hrsg.): Jahrbuch zur Staats- und Verwaltungswissenschaft. Bd. 1. Baden-Baden, 89-110.

Mayntz, R. (1992): Modernisierung und die Logik von interorganisatorischen Netzwerken. In: Journal für Sozialforschung 32 (1), 19-32.

Mayntz, R. (1996): Policy Netzwerke und die Logik von Verhandlungsnetzwerken. In: Kenis, P.; Schneider, V. (Hrsg.): Organisation und Netzwerk. Frankfurt a.M; New York, 471-496.

Mayntz, R. (1998): New challenges to governance theory. Jean Monnet Chair Papers 50. The Robert Schuman Centre at the European University Institute. Florenz.

Mayntz, R.; Scharpf, F.W. (1995): Gesellschaftliche Selbstregulierung und politische Steuerung. Frankfurt a.M.; New York.

Mayr, E. (1982): The growth of biological thought. Cambridge.

McLennan, G. (1984): Critical or positive theory? In: Theory, Culture and Society 2 (2), 123-129.

McLennan, G. (1988): Structuration theory and post-empiricist philosophy: A rejoinder. In: Theory, Culture and Society 5 (1), 101-109.

McMillan, J. (1990): Managing suppliers. In: California Management Review 32, 38-55.

Mead, G.H. (1973 [1934]): Geist, Identität und Gesellschaft. Frankfurt a.M..

Meffert, H. (1998): Editorial. Going virtual. In: Die Betriebswirtschaft 58 (1), 1-4.

Meinig, W.; Heß, A. (1992): Konflikte in vertraglichen Vertriebssystemen der Automobilwirtschaft. Eine Modellkonzeption. In: Zeitschrift für betriebswirtschaftliche Forschung 62, 269-390.

Mendius, H.G.; Wendeling-Schröder, U. (Hrsg.) (1991): Zulieferer im Netz. Köln.

Merton, R.K. (1936): The unanticipated consequences of purposive action. In: American Sociological Review 1, 894-904.

Merton, R.K. (1957): Social theory and social structure. Glencoe, Ill.

Messner, D. (1995): Die Netzwerkgesellschaft. Köln.

Meyer, J.W.; Rowan, B. (1977): Institutionalized organizations: Formal structure as myth and ceremony. In: American Journal of Sociology 83 (2), 340-363.

Meyer, M.; Zucker, L. (1989): Permanently failing organizations. Newbury Park, CA..

Michaëlis, C. (1911): Modalität. In: Michaëlis, C. (Hrsg.): Kirchner's Wörterbuch der Philosophischen Grundbegriffe. Leipzig, 583.

Miles, R.E.; Creed, W.E.D. (1995): Organizational forms and managerial philosophies. In: Research in organizational behavior 17, 333-372.

Miles, R.E.; Snow, C.C. (1986): Organizations: New concepts for new forms. In: California Management Review 28 (3), 62-73.

Miles, R.E.; Snow, C.C. (1992): Causes of failure in network organizations. In: California Management Review 34, 53-72.

Miles, R.E.; Snow, C.C. (1995): The new network firm. In: Organizational Dynamics 23 (4), 5-18.

Miles, R.E.; Snow, C.C.; Miles, G. (2000): The future.org. In: Long Range Planing 33, 300-321.

Milgram, S. (1967): The small-world problem. In: Psychology Today 1, 62-70.

Mills, C.W. (1956): The power elite. London.

Mills, C.W. (1959): The sociological imagination. London; Oxford; New York.

Mintzberg, H.; McHugh, A. (1985): Strategy formation in an adhocracy. In: Administrative Science Quarterly 30 (2), 160-197.

Mitchell, J.C. (1969): The concept and use of social networks. In: Mitchell, J.C. (Hrsg.): Social networks in urban situations. Manchester, 1-50.

Mitchell, J.C. (1974): Social networks. In: Annual Review of Anthropology 3, 279-299.

Mitroff, I.I.; Mason, R.O. (1983): Stakeholders of executive decision making. San Francisco, 144-168.

Mizruchi, M.S. (1996): What do interlocks do? In: Annual Review of Sociology 22, 271-298.

Mizruchi, M.S.; Schwartz, M. (1987): The structural analysis of business. In: Mizruchi, M.S.; Schwartz, M. (Hrsg.): Intercorporate relations. The structural analysis of business. New York et al., 3-21.

Molm, L.D. (1997): Risk and power use. In: American Sociological Review 62 (February), 113-133.

Molm, L.D.; Peterson, G.; Takahashi, N. (1999): Power in negotiated and reciprocal exchange. In: American Sociological Review, (64), 876-890.

Moorman, C.; Miner, A.S. (1998): Organizational improvisations and organizational memory. In: Academy of Management Review 23, 698-723.

Moreno, J. (1934): Who shall survive? New York.

Morgan, G. (1986): Images of organization. Beverly Hills.

Mouzelis, N. (1997): Social and system integration: Lockwood, Habermas, Giddens. In: Sociology 31 (1), 111-119.

Müller, H.-P. (1992): Sozialstruktur und Lebensstile. Frankfurt a. M..

Müller-Jentsch, W. (1999): Die deutsche Mitbestimmung – Ein Auslaufmodell im globalen Wettbewerb? In: Nutzinger, H. (Hrsg.): Perspektiven der Mitbestimmung. Marburg, 287-303.

Mullins, N.C. (1973): Theories and theory groups in contemporary American sociology. New York.

Münch, R. (1987): Parsonian theory today: In search of a new synthesis. In: Giddens, A.; Turner, J.H. (Hrsg.): Social theory today. Cambridge, 116-155.

Nadel, S.F. (1957): The theory of social structure. London.

Nadler, D.A.; Tushman, M.L. (1997): Competing by design: New York.

Nagbøl, S. (1986): Macht und Architektur. In: König, H.-D.; Lorenzer, A.; Lüdde, H.; Nagbøl, S.; Prokop, U.; Schmid Noerr, G.; Eggert, A. (Hrsg.): Kultur-Analysen. Frankfurt a.M., 347-373.

Naschold, F. (1984): Arbeitspolitik. In: Jürgens, U.; Naschold, F. (Hrsg.): Arbeitspolitik. Leviathan SH 5, Opladen, 11-57.

Negt, O. (1981 [1971]): Soziologische Phantasie und exemplarisches Lernen. Frankfurt a.M..

Negt, O.; Kluge, A. (1981): Geschichte und Eigensinn. Frankfurt a.M..

Nelson, R.R. (1995): Recent evolutionary theorizing about economic change. In: Journal of Economic Literature 33, 48-90.

Neuberger, O. (1995) Mikropolitik. Stuttgart.

Nohria, N. (1992): Introduction. In: Nohria, N.; Eccles, R.G. (Hrsg.): Networks and organizations: Structure, form, and action. Boston, 1-22.

Nohria, N.; Eccles, R.G. (Hrsg.) (1992): Networks and organizations. Boston.

Nohria, N.; Garcia-Pont, C. (1991): Global strategic linkages and industry structure. In: Strategic Management Journal 12 (Special Issue), 105-124.

Nohria, N.; Gulati, R. (1994): Firms and their environment. In: Smelser, N.J.; Swedberg, R. (Hrsg.): The handbook of economic sociology. Princeton, 529-555.

North, D.C. (1990): Institutions, institutional change, and economic performance. New York.

Nowotny, H. (2000): Transgressive competence. The narrative of expertise. In: European Journal of Social Theory 3, 5-21.

Oberbeck, H. (1987): Neue Rationalisierungsprinzipien im Betrieb. In: Lutz, B. (Hrsg.): Technik und sozialer Wandel. Frankfurt a.M.; New York, 154-163.

Oberbeck, H.; Oppermann, R.; Osthues, E.-W. (1987): Zur Entwicklung des Technikeinsatzes im Dienstleistungssektor. In: SOFI-Mitteilungen (14), 87-108.

Oberbeck, H.; Oppermann, R.; Osthues, E.-W.; Bischoff-Schilke, K.; Rettberg, W. (1994): Die Veränderung von Dienstleistungsqualität durch Informations- und Kommunikationstechnik. Forschungsbericht des SOFI Göttingen. Göttingen.

Oberschall, A., Leifer, E.M. (1986): Efficiency and social institutions: Uses and misuses of economic reasoning in sociology. In: Annual Review of Sociology 12, 233-253.

OECD (Hrsg.) (1996): Networks of enterprises and local development. Paris.

Oliver, A.; Ebers, M. (1998): Networking network studies. In: Organization Studies. Special issue: The organizational texture of inter-firm relations 19, 549-583.

Oliver, C. (1991): Network relations and loss of organizational autonomy. In: Human Relations 44 (9), 943-961.

Oliver, C. (1997): Sustainable competitive advantage. In: Strategic Management Journal 18, 697-713.

Ore, O. (1962): Theory of graphs. Providence.

Orth, E.W. (1996): Orientierung über Orientierung. Zur Medialität der Kultur als Welt des Menschen. In: Zeitschrift für philosophische Forschung 50 (1/2), 167-182.

Ortmann, G. (1994): Dark Stars. In: Beckenbach, N., Treeck, W. v. (Hrsg.): Umbrüche gesellschaftlicher Arbeit. Soziale Welt. Sonderband 9. Göttingen, 85-118.

Ortmann, G. (1995): Formen der Produktion. Organisation und Rekursivität. Opladen.

Ortmann, G. (2002a): Regel und Ausnahme. Paradoxien sozialer Ordnung. Frankfurt a.M. (In Vorbereitung).

Ortmann, G. (2002b): Organisation und Dekonstruktion. Wiesbaden. (In Vorbereitung).

Ortmann, G. (2002c): Die Ehre der Prizzis, oder: Vertrauen ist nicht der Anfang von allem. Über Vertrauen und Relianz. In: Ortmann, G.: Organisation und Dekonstruktion. Wiesbaden. In Vorbereitung.

Ortmann, G.; Schnelle, W. (2000): Medizinische Qualitätsnetze. In: Sydow J.; Windeler, A. (Hrsg.): Steuerung von Netzwerken. Konzepte und Praktiken. Opladen, 206-233.

Ortmann, G.; Sydow, J. (1999): Grenzmanagement in Unternehmungsnetzwerken: Theoretische Zugänge. In: Die Betriebswirtschaft 59, 205-220.

Ortmann, G.; Sydow, J. (Hrsg.) (2001): Strategie und Strukturation. Wiesbaden.

Ortmann, G.; Sydow, J.; Türk, K. (Hrsg.) (1997): Theorien der Organisation. Opladen.

Ortmann, G.; Sydow, J.; Windeler, A. (1997): Organisation als reflexive Strukturation. In: Ortmann, G.; Sydow, J.; Türk, K. (Hrsg.): Theorien der Organisation. Opladen, 315-354.

Ortmann, G.; Windeler, A.; Becker, A.; Schulz, H.-J. (1990): Computer und Macht in Organisationen. Mikropolitische Analysen. Opladen.

Ortmann, G.; Zimmer, M. (1998): Strategisches Management, Recht und Politik. In: Die Betriebswirtschaft 58 (6), 747-769.

Orton, J.D.; Weick, K.E. (1990): Loosely coupled systems: A reconceptualization. In: Academy of Management Review 15 (2), 203-223.

Osborn, R.N.; Hagedoorn, J. (1997): The institutionalisation and evolutionary dynamics of inter-organisational alliances and networks. In: Academy of Management Journal 40, 261-278.

Outhwaite, W. (1983): Concept formation in social science. London et al..

Pagels, H. (1985): Perfect symmetry. New York.

Paniccia, I. (1998): One, a hundred, thousands of industrial districts. Organizational variety in local networks of small and medium-seized enterprises. In: Organization Studies 19, 667-699.

Pappi, F.U. (Hrsg.) (1987a): Methoden der Netzwerkanalyse. München.

Pappi, F.U. (1987b): Die Netzwerkanalyse aus soziologischer Perspektive. In: Pappi, F.U. (Hrsg.): Methoden der Netzwerkanalyse. München, 11-37.

Pappi, F.U.; Kappelhoff, P.; Melbeck, C. (1987): Die Struktur der Unternehmensverflechtungen in der Bundesrepublik. In: Kölner Zeitschrift für Soziologie und Sozialpsychologie 39, 669-692.

Paris, R.; Sofsky, W. (1987): Drohungen. Über eine Methode der Interaktionsmacht. In: Kölner Zeitschrift für Soziologie und Sozialpsychologie 39 (1), 15-39.

Park, S.-H. (1996): Managing an interorganizational network. In: Organization Studies 17 (5), 795-824.

Parker, M.; McHugh, G. (1991): Five texts in search of an author: A response to John Hassard's ‚Multiple paradigms and organizational analysis'. In: Organization Studies 12 (3), 451-456.

Parret, H. (1976): Structuralism. In: Algemeen Netherlands Tidjschrift voor Wijsbegeerte 68, 99-110.

Parsons, T. (1956): Suggestions for a sociological approach to the theory of organizations-I. In: Administrative Science Quarterly 16, 3-85.

Parsons, T. (1957): Suggestions for a sociological approach to the theory of organizations-II. In: Administrative Science Quarterly 12, 225-239.

Parsons, T. (1963): On the concept of political power. In: Proceedings of the American Philosophical Society 197, 232-262.

Parsons, T. (1967 [1937]): The structure of social action. New York.

Parsons, T. (1990 [1934]): Prolegomena to a theory of social institutions. In: American Sociological Review 55, 319-339.

Penrose, E. (1959): The theory of the growth of the firm. Oxford.

Pentland, B.T. (1995): Networks and narratives. Paper prepared for the ESSEC workshop on ‚Action, structure and organizations'. Paris.

Perrow, C. (1967): A framework for the comparative analysis of organizations. In: American Sociological Review 32 (April), 194-208.

Perrow, C. (1986): Complex organizations. A critical essay. Third Edition. New York.

Perrow, C. (1989): Eine Gesellschaft von Organisationen. In: Journal für Sozialforschung 29 (1), 3-19.

Perrow, C. (1992): Small-firm networks. In: Nohria, N.; Eccles, R.G. (Hrsg.): Networks and organizations: Structure, form, and action. Boston, 445-470.

Perry, J.L.; Angle, H.L. (1979): The politics of organizational boundary roles in collective bargaining. In: Academy of Management Review 4 (4), 487-496.

Pettigrew, A.M. (1992): On studying managerial elites. In: Strategic Management Journal 13, 163-182.

Pfeffer, J. (1972): Merger as a response to organizational interdependence. In: Administrative Science Quarterly 17, 382-394.

Pfeffer, J. (1987): A resource dependence perspective on intercorporate relations. In: Mizruchi, M.S.; Schwartz, M. (Hrsg.): Intercorporate relations. New York, 25-55.

Pfeffer, J.; Salancik, G.R. (1978): The external control of organizations. New York.

Phillips, A. (1962): Market structure, organization and performance. Cambridge.

Picot, A. (1982): Transaktionskostenansatz in der Organisationstheorie: Stand der Diskussion und Aussagewert. In: Die Betriebswirtschaft 42 (2), 267-284.

Picot, A. (1989): Organisation. In: Bitz M.; Dellmann K.; Domsch M.; Egner H. (Hrsg.): Vahlens Kompendium der Betriebswirtschaftslehre. München, 95-158.

Picot, A.; Reichwald, R. (1994): Auflösung der Unternehmung? In: Zeitschrift für Betriebswirtschaft 64 (5), 547-570.

Picot, A.; Reichwald, R.; Wigand, R.T. (1996): Die grenzenlose Unternehmung. 2. Auflage. Wiesbaden.

Piore, M.J.; Sabel, C.F. (1985 [1984]): Das Ende der Massenproduktion. Berlin.

Piskorski, M.; Nohria, N. (1999): Allocation to open and closed portfolios. Harvard Business School working paper.

Plehwe, D. (1998): Transformation der Logistik. Berlin.

Podolny, J. (1993): A status-based model of market competition. In: American Journal of Sociology 98, 829-872.

Podolny, J. (1994): Market uncertainty and the social character of economic exchange. In: Administrative Science Quarterly 39, 458-483.

Podolny, J.; Page, K.L. (1998): Network forms of organization. In: Annual Review of Sociology 24, 57-76.

Podolny, J.; Phillips, D.J. (1996): The dynamics of organizational status. In: Industrial Corporations Change 5, 453-472.

Pohlmann, M. (1996): Antagonistische Koopertionen und distributive Macht: Anmerkungen zur Produktion in Netzwerken. In: Soziale Welt 47 (1), 44-67.

Polanyi, K. (1957): The economy as instituted process. In: Polanyi, K.; Arensberg, C.M.; Pearson, H.W. (Hrsg.): Trade and market in the early empires. New York; London, 243-270.

Polanyi, M. (1967 [1966]): The tacit dimension. Garden City.

Porac, J.; Rosa, J.A. (1996): Rivalry, industry models, and the cognitive embeddedness of the comparable firm. In: Advances in Strategic Management 13, 363-388.

Porter, M. (1980): Competitive Strategy. New York.

Powell, W.W. (1990): Neither market nor hierarchy: Network forms of organization. In: Research in Organizational Behavior 12, 295-336.

Powell, W.W. (1991): Expanding the scope of institutional analysis . Powell, W.W.; DiMaggio, P.J. (Hrsg.): The new institutionalism in organizational analysis. Chicago; London, 183-203.

Powell, W.W.; Brantley, P. (1992): Competitive cooperation in biotechnology: Learning through networks? In: Nohria, N.; Eccles, R.G. (Hrsg.): Networks and organizations. Boston, 366-394.

Powell, W.W.; DiMaggio, P.J. (Hrsg.) (1991): The new institutionalism in organizational analysis. Chicago.

Powell, W.W.; Koput, K.W.; Smith-Doerr, L. (1996): Interorganizational collaboration and the locus of innovation. In: Administrative Science Quarterly 41 (1), 116-145.

Pred, A. (1977): The choreography of existence. In: Economic Geography 53, 207-221.

Prewo, R. (1979): Max Webers Wissenschaftsprogramm. Frankfurt a.M..

Prigogine, I. (1980): From being to becoming. San Francisco.

Prigogine, I.; Stengers, I. (1981): Dialog mit der Natur. München.

Proff, H.; Proff, H.V. (1997): Möglichkeiten und Grenzen hybrider Strategien – dargestellt am Beispiel der deutschen Automobilindustrie. In: Die Betriebswirtschaft 57, 796-809.

Provan, K.G. (1993): Embeddedness, interdependence, and opportunism in organizational supplier-buyer networks. In: Journal of Management 19 (4), 841-856.

Provan, K.G. (2001): Conceptualizing and assessing network effectiveness. Paper submitted to the EGOS 17th Colloquium, 5-7 July, 2001, Lyon, France.

Provan, K.G.; Milward, H.B. (1995): A preliminary theory of interorganizational network effectiveness. In: Administrative Science Quarterly 40 (1), 1-33.

Provan, K.G; Milward, H.B. (1999): Do networks really work? Paper presented at the Academy of Management Meeting Chicago 1999.

Pugh, D.S.; Hickson, D.J.; Hinings, C.R.; Turner, C. (1968): Dimensions of organization structure. In: Administrative Science Quarterly 13 (June), 65-91.

Pyke, F. (1994): Small firms, technical services and inter-firm cooperation. International Institute for Labour Studies Research Studies 99. Genf.

Radcliffe-Brown, A.R. (1940): On social structure. Presidential Address. In: Journal of the Royal Anthropological Institute of Great Britain and Ireland 70, 1-12.

Radcliffe-Brown, A.R. (1957): A natural science of society. Glencoe.

Ram, M. (1994): Unravelling social networks in ethnic minority firms. In: International Small Business Journal 12 (3), 42-53.

Rammert, W. (1997): Innovation im Netz. In: Soziale Welt 48, 397-416.

Reckwitz, A. (1997): Struktur. Opladen.
Reuss, H. (1993): Konfliktmanagement im Franchise-Vertriebssystem der Automobilindustrie. Frankfurt a.M..
Reuter, N. (1994): Der Institutionalismus. Marburg.
Richardson, G.B. (1972): The organisation of industry. In: The Economic Journal 82, 883-896.
Ricoeur, P. (1971): The model of the text. In: Social Research 38 (3), 529-562.
Ricoeur, P. (1998): Das Rätsel der Vergangenheit. Erinnern – Vergessen – Verzeihen. Göttingen.
Ring, P.S. (1996): Networked organization. A resource based perspective. Uppsala.
Ritsert, J. (1981): Anerkennung, Selbst und Gesellschaft. In: Soziale Welt 22 (3), 275-311.
Ritsert, J. (1996): Einführung in die Logik der Sozialwissenschaften. Münster.
Roethlisberger, F.J.; Dickson, W.J. (1939): Management and the worker. Cambridge. MA..
Rogers, E.M. (1987): Progress, problems and prospects for network research: Investigating relationships in the age of electronic communication technologies. In: Social Networks 92, 85-310.
Rorty, R. (1984): Heidegger wider die Pragmatisten. In: Neue Hefte für Philosophie 23, 1-22.
Rose, S. (Hrsg.) (1982): Against biological determinism. London.
Rosenau, J. (Hrsg.) (1993): Governance without government, order and change in world politics. Cambridge.
Roth, K. (1991): Die Institutionalisierung der Freiheit in den Jenaer Schriften Hegels. München.
Ruf, A. (1998): ‚Sprint' brachte Sportschuh-Produzenten in Bedrängnis. In: Frankfurter Rundschau v. 16-04-98, 30.
Rullani, E.; Zanfei, A. (1988): Area networks. Telematic connections in a traditional textile district. In: Antonelli, C. (Hrsg.): New information technology and industrial change. Dodrecht, 97-113.
Rütten, U. (1993): Am Ende der Philosophie? Klagenfurt.

Sabel, C.F. (1989): The reemergence of regional economies. WZB-Discussionpaper FS I 89-3. Berlin.
Sabel, C.F.; Herrigel, G.B.; Deeg, R.; Kazis, R. (1987): Regional prosperities compared: Massachusetts and Baden Württemberg in the 1980's. WZB-Discussionspaper IIM/LMP 87-10 b. Berlin.
Sabel, C.F.; Kern, H.; Herrigel, G. (1991): Kooperative Produktion. In: Mendius, H.G.; Wendeling-Schröder, U. (Hrsg.): Zulieferer im Netz. Köln, 203-227.
Salais, R.; Storper, M. (1992): The four ‚worlds' of contemporary industry. In: Cambridge Journal of Economics 16, 169-193.
Salancik, G.R. (1995): Wanted: A good network theory of organization. In: Administrative Science Quarterly 40 (2), 345-349.
Samuels, W.J.; Mercuro, N. (1984): A critique of rent-seeking theory. In: Colander, D.C. (Hrsg.): Neoclassical political economy. Cambridge, 55-70.
Sandberg, Å. (1993): Führt die luxuriöse Abweichung vom klassischen Weg in die Irre? In: Frankfurter Rundschau vom 29-04-93.
Sattelberger, T. (2000): Strategische Allianznetzwerke der Airline Industrie: Wertschöpfung im Übergang zum 21. Jahrhundert. Gastvortrag im ‚Netzwerk-Forum', Freie Universität Berlin, 06-07-00.
Sauer, D. (1987): Widersprüche im Rationalisierungsprozeß und industriesoziologische Prognosen. In: Lutz, B. (Hrsg.): Technik und sozialer Wandel. Frankfurt a.M.; New York, 146-153.
Sauer, D.; Altmann, N. (1989): Zwischenbetriebliche Arbeitsteilung als Thema der Industriesoziologie. In: Altmann, N.; Sauer, D. (Hrsg.): Systemische Rationalisierung und Zulieferindustrie. Frankfurt a.M.; New York, 5-27.
Sauer, D.; Döhl, V. (1994a): Arbeit an der Kette. In: Soziale Welt 45 (2), 197-215.
Sauer, D.; Döhl, V. (1994b): Kontrolle durch Autonomie. In: Sydow, J.; Windeler, A. (Hrsg.): Management interorganisationaler Beziehungen. Opladen, 258-274.

Sauer, D.; Döhl, V. (1997): Die Auflösung des Unternehmens? In: Institut für Sozialwissenschaftliche Forschung et al. (Hrsg.): Jahrbuch sozialwissenschaftliche Technikentwicklung 1996. Berlin, 19-76.

Sauer, D.; Wittke, V. (1994): Vom Wandel der Industriearbeit zum Umbruch industrieller Produktion. Bericht aus dem Schwerpunkt Technik und Arbeit. In: Mayntz, R.; Meisheit, B. (Hrsg.): Zur Entwicklung und Nutzung von Technik in Arbeit und Alltag. Köln, 42-59.

Sauer, U. (1999): Magische Anziehung. In: Wirtschaftswoche vom 11-11-99, 102-105.

Saussure, F. de (1967 [1916]): Grundfragen der allgemeinen Sprachwissenschaft. Berlin.

Saxenian, A. (1990): Regional networks and the resurgence of Silicon Valley. In: California Management Review 33 (1), 89-112.

Saxenian, A. (1991): The origins and dynamics of production networks in Silicon Valley. In: Research Policy 20, 423-437.

Saxenian, A. (1994): Regional advantage. Culture and competition in Silicon Valley and Route 128. Cambridge, MA..

Schäfers, B. (1999): Auf der Suche nach einer neuen großen Idee. In: Frankfurter Rundschau v. 15-10-99, 24.

Scharpf, F.W. (1989): Politische Steuerung und politische Institutionen. In: Politische Vierteljahresschrift 30 (1), 10-21.

Scharpf, F.W. (1993): Positive und negative Koordination in Verhandlungssystemen. In: Héritier, A. (Hrsg.): Policy-Analyse. Politische Vierteljahresschrift, Sonderheft 24. Wiesbaden, 57-83.

Scheibe, E. (1985): Die Zunahme des Kontingenten in der Wissenschaft. In: Neue Hefte für Philosophie 24/25, 1-13.

Schelling, T.C. (1956): An essay on bargaining. In: The American Economic Review 56 (3), 281-306.

Schenk, M. (1984): Soziale Netzwerke und Kommunikation. Tübingen.

Scher, M.J. (1999): Japanese interfirm networks. In: Grandori, A. (Hrsg.): Organization and industrial competitiveness. London; New York, 303-318.

Scherer, A.G. (1995): Pluralismus im Strategischen Management. Wiesbaden.

Schimank, U. (1997): Kommentar: Zur Verknüpfung von Gesellschafts- und Organisationstheorie. Ortmann, G.; Türk, K., Sydow, J. (Hrsg.): Theorien der Organisation. Opladen, 312-314.

Schmidt, A. (1974): Praxis. In: Krings, H.; Baumgartner, H.M.; Wild, C. (Hrsg.): Handbuch philosophischer Grundbegriffe. München, 1107-1138.

Schmidt, G. (1986): Einverständnishandeln. In: Seltz, R.; Mill, U.; Hildebrandt, E. (Hrsg.): Organisation als soziales System. Berlin, 57-68.

Schmidt, G. (1990): Anmerkungen zur industriesoziologischen Rede über ‚Systemische Rationalisierung'. In: Bergstermann, J.; Brandherm-Böhmker, R. (Hrsg.): Systemische Rationalisierung als sozialer Prozeß. Bonn, 17-22.

Schmidt, G. (1995): Technological change, enterprise culture and social rationalization. In: Hing, A.-Y.; Wong, P.-K.; Schmidt, G. (Hrsg.): Cross cultural perspectives of automation. Berlin, 13-25.

Schmidt, G. (1996): Industriesoziologie in Deutschland am Ende des 20. Jahrhunderts. In: Flecker, J.; Hofbauer, J. (Hrsg.): Vernetzung und Vereinnahmung. Österreichische Zeitschrift für Soziologie. Sonderband 3. Opladen, 19-32.

Schmidt, G. (1997): Kommentar: Hans-Joachim Braczyk ‚Organisation in industriesoziologischer Perspektive'. In: Ortmann, G.; Sydow, J.; Türk, K. (Hrsg.): Theorien der Organisation. Wiesbaden, 576-578.

Schmidt, S.J. (1996): Von der Memoria zur Gedächtnispolitik. In: Frankfurter Rundschau vom 20-02-96 (43), 7.

Schmiede, R. (1987): Industriesoziologie und gesellschaftliche Arbeit. In: Lutz, B. (Hrsg.): Technik und sozialer Wandel. Frankfurt a.M.; New York, 176-184.

Schmiede, R. (1988): Reelle Subsumtion als gesellschaftstheoretische Kategorie. In: Schumm, W. (Hrsg.): Zur Entwicklungsdynamik des modernen Kapitalismus. Frankfurt a.M., 21-38.

Schmiede, R. (1992): Information und kapitalistische Produktionsweise. In: Malsch, T.; Mill, U. (Hrsg.): ArBYTE. Modernisierung der Industriesoziologie? Berlin, 53-86.

Schnädelbach, H. (1993): Hegels Lehre von der Wahrheit. In: Deutsche Zeitschrift für Philosophie 41 (5), 799-813.

Schneider, V. (2000): Möglichkeiten und Grenzen der Demokratisierung von Netzwerken in der Politik. In: Sydow J.; Windeler A. (Hrsg.): Steuerung von Netzwerken. Konzepte und Praktiken. Opladen, 327-346.

Schneider, V.; Kenis, P. (1996): Verteilte Kontrolle: Institutionelle Steuerung in modernen Gesellschaften. In: Kenis, P., Schneider, V. (Hrsg.): Organisation und Netzwerk. Institutionelle Steuerung in Wirtschaft und Politik. Frankfurt a.M.; New York, 9-43.

Schönbauer, G. (1983): Wirtschaftsmitbestimmung im politischen Entscheidungsprozeß. Eine Studie zur politischen Soziologie. Frankfurt a.M.; Bern; New York.

Schönbauer, G. (1987): Die Industrialisierung Bielefelds in der 2. Hälfte des 19. Jahrhunderts. Frankfurt a.M. et al..

Schreyögg, G. (1991): Der Managementprozeß – neu gesehen. In: Staehle, W.H.; Sydow, J. (Hrsg.): Managementforschung 1. Berlin und New York, 255-289.

Schreyögg, G. (1999): Organisation. 3. Auflage. Wiesbaden.

Schrödinger, E. (1951): Science and humanism. Cambridge.

Schröter, H.G. (1994): Kalifornier bauen neue Computer-Architektur. In: Frankfurter Rundschau vom 14-06-94, 12.

Schröter, H.G. (1996a): Trio schmiedet neuen PC-Riesen. In: Frankfurter Rundschau v. 09-02-96, 13.

Schröter, H.G. (1996b): Bosch will stärker auf Know-how aufpassen. In: Frankfurter Rundschau vom 10-05-96, 14.

Schulte-Sasse, J.; Werner; R. (1977): Einführung in die Literaturwissenschaft. München.

Schumann, M. (1995): Eröffnung. In: Soziologisches Forschungsinstitut Göttingen (Hrsg.): Im Zeichen des Umbruchs. Beiträge zu einer anderen Standortdebatte. Opladen, 13-17.

Schumann, M.; Baethge-Kinsky, V.; Kuhlmann, M.; Kurz, C.; Neumann, U. (1994a): Trendreport Rationalisierung. Automobilindustrie, Werkzeugmaschinenbau, chemische Industrie. Berlin.

Schumann, M.; Baethge-Kinsky, V.; Kuhlmann, M.; Kurz, C.; Neumann, U. (1994b): Der Wandel der Produktionsarbeit im Zugriff neuer Produktionskonzepte. In: Beckenbach, N.; Treeck, W. van (Hrsg.): Umbrüche gesellschaftlicher Arbeit. Soziale Welt. Sonderband 9. Göttingen, 11-43.

Schumpeter, J.A. (1934): Theorie der wirtschaftlichen Entwicklung. Berlin.

Schwarzer, U. (1995): Der zweite Angriff der Japaner. In: Managermagazin 25 (9), 108-127.

Schweizer, T. (1996): Muster sozialer Ordnung. Berlin.

Scott, A.J. (1988): New industrial spaces. London.

Scott, J. (1985): Corporations, classes and capitalism. London.

Scott, J. (1991a): Social network analysis. A handbook. London.

Scott, J. (1991b): Networks of corporate power. In: Annual Revue of Sociology 17, 181-203.

Scott, W.R. (1983): The organization of environments. In: Meyer, J.W.; Scott W.R. (Hrsg.): Organizational environments. Ritual and rationality. Beverly Hills; London; New Dehli, 155-175.

Scott, W.R. (1986 [1981]): Grundlagen der Organisationstheorie. Frankfurt a.M..

Scott, W.R. (1993): Recent developments in organizational sociology. In: Acta Sociologica 3, 663-668.

Scott, W.R. (1994a): Conceptualizing organizational fields. In: Derlien, H.-U.; Gerhardt, U.; Scharpf, F.W. (1994): Systemrationalität und Partialinteresse. Baden-Baden, 203-221.

Scott, W.R. (1994b): Institutions and organizations. In: Scott, W.R.; Meyer, J.W. (Hrsg.): Institutional environments and organizations. Structural complexity and individualism. London, 55-80.

Scott, W.R. (1995): Institutions and organizations. Thousands Oaks; London; New Dehli.

Scott, W.R.; Meyer, J.W. (1983): The organization of societal sectors: propositions and early evidence. In: Meyer, J.W.; Scott, W.R. (Hrsg.): Organizational environments. Beverly Hills; London; New York, 129-154.

Scott, W.R.; Meyer, J.W. (Hrsg.) (1994): Institutional enivronments and organizations. Thousands Oaks etc..

Seltz, R.; Hildebrandt, E. (1985): Produktion, Politik und Kontrolle. In: Naschold, F. (Hrsg.): Arbeit und Politik. Frankfurt a.M.; New York. 91-123.

Selznick, P. (1957): Leadership in administration. New York.

Semlinger, K. (1991): New developments in subcontracting. In: Ash, A.; Michael, D. (Hrsg.): Towards a new Europe? Structural change in the European economy. Aldershot, 96-115.

Semlinger, K. (1993): Effizienz und Autonomie in Zuliefernetzwerken. In: Staehle, W.H.; Sydow, J. (Hrsg.): Managementforschung 3. Berlin, 309-354.

Semlinger, K. (2000): Kooperation und Konkurrenz in japanischen Netzwerkbeziehungen. Sydow, J., Windeler, A. (Hrsg.): Steuerung von Netzwerken. Konzepte und Praktiken. Opladen, 126-155.

Sewell, W. (1992): A theory of structure: duality and transformation. In: American Journal of Sociology 98, 1-29.

Shrivastava, P.; Huff, A.S.; Dutton, J.E. (1994): Advances in strategic management. Band 10 a. Greenwich, CT..

Sieber, P. (1998): Virtuelle Unternehmen in der IT-Branche. Bern; Stuttgart; Wien.

Sigrist, C. (1979 [1967]): Regulierte Anarchie. Frankfurt a.M..

Sigrist, C. (1984): Regulierte Anarchie. Eine Anthropologie herrschaftsfreien Zusammenlebens. In: Kindlers Enzyklopädie. Der Mensch. Band VIII. München, 108-125.

Simmel, G. (1992 [1908]): Soziologie. Frankfurt a.M..

Simon, H.A. (1962): The architecture of complexity. In: Proceedings of the American Philosophical Society, 467-482.

Skinner, Q. (Hrsg.) (1985): The return of grand theory in the human sciences. Cambridge et al..

Smelser, N.J. (1986): Die Beharrlichkeit des Positivismus in der amerikanischen Soziologie. In: Kölner Zeitschrift für Soziologie und Sozialpsychologie 38 (1), 133-150.

Smelser; N.J. (1994a): Sociology. Cambridge, MA..

Smelser, N.J. (1994b): Sociological theories. In: Smelser; N.J. (Hrsg.): Sociology. Cambridge, MA; 21-39.

Smith, J.M. (1982): Storming the fortress. In: New York Review of Books (5), 41-42.

Smith, K.G.; Carroll, S.J.; Ashford, S.J. (1995): Intra- and inter-organisational cooperation: Toward a research agenda. In: Academy of Management Journal 38, 7-23.

Snow, C.C.; Miles, R.E.; Coleman H.J. Jr. (1992): Managing 21st century network organizations. In: Organizational Dynamics 21 (4), 5-20.

Sofsky, W. (1990): Absolute Macht. In: Leviathan 18 (4), 518-535.

Sohn-Rethel, A. (1972): Die ökonomische Doppelnatur des Spätkapitalismus. Darmstadt und Neuwied.

Soref, M.; Zeitlin, M. (1987): Finance capital and the internal structure of the capitalist class in the United States. In: Mizruchi, M.S.; Schwartz, M. (Hrsg.): Intercorporate relations. Cambridge, 56-84.

Spaemann, R. (1996): Ähnlichkeit. In: Zeitschrift für philosophische Forschung 50 (1/2), 286-290.

Spekman, R.E. (1979): Influence and information: An exploratory investigation of the boundary role person's basis of power. In: Academy of Management Journal 22 (1), 104-117.

Spender, J.-C. (1989): Industry recipes. Oxford.

Springer, R. (1999): Rückkehr zum Taylorismus? Frankfurt a.M.; New York.

Staber, U. (1996): Networks and regional development. In: Staber, U.; Schaefer, N.V., Sharma, B. (Hrsg.): Business networks. Berlin; New York, 1-23.

Staber, U. (1998): Inter-firm co-operation and competition in industrial districts. In: Organization Studies 19, 701-724.

Staber, U. (2000): Steuerung von Unternehmensnetzwerken. In: Sydow, J.; Windeler, A. (Hrsg.): Steuerung von Netzwerken. Konzepte und Praktiken. Opladen, 58-87.

Staber, U.; Sharma, B. (1994): The employment regimes of industrial districs. Prosies, myths, and realities. In: Industrielle Beziehungen 1 (4), 321-346.

Staber, U.; Sydow, J. (2002): Organizational adaptive capacity: A structuration perspective. In: Journal of Management Inquiry 11 (im Druck).

Staehle, W.H. (1988): Macht und Kontingenzforschung. In: Küpper, W.; Ortmann, G. (Hrsg.): Mikropolitik, Rationalität, Macht und Spiele in Organisationen. Opladen, 155-163.

Staehle, W.H. (1999): Management: eine verhaltenswissenschaftliche Perspektive. 8. Auflage. München.

Stahl, D. (1995): Internationale Speditionsnetzwerke. Göttingen.

Starbuck, W.H. (1982): Congealing oil: Inventing ideologies to justify acting ideologies out. In: Journal of Management Studies 19 (1), 3-27.

Starbuck, W.H. (1992): Learning by knowledge-intensive firms. In: Journal of Management Studies 29 (6), 713-740.

Starkey, K.; Barnatt, C. (1997): Flexible specialization and the reconfiguration of television production in the UK. In: Technology Analysis & Strategic Management 9, 271-286.

Stearns, L.B.; Allan, K.D. (1996): Economic behavior in institutional environments: The corporate merger wave of the 1980s. In: American Sociological Review 61, 699-718.

Steinmann, H.; Schreyögg, G. (1993): Management. Wiesbaden.

Stetter, C. (1974): Sprachkritik und Transformationsgrammatik. Düsseldorf.

Stichweh, R. (2001): Strukturen der Weltgesellschaft. In: Frankfurter Rundschau v. 13-03-01, 22.

Stinchcombe, A. (1965): Social structures and organizations. In: March, J.G. (1965): Handbook of organizations. Chicago, 142-193.

Stinchcombe, A. (1968): Constructing social theories. New York.

Stinchcombe, A. (1990): Weak structural data. In: Contemporary Sociology 19, 380-382.

Stokmann, F.N.; Ziegler, R.; Scott, J. (Hrsg.) (1985): Networks of corporate power. Cambridge.

Stricker, G. (1985): Notwendigkeit mit Lücken. In: Neue Hefte für Philosophie 24/25, 146-164.

Strulik, T. (2000): Governance globalisierter Finanzmärkte. In: Sydow, J.; Windeler, A. (Hrsg.): Steuerung von Netzwerken. Konzepte und Praktiken. Opladen, 301-326.

Suitor, J.J.; Wellman, B.; Morgan, D.L. (1997): It's about time: how, why, and when networks change. In: Social Networks 19 (1), 1-7.

Swedberg, R. (1987): Ökonomische Macht und wirtschaftliches Handeln. In: Heinemann, K. (Hrsg.): Soziologie wirtschaftlichen Handelns. Kölner Zeitschrift für Soziologie und Sozialpsychologie. Sonderheft 28. Opladen, 150-168.

Swedberg, R. (1991): Major traditions of economic sociology. In: Annual Review of Sociology 17, 251-276.

Swedberg, R. (1994): Markets as social structures. In: Smelser, N.J.; Swedberg, R. (Hrsg.): The handbook of economic sociology. Princeton, 255-282.

Swedberg, R. (1998): Max Weber and the idea of economic sociology. Princeton, N.J..

Sydow, J. (1985): Der soziotechnische Ansatz der Arbeits- und Organisationsgestaltung. Frankfurt a.M.; New York.

Sydow, J. (1992): Strategische Netzwerke. Evolution und Organisation. Wiesbaden.

Sydow, J. (1996): Flexible specialization in regional networks. In: Staber, U.H.; Schaefer, N.V.; Sharma, B. (Hrsg.): Business networks. Prospects for regional development. Berlin; New York, 24-40.

Sydow, J. (1997): Inter-organizational relations. In: Sorge, A.; Warner, M. (Hrsg.): The handbook of organizational behaviour. London; Boston, 211-225.

Sydow, J. (1999a): Quo Vadis Transaktionskostentheorie? In: Edeling, T.; Jann, W.; Wagner, D. (Hrsg.): Institutionenökonomie und Neuer Institutionalismus in der Organisationstheorie. Opladen, 165-176.

Sydow, J. (1999b): Management von Netzwerkorganisationen – Zum Stand der Forschung. In: Sydow J. (Hrsg.): Management von Netzwerkorganisationen. Wiesbaden, 279-314.

Sydow, J. (1999c): Mitbestimmung in Unternehmungsnetzwerken. In: Frick, B.; Kluge, N.; Streeck, W. (Hrsg.): Die wirtschaftlichen Folgen der Mitbestimmung. Franfurt a.M.; New York,171-222.

Sydow, J. (2001): Zum Verhältnis von Netzwerken und Konzernen. In: Ortmann, G.; Sydow, J. (Hrsg.): Strategie und Strukturation. Wiesbaden, 271-298.

Sydow, J.; Kloyer, M. (1995): Managementpraktiken in Franchisingnetzwerken. Arbeitspapier Nummer 171 des Fachbereichs Wirtschaftswissenschaft der Universität Wuppertal. Wuppertal.

Sydow, J.; Well, B. van (1996): Wissensintensiv durch Netzwerkorganisation. In: Schreyögg, G.; Conrad, P. (Hrsg.): Managementforschung 6. Berlin; New York, 191-234.

Sydow, J.; Well, B. van; Windeler, A. (1998): Networked networks: Financial services networks in the context of their industry. In: International Studies of Management and Organization 27, 47-75.

Sydow, J.; Windeler, A. (1993): Managing corporate networks. In: Ebers, M. (Hrsg.): Structures and processes. Proceedings of the workshop ‚Interorganizational networks: Structures and processes'. Paderborn, 192-236.

Sydow, J.; Windeler, A. (1994): Über Netzwerke, virtuelle Integration und Interorganisationsbeziehungen. In: Sydow, J.; Windeler, A. (Hrsg.): Management interorganisationaler Beziehungen. Opladen, 1-21.

Sydow, J.; Windeler, A. (1996): Managing inter-firm networks. In: Bryant, C.G.A.; Jary, D. (Hrsg.): Anthony Giddens: Critical assessments. Band 4. London, 455-495.

Sydow, J.; Windeler, A. (1997): Komplexität und Reflexivität. In: Ahlemeyer, H.W.; Königswieser, R. (Hrsg.): Komplexität managen. Wiesbaden, 147-162.

Sydow, J.; Windeler, A. (1998): Organizing and evaluating interfirm networks. In: Organization Science; Special Issue: Managing Partnerships and Strategic Alliances 9, 265-284.

Sydow, J.; Windeler, A. (1999): Projektnetzwerke. In: Engelhard, J.; Sinz, E.J. (Hrsg.): Kooperation im Wettbewerb. Wiesbaden, 211-235.

Sydow, J.; Windeler, A. (2000): Steuerung von und in Netzwerken. In: Sydow, J.; Windeler, A. (Hrsg.): Steuerung von Netzwerken. Konzepte und Praktiken. Opladen, 1-24.

Sydow, J.; Windeler, A.; Krebs, M.; Loose, A.; Well, B. van (1995): Organisation von Netzwerken. Opladen.

Teubner, G. (1987a): Episodenverknüpfung. In: Baecker, D.; Markowitz, J.; Tyrell, H., Stichweh, R.; Willke, H. (Hrsg.): Theorie als Passion. Frankfurt a.M., 423-446.

Teubner, G. (1987b): Hyperzyklus in Recht und Organisation. In: Haferkamp, H.; Schmid, M. (Hrsg.): Sinn, Kommunikation und soziale Differenzierung. Frankfurt a.M., 89-128.

Teubner, G. (1992): Die vielköpfige Hydra. In: Krohn, W.; Küppers, G. (Hrsg.): Emergenz: Die Entstehung von Ordnung, Organisation und Bedeutung. Frankfurt a.M., 189-216.

Teubner, G. (1999): Eigensinnige Produktionsregime. In: Soziale Systeme 5 (1), 7-25.

Teubner, G. (2000): Netzwerke – Binnenstruktur und Externalitäten. In: Schreyögg, G. (Hrsg.): Funktionswandel im Management: Wege jenseits der Ordnung. Berlin, 125-157.

Theisen, M.R. (2000): Der Konzern. Stuttgart.

Thiede, M. (1998): Absatzgarantie sticht Marge. In: Süddeutsche Zeitung v. 25/26-04-98, 21.

Thompson, J.B. (1995): The media and modernity. A social theory of the media. Cambridge.

Thomspon, J.D. (1967): Organizations in action. New York.

Thorelli, H.B.B. (1986): Networks: Between markets and hierarchies. In: Strategic Management Journal 7, 37-51.

Tolbert, P.S.; Zucker, L.G. (1996): The institutionalization of institutional theory. In: Clegg, S.R.; Hardy, C.; Nord, W.R. (1996): Handbook of organizations studies. London; Thousand Oaks; New Dehli, 175-190.

Tomasko, R.M. (1987): Downsizing. New York.

Trezzini, B. (1998): Theoretische Aspekte der sozialwissenschaftlichen Netzwerkanalyse. In: Schweizer Zeitschrift für Soziologie 24, 511-544.

Tully, S. (1993): The modular corporation. In: Fortune 128, 52-56.

Türk, K. (1989): Neuere Entwicklungen in der Organisationsforschung. Ein Trend Report. Stuttgart.

Türk, K. (1995): ‚Die Organisation der Welt'. Opladen.

Türk, K. (1997): Organisation als Institution der kapitalistischen Gesellschaftsformation. In: Ortmann, G.; Sydow, J.; Türk, K. (Hrsg.): Theorien der Organisation. Wiesbaden, 124-176.

Turner, J.H. (1986): The structure of sociological theory. 4. Aufl. Chicago.

Turner, J.H. (1987): Social exchange theory: Future directions. In: Cook, K.S. (Hrsg.): Social exchange theory. Newbury Park, 223-238.

Tushman, M.L. (1977): Special boundary roles in the innovation process. In: Administrative Science Quarterly 22 (4), 587-605.

Ulrich, P. (1986): Transformation der ökonomischen Vernunft. Stuttgart; Bern.

Urry, J. (1991): Time and space in Giddens' social theory. In: Bryant C.G.A.; Jary D. (1991): Giddens' theory of structuration. A critical appreciation. London, 160-175.

Uzzi, B. (1996): The sources and consequences of embeddedness for the economic performance of organizations: The network effect. In: American Sociological Review 61, 674-698.

Uzzi, B. (1997): Social structure and competition in interfirm networks: The paradox of embeddedness. In: Administrative Science Quarterly 42, 35-67.

Vaihinger, H. (1911): Die Philosophie des ‚Als Ob'. Berlin.

Varaldo, R; Ferrucci, L. (1996): The evolutionary nature of the firm within industrial districts. In: European Planning Studies 4, 16-32.

Veyne, P. (1992 [1978]): Foucault: Die Revolutionierung der Geschichte. Frankfurt a.M..

Vogt, W. (1988): Zur Kritik der kapitalistischen Produktionsweise. In: Leviathan 16 (2), 283-287.

Volpert, W. (1984): Das Ende der Kopfarbeit oder: Daniel Düsentrieb enteignet sich selbst. In: Psychologie heute 11 (10), 29-39.

Voskamp, U.; Wittke, V. (1994): Von ‚Silicon Valley' zur ‚virtuellen Integration'. In: Sydow, J.; Windeler, A. (Hrsg.): Management interorganisationaler Beziehungen. Opladen, 212-243.

Wagner, P. (1993): Die Soziologie der Genese sozialer Institutionen – Theoretische Perspektiven der ‚neuen Sozialwissenschaften' in Frankreich. In: Zeitschrift für Soziologie 22 (6), 464-476.

Wagner, P. (1995): Soziologie der Moderne. Freiheit und Disziplin. Frankfurt a.M.; New York.

Waldinger, R.; Aldrich, H.; Ward, R.; and Associates (1990): Ethnic entrepreneurs. Newbury Park.

Walgenbach, P. (1995): Die Theorie der Strukturierung. In: Die Betriebswirtschaft 55 (6), 761-782.

Walgenbach, P. (1999): Giddens' Theorie der Strukturierung. In: Kieser, A. (Hrsg.): Organisationstheorien. Stuttgart, 355-375.

Wallerstein, I. (1974): The modern world-system. New York.

Wallerstein, I. (1984): The polity of the world economy. Cambridge.

Wallerstein, I. (1987): World-systems analysis. In: Giddens, A.; Turner, J.H. (Hrsg.): Social theory today. Cambridge, 309-324.

Walras, L. (1954 [1874-77]): Elements of pure economics or the theory of social wealth. Homewood, Ill..

Walsh, J.P. (1995): Managerial and organizational cognition. In: Organization Science 6, 280-321.

Warren, R.L. (1967): The interorganizational field as a focus for investigation. In: Administrative Science Quarterly 12, 396-419.

Wasserman, S.; Faust, K. (1994): Social network analysis: Methods and applications. Cambridge.

Weaver, G.R.; Gioia, D.A. (1994): Paradigms lost. In: Organization Studies 15 (4), 565-590.

Weaver, G.R.; Gioia, D.A. (1995): Paradigms lost vs. paradigms found. In: Organization Studies 16 (4), 704-705.

Weber, A. (1909): Reine Theorie des Standorts. Tübingen.

Weber, H. (1994): Lean Mangement. Organisatorische und gesellschaftliche Strategien. Wiesbaden.

Weber, M. (1973 [1904]): Die ‚Objektivität' sozialwissenschaftlicher und sozialpolitischer Erkenntnis. In: Weber, M. (Hrsg.): Gesammelte Aufsätze zur Wissenschaftslehre. Tübingen, 146-214.

Weber, M. (1976 [1921]): Wirtschaft und Gesellschaft. Grundriß der verstehenden Soziologie. 5., revidierte Aufl.. Tübingen.

Weber, M. (1979 [1920]): Die protestantische Ethik I. 5. erneut überarb. u. um e. Nachw. vermehrte. Aufl.. Gütersloh.

Wegener, D.M. (1986): Transactive memory: A contemporary analysis of the group mind. In: Mullen, B.; Goethals, G.R. (Hrsg.): Theories of group behavior. New York, 185-208.

Wegge, M. (1999): Globalisierung ohne Lokalisierung? In: Brose, H.-G.; Voelzkow, H. (Hrsg.): Institutioneller Kontext wirtschaftlichen Handelns und Globalisierung. Marburg, 233-258.

Wehrsig, C.; Tacke, V. (1992): Funktion und Folgen informatisierter Organisation. In: Malsch, T.; Mill, U. (Hrsg.): ArBYTE. Modernisierung der Industriesoziologie? Berlin, 219-239.

Weick, K.E. (1985 [1969]): Der Prozeß des Organisierens. Frankfurt a.M..

Weitz, R. (1999): Eine lohnende Alternative mit Stolpersteinen. In: Frankfurter Rundschau vom 21-04-99, Sonderseiten zur Internationalen Franchise-Messe.

Well, B. van (2001): Standardisierung und Individualisierung von Dienstleistungen. Wiesbaden.

Wellman, B. (1983): Network analysis: Some basic principles. In: Collins, R. (Hrsg.): Sociological theory. San Francisco, 155-200.

Wellman, B. (1988): Structural analysis: from method and metaphor to theory and substance. In: Wellman, B.; Berkowitz, S.D. (Hrsg.): Social structures: a network approach. Cambridge, 19-61.

Wellman, B.; Berkowitz, S.D. (1988): Introduction: Studying social structures. In: Wellman, B.; Berkowitz, S.D. (Hrsg.): Social structures: a network approach. Cambridge, 1-14.

Wellman, B.; Salaff, J.; Dimitrova, D.; Garton, L.; Gulia, M.; Haythornthwaite, C. (1996): Computer networks as social networks. In: Annual Review of Sociology 22, 213-238.

Wellmer, A. (1985): Zur Dialektik von Moderne und Postmoderne. Frankfurt a.M..

Weltz, F.; Lullies, V. (1984): Das Konzept der innerbetrieblichen Handlungskonstellation als Instrument der Analyse von Rationalisierungsprozessen in der Verwaltung. In: Jürgens, U.; Naschold, F. (Hrsg.): Arbeitspolitik. Leviathan Sonderheft 5. Opladen, 155-170.

Werner, H. (1997): Relationales Beschaffungsverhalten. Wiesbaden.

Wernerfelt, B. (1984): A resource-based view of the firm. In: Strategic Management Journal 5 (2), 171-180.

Wernerfelt, B. (1995): The resource-based view of the firm: ten years after. In: Strategic Management Journal 16, 171-174.

Westphal, J.D.; Gulati, R., Shortell, S.M. (1997): Customization or conformity? In: Administrative Science Quarterly 42 (2), 366-394.

Weyl, H. (1922): Space, time, matter. New York.

Whipp, R. (1996): Creative deconstruction. In: Clegg, S.R.; Hardy, C.; Nord, W.R. (Hrsg.): Handbook of organizations studies. London; Thousand Oaks; New Dehli, 261-275.

White, H.C. (1963): An anatomy of kinship. Englewood Cliffs, NJ..

White, H.C. (1965): Notes on the constituents of social structure. Cambridge.

White, H.C. (1981): Where do markets come from? In: American Journal of Sociology 87 (3), 517-547.

White, H.C. (1992): Identity and control. A structural theory of social action. Princeton.

White, H.C. (1993): Markets, networks and control. In: Lindenberg, S.M.; Schreuder, H. (Hrsg.): Interdisciplinary perspectives on organization studies. Oxford, 223-239.

White, H.C.; Boorman, S.A.; Breiger, R.L. (1976): Social structure from multiple networks. I. Blockmodels of roles and positions. In: American Journal of Sociology 81 (4), 730-780.

Whitten, N.E.; Wolfe, A.W. (1974): Network analysis. In: Honigman, J.J. (Hrsg.): The handbook of social and cultural anthropology. Chicago, 717-746.

Wiesenthal, H. (1990): Unsicherheit und Multiple-Self-Identität. Max-Planck-Institut für Gesellschaftsforschung. MPIFG Discussion Paper 90/2. Köln.

Wildemann, H. (1991): Einführungsstrategien für eine Just-In-Time-Produktion und -Logistik. In: Zeitschrift für Betriebswirtschaft 61 (2), 149-169.

Willer, D. (1992): Predicting power in exchange networks. In: Social Networks 14, 187-211.

Williamson, O.E. (1991): Comparative economic organization: The analysis of discrete structural alternatives. In: Administrative Science Quarterly 36 (2), 269-296.

Williamson, O.E. (1975): Markets and Hierarchies. Analysis and Antitrust Implications. New York.

Williamson, O.E. (1990 [1985]): Die ökonomischen Institutionen des Kapitalismus. Tübingen.

Williamson, O.E. (1994): Transaction cost economics and organization theory. In: Smelser, N.J.; Swedberg, R. (Hrsg.): The handbook of economic sociology. Princeton, 77-107.

Willke, H. (1987): Kontextsteuerung und Re-Integration der Ökonomie. In: Glagow, M.; Willke, H. (Hrsg.): Dezentrale Gesellschaftssteuerung. Pfaffenweiler, 155-172.

Willke, H. (1992): Ironie des Staates. Frankfurt a.M..

Willke, H. (1997): Supervision des Staates. Frankfurt a.M..

Willmott, H. (1993): Breaking the paradigm mentality. In: Organization Studies 14 (5), 681-719.

Windeler, A. (1992a): Strategische Innovation und Macht. In: Littek, W.; Heisig, U.; Gondek, H.-D. (Hrsg.): Organisation von Dienstleistungsarbeit. Berlin, 99-116.

Windeler, A. (1992b): Mikropolitik – Zur Bedeutung sozialer Praxis in wirtschaftlichen Organisationen. In: Lehner, F.; Schmid, J. (Hrsg.): Technik – Arbeit – Betrieb – Gesellschaft. Opladen, 85-107.

Windeler, A. (1998): Zum Begriff des Unternehmungsnetzwerks. In: Heinze R.G., Minssen, H. (Hrsg.): Regionale Netzwerke – Realität oder Fiktion? Diskussionspapier Nr. 98-4 der Fakultät für Sozialwissenschaft, Ruhr-Universität Bochum. Bochum, 18-32.

Windeler, A. (in Vorbereitung): Das Alte, das Neue und das Netzwerkgedächtnis. Manuskript. Berlin.

Windeler, A.; Lutz, A.; Wirth, C. (2000): Netzwerksteuerung durch Selektion. In: Sydow, J.; Windeler, A. (Hrsg.): Steuerung von Netzwerken. Konzepte und Praktiken. Opladen, 178-205.

Windeler, A.; Sydow, J. (1995): Action, structure, and networks. In: Bouchikhi, H.; Kilduff, M.; Whittington, R. (Hrsg.): Action, structure, and organizations. Coventry, 416-430.

Windeler, A.; Wirth, C. (2000): Reflexive regulation of labour in project networks. Paper presented at the 18th Annual Labour Process Conference at the Strathclyde Graduate Business School, University of Strathclyde, Glasgow, Great Britain, April 25-27.

Windeler, A.; Wirth, C.; Sydow, J. (2001): Die Zukunft in der Gegenwart erfahren. Arbeit in Projektnetzwerken der Fernsehproduktion. In: Arbeitsrecht im Betrieb 22 (1), 12-18.

Wirth, C. (1999a): Franchising- und franchisingähnliche Systeme – Das Ende von Interessenvertretung? In: Sydow, J.; Wirth, C. (Hrsg.): Arbeit, Personal und Mitbestimmung in Unternehmungsnetzwerken. München und Mehring, 233-256.

Wirth, C. (1999b): Unternehmungsvernetzung, Externalisierung von Arbeit und industrielle Beziehungen. München und Mehring.

Wittgenstein, L. (1988 [1921/1922]): Tractatus logico-philosophicus. In: Wittgenstein, L.: Werkausgabe Band 1. Frankfurt a.M., 7-85.

Wittgenstein, L. (1988 [1953]): Philosophische Untersuchungen. In: Wittgenstein, L.: Werkausgabe Band 1. Frankfurt a. M., 225-618.

Wittke, V. (1990): Systemische Rationalisierung. In: Bergstermann, J.; Brandherm-Böhmker, R. (Hrsg.): Systemische Rationalisierung als sozialer Prozeß. Bonn, 23-41.

Woodward, J. (1958): Management and technology. London.

Zaheer, A.; Zaheer, S. (1999): The structure of global competition: A network approach. Manuskript. Strategic Management Journal Special Issue Conference. Northwestern University.

Zäpfel, G. (1991): Produktionslogistik. In: Zeitschrift für Betriebswirtschaft 61 (2), 209-235.

Zeitz, G. (1980): Interorganizational Dialectics. In: Administrative Science Quarterly 25 (1), 72-88.

Zeitz, G.; Mittal, V.; McAulay, B. (1999): Distinguishing adoption and entrenchment of management practices: A framework for analysis. In: Organization Studies 20 (5), 741-776.

Zepelin, J. (1997): Virtuelle Unternehmen werden für Wirbel sorgen. In: Frankfurter Rundschau v. 05-09-97, 13.

Ziegler, R. (1984a): Norm, Sanktion, Rolle. Eine strukturale Rekonstruktion soziologischer Begriffe. In: Kölner Zeitschrift für Soziologie und Sozialpsychologie 36 (2), 433-463.

Ziegler, R. (1984b): Das Netz der Personen- und Kapitalverflechtungen deutscher und österreichischer Wirtschaftsunternehmen. In: Kölner Zeitschrift für Soziologie und Sozialpsychologie 36 (2), 585-614.

Ziegler, R. (1984c): Der Forschungsverbund ‚Analyse sozialer Netzwerke'. In: Kölner Zeitschrift für Soziologie und Sozialpsychologie 36 (2), 615-618.

Zucker, L.G. (1977): The role of institutionalization in cultural persistence. In: American Sociological Review 42 (October), 726-743.

Zucker, L.G. (1983): Organizations as institutions. In: Bacharach, S.B. (Hrsg.): Research in the sociology of organizations. Greenwich, CT., 1-47.

Zucker, L.G. (1987): Institutional theories of organization. In: Annual review of sociology 13, 443-464.

Zucker, L.G. (1988): Where do institutional patterns come from? Organizations as actors in social systems. In: Zucker, L.G. (Hrsg.): Institutional patterns and organizations. Culture and environment. Cambridge, MA., 23-49.

Zukin, S.; DiMaggio, P. (Hrsg.) (1990a): Social organization of the economy. Cambridge.

Zukin, S.; DiMaggio, P. (1990b): Introduction. In: Zukin, S.; DiMaggio, P. (Hrsg.): Social organization of the economy. Cambridge, 1-36.

Zündorf, L. (1994): Manager- und Expertennetzwerke in innovativen Problemverarbeitungsprozessen. In: Sydow, J.; Windeler, A. (Hrsg.): Management interorganisationaler Beziehungen. Opladen, 244-257.

Personenverzeichnis

Abolafia, M.Y. 21, 231
Achenbach, W. 44
Adams, J.S. 195ff.
Adorno, T.W. 27, 29, 128, 139, 142, 146f., 151, 191f., 284, 302
Ahmadjian, C. 16
Ahrne, G. 149
Ahuja, G. 173, 316
Albach, H. 22
Alchian, A. 22, 242
Aldrich, H.E. 45, 54, 58, 95, 195, 278
Alexander, J.C. 133, 139, 151
Allan, K.D. 339
Allan, T.J. 195f.
Alter, C. 17, 195
Altmann, N. 69ff., 75ff., 90
Amin, A. 13, 62ff., 343
Anderson, A.B. 13
Angle, H.L. 195f.
Ansoff, I.H. 22
Aoki, M. 22, 242
Apel, K.-O. 137
Archer, M.S. 149, 153, 256, 307f.
Aristoteles 135, 153, 171, 310
Arrow, K. 21f.
Arthur, W.B. 64, 155, 165, 249, 277f.
Ashford, S.J. 17
Astley, W.G. 54, 64
Auster, E.R. 17
Axelrod, R. 157, 316

Bachmann, R. 241
Bachrach, P. 171, 176, 251
Badaracco, J.L. 264, 339
Baert, P. 127, 138ff.
Baethge, M. 20, 24, 69ff., 74ff., 87f.
Baker, W.E. 21, 195, 230f.
Bal, M. 122
Balsen, W. 57
Bamford, J. 60
Baratz, M.S. 171, 176
Barbaric, D. 143

Barley, S.R. 284, 291, 310
Barnatt, C. 13
Barnes, J.A. 17f., 33, 37f., 53, 66, 92ff., 117, 132, 242
Barney, J. 322, 346
Bartlett, C.A. 37, 220
Bateson, G. 169
Bavelas, A. 102
Becattini, G. 57f., 63
Bechtle, G. 19, 70, 74ff., 82ff., 89, 153, 251
Beck, U. 335, 342
Beckenbach, N. 70, 73
Behr, M. 81
Belzer, V. 243
Benson, K.J. 22, 177, 322
Berge, C. 94
Berger, H. 183
Berger, P.A. 256f.
Berger, P.L. 291, 295, 297, 300
Bergson, H. 154
Berkowitz, S.D. 36, 91, 94f., 104
Bernstein, R.J. 148, 153
Bertalanffy, L. von 54
Bettis, R.A. 346
Bieber, D. 13, 43, 77
Bien, G. 153
Biggart, N.W. 16, 220
Blau, P.M. 91f., 99, 105, 107
Blois, K.J. 262
Blumer, H. 150
Böhle, F. 125
Böhme, G. 135
Böhme, H. 135, 192
Bonacich, P. 110
Boorman, S.A. 36, 95, 103f.
Borgatti, S.P. 17
Bork, H. 48
Bosworth, B. 60, 62f., 65, 338
Bouchikhi, H. 129
Boulding, K. E. 54
Bourdieu, P. 25, 154, 162f., 284
Bovens, M.A.P. 221

Bowan, E.H. 42
Bowersox, D.J. 49
Bowles, S. 21, 126, 153, 194, 231, 234, 300
Boyer, R. 16, 69, 213, 284f., 300, 341, 343
Braczyk, H.-J. 13, 16, 19f., 64, 70, 72f., 86, 90, 268, 343
Bradach, J.L. 195
Braham, P. 13, 49
Brandt, G. 73, 76, 190, 192, 342
Brantley, P. 13ff.
Braudel, F. 338
Breiger, R.L. 94f., 103f.
Breuer, S. 175
Briefs, U. 75
Bröcker, W. 310
Brogan, A.P. 26
Brown, J.S. 240, 317
Brunsson, N. 178, 222
Brusco, S. 60
Bryant, C.G.A. 129, 131f., 139, 146, 154, 307
Buchholz, W. 257
Bühner, R. 199
Buono, A.F. 13, 199
Burke, P.J. 120
Burns, T. 43, 55f.
Burt, R.S. 16, 36, 38, 94, 97f., 103f., 106, 110ff., 117, 121, 204, 254, 316, 320
Byrne, J.A. 17, 57

Callon, M. 176
Campbell, J.L. 16, 23, 268
Carroll, S.J. 17
Carter, P. 24
Cartwright, D. 101
Castells, M. 37, 341
Castoriadis, C. 25
Chandler, A.D. 337
Cherry, C. 94
Chesnais, F. 338
Chia, R. 154
Child, J. 20
Chomsky, N. 310

Claesges, U. 25
Clark, J. 129
Clark, T. 55
Clegg, S.R. 14
Coase, R.H. 23, 229, 231
Cohen, I.J. 97, 131, 138f., 146ff., 153, 202, 214, 255, 260, 286
Cohen, S.I. 195
Coleman H.J. Jr. 14, 47, 49, 56f., 336ff.
Coleman, J.S. 97, 105
Collins, R. 18, 25, 33, 90, 95ff., 132
Commons, J.R. 284
Comte, A. 139, 146, 278
Connerton, P. 325
Cook, K.S. 35, 96ff., 106ff., 110, 120
Cooke, P. 13, 16, 42, 60, 64f., 343
Coser, L.A. 131
Creed, W.E.D. 56
Crozier, M. 23, 45, 131, 196, 199, 204, 322

Damus, M. 324
Däubler, W. 43f.
D'Aveni, R.A. 17
Davidow, W.H. 17, 248, 338
Davis, J. 72, 100
Davis, L.E. 23
DeCock, C. 25
DeFillippi, R.J. 200
Deiß, M. 69f.
Delmestri, G. 55, 67
Demes, H. 45
Demsetz, H. 22, 242
Derrida, J. 24, 42, 135, 142, 147, 160ff., 190f., 212, 305, 342
Deutsch, C. 49
Deutschmann, C. 347
DeVroy, M. 22
Dewey, J. 159
Dickson, W.J. 93, 101
Dill, W.R. 168
DiMaggio, P.J. 21, 40, 58f., 86, 155, 160, 168, 231, 266, 280, 285ff., 323, 338, 347
Döhl, V. 13, 69f., 75, 80ff., 84, 243f.
Dore, N. 14
Doreian, P.D. 95, 105, 118f., 121, 123, 132
Dörrenbacher, C. 45, 48

Douglas, M. 188
Dowling, M.J. 51
Doz, Y.L. 15
Duguid, P. 317
Düll, K. 78
Dupuy, J.-P. 204, 211, 310
Dürand, D. 49
Durkheim, É. 30, 73, 86, 134, 138, 177, 230, 256, 278, 284, 288, 291, 293f., 297, 307
Duschek, S. 186, 266, 316f.
Dutton, J.E. 322
Dwyer, P. 340
Dyer, J.H. 14, 347

Ebers, M. 13, 17f., 38, 322
Eccles, R.G. 13, 17, 195
Eldredge, N. 279
Elster, J. 313
Emerson, R.M. 33ff., 38, 98, 104f., 107, 109, 155, 320
Emirbayer, M. 33, 36f., 96f., 102, 119f., 123
Empter, S. 130
Endres, E. 82, 198
Engelhard, W.H. 197
Esser, H. 25, 100f., 159
Evan, W.M. 36, 58, 263

Farley, J. 42, 220
Faulkner, R.R. 13, 230
Faust, K. 34, 92, 94, 100, 102
Felsch, A. 130
Felstead, A. 13, 45
Ferrucci, L. 65
Feyerabend, P.K. 139
Figal, G. 142
Firth, R. 92
Fisher, G.A. 230
Fischer, J. 70
Flam, H. 226
Flament, C. 94
Fligstein, N. 212, 230, 254, 267
Fombrun, C.J. 64, 67
Fortes, M. 92
Foucault, M. 144, 166, 176, 180, 190f., 260, 324, 340, 342
Frank, M. 190
Freeman, J. 38, 54, 58, 255
Freeman, L.C. 67, 78f., 89, 92, 101f., 105ff., 110, 112, 120f.
Freeman, R.E. 22
Freud, S. 184, 192

Friedberg, E. 23, 45, 55, 83, 131, 196, 199, 204
Friedman, M. 22, 53, 98, 147
Frost, P.A. 195
Furubton, E.-G. 23

Gadamer, H.-G. 137, 143, 157, 184f., 219, 274, 308
Galambos, L. 301f., 323, 338
Galaskiewicz, J. 92, 318, 346
Galbraith, J.K. 21f., 43, 301
Garcia-Pont, C. 346
Geiger, T. 284
Gensior, S. 70
Gerlach, M.L. 16, 41, 43, 45, 253, 342
Gerum, E. 44, 241
Geser, H. 225, 227, 263
Ghoshal, S. 37, 220
Gibson, J.J. 181
Giddens, A. 13, 19, 21, 25, 27, 29, 86, 124 – 333, 335, 343ff.
Gilmore, M.R. 107
Ginsberg, A. 346
Gintis, H. 21, 126, 153, 194, 231, 234, 300
Gioia, D.A. 24f., 148
Gloy, K. 135
Gluckman, M. 99
Goffman, E. 163ff., 178, 207, 225, 256, 297, 327
Goodman, E. 60
Goodwin, J. 33, 36f., 96f., 102, 119f., 123
Gould, S.J. 27, 36, 279
Gouldner, A.W. 62, 204f., 233, 264, 296
Grabher, G. 13, 60, 64, 121f., 155, 188, 254, 289
Grandori, A. 17, 55
Granovetter, M. 16, 36, 62, 94f., 100, 102, 113, 116, 132, 167f., 346
Gregory, D. 258
Gregory, S. 36
Griese, J. 251
Guetzkow, H. 195ff.
Gulati, R. 15f., 59, 285, 317ff., 346f.
Gurvitch, G. 125
Gustafsson, B. 22, 242
Gutenberg, E. 85, 228f., 301

Habermas, J. 25, 69, 139f., 142
Hachey, G.A. 13

Hacking, I. 36
Hage, J. 17, 195
Hagedoorn, J. 17
Hägerstrand, T. 102, 258
Hahmann, M. 130
Hahn, F. 21f.
Håkansson, H. 14, 16, 34
Haken, H. 279
Halbwachs, M. 325
Hall, R. 320
Hamilton, G.G. 16, 220
Hannan, M.T. 38, 54, 58, 67, 255, 278, 347
Harary, F. 101
Hardy, C. 14
Harrison, B. 15, 37, 48, 60, 64, 67, 244, 345
Harvey, D. 258
Hassard, J. 24
Haude, R. 176
Hawley, A.H. 54
Hedlund, G. 42f., 49, 346
Hedström, P. 149
Hegel, G.W.F. 27, 30, 128, 131, 135f., 139, 142, 146, 154, 157, 171, 173, 179, 271ff.
Heidegger, M. 135ff., 142f., 146, 152f., 157ff., 166, 185, 190
Heidenreich, M. 13, 16, 64, 342f.
Heidling, E. 13
Heinze, R.G. 13, 63ff.
Held, D. 129, 131
Heller, A. 192
Helper, S. 13
Herker, D. 195
Herrigel, G.B. 13, 56, 60, 70
Heß, A. 57
Hess, T. 228
Hesse, M.B. 139f., 151
Hesterley, W.S. 17
Heuß, A. 26
Heydebrand, W. 245
Hildebrandt, E. 89
Hirsch, P.M. 58
Hirschman, A.O. 167, 190, 192, 229f.
Hitt, M.A. 339f., 346
Hobbes, T. 171, 173, 275
Hockett, C.F. 94
Hodgson, G.M. 21, 278
Hoffman, A.J. 58
Hogrebe, W. 25f.
Holland, W.E. 195

Hollingsworth, J.R. 16, 23, 213, 251, 267f., 283ff., 300, 334, 343
Homans, G.C. 139, 153
Homans, G.S. 93, 101
Hondrich, K.O. 27
Honneth, A. 171, 192, 275
Horkheimer, M. 191f.
Hoskisson, R.E. 339f.
Huff, A.S. 322, 335
Hutter, M., 291

Ilinitch, A.Y. 17
Imai, K. 239
Itami, H. 239

Jackson, N. 24
Jarillo, J.C. 13, 40f., 45, 47, 49
Jary, D. 129, 131, 258, 275
Jepperson, R.L. 296
Joas, H. 25, 125, 132, 135, 153, 159, 162, 178, 182, 300
Johanson, J. 16
Jones, C. 13, 17, 200
Jürgens, U. 44, 52, 89, 257

Kahn, R.L. 54
Kalmbach, P. 21
Kandinsky, W. 342
Kanna, T 317
Kanter, R.M. 24, 200
Kapferer, B. 96
Kappelhoff, P. 25, 33, 35, 94ff., 110, 119f., 123, 134, 277ff., 347
Karageorgis, S. 62
Katz, D. 54
Kauffman, S.A. 279
Keats, B.W. 346
Keller, R.T. 195
Kenis, P. 18, 268
Kern, H. 13, 20, 56, 69f., 72ff., 83, 86ff., 144
Kerst, C. 86
Kieser, A. 20, 55, 130, 278
Kießling, B. 130, 138, 146, 154
Kilduff, M. 21, 231
King, I.W. 154
Kirkpatrick, D. 51
Kleer, M. 13
Klein, S. 13, 17, 339
Kleinaltenkamp, M. 197, 261
Kloyer, M. 13, 45

Kluge, A. 153
Knesebeck, J. v.d. 70, 72f.
Knoblauch, H. 138
Knoke, D. 18, 34f., 91, 94f., 101, 119
Knorr-Cetina, K.D. 140, 158, 164
Kogut, B.M. 42, 341
Köhler, H.-D. 13
Köhler, R. 173
Köhler, W. 93
Kollenbach, S. 57
Koontz, H.D. 247
Koput, K.W. 13ff., 317
Korbin, S. 42, 220
Kortzfleisch, H.F.O. v. 13
Koselleck, R. 157, 325f.
Kößler, R. 60
Kouba, P. 143
Koza, M.P. 17f., 66, 42, 232, 255, 277, 337
Krackhardt, D. 95
Krebs, M. 16, 237
Kristensen, P. 67
Krystek, U. 13
Kubicek, H. 20
Kuhn, T.S. 139
Kulinksi, J.H. 34, 95, 101
Küpper, W. 130

Lakatos, I. 139
Landfried, C. 301
Lane, P.J. 317
Lange, K.W. 44
Laplanche, J. 127, 180
Lash, S. 335
Latour, B. 176
Laubacher, R.J. 249
Laufer, R. 338
Laumann, E.O. 91, 94, 107, 109
Laurent, M. 13
Lawler, E.J. 198
Lawrence, P.R. 43, 55
Lazerson, M.H. 60, 62
Leblebici, H. 21, 58f., 247, 266, 285, 290, 293, 338
Lechner, C. 51
Lei, D. 346
Leibniz, G.W. 152
Leifer, E.M. 22
Leinhardt, S. 100
Lenk, H. 136, 140
Leonard-Barton, D. 322
Levine, S. 54
Levinthal, D.A. 318

Lévi-Strauss, C. 39, 101f., 138, 161, 191, 305
Levitt, B. 325
Levitt, P. 36
Lewin, A.Y. 17f., 42, 66, 232, 255, 277, 337
Lewin, K. 93, 131
Lewontin, R.C. 36, 279
Li, P.P. 16f.
Lie, J. 21f., 238, 301, 338
Light, I. 62
Lin, N. 104
Lincoln, J.R. 16
Lindberg, L.N. 16, 23, 251, 267f.
Lipietz, A. 21, 335, 337
Lockwood, D. 255f.
Lorenz, K. 278
Lorsch, J.W. 43, 55
Lubatkin, M. 317
Luce, R.D. 103
Luckmann, T. 138, 291, 295, 297, 300
Luhmann, N. 25f., 55, 78f., 81, 135f., 147, 176, 178, 180, 193, 197, 199, 218f., 223, 225ff., 247, 259f., 262, 264, 269ff., 280ff., 335
Lullies, V. 89
Lutz, A. 13, 31, 42, 52f., 199, 232, 252, 319
Lutz, B. 20, 24, 73f.,
Lyles, M.A. 322

Macneil, I.R. 230
Maier, H.E. 60
Malone, M.S. 17, 248, 338
Malone, T.W. 249
Malsch, T. 69f.,
March, J.G. 42, 263, 268f., 318, 325, 336, 345
Marcuse, H. 153
Marsden, P.V. 33, 54, 94, 99f., 109ff., 107
Marshall, A. 60, 63
Martens, W. 55, 274
Marx, K. 21, 27, 30, 60, 73, 76f., 85, 89, 134f., 150, 153ff., 171, 191, 193, 228ff., 278, 293, 301
Mason, R.O. 22
Masuch, M. 122
Mathews, J. 51ff.
Maturana, H.R. 269, 279
Mayhew, B.H. 99

Mayntz, R. 37, 218, 222, 241, 267f., 278, 341ff.
Mayr, E. 36
McAulay B. 285
McHugh, A. 40, 52
McHugh, G. 24
McLennan, G. 138, 146
McMillan, J. 339
Mead, G.H. 98, 152, 158, 188, 310
Meffert, H. 17, 51
Megerle, K. 67
Meinig, W. 57
Meißner, H.-R. 45, 48f.
Melbeck, C. 104f., 120
Mendius, H.G. 70
Mercuro, N. 301
Merton, R.K. 58, 182
Messner, D. 340
Meyer, J.W. 56, 58f., 86, 254, 273, 287, 292f., 338, 347
Meyer, M. 293
Michaëlis, C. 310
Miles, G. 53, 336
Miles, R.E. 13f., 16, 41f., 46f., 49ff., 56f., 238, 336ff., 347
Milgram, S. 102
Mill, U. 70
Mills, C.W. 22, 183, 291
Milward, H.B. 255, 339
Miner, A.S. 325
Mintzberg, H. 40, 52
Mitchell, J.C. 33, 38, 53, 66, 93, 95f., 242
Mitroff, I.I. 22
Mittal, V. 285
Mizruchi, M.S. 104f., 123
Modgil, C. 129
Modgil, S. 129
Molm, L.D. 105, 320
Moorman, C. 325
Moreno, J. 93, 102
Morgan, D.L. 119
Morgan, G. 337
Mouzelis, N. 256
Müller, H.-P. 130
Müller-Jentsch, W. 288
Mullins, N.C. 101
Münch, R. 139, 149, 153
Myers, P.S. 24, 200

Nadel, S.F. 92, 103, 123
Nadler, D.A. 346
Nagbøl, S. 324

Naschold, F. 89
Negt, O. 153, 180, 183
Nelson, R.R. 278
Neuberger, O. 130
Niebur, J. 86
Nohria, N. 17, 59, 317, 346f.
Norman, R.Z. 101
North, D.C. 23, 181, 286, 292, 299, 309, 314
Nowotny, H. 186

Oberbeck, H. 69ff., 74ff., 88f.
Oberschall, A. 22
O'Donnell, C.J. 247
Oliver, A. 17f., 38
Oliver, C. 174, 347
Olsen, J.P. 268f.
Opelt, F. 44
Oppermann, R. 69
Ore, O. 94
Orth, E.W. 180
Ortmann, G. 20, 23, 31, 45, 49, 55, 59, 75, 81f., 85, 89f., 127, 129f., 148, 161, 181, 184, 188, 197, 221, 227f., 241, 249, 254, 259, 262, 264, 273, 277, 281, 291, 297, 301, 308, 312f., 317, 338ff., 347
Orton, J.D. 204
Osborn, R.N. 17
Osthues, E.-W. 69
Outhwaite, W. 25

Page, K.L. 15f., 33
Pagels, H. 36
Paniccia, I. 60f., 64f., 67
Pappi, F.U. 17, 34, 91, 94, 99ff., 104f., 107, 109, 120, 207
Paris, R. 330
Park, S.-H. 16
Parker, M. 24
Parret, H. 36
Parsons, T. 54, 57, 133f., 153, 170f., 185, 225, 255f., 260, 274, 284, 291, 293
Peirce, C. 327
Penrose, E. 321, 345
Pentland, B.T. 122
Perrow, C. 14ff., 37, 52, 55, 211, 243, 263, 301f., 323, 345
Perry, A. 103
Perry, J.L. 195f.

Peterson, G. 320
Pettigrew, A.M. 105, 123
Pfeffer, J. 14, 22, 38, 105, 173, 263f., 320, 322
Phillips, A. 21,
Phillips, D.J. 14
Picot, A. 14, 19, 56, 242
Piore, M.J. 13, 21,40f., 60, 70, 260, 342
Piskorski, M. 346
Pitre, E. 24
Plehwe, D. 13
Podolny, J. 13ff., 33
Pohlmann, M. 87
Polanyi, K. 167
Polanyi, M. 183f.
Pontalis, J.-B. 127, 180
Popper, K.R. 139f.
Porac, J. 168, 230
Porter, M. 345
Powell, W.W. 13ff., 37, 40, 56, 58ff., 62f., 86, 122, 155, 160, 231, 237, 241, 243, 266f., 280, 285ff., 296f., 317, 323, 338, 347
Pred, A. 247
Prewo, R. 159
Prigogine, I. 36, 279
Proff, H. 346
Proff, H.V. 346
Provan K.G. 255, 339
Pugh, D.S. 55
Pyke, F. 13, 60, 62, 64f.

Radcliffe-Brown, A.R. 91ff., 97f., 103, 123, 291, 302
Ram, M. 62
Rammert, W. 257, 287
Reckenfelderbäumer, M. 197
Reckwitz, A. 303
Redel, W. 13
Reger, R.K. 322
Reichwald, R. 19, 242
Reppegather, S. 13
Reuss, H. 57
Reuter, N. 22
Richards, T. 25
Richardson, G.B. 13, 49, 196, 345
Richter, R. 23
Ricoeur, P. 160, 305, 326
Ring, P.S. 320
Ritsert, J. 139, 179, 272, 275
Rock, R. 16, 237
Roethlisberger, F.J. 93, 101

Rogers, E.M. 95
Rorty, R. 142
Rosa, J.A. 168
Rose, S. 36, 230
Rosenau, J. 343
Rosenfeld, S. 60, 62f., 65, 338
Roth, K. 291, 301
Rötzer, F. 160
Rowan, B. 58f., 86, 254, 273, 287, 292f., 338, 347
Rudolph, E. 142
Ruf, A. 47
Rullani, E. 60
Rütten, U. 153

Sabel, C.F. 13, 21, 40f., 56, 60, 64f., 70, 260, 342
Saint-Simon, C.-H. 139
Salais, R. 292
Salancik, G.R. 14, 18, 21f., 38, 96, 105, 173, 263f., 320, 322
Samuels, W.J. 301
Sandberg, Å. 85
Sattelberger, T. 51
Sauer, D. 13, 69f., 75, 77, 80ff., 84, 88, 90, 243f.
Sauer, U. 13, 48
Saussure, F. de 305
Saxenian, A. 13, 40, 63ff., 248, 342
Schäfers, B. 222
Scharpf, F.W. 16, 222, 225, 268, 283, 340
Scheibe, E. 26
Scheler, H. 284
Schelling, T.C. 21
Schenk, M. 17, 93f., 100
Scher, M.J. 41, 50
Scherer, A.G. 25
Schienstock, G. 72
Schimank, U. 274
Schmidt, A. 147
Schmidt, G. 19f., 24, 69f., 72ff., 82, 88f., 301
Schmidt, S.J. 20, 73
Schmiede, R. 76f.
Schmitter, P.C. 16, 268, 283f.
Schmoller, G. 230
Schnädelbach, H. 272
Schneider, V. 268
Schnelle, W. 317
Schönbauer, G. 130
Schreyögg, G. 222, 247, 254, 268

Schrödinger, E. 36, 222
Schröter, H.G. 51, 56
Schulte-Sasse, J. 306
Schumann, M. 20, 69, 72, 89
Schumpeter, J.A. 60
Schütz, A. 26, 159, 181, 185, 334
Schwartz, J.E. 105
Schwartz, M. 104
Schwarzer, U. 51
Schweizer, T. 92, 94f., 98ff., 106, 120f.
Scott, A.J. 60
Scott, J. 22, 94, 97, 104f., 177
Scott, W.R. 58f., 86, 165, 165, 285f., 295, 347
Searle, J.R. 309
Seltz, R. 89
Selznick, P. 290, 293
Semlinger, K. 16, 241, 243
Sewell, W. 308
Sharma, B. 65
Shortell, S.M. 285
Shrivastava, P. 322
Sieber, P. 13, 251
Sigrist, C. 42, 176
Simmel, G. 26, 91ff., 98, 114, 118, 127, 191, 264, 333
Simon, H.A. 43, 263
Singh, H. 14, 347
Skinner, Q. 133
Smelser, N.J. 97, 133, 138f.
Smith, J.M. 36
Smith, K.G. 17
Smith-Doerr, L. 13ff., 17, 60, 62f., 317
Snow, C.C. 13ff.,41f., 46f., 49, 51ff., 56, 57, 238, 336ff., 347
Soda, G. 17
Sofsky, W. 170, 330
Sohn-Rethel, A. 76f.
Soref, M. 105
Spaemann, R. 308
Spekman, R.E. 195f.
Spender, J.-C. 237, 335
Springer, R. 221, 254
Staber, U. 54, 60, 64ff.
Staehle, W.H. 55, 199, 207, 247, 340
Stahl, D. 13
Stalker, G.M. 43, 55f.
Starbuck, W.H. 46, 55, 207, 248

Starkey, K. 13
Stearns, L.B. 339
Steinmann, H. 247, 254
Stengers, I. 279
Stetter, C. 308
Stichweh, R. 15, 345
Stinchcombe, A. 66, 105, 165, 255, 296
Stokmann, F.N. 104f.
Storper, M. 292
Streeck, W. 16, 268, 283f.
Stricker, G. 26
Strulik, T. 273
Suitor, J.J. 119
Swedberg, R. 21f., 149, 167, 230
Sydow, J. 13, 15ff., 23, 31, 35, 37f., 40f., 43ff., 50, 52f., 55, 59f., 67, 70, 80, 90, 127, 129f., 170, 181, 194f., 199, 204, 222, 227f., 230, 232, 237f., 241, 243f., 247f., 250f., 254f. 264, 266, 278, 288, 318f., 324, 334, 338ff., 346f.

Tacke, V. 78
Takahashi, N. 320
Taylor, F. 340
Teubner, G. 14ff., 82, 194, 213, 225, 227f., 234, 239, 242, 267, 269f., 273f., 314, 334
Theisen, M.R. 228, 234
Thiede, M. 44
Thoenig, J.-C. 23
Thompson, J.B. 129, 131, 298, 327
Thompson, J.D. 55f., 58
Thompson, L. 36
Thorelli, H.B.B. 239f.
Thrift, N. 13, 60, 62ff., 248, 343
Thünen, J.H. v. 22
Tocqueville, A.C. de 284
Tolbert, P.S. 284, 291ff., 310
Tomasko, R.M. 47
Töpsch, K. 342
Toulmin, S. 139
Touraine, A. 25
Treek, W. v. 70
Trezzini, B. 18, 36, 122f., 132
Troitzsch, K.G. 101
Tully, S. 13
Türk, K. 20, 55f., 59, 82, 86, 90, 286, 288, 301f., 347

Turner, J.H. 96, 98, 139, 153
Tushman, M.L. 195f., 346

Ulrich, P. 69
Urry, J. 258
Uzzi, B. 13f., 18, 168, 229, 318

Vaihinger, H. 22, 147
Varaldo, R. 65
Varela, F. 269, 279, 310
Veblen, T. 284
Veyne, P. 260
Vogt, W. 22
Volpert, W. 75
Voskamp, U. 13, 52f., 63, 69

Wagner, P. 143, 222, 343
Wagner, T. 176
Waldinger, R. 62
Walgenbach, P. 130
Wallerstein, I. 165, 229
Walras, L. 21
Walsh, J.P. 325
Warren, R.L. 58
Wasserman, S. 34, 92, 100, 102
Weaver, G.R. 24, 148
Weber, A. 60
Weber, H. 72
Weber, M. 22, 30, 42f., 52, 69, 73, 76, 125, 134, 142, 151, 158, 160, 167, 171, 176, 178, 180, 191, 208, 211, 219, 225ff., 273, 276, 278, 284, 288, 294ff., 301, 311ff., 338
Wegener, D.M. 325
Wegge, M. 13
Wehrsig, C. 78
Weick, K.E. 204, 226, 273
Weitz, R. 45
Well, B. v. 46, 130, 237, 248, 317
Wellman, B. 13, 36, 91, 93ff., 97f., 101, 104, 119, 197
Wellmer, A. 191
Weltz, F. 89
Wendeling-Schröder, U. 70
Werner, H. 257
Werner, R. 257, 306
Wernerfelt, B. 322
Werthner, H. 13
Westphal, J.D. 285
Weyl, H. 36

Whipp, R. 335
White, H.C. 36, 39, 91, 94f., 99, 101ff., 123, 133, 180, 229, 234, 262, 301
White, P.E. 54
Whitehead, A. 154
Whitley, R. 195
Whitmeyer, J.M. 96ff.
Whitten, N.E. 96
Whittington, R. 129
Wiesenthal, H. 122
Wigand, R.T. 242
Wildemann, H. 49
Willer, D. 94
Williamson, O.E. 14, 16, 22f., 37f., 43, 211f., 237f., 241f., 251, 267f., 300, 341
Willke, H. 82, 274
Willmott, H.C. 24
Winch, P. 145
Windeler, A. 13, 15, 20, 31, 42, 46, 50, 52f., 67, 70, 80, 82, 127, 129, 153, 181, 194, 222, 227, 232, 237f., 241, 244, 247, 250ff., 255, 264, 278, 288, 319, 324f., 338ff.
Wirth, C. 13, 31, 42, 52f., 199, 232, 252, 266, 288, 319, 324
Wittgenstein, L. 134, 136ff., 167, 184f., 308ff.
Wittke, V. 13, 52f., 63, 69
Wolfe, A.W. 96
Woodward, J. 43, 55

Yamagishi, T. 107
Yoon, J. 198

Zaheer, A. 318, 346f.
Zaheer, S. 346
Zanfei, A. 60
Zäpfel, G. 49
Zeitlin, M. 105
Zeitz, G. 173, 285
Zepelin, J. 17
Ziegler, R. 36, 94f., 101ff., 117
Zimmer, M. 273, 291, 301
Zucker, L.G. 287, 290ff.
Zukin, S. 21, 168, 231, 294
Zündorf, L. 64, 284

Stichwortverzeichnis

Adaption
  s. System
Adhokratie
  s. Organisation
Akteure
  s. Handelnde
Anerkennung 226, 237, 263, 275, 277, 335
An- und Abwesenheit 161, 167, 256f., 275, 305f., 330f.
  s.a. Systemintegration, Zeit und Raum
- Anwesenheitsverfügbarkeit 249, 256
- ‚instantiation' u. ‚distanciation' 305, 324f.
- Kopräsenz 256, 261

Autopoiesis
  s. Systemregulation

Bewußtsein 135, 189, 309
Beziehung 28, 34, 72, 91f., 124, 156, 208f., 223, 302f., 307, 323, 346
  s.a. Netzwerkbeziehung
Bindung 127, 167, 275f., 277ff., 302f., 307
  s.a. Zeit-Raum-Ausdehnung

Cluster
  s. regionale Produktionssysteme

Dekonstruktion 146, 212
Dezentrierung 190ff., 222, 272, 290, 344
Différance 135, 161, 173f., 190f., 222, 246, 275, 290, 307

Einbettung/Eingebettetheit
  s. Kontext
einheitliche Leitung 228f., 234ff., 242
  s.a. Unternehmung
Entwicklung
  s. Wandel
Erfahrung u. Erwartung 59, 157, 162, 192, 209, 219, 309f., 325f., 330, 335
Evolution/Ko-Evolution 27, 30, 66, 84, 118f., 274, 277ff., 281f., 287, 319
  s.a. Wandel
Exitoption 229, 233f.
Expertise/Experten
  s. Handlung, Wissen
Exploitation/Exploration
  s. Strategie

Formalisierung/Formalität 219, 227, 285
Forschung 35f., 140ff., 156, 338, 345ff.

Gedächtnis 59, 142, 307, 324ff.
Gelegenheiten
  s. Kontext
Geschichte
  s. Zeit und Raum
Gesellschaft/gesellschaftliche Totalitäten/Vergesellschaftung 28f., 37, 58, 73, 83, 91f., 129, 151, 202, 270, 283ff., 293, 298, 302ff., 318f., 335, 338, 340, 342, 344ff.
Governance
  s. Netzwerk-/Systemregulation

Habitus 154
Handelnde, Handlungen 124, 126, 135ff., 155ff., 182, 289
  s.a. Netzwerkakteure
- Akteure 24, 90, 91, 97, 123, 124, 161, 190ff., 223
  - individuelle 27, 29, 93, 97ff., 124ff., 178, 189ff., 202, 246, 281, 302, 306, 318, 326, 328ff., 335
  - isolierte o. periphere 102
  - kollektive 29, 60, 124f., 178, 216ff., 225ff., 244, 265, 302, 306, 318,
  - korporative 226
  - rationale 98
      s.a. Rationalisierung
  - strategisch plazierte 214, 265ff., 283f.
  - Konstellationen von 58, 60ff., 261, 283
- Aktivitätspfade 163, 165f.
- Akzeptabilität 178
- ‚boundary spanning' 195ff.
    s.a. Netzwerkakteure
- ‚display of agency' 178
- ‚free will' 126, 307, 309
- Geschäftshandlungen 160
- ‚Grammatik des Handelns' 284f., 310
- Handlungsbegriff 98, 157ff., 168ff.
  - Handlungsakte 159
  - kompetenzbasierter (Fähigkeiten, Kenntnisse etc.) 60, 135ff. 141, 145, 158f., 178ff., 187ff, 199, 218, 270, 275f., 281, 283, 289f., 295f., 307f., 310, 316, 319, 326, 328ff., 335
      s.a. Wissen
  - Moment der Konstitution 159f.
  - prozessualer (Handlungsfluß) 159, 170, 327f.

- relationaler 157f.
- Interessen 275, 277, 280, 296, 318f. 333, 344
  s.a. Schichtenmodell des ...
- Netzwerkhandeln 194f., 246f.
- Reflexivität der 136, 178ff., 214ff.
  s.a. Schichtenmodell des ...
- Repetition/Wiederholung 135f., 289f.
  s.a. Konvention
- Routine 59, 163ff., 177, 289f., 325, 335
- Schichtenmodell des Handelnden 154, 178ff., 189, 192, 194f., 290, 327

Handlungsorte
  s. Kontexte
Hermeneutik (doppelte, natürliche) 134, 139 ff., 145, 180, 307
Heterarchie 42, 49ff., 63, 177, 238
  s.a. Netzwerkform, Regulation
Hierarchie 43ff., 117, 177, 212, 222, 228, 238, 267, 271
  s.a. Netzwerkform, Regulation

Identität u. Differenz 160ff., 247, 263, 274f., 285, 316, 321
Indexikalität 327f.
Industrie/industrielle Distrikte
  s. organisationale Felder
Industriesoziologie
  s. Theorieansätze
Information 100, 106ff., 112ff., 122, 323
Inklusion/Exklusion 221
Institution(en) 28, 127, 158, 200, 266, 270, 283ff., 345
- Adoption von 73, 285
- Arrangement von 251, 283, 285, 307, 343
- Auferlegtheit oder Objektivität von 288, 297
- Ausbildung u. Aufrechterhaltung, Befolgung u. Verletzung von 285f., 292, 297, 302
- Auseinandersetzungen um u. Widersprüche zwischen 286, 292, 295ff.
- Begriff der 284, 286, 288
- Bereiche 298ff.
- Ermöglichung u. Zwang von 288, 297
  s.a. Macht
- Existenz von 193
- Grad der Institutionalisierung 291, 304
- Institutionalisierung/ Deinstitutionalisierung 273, 284f., 290, 290, 297, 302
  - bereichsspezifische 285ff.
  - bereichsübergreifende/gesellschaftsweite 283, 301
- Mechanismen der Institutionalisierung 285, 290
- institutionelle Kombinationen von Regeln und Ressourcen 298ff.
  s.a. Regeln und Ressourcen

- interessierte/strategische Produktion von 283, 287f., 298, 300, 302
- Komplexe 295, 300ff.
- ökonomische, politische, rechtliche u. symbolische 299
- Reichweite von 291f.
- Sozialdimensionen 269, 276, 293ff., 331
  - Domination 293, 295, 326
  - Legitimation 275, 280, 288, 293ff., 326
  - Signifikation 294f., 326
- u. Effizienz/Nichteffizienz 289, 292f.
- u. Rechte u. Verpflichtungen 291f.
Integration/Disintegration 274, 302
  s.a. Systemintegration
Intention 90, 182, 220f.
  s.a. Schichtenmodell des Handelnden, unintendierte Konsequenzen, Strategie
Interaktion(en) 28, 34, 156, 208ff. 223, 256f., 270, 303, 326f. 331
  s.a. Handeln
- -sepisoden 163
- fokussierte, unfokussierte 164, 207
- -smodalitäten
  s. Struktur, Modalitäten
- ‚generalisierte Andere' 98
Intra- u. interorganisationale Praktiken
  s. Organisation
Joint Ventures/strategische Allianzen 41, 50ff., 232, 238, 317, 337

Kapital
- Beziehungs- 199, 313, 318
- Netzwerk- 199, 318
- soziales 105, 111ff.
- -verwertung
  s. Ökonomie
Knowledgeability
  s. Handeln, Wissen
Kollektivität
  s. Akteure, kollektive
Kompetenzen
  s. Wissen
Konflikt
  s. Macht
Konstitution 14, 24ff., 84, 156, 166, 174f., 201, 208, 244f., 282, 287ff., 296, 299, 302f., 310, 324, 334, 346
- -sansatz 25, 74, 125
- -sbegriff 25ff., 127f., 132, 137, 240, 270, 275
- -sebene 27
- -sproblem 26, 132
- -sprozeß 30, 66f., 85, 118, 120, 123, 129, 132, 135, 146, 153, 244, 321f., 331, 344, 346
- u. Kontingenz 26f.
- reflexive u. rekursive 29f. 129, 331f.
  s.a. Systemregulation
Kontext(e) 14, 27f., 53ff. 67f., 119, 129, 136, 160, 164, 174, 180, 182, 186, 188f., 216, 232, 244, 246, 252, 265, 267, 273, 279,

Stichwortverzeichnis 395

286, 290, 293, 295, 298, 309, 317ff., 324, 326, 330, 332f., 334, 336, 340, 342ff.
s.a. Systeme, organisationale Felder
- -begriff 66f., 162ff., 167ff.,
- ‚embeddedness', embedding/ disembedding 117, 159, 167f., 209, 262, 319
- Gelegenheiten 163, 165f., 186, 216, 256ff., 265, 316
- globale/Weltsystemkontexte 165, 336, 342
- kopräsente Zusammenkünfte (encounters, gatherings) 163f., 166
- institutionalisierte 298, 330, 332
- physikalische settings 163
- umkämpfte Terrains 273, 296, 336ff.
Kontingenz 67, 76ff., 87, 158, 205f., 211, 289, 300, 310, 344
- Begriff der 26, 55
- strukturelle 55
Kontrolle 43ff., 62, 112ff., 221f., 267, 270, 280, 297, 323, 330, 343ff.
s.a. Autonomie, Macht, Systemmonitoring
Konvention 145, 177, 185, 259, 310, 340
s.a. Institution, Regeln und Ressourcen
Konzern 44, 228, 234, 236, 238, 345
Koordination 30, 198, 207, 210ff., 233ff., 242, 259, 284f., 294, 333, 337, 341f.
s.a. Modi der Systemkoordination, Heterarchie, Hierarchie
- Begriff von 210
- dezentrale, polyzentrische 222, 267
- diskursive 269
- Just-in-time 257
- reflexive 164, 227ff.
- traditionale 211
- Triangulation 51ff.
Lebenschancen 314
Legitimation
s. Regeln der Legitimation

Macht/Herrschaft 21, 80ff., 105ff., 117, 168ff., 279, 285, 288, 290f., 293, 295f., 299, 311ff., 319, 322, 326, 328ff., 341, 344
- absolute 170
- -ausübung 67, 171, 176f., 326, 328
- Autonomie und Abhängigkeit, Diskretion 80ff., 173, 221, 264, 322, 345
    - kontrollierte 45f., 81f.
    s.a. Kontrolle
    - organisationale 174
    - -begriff 66f., 162ff.
    - strukturelle 105, 110ff., 116f.
- -ausweitung/Steigerung u. Verlust von 318, 323d., 345
- -basis 311f.
- Begriff von 169ff., 175ff.
    - relationale 38, 171, 175, 322
    - prozessuale (kontinuierlich, punktuell) 170f., 175
- -beziehungen 172, 177

- ‚dialectic of control' 172f., 177, 330
- Einfluß 176
- Entwicklung von 315
- Ermöglichung u. Zwang 77, 170, 176, 295, 307, 309f.
- Erreichen von Zielen, Interessen 171, 173, 266
- Formwandel von 80ff.
- Gehäuse der Hörigkeit 76
- Gehorsam 176f.
- geliehene 321
- Gewalt/Repression 176f.
- Herrschaftsfreiheit 176
- Konflikt/Widerstand 171f., 177, 220
- Konsens/Einverständnis 177, 206, 191, 296
- Macht zu/Macht über 172
- -maße 106ff.
- -mittel 328ff.
- Nullsummenspiel 322
- ‚power container', Gravitationszentren 323
- -quellen
    s. Ressourcen
- Speicherung von 323
- -(un)gleichgewichte 79, 172, 175, 177, 188, 218, 247, 319
- u. Verbundenheit 197ff.
- u. Zentralität
    s. Netzwerkbeziehungsmerkmal
- Versachlichung u. Verobjektivierung von 80ff.
Management
s. Netzwerkregulation
Managementforschung
s. Theorieansätze
Markt 20ff., 104, 117, 165, 211f., 224, 266, 271, 284, 293, 300, 316, 335, 338, 342
- -anforderungen, -zwänge 75f., 80, 84, 160
s.a. System, Adaption
- Börse 21, 231
- Marktregulation 230f.
- -sensitiv 56
- u. Politik
    s. Ökonomie
- -versagen 240
Modalitäten
s. Struktur, Dualität von
Moderne 201, 222, 230f., 302, 334ff. 343ff.

Netzwerk
- -begriff 16f., 33, 91f., 94, 232f., 237ff., 239, 270, 339
- -effekte (Erfolg/Folgen/Vor- u. Nachteile/Gefahren) 14f., 18, 47ff., 56, 67, 113, 116, 120, 200, 247, 254, 316f., 323, 344f.
    s.a. Netzwerkbeziehungsmerkmale
- (Nicht-)Effektivität, (Nicht-)Effizienz 106f., 115f., 120, 122, 254, 339f.
- Knoten u. Linien 91, 104

- ‚network mania' 340
- -metapher/Leitbild 17, 337f.
- u. Arbeit 47, 76f., 86f., 195ff.
- u. Politik 57ff.
- -verbreitung 337ff.
- -versagen 340
- -welle 343
- Zugang zum 345

Netzwerkakteure 156, 210, 283, 285, 302f., 308, 316
  s.a. Akteure, Netzwerkposition
- Broker 45ff., 57, 321
- ‚boundary spanners'/Gatekeeper 100, 120, 158, 195ff.
- Koordinator 43f., 236, 247, 260, 265, 290, 321
- Mitglied 252, 260
  s.a. Systemmmitglied
- Repräsentant 260f.

Netzwerkanalyse 33ff., 84, 91ff., 124ff.
  s.a. Netzwerke, ...
- Aufgabenstellung der 92
- Basisidee der 37
- Ebene der Analyse (Dyade usw.) 101
- Erklärungsanspruch u. Wirklichkeit 70, 83ff., 88ff., 95ff., 334ff.
- Entwicklung der, Überblick 15ff., 69ff., 93ff., 102
- Forschungsprobleme der 15, 17
  s.a. Forschung
- Gegenstand der 33f., 36, 70
- Maxime der 33
- Methoden der 35, 72ff., 94ff. 100ff. 118
  - Computerverfahren 94
  - mathematische Verfahren 94, 101f.
  - Laborexperimente 109
  - Modellierung von Netzwerken 101f., 118
- Perspektive (relationale) 19, 35ff., 347
- Positionsanalye (Blockmodelle) 103
- prozessuale vs. statische 118, 159
- Theorien der
  s. Theorieansätze
- Verbundenheitsanalyse 35, 192, 107ff., 113

Netzwerkbeispiele
- Automobilindustrie 13, 44f., 47, 56, 80, 82, 87, 243, 248, 346
- Bayerische Motorenwerke (BMW) 42, 56
- Benetton 13, 40, 45, 48
- Biotechnologie 57
- Elektronikindustrie 13, 48, 53, 57. 63
- ethnische 62
- Emilia Romagna 40f., 61ff.
- Finanzdienstleistungsindustrie 13, 45, 346
- Franchising 13, 45, 238
- Gerber von Santa Croce 61ff.
- Handelshäuser 13, 48
- Ikea 13, 40, 45, 48, 248

- InBroNet 41, 50, 248,
- Japan (Keiretsu, Kigyo shudan) 41, 45, 50
- Lewis Galoob Toys 40, 42, 47f., 57, 248, 258
- Logistik 13, 49
- Luftverkehrsindustrie 50
- McDonalds 13, 40
- Medien-, Multimediaindustrie 13, 53, 57, 59
- Micro Compact Car (MCC), Smart 56f., 341
- Marschollek, Lautenschläger & Partner (MLP) 45f., 248
- Modeartikelindustrie 56f., 63
- PriBroNet 41
- Route 128 63
- Schuhindustrie (Adidas, Nike, Reebok) 13, 48
- Silicon Vally, Orange Country 63
- Softwareindustrie 13, 53
- Spielzeugindustrie 47f., 57, 258
- Technical and Computer Graphics (TCG) 51ff.

Netzwerkbeziehungen 37, 92, 124
  s.a. Beziehungen
- Beziehungszusammenhang 19, 37, 84, 92f., 98, 117, 232ff., 235ff., 240, 242f., 285, 316, 319, 321
- dyadische Beziehungen 36, 233, 240ff., 243
- starke u. schwache Beziehungen 102, 113
- positiv oder negativ verbundene 34f., 99
- Pflege von 113, 336

Netzwerk(beziehungs)merkmale
- Autonomie und Abhängigkeit 243
  s.a. Autonomie
- Brücken 102
- Clique 100, 102f.
- Dauerhaftigkeit 16
- Dichte 94, 102
- Heterogenität, Homophilie 103, 105
- horizontal, vertikal 17
- Kooperation u. Kompetition 17, 62, 121, 233, 241,243, 267
- Macht
  s. Macht
- Multiplexität 99
- Personen 198, 211
  s.a. Handeln, ‚boundary spanning'
- Redundanz 113f., 121f.
- Reziprozität 62, 233, 240, 321
- strukturelle Äquivalenz 103, 105, 108, 113
- strukturelle Löcher 105, 110ff.
- Technik 17, 72, 75f., 81, 191, 204, 248f., 251
- Transitivität, Intransitivität 99f., 102
- u. Konflikt 99f.

Stichwortverzeichnis 397

- Verhandlungen 241, 243
- Verbundenheit 94, 102
- Verläßlichkeit 240f., 243, 316
- verschachtelte Aufsichtsratsmandate 104f.
- Vertrag 240, 242f., 262f., 284
- Vertrauen 62, 112, 122, 240f., 243, 246, 251, 316
- Zentralität, Zentrum/Peripherie 94, 102, 105ff., 109f., 112f., 177
- Zugehörigkeit zu Clubs, Ethnien, Familien, Parteien, Religionen, Verbänden, 62, 211, 240

Netzwerkentwicklung/-genese 13, 56, 62, 67, 238, 338f.
Netzwerkform/-typen 16f., 246, 334
- dynamische 46
- eigenständige, hybride 16, 211, 237f.
- exploitative, explorative 41
- heterarchische 41f., 236, 336
- hierarchische 40ff. 236, 243, 336
- konspirative 13
- N-Form 42
- Projektnetzwerke 46, 51ff., 232, 319
- pyramidiale 43
- regionale/internationale/lokale 40f.
- ‚spherical firms' 41, 51, 238
- stabile, temporäre 41
- strategische 40ff.
- Übergangsphänomen 341
Netzwerkposition 98, 100, 103, 105, 108, 110., 113f., 252, 259ff., 319
  s.a. Netzwerkakteure, -regulation,
Netzwerkregeln
  s.a. Regeln
- Regeln 53
- Verhaltenskodex 47, 53
Netzwerkregelmäßigkeiten
  s. Regelmäßigkeiten
Netzwerkregulation/Governance 14, 40ff., 220, 246ff., 276, 283, 289, 319
  s.a. Systemregulation
- abstrakte Systeme
- Begriff von 246f.
- Gegenstände 44, 249ff., 285, 333
  - Evaluation 250, 253ff.
  - Grenzkonstitution 197, 199, 250f., 262ff., 286
  - Positionskonfiguration 250f., 259ff., 264, 319
  - Ressourcenallokation 63, 250, 253
  - Selektion 62, 229, 250ff.
  - Systemintegration 250f., 255ff., 319
- Grundform der 42
- Kollektivierung 63f.
- Mittel 248ff., 252
- reflexive Netzwerkregulation, Vernetzung 31, 216, 287, 333, 334ff.
Netzwerkressourcen
  s. Ressourcen

Norm
  s. Regulation

Ökonomie 20f., 127, 168, 204, 244f., 268, 284, 298f., 304, 328, 334, 336ff., 341
  s.a. institutioneller Bereich
- Markt- u. Produktions- 52, 76f.
  - Abstraktifizierung 76f.
  - Bruchstellen 77
  - (graduelle) Harmonisierung 77
  - u. Indifferenz 76f.
  - u. Subsumtion 76f.
  - u. Vereinheitlichung u. Offenheit 76f., 80
  - u. Vernetzung 85
  - u. Widersprüche 81
- reflexive 341, 346
Ontologie
  s. Strukturation
Ordnung 136, 191, 274ff., 279f., 282, 296
  s.a. Struktur, Wandel
- Begriff von 42
- disembedding von Ökonomie u. Politik 300f., 304
- einverständnismäßig wirksame u. gesatzte 296
  s.a. Macht, Einverständnis
- mannigfaltige 276
- multikausale Basis von 275
- -sproblem 274
- verwickelte 204, 212
- virtuelle
  s. Struktur
Organisation 20f., 75, 83, 121, 136, 154, 201f., 216, 219, 225, 270, 281, 287, 293, 300f., 342
- adhokratische, bürokratische 52
- Begriff von 227
- flexibel spezialisierte 60, 70, 87, 337
- intra- u. interorganisationale 65, 83f., 199f., 262, 264
- u. Umwelt 54ff.
- ‚one best way' der 335ff.
- tayloristisch-fordistische Form der 21, 75, 77, 335, 337, 340, 342
- -sversagen 240
‚organisational set' 58
Organisationale Felder 56ff., 117, 155, 165, 200, 244, 286f., 289f., 293, 302, 308, 318ff., 343
  s.a. regionale Produktionssysteme
Outsourcing
  s. Netzwerkentwicklung

Politik/Mikropolitik 88f., 252f., 259, 265, 268, 280, 290, 296, 300
  s.a. institutionelle Bereiche
Praxis/Praktiken 29, 123, 124, 137, 151ff., 200, 289, 302f.
Position
  s. Netzwerkregulation, Gegenstände

Rationalität/Rationalisierung 69ff., 74, 75f., 80, 88, 179f., 191f., 211, 254, 272
Recht 234, 236, 273
Reflexivität/Reflexion 120, 128, 136,. 154, 179, 184, 214ff., 225, 229ff., 269ff., 281, 306ff., 344ff.
  s.a. Rekursivität
Regelmäßigkeiten 117, 123, 303ff., 330ff.
Regel(n) 145, 303ff.,
- Begriff von 311
- der Signifikation u. Legitimation 298f., 300, 311, 318, 320, 328f., 338
- formulierte, kodifizierte, konstitutive u. regulative 309, 311
- pragmatische, semantische u. syntaktische 306
- Reichweite von 291
Regeln und Ressourcen 59, 281, 284, 300, 304ff., 320
- Anwendung u. Verletzung von 281, 306, 308, 310f. 320
  s.a. Dualität von Struktur
- Charakteristika u. Reichweite von 307
- Ermöglichung u. Zwang
- Sets von 307
- Validität/Gültigkeit von 310, 335
regionale Produktionssysteme 13, 57ff., 343
  s.a. organisationale Felder
Regulation
  s. Systemregulation
Rekursivität 124f., 128, 208, 306, 324
  s.a. Reflexivität/Reflexion
Ressourcen 22, 100, 199, 252ff., 264, 286, 293, 298f., 311ff., 328f., 346
- Adäquanz u. Viabilität von 322
- Aneignung u. Eigentum, Erwerb von 320ff.
- ‚assets' 205, 320, 346
- Ausdehnbarkeit von 322
- Bedeutung von 22, 322
- Begriff von 312, 322
- Entwicklung von 314, 321f.
- Gebrauch/Nutzung von 226, 313, 315f., 321f., 328ff.
- Kernkompetenzen/‚core rigidities' 317, 322
- komplementäre 319
- Ko-Spezialisierung u. Pooling von 315f., 321
- prozessualer Charakter von 322
- Speicherung u. Verbesserung von 322
- Ressourcentypen 252ff.
   - allokative u. autoritative 228, 298f., 313ff., 323
   - materielle u. immaterielle 313ff.
   - systemische 324
   - Netzwerk- 311ff., 315ff.
- Zusammenhang von 316
Routinen
  s. Handelnde

Sanktion/Sanktionierung 297, 299, 306, 311, 326
  s.a. Regeln der Legitimation
Sozialdimensionen
  s. Institutionen
Sprache/Sprechen 135, 137f., 142, 305, 309, 326
Spur
  s. Différance, Wandel
Steuerung (u. Planung) 81, 147f., 222, 247, 268, 344
  s.a. Heterarchie, Hierarchie, Regulation
- Begriff von 180, 215
- Kontextsteuerung 82, 274
- ‚riding the juggernaut' 344ff.
Strategie 218, 221,
- Adaptions- 217
- objektive Strategien 73, 78, 80, 84, 88
- explorative, exploitative 255, 318
strategische Allianzen
  s. Joint Venture
Struktur 91, 161, 302ff., 324f., 326ff.
- abwesende Totalität 306, 312
- augenblickliche Verwendung von 305ff.
- Begriff von 92, 297, 302
- Dualität von 295, 326ff.
- Existenz von 193, 306, 324ff., 331
- Handlungscodes 307f., 310
- Löcher, strukturelle
  s. Netzwerkbeziehungsmerkmal
- -mechanismen
  s. Wandel
- -merkmale 97ff., 205, 303f., 306, 310, 313, 317f., 328
- Modalitäten der 326ff.
- Modi der Strukturierung 307
- Oberflächen- und Tiefenstruktur 305, 307f.
- -prinzipien 304, 332
- -sets 304, 332
- syntagmatische/paradigmatische Dimension von 307
- u. virtuelle Ordnung 307, 325, 328
Strukturation/-stheorie , 30ff., 124- 333
- Begriff der 25ff., 124f., 127, 137, 148
- Begriffsbildung/Hypothesen/ ‚sensitizing devices' 144, 149ff.
- empirische Studien/Verbreitung 130
- Fenster zu möglichen Welten 148
- Hintergründe u. Theoriekonstruktion 132, 133ff.
- Mechanismus 30, 132
- Mehrebenenperspektive 132
- Methoden 132
- Ontologie des Sozialen 146, 148, 150f.
- ontologischer Kern der 149, 151
- Perspektive (relationale) 126, 135
- Rezeption u. Kritik der 129f., 149, 307f.
- Schichtenmodell des Handelns
  s. Handelnde

- Schichtenmodell sozialer Systeme
  s. System
- Theorieansatz 25ff., 124ff.
- u. Empirie 150
- u. Kritik 131, 148f., 151
- u. kritische Theorie 147f.
- u. Systemtheorie 132, 223f., 269ff.
- wissenschaftstheoretische Position 139ff.
- Zielsetzung 150
Supplement/Supplementierung 212, 275, 305
System(en) 163, 175, 193, 223, 332f.
- Ausdehnung u. Geschlossenheit von 263
- Begriff vom 75, 206f., 269ff., 280, 346f.
- -bildung, -genese 78f.
- diskursive Artikulation 217f., 219, 261, 323
- -elemente 207, 208ff., 228
- Episoden 163, 270
- Existenz von 193
- -grenze/Grenzproblem (In- o. Exklusion) 78, 197, 199, 262ff.
  s.a. Netzwerkregulation
- -haftigkeit, Grad der 206, 269f., 272,
- -koordination, Modi der 210ff., 234ff., 267f.
- -mitgliedschaft 260, 265
- (Re-)Produktion 28, 193
- u. Adaption 155, 279f., 294, 337, 343
  s.a. Kontext
- -reflexivität 213ff., 220ff., 228, 269ff., 281,
- -repräsentation 226f., 260
- -(re-)produktion, Modi der 118, 214, 220ff., 227f., 270
- Schichtenmodell sozialer Systeme 214ff., 290, 307, 327, 334f.
  s.a. Strukturation
Systemregulation 14, 28, 77, 121, 123, 137, 164, 200, 225, 228f., 249ff., 267ff., 276, 281, 293, 295, 299ff., 307f., 332f., 335, 343 f.
  s.a. Schichtenmodell sozialer Systeme
- Adäquanz der 340
- Autopoiesis 180, 221f., 239, 269ff., 279ff.
- Mehrebenenregulation 343
- Pluralisierung von 342
- Subjekt- u. Systemreflexivität 30, 154, 179, 271ff.
- Selbst- u. Fremdregulation 180, 222, 272f.
- reflexive 29, 213ff., 220ff., 269ff.
  s.a. Reflexivität

Text 160, 305
Theorie 26, 156
- Begriff von 148
- Desinteresse an 131
- Emergenz 130, 279, 307

- Entwicklung von Theorien 140
- Gesetze 139, 145
- Homöostase, Gleichgewichte 214, 279
- Hypothesen 149f.
- Inkommensurabilität 24, 140
- Interdependenz- u. Kohärenzannahme 204ff., 298
- ‚linguistic turn' 134
- Metatheorie 148
- Methoden 130
- Micro/Macro 129f.
- Microfundierung 194
- orthodoxer Konsens 133
- Sinn- und Kausaladäquanz 125, 142
- substantielle 134
- theoretischer Pluralismus/Vielfalt 131, 133
- u. Empirie 74, 140
- u. Erklärungen 145
- u. Forschung 140
- u. Praxis 144
- Uniformitäts- u. Zwangsläufigkeitsvorstellung 205
- Unterdetermination von Theorie durch Daten 140
- Verallgemeinerung 87ff., 91, 97f., 141, 144d., 150, 159
- Verhältnis von Natur- u. Sozialwissenschaften 139f., 145
- Vorhersagbarkeit, Prognose 140
- Verursachung 140
Theorieansätze
- allgemein 18f., 29, 33ff., 90, 202
- Austauschtheorie 96, 98, 269
- Behaviorismus 153
- Begriff von 148
- Betriebswirtschaftslehre/ Managementforschung 14, 16ff., 36, 125, 129, 141, 155f., 158f., 163, 169, 175, 197, 201, 203, 237ff., 268, 320, 331, 345ff.
- Differenztheorien 135
- Empirismus/Post-Empirismus 138ff.
- Evolutionstheorie 147, 150, 278f., 347
- Funktionalismus/Struktur- 133f., 141, 145, 150, 153, 158, 183, 204, 275, 288, 295, 302, 331f.
- Governanceansatz 17, 39, 267ff., 284f.
- Handlungstheorie 36, 97, 156, 158
- Industriesoziologie/systemische Rationalisierung 14, 17, 19ff., 23f., 30, 36f., 55, 69ff., 72ff., 83ff., 86, 125, 127, 129f., 156, 159, 169, 175, 190, 197, 204, 245, 319, 335, 337, 345, 347
- interpretative Theorieansätze 134, 139, 153, 159, 164, 305, 311
- Komplexitätstheorie 133, 277ff.
- kritische Theorie 147f., 191f.
- Naturalismus 133, 141
- Neoklassik 21f., 39, 117, 168, 300f.

- Organisationssoziologie, -theorie 18f., 38f., 53ff., 127, 202
  - akteurszentrierter Institutionalismus 268
  - Kontingenztheorie 54ff., 58f., 84, 168, 268
  - Populationsökologie 38, 54, 59, 278, 347
  - Ressourcenabhängigkeitsansatz 38, 195, 111, 319ff.
  - Transaktionskostentheorie 16, 38, 55, 159, 205, 228, 237, 240, 242, 245, 267, 292, 300, 321f.
  - Neo-Institutionalismus 56ff., 86f., 167f., 287ff., 347
- Marxismus/Materialismus 134f., 154, 191, 193, 204, 293, 300
- Positivismus/Post-Positivismus 133, 138ff., 146, 149f., 178
- Praxistheorie 151ff.
- Rational Choice-Ansatz 290, 347
- Strukturalismus/Post-Strukturalismus 91ff., 119ff., 134f., 141, 145, 153, 155, 158, 160f., 163, 183, 190ff., 204, 273, 288, 302, 305, 320, 322, 331f.
- Strukturationstheorie, strukturations-theoretischer Netzwerkansatz
  s. Strukturation
- strukturelle Netzwerkanalyse 17, 23f., 33ff., 39, 91ff., 96ff., 117ff., 129f., 156, 159, 169, 175, 201, 207, 242, 245, 263, 319, 331
- Systemtheorie 25, 78ff., 133, 135, 180, 202, 223f., 239f., 270ff., 274, 280

Tradition/Detraditionalisierung 334ff.

unerkannte Bedingungen, unintendierte Konsequenzen 80, 88, 136, 141, 158, 181f., 189ff., 220f., 279, 331, 333
Unternehmung(en) 200, 224, 246, 266, 284, 335, 342, 345
- Begriff der 22, 211f., 228, 234ff.
- -skonzeptionen 254
- virtuelle 13, 17, 248
- wissensintensive 46, 248
Unternehmungsnetzwerk(e) 13ff., 39ff., 53ff., 70ff., 124ff., 231ff.
- Begriff des 200, 231f., 270
- Modell eines 34
Umwelt
  s. Kontext

Wandel 65, 118, 147, 154, 159, 206, 274ff., 277ff., 282, 294, 338
  s.a. Ordnung
- durch reflexive Aneignung, kollektive Mobilisierung, veränderte Ressourcenzugänge, aktualisierte Systemwidersprüche 62ff., 277

- inkrementaler 276, 285
- Koinzidenzen 63, 275, 282
- Isomorphien 59, 64f., 84, 155
- Pfadabhängigkeiten 64, 66, 122, 155, 165f., 177, 258, 276f., 282, 319, 323, 345
- ,slow drift' 276, 285
- u. externe Ordner 61f., 280f.
- u. Kontinuitäten/Diskontinuitäten 166, 206, 262, 274ff., 279, 281, 285, 335f.
- u. Zufall 155, 279, 282
- Verriegelungen 155, 277, 289, 319, 323
Wertschöpfungsketten
  s. Netzwerke
Wettbewerb 112, 222, 346
Wissen
- Andere der Vernunft 135
- Artikulation von 188
- Dissemination von 189, 197
- Formen von
  - ,common sense' 185
  - diskursives u. praktisches 184
  - methodisches 308
  - stillschweigendes
  - transgressives 186
  - unbewußtes 184
  - wechselseitiges, konventionelles 141, 185, 189, 310
- Generierung u. Speicherung von 226, 324
- individuelles/kollektives 63, 189
- Knowledgeability/Grenzen der 187ff.
  s.a. Handeln, kompetenzbasiertes
- Konventions- o. Netzwerk- 185ff.
- sozialwissenschaftliches 144f.
- Transfer von 262
- -sumwelten 219, 335
- Validierung von 188
- Zugang zu 197
Zeit-Raum 183, 210, 285, 312, 331
  s.a. An- u. Abwesenheit
- embedding/disembedding
  s. Kontext
- Begriff, Verständnis von 78, 152f., 305
- Zeitbezüge v. Akteuren 157f.
- -Ausdehnung, -Horizonte, -Bindung 232, 257, 259, 275f., 289, 302f., 323, 333
- -Dynamik 257
- Regionalisierung von 258
- -Zonen 258
- Zukunft 157, 209, 219, 335

Zurechenbarkeit/Zurechnung 164, 181f., 189, 226f., 233, 254f., 260, 264, 285